中共湖州市南浔区委 主办
湖州市南浔区人民政府
《南浔年鉴》编纂委员会 编

南浔年鉴

中国·南浔（2020）

方志出版社
Publishing House of Local Records

图书在版编目（CIP）数据

南浔年鉴. 2020 / 《南浔年鉴》编纂委员会编. ——北京：方志出版社，2020. 12
ISBN 978-7-5144-4730-9

Ⅰ. ①南… Ⅱ. ①南… Ⅲ. ①区（城市）—湖州—2020—年鉴 Ⅳ. ①Z525.54

中国版本图书馆 CIP 数据核字（2021）第 004448 号

南浔年鉴（2020）

编　　者：《南浔年鉴》编纂委员会
责任编辑：刘　珊
出 版 者：方志出版社
　　地址　北京市朝阳区潘家园东里 9 号（国家方志馆 4 层）
　　邮编　100021
　　网址　http://www.fzph.org
发　　行：方志出版社图书经销中心
　　电话（010）67110500
经　　销：各地新华书店
印　　刷：杭州余杭人民印刷有限公司
开　　本：889×1194　　1/16
印　　张：23.75
字　　数：863 千
版　　次：2020 年 12 月第 1 版　2020 年 12 月第 1 次印刷
印　　数：001~800 册
ISBN 978-7-5144-4730-9　　定价：210.00 元

两 会 召 开

2月28日—3月2日，湖州市南浔区第四届人民代表大会第三次会议在南浔隆重召开

2月27日—3月1日，政协第三届湖州市南浔区委员会第三次会议在南浔隆重召开

领导活动

3月26日，国家市场监督管理总局副局长唐军（前排中）一行在南浔调研绿色产品认证工作

12月18日，市委书记马晓晖（前排中）在南浔区调研古镇保护工作

10 月 17 日，市委副书记、市长钱三雄（前排中）在练市镇调研指导“不忘初心、牢记使命”主题教育工作

4 月 22 日，区委书记夏坚定（左二）调研科技新城建设

10月9日，区委书记杨卫东（中）在练市镇施浩村调研“深化‘三服务’活动”工作

9月21日，代区长温建飞（右四）调研科技新城建设

10月9日，区人大常委会主任梅爱祥（前排左二）调研全区现代农业产业发展和促进农民持续增收工作

9月30日，区政协主席孙根祥（前排左）赴南浔经济开发区，参加2019年三季度项目集中开工仪式

南浔要闻

4 月 3—4 日，“2019·世界 IT 青年科学家论坛学者南浔行”活动在南浔举行

5 月 8 日，中国大学科技园研究会与南浔区产学研对接交流会在南浔举行

8 月 21 日，浙江水利水电学院与湖州市南浔区人民政府战略合作框架协议签约仪式在南浔举行

9 月 6 日，南浔区融入长三角重大项目签约仪式在南浔举行

9 月 29 日，“壮丽七十载　奋进新时代”——南浔区庆祝中华人民共和国成立 70 周年主题晚会在区文化艺术中心举行

9 月 30 日，南浔经济开发区洋南区块项目建设四个现场同步举行重点项目开工仪式

美丽校园

重兆小学

练市一中校园一角

湖州师范学院南浔附属小学

南浔实验幼儿园

横街中学教学楼、体育馆

菱湖一中

罗开富小学校园一角

旧馆镇中心幼儿园

编 辑 说 明

一、《南浔年鉴》以马克思列宁主义、毛泽东思想、邓小平理论、“三个代表”重要思想、科学发展观、习近平新时代中国特色社会主义思想为指导，坚持辩证唯物主义和历史唯物主义的立场、观点、方法。《南浔年鉴》是地方性综合年鉴，是记载南浔区改革开放和现代化建设历史进程的年度资料性文献，旨在逐年记载南浔区行政区域自然、政治、经济、文化、社会和生态等方面情况，为宣传南浔、总结南浔、研究南浔和建设南浔提供服务。

二、《南浔年鉴》的年号采用国内外通行的编年法，即封面上标明的是编辑年份，而内容记载的是上一年资料。采用分类法编辑，主体部分采用类目、分目、条目三个结构层次，以条目为记载资料的基本单位。全书由图片、编辑说明、编纂机构、目录、正文和附录等部分组成。

三、《南浔年鉴（2020）》主体部分共设28个类目，包括特载、大事记、区情概览、党政、民主党派、人民团体、外事 台湾事务 侨务、法治、军事、人力资源 社会保障、农业、工业、旅游 商务、城建 环保、交通 通信、财政 税务 统计、金融 保险、经济管理与监督、教育、文化 科技、体育 卫生、社会生活、开发（园）区、乡镇、人物、文件选编、统计资料，另设附录。

四、《南浔年鉴》的编辑工作在编纂委员会指导下，按编辑部的组稿计划和撰稿要求，由区级机关各部门、各单位和开发区、各镇确定专人负责撰写或提供稿件，并经主管领导审核。凡涉及区内国民经济和社会发展全局性的数据，以区统计局的数据为准。为尊重撰稿部门的意见，条目中保留由撰稿部门提供的数据，如有出入，均以“统计资料”所刊数据为准。

《南浔年鉴》编纂委员会

主　任：杨卫东

副主任：王剑峰　莫建华　吴冠宇　谢建伟

主　编：翟海峰　吴叙良

副主编：周建军　章沈泳

《南浔年鉴》编辑部

主任：胡　赞

编辑：王有林　张凌耿

目　　录

特　　载

大 事 记

区情概览

党　政

民主党派

人民团体

外事　台湾事务　侨务

法　　治

军　事

人力资源　社会保障

农　业

工　业

旅游　商务

城建　环保

交通　通信

财政　税务　统计

金融　保险

经济管理与监督

教　　育

文化　科技

体育　卫生

社会生活

开发（园）区

乡　镇

人　物

文件选编

统计资料

附　录

·报　告·

·表彰名单·

特　载

赶超跨越出实效　一五一十谱新篇
高质量打造湖州“开放东大门　创业新高地”
——在区委四届七次全体（扩大）会议暨经济工作会议上的报告

中共南浔区委书记　夏坚定

2019年1月17日

一、真抓实干、攻坚克难，保持发展好态势

2018年，区委常委会在省、市委的坚强领导下，紧紧围绕“聚力大赶超、实现新跨越”的奋斗目标，大力实施赶超跨越六大行动，经济社会发展各项工作实现“全年红”。实现地区生产总值427.19亿元、增长7.6%；财政总收入60.6亿元，一般公共预算收入35.16亿元，分别增长20.8%、20.6%；城镇、农村居民人均可支配收入分别为52743元、31564元，增长8.6%、9.4%。主要抓了以下六个方面工作：

1．*聚焦提质增效，产业升级不断加快。*工业经济转型发展。大力实施“双千”工程，规上工业增加值增长8.7%；新增规上企业355家，总量达1007家，新增数与总量均居全市第一；新增主板上市企业1家、“新三板”挂牌企业1家、浙股交挂牌企业14家；创建国家级荣誉企业6家。深化“亩均论英雄”改革，在全省首创“亩产数字地图”，精准开展4781家工业企业的绩效评价，并实施差别化政策，得到副省长高兴夫批示肯定。整治淘汰“低散乱”企业2057家。南浔高端装备制造业（特种设备）列入国家级标准化试点，是全省列入试点的两个产业之一。深入开展“问难帮困稳增长”专项行动，全覆盖走访规上企业，召开民营企业家座谈会，给民营企业发展吃下“定心丸”。现代服务业加快发展。服务业增加值增长8.3%，社会消费品零售总额增长9.7%。大力发展乡村旅游、全域旅游，全区接待国内外游客1979.18万人次、增长29.9%，旅游总收入192.6亿元、增长28.2%。国际建材城在全省100个现代服务业集聚示范区综合评价中居第27位，较上一年提升14位。古镇文化创意产业园正式启用，入驻企业15家。发布全国首个绿色金融产品地方标准，新增金融新业态33家。现代农业特色发展。农业增加值增长2.7%。加快农业“两区”建设，新增市级以上农业园区6个、市级农业龙头企业4家、示范性家庭农场16家，东部果蔬现代农业园成功创建省级园区，成立全市首个国家级水产学会服务站，绿色生态渔业园区成功创建省级农业科技园区，三零农业成功创建国家级星创天地。深入实施农业品牌战略，新增跑道鱼养殖跑道300条、面积140公顷，推广“红美人”柑橘精品示范基地67公顷，稻虾综合种养667公顷，千金镇东马干村荣获全国“一村一品”示范村。强化农产品质量监管，成功创建省级农产品质量安全放心区。桑基鱼塘系统被列为全球重要农业文化遗产。

2．*聚焦项目引推，赶超后劲切实增强。*招商引资取得进展。开展全员大招商，组建五大片区十大招商组，成功举办“2018上海·南浔区域合作推进会”，全年共签约亿元以上产业项目84个，总投资981.3亿元，其中，50亿元以上项目8个、100亿元以上项目1个；实到外资1.51亿美元、增长

16.5%。新增市“大好高”项目34个。项目推进扎实有力。开展“双重”项目“三进”行动，亨通光网、久立特材等51个重点项目开工建设，三行电气、德毅隆等32个重点项目竣工，太平微特、君怡电机等70个重点项目加快推进。新增省重点建设项目8个、省重大产业项目2个。列入省市县长项目5个，大东吴绿色建筑集成项目列入省市县长建设用地预支计划项目。平台承载得到提升。大力推进开发区万亩大平台建设，拆除农房665户、企业厂房738家，拓展面积241.3公顷。南浔高新区创建通过省级部门联评联审。开工建设小微企业园15个，竣工5个，被列入2019年全省小微企业园建设提升工作实施主体，得到市委书记马晓晖批示肯定。强势推进“五未土地”处置，消化批而未供221.5公顷、供而未用76.8公顷、用而未尽68.1公顷、建而未投36.5公顷、投而未达标75.7公顷。旧馆镇、石淙镇、南浔镇息塘村、双林镇向阳村等四个全域土地整治工程列入省试点实施名单，完成耕地垦造222.7公顷、土地复垦112.1公顷。启动农村宅基地有偿退出工作。

3．聚焦改革创新，发展活力持续迸发。重点领域改革纵深推进。深化“最多跑一次”改革，在2018年“最多跑一次”改革第三方测评中列全省第一梯队、全市第一。深化“标准地+承诺制+一窗代办”改革，工业“标准地”成交宗数及面积占比均实现100%，一般企业投资项目开工前审批“最多100天”实现率达100%。智能电梯小镇列入省级特色小镇创建名单。农业水价综合改革获全省绩效评价第3名。机构改革扎实有序推进。科技创新能力加快提升。国家知识产权强县工程示范区创建通过国家评审。省级智能电梯产业创新服务综合体创建完成答辩。在全省首创创新方法推广应用“1+3”模式，并成功创建省级创新方法推广应用示范区。新增国家高新技术企业24家、省科技型中小企业103家、市级“双高”企业25家，完成专利授权2956件，同比增长68.7%。新增省级院士专家工作站2家、市级3家，数量均居全市第一。人才工作成效显著。人才引育力度持续加大，招引大学生和其他各类人才9956人，引进急需紧缺人才1318人、湖州籍人才3548人。人才平台加快建设，新建临港新业坊、加州尔湾孵化器等海内外人才“飞地”，建立纽约、莫斯科和基辅引才工作站，成立浙江中德智能制造创新研究院。人才环境不断优化，出台人才新政，建成全市第一个人才公园，大力营造重才爱才的良好氛围。

4．聚焦“九治一体”，城乡环境明显改善。治水、治气、治土壤同步推进。扎实推进污水零直排区创建，新建污水管网46千米，出境断面水质均稳定保持在Ⅲ类水及以上，南浔区被评为全省剿灭劣Ⅴ类水工作突出贡献集体。强势开展“蓝天保卫”“浔绿卫士”执法行动，清理整顿涉挥发性有机物企业528家、淘汰高污染燃料锅炉29台，$PM_{2.5}$浓度下降到41微克/立方米、空气质量优良率同比提高1.5个百分点。加快推进“净土清废”行动，南太湖垃圾焚烧厂四期扩建项目、一般工业污泥集中处置项目投入运行。治乱、治旧、治违建齐头并进。完成拆违490万平方米、旧厂区和旧住宅区及城中村改造320万平方米，分别完成年度目标任务的245%、320%，其中城中村改造2482户，成功创建省“基本无违建区”。治城、治镇、治农村全域发力。打好中心城区建设管理和古镇保护利用三年行动收官战，完成投资118.2亿元，頔塘南岸住宅安置区桩基工程完工；巨人君澜、博阳开元、都市聚落项目开业；创新“城警联勤”模式，落实文明城市常态化管理，累计销号整改问题1595个；第一批小城镇文明行动通过省级验收。全力推进小城镇环境综合整治，投资8.9亿元，完成4个镇和5个小集镇的环境综合整治，双林、千金、石淙3个镇和横街、三长2个小集镇成为省级样板。全域建设美丽乡村，2018年完成投资6.95亿元，新创建美丽乡村24个，累计创建127个，占155个美丽乡村宜建村的82%；美丽乡村扩面提质完成54个，在建15个；加速推进“十线十景十小镇”建设，新建成美丽乡村小镇4个、美丽乡村精品村4个、景观线2条。石淙镇石淙村被列入中国美丽休闲乡村。

5．聚焦社会民生，幸福指数稳步攀升。社会事业协调发展。深入实施第二轮“美丽校园”四年行动，完成27所中小学和18所幼儿园改造提升，教育现代化发展水平列全省第八、全市第一。推进健康南浔建设，区人民医院新院区投入使用，菱湖人民医院正在内部装修，和孚卫生院医养结合试点取得明显成效，实现省级卫生镇全覆盖，石淙镇顺利通过国家卫生镇验收。大力建设文化阵地，中国报告文学馆开馆，新增农村文化礼堂26个、体育场地12万平方米，成功创建省级体育强区，湖笔文化馆成为省级社会科学普及基地，菱湖、双林列入中国历史文化名镇。基础设施建设不断加快。深入开展交通大会战，完成投资35.4亿元。浔练公路、湖盐公路（和孚段）整治工程基本完成，“三高连接线”、南浔大桥改造、湖山大道等重点项目顺利推进；农村公路等级提升完成投资15.4亿元，新建成206千米，在建144千米。推进“百漾千河”综合治理，投资8.01亿元，完成柏树、跳家山、草田圩等三大圩区整治，河道清淤220万立方米，建成生态示范河道200条。社会保障扩面提质。促进创业就业，新增城镇就业1.88万人，城镇登记失业率为2.33%。加强社会保障，建成示范性居家照料中心5个、幸福邻里中心5个，南浔镇入选国家第二批智慧健康养老示范镇，全区基本养老和基本医疗保险参保率分别达99.7%和94.4%。帮扶协作有力有效。全面推进与四川省广安市广安区的扶贫协作，规划建设33.3公顷的“广安·南浔携手奔小康产业园”，投入资金9475万元，派驻挂职干部2人、专技人才29人。继续深化与重庆市涪陵区龙桥街道对口扶贫工作。推进“千企结千村、消灭薄弱村”专项行动，安排区内10家企业结对帮扶缙云县10个经济薄弱村。与吉林省白山市江源区区域合作稳步推进。全面启动“低收入群众三年奔小康”工程，着力抓好低收入群众结对帮扶工作。社会治理创新完善。顺利完成世界互联网大会、联合国世界地理信息大会等重要时段安保任务，扫黑除恶专项斗争取得阶段性成果，建立全省首个跨省际安全生产联防联控机制，社会治理能力持续提升，社会大局保持和谐稳定，全区刑事发案、生产安全事故数、交通亡人、火灾数同比分别下降6.7%、31%、36%、32.6%，有望实现“平安南浔”十四连冠。深入开展“最美家风+”活动，建成展示点145个。

6．聚焦党的建设，红色引擎强劲有力。思想政治建设扎实有效。推进“两学一做”学习教育常态化制度化，坚持以习近平新时代中国特色社会主义思想武装头脑，坚决维护习近平总书记核心地位，坚决维护党中央权威和集中统一领导。加强理论学习，区委理论学习中心组开展集中学习12次。严格落实意识形态责任制，出台责任清单及责任制督查和责任追究实施办法，牢牢掌握意识形态工作领导权、主导权、话语权。加强依法执政，开展党委法律顾问工作。积极支持人大、政府、政协开展工作，认真做好统战、群团、党管武装、档案、党史、老干部和关心下一代等工作。人大代表工作被《人民日报》等主流媒体报道，五星级代表联络站在全市推广。成立区政府咨询委。政协社情民意信息得到中央政治局领导批示，在全省率先实现区、镇两级民主党派活动中心全覆盖。完成基层群团改革省级试点任务，区科协被评为省级优秀科协。干部队伍建设不断加强。坚持把政治标准放在首位，探索实施“政治体检”。开展乡镇领导班子届中调整“回头看”，调整不胜任、不担当领导干部7人，实施干部提醒、诫勉谈话23人。持续完善领导干部实绩记实、公示公议制度。建立南浔区党员干部培训中心，创新开设南浔区“四新讲堂”，举办各类主体班次43期，培训干部1926人。启动年轻干部“双百双基”工程，实施专业化干部“金领”工程，抽调121名干部参与中心工作，坚持在一线发现和培养优秀年轻干部。成立干部心理健康关爱中心。基层组织建设水平全面提高。建成5个区域化党群服务中心、新建改建32个村级阵地和54个基层党建示范点，整转提升12个后进村，成功创建12个市级先锋示范村、1个市级示范镇。率先试点推行中小学校党组织领导下的校长负责制，承办全市首个学校党建现场会。实施集体经济三年强村计划，完成欠发达村转化41个。加强带头人队伍建设，成立全市首个治村导师联盟，推行村干部“绩责对账、全程记实”与“负面清单”管理，调整不称职村（社区）主职干部12名。突出支部带村，构建党组织统一领导、广大党员群众参与的基层治理体系，“六老六大员”、工商注册登记“红色导办”等做法，得到市委书记马晓晖肯定。党风廉政建设持续深化。主动扛起管党治党主体责任，全力推进清廉南浔建设，大力实施“六清工程”，建设“六大细胞”，清廉乡村建设“六个一”工作标准在全市作经验交流。扎实推进区委巡察工作，发现并整改问题391个，移交问题线索22条，清退违规违纪所得121万余元。驰而不息纠治“四风”，大力开展形式主义、官僚主义专项治理，出台《不作为乱作为慢作为问责办法》，严肃查处不担当不作为问题，激发干部实干担当。坚定不移惩治腐败，深化运用监督执纪“四种形态”，全年运用第一种形态处置266人次，给予党纪政务处分96人次，留置并追究刑事责任4人。持续深化“党纪教育一刻钟”活动，扎实开展纪律作风“七个一”专项教育，筑牢干部拒腐防变思想防线。

同志们，2018年所取得的成绩是省、市委坚强领导的结果，更是全区上下团结奋斗、顽强拼搏的结果，饱含着广大党员和干部群众的智慧和汗水。在此，我代表区委常委会，向大家表示衷心的感谢和崇高的敬意！

在肯定成绩的同时，区委常委会也清醒地看到存在的短板和弱项，比如，产业项目还不够多、不够大；生态环境治理尤其是大气污染防治任务依然十分繁重；城市能级还不够高，城市功能还不够完善；城镇、农村居民人均可支配收入还相对偏低；极少数党员干部违纪违法问题仍有发生，全面从严治党依然任重道远，等等。这些问题，我们必须高度重视、找准症结，全力加以解决。

二、坚定信心、抢抓机遇，开创赶超新局面

2019年是新中国成立70周年，是高水平全面建成小康社会的关键之年，也是南浔赶超跨越承上启下之年，做好2019年工作尤为重要。

2019年全区工作的指导思想是：高举习近平新时代中国特色社会主义思想伟大旗帜，深入贯彻庆祝改革开放40周年大会、中央和省委经济工作会议以及市委八届六次全会暨经济工作会议精神，按照“八八战略”再深化、改革开放再出发的要求，落实市委“一四六十”工作体系，坚持稳中求进工作总基调，坚持新发展理念，坚持推进高质量发展，坚持以供给侧结构性改革为主线，坚持深化市场化改革、扩大高水平对外开放，继续打好三大攻坚战，扎实开展“三服务”活动，突出稳企业、增动能、保平安，统筹推进稳增长、促改革、调结构、惠民生、防风险工作，“一五一十”谱新篇，高质量打造湖州“开放东大门、创业新高地”，以优异成绩向新中国成立70周年献礼！

2019年全区经济社会发展的主要预期指标建议为：地区生产总值增长8.5%、力争9%；固定资产投资增长15%、力争18%，其中工业性投入增长18%、力争20%；财政总收入和一般公共预算收入均增长20%、力争25%；规上工业增加值增长9.2%、力争9.5%；社会消费品零售总额增长10%、力争12%；城镇、农村居民人均可支配收入分别增长8.5%、9%，力争9%、9.5%；节能减排等约束性指标完成省市下达的目标任务。

具体来说，要围绕“一五一十”工作部署和安排来开展：

第一个“一”，即围绕“一个定位”：围绕市委赋予南浔打造湖州“开放东大门、创业新高地”的发展定位，当好湖州接苏融沪的“桥头堡”，使南浔成为人们创业创新的向往之地、首选之地。

“五”，即把握“五个要求”：一要讲政治，把牢对党忠诚的“方向盘”。对党绝对忠诚是共产党员的政治灵魂。全区各级干部必须牢固树立“四个意识”，坚定“四个自信”，坚决维护习近平总书记核心地位、维护党中央权威和集中统一领导，始终在政治立场、政治原则、政治道路、政治方向上同以习近平同志为核心的党中央保持高度一致，坚定维护党中央定于一尊、一锤定音的权威。二要转思维，打开解放思想的“总开关”。思想破冰天地宽，观念突围空间大。全区各级干部要树立大格局，跳出南浔看南浔，立足全局、着眼未来，把南浔的发展摆到全市、全省乃至全国的坐标系中去思考、去谋划、去推动；要敢于求突破，大胆闯、大胆试，拿出打破常规的锦囊妙计和务实管用的高招良策，在“山重水复疑无路”的地方，打开“柳暗花明又一村”的新局面；要用心主动干，坚决摒弃守株待兔的被动等待思想，主动出击、抢抓机遇，积极谋划、做好准备，全力迎接高铁时代的到来。三要敢担当，争做冲锋陷阵的“急先锋”。新时代要有新担当新作为。全区各级干部要始终保持永不懈怠的精神状态和一往无前的奋斗姿态，面对急难险重任务，以“首战用我、用我必胜”的豪气讲担当，以“无所畏惧、敢于亮剑”的气魄敢担当，以“运筹帷幄、决胜千里”的胆识善担当，奋力开创南浔赶超跨越的新局面。四要善破题，练就百战百胜的“真功夫”。方法得当，事半功倍。全区各级干部都要争一流，以“跳起来摘桃子”的精神，敢于跟最强的比、跟最快的赛，比出干劲、赛出精品；要抓重点，坚持“伤其十指不如断其一指”的重点突破法，找准主要矛盾和矛盾的主要方面，以重点突破带动全局提升；要善统筹，学会“十个指头弹钢琴”，分清任务的轻重缓急，讲究工作的先行后续，找准节奏、分配力度，全面推进各项工作。五要聚合力，唱响赶超跨越的“主旋律”。一人难挑千斤担，众人能移万座山。全区各级干部要坚持思想同步、目标同向、事业同心，始终保持“一家人、一盘棋、一条心”“一起努力用心、一起加油鼓劲、一起争气出彩”的良好精神状态，把所有的心思聚到干事创业上，把所有的工夫下到狠抓落实上，相互支持、协调配合，共同奏响南浔赶超跨越的最强音。

第二个“一”，即紧扣“一个目标”：紧扣区第四次党代会提出的“聚力大赶超、实现新跨越”的奋斗目标，加快高质量赶超发展，高水平全面建成小康社会，重振南浔辉煌。

“十”，即2019年重点抓好“十项工作”：

1．加快转型升级，跨上经济实力新台阶

牢牢抓住质量效益这个关键点，坚定不移加快转型升级，实现经济更高质量、更快速度、更可持续的增长。

推动工业经济高质量发展。制订并实施工业经济发展三年行动计划，大力度推进工业经济“三千”专项行动，助推企业发展，冲刺千亿产值。分类实施“雄鹰企业”培育计划、企业股改挂牌上市三年行动、“新象新牛”企业培育和小微企业“雏鹰计划”，完成拟上市企业股改2家以上、“新三板”和“成长板”挂牌企业11家以上，培育税收亿元以上企业5家以上、“隐形冠军”企业3家以上。深化“亩产数字地图”系统运用，并以差别化政策加快传统产业转型提升，打好印染、制革、电镀三大行业整治提升战，助推经济高质量发展。大力扶持民营企业发展壮大，打好支持民营经济发展的政策组合拳，切实减轻企业税费负担，解决民营企业融资难融资贵问题，不断增强民营企业政策获得感，营造公平竞争环境。大力构建“亲”“清”新型政商关系，用心服务企业健康发展和企业家健康成长。

推动现代服务业特色化发展。制订并实施全域旅游发展三年行动计划，深入做好“古镇+”的文章，加快西游乐园、原创动漫城等大型旅游综合体项目落地建设，努力争创国家级旅游度假区。深入挖掘南浔特色文化内涵，统筹推进荻港水乡、花海蚕乡、浔练丝乡三大乡村旅游集聚示范区建设，善琏争创市级全域旅游示范镇，把一个个“盆景”串联成“风景”。加快建材市场转型升级、扩容提升，进一步完善业态布局。深化电子商务建设，网络零售额达56亿元以上。力争列入市级服务业优强企业12家以上，新增限上企业20家以上。招引和培育金融新业态15家以上。

2．坚持项目为王，增强赶超跨越新动能

紧紧牵住项目这个牛鼻子，打赢项目引进推进攻坚战，全力拓展平台空间，切实增强发展后劲。

全力招引“大好高”项目。加快推进区镇长工程，加大五大片区十大招商组招商力度，确保全年签约亿元以上产业项目100个以上，力争在百亿、五十亿元制造业项目上取得实质性突破，新增市认定“大好高”项目30个以上。

全力加快项目推进速度。大力度实施项目推进“三率”专项行动，确保鼎旭智能、中氢新能等36个重点项目开工建设，健禹环保、置信工业园等39个项目竣工投产，确保全年实施亿元以上重点产业项目100个以上，完成投资100亿元以上。

全力提升平台承载能力。大力推进南浔开发区争创国家级开发区，集中精力、财力、物力，大力度、加速度推进开发区万亩大平台建设，确保全年拓展面积267公顷以上。完善南浔高新区基础设施建设，成功创建省级高新区。加快建设小微企业园，确保新建成11个，投入运营5个。

全力强化要素保障。加大土地要素保障力度，全力推进农村宅基地有偿退出、农村“一户多宅”清零，积极盘活土地资源，复垦土地200公顷以上。着力破解融资难融资贵问题，完善政银对接、银企合作等机制，积极推动城投、交投、旅投等企业主体拓宽融资渠道。

3．持续改革创新，激发区域发展新活力

切实发挥改革牵引作用和创新驱动作用，为赶超发展注入新动力、增添新活力。

深入释放改革动力。以“最多跑一次”改革为重点，全力打造营商环境最优区和“无证明区”。加快推进“标准地+承诺制+一窗受理、集成审批、全程代办”管理服务模式迭代升级，实现一般企业从备案到竣工验收审批“最多跑一次，最多90天”。探索工业“标准地”项目达产复核机制。深化“多证合一”改革，压缩审批流程，实现常态化企业开办一日完结。加快推进“互联网+政务服务”，着力实现“一网通办”“一照一码走天下”。全面完成机构改革工作，优化职能配置，提高效率效能。深入推进特色小镇建设，力争湖笔小镇获得命名，智能电梯小镇在全省考核名次有大提升，丝绸小镇（荻港片区）建设持续加快。

大力激发创新活力。加快创新主体培育，新增国家高新技术企业30家以上、省级科技型中小企业100家以上、市级“双高”企业20家以上，高新技术产业增加值增长12%以上。加强创新平台建设，全力创建国家级电机特色产业基地、省级可持续发展创新示范区等省级以上平台。加快集聚创新要素，新增省级企业研究院5家、省级研发中心10家、市级研发中心20家，大力推进规上企业研发机构建设，开发省级新产品100项以上。深入实施创新创业“双十”工程，新增众创空间10家、大学生创业示范园10家。

加快引进人才智力。全力打造人才生态最优区，深入推进重大人才工程。实施“菜单式”引才，持续引进大学生等各类紧缺急需人才，推进人才与产业深度融合发展。提升人才平台能级，积极承接人才项目。

4．融入重大战略，再创对外开放新高度。

更加积极对接国家和省市重大战略，加快构建全方位、宽领域、多层次、高水平的对外开放新格局。

全面深化接苏融沪。制订并实施接苏融沪三年行动计划，大力推进“1152”工程，积极主动参与沪湖绿色智造大廊道建设，规划建设“沪苏产业园”4个，引进沪苏“专精特新”企业200家以上，吸引创业科技型人才8000人，规划建设南浔—上海科技城。深度开展接苏融沪专项活动，举办旅游、农副产品及科技、教育等专场推介会，全面宣传南浔、推介南浔。

深度融入长三角一体化。立足区域发展格局，抢抓高铁建设机遇，加快融入长三角一体化国家战略，全面对接全省“四大”建设战略，主动融入长三角、配套长三角、服务长三角，实现协同、融合、共赢发展。

着力提升对外通达能力。加快建设沪苏湖铁路，大力推进南浔综合枢纽工程，开工建设南浔至临安公路（211省道）、湖盐公路改建工程，扎实推进苏台高速、“四高”连接线、织菱公路（212省道）、浔织快速公路、三新公路提升工程等项目前期工作，全力争取早日开工，构建接轨沪苏杭宁的“1小时交通圈”，不断提升互联互通水平。

5．加速能级提升，构建城市发展新格局

制订并实施新一轮中心城区建设管理、古镇保护利用三年行动计划，推动中心城区极化发展，加快浔练一体化步伐，确保创建省级文明区，全面提升城市能级。

做精城市新区。高标准谋划推进高铁新城建设，深入实施科技新城五年开发方案，加快总部经济、楼宇经济、特色街区等一批项目招引落地，大力实施水系、道路等基础设施工程，确保城市展览馆、水乡文化公园等重大项目竣工，完成投资25亿元，着力打造高品质新城。

做优老城更新。深入实施老城区规模化大整治大提升，加快推进頔塘南岸旧城改造工程，投资18亿元，完成总工程量的50%，城市阳台实现主体结顶；适时启动頔塘北岸整治提升。推进中心城区低效用地再开发，完成投资4亿元，加快君欣豪悦大酒店、正一广场等10个项目建设，着力打造一批城市新地标。进一步完善老城区功能配套，优化农贸市场、公共厕所等配套设施布局，启动9个公共停车场建设。

做靓南浔古镇。加快推进丝绸码头、水系恢复等重大项目建设，建成古镇东部主出入口，实施中部街区大整治，打通北部新旅游线，完成房屋征收500户以上，腾退企事业单位10家以上。引进规模化、品牌化、个性化高档民宿和主题酒店30家以上，引进文创、康养等新业态30家以上，让游客留下来、住下来，全力打造国际旅游目的地和休闲度假样板地，进一步擦亮古镇“金名片”。

做细城市管理。进一步深化“三城联创”，不断巩固扩大全国文明城市创建成果，确保省文明区创建高分夺牌。加强“智慧城市”建设，深化城警联勤模式，探索运用市场化机制加强城市精细化管理，全面提升城市管理水平。

6．聚焦“三农”发展，打造乡村振兴新样板

高质量推进农业特色发展、农村美丽蝶变、农民增收致富，全力打造乡村振兴的南浔样板。

推动现代农业规模化。制订并实施农业产业规模化发展三年行动计划，深化提升农业“两区”建设，全面推进六大万亩产业园建设，推广稻渔综合种养2000公顷，发展红美人柑橘200公顷，加快制订南浔跑道鱼技术标准，争创全国健康养殖示范区，推进西部绿色生态渔业园区争创国家级现代农业园区，和孚镇争创国家级渔业特色强镇，大虹桥粮食生产功能区争创国家级稻渔综合种养示范区。

推动美丽乡村全域化。围绕争创省级美丽乡村示范区目标，投入2.3亿元，完成美丽乡村创建30个、精品村4个、扩面提质13个，实现规划区外美丽乡村全覆盖，打赢美丽乡村创建收官战。探索市场化投融资模式，加快“十线十景十小镇”建设，投资3.6亿元，建成美丽乡村小镇4个、景观线2条。高标准开展省级“四好农村路”示范区创建，建成美丽乡村路200千米，打赢农村公路等级提升收官战。创新开展无隐患美丽公路创建。持续开展“百漾千河”治理和农田水利项目建设，完成河道综合治理100条、100千米，投资8亿元以上。

推动农民增收加速化。充分发挥农合联作用，培育农村新型经营主体100家，新增市级以上示范性家庭农场16家，助力农民增收致富。全面深化农村综合改革，推进农村全域土地综合整治，让农村资源变资产、资金变股金、农民变股东，不断增加农民财产性收入。积极引导工商资本下乡支持农业、带动农民，吸引更多高校毕业生、新乡贤、退役军人等回归农村。高标准推进欠发达村转化工作，全面消除集体经济年经营性收入30万元以下的欠发达村。加大农业职业教育和实用技术培训力度，培养造就一支新型职业农民队伍。

7．做深治理文章，提升生态环境新形象

持续深入打好治水治气、治乱拆违组合拳，当好践行“两山”理念优等生，确保创成省级生态文明示范区。

奋力推进碧水守卫战。持续开展“五水共治”碧水行动，深化河（湖）长制，全域推进污水零直排区建设、美丽河湖建设和渔业养殖尾水治理，严防城市黑臭水体反弹，确保Ⅲ类及以上水质断面比例、水环境功能区达标率、集中式饮用水源地水质达标率均达100%，全力夺取大禹鼎。

坚决打赢蓝天保卫战。坚持源头化治理+标准化建设+数字化转型，打好涉挥发性有机物企业全过程监管战、“低散乱”企业清零战和扬尘（面源）治理严管战等，实现八大重点行业企业环保管理标准化建设全覆盖，运用物联网、大数据等信息技术实现主要涉气涉水涉废企业全天候智慧监控，争当全省环保数字化转型样板，力争$PM_{2.5}$浓度达到35微克/立方米以下、空气优良率达80%以上。

深入实施治乱拆违。巩固“基本无违建区”创建成果，以创建省“无违建区”为目标，以“控新增、去存量、大改造、创精品”为重点，全力推进11条无违建公路、9条无违建河道、10个无违建镇区的创建任务。持续深化综合整治，全面打赢小城镇环境综合整治收官战，确保练市、菱湖2个镇和马腰、镇西、重兆3个小集镇高标准通过省级考核验收。

8．注重以人为本，顺应人民群众新期盼

积极回应人民群众新期待、新要求，加快发展各项社会事业，不断增强群众幸福感、获得感、满意度。

加快发展教育事业。围绕教育现代化区建设，持续实施“美丽校园”八大工程，完成教育投资7.2亿元，加速推进庆同小学、江蒋漾学校、新南浔高中、16所幼儿园新（扩）建等项目建设，加快启动华夏小学建设。牢牢把握立德树人方向，积极实施中小学教学质量提升行动计划，持续提高教育质量。

全速推进卫生健康事业。加快推进健康南浔建设，打造环境宜居、服务便捷、百姓健康、社会和谐的健康村镇。菱湖人民医院完成内装工程，加快区中医院、练市人民医院等重点项目建设，推进基层医疗机构标准化，不断提高医疗供给能力。全面完成区域医共体建设，组建南浔区医疗集团，初步建成整合型医疗卫生服务体系。推动和孚卫生院建成全市首个养老护理专业技术人员培训基地，加快有条件的镇全面开展卫生院医养结合工作。

着力提升文体服务水平。完善文体设施建设，抓紧启动区图书馆新馆异地新建、区体育中心建设，建成文化礼堂28个，打造特色文化驿站5个，完善区、镇、村（社区）基础体育设施。开展各类文化惠民活动，提供优质丰富的公共文化服务。加强文艺创作，大力发展影视产业，推动电视剧《浔商》创作。深化全民健身工程，补齐公共体育领域短板。

健全完善社会保障体系。完善多层次社会保障体系，努力实现基本养老保险、基本医疗保险人人享有。持续优化社会救助兜底服务，扎实推进低收入群众三年奔小康工程，兜住困难群众基本生活最后一道防线。实施重点群体就业帮扶工程，新增城镇就业15000人，确保城镇登记失业率控制在3.5%以内。

9．围绕“保鼎晋位”，展现平安建设新担当

紧紧围绕争创“平安南浔”十五连冠、勇夺“星级平安金鼎”总目标，进一步强化法治思维、系统思维、创新思维，不断夯实平安根基，培育文明和谐新风尚。

提升社会综合治理能力。充分发挥党委在社会治理中统揽全局、协调各方的领导核心作用，贯彻落实好《浙江省综治工作条例》，严格实行责任追究机制，强化齐抓共管的合力。探索推进智慧治理服务体系建设，持续深化“全科网格”“基层治理四平台”等工作，巩固提升具有南浔特色的新时代“枫桥经验”，不断夯实基层基础。创新推进各领域“平安细胞”建设，最大限度凝聚“大平安”的社会共识，增强平安综治工作的显现度和基层群众的满意度。健全应急管理体系机制，建设高效应急指挥平

台，强化应急实战演练。

确保社会持续平安稳定。按照“扫干净、除彻底”的要求，坚持“有黑扫黑、有恶除恶、有乱治乱”，保持高压态势深挖线索、打击犯罪、彻查“保护伞”，纵深推进扫黑除恶专项斗争，营造安全环境。全面落实“管业务必须管安全、管业务必须管稳定”的理念，以新中国成立70周年庆典等系列维稳安保攻坚战为牵引，构建“一体两翼”维稳体系，完善线上线下矛盾纠纷多元化解机制，继续推进“四重问题”清单化管控，确保社会稳定。深化“平安巡防”等工作机制，加强治安领域执法打击力度，维护社会秩序。

防控公共领域风险隐患。强化法治理念、创新思路方法，有效防范和化解金融风险、地方债务风险、房地产风险，营造公平有序的生产生活环境。探索实施社会稳定评估报告机制，排摸确定并动态调整社会治安、信访稳定、安全生产、生态环境四大类风险点和风险等级，做到防控在先、预警在前。全力推进安全生产无隐患管理企业创建工作，持续开展交通、消防、食品等重点领域专项整治，最大限度消除隐患，以更加坚实的基层基础创平安、保稳定、护发展。

培植乡风文明。在“五风五好五文明”示范点建设的基础上，全域化推进“最美家风+”建设活动，打造4条最美家风风景线，全方位展示好家庭、传播好家训、宣传好家风，形成文明乡风、良好家风、淳朴民风，促进社会和谐。

10．营造良好氛围，焕发从严治党新气象

以党的政治建设为统领，全面落实新时代党的建设总要求，不断提高党建质量，为全区高质量赶超发展提供坚强组织保证。

加强政治建设，永葆党的政治本色。研究出台领导干部政治标准评价办法，自觉把政治建设摆在首位，严守政治纪律和政治规矩，坚决做到“两个维护”。精心组织开展“不忘初心、牢记使命”主题教育。切实加强意识形态工作，建立每年一次的专项督查制度，坚守意识形态主阵地。整合基层服务资源，全面完成新时代文明实践中心、实践所、实践站、实践基地建设，构建文明实践中心建管用体系。坚持党对一切工作的领导，支持人大依法履行职责，支持政府放手开展工作，健全社会主义协商民主制度。

坚持实干导向，大力锻造铁军队伍。坚持以实绩论英雄、凭实绩用干部，大胆培养使用优秀年轻干部，大力推动干部“能上能下”，着力打造“四有”铁军。深入持续开展服务企业、服务群众、服务基层活动，不断提升全区各级干部的作风、能力和水平。落实关心关爱举措，进一步健全容错免责机制，为敢于担当的干部担当。继续高质量办好“四新讲堂”，提高领导干部综合素质和专业化水平。深入推进“互学互比助赶超”活动，开展季度亮晒比拼，营造比学赶超、争先进位的浓厚氛围。

夯实基层基础，切实筑牢战斗堡垒。抓深抓实“整镇提升”，加大先锋示范村创建、后进村整转力度，改造提升30个相对落后村（社区）阵地，建成5条党建精品示范带、5个示范群。选优育强村社头雁，完善村（社区）书记区级备案管理制度，推行不称职村干部“歇职教育”。切实发挥堡垒作用，通过第一书记驻村、部门联系、村企结对、区域抱团，加快欠发达村转化。整体提升学校、医院、国企等行业党建，着力打造“一系统一载体、一单位一特色、一支部一品牌”。深化完善“红色星期六”“六老六大员”“5分钟服务圈”等机制，推动党建工作与经济社会发展深度融合、同频共振。

持续正风肃纪，全面营造良好生态。按照项目化管理、标准化推进、多元化展示的方式，合力推进清廉南浔建设。深化纪检监察体制改革，强化派驻监督、拓展监察监督，抓好联动贯通，形成监督合力。扎实开展第四轮政治巡察，制订巡察工作“三规则一细则”，建立与省委巡视、市委巡察联动机制，强化巡察监督效果。紧盯重要节点、关键环节、重点领域和重要岗位，持续加大查处问责力度，严肃查处党员干部侵害基层群众利益、形式主义、官僚主义等突出问题，持续释放越往后执纪越严的强烈信号，保持正风肃纪反腐高压态势。

同志们，奋斗的征程，只有进行时没有完成时。让我们更加紧密地团结在以习近平同志为核心的党中央周围，始终保持奋进的姿态、奋斗的状态，一心一意谋发展，一五一十谱新篇，以优异成绩迎接中华人民共和国成立70周年！

政府工作报告

——在湖州市南浔区第四届人民代表大会第三次会议上

湖州市南浔区人民政府区长　杨卫东

2019 年 2 月 28 日

一、2018 年主要工作回顾

2018 年是改革开放 40 周年，面对深刻变化的宏观环境和艰巨繁重的发展任务，我们在市委、市政府和区委的坚强领导下，在区人大、区政协的监督支持下，紧紧围绕“聚力大赶超、实现新跨越”的奋斗目标，大力实施赶超跨越六大行动，较好地完成了区四届人大二次会议确定的主要目标任务。全区地区生产总值突破 400 亿元大关，同比增长 7.6%，财政总收入突破 60 亿元，其中一般预算收入 35.16 亿元，分别增长 20.8%和 20.6%；城镇和农村居民人均可支配收入分别达到 52743 元和 31564 元，增长 8.6%和 9.4%，社会消费品零售总额增长 9.7%，综合实力得到进一步增强。

（一）聚力“工业双千”，产业发展更具质量。大力实施企业上规行动，全年新增规模以上工业企业 355 家，成为全市首个规上企业超千家县区，规上工业增加值增长 8.7%、产值达到 792 亿元。持续开展木业行业整治和“低散乱”企业整治提升行动，淘汰企业 2057 家。加大工业技改力度，完成“机器换人”重点项目 91 个，新增工信部“两化”融合管理体系贯标试点企业 2 家，高端装备制造业列入国家级标准化试点。国家知识产权强县工程示范区通过评审，南浔智能机电高新园区通过省级联评联审，成功创建省级智能电梯产业创新综合体，新认定高新技术企业 24 家、省科技型企业 103 家、省级研发中心 8 家。休闲旅游、金融、电子商务等现代服务业提速增效，接待国内外游客 1979 万人次，金融业增加值达到 26.4 亿元，实现网络销售额 54 亿元，新增限上企业 35 家，服务业增加值增长 8.3%。开展企业“问难帮困稳增长”专项活动，为企业减免退税 11.52 亿元，新增上市公司 1 家、股份制公司 41家、“个转企”328 家、小微企业 1960 家。推进“南浔制造”品牌建设，参与制订国家标准 18 项，发布“浙江制造”产品标准 9 项，新增专利授权 2956 件，增长 69%。

（二）聚力“项目双百”，赶超动能更加强劲。制订出台项目引推攻坚“十条意见”，成立五大片区十大招商组，建立区四套班子领导带班招商机制。举办上海·南浔区域合作推进会，签约亿元以上产业项目 84 个，完成合同外资 4.47 亿美元，实到外资 1.51 亿美元，新认定市“大好高”项目 39 个、列入省市区长项目 5 个。70 个重点产业项目加速推进，约顿气膜、中氢新能等项目顺利开工，三行电气、德毅隆等项目竣工投产，完成投资 40 亿元。交通、水利等重点工程加快推进，浔练公路整治、湖盐公路（和孚段）拓宽工程顺利完工，“三高连接线”、南浔大桥改造、湖山大道等工程有序推进，和孚漾综合治理和三大圩区整治全面完成。平台承载力有效提升，智能电梯小镇入围省级特色小镇创建名单，开发区万亩大平台新拓展面积 241.3 公顷，菱湖、练市、双林等工业园区新增可利用面积 170 公顷，新开工小微企业园 15 个、竣工 5 个，成功列入 2019 年全省小微企业园建设提升实施主体。

（三）聚力要素保障，改革创新更有深度。全面推进“最多跑一次”改革，新政务服务中心投入使用，“跑一次”和“零上门”事项占比分别达 100%和 52.3%，满意率、实现率位列全省第一梯队、全市第一。“标准地 + 承诺制 + 一窗代办”工作机制基本建立，一般企业投资项目开工前平均审批时间缩短至 80 天，亨通光网项目成为全市首个承诺报备项目。坚持“亩均论英雄”，建立涵盖 4781 家企业的亩产数字地图，执行用电、用能等差别化政策。新供工业用地 172.4 公顷，超前三年供地总和。全区处置“五未”土地 478.6 公顷，完成耕地垦造 222.7 公顷、土地复垦 112.1 公顷，保障 132 个项目落地。绿色金融改革不断深化，新增社会融资 208.25 亿元，绿色信贷余额达到 111 亿元，南浔银行制订发布全国首个绿色金融产品地方标准，政府产业引导基金规模达到17亿元。出台人才强区新政，引进各类人才9956人，新建市级以上院士专家工作站5家、省级博士后工作站3家、海内外人才“飞地”2个，成立浙江中德智能制造创新研究院。评选出首届“南浔工匠”98名。

（四）聚力生态治理，全域环境更显优美。加快中心城区重点项目建设，頔塘南岸旧城改造工程全面开工，区人民医院新院区、巨人君澜酒店、锦绣学校二期等投入使用。完善文明城市常态化、精细化管理机制，探索建立“公安＋”联勤执法模式，南浔镇顺利通过国家卫生镇复评。大力推进小城镇环境综合整治，旧馆、三长等5个小城镇入选省级样板，获评省级小城镇环境综合整治先进县区。完成拆违490万平方米、旧厂房和旧住宅及城中村改造320万平方米，清理“一户多宅”2174处，成功创建“基本无违建区”。强势开展“浔绿卫士”执法行动，完成528家涉挥发性有机物“散乱污”企业清理整顿，$PM_{2.5}$平均浓度下降到每立方米41微克，空气优良率持续提升。全区出境断面水质均保持在Ⅲ类水以上，建成污水零直排区示范点28个，完成渔业尾水治理10933公顷，创建美丽生态河道200条，获评全省剿灭劣Ⅴ类水工作突出贡献集体。加强生活垃圾源头分类和资源化利用，建成生活垃圾接驳点31座、资源化处理站点24个，无害化处置能力得到有效提升。全面完成中央环保督察回头看和长江经济带生态环境保护审计共72项问题整改。

（五）聚力农民增收，乡村振兴更富活力。全力发展高效特色农业，设立1亿元农业产业基金，建成千亩现代渔业园区3个、跑道鱼养殖跑道300条、稻虾综合种养基地1333公顷，推广“红美人”柑橘示范基地200公顷。培育市级以上现代农业园区6个、农业龙头企业4家、示范性家庭农场16家。发布“南浔知味”品牌，与华润集团等达成产供销协作，在全省首创“三分六统”生产经营管理模式。成功创建省级农产品质量安全放心区。桑基鱼塘系统列入全球重要农业文化遗产。深化美丽乡村建设，新增省级美丽乡村示范镇2个，新建景观线2条、乡村小镇4个，创建美丽乡村24个，完成扩面提质54个。新建美丽乡村公路206千米，新增公路驿站4个，改造农村公厕526座。实施集体经济三年强村计划，全区村集体经济增收3.46亿元，增长18%，消除欠发达村50个。乡村经济蓬勃发展，新增AAA级旅游景区村庄4个，举办农事节庆活动20场，乡村旅游收入增长16.4%，石淙村列入中国美丽休闲乡村，民当村、商墓村入选省级休闲旅游示范村。农村承包地确权登记颁证基本完成，农村存量宅基地盘活利用改革试点有序推进。

（六）聚力民生改善，群众生活更为美好。全年民生事业支出24.48亿元，占一般公共预算支出60.9%。实施低收入群众三年奔小康工程，募集慈善捐款3458万元，帮扶困难群众9.6万人次，发放各类救助资金4120万元。新增城镇就业1.88万人，登记失业率2.33%，914名困难人员实现再就业。帮扶西部贫困地区创造就业岗位1.8万个，建档立卡人员到南浔就业418人。建成示范型居家养老服务中心5个、老年人助餐点172个、幸福邻里中心5个，残疾人、老年人意外伤害险全面覆盖，和孚镇卫生院开展医养结合试点，南浔镇入选国家智慧健康养老示范镇。实施义务教育布局调整，顺利撤并5所学校。完成45所中小学和幼儿园改造提升，规划建设幼儿园16所，开工建设8所。中考平均分保持全市第一，教育现代化发展水平名列全省第八、全市第一。医联体建设取得实质突破，浙江省人民医院南浔院区成功挂牌，每周下沉省专家48人次。菱湖人民医院主体工程完工，区公共卫生中心投入使用，基本公共卫生服务考核居全省第一。新建文化礼堂26家，举办基层文艺演出300余场，承办省运会跆拳道赛事，联合摄制《风再起时》电视连续剧。菱湖、双林入选中国历史文化名镇。社会综合治理能力不断提升，安全生产领域改革持续深化，建立全省首个跨省际安全生产联防联控机制，控制性指标持续下降。扫黑除恶专项斗争成效明显，摧毁涉恶团伙29个，抓获犯罪嫌疑人195名，刑事案发数同比下降6.7%，破获东迁“1994·10·7”命积案。圆满完成重要时段维稳安保任务，“平安南浔”建设有望实现十四连冠。

（七）聚力作风改进，自身建设更趋高效。坚持全面从严治党，认真履行主体责任和“一岗双责”，深入推进清廉南浔建设“政府清廉”工程，支持监察体制改革，严格贯彻落实中央八项规定精神，“三公”经费支出削减2.7%。自觉接受人大依法监督和政协民主监督，办理人大代表建议83件、政协委员提案126件，办结率、满意率均为100%。“12345政府阳光热线”等便民服务平台有效运作，受理群众咨询投诉25459起，群众满意率达98.54%。加强财政资金监管，实施预算编制双审制，政府债务率进入95%以下的绿色安全区。顺利完成政府机构改革，机构设置、职能配置进一步优化。严格落实编外用工和办公用房管理，公车平台平稳运行。法治政府建设深入推进，规范性文件、政府合同、重大决策合法性审查全覆盖，行政处罚、行政复议结果100%公开。

与此同时，人防建设、民族宗教、档案、统计、双拥、外事、台侨、红十字会、工青妇等工作都取得了新的成绩。

各位代表！过去一年的成绩来之不易，这是区委正确领导的结果，更是全区上下团结拼搏的结果。在此，我谨代表区人民政府，向辛勤工作在各行各业的全区人民，向给予政府工作大力支持的人大代表、政协委员、各民主党派、工商联、无党派人士、离退休老同志，向所有关心、支持、参与南浔发展的社会各界人士，表示衷心的感谢，并致以崇高的敬意！

回顾一年的工作，我们也清醒地认识到：全区经济总量仍然偏小，大项目带动力不够强，传统产业转型升级不够快；城市化进程相对缓慢，城市功能、品位和精细化管理水平有待进一步提升；重现"水晶晶的南浔"任重道远，治气、治水、拆违仍要继续努力；民生领域仍有不少短板，教育、医疗等优质资源供给依然不足；一些部门及工作人员的理念、能力、作风与形势发展还不相适应，少数领域的不正之风和腐败问题仍有发生。这些问题，我们一定采取有力措施，认真加以解决。

二、2019年主要工作

2019年是新中国成立70周年，是高水平全面建成小康社会的关键之年，也是南浔高质量赶超发展的乘势奋进之年。从外部环境看，长三角一体化发展上升为国家战略，南浔被纳入上海"1+10"同城化都市圈、"1+7"大都市圈，沪苏湖铁路即将全线开建，南浔正处在大有可为的历史机遇期。从内部因素看，南浔经济运行中高速增长的态势没有改变，产业转型升级产生的红利正在释放，干部群众干事创业的精气神日益昂扬，南浔比以往任何阶段更加自信和坚定。今年政府工作的总体要求是：高举习近平新时代中国特色社会主义思想伟大旗帜，深入贯彻庆祝改革开放40周年大会和中央经济工作会议精神，按照"八八战略"再深化、改革开放再出发的要求，主动对标市委"一四六十"工作体系，落实区委四届七次全会决策部署，坚持稳中求进工作总基调，坚持新发展理念，坚持推进高质量发展，坚持以供给侧结构性改革为主线，坚持深化市场化改革、扩大高水平对外开放，继续打好三大攻坚战，扎实开展"三服务"活动，突出稳企业、增动能、保平安，统筹推进稳增长、促改革、调结构、惠民生、防风险工作，"一五一十"谱新篇，高质量打造湖州"开放东大门、创业新高地"，以优异成绩庆祝新中国成立70周年。

根据区委经济工作会议精神，建议今年全区经济社会发展的主要预期目标为：地区生产总值增长8.5%；固定资产投资增长15%，其中工业性投入增长18%；财政总收入和一般公共预算收入均增长12%以上；规上工业增加值增长9.2%；社会消费品零售总额增长10%；城镇和农村居民人均可支配收入分别增长8.5%和9%；研发经费支出占GDP比重达2.92%；节能减排等约束性指标完成省市下达的目标任务。

为实现上述目标，要着力做好八方面工作：

（一）以重点产业项目为支撑，增强区域发展新动能

狠抓重大项目引推。坚持招商引资"一号工程"不动摇，围绕长三角、珠三角、北京等重点区域强化驻点招商，突出大项目带动、产业链拓展、产业基金助推，确保全年签约亿元以上产业项目100个以上，力争五十亿元以上制造业项目取得实质性突破，新增"大好高"项目40个。严把项目准入关，实施项目"三看六评一配置"预评估和承接统筹落地机制，建立平衡奖励政策。开展项目推进"三率"专项行动，确保亿元以上重点产业项目新开工60个、竣工38个以上，其中开工建设省市区长项目5个以上，完成投资100亿元以上。

推进产业平台升级。充分发挥重点平台辐射带动作用，着力形成"一区带多园、大平台带小载体"的发展格局。围绕争创国家级开发区，全力推进318国道两侧、园区内部、城中村等重点区域整治提升；加快万亩大平台征迁进度，确保新增熟地267公顷以上。加大练市、双林、菱湖、和孚、旧馆等工业园区改造提升力度，拓展更多产业发展空间。加快小微企业园建设，确保建成11个、投入运营5个。大力招引专业产业园，规划建设千亩级沪苏绿色智造产业园4个，引进"专精特新"企业200家以上。

提升开放合作水平。全力参与长三角一体化发展示范区建设，实施接苏融沪“1152”工程，深化与虹桥商务区、漕河泾开发区等合作，探索与上海共建产业合作园区。主动参与“一带一路”建设，构建产品自主销售渠道，探索建立一站式外贸综合服务平台，新增出口实绩企业55家，确保外贸出口增长10%、境外中方投资额5000万美元以上。全面打造高质量外资集聚先行区，加快建设中欧（南浔）国际产业合作园，力争实到外资2亿美元。促进产业集群跨境电商发展，新增跨境电商应用企业30家。

（二）以规上产值冲千亿为目标，迈上工业强区新台阶

推动企业培育梯度化。旗帜鲜明支持民营企业发展，健全政企常态化沟通与帮扶机制，让民营企业家有更多获得感、更大发展空间。全面落实更大规模减税、更明显降费举措，力争为企业减负15亿元以上。大力实施千名干部服务千企冲刺千亿工程，深入开展“凤凰行动”“雄鹰计划”，完善“新象新牛”“两个百强”工业企业评选机制，培育产值超10亿元企业12家以上、超50亿元企业2家以上，新增股份制公司20家、挂牌企业10家以上。深入实施小微企业“雏鹰计划”，完成“个转企”180家、“企升规”200家，培育“隐形冠军”企业5家以上。推进质量强区建设，参与制订国家标准或行业标准20项，新增“品字标”企业6家、“浙江制造”标准8项。大力弘扬浔商精神，实施“新生代”企业家培养计划，培训企业经管人才3000人次以上。

加快传统产业高新化。紧盯装备制造、绿色家居、金属新材、现代纺织等传统优势产业及“三电一板”等特色产业集群，实施重点技术改造项目100项，确保技改投入增长15%以上。强化科技支撑，新增高新技术企业30家、省科技型中小企业100家、省级企业研究院5家、省级以上研发中心10家，积极争创国家级电机特色产业基地、省级可持续发展创新示范区。深入实施印染、制革、电镀三大行业整治，关停淘汰“散乱污”企业847家以上，腾出用能空间1万吨标煤。推动产业绿色化发展，新增3家重点骨干企业产品通过绿色产品认证，绿色工厂占规上企业比例达80%。

促进新兴产业规模化。着眼于掌握未来产业竞争主动权，重点培育信息技术、人工智能、生物医药、节能环保等先导产业，确保战略性新兴产业增加值增长12%以上。培育壮大数字经济，推广应用工业互联网，实施企业上云600家、机器换人90项。积极培育本土企业总部，着力引进区域性总部和研发、营销、结算等功能型总部，加大创投基金、股权基金、财富管理机构等招引力度，力争新增星级楼宇2幢，税收亿元楼实现零的突破。提升现代服务业发展水平，推动更多资本投向工业设计、科技服务、健康养老、现代物流等领域，确保新增限上企业20家、服务业增加值增长9.5%以上。

（三）以集约节约高效为导向，激发体制机制新活力

持续推进“最多跑一次”改革。加快“最多跑一次”标准化、规范化建设，实施审批服务限时提速办结制，政务大厅审批服务整体提速30%以上，60%以上的事项15分钟内办结。积极打造“无证明区”，证明事项削减80%以上，80%以上的民生事项实现“一证通办”，政务服务事项100%开通网上办理。推进“一窗受理平台”向各镇延伸，实现镇级“市民服务之窗”全覆盖。深化涉审中介市场化改革，全面实施流程优化再造，确保实现一般企业投资项目赋码备案到竣工验收审批“最多90天”，实现企业开办全流程一日办结。

纵深推进“亩均论英雄”改革。精准开展新一轮企业综合评价，严格执行用电用气用水和税收、金融等差别化政策，全区规上企业亩均税收增长20%以上，实现亩均税收1万元以下低效企业出清，推动资源加快向优质企业集中。深化“五未”土地处置专项行动，确保消化批而未供土地67公顷、盘活存量建设用地67公顷、城镇低效用地再开发27公顷。提升供地水平和效率，落实工业用地指标200公顷。全面实施“标准地”制度，实现省级以上平台新增工业用地项目100%按照“标准地”出让，健全出让后全过程监管机制。

统筹推进其他领域改革。深化绿色金融改革创新，确保银行信贷余额不少于450亿元，新增贷款不少于80亿元，帮助500家以上企业在“绿贷通”上对接融资。支持国有经济做大做强，加强国有资产、资金和管理整合，鼓励混合所有制改革，提升产业基金运作绩效和投融资能力，力争三大国企资产、利税均实现快速增长。完成农业水价综合改革任务，争创省级示范县区。深入推进行政体制改革，实施行政类事业单位、综合行政执法等改革。

（四）以拥抱高铁时代为契机，构筑城市发展新格局

提升城市品质。突出规划引领，加强高新园区、高铁片区、頔塘北岸等重点区域城市设计，促进“多规合一”“产城融合”。全力推进頔塘南岸旧城改造工程，确保完成总工程量的50%，城市阳台区块主体结顶。抓好城市绿道和地下管网建设，高品质打造水乡文化公园、江蒋漾公园，新增公共绿地20万平方米，建成绿道10千米，新改建城镇污水配套管网40千米。注重空闲地开发利用，优化布点公共停车场、街角小品，新增停车位3000个、港湾式停靠站50个、美丽公厕10个以上。

注重精细管理。巩固提升全国文明城市创建成果，深化“城警联勤”机制，提升城市管理精细化、网格化、智能化水平。依托“数字城管”“雪亮工程”“物联网智慧安防”等平台，打通数据壁垒，促进信息技术在公共安全、交通、旅游和城市管理等领域广泛应用。完善公共交通，调整优化公交线路，解决部分区域群众出行难问题。有序开展物业管理与社区管理一体化建设，加快推进既有多层住宅加装电梯。深化环卫作业市场化运作，深入实施单位生活垃圾强制分类，创建高标准生活垃圾分类示范小区5个。

打造人才高地。深入实施人才强区新政，引进大学生及其他各类人才1万人以上、领军型创新创业团队和人才项目48个，新增院士专家站2家。注重管理型、经营型、专业型实用人才引育，继续选树一批“南浔工匠”，培育高技能人才1650人，创建技能大师工作室5个。推动产学研深度融合，谋划引进高职院校，吸引科研院所、研发团队落户南浔，新增高校人才工作站10个。打造创新创业平台，加快开发区科技成果转化园建设，新增众创空间10家。

完善基础设施。坚持把政府性投资放在经济发展重点领域和重大民生项目上。推进建材市场扩容、新南浔中学工程建设，开工建设区中医院、区福利中心项目。实施交通“1285”工程，加快南浔综合交通枢纽建设，开工建设南浔至临安公路、湖盐公路扩建、三新公路（双林段）提升等工程，做好苏台高速、“四高”连接线、织菱公路、211省道北延工程等项目前期工作。加快建设南浔综合物流园区，提升河海联运水平。推进城市燃气管道建设与改造，完成220千伏南浔变输变电工程，新增电动汽车充电桩60个。

（五）以全域生态示范为引领，重塑江南水乡新风貌

优化空间布局。全面开展全域土地综合整治，严格控制农村建设用地规模，实施综合整治精品示范项目3个，加快实现耕地集中连片保护、建设用地集约高效。持续推进农村存量宅基地盘活利用改革试点，坚决清理“一户多宅”，杜绝“未拆先建”，确保复垦土地200公顷以上。完善乡村规划建设机制，鼓励整村盘活、集中安置，提升区域整体风貌。

建设美丽村镇。高质量推进“十线十景十小镇”，新建景观线2条、乡村小镇4个，完成美丽乡村建设30个、扩面提质13个，市级美丽乡村实现全覆盖，争创省级美丽乡村示范县区。进一步健全落实农村卫生保洁、绿化养护、生活垃圾分类处理等长效管理机制。打好小城镇环境综合整治收官战，确保练市、菱湖、马腰等5个小城镇通过省级考核验收。打造“四好农村路”示范县区，完成农村公路等级提升150千米、危桥改造15座以上。

深化环境治理。打好蓝天保卫战，全过程监控涉挥发性有机物重点企业，实现“散乱污”企业动态清零。强化道路、工地扬尘管控，扩大中心城区货车禁行范围，力争空气优良率达80%以上、$PM_{2.5}$平均浓度稳定在每立方米35微克以内。打好碧水保卫战，全域创建污水零直排区，实现截污纳管和渔业养殖尾水治理全覆盖。全面实施“百漾千河”工程，加快杭嘉湖北排通道工程前期工作，完成71个美丽乡村河道治理。积极争创“无违建县区”，强化违法建筑管控，创建无违建道路11条、无违建河道9条。持续抓好污染土地管控、修复和安全利用。对环境违法行为依法实施顶格处罚、按日计罚，严格执行环境执法“九项铁规”。

（六）以做强高效农业为抓手，谱写乡村振兴新篇章

大力发展现代农业。实施农业产业规模化发展三年行动计划，发挥1亿元农业产业基金的引领作用，打造稻虾综合种养、红美人柑橘等六大万亩现代农业园区。加快渔业转型升级，建成现代渔业示范园区10个、美丽渔场50个，推进西部绿色生态渔业园区争创国家现代农业园区、大虹桥粮食生产功能区争创国家级稻虾种养示范区。强化科技惠农，新建博士工作站2个、科技示范基地10个、科技示范户400户以上。积极争创国家级农产品质量安全区，新增绿色食品基地107公顷、省级农业品牌2

个以上。

深化强村富民工程。拓宽村集体经济增收渠道，实施集体联建物业项目8个，确保消除欠发达村18个，全区村集体经济收入增长15%以上。积极培育农业经营主体，新增市级以上农业龙头企业5家、家庭农场100家以上，建成扶贫基地67公顷。大力发展农村电商，新建农村淘宝站点20个，农产品网络销售额达到1亿元以上。加强金融支农服务，全面推广"两美"农合贷、"粮农贷"等金融产品，新增涉农贷款2亿元。

创新推进乡村治理。完善自治法治德治"三治结合"乡村治理体系，全域推进"最美家风+"建设活动，新建文化礼堂28个，打造最美家风风景线4条。普及农村法律服务，市级以上民主法治村（社区）创建率达80%以上。开展"乡贤还巢"计划，积极引导乡贤回乡争当"新农人""农创客"，以乡贤文化推动乡村治理。实施乡村振兴人才培育工程，培养造就一支懂农业、爱农村、爱农民的"三农"工作队伍。

（七）以南浔古镇复兴为核心，打造文化旅游新高地

高起点谋划古镇复兴。以创建国家级旅游度假区为目标，完成水系修复设计规划，高起点打造集会议会展、特色民宿、科技文创、游客集散为一体的古镇北部景区。规模化推进重点项目建设，开展宝善街、丝行埭、南西街等街区综合整治，完成丝绸码头、东园、宜园修复等工程，打造东大街特色历史文化街区。积极谋划旅游精品路线，丰富产品业态布局，确保引进高端民宿和主题酒店30家、文创企业30家以上。

高标准推进全域旅游。以创建国家全域旅游示范区为目标，全力打造水乡田园型休闲旅居目的地，确保游客接待量、旅游总收入均增长20%以上。优化乡村旅游载体，启动建设頔塘至含山等水上游线，培育国家AAA级旅游景区村庄2个、省级旅游风情小镇1个，石淙蚕意花海争创国家AAAA级旅游景区。围绕"南浔乡村四季游"主题，精心策划古镇人家、花海农场、笔墨风情、鱼羊美味等民俗文化活动。推进旅游标准化试点，完善通景公路、旅游公厕、停车场等配套设施，提升旅游整体形象。

高站位打造文化品牌。深入挖掘历史脉络和文化基因，全力建设文化传承标杆区。发挥大运河、桑基鱼塘两大世界遗产综合效应，积极申报第五批国家级非遗名录，建成非遗大师工作室10个，区非遗展览馆对外开放。实施文脉修复工程，推进张宅、邱宅、双林三桥等历史建筑保护性开发，新建城市书房1家、特色文化驿站5个。立足"湖丝、湖笔、绫绢"等特色资源，促进传统经典与文化产业深度融合，加快影视制作、创意设计、文化会展等产业发展。

（八）以共享美好生活为追求，增进人民群众新福祉

不断加强社会保障。打好低收入人群增收攻坚战，提高结对帮扶标准，减少低收入群众8700人。精准开展就业服务，开辟创业担保贷款绿色通道，新增城镇就业1.5万人，确保城镇登记失业率控制在3.5%以内。深化社保惠企便民改革，完善多层次社会保障体系。扩大镇卫生院医养结合试点，推进智慧居家养老服务，建成示范性老年食堂10家。自觉扛起东西部扶贫协作和对口支援的政治责任，加快南浔·广安产业园等项目建设，携手"小平故里"奔小康。

着力优化公共服务。协调推进教育、卫生事业优质均衡发展，为群众提供更高质量的公共服务。实施第二阶段义务教育布局规划调整，继续开展"美丽校园"八大工程，加快推进横街中学、庆同小学、重兆小学等项目建设，争创省教育现代化区。深化"县管校聘"改革试点，实施中小学教育质量提升行动计划，争创省学习型城市。组建南浔实验幼儿园教育集团，力争新开工幼儿园6所、完成建设8所。深入推进"健康南浔"建设，深化公立医院改革，组建南浔区医疗集团，推动与省人民医院深度协作，努力将区人民医院打造成为"浙北地区一流县级医院"。完善分级诊疗，提升责任医生签约服务质量，基层医疗机构就诊比例达70%以上，区域内就诊率达90%。

持续深化社会治理。深入推进"平安南浔"建设，不断创新智慧管理和社会治理模式，确保"保鼎晋位"。深化"基层治理四平台"和"全科网格"建设，全面提升基层社会管理和服务群众水平。推进信访法治化建设，完善社会矛盾源头预防和调处化解综合机制。巩固"南浔无欠薪"创建成果，严厉惩戒企业欠薪失信行为。全面实施安全生产综合治理三年行动计划，强化消防、危化品、危旧房、道路交通、食品药品等重点风险隐患防控，创新开展安全生产"无隐患"企业、"无隐患"美丽公路等创建工作，确保事故起数、死亡人数和单位生产经营活动死亡人数持续下降。大力实施放心消费行动，

培育放心消费示范单位240家，推动1000家餐饮单位达到“厨房革命”标准，争创省食品安全县区。纵深推进扫黑除恶专项斗争，深挖彻查黑恶犯罪“关系网”“保护伞”，不断净化社会治安环境。

与此同时，继续加强国防动员、人防建设和退役军人服务管理，支持工青妇等群团组织发展，认真做好民族宗教、档案、统计、外事、台侨、红十字会等各项工作。

三、政府自身建设

各位代表，幸福是奋斗出来的，赶超发展是干出来的。面对新任务、新挑战，我们必须大力打造政府铁军，大力弘扬实干精神，努力营造有激情、重实干、强落实的工作氛围，切实担负起赶超跨越发展的责任和使命。

*（一）必须抢抓机遇，提振信心再出发。*信心来自战略地位的提升，长三角一体化、“1+7”大都市圈等国家战略的实施，为我们提供了重大历史性机遇。沪苏湖铁路、苏台高速等重大交通基础设施的建设，为南浔构筑了更加开放的发展格局。信心来自历史的积淀，南浔是一片神奇的土地，不乏创造奇迹的沃土，拥有产业、古镇、文化三大突出优势，既有项目生成、转型升级的硬支撑，也有创新创业、厚积薄发的软环境。信心还来自奋斗的底气，两年来，我们促转型、优环境，打赢了多场攻坚战、翻身仗，在全市树立了新形象。实践证明，南浔的干部是能征善战、敢于作为的。今年也是南浔建区16周年，我们要整好行装再出发，加速转化发展优势，为南浔献上一份成年大礼。

*（二）必须注重统筹，紧盯重点再发力。*要让项目多多益善，赶超发展关键是项目，要一以贯之、久久为功，紧紧咬住“项目双百”目标不动摇。要让形象日新月异，建好美丽乡村，努力再现“蓝天白云、清水绿岸、鱼翔浅底”的水乡风貌；建好现代城市，努力打造整洁有序、功能完善、高端大气的魅力之城。要让百姓感到幸福，坚持从群众获得感角度去思考和谋划工作，用绣花的功夫，兜好底、织好网，努力干好民生实事和关键小事。

*（三）必须只争朝夕，破难攻坚再提速。*在工作速度上做到又好又快、能快则快，又好又快才能赶超跨越，以高效率赢得高速度，以快节奏换来快发展。在工作力度上做到全面发动、全力以赴，发扬“牛刀工作法”，凝聚攻坚合力、形成强大声势，确保说一件、干一件、成一件。在工作深度上做到谋事在先、统筹兼顾，学会“弹钢琴”“转盘子”，增强大局意识、系统思维、风险意识，推动各领域工作既整体协同又重点突出、既全面协调又施治有序。

*（四）必须求真务实，转变职能再深入。*要树立过紧日子的思想，坚决遏制隐性债务增量，妥善化解隐性债务存量，取消低效支出，压缩一般性支出10%以上，勤俭节约办一切事情，反对铺张浪费，用政府的“紧日子”换取群众的“好日子”。要弘扬求真务实之风，出台以“实绩论英雄”促赶超跨越出成效的考核办法，开展绩效比拼活动，把更多精力用在抓落实、干实事上。要聚焦解难帮困，扎实开展“服务企业、服务群众、服务基层”活动，当好服务企业和群众的“店小二”。对事关改革发展、基层期盼的重要事项，我们不能简单讲“不行”，而是要创新思维想方设法讲“怎样才行”。要健全激励机制和容错纠错机制，更加关爱干部，努力为基层减压松绑。

*（五）必须持廉守正，作风建设再优化。*认真落实全面从严治党主体责任和“一岗双责”，坚决把纪律和规矩挺在前面，严格落实中央八项规定精神，驰而不息纠正“四风”，坚决破除形式主义、官僚主义。主动接受区人大依法监督、区政协民主监督和监察监督、司法监督、审计监督、舆论监督，畅通群众建言献策和批评监督渠道。用法治思维和法治方式破解发展难题，守牢“亲清”底线，努力形成“办事不求人”的社会氛围。严格执行“三重一大”集体决策制度，强化项目全程稽核和资金绩效管理。保持惩治腐败的高压震慑，突出工程招投标等领域监管，高标准推动“清廉南浔”建设。

各位代表，奋进新时代，新的答卷正等着我们去书写。让我们更加紧密地团结在以习近平同志为核心的党中央周围，高举习近平新时代中国特色社会主义思想伟大旗帜，在中共南浔区委的坚强领导下，紧紧抓住大有可为的历史机遇期，全力依靠全区人民，不忘初心、牢记使命、锐意进取、埋头苦干，以更好的发展实绩迎接新中国成立70周年！

湖州市南浔区人民代表大会常务委员会工作报告

——在湖州市南浔区第四届人民代表大会第三次会议上

湖州市南浔区人大常委会主任　梅爱祥

2019年3月1日

过去一年主要工作

2018年，在中共南浔区委的坚强领导下，常委会高举习近平新时代中国特色社会主义思想伟大旗帜，全面贯彻党的十九大和区委四届四次全会精神，坚持党的领导、人民当家做主、依法治国有机统一，紧紧围绕“聚力大赶超、实现新跨越”的奋斗目标，按照“服务大局更有为、依法履职更有效、代表工作更有位、自身建设更有力”的总体要求，切实履行宪法法律赋予的职能，为推进南浔赶超跨越发展和民主法治建设做出了积极贡献。

一、保持政治定力，牢牢把准履职方向

常委会始终坚持党的领导，提高政治站位，增强政治自觉，按照“区委有号召、人大有行动”的要求，紧贴中心大局，聚焦大事要事，依法有效履职，积极担当作为。

1. *坚决贯彻区委决策*。始终坚持党的领导，自觉把党的领导贯穿于人大工作的全过程、落实到依法履职的各方面，坚持在全区的工作大局中谋划和推进人大工作，及时将区委决策依法转化为全区人民的共同意志。坚持和完善重大事项向区委请示报告制度，出台《关于向区委请示报告重大事项的实施办法》，规范区人大常委会党组向区委请示报告重大事项的具体内容、流程和要求。积极争取区委重视和支持，配合区委出台《关于全面开展“五星级”人大代表联络站争创活动的指导意见》《关于建立区人民政府向区人大常委会报告国有资产管理情况制度的意见》。

2. *坚守履行法定职责*。按照区委决策部署，强化责任担当，依法履职尽责，切实为南浔赶超跨越发展用好法定之权。一年来，依法召开常委会会议8次、主任会议16次，听取和审议专项工作报告36项，作出决议、决定和审议意见等17项，开展重点执法检查5次。按照党管干部与依法任免相结合的原则，修订任免办法，完善任前见面、供职发言、审议表决等流程，任免国家机关工作人员114人次，组织任命人员进行宪法宣誓。认真落实区委要求，依法有序、积极稳妥地做好机构改革有关工作。

3. *坚持助推中心工作*。根据区委部署安排，常委会班子成员主动承担，积极参与中心工作，采取代表专题调研、会议专项审议、持续跟踪监督等形式，积极发动区、镇两级人大和广大代表，全力助推工业经济“双千”工程、木业行业“四无五违”整治、“最多跑一次”改革、农村宅基地盘活利用、低效土地再开发等中心工作，为解决全区重点难点问题建言献策，提出的有关建议意见得到区委、区政府主要领导的批示肯定。常委会班子成员牵头和参与五大片区选商引资、重点产业协调等中心工作，认真履行“六联”“河长制”“路长制”等职责，深入联系服务项目、企业、村，帮助协调解决问题。积极推动和孚卫生院医养结合试点工作，取得明显成效。

二、增强监督合力，有效助推赶超跨越

常委会始终坚持把握监督重点热点，注重监督方式方法，体现监督力度深度，形成合力之势，助推“一府一委两院”工作。

1. *深化经济转型监督*。开展“十三五”规划纲要及9个重点专项规划实施情况中期评估调研，听取政府中期评估报告，作出审议意见，每年审查南浔城区规划实施和安排，推动规划高质量实施。召开半年度政情报告会，密切关注全区经济运行状况。每季度对政府重大投资项目进行督查，专题审议水利工程建设和管理情况，跟踪督查农业产业化发展审议意见办理落实情况。开展国有资产管理专题调研，规范国有资产管理。严格落实省、市人大关于强化政府性债务监督的有关要求，清理撤销政府性融资批复6个，调研乡镇债务化解情况。加强对政府专项资金运行管理的监督，专项督查2017年以来全区农业农村政策资金使用绩效。探索开展项目和预算审查在线监督，促进财政预算审查监督实时化、公开化。

2．深化法治建设监督。深入学习宣传和贯彻实施宪法，出台指导意见，举办专题讲座，开展主题活动，切实增强宪法意识和法治观念。促进严格执法和公正司法，专题调研全区公安工作，审议政府2017年度法治政府建设工作情况报告；调研我区基本解决执行难工作，采取座谈汇报、观摩执行、案件评查等方式，全面了解现状，听取工作报告，作出审议意见；出台关于支持检察机关提起公益诉讼工作的意见，深入推进公益诉讼工作。贯彻新修订的监察法，支持区监委依法开展工作。开展“七五”普法中期检查和“双禁”、电梯使用安全、市容环境卫生管理、社会养老服务、妇女权益保障、反家庭暴力等执法检查，确保法律法规贯彻落实到位。切实做好23件规范性文件的备案审查，维护法制统一。出台人大信访工作办法，依法做好群众来信来访工作。

3．深化民生实事监督。完善民生实事项目“群众提、代表决、政府办、人大评”工作机制，在2018年年初人代会上首次票决确定民生实事项目，年中半年度政情报告会上听取审议推进情况，首次开展实施情况满意度测评；广泛开展2019年民生实事项目建议征集工作，常委会班子成员赴代表联络站，召开座谈会13次，接待代表群众243人次，征集建议246条，梳理汇总出7个方面22条建议，集中移交政府。开展固废污染防治“一法一条例”上下联动执法检查，共抽查生活垃圾分类、工业固废、农业废弃物以及危废企业点40余处，发现8个共性问题和43个具体问题，形成首个问题清单式监督意见，“跟单”督查“对账销号”。落实生态环境报告制度，实现区、镇两级人大听取审议专项工作报告全覆盖。密切关注食品安全、学前教育、养老保障、城乡公交、小城镇环境综合整治、“污水零直排区”创建、中心城区内河水质提升等群众关注的热点难点问题，跟进监督、跟踪问效。

三、激发代表活力，充分发挥主体作用

常委会始终坚持代表的主体地位，着力在保障代表依法履职上下功夫，让代表真正成为人大工作的力量之源、智慧之源、活力之源，不断擦亮我区代表工作“金名片”。

1．积极深化平台拓展。深入推进“五星级”代表联络站建设，出台指导意见，制订地方标准，以“五化”要求全面推进，并在全市推广，《人民代表报》头版头条进行宣传报道，以我区这一经验做法为主要内容的典型案例获评首届“浙江人大工作与时俱进奖”。注重因地制宜、深挖特色，打造“一站一品”，旧馆镇老娘舅工作室的做法在全市推进大会上交流。深化“双联系”制度，开展“局长走进代表联络站”活动，与群众面对面沟通、点对点交办，共接待代表选民162人次，梳理意见建议71件，现场解决问题32个，跟踪推进项目39个，进一步推动区委重大决策部署贯彻落实，密切政府部门与代表群众的联系，相关做法得到了中央主流媒体的点赞和市人大主要领导的批示肯定。

2．积极创新工作载体。按照区委关于基层治理“四个平台”建设的部署要求，组织各级代表担任“五大员”，制订代表参与“四个平台”建设流程图，助力打造共建共治共享社会治理格局，相关探索实践在新华社领导内参刊登，并得到了省委主要领导的表扬肯定。为了更好地激发代表活力，2018年在全区各级代表中开展争创“四有”代表活动，根据代表履职实绩，评选16位“四有”主题实践履职积极分子，引领代表对标履职、“双岗”建功。

3．积极完善履职机制。抓实代表建议督办，健全完善工作机制，出台《区级单位人大议案建议办理工作考核细则》，紧盯过程、狠抓解决，全面提升建议件办理实效。区四届人大二次会议期间代表提出的83件建议件，在法定期限内全部办理完毕，代表满意率达100%，问题解决率同比提高10个百分点。从严从实强化代表履职管理，健全代表接待选民、联系选民、代表小组活动、履职考核等多项制度，制订出台代表履职积极分子等考核办法，以机制完善促代表履职规范，以考核标尺强代表履职担当。开展在浔市人大代表述职评议工作，在常委会会议上听取15位代表述职汇报，现场进行评议，逐步推动代表履职公示，激励代表依法为民履职。

四、提升素质能力，切实加强自身建设

常委会始终把加强自身建设摆在重要位置，着力加强思想、作风和廉政建设，不断提高依法履职的能力水平，建设更加坚强有力的工作机关和代表机关。

1．狠抓学习不放松。健全常委会党组和会前学法制度，开展9次党组学习、6次常委会专题讲座，推进学习常态化、制度化。深入学习贯彻习近平总书记关于坚持和完善人民代表大会制度的重要思想，深刻领会“十个坚持”的精髓要义，自觉用以指导和推进新时代人大工作。及时传达贯彻中央和省、市、区委重要会议精神，确保党委的各项重大决策部署在人大工作中得到不折不扣的贯彻落实。加强人大制度理论和工作宣传，通过精心选题、主动领题、注重解题，完成重点调研课题11篇；全年市级及以上媒体共录用宣传信息297条，其中国家级47条，省级54条，首次在《人民日报》、新华社等重要媒体上唱响南浔人大工作“好声音”，我区人大信息工作连续三年被评为全省先进集体。

2．狠抓作风不懈怠。建立完善改进作风、密切联系群众的长效机制，坚持“双联系”制度，深入基层开展走访调研，帮助基层解决实际困难。深入推进人大信息化建设工作，在全市率先实现主任会议、常委会会议无纸化信息服务全覆盖，创新建立政府重大投资项目与预算在线监督管理平台，进一步完善人大网站、微信公众号及“代表履职”App功能，有效利用信息化技术让人大履职更便捷、更开放、更高效。开展“一委室一乡镇一品牌”创建活动，注重发挥各委室作用，密切与镇（开发区）人大的联系，不断提高区、镇两级人大的整体水平。

3．狠抓廉政不松弛。深入贯彻推进清廉南浔建设的要求，落实全面从严治党主体责任，主要领导担负起“第一责任人”职责，班子成员履行好“一岗双责”，层层抓好研究部署和谈心谈话工作，进一步压实党风廉政建设责任。按照中央八项规定及其实施细则精神和省、市、区委有关要求，加强党风廉政建设警示教育，开展“党性党纪教育一刻钟”活动24次，落实廉洁自律各项规定，督促常委会机关党员干部廉洁自律、树好形象。

各位代表，一年来，常委会各项工作取得的成绩，是区委坚强领导和市人大常委会精心指导的结果，是常委会组成人员和全体代表共同努力的结果，是区政府、区政协、区监委、区法院、区检察院支持配合的结果，也离不开区级各部门、各镇（开发区）和全区人民、社会各界的大力支持。在此，我谨代表区人大常委会，表示衷心的感谢并致以崇高的敬意！

在看到成绩的同时，我们也清醒地认识到，对照宪法和法律的规定，对照党和人民群众的期盼，常委会的工作还存在一些差距和不足，主要是：对重大事项决定权的行使还需进一步规范，依法监督的刚性和实效性还需进一步增强，服务保障代表履职的举措还需进一步强化，常委会自身建设还需进一步加强，等等。这些都需要我们在今后的工作中予以改进。

2019年主要任务

2019年是新中国成立70周年，是高水平全面建成小康社会关键之年，是地方人大设立常委会40周年，也是南浔赶超跨越的承上启下之年。区委将召开人大工作会议，对新时代全面推进我区人大工作和建设作出部署。站在新的历史起点，今年区人大常委会工作的总体要求是：高举习近平新时代中国特色社会主义思想伟大旗帜，以习近平总书记关于坚持和完善人民代表大会制度的重要思想为引领，深入学习贯彻中央和省、市、区委全会精神，在区委的坚强领导下，紧扣“一五一十”工作部署，聚焦中心工作、聚力依法履职、聚合代表力量，知责思为、知任图进，勇于创新、敢于担当，为高质量打造湖州“开放东大门、创业新高地”做出新贡献。

一、扛起政治责任，牢牢把握人大工作新方位

人大既是权力机关、民意机关、代表机关，更是政治机关。常委会必须旗帜鲜明讲政治，牢固树立“四个意识”，切实增强“四个自信”，认真落实“两个维护”，保证人大工作正确政治方向。

1．坚持党的领导不动摇。坚持党的领导是做好人大工作的根本政治保证。常委会要自觉把党的领导贯穿于人大工作的全过程，始终同区委方向一致、目标一致、步调一致，真正做到区委的决策敲定到哪里，人大的工作就跟进到哪里；区委的重心摆放在哪里，人大的履职就推进到哪里；区委的主题明确到哪里，人大的力量就汇聚到哪里，确保人大各项工作体现区委意图、紧跟区委部署。协助区委召开人大工作会议，积极谋划提出加强和改进新时代人大工作的思路举措。

2．坚持服务发展不动摇。围绕中心、服务大局是人大的职责所系、使命所在。常委会要主动融入发展大局、精准聚焦发展大局、全力推动发展大局，围绕“一五一十”工作部署，扎实开展“三服务”活动，多摸基层一线实情，多献务实可行之策，助力稳企业、增动能、保平安，在依法监督、重大事项决定、人事任免等方面做到合力合拍，及时把区委决策转化为全区人民的共同意志。

3．坚持履职为民不动摇。推动民生改善、增进人民福祉，是人大履职的根本归宿。常委会要认真践行以人民为中心的发展思想，把人民群众所思所盼作为人大工作的“指南针”“风向标”，努力使人大工作贴近民生、顺应民意。坚持民有所呼、我有所应，对代表呼声高、社会反映强烈、与人民群众生活密切相关的问题，要高度关注，及时回应，抓好督办，努力让人民群众在共建共享发展中有更多的获得感、幸福感和安全感，不断提高人大工作的“含金量”。

二、发挥职能优势，不断增强人大监督新实效

依法监督、助推发展，是做好人大工作的题中要义。常委会要遵循“党委所需、政府所急、群众所盼、人大所能”的原则，坚持正确监督、有效监督，在履职中展现作为。

1．*围绕中心工作加强监督*。助推经济转型升级，听取关于打造创业创新科技新平台、助推小微产业园转型发展的情况报告，开展乡村旅游业与民宿经济发展情况调研。助推城乡统筹发展，听取审议全区美丽乡村建设和管理情况的报告，跟踪监督关于重点水利工程建设与管理工作审议意见办理落实情况，持续关注中心城区年度规划实施和安排，调研全区城镇建设管理工作。深化财经监督，加强重点支出预算和政策审查监督，全面推行政府重大投资项目与预算在线监督，深入开展人大预算联网监督，坚持完善政府报告国有资产管理情况制度，持续关注政府性债务化解，专题督查美丽乡村建设、小城镇环境综合整治等政府重大专项资金使用情况，重视财政专项审计问题整改落实。

2．*围绕民生热点加强监督*。把民生实事项目作为监督重点，完善“年初票决、年中督查、年底测评”工作体系，督促区政府及各责任单位切实履行承诺，强化责任担当，努力提高民生实事项目办理的质量与效果。听取审议关于南浔中心城区基础教育资源布局规划情况的报告，专题调研“健康南浔”建设和残疾人权益保障工作，高度关注“厨房革命”专项行动推进情况，跟踪监督“污水零直排区”创建工作监督意见的办理落实，增进民生福祉。认真抓好人大信访工作，加大对信访件的督办落实力度。

3．*围绕法治建设加强监督*。按照区委部署要求，以“聚焦扫黑除恶，打造最优营商环境”为主题，开展“召开一场代表问政会、组织一次主题活动、旁听一起案件庭审”为主要内容的“三个一”专题监督活动，让群众安居乐业、企业安心发展。听取区政府“七五”普法决议贯彻实施、法治政府建设和区检察院公益诉讼等报告，持续跟踪区法院基本解决执行难工作，开展农产品质量安全法、大气污染防治“一法一条例”、美丽乡村建设管理条例、文明行为促进条例等执法检查。加强规范性文件备案审查，努力营造良好法治环境。

三、强化履职保障，努力实现人大代表新作为

代表工作是人大工作的基础。常委会要把服务代表履职、发挥代表作用作为重点工作来抓，不断完善代表工作机制，激发代表履职活力，努力把我区代表工作这张“金名片”做得更实、擦得更亮。

1．*平台建设再深入*。按照“学习之家、履职之所、活动之地、凝心之寓”的总体目标，坚持建、管、用并举，不断深化“五星级”代表联络站建设，加快提升代表联络站规范化、标准化、信息化水平；坚持规范日常运作，持续抓好联络站站长、社情民意信息员两支队伍建设，更好发挥代表联络站主渠道、主阵地、主平台作用。对乡镇联络站特色做法进行总结提炼、及时宣传推广，致力打造代表联络站活动机制“一站一品”。

2．*服务保障再优化*。着力密切“两个联系”，推进领导干部代表走进代表联络站常态化，推动“局长走进代表联络站”活动制度化。组织代表深度参与基层治理“四个平台”建设，以实际行动积极参与中心、服务大局。扎实办好《民声传递》和《代表建议》，进一步畅通闭会期间代表履职渠道，有力支持保障代表履行职务。强化代表风采“线上＋线下”宣传，致力提升南浔人大代表的美誉度和影响力。

3．*履职实效再提升*。加强代表履职电子档案建设，推动代表小组活动经常化，形成“规定动作”一个不少，“自选动作”各有特色的全员履职态势。强化代表“智慧履职”培训，依托“代表履职”App、人大微信公众号等载体，让线上履职真正成为代表履职的常规手段。注重代表议案建议的办理答复，完善部门议案建议办理落实考核细则，加强办后跟踪问效，以提高解决率为目标，推动代表议案建议办理工作从“答复型”向“落实型”转变。

四、对标“两个机关”，有效集聚人大事业新动能

常委会要按照党的十九大提出的“两个机关”要求，以更高的标准、更严的要求、更优的作风，不断加强自身建设，积极推进人大工作全面提升。

1．崇尚学习之风。按照新形势、新任务对人大工作的新要求，始终把学习放到突出位置，深入贯彻落实中央和省、市、区委决策部署和重要会议精神，做到在政治学习、政策理解上多用心，在学法、用法上多用功，在调研、落实上多用劲，切实增强常委会及机关人员的政治素质、法律素养和工作能力，努力提升履职水平。

2．弘扬务实之风。以工作创新提升履职成效，以作风建设塑造机关形象，以上下联动凝聚工作合力，坚持从实处着眼、用实干考量、用实绩说话。加强标准化建设，完善各项制度，健全工作体系，发挥专委作用，进一步提升常委会及机关工作水平。加强信息化建设，全面推行政府重大投资项目与预算在线监督，拟在区四届人大四次会议上实现无纸化审阅。加强规范化建设，加大指导力度，进一步提高镇（开发区）人大整体水平。

3．永葆清廉之风。落实全面从严治党主体责任，把纪律和规矩挺在前面，进一步加强党风廉政建设，细化落实“一岗双责”，高标准落实好中央八项规定及其实施细则精神和省、市、区委有关要求，紧盯“四风”的新形式新表现，驰而不息正风肃纪，着力塑造清廉人大良好形象。

各位代表，新时代标注新方位，新起点开启新征程。让我们更加紧密地团结在以习近平同志为核心的党中央周围，在中共南浔区委的坚强领导下，不忘初心、牢记使命，勇于担当、恪尽职守，奋力谱写新时代南浔高质量赶超跨越发展的新篇章，以优异成绩庆祝中华人民共和国成立70周年！

政协第三届湖州市南浔区委员会常务委员会工作报告

——在政协第三届湖州市南浔区委员会第三次会议上

南浔区政协主席　孙根祥

2019年2月27日

一、2018年工作回顾

2018年是贯彻落实中共十九大精神的开局之年，是改革开放40周年，也是三届区政协全面履职、创新发展的关键之年。一年来，区政协常委会在中共南浔区委的坚强领导和上级政协的大力指导下，坚持以习近平新时代中国特色社会主义思想为指导，全面贯彻落实中共十九大精神、习近平总书记关于加强和改进人民政协工作的重要思想以及省、市、区委全会精神，紧紧围绕“聚力大赶超、实现新跨越”的奋斗目标，牢牢把握团结和民主两大主题，着力构建“13456+”协商议政新格局，圆满完成了区政协三届二次会议确定的各项任务，为谱写南浔赶超跨越新篇章凝聚共识、凝聚智慧、凝聚力量。

（一）强化理论武装，政治定力得到新增强

坚持把强化理论武装、增强政治定力放在首要位置，以学习贯彻习近平新时代中国特色社会主义思想和十九大精神为重点，把好“方向舵”、汇聚正能量。

一是始终坚持政治引领。坚持用习近平新时代中国特色社会主义思想武装头脑，引导政协委员和机关干部增强“四个意识”，坚定“四个自信”，增进“四个认同”，夯实团结奋斗的共同思想政治基础。始终坚持党对政协工作的领导，切实把思想和行动统一到区委的决策部署上来，把智慧和力量凝聚到实现区委确立的目标任务上来，确保与区委同心同向同行。严格贯彻区委对政协的各项要求，重点工作安排及时向区委汇报，重要事项和重大问题主动向区委请示。

二是切实强化理论武装。认真学习贯彻习近平总书记关于加强和改进人民政协工作的重要思想，坚持原汁原味学、全面系统学、专题研讨学，切实将重要思想学深悟透，贯彻落实到政协履职的全过程和各方面。全年区政协党组会议专题学习研讨4次，开展各层面集中学习36次。

三是不断推进党建工作。召开全区政协系统党的建设工作座谈会，协助区委制订出台《关于加强新时代人民政协党的建设工作的意见》，切实以党的建设统领政协各项工作，不断提高政协系统党建工作质量和水平。健全完善非中共党员副主席列席区政协党组会议、非中共党员委室主任、副主任列席区政协机关党组会议制度。新建机关党总支和机关退休人员党支部。区政协党组成员带头参加所在党支部的组织生活，严格落实“三会一课”、谈心谈话和民主评议党员等制度，认真开展党员干部“结对帮扶”“党员进社区”活动。

（二）主动服务大局，协商格局迈出新步伐

坚持在协商民主的实践中不断更新观念、健全协商机制、拓展协商内容、丰富协商形式，着力构建“13456+”协商议政新格局。

一是精心搭建协商平台。举行党政主要领导与政协委员“面对面”协商议政会，13个界别43名政协委员分别围绕“加大人才引育和创新创业平台建设，不断增强全区经济创新力和竞争力”以及“实施乡村振兴战略，建设美丽南浔”两个主题，与区委书记、区长“面对面”协商议政，有力助推了中心工作的开展。不断拓宽知情明政渠道，区委、区政府向区政协常委会通报全区经济社会发展情况3次，区纪委监委向区政协常委会通报工作情况1次。

二是创新成果转化机制。紧紧围绕“以上海强化沪湖发展廊道为契机，加快推进南浔全面接轨上海示范区建设”重点协商课题，深入开展调查研究，召开主席会议和常委会议进行专题协商，形成高质量的调研报告和建议案，得到区委、区政府主要领导批示肯定。区政协常委会专题听取区政府关于城乡提质和开放融合专项行动推进情况通报，听取2017年度重点调研课题办理落实情况通报并进行民主评议，努力推动调研视察成果转化为服务科学发展的实际成效。

三是聚焦中心建言资政。围绕赶超发展、乡村振兴、“最多跑一次”改革等内容，开展“紧盯双过半、助力全年红”专题视察调研活动，助推全区经济社会实现高质量发展。深入区法院、区检察院、区公安分局走访调研，促进司法公正。围绕“全域化生态旅游和民宿经济发展”“提升基层中医药服务能力”等主题开展专题调研5次，通过调研报告、大会发言、政协提案等载体建言资政，有力推动了一批民生项目的实施。

（三）创新履职方式，民主监督展现新作为

坚持把民主监督作为履职的重要方面，把准协商式监督性质定位，以联动监督、专项监督、委派监督为抓手，不断增强民主监督的实效性。

一是突出抓好联动监督。围绕“城乡生活垃圾分类处理”，组织省、市、区三级政协委员120余人，组成7个民主监督小组，分别赴54个行政村（社区），开展监督调研23次，实地查看垃圾处置企业、生活垃圾处理点19个，走访座谈群众120余人，汇总整理意见建议62条，并反馈至相关部门，有效推动了城乡生活垃圾分类处理工作和长效机制建设。

二是不断强化专项监督。聚焦赶超跨越六大行动，组织委员围绕“古村落历史文化传承与保护工作”“创建教育现代化区”“全区住宅小区物业管理情况”等主题开展6次专项视察，有针对性地提出意见建议30余条，为促进南浔赶超发展作出积极努力。

三是积极开展委派监督。坚持“在参与中支持、在支持中服务、在服务中监督”，积极开展委派民主监督和“回头看”工作，委派5个民主监督小组到城投集团等单位开展为期1年的定题定点式跟踪监督，对区市场监管局、区政务办2个单位的民主监督建议落实情况进行“回头看”，全部形成《民主监督建议书》报送区委区政府，确保监督建议落实有力。

（四）坚持人民至上，履职为民实现新突破

始终把人民放在心中最高位置，找准切点、竭诚用力，助力增进人民群众的获得感、幸福感。

一是深入服务群众暖民心。充分发挥人才荟萃的优势，组织80余名政协委员及相关部门深入城乡社区开展科技、文化、卫生、教育、法律“五下乡”系列活动，普及农业科技知识、宣传惠农政策100余人次；举办文艺表演5场；为群众赠送环境保护、垃圾分类等方面的宣传资料1000余份；开展医疗卫生知识讲座和义诊咨询活动2场，为群众提供医疗义诊服务150余人次；开展普法宣传活动1场，提供法律咨询120余人次，深受群众欢迎和好评。

二是加大提案督办助民生。认真做好提案办理工作，区政协三届二次会议立案的126件提案，在7月底前全部办复完毕，提案办理满意率达到100%。确定3件重点提案，由分管副区长牵头协调推进，三名区政协副主席联系督办。对区农林局、区住建局提案办理工作开展民主评议，增强提案成果转化实效；确定20件重要提案采取“背靠背”评议，不断提高办理质量。出台《区级单位政协提案办理工作考核细则》，有效推动提案办理落实。

三是关注社会热点察民情。加强信息工作队伍建设，聘请27名同志担任政协特邀信息员。一年来，共收集就业就学、医疗卫生、社会保障、环境保护、食品安全等方面的社情民意信息556篇，其中《建议尽快打通取消“港澳台”相关门槛限制》等48篇信息被全国和省市政协录用，《关于基层机构改革后加强行政复议工作的建议》得到中共中央政治局委员重要批示，《关于深化“区域环评+环境标准”改革的建议》等7篇信息分别得到省市区党委政府领导批示，区政协获全市政协反映社情民意信息工作第一名。

（五）突出团结民主，凝聚共识取得新成效

牢牢把握团结和民主两大主题，深化拓展团结联谊，努力找到最大公约数，画好最美同心圆。

一是加强联络联谊。严格落实区政协领导与各民主党派、工商联、人民团体以及各界人士联系制度，组织召开座谈交流会5次，互通情况，共商发展。支持各民主党派、工商联和无党派人士履行职能、发挥作用，就共同关注的课题开展联合调研、协商议政和提案督办。在《南浔政协》开设专栏宣传党派活动，积极宣传中国共产党领导的多党合作和政治协商制度的蓬勃生机和强大活力。全年收到党派团体会议发言材料27篇、提案92件、社情民意信息147条。

二是广泛开展交流。全力配合全国和省市政协来浔调研“美丽乡村建设”“特色旅游发展”“古村落保护”等工作。加强与青浦区、吴江区、启东市等兄弟政协的友好交流，助力提高南浔的影响力和知名度。区政协领导走访座谈常委、委员292人次，深入基层就民生政策落实、民生事业发展听取意见，收集各方面的意见建议211条，得到区委、区政府主要领导批示肯定。

三是加强文史宣传。深入挖掘南浔地域特色文化，编辑出版《南浔文史》第六辑；配合市政协做好“改革开放四十周年”亲历口述史料征编工作，共征集到文史资料6篇。出版发行《南浔政协》4期，利用政协网站和微信公众号平台推送政协要闻、政策理论、履职动态等工作信息220余条，在《人民政协报》《联谊报》《湖州日报》等媒体刊发报道26篇，有效扩大了我区政协工作影响力。

（六）加强自身建设，队伍形象再展新面貌

紧扣新形势新要求，全面加强自身建设，切实提升履职能力和建言资政水平。

一是发挥主体作用。创新“一村一社区一委员”工作机制，将在浔的236名省市区政协委员编组结对到村（社区），实现对全区221个行政村和28个社区全覆盖，被《人民政协报》专题报道，并在省政协主席读书会上作经验交流。51名委员自觉担任区“基层治理四平台”建设“五大员”，积极参与共建共治共享社会治理格局。客观评价和反映委员履职实绩，评选产生2018年度履职“十佳”委员。扎实有序开展界别活动，11个界别活动组组织开展各类视察调研活动20余次，全部形成调研报告或社情民意信息上报。60余名委员在不同领域获得省市区级荣誉和表彰，立足本职岗位积极履职奉献。

二是搭建优质平台。组织优秀政协委员，赴复旦大学开展履职能力提升专题学习培训。邀请上海市政协柴俊勇同志到南浔为全体委员作关于政协章程专题辅导，有效提升委员履职意识和水平。完善《区政协委员“五个一”活动实施方案》，有效推进委员日常履职活动持续深入开展。完善区政协领导联系镇（开发区）政协工作制度，坚持每季度召开各镇（开发区）政协工作例会。加强对各镇（开发区）政协工作考核，进一步激发联系、组织、服务委员履职的积极性、主动性和创造性。

三是增强担当意识。区政协领导班子成员主动参与五大片区十大招商组选商引资专项工作，认真落实“河（湖）长制”“路长制”，有效助推区域合作、平台建设、招商引资、城乡环境综合整治等全区中心工作。强化“一线”意识，发挥“一线”作用，扎实开展“六联”活动，主动帮助联系点解决实际困难和问题。

各位委员，各位同志！中共南浔区委对区政协工作高度重视、十分关心，始终把政协工作作为全局工作的重要组成部分，大力支持政协履职。区政府对政协工作大力支持，为政协发挥作用创造了良好条件。区委常委会听取区政协党组工作汇报5次，专题研究年度协商计划、政协常委会工作报告和政协履职制度。区委、区政府领导多次参加区政协会议活动，多次对区政协工作作出批示，其中区委、区政府主要领导参加12人次，作出批示11件次。

各位委员，各位同志！回顾过去一年的工作，常委会较好地完成了各项工作任务，这是中共南浔区委坚强领导的结果，是区人大常委会、区政府和社会各界大力支持的结果，也是区政协各参加单位和广大政协委员共同奋斗的结果。在此，我代表区政协常委会，向大家表示衷心的感谢！

同时，我们也清醒地看到，工作还存在着一些问题和不足，如：协商民主的工作机制需要健全完善，参政议政的成果转化需要拓展深化，委员履职的平台和渠道还需要继续拓展，等等。这些都需要我们在今后工作中创新举措、认真研究、切实改进。

二、2019年主要任务

2019年是新中国和人民政协成立70周年，是高水平全面建成小康社会的关键之年。区政协工作的总体要求是：高举习近平新时代中国特色社会主义思想伟大旗帜，深入学习贯彻中共十九大精神和习近平总书记关于加强和改进人民政协工作的重要思想，紧紧围绕区委“一五一十”工作安排，牢牢把握团结和民主两大主题，把推动人民政协这一具有中国特色的制度安排更加成熟更加定型、发挥好专门协商机构作用作为新时代的新方位新使命，把加强思想政治引领、广泛凝聚共识作为履职工作的中心环节，不断完善“13456+”协商议政新格局，大力推进政协工作提质增效和高质量发展，为把南浔打造成为湖州“开放东大门、创业新高地”贡献政协智慧、凝聚奋进力量。

（一）深入学习贯彻伟大思想，强化思想政治引领

坚持把习近平新时代中国特色社会主义思想作为加强思想政治引领的主线和灵魂，切实彰显政治属性，忠实履行政治使命。

一要坚定正确政治方向。坚持把旗帜鲜明讲政治体现在政协工作全过程、各方面，毫不动摇坚持中国共产党的领导，切实增强“四个意识”，坚定“四个自信”，自觉把“两个维护”作为最根本的政治任务、最高的政治原则，始终在政治立场、政治方向、政治原则、政治道路上同以习近平同志为核心的中共中央保持高度一致。按照中共中央、全国政协和省、市、区委的统一部署安排，组织开展人民政协成立70周年系列庆祝活动，协助区委召开全区政协工作会议。

二要大力加强理论武装。把习近平总书记关于加强和改进人民政协工作的重要思想，作为统揽政协工作的总纲、武装头脑的灵魂、履职尽责的指南。大力弘扬人民政协自我学习、自我改造、自我提高的优良传统，抓实学习教育，坚持以党组理论学习中心组学习为引领，统筹党内和党外学习、委员和机关学习、集中和自主学习，搭建多层次、多形式的学习平台，创设灵活务实的学习载体，推动实现学习全覆盖。

三要加强思想政治引领。积极团结和引导参加人民政协的各党派团体、各族各界人士和政协委员，深刻认识人民政协成立70年来的巨大成就和宝贵经验，不断提高政治站位和政治觉悟，不断增强对中国共产党和中国特色社会主义的政治认同、思想认同、理论认同、情感认同，夯实团结奋斗的共同思想政治基础。积极发挥政协文史工作的独特优势，通过续编“南浔文史”系列丛书，办好《南浔政协》刊物、政协网站、“南浔政协”微信公众号，有效拓展履职阵地，讲好南浔故事，传播好南浔声音，不断提升南浔的知名度和美誉度。

（二）发挥专门协商机构作用，服务赶超发展大局

紧扣贯彻落实区委区政府重要决策部署，倾政协之力、展政协之长、尽政协之责，当好党委政府科学决策的人才库、智囊团。

一要完善协商议政内容。聚焦区委“一五一十”工作安排，组织开展各个层面的协商议政，充分发挥人民政协作为协商民主重要渠道和专门协商机构作用。进一步完善“13456＋”协商议政新格局，围绕“高质量打造高铁新城，迎接高铁时代的到来”“以农产品营销升级为突破口，促进农民增收”两大主题，分别召开区委书记、区长与委员“面对面”协商议政会，探索开展区级部门主要负责人与委员“面对面”建言资政、行政村负责人与委员“面对面”协商等活动，推进协商民主广泛、多层、制度化发展。

二要增强协商监督实效。充分发挥协商式监督的特色优势，围绕区委、区政府重要决策部署落地见效，坚持敢监督不缺位、善监督不任性、真监督不应付，常做助推助力之事、竭尽帮办督办之力，敲好“钉钉子”抓落实的重要一锤。聚焦聚力“城乡生活垃圾分类处理”专项集体民主监督活动，省、市、区三级政协联动，精准发力、助推落实。围绕“提升南浔区现代生态农业发展”“培育创新优势，进一步发展壮大南浔区实体经济”“美丽乡村建设后续管理”等方面开展专题视察，真督真促，全力助推党委政府重大决策部署有效落实。坚持并完善委派民主监督和“回头看”工作机制，对政府部门开展经常性监督。加强和改进提案工作，完善区委区政府领导领办、区政协领导督办重点提案制度，创新提升提案办理“面对面”“背靠背”民主评议机制，加强办理协商，跟踪落实情况。

三要提高协商建言水平。大兴调查研究之风，围绕“深化接苏融沪，融入长三角一体化，高质量打造湖州‘开放东大门、创业新高地’”这一事关南浔长远发展的重大问题开展重点课题调研，为助推全区高质量赶超发展建言资政，不断提升调研报告质量。并就“高质量建设四好农村路”“镇级文体阵地建设”“基层社会治理体系建设”等课题开展专题调研，增强建言深度和实效，着力形成一批具有战略性、建设性、专业性、前瞻性的调研报告，为全区破解发展难题、增强发展动力、厚植发展优势多建真言、多献良策、多出实力。积极组织各专委会、界别活动组聚焦经济转型、社会治理、民生改善等重点、热点问题，深入开展调研，为强化协商成效打下坚实基础。

（三）探索完善政协履职平台，推进工作提质增效

始终把履职质量导向放在更加突出位置，积极探索完善与新时代要求相契合的履职平台和载体，切实把提质增效贯穿履职全过程和各方面，推动政

协工作高质量发展。

一要深化完善“一村一社区一委员”。积极投身“三服务”活动，进一步完善“一村一社区一委员”工作机制，围绕区委、区政府重点工作，不断拓宽履职内容、创新履职方式，采用小分队、小团组方式，开展有针对性的视察监督，不断推动政协工作向基层延伸，着力打通联系基层“最后一公里”。

二要推广运用“政协委员活动中心”。健全完善南浔政协委员活动中心石淙站，逐步在各镇（开发区）推广。以委员活动中心为基层政协主阵地，建立健全学习、联谊、调研、视察等制度，不断丰富和完善使用功能，把政协委员活动中心建成政协委员政治学习的中心、思想教育的阵地、议事参政的场所、联谊交流的共同之家，切实增强政协委员的认同感和归属感。

三要常态开展“紧盯双过半、助力全年红”。聚焦涉及全区经济社会发展大局的重点难点问题，各专委会分别牵头组织相关界别活动组的委员，对重点部门开展“紧盯双过半、助力全年红”专题视察调研活动，准确掌握区委、区政府年初确定的中心工作开展落实情况，详细了解在具体推进过程中存在的主要问题，并提出行之有效的意见建议，推动全区各项工作落到实处。

（四）坚守履职为民光荣使命，大力发扬务实作风

全面落实以人民为中心的发展思想，深入基层、深入群众，以更加务实的作风察民情、解民忧、暖民心。

一要持续关注民生福祉。注重问题导向、民生导向，围绕“加快推进医养结合”“多层住宅加装电梯”等事关群众切身利益的重大问题开展专题调研，多察民情思民利、多助民事解民忧，把履行职能的成效凸显在改善民生福祉上。

二要加强社会民情反映。把关注民生、履职为民作为提案工作的出发点和落脚点，聚焦各类民生“关键小事”，确保提案“提得准、接地气”，更好地发挥提案在服务发展、改善民生中的作用。发挥反映社情民意信息“直通车”作用，完善收集和反映机制，提高反映社情民意信息的精准性，进一步发挥政协社情民意在汇集舆情、反映民意中的重要作用。

三要抓好民生服务活动。坚持把为民议政建言与为民办实事做好事结合起来，做到既尽力而为，又量力而行。扎实开展“服务企业、服务群众、服务基层”活动，切实解决企业、群众、基层反映的困难和问题，提升企业、群众、基层的获得感。不断优化民生服务的内容、方式和载体，结合“走进基层、走进群众”界别活动月活动，开展“五下乡”系列民生服务活动，真正把关爱送到群众心中。广泛动员政协委员和社会各方力量积极参与捐资助学、扶贫助残等慈善公益活动，以实际行动彰显政协以人为本、为民履职的责任担当。

（五）以加强党建工作为引领，推动政协自身建设

牢固树立“抓好政协各项工作必须首先抓好政协党建工作”的理念，以党建为引领全面加强政协自身建设。

一要树立新时代人民政协新样子。人民政协处于凝心聚力第一线、决策咨询第一线、协商民主第一线、国家治理第一线，是党和国家一线工作的重要组成部分，这对新时代人民政协工作提出了新的更高的要求。我们要始终保持奋斗者的姿态和干劲，把握新方位新使命，自觉担负起新时代人民政协的重大政治责任。坚持建言资政和凝聚共识双向发力，在建言资政中拓展凝聚共识的深度，在凝聚共识中提高建言资政的质量，切实把中共中央和省、市、区委的决策部署贯彻落实下去，推动南浔政协事业与时俱进。

二要加强政协系统党的建设。认真贯彻落实新时代党的建设总要求和区委《关于加强新时代人民政协党的建设工作的意见》，全面推进人民政协党的政治建设、思想建设、组织建设、作风建设、纪律建设，把制度建设贯穿其中，探索建立以专委会和镇（开发区）政协工作联络组为依托的党员委员活动小组。认真开展“不忘初心、牢记使命”主题教育。持之以恒贯彻落实中共中央八项规定实施细则精神及省、市、区实施办法，坚决抵制“四风”，大力营造风清气正的良好环境。

三要发挥政协委员主体作用。更加重视委员队伍建设，加强委员学习培训，着力提高委员政治把握能力、调查研究能力、联系群众能力、合作共事能力。强化委员履职管理服务，健全政协常委年度履职报告制度，完善“菜单式”履职机制，改进委员考核评优工作，健全以委员述职为核心的履职综合考评体系，增强委员履职意识。

四要增强政协组织功能作用。进一步发挥界别

独特作用，推进界别工作规范化、常态化。进一步发挥各镇（开发区）政协工作联络组作用，为委员履行职责提供服务，依法维护委员履职权利。进一步健全专委会对口联系党政职能部门、联系指导界别和联系服务委员工作机制，着力提高专委会议政建言的能力水平。进一步加强政协机关建设，持之以恒改作风、强素质，以一流的精神状态和工作效能为党委政府中心工作服务、为政协履职服务、为政协委员服务。

各位委员！新时代要有新样子，新使命呼唤新作为！让我们更加紧密地团结在以习近平同志为核心的中共中央周围，在中共南浔区委的坚强领导下，学习新思想、携手新时代、聚焦高质量、服务高水平、画好同心圆，奋力谱写南浔人民政协事业新篇章，为开创新时代南浔高质量赶超发展新局面做出新的更大贡献，以优异成绩庆祝中华人民共和国和人民政协成立70周年！

大 事 记

1 月

3 日 区委书记夏坚定等赴开发区开展“服务企业、服务群众、服务基层”活动。

4 日 区政府召开四届第三十八次常务会议。

8 日 区委书记夏坚定就区委四届七次全体（扩大）会议暨经济工作会议报告（征求意见稿），分别听取区人大、区政协、各民主党派、工商联意见建议。

9 日 四届区委第四十四次常委会会议召开。会议听取关于召开区四届人大三次会议和区政协三届三次会议等有关情况的汇报。

同日 全区党风廉政建设专题警示教育大会召开。区委书记夏坚定主持会议并讲话。市纪委副书记、市监委副主任徐昌军参会通报有关案件案情，并开展专题警示教育。区四套班子领导参加会议。

11 日 四届区委第四十五次常委会会议召开。会议传达学习市委八届六次全体（扩大）会议暨经济工作会议精神；听取关于区委四届七次全体（扩大）会议暨经济工作会议建议方案和《全会报告》起草等情况的汇报。

同日 中共湖州市南浔区委四届六次全体会议在南浔举行。传达省委、省政府批复同意的《湖州市南浔区机构改革方案》主要精神。

14 日 区委书记夏坚定在十四届省委第六次县委书记工作交流会上发言，就南浔区以“大学习大调研大抓落实”活动为总载体和主抓手，全力助推企业稳增长、促发展方面作工作交流。

16 日 省委宣传部副部长王四清带队到南浔，就南浔区农村文化礼堂建设工作开展调研。

17 日 中共湖州市南浔区委四届七次全体（扩大）会议暨经济工作会议在南浔举行。区委常委会主持会议。区委书记夏坚定代表区委常委会向全会报告工作。区委副书记、区长杨卫东部署 2019 年经济工作。

18—20 日 区委书记夏坚定，区委副书记、区长杨卫东分别召开区委常委会 2018 年度民主生活会征求意见座谈会，听取各界人士的意见建议，找问题、摆差距、明方向，为开好民主生活会做准备。

19 日 区政府召开四届第三十九次常务会议。

21 日 四届区委第四十六次常委会会议召开。

23 日 区委召开 2018 年度全区党委（党组）书记抓基层党建和人才工作述职评议会。会上，市委组织部有关负责人讲话；各镇（开发区）、区教育局、区民政局、区卫生健康局、区市场监督管理局、区科技局、区人社局党委（党组）书记先后述职。

同日 召开中国共产党南浔区第四届纪律检查委员会第四次全体（扩大）会议。会议总结 2018 年工作，部署 2019 年任务；4 个单位党委（党组）汇报 2018 年党风廉政建设主体责任落实情况；区委书记夏坚定讲话；区委副书记、区长杨卫东传达中央和省、市纪委全会精神；区委常委、区纪委书记、区监委主任徐娟作工作报告；区纪委委员审议区纪委四届四次全会工作报告。

24 日 “崇德向善、南浔风尚”南浔区第四届道德模范暨“最美家风 +”建设活动颁奖典礼在区文化艺术中心举行。

25 日 区委常委会召开 2018 年度民主生活会。市委副书记、市长钱三雄到会指导，市纪委、市委组织部有关人员参会。

26—29 日 区领导分别走访慰问区级离退休老干部，向他们致以新春祝福。

30 日 区领导开展春节前走访慰问活动，向部队官兵、公安干警、环卫工人致以节日的问候和新春的祝福。

2月

1日　区四套班子领导，分赴各镇（开发区、度假区），走访慰问老党员、困难党员、优抚对象和困难群众，送去党和政府的关怀与温暖，向他们致以节日的问候和祝福。

同日　区政府召开四届第四十次常务会议。

2日　四届区委第四十七次常委会会议召开。

13日　区委书记夏坚定等赴区纪委监委、区委组织部走访调研，向干部职工送去新春问候。

同日　区政府召开四届第四十一次常务会议。

15日　四届区委第四十八次常委会会议召开。

16—18日　区四套班子领导带领相关部门负责人，分赴各镇（开发区），深入企业开展“三服务”和新春走访企业活动。

20日　区委书记夏坚定带队赴双林镇、菱湖镇、和孚镇，检查“大棚房”问题专项清理整治工作。

21日　出席市八届人大四次会议的南浔代表团在驻地举行全体会议。会议传达召集人会议精神；推选代表团团长、副团长和临时党支部、党小组成员；审议大会主席团和秘书长名单（草案）、大会议程（草案）、大会选举办法（草案）、有关专门委员会组成人员人选通过办法（草案）、民生实事项目人大代表票决办法（草案）；学习无纸化会议系统操作事项。

22—23日　参加市八届人大四次会议的南浔代表团在驻地审议政府工作报告、计划报告、预算报告、民生实事项目报告、环境状况和环境保护目标完成情况报告。

24日　参加市八届人大四次会议的南浔代表团集体审议市人大常委会、市中级人民法院和市人民检察院工作报告。

27日至3月1日　中国人民政治协商会议第三届湖州市南浔区委员会第三次会议召开。会议听取和审议政协第三届湖州市南浔区委员会常务委员会工作报告和关于三届二次会议以来提案工作情况的报告；审议通过政协第三届湖州市南浔区委员会第三次会议提案审查委员会关于提案收集初审情况的报告和政协第三届湖州市南浔区委员会第三次会议决议；选举潘宇文为政协第三届湖州市南浔区委员会副主席，谢建伟为政协第三届湖州市南浔区委员会秘书长，朱国良、徐俊、董明华、鲍劲松为政协第三届湖州市南浔区委员会常务委员。

28日至3月2日　湖州市南浔区第四届人民代表大会第三次会议召开。大会听取和审查湖州市南浔区人民政府工作报告、湖州市南浔区人民代表大会常务委员会工作报告、湖州市南浔区人民法院工作报告、湖州市南浔区人民检察院工作报告；大会票决确定湖州市南浔区人民政府2019年度民生实事项目；大会审查、批准湖州市南浔区2018年国民经济和社会发展计划执行情况的报告及2019年国民经济和社会发展计划、湖州市南浔区2018年预算执行情况的报告及2019年预算；大会通过关于设立调整湖州市南浔区第四届人民代表大会有关专门委员会的决定、通过湖州市南浔区第四届人民代表大会有关专门委员会组成人员名单。

3月

2日　区委、区政府召开一季度“开门红”专题会议。

6日　四届区委第四十九次常委会会议召开。

同日　区政府召开四届第四十二次常务会议。

7日　全区“三服务”活动动员会暨开展大招商、强化实绩论英雄工作部署会召开。

同日　区委政法工作会议暨扫黑除恶专项斗争一季度工作例会召开。会上，区委与各镇（开发区、度假区）签订2019年度信访工作目标管理责任书。

11日　四届区委第五十次常委会会议召开。会议专题讨论干部。

14日　区委书记夏坚定等专题调研南浔古镇保护利用工作。

18日　四届区委第五十一次常委会会议召开。

同日　区委召开常委扩大会议，传达学习全国“两会”和全省领导干部会议、市委常委扩大会议精神，对全区学习贯彻工作作出部署。

26日　国家市场监督管理总局副局长唐军带队到南浔调研绿色产品认证工作。

29日　新南浔论坛举行“环境空气质量提质进位”专题辅导报告会。浙江省环境科学研究院大气所所长、浙江省打赢蓝天保卫战首席科学家吴建应邀作专题辅导。

4月

1日 南浔区工会第四次代表大会开幕。区人大常委会副主任、区总工会主席魏海松作区总工会第三届委员会工作报告。

2日 区委书记夏坚定带队赴开发区，专题调研扫黑除恶专项斗争工作。

同日 四届区委第五十二次常委会会议召开。

3—4日 南浔区举行“2019·世界IT青年科学家论坛学者南浔行”活动。在浙江省专家与留学人员服务中心、杭州电子科技大学组织下，60余名国内外IT专家、学者与南浔区企业交流合作，推动高铁时代重点产业精准引才。

4日 区政府召开四届第四十三次常务会议。

9日 南浔区第四次妇女代表大会召开，全区各群众团体及其他区县妇联到会祝贺。

15日 四届区委第五十三次常委会会议召开。

16日 浙台邻里节湖州专场启幕式暨第七届湖台邻里节开幕式在南浔区举行。100多名台湾乡亲到南浔参访，与南浔区开展合作交流，增进海峡两岸邻里互动。

17日 区委书记夏坚定等调研综合交通建设工作。

19日 全区项目“双进”工作例会召开。

同日 全区生态建设工作推进会召开，全面部署2019年生态建设工作各项任务并与区级有关部门签订责任状。

22日 区委书记夏坚定等调研科技新城建设。

26日 全区创建省文明区调研反馈会召开。区委副书记、政法委书记温建飞作工作汇报。

27日 南浔区举行2019年度民兵整组点验大会。

28日 庆祝“五一”国际劳动节全区劳模工匠座谈会召开。

30日 区委召开常委扩大会议，传达学习省委十四届五次全会和市委常委会扩大会议精神，全面部署南浔区学习贯彻工作。

同日 四届区委第五十四次常委会会议召开。

同日 区政府召开四届第四十四次常务会议。

5月

5日 区委财经委员会召开第一次会议，研究区委财经委员会会议制度、2018年全区财政决算情况、2019年区政府“双重”项目建设情况。

同日 区委全面依法治区委员会召开第一次全体会议，深入学习贯彻习近平总书记全面依法治国新理念新思想新战略，认真落实中央和省、市委部署要求，研究推进全区当前和今后一个时期的法治建设工作。

14日 区委书记夏坚定带队赴旧馆镇调研，深入项目一线“三服务”，推动工业经济又好又快运行。

同日 区政府召开四届第四十五次常务会议。

15日 区委书记夏坚定等赴和孚镇调研。

16日 四届区委第五十五次常委会会议召开。

同日 区委网络安全和信息化委员会召开第一次全体会议，深入贯彻习近平总书记关于网络强国的重要论述，认真落实省、市委网信委第一次全体会议精神，研究部署南浔区网络安全和信息化工作。

同日 区委外事工作委员会召开第一次全体会议，深入贯彻中央和省、市委外事工作委员会会议精神，研究部署2019年南浔区外事工作。

18日 全区项目“双进”工作例会召开。区四套班子领导出席，对解决项目“双进”中的困难和问题进行充分讨论和具体协商。

20日 区委召开全区警示教育大会，深入贯彻落实省委十四届五次全会精神和省、市委部署要求，动员部署深化党风廉政建设和推进全区“警示教育月”活动。会议以视频形式召开，区行政会议中心和各镇（开发区）设分会场，与会人员集中观看省纪委监委拍摄的警示专题片。

22—24日 区委书记夏坚定率区代表团赴吉林省白山市江源区考察，开展对口合作交流，推动两地高质量发展。江源区委书记赵龙涛等江源区领导会见代表团。

28日 区委书记夏坚定等赴开发区、双林镇调研。调研中，区领导就防汛等近期重点工作，提出具体要求。

29日 区委书记夏坚定等赴千金镇调研。

30日 区委书记夏坚定赴菱湖镇调研。

同日 区委书记夏坚定等调研水利及防汛工作。

30—31日 “六一”国际儿童节到来之际，区四套班子领导分别带队，赴有关学校和幼儿园看望慰问少年儿童。

6月

3日 区委书记夏坚定等赴南浔镇调研。

4日 区委书记夏坚定带队赴善琏镇调研，实地感受湖笔小镇发展变化。

同日 区政府召开四届第四十六次常务会议。

11—12日 区委书记夏坚定等赴石淙镇、练市镇调研。

13日 四届区委第五十六次常委会会议召开。

14日 区政协举行“请你来协商”专题协商议政会，围绕“高质量打造高铁新城，迎接高铁时代的到来”主题，区委书记夏坚定与区政协委员开展“面对面”协商，广泛听取意见建议，共谋高质量赶超跨越发展良计。区政协主席孙根祥主持会议。

同日 南浔区召开冲刺“半年红”暨项目“双进”会议。

18日 区领导夏坚定、杨卫东、温建飞等带领相关部门负责人，分赴各镇（开发区）走访重点外贸企业，了解企业进出口业务情况，协调解决企业发展中遇到的困难、问题。

19日 四届区委第五十七次常委会会议召开。会议专题讨论干部。

20日 全区平安建设部署会暨扫黑除恶专项斗争、“四个秩序”专项整治工作例会召开。

22日 区委理论学习中心组召开专题学习研讨会，深入学习纪检监察法规。市纪委常委胡坚应邀出席“新南浔论坛”，并作题为《学习贯彻〈中华人民共和国监察法〉》的专题辅导报告。夏坚定、梅爱祥、朱伟、秦胜4位区领导围绕学习纪检监察法规，结合工作实际谈体会。

25日 全区城乡人居环境卫生综合整治“百日攻坚行动”动员会召开。

27日 2019全国“我的书屋·我的梦”农村少年儿童阅读实践活动启动仪式在南浔区旧馆镇北港村文化礼堂举行。

同日 区政府召开四届第四十七次常务会议。

同日 南浔区融沪接苏协同发展（上海）推进会举行。上海、浙江多地党委政府相关负责人及部分央企国企、上市公司、高等院校、科研院所、金融机构、医疗机构、行业协会、驻沪商会代表等参加。

28日 区科学技术协会第四次代表大会召开。

同日 南浔区召开纪念中国共产党成立98周年座谈会。

同日 南浔银行新时代文明实践中心成立暨向区文明实践基金捐赠仪式举行。

26—28日 31省（市、区）农家书屋数字化建设现场推进会在南浔召开。

29日 南太湖精英计划产业园举行开园仪式。

同日 南浔经济开发区举行项目开工仪式，浙江巨美家科技有限公司新投资的年产1200万平方米绿色环保装饰材料项目开工建设。

7月

1日 省委常委、政法委书记王昌荣到南浔调研信访和人民调解工作。

2日 夏坚定、杨卫东、梅爱祥、孙根祥、温建飞等区四套班子领导分赴开发区、相关镇上党课。

5日 区委书记夏坚定等调研清廉南浔建设工作。

9日 市委书记马晓晖带队到南浔区调研生活垃圾分类工作。

同日 区政府召开四届第四十八次常务会议。

12日 中国南浔第二届创新创业大赛决赛圆满落幕。区领导为创业选手颁奖，市、区相关部门负责人、科技创投专家、南浔企业代表等参加。

同日 湖州师范学院——南浔区人民政府地校合作签约仪式举行。

同日 四届区委第五十八次常委会会议召开。

13日 南浔区举行“新南浔论坛”专题讲座。浙江省人民医院健康管理中心副主任费敏做“机关干部常见的亚健康问题与对策”专题辅导报告。

17日 区委书记夏坚定等调研省文明区创建工作。

18日 区委书记夏坚定带队赴练市镇、双林镇、菱湖镇、和孚镇，专题调研小城镇环境综合整治工作。

19日 南浔区召开项目“双进”第五次工作例

会，总结半年度项目“双进”工作，部署下半年工作。

20日 区委书记夏坚定等赴练市镇、双林镇、菱湖镇，专题调研美丽乡村创建工作。

22日 区委书记夏坚定等走访基层一线，专题调研农村公路提升工程。

24日 区领导夏坚定、杨卫东等分别带队赴一线走访，看望慰问坚守高温一线工作的干部职工。

同日 区领导夏坚定、梅爱祥、支德永等走访湖州军分区、区人武部。

29日 区委审计委员会第二次会议召开，传达学习中央和省、市委审计委员会第二次会议精神，听取和审议《关于2018年度南浔区级预算执行和其他财政支出情况审计报告》。

同日 区委全面深化改革委员会第一次会议召开。会议贯彻落实省、市委有关改革工作会议精神，研究部署南浔区全面深化改革工作。

同日 四届区委第五十九次常委会会议召开。

30日 中共湖州市南浔区委四届八次全体（扩大）会议在南浔举行。区委常委会主持会议。会议听取和审议区委书记夏坚定受区委常委会委托作的工作报告，对《中共湖州市南浔区委关于坚持底线思维坚决打赢防范化解重大风险攻坚战的实施意见》征求意见。

8月

1日 区政府召开四届第四十九次常务会议。

2日 全区公安工作会议召开。

5日 全市政法系统领导干部读书会召开，与会人员到南浔区集中走访，考察和测评基层社会治理创新工作。

8日 区委书记夏坚定等调研“双创双全”工作。

9日 全省召开防御第9号超强台风“利奇马”工作会议。在省主会场、市分会场会议结束后，南浔区随即召开会议，根据统一部署，区四套班子领导分赴各镇（开发区）现场指导防台工作。

9—11日 台风“利奇马”影响南浔区，全区普降大暴雨，局部特大暴雨，9日08时至11日08时，雨量达206.6毫米；平原阵风7～9级，太湖湖面10～12级。狂风暴雨导致河湖水位迅猛上涨，造成漫堤、积涝和封航等影响。“利奇马”为20世纪70年代以来全区雨量仅次于“菲特”“海葵”的台风，给工农业生产和人民生活造成重大影响。

12日 区委书记夏坚定带队深入交通项目一线，专题调研“三高连接线”项目推进情况。

同日 区委书记夏坚定率区级有关部门深入一线走访，检查生态环境保护工作推进情况。

14日 区领导夏坚定、温建飞等赴区法院走访调研。

16日 区委书记夏坚定带队深入一线，专题调研基层社会治理工作。

20日 南浔区召开项目“双进”第六次工作例会，总结前阶段工作成绩。

21日 浙江水利水电学院与湖州市南浔区人民政府战略合作框架协议签约仪式举行，明确今后双方就产业、科技、人才等领域进一步深入推进战略合作。

22日 区领导夏坚定、温建飞等赴区检察院走访调研。

23日 “新南浔论坛”举行区委理论学习中心组专题辅导讲座暨2019年政协委员学习培训会，围绕“重温人民政协70年光辉历程，树立新时代人民政协的新样子”主题，认真学习贯彻习近平总书记关于加强和改进人民政协工作的重要思想，推动全区政协工作再上新台阶。全国政协研究室原副主任、中国人民政协理论研究会原秘书长原冬平应邀作专题辅导。

同日 四届区委第六十次常委会会议召开。

9月

3日 区委召开全区领导干部会议，宣布省委干部任免的决定。省委决定：杨卫东任中共湖州市南浔区委书记；免去夏坚定中共湖州市南浔区委书记、常委、委员职务。提名夏坚定为湖州市副市长人选；提名温建飞为湖州市南浔区区长候选人；提议杨卫东不再担任湖州市南浔区区长职务。市委书记马晓晖到会讲话。市委常委、组织部部长徐仲仪宣布省委干部任免决定，夏坚定、杨卫东、温建飞分别讲话。

5日 四届区委第六十一次常委会会议召开。

同日 区政府召开四届第五十次常务会议。

5—6日　受台风“玲玲”外围环流影响，南浔区部分地区出现中到大雨，个别站出现暴雨。

7日　南浔经济开发区召开“奋战四个月、夺取全年红”动员部署大会。

9日　区委书记杨卫东走访调研区纪委监委、区委组织部。

10日　市领导和区四套班子领导分别带队赴南浔区中小学走访慰问。

同日　南浔区召开全域土地综合整治暨农村存量宅基地盘活利用工作座谈会。

12日　2019·湖州人大会“湖州乡贤家乡行”南浔区人才与投资环境推介会暨重大项目集中签约仪式举行。科技部原部长朱丽兰，中国工程院资深院士、中国船舶重工集团公司第七零一研究所研究员潘镜芙，上海市原副市长、市政协副主席谢丽娟，中国工程院资深院士、西安交通大学教授、热能专业博士生导师林宗虎，原南京军区联勤部副政治委员、少将施金毛，原中国人民对外友好协会副会长李建平，南浔“四象八牛”后裔代表、湖州旅港同乡会会长顾伟诚，省地震局局长、党组书记宋新初等南浔籍在外党政军领导及科学研究者，在外浔商、到南浔投资企业家、海外侨界及港澳台胞代表、在外商会等各行各业南浔乡贤代表以及关心支持南浔发展的各界代表等200余人参加活动。

同日　四届区委第六十二次常委会会议召开。

同日　南浔区“不忘初心、牢记使命”主题教育工作会议召开。会议以视频直播形式进行，区行政会议中心设主会场，各镇（开发区、度假区）设分会场。

16日　区委书记杨卫东赴区委宣传部、区委统战部走访调研。

17日　南浔区召开镇（开发区）党委书记工作座谈会。

同日　全区国庆70周年安保动员部署会召开。会上，南浔镇、石淙镇、区应急管理局、区公安分局负责人作交流发言。

同日　中国农民丰收节系列活动湖州鱼桑丰收节在和孚镇荻港渔庄开幕。农业农村部国际合作司副司长马洪涛致辞。农业农村部国际交流服务中心主任童玉娥，联合国粮农组织全球重要农业文化遗产科学咨询小组副主席、东亚地区农业文化遗产研究会执行主席闵庆文为湖州南太湖农业文化遗产保护与发展研究中心揭牌。

19日　区人武部党委第一书记宣布命令大会举行。湖州军分区政委傅斌宣读任职命令并颁发任职通知书，区委书记杨卫东担任区人武部党委第一书记。

同日　南浔区召开“低收入群众三年奔小康”募捐暨2019年“慈善一日捐”活动动员大会。

20日　四届区委第六十三次常委会会议召开。

同日　区政府召开四届第五十一次常务会议。

23日　南浔区举行区委理论学习中心组（扩大）会议。区委书记杨卫东作辅导报告。市委主题教育第七巡回指导组成员，区领导等近600人参加会议。

同日　区四套班子领导赴红军长征追踪馆、浔心堂，参加“不忘初心、牢记使命”主题教育第一次专题学习会·初心之行，感悟初心使命，汲取奋进力量。

24日　南浔区委理论学习中心组成员在集中自学《习近平关于“不忘初心、牢记使命”重要论述选编》《习近平新时代中国特色社会主义思想学习纲要》和《中国共产党章程》等规定书目的基础上，举行专题研讨。会上，区委常委、区人大常委会主任、区政协主席围绕“回望来时路”主题，结合各自工作实际和自身学习思考，现场交流发言。

同日　市政府新闻办在湖州举行庆祝中华人民共和国成立70周年系列主题新闻发布会——南浔专场，新华社、人民网、《光明日报》、《文汇报》、《浙江日报》等30多家主流媒体的记者参加。

25日　区融媒体中心揭牌暨浙江新闻客户端南浔频道开通仪式举行。

29日　南浔区召开“乘势而上　赶超跨越　奋力夺取全年红”动员大会。会议以视频形式召开，各镇（开发区）、度假区设分会场。

同日　区政府召开四届第五十二次常务会议。

同日　“壮丽七十载　奋进新时代”——南浔区庆祝中华人民共和国成立70周年主题晚会在区文化艺术中心举行。

30日　南浔经济开发区洋南区块项目建设4个现场同步举行重点项目开工仪式。区四套班子主要领导分别在4个现场宣布项目开工。

同日　南浔区举行烈士纪念日公祭活动。区四套班子领导，各镇（开发区）、区级各部门负责人和区法院、区检察院、区公安分局干警及民兵、学生代表等参加。

10 月

1 日 全市防汛防台视频会议结束后，区委书记杨卫东对防汛防台工作进行再部署、再落实。

9 日 区委书记杨卫东赴练市镇，开展走乡入村深化“三服务”活动。

10 日 四届区委第六十四次常委会会议召开。

11 日 南浔区召开全域土地综合整治与生态修复工程及农村存量宅基地盘活利用工作动员大会。会上，区领导作相关政策解读，菱湖镇、善琏镇、旧馆镇、区农业农村局、区自然资源和规划分局、区城投集团负责人作表态发言。

同日 区委、区政府重大项目推进第一次工作例会召开。

14 日 2019 年湖笔文化旅游节开幕式暨华夏笔工祭笔祖民俗活动在善琏镇开幕。

15 日 区委副书记、代区长温建飞到练市镇，给镇机关和行政村党员干部上专题党课，指导“不忘初心、牢记使命”主题教育工作。

16 日 四届区委第六十五次常委会会议召开。

同日 南浔区扫黑除恶专项斗争领导小组（扩大）会议召开。

同日 市委书记马晓晖到南浔开展“三走进三服务”活动。

17 日 市委副书记、市长钱三雄到南浔区练市镇，调研指导“不忘初心、牢记使命”主题教育工作。

18 日 区委书记杨卫东赴南浔经济开发区，给机关和行政村党员干部上专题党课，调研指导“不忘初心、牢记使命”主题教育工作。

19 日 第十六届中国旅游发展·北京对话·南浔古镇论坛在南浔开幕。

25 日 南浔区委理论学习中心组（扩大）会议召开，专题学习长三角一体化发展国家战略，推动南浔高质量赶超发展。中共浙江省委党校教授、浙江行政学院经济学教研部副主任、浙江省知识产权研究会理事包海波应邀出席，并作题为《实施长三角一体化战略，加快经济高质量发展》的辅导报告。

同日 区政府召开四届第五十三次常务会议。

28 日 南浔区委常委会“不忘初心、牢记使命”主题教育第二次专题学习会暨“赶超之行”活动举行。区四套班子领导分赴各镇（开发区）“新象新牛”及培育企业走访。

25—29 日 南浔区委理论学习中心组以辅导报告、集体自学、赶超之行、研讨交流等形式，开展了主题教育第二次专题学习会。10 月 29 日，进行专题研讨。

30 日 区委常委、常务副区长王剑峰围绕“回望来时路、走好脚下路、看准前方路”3 个方面，为区政务办机关全体党员干部讲授党课。

11 月

1 日 四届区委第六十六次常委会会议召开。

4 日 全区领导干部会议召开，传达贯彻中共十九届四中全会和省委常委扩大会议、全市领导干部会议精神，研究部署南浔区贯彻落实工作。

5 日 区委召开人大工作会议。区委书记杨卫东、区人大常委会主任梅爱祥在会上讲话。南浔镇和菱湖镇党委、练市镇和双林镇人大负责人作交流发言。

6 日 市委书记马晓晖就美丽城镇、美丽乡村建设工作到南浔区开展专题调研。

同日 浙江省委“不忘初心、牢记使命”主题教育第五巡回指导组组长陶时梅、副组长陈宁带队到南浔区，专题调研主题教育开展情况。

7 日 区政府召开四届第五十四次常务会议。

8 日 在第二十个中国记者节，区委书记杨卫东作出指示，并向全区新闻工作者致以节日祝福与问候，勉励大家为南浔高质量赶超发展营造浓厚的舆论氛围。区委常委、宣传部部长杨长海代表区委赴新闻单位，开展走访慰问活动，传达有关指示精神。

12 日 南浔区委常委会对照党章党规找差距专题会议召开，区委常委会班子成员结合前阶段学习教育，谈体会、找差距，全面查找、深刻检视问题，明确整改落实具体措施。

同日 南浔区举行“弘扬先进典型·彰显榜样力量”先进事迹报告会，激发广大党员干部学习先进、崇尚先进、争当先进的思想自觉和行动自觉，形成学典型、找差距、见行动的氛围，推进“不忘初心、牢记使命”主题教育深入开展。

14 日 南浔区委常委会召开“不忘初心、牢记使命”主题教育第三次专题学习会，围绕“学习中共十九届四中全会精神、推进社会治理现代化”这一主题，开展专题学习交流研讨。

18－19日 区委书记杨卫东，区委副书记、代区长温建飞率领区党政代表团，先后赴吴兴区、南太湖新区、长兴县、安吉县、德清县考察，学习兄弟区县在项目建设、经济发展、城市建设、乡村振兴中的先进经验和创新做法。区四套班子领导，各镇（开发区）、区级各部门负责人等参加考察。

19日 在湖州市两区三县学习考察后，区委、区政府立即召开第二次重大项目推进工作例会，进一步对照先进、拉高标杆，全力推动41个重大项目加快建设步伐，为南浔高质量赶超发展提供强大引擎和持续动力。

20日 南浔区举行上海市优秀企业家南浔行活动，邀请22家在沪企业到南浔集中考察交流。

23日 区委常委召开扩大会议。

28日 区委、区政府召开镇（开发区）第二次工作例会。

同日 四届区委第六十七次常委会会议召开。

12月

3日 区政府召开四届第五十五次常务会议。

4日 南浔区委常委会召开主题教育专题民主生活会。会议对照习近平总书记关于“四个对照”“四个找一找”的要求，盘点收获、检视问题、深刻剖析，研究提出整改落实举措。市委常委、组织部部长徐仲仪到会指导并讲话，区委书记杨卫东主持会议并代表南浔区委常委会班子作表态发言。市委主题教育第七巡回指导组副组长朱惠良作点评讲话。

6日 区委书记杨卫东参加指导南浔经济开发区党委“不忘初心、牢记使命”专题民主生活会。会上，南浔区委常委、开发区党委书记陈纯志代表开发区党委班子作检视剖析，各位班子成员一一作检视剖析，并开展批评和自我批评。

8日 湖州·南浔第十一届鱼文化节在和孚镇荻港渔庄开幕。市领导，省农业农村厅领导，联合国粮农组织全球重要农业文化遗产科学咨询小组领导，区领导，农业农村部和省、市、区相关部门负责人等出席。

9日 南浔区召开省文明区创建工作推进会。会议通报前期省文明区创建考评情况，部署创建冲刺阶段主要工作。南浔经济开发区、南浔镇、练市镇、区住建局、区综合行政执法局、区公安分局作表态发言。

10日 湖州市区县“互看互学互比”活动举行。市四套班子领导，专项督查组组长、各区县及市级有关部门负责人等，集体赴各区县实地考察。考察组首先到南浔区，实地考察产业项目“双进双产”情况，开展现场交流。

12日 “新南浔论坛”举行中共十九届四中全会精神专题辅导报告会。市委宣讲团成员、市人大法制委主任委员、法工委主任王武良应邀作专题辅导。

13日 四届区委第六十八次常委会会议召开。

14日 区领导杨卫东、梅爱祥、金荷新、沈培明、潘宇文等赴北京，看望在京创业发展的南浔籍企业家，并出席北京湖州企业商会南浔分会招商推介活动。

16日 省文明办城市文明建设处处长叶彤带领省文明委考核组到南浔区，开展为期3天的省文明区创建工作考核测评。

17日 区委召开常委扩大会议，传达学习中央经济工作会议和省委常委扩大会议、市委常委会会议精神，研究部署南浔区贯彻落实意见。

同日 南浔区在沪企业商会（乡贤会）成立大会在上海举行。区领导，市、区有关部门和上海市浙江商会、上海市湖州商会负责人等出席；180余位在沪浔商携手共谋发展，为南浔区深化接轨上海献计献策。大会选举产生南浔区在沪企业商会（乡贤会）第一届理事会班子，上海同湖建设工程有限公司董事长计永荣当选为会长。

18日 市委书记马晓晖到南浔区调研古镇保护工作。

19日 市委常委、安吉县委书记沈铭权率领安吉县党政代表团到南浔考察。

同日 区委书记杨卫东以一名普通党员身份，参加南浔区委办公室机关党支部党员大会，并给全体干部上党课。

同日 区委书记杨卫东赴南浔经济开发区联系村，带头到基层一线宣讲中共十九届四中全会和省委十四届六次全会精神。

20日 省委常委、宣传部部长朱国贤率领调研组到南浔，专题调研善琏湖笔小镇建设。

23日 南浔区召开全域土地综合整治与生态修复工程及农村存量宅基地盘活利用工作推进会。

24日 区委召开政协工作会议。区委书记杨卫东，区政协主席孙根祥在会上讲话。练市镇和双林镇党委、南浔镇和石淙镇政协工作联络组、区发改经信局负责人作交流发言。

同日 由区委统战部主办、区各民主党派协办的“和衷共济七十年携手同行再出发”纪念多党合作制度确立70周年图片展，在区行政会议中心一楼大厅开展。图片展分“不忘初心”“携手同行”两个篇章。

27日 区委、区政府召开第三次重大项目推进工作例会。区四套班子领导出席，区委书记杨卫东讲话，有关区领导作交流部署，各责任部门分别汇报牵头项目推进情况及下一步工作计划。

同日 区政府召开四届第五十六次常务会议。

28日 镇（开发区）第三次工作例会召开。会议围绕“以实绩论英雄”12项指标，总结2019年工作，为2020年实现“开门红”下好先手棋，打好主动仗。各镇（开发区）负责人围绕12项重点指标，逐一汇报工作推进情况及困难问题，提出下一步工作举措。区重点办通报了全区面上工作推进情况。

31日 区委常委会召开会议，传达学习省委经济工作会议和市委八届八次全会暨经济工作会议精神；会议决定，于2020年1月2日召开区委四届九次全体（扩大）会议暨经济工作会议。

区情概览

·综　述·

【区位优势】　南浔区是2003年1月经国务院批准建立的湖州市辖区，下辖南浔、练市、双林、菱湖、和孚、善琏、旧馆、千金、石淙9个镇和1个省级经济开发区。其中南浔、练市、双林、菱湖、和孚5个镇为全国千强镇，南浔、练市、菱湖被列为省级中心镇。全区户籍人口为49.04万人，区域面积702平方千米。其中林地面积2平方千米，水域面积159平方千米，园地面积96平方千米，耕地面积294平方千米、其他用地面积151平方千米。南浔区地处杭嘉湖平原中北部，位于长三角城市群中心腹地，东接苏州市吴江区，南连桐乡市、德清县，西邻吴兴区，北濒太湖，是湖州市接轨上海的前沿阵地。区域内，申苏浙皖、申嘉湖、练杭3条高速公路横跨东西，浔练公路、“三高连接线”、三新公路穿越南北，318国道、湖浔大道、湖盐公路贯通全境，沪苏湖铁路及南浔高铁站正在规划建设，京杭运河、长湖申和湖嘉申航道穿域而过，距离上海、杭州、苏州等大城市均为100千米左右，水陆交通便捷，区位优势独特。

【地形地貌】　南浔区是典型的江南水乡平原，地势较低，平均海拔在5米以下。境内河流纵横，湖漾密布，共有河道2248条，总长2504千米，湖泊和池塘615处，面积14.04平方千米，水域水面率13.2%。地形平坦，仅有数座海拔百米以下的小山。土壤主要为冲积土和水稻土。

【气候特征】　南浔区处于中低纬度，属北亚热带季风气候区。气候总的特点是：季风显著，四季分明；雨热同季，降水充沛；光温同步，日照较多；气候温和，空气湿润。据1981—2010年气象资料统计，一般年份初霜约在11月中旬，终霜约在次年3月中旬，全年无霜期249天；年日照时数1812.9小时。据2009—2018年南浔自动气象站数据统计，年平均气温17.3℃，平均气温最高的年份为2017年，达18℃，最低的年份为2011年，达16.7℃；气温以每年1月最低，平均气温为4.4℃，7月最高，平均气温为29.6℃；历年极端最低气温－7.9℃，极端最高气温41.5℃；年平均降雨量为1307.8毫米，降水日数为157.5天。通常情况下，年降水量的6～7成集中在4—9月之间，梅雨季一般在出现在6月中旬至7月上旬。

2019年，南浔区天气气候复杂多变，出现冬季连阴雨、秋旱、暴雨、台风、强对流和寒潮等恶劣天气，给工农业生产和人民生活造成不利影响。年平均气温为17.8℃，极端最低气温为－0.9℃，极端最高气温为39.5℃；低温日数为3天，高温日数为32天。2018年12月至2019年3月初，出现历史罕见的冬季长期持续阴雨寡照天气。其间，日照之少、降水量之大，均打破历史同期纪录，并伴随阶段性气温异常偏低现象，对农业生产、交通运输、人体健康等造成不利；2018年12月1日至2019年3月6日期间，日照154.9小时为历史同期最少，无日照天数65天、降水量439.8毫米均为历史同期最多。年内，强对流、暴雨天气多发，主要出现在4—9月。4月9日，出现短时强降雨和8～10级雷雨大风；5月25—26日，普降暴雨，局部大暴雨，雨量达69.0毫米；9月1日，普降暴雨，局部大暴雨，雨量达66.7毫米。6月17日入梅，7月17日出梅，入梅、出梅时间偏迟，梅期偏长；雨量382.6毫米，比常年偏多，并出现暴雨、雷雨大风、短时强降雨等，受其影响，全区河网水位全面上涨，造成小规模内涝灾害；梅雨期内气温异常偏低，平均气温为25.0℃，“冷黄梅”特征明显。受台风“利奇马”影响，8月9日08时至11日08时，南浔区普降大暴雨，局部特大暴雨，雨量达206.6毫米；平原阵风

7～9级，太湖湖面10～12级；狂风暴雨导致河湖水位迅猛上涨，造成漫堤、积涝和封航等影响；“利奇马”为20世纪70年代以来全区雨量仅次于“菲特”“海葵”的台风。受台风“玲玲”外围环流影响，9月5—6日，南浔区部分地区出现中到大雨，个别站出现暴雨。入夏早入秋晚，夏季偏长秋季短。5月17日入夏，比常年偏早7天；10月12日入秋，比常年偏晚18天，为有气象记录以来入秋最晚的年份；11月25日入冬，接近常年但略偏早；夏季持续时间长达148天，仅次于2009年，为有气象记录以来第2长的夏季；秋季44天，仅次于2003年、2009年，为有气象记录以来第3短的秋季。秋季少雨干旱。9月7日至11月23日，持续少雨干旱，雨量雨日均创历史同期新低，雨量仅52.7毫米，雨日仅15天，全区河网水位下降；气温异常偏高，平均气温20.3℃，创历史同期新高；其间，土壤墒情总体呈下降态势，达到轻旱状态。11月受寒潮影响，气温变幅大。11月前半月为多晴暖天气，16日最高气温攀升至26.5℃，17日夜寒潮来袭，17—19日，平均气温降幅9℃左右；19—20日，最低气温降至5℃～6℃；寒潮过后，23日，最高气温又迅速回升至24.1℃，24—25日，受强冷空气影响，平均气温降幅9℃左右；26—27日，最高气温仅8℃～9℃。

【历史人文】 南浔区历来是江南闻名遐迩的“丝绸之府”“鱼米之乡”“文化之邦”，历史文化底蕴深厚，名人辈出。区委、区政府所在地南浔镇具有独特的水乡古镇风貌、别具一格的江南园林、中西合璧的精美建筑，拥有一批独具特色的历史遗存，被列为浙江省15个历史文化名城之首，被联合国教科文组织列入世界历史文化遗产预备清单，曾荣获联合国教科文组织颁发的“2003年亚太地区文化遗产保护杰出贡献奖”。早在宋、明、清三代南浔镇就有进士41名，有“九里三阁老，十里两尚书”之称，近代还涌现了以刘、顾、张、庞为代表的中国最大的丝商群体“四象八牛七十二金黄狗”，聚拥财富半壁江山。当代，南浔区名人更是层出不穷，有清末民初四大藏书家之一刘承干，有国民党元老、西湖博览会创始人张静江，有西泠印社创始人之一张石铭，有中国历史最长、受奖学生最多、设置学校最广的“叔蘋奖学金”创办者顾乾麟，著名经济学家桂世镛，著名实业家章荣初，著名报告文学家徐迟，著名书法家沈尹默、费新我等。2019年在全国颇具影响力的南浔籍专家、学者有80余人，其中有原中国工程院副院长卢良恕、“两弹一星”总设计师屠守锷、为中国海军装备建设做出重要贡献的潘镜芙等10位南浔籍“两院”院士。

【旅游资源】 南浔区旅游资源丰富，名扬四海。2014年6月22日，中国大运河项目被联合国教科文组织列入《世界遗产名录》，大运河南浔段（含頔塘故道和南浔镇历史文化街区）成为湖州市首个世界文化遗产，南浔镇也因此成为中国首个整体荣膺世界遗产的江南古镇和运河重镇。南浔镇享有“中国历史文化名镇”“中国十大魅力名镇”“全国文明镇”“国家卫生镇”“全国环境优美乡镇”“全国特色景观旅游名镇”等美誉称号，全镇有4处全国重点文物保护单位：嘉业堂藏书楼及小莲庄、南浔张氏旧宅建筑群、大运河—頔塘（南浔丝业会馆及丝商建筑为其子项目）、尊德堂（张静江故居）。粉墙黛瓦的民居建筑群百间楼沿河而卧，与不远处的市级文物保护单位洪济、通津两桥组成了一幅“小桥、流水、人家”的美丽风景，尽显江南水乡秀气。2005年中央电视台十大魅力名镇颁奖词中对南浔镇的评述是：“太湖边上的鱼米之乡，古镇中的文化重地。方圆十里，五座园林，处处庭院幽深；一镇之地，以丝绸闻名，曾经富可敌国；嘉业藏书楼，深藏文化底蕴；丝竹袅袅，演义诗画水乡；人文荟萃，巨贾云集，江南好，最忆是南浔。”区内的双林镇、菱湖镇、善琏镇也都是江南著名古镇，形成了全国少有的古镇群落。南浔区又是全国古桥保存最集中最完整的地区，最具代表性的属双林镇的全国重点文物保护单位“双林三桥”和省级文物保护单位“幻楼古桥群”。和孚镇荻港村已列入第一批中国传统村落名录。善琏镇被评为“中国湖笔之都”，含山蚕花节被列为“中国民间艺术游”系列活动，2015年6月成为浙江省首批特色小镇——湖笔小镇。全区现有文物保护单位79处，其中全国重点文物保护单位5处，省级重点文物保护单位10处，国家级“非遗”项目3项，省级“非遗”项目11项，市级“非遗”项目39项。2015年，南浔古镇景区成功创建为全市首个国家AAAAA级旅游景区，填补了湖州市国家AAAAA级旅游景区的空白；获港景区成功创建为国家AAAA级旅游景区。在全面保护古镇（村）景区、文化的基础上，加大利用力度，旅游事业蓄势待发。全区拥有国家AAAAA级旅游景区1个、国家AAAA

级旅游景区1个、国家AAA级旅游景区7个，省级旅游度假区1个，省级生态旅游区1个，省级旅游风情小镇2个，三星级以上旅游宾馆3家，特色文化主题酒店1家，拥有全国乡村旅游重点村1个，省级特色旅游村5个，省级休闲旅游示范村5个，市级乡村旅游示范村7个。

【传统品牌】 南浔区有全国著名的菱湖淡水鱼生产基地，有技艺精湛被誉为文房之宝的善琏湖笔，有"轻如朝雾、薄如蝉翼"之称的双林绫绢等传统名特优产品，享誉海内外；更有名甲天下的"南浔辑里湖丝"。"南浔辑里湖丝"，因产于浙江省湖州市南浔区南浔镇辑里村而得名。辑里村原名七里村，元代形成村落，因西去马腰、南往横街、北距南浔路程均为七里而得名。七里农人栽桑育蚕、缫丝较为出名。明洪武年间（1368—1398）就有"七里丝"的记载。明代中叶开始"七里丝"在国内声名鹊起，朱国祯、温体仁两位明朝相国都将自己家乡南浔的"七里丝"推荐给当朝皇上。南浔"七里丝"更名为"南浔辑里湖丝"有两种说法。一说为明末时期，民间将七里雅化为辑里，又因辑里隶属湖州府，所产蚕丝在国内为上品，故名为"湖丝"，又称"南浔辑里湖丝"；另一说为清康熙年间（1662—1722），康熙皇帝嫌弃"七里丝"名字太"土"，题词"辑里丝"，"辑"与"七"在南浔方言中发音相似，而"辑"又有缫丝之意，因而得名"南浔辑里湖丝"，亦称"辑里湖丝"。清末至民国前期，"南浔辑里湖丝"（干经）3次参加国家展览，4次参加国际展览。宣统二年（1910）参加清政府南洋劝业会，民国4年（1915）参加农工商部展览会和太平洋国际博览会，民国18年（1929）参加第一次全国西湖博览会；1851年参加首届世博会，宣统三年（1911）参加意大利工业展览会，民国10年（1921）和12年（1923）先后参加第一、二次万国丝绸博览会。参展期间，"南浔辑里湖丝"获全国奖20个，国际一等奖、金奖、银奖八个。特别是在1851年首届世博会——万国工业博览会上，"南浔辑里湖丝"夺得金、银大奖，并获得维多利亚女王授予的"小飞人"证书。民国12年（1923），美国哥伦比亚大学教授乞的克著《中国七里丝》一书，盛赞南浔辑里湖丝"产额、消耗均极浩巨，丝质之佳冠绝世界"。"南浔辑里湖丝"以质优而闻名，能缫制出优质的丝这与辑里村优越的自然条件和精湛的缫丝工艺密切相关。南浔地处浙江北部杭嘉湖平原，属北亚热带季风气候区，四季分明，气候温和宜人，非常适宜栽桑育蚕、缫丝。清雍正初年范颖通著《研北居琐录》一书记载"雪荡、穿珠湾俱在（南浔）镇南，近辑里村，水甚清；取以缫丝，光泽可爱，所谓辑里湖丝，擅名江浙"。辑里村东有雪荡河，西有淤溪在穿珠湾附近分流至村头，水质清澈，适宜缫丝。辑里村四周之域所产丝，皆以"南浔辑里湖丝"为名。当今南浔区各村镇皆为"南浔辑里湖丝"的主要产地。"南浔辑里湖丝"的缫丝工艺为：取雪荡河或淤溪之水，加热煮沸，略微冷却后，将蚕茧浸泡在热水中，用手抽丝卷绕于丝筐上。亦可以机械缫丝，但必须以雪荡河或淤溪的水浸泡。南浔辑里湖丝具有色泽洁白、粗细均匀，质地柔软，富有弹性，韧度强的特点。经检测，南浔辑里湖丝的纤维偏差为1.31旦，断裂伸长率达21.2%，断裂强度也达到了每旦3.89克力。

【年度财政】 2019年，南浔区地区生产总值（GDP）为458.01亿元，比2018年增长7.3%。分产业看，第一产业增加值23.99亿元，增长3.3%；第二产业增加值273.45亿元，增长7.5%；第三产业增加值160.57亿元，增长7.6%。三次产业增加值结构比例为5.2∶59.7∶35.1，第三产业比重比2018年提高0.6个百分点。按户籍人口计算的人均GDP为93310元，增长7.3%，折合13526美元；按常住人口计算的人均GDP为82621元，增长7.1%，折合11977美元。

全年实现财政总收入63.74亿元，其中地方财政收入37.93亿元，分别比2018年增长5.2%和7.9%。财政总收入占GDP的比重为13.9%。地方财政收入中，税收收入34.61亿元，增长12.8%，占比为91.2%；从主要税种看，增值税、企业所得税、个人所得税分别为15.28亿元、4.73亿元和1.64亿元，分别增长－0.2%、－1.7%和16.1%。

全年财政支出49.01亿元，增长21.9%，教育、文化、社会保障和就业、医疗卫生、农林水、节能环保等民生领域共支出28.91亿元，增长13.68%，占财政支出的比重为58.99%。

全年固定资产投资额比2018年增长13.5%。其中，房地产开发投资68.30亿元，比2018年下降12.5%。分产业看，工业投资增长29.5%，服务业投资增长8.1%。从结构性看，民间投资下降

2.3%；交通投资增长35.0%；高新技术产业投资增长77.2%；生态环保与公共设施投资增长31.2%。

（编辑部）

·经济与社会发展·

【农业】 南浔区是全国粮食生产先进单位，浙江省农业特色优势产业综合强区，省级粮食生产先进县区，浙江省第一届“河姆渡杯”粮食生产铜奖区，浙江省畜牧业大区。2014年6月，“桑基鱼塘”入选第二批中国重要农业文化遗产，成为全市首个入选中国重要农业文化遗产的传统农业系统。2018年4月，在意大利首都罗马举行的全球重要农业文化遗产国际论坛上，“桑基鱼塘系统”正式接受由联合国粮农组织总干事若泽·格拉齐亚诺·达席尔瓦颁发的“全球重要农业文化遗产（GIAHS）”奖牌。农业以畜禽、水产、粮油、蚕桑、蔬果、苗木为主导产业，农业产业结构不断优化，效益农业、特色农业大力发展，高效生态农业发展势头良好。

2019年实现农林牧渔业总产值43.22亿元，比2018年增长3.2%。其中，农业产值10.03亿元，增长1.1%；林业产值0.05亿元，同2018年持平；牧业产值6.62亿元，下降0.8%；渔业产值22.01亿元，增长5.0%。经济作物播种面积11920公顷，其中蔬菜面积5793.3公顷，花卉苗木面积1786.7公顷；油菜籽产量0.76万吨；生猪出栏7.95万头，增长20.6%；肉类总产量2.80万吨，增长11.1%；蚕茧产量0.26万吨，增长1.4%；家禽出栏1354.63万羽，增长21.0%；禽蛋产量0.80万吨，下降2.5%；水产品产量17.64万吨，增长15.0%。

2019年新认定市级农业“大好高”项目8个，竣工8个，完成投资3.02亿元；累计推进市级农业“大好高”项目17个，完成投资4.1亿元；新增家庭农场127家，累计达472家，其中市级以上13家；培育市级以上农业龙头企业6家，省级农业产业化联合体1个；新培育乡创客52人，落地项目18个。

【工业】 2019年，全区规模以上工业实现增加值152.50亿元，按可比价计算，比2018年增长7.9%，其中轻工业44.74亿元，重工业107.76亿元，分别增长3.0%和10.1%。31个大类行业中，有18个行业增加值实现增长，5个行业超过10亿元。其中，通用设备制造业27.53亿元，增长11.9%；纺织业20.95亿元，增长9.7%；电气机械和器材制造业19.66亿元，增长14.9%；木材加工和木、竹、藤、棕、草制品业19.30亿元，增长2.2%；黑色金属冶炼和压延加工业13.97亿元，增长5.5%。从重点产业看，高新技术产业83.21亿元，增长8.1%，占比为54.6%；战略性新兴产业43.18亿元，增长5.7%，占比为28.3%；装备制造业53.65亿元，增长10.4%，占比35.2%。

全年规模以上工业实现营业收入905.67亿元，比2018年增长3.5%；利税71.87亿元，其中利润44.74亿元，分别增长4.0%和3.5%。电气机械和器材制造业，通用设备制造业，木材加工和木、竹、藤、棕、草制品业，共实现营业收入386.39亿元，占全部规模以上工业的42.7%。6个行业利税超过5亿元，其中，通用设备制造业12.34亿元，增长4.1%；黑色金属冶炼和压延加工业11.43亿元，增长42.4%；电气机械和器材制造业9.39亿元，下降8.1%；木材加工和木、竹、藤、棕、草制品业8.43亿元，增长3.1%；纺织业7.01亿元，增长10.1%；非金属矿物制品业5.21亿元，增长10.7%。

全区市级工业“大好高”项目32个，其中，5亿～10亿元项目1个，10亿～20亿元项目2个，20亿元以上项目1个。

全区年末拥有建筑企业27家，其中一级资质企业2家。全年建筑企业完成建筑业增加值18.03亿元，占GDP比重3.9%；房屋建筑施工面积284.91万平方米，增长2.7%；竣工面积95.46万平方米，下降10.9%。

南浔区是全国科技进步考核先进区。2019年专利申请量3320项；专利授权量2274项，其中发明专利169项。全区年末拥有国家重点扶持高新技术企业24家，比2018年增加6家；拥有省级高新技术研发中心8家；省级企业研究院6家，比2018年增加3家；新增110家省级科技型中小企业。全年高新技术产业投资增长77.2%。

【服务业】 2019年旅游总收入246.64亿元，比2018年增长17.5%。全年接待人次1947.80万人次，同比增长14.6%。

全年实现社会消费品零售总额200.35亿元，比2018年增长8.6%。其中，批发业21.19亿元，增长

12.2%；零售业145.68亿元，增长8.2%；住宿业2.88亿元，增长38.7%；餐饮业30.60亿元，增长6.0%。限额以上批发零售业销售额128.92亿元，增长16.6%。其中，金属材料类59.99亿元，增长38.7%；食品、饮料、烟酒类9.69亿元，增长7.6%；石油及制品类6.01亿元，增长15.3%；化工材料及制品类5.04亿元，增长10.1%。

【对外经济】 2019年实现外贸进出口总额98.78亿元，比2018年增长4.4%。其中，出口85.46亿元，增长5.3%；进口13.31亿元，下降0.8%。按贸易方式分，一般贸易出口81.33亿元，增长8.0%；加工贸易出口4.13亿元，下降29.7%。按企业性质分，内资企业出口48.91亿元，增长5.5%；外资企业出口29.82亿元，增长1.2%；流通企业出口6.73亿元，增长26.6%。按主要产品分，纺织原料及纺织制品出口32.12亿元，增长11.7%，机电产品出口24.20亿元，增长4.0%。按主要市场分，非洲出口增长较快，达21.6%；亚洲、欧洲、拉丁美洲分别增长13.7%、12.9%、8.7%，北美洲下降19.2%。

全年合同外资7.89亿美元，比2018年增长76.7%。全年实到外资1.22亿美元。

【城乡建设】 南浔区頔塘南岸未来社区是湖州唯一入选的省首批未来社区试点创建项目，2019年頔塘南岸旧城改造新建工程正在全力建设中；完成中心城区褚家漾区域收储，总面积67.3公顷，已基本完成拆除；碧桂园·凤翔苑、吴越路提升改造工程等12个项目提前完工；新南浔中学、生态酒店、污水零直排等60个项目正在全力推进；完成“三高连接线”等外联道路建设8.8千米；完成浔乌线等4条绿道，合计20千米；全区21个小城镇环境综合整治对象全部通过省级考核验收，省级样板率达52.38%。

全年$PM_{2.5}$浓度均值为34微克/立方米，同比下降15%，首次达到国家环境空气质量标准二级浓度限值；空气质量优良率80.9%，同比上升9.1个百分点；全区1个国控断面、4个行政交界出境断面和7个区控以上地表水监测断面水质均稳定保持在Ⅲ类水以上，达标率100%。

【教育】 2019年末全区共有小学24所，在校学生总数2.69万人；全年新招生4912人，毕业3973人，小升初比率保持100%。共有初中18所，在校学生总数1.09万人；全年新招生3577人，毕业3226人，初升高比率为99.3%。

全年全区教育经费总量117128.85万元，比2018年增长17.47%。公共财政预算教育经费90202万元，比2018年增长9.71%。其中预算内教育事业经费83001万元，比2018年增长9.50%；全区人均预算内经费支出1627.17元，比2018年增长9.44%。

【文化体育】 2019年末全区拥有剧场、影剧院13个，文化馆、艺术馆3个；全年举办展览159个，组织文艺活动323次；公共图书馆13个，总藏量62.24万册（件）；乡镇文化站9个；省、市中心村全民健身广场（休闲公园）6个。

启动图书馆新馆项目建设及大剧院修缮工程，新建城市书房1家、乡镇特色文化驿站5个、非遗大师工作室5个、文化礼堂28个，区非遗馆建设基本完工。成功举办“庆祝中华人民共和国成立70周年”系列活动、全民阅读节等大型文艺活动20余场；全年共举办基层文艺演出300余场、公益讲座80余场、送戏下乡100余场。

全力推进基层体育场地建设，人均体育场地面积达1.48平方米，同比增长9%。成功举办南浔古镇国际桨板邀请赛、中国围甲联赛季后赛、冬泳等赛事50余场；成功举办石淙花海定向赛、和孚民当龙舟赛、善琏民俗运动会等乡镇体育赛事100余场。举办南浔区首届全民健身节，举办全民健身活动20余场。组队参加湖州市第九届运动会，获得金牌34.5枚、银牌32枚、铜牌41枚。

【医疗卫生】 2019年年末，全区拥有医疗卫生机构256个，其中医院8家、卫生院（社区服务中心）14家、门诊部15家、诊所69个、社区卫生服务站147个；拥有医疗床位1549张，其中医院实有床位1352张；卫生技术人员2764人，其中执业医师754人、执业助理医师210人、乡村医生158人、注册护士993人。全年孕产妇死亡率为0，5岁以下儿童死亡率为2.18‰。

【人民生活】 2019年年末，全区户籍人口49.04万人，其中男性24.04万人，女性25.00万人；城镇人口 18.44 万人；60 岁以上人口 15.26 万人，占总人口的 31.1%，占比提高 0.6 个百分点。全年出生人口 3743 人，出生率为 7.63‰；死亡人口 4200 人，死亡率为 8.56‰；人口自然增长率为 - 0.93‰。全年城镇新增就业 24070 人，城镇登记失业率 1.79%。

据 100 户城镇居民家庭抽样调查，全年城镇居民人均可支配收入达 57414 元，比 2018 年名义上增长 8.9%。其中，工资性收入增长 8.5%，经营净收入增长 7.9%，财产净收入增长 10.0%，转移净收入增长 13.9%。人均生活消费支出 28678 元，增长 16.3%。据 100 户农村居民家庭抽样调查，全年农村居民人均可支配收入达 34489 元，比 2018 年名义上增长 9.3%。其中，工资性收入增长 9.2%，经营净收入增长 9.0%，财产净收入增长 14.9%，转移净收入增长 11.2%。人均生活消费支出 21528 元，增长 17.8%。

【社会保障】 2019 年年末，全区城乡居民基本养老保险参保 16.4 万人，参保率 97.96%，贫困人员应保尽保 3339 人。2019 年，城乡居保待遇调标从 180 元增加到 215 元，待遇享受 10.7 万人，人均待遇达每月 234.42 元；办理被征地农民转职工养老保险 1969 人次；加快推进湖州市民卡建设，第三代社保卡换发进展顺利。

全年最低生活保障家庭人数 5018 人，其中农村 4486 人，城镇 532 人；全年发放救助资金共计 5825.22 万元；帮扶 312 名 60 周岁以上低收入群众就业增收每月 31.05 万元。建设 3 家示范型居家养老服务中心，创建 11 家示范型老年食堂。

【平安南浔建设】 深入推进平安南浔建设，荣获 2019 年度浙江省平安县（市、区）称号，实现平安南浔“十五连冠”并夺得浙江省首批“一星平安金鼎”。全年除火灾事故外，发生各类生产安全事故 16 起，死亡 13 人，相比 2018 年，事故总起数下降 36%、死亡总人数下降 27.8%。一般以上道路交通事故 121 次，比 2018 年下降 4.7%，经济损失 28.13 万元，比 2018 年下降 6.9%；刑事案件立案数 1705 件。火灾累计发生事故 63 起，比 2018 年下降 59.4%，直接经济损失 120.9 万元；2019 年度无较大以上伤亡事故发生。

【机构改革】 2019 年 1 月，组建区监察委员会，同区纪律检查委员会合署办公。将区委台湾工作办公室（区政府台湾事务办公室）由在区委统战部挂牌调整为与区委办公室合署办公；区委机构编制委员会办公室作为区委机构编制委员会的办事机构，承担区委机构编制委员会日常工作，作为区委工作机关，归口区委组织部管理；区委组织部统一管理公务员工作，对外加挂区公务员局牌子；区委组织部加挂区委直属机关工作委员会、区委新经济与新社会组织工作委员会牌子，不再保留区级机关党的工作委员会牌子；区委宣传部统一管理新闻出版和电影工作，对外加挂区新闻出版局牌子；区委宣传部对外加挂区政府新闻办公室牌子；区委统战部统一管理民族宗教工作，对外保留区民族宗教事务局牌子；区委统战部统一管理侨务工作，对外保留区政府侨务办公室牌子。

组建区委生态文明建设办公室，作为区委工作机关，设在区政府办公室；区政府办公室加挂区大数据发展管理局牌子；区发展改革和经济委员会更名为区发展改革和经济信息化局，加挂区政府金融工作办公室、区政府区域合作交流办公室牌子。不再保留区物价局、区信息化办公室牌子；组建区农业农村局，作为区政府工作部门；组建区文化和广电旅游体育局，作为区政府工作部门，不再保留区文化体育局（区广电新闻出版局）、区旅游局；组建区卫生健康局，作为区政府工作部门，不再保留区卫生和计划生育局、区深化医药卫生体制改革领导小组办公室；组建区退役军人事务局，作为区政府工作部门；组建区应急管理局，作为区政府工作部门，不再保留区安全生产监督管理局；重新组建区司法局，作为区政府工作部门，加挂区行政复议局牌子。不再保留区政府法制办公室；重新组建区市场监督管理局，作为区政府工作部门，加挂区知识产权局牌子，不再保留区工商行政管理局、区质量技术监督局、区食品药品监督管理局牌子；组建区医疗保障局，作为区政府工作部门；优化区商务局职责，加挂区粮食和物资储备局牌子，将在区商务局挂牌的区招商局更名为区投资促进局，不再保留区粮食局牌子；区财政局加挂区政府国有资产监督管理办公室牌子；区政务服务管理办公室加挂区最多跑一次改革办公室牌子。

市自然资源和规划局在南浔区设立自然资源和规划分局，作为市自然资源和规划局的派出机构。不再保留区农林发展局（区农业和农村工作办公室），不再保留区测绘与地理信息局牌子；市生态环境局在南浔区设立生态环境分局，作为市生态环境局的派出机构，不再保留区环境保护局。

组建区人大社会建设委员会，作为区人大专门委员会；区人大法制（内务司法）委员会更名为区人大监察和司法（法制）委员会。

组建区政协农业和农村委员会（人口资源环境委员会）；区政协文教卫体和文史委员会更名为区政协教科卫体委员会（文化文史和学习委员会）；区政协经济科技委员会（人口资源环境委员会）更名为区政协经济委员会；区政协社会法制委员会（港澳台侨联谊委员会）更名为区政协社会法制和民族宗教委员会（港澳台侨委员会）。

不再设立区社会治安综合治理委员会及其办公室、区委维护稳定工作领导小组及其办公室。

12月，设立区人大常委会社会建设工作委员会，挂牌于区人大常委会教育科技文化卫生工作委员会；设立中国国际贸易促进委员会浙江省湖州市南浔区委员会，列群团序列，其机关与区商务局合署办公。设立区融媒体中心，为区委直属公益一类事业单位，机构规格相当于正乡科级，归口区委宣传部管理；设立湖州市南浔邮政管理局，为湖州市邮政管理局派出机构，机构规格为正乡科级。

（编辑部）

·精神文明建设·

【概况】 2019年，南浔区精神文明建设工作按照中央、省、市文明委、文明办关于精神文明建设的一系列工作部署，紧紧围绕省文明区创建工作，深化基层文明细胞建设，扎实推进社会主义核心价值观培育和践行，深入开展公民思想道德和精神文明教育，着力提高人民群众思想觉悟、道德水准、文明素养和全社会文明程度，为南浔区“高质量赶超跨越发展”提供精神力量和道德支撑。

【理论武装】 深入学习习近平新时代中国特色社会主义思想、中共十九大精神和十九届四中全会精神，高标准落实理论学习。区委理论中心组率先垂范，全年组织开展专家辅导讲座、研讨交流等集中学习17次，各镇（开发区）、区级各部门党委（党组）中心组累计开展学习700次。全面推进“学习强国”学习平台推广运用工作，报送稿件916篇，录用460余条。围绕中央和省、市、区委的重大会议、重要思想、重点部署等，多渠道开展基层宣讲。健全“153”（每个行政村和社区至少培养1名百姓宣讲员；每个乡镇和街道选拔培养5名左右骨干巡回宣讲员，并与3个市、县区内其他乡镇或街道结对开展宣讲走亲活动）基层百姓宣讲网络，全年开展各类宣讲370余场，受众29000余人次；创新推出全省首个线上宣讲团——“习习轻风”宣讲团，在“抖音”“今日头条”上传视频45个，吸引粉丝2.9万人，浏览量430万次，点赞量12万个。推荐两名优秀宣讲员参加市第十届微型党课宣讲大赛，分获二、三等奖，1人获浙江省基层理论宣讲成绩突出个人。结合“不忘初心、牢记使命”主题教育，持续深化开展“三联三进”（领导干部联系基层党校、市县党校联系基层党校、基层党校联系百姓宣讲员；领导干部党课进基层党校、市县党校名师报告进基层党校、百姓宣讲进基层党校）活动，全方位推进阵地建设，完成久盛地板有限公司、苏迅电梯有限公司等基层党校建设2所，新建百姓名嘴工作室2个。持续性发展社科事业，完成省级“四个强省”社科课题一项，完成市级“文旅融合”“民营经济”“研学拓展”等社科课题3项，完成《一丝一书“水晶晶”的南浔》大运河（南浔段）社科宣传片一部。南浔区社科联获得“我身边的运河故事”全国征集活动省级优秀组织奖，“社科普及进农村文化礼堂”项目列入2019年度浙江省社科普及创新示范推荐项目，被湖州市社科联评为2019年“先进集体”。

【宣传工作】 抓牢区委、区政府重要决策部署和中心工作重点，积极拓展社会宣传新路径。在新闻媒体开设“壮丽70年奋斗新时代”“不忘初心、牢记使命”“三服务”“扫黑除恶在行动”“浔愿新时代文明实践在南浔”等专栏，全年共编发《南浔时报》148期、《南浔新闻》262期，刊播稿件3657篇（条），播出“一把手谈初心、话担当”23期，推出四批“不忘初心、牢记使命”南浔区主题教育攻坚破难案例共48个。刊播“最美湖州人”人物报道近90篇（条），开展“最美湖州人”宣讲活动10余次。组织森赫电梯股份有限公司等企业参加省第七期“加强人文关怀与心理疏导培训班”，推荐巨人控股集团为全市唯一代表参加长三角企业文化建设合作交流论坛。加快推进媒体融合步伐，融媒体建设取得新突破。

出台《南浔区融媒体中心建设方案》，并于9月25日正式成立南浔区融媒体中心。按“新闻＋政务＋服务”的理念，整合《南浔时报》、“今日南浔”新闻客户端、网络电视台、“南浔在线”新闻网、微信矩阵、政务服务等平台资源，通过“天目云”系统，全面实现媒体融合，形成“一品两台三支撑”（一个核心品牌：“今日南浔”手机新闻客户端；两个平台：融媒体采编平台和综合服务平台；三个支撑：技术支撑、平台支撑和阵地支撑）南浔区融媒体格局。2019年，“今日南浔”手机新闻客户端发布新闻资讯2.6万余条，视频内容200余条，下载用户3万人，注册用户2.8万户。

紧扣城市形象宣传，着力铺开对外宣传新格局。城市宣传有新动向，推动“南浔城市形象”宣传工作，确定“水晶晶南浔”城市形象LOGO；启动实施在中央电视台、高铁列车冠名等开展“水晶晶的南浔”城市形象宣传。结合重点工作，力求专题策划有新作为，围绕区委、区政府“长三角一体化融沪宣传”、“南浔·广安东西部扶贫协作”、“美丽公路经济走廊”、“乡村振兴”、“最美家风＋”、“不忘初心、牢记使命”主题教育等中心工作策划专题报道，南浔区被省委主题教育领导小组办公室列入全省四个区县之一，在省级媒体开展典型宣传。媒体发稿有新突破，2019年，南浔区在省级以上媒体发稿1500余篇（条），其中国家级媒体发稿530篇（条），头版头条26篇（条）；省级媒体（含上海）发稿670篇（条），其中头版头条28篇（条）；境外媒体发稿60篇（条）；原创稿件被国家级新闻网站采用220篇（条）；全年有21部外宣电视专题片在省级卫视以上媒体或境外主流媒体播出。制度完善有新做法，出台《南浔区新闻发布工作管理办法》，举办“庆祝新中国成立70周年系列主题新闻发布会——南浔专场”等发布会7场。

筑稳网信建设，网络宣传管理抓实新成效。设置“壮丽70年奋斗新时代”“精神的力量初心在身边”“八八战略南浔征程”“互学互比助赶超”“最美家风＋”等专题40余个，在“两微一端”（微信、微博、新闻客户端）推送和转载相关稿件1000余篇；围绕“扫黑除恶”“三服务”“最多跑一次”等主题，发布相关文章3000余篇；举办“迎国庆话家风”系列网络文化活动，吸引网民参与500余人，收集作品60余件。网络管控清朗有序，下发《南浔区网络安全事件应急预案》，预警并通报4次网络安全漏洞，督导有关单位扎实做好漏洞排查修复工作。

【文明创建】 聚焦省文明区创建，制定《2019年“三城联创”活动工作方案》并通过区政府常委会议审议。全年发督查通报77期，现场反馈问题930余次，全面清查问题清单2700个，完成销号整改。高水平通过省文明区创建，高质量完成浙江省城市文明指数测评迎检工作；全力推进小城镇文明行动，落实小城镇“河长制”“街长制”“店长制”；深化基层文明细胞创建，完成2017—2019年度市级以上文明单位、文明村镇创建，区级以上文明村创建比例达90%。

深挖和培育各类道德典型，沈红霞、潘平福入选第六届浙江省道德模范，沈红霞获评第七届全国道德模范提名奖。开展好人评选活动，2019年，5人入选“浙江好人榜”，4人入围“中国好人榜”提名，11人入选“湖州好人榜”。落实专项资金对生活困难道德模范进行帮扶，开展“道德模范在身边”学习宣传。全力唱响“最美家风＋”品牌。打造6条家风风景带，拍摄《最美家风风尚南浔》专题纪录片，出版家风书籍《门楼上的家风》，筹办全国家风研讨会，“最美家风＋”建设活动申报浙江省宣传思想文化工作创新案例。

大力推进新时代文明实践。完成2个中心、21个所、221个站、2300个基地建设，围绕“四张清单”（问题清单、整改清单、成效清单、提升项目清单）、“幸福十有”（党的声音有人传，创业致富有人带，红白喜事有人助，邻里纠纷有人劝，黄赌毒邪有人禁，文明风尚有人领，文体活动有人办，老弱病残有人帮，烦恼矛盾有人解，平安家园有人护），构建“六大服务平台”（理论宣讲平台，教育服务平台，文化服务平台，科技与科普教育平台，健身体育平台，卫生健康服务平台）；健全完善志愿服务体制，成立南浔区志愿者联合会，打造“浔愿家园”志愿服务品牌，开展服务活动2000余次，服务群众10万余人。

着力提升未成年人道德建设，召开全区未成年人思想道德建设工作推进会，开展“七色阳光”青少年素质提升活动700余次。举办“浔暖苔花”帮扶弱势儿童系列活动，全区81名留守儿童均实现“一对一”“多对一”与成长导师结对，27个村开展暑期春泥计划活动。举办湖州市“开学第一课”南浔专场活动，完成南浔区青少年家风馆建设。

【文化发展】 抓好阵地建设，新建农村文化礼堂50家、社区文化家园2家、乡镇文化广场1家、城市文化公园1家。推进文化礼堂星级考评，获评五星级（省级）礼堂3家、四星级（市级）礼堂4家、三星级（区级）礼堂10家。成功承办全国农家书屋数字化建设现场会，并在全省、全市农村文化建设现场推进会作典型发言。探索创新文化礼堂智慧服务平台建设，制定《南浔区“浔礼e家”智慧服务平台三年全覆盖实施方案》，“浔礼e家”智慧服务平台作为文化礼堂数字化建设的“南浔样板”在全市、全省、全国相关会议上推介。

加大文化企业培育，拨付622.6万元用于扶持各文化企业成长。推荐南浔水晶晶文化创意产业园、桑基鱼塘文化遗产产学研基地等12个项目为2019年度全市文化产业重点建设项目，2019年全年各项目累计完成投资5.8亿元。加快影视企业引进，注册影视企业（含工作室）100余家，其中规上企业11家，各家影视文化企业在南浔产生实际影业收入达3.07亿元，缴纳增值税所得税总额1331万元；召开电视连续剧《待到春来化蝶时》项目启动新闻发布会暨影视产业招商会。推进文创街区建设，非遗馆、家风馆、中国报告文学馆建设完成，湖笔文创街区、练市古镇粮仓等文化街区初显成效。强化文化市场管理，开展“扫黄打非·清源2019”等5个专项行动，2019年已完成“扫黄打非”进基层10个镇（开发区）工作站、246个村（社区）联络点全覆盖，获得2019年全省扫黄打非先进集体称号。打造文艺精品，优秀作品频频获奖，与杭州嘉艺影视传媒有限公司联合摄制全景展示改革开放40周年重大事件的49集电视连续剧《风再起时》（南浔为主要取景地）获省第十四届“五个一工程”奖、省第二十九届电视“牡丹奖”，小戏《壹圆茶馆》、纪录片《徐迟与哥德巴赫猜想》、广播剧《一路向阳》、歌曲《锦绣村庄》《缘相牵》5部作品获市第十二届“五个一工程”奖，获奖数量创新高，同时南浔区委宣传部获市唯一组织工作奖。特色品牌多样呈现，中国报告文学馆对外开放，含山蚕花节、石淙龙虾节、练市湖羊节等活动成功举行。文艺活动丰富多彩，举办“丹青育人，逐梦前行”南浔区教育系统艺术展等活动，策划制作献礼中华人民共和国成立70周年的大型歌舞剧《永不褪色的红军被》（又名《半条被子》），于11月20日在湖州大剧院首演。浔商题材30万字长篇报告文学作品《水无穷处》，于年末出版。电视剧《待到春来化蝶时》剧本大纲创作完成，项目启动新闻发布会于9月在北京举行。

【队伍建设】 着力提高信息写作水平，南浔区委宣传部获评全省舆情信息“优秀单位”，并有多名宣传系统信息员获评“优秀个人”。深挖掘、精提炼推送南浔区宣传思想文化特色亮点工作。2019年，上报舆情信息1135篇，中央宣传部录用61篇，省委宣传部录用555篇；采写工作信息183篇，中央宣传部“每日要情”录用4篇，省委办公室录用12篇，《浙江宣传》录用8篇，经市委办公室转报省委办公室36篇，湖州宣传期刊录用7篇。对宣传系统新信息员开展“一对一”线下辅导28次。强化条线外出培训，制订宣传文化干部年度培训计划，加强干部外出培训工作，积极选派5名干部参加2019年全省网络文化传播业务培训、2019年全省网络管理与舆情应急培训、全省“学习强国”供稿系统培训以及全市保密工作培训等。注重干部素质培养，开展宣传思想文化战线“四力教育实践”（“四力”：脚力、眼力、脑力和笔力）活动，撰写各类调研报告（理论文章）43篇；提升干部能力素质和业务水平，举办宣传文化系统业务能力、网络文化传播、网络宣讲、信息撰写等专题培训班8场；用好“学习强国”平台，通过动员会、督查通报、知识竞赛等形式提升干部理论素养；加大人才引培力度，引进创新团队1个，专业人才1名，并入选“2019年度南太湖优秀文化人才”。（王志刚）

·美丽乡村建设·

【概况】 2019年，南浔区按照《南浔区美丽乡村建设三年实施方案（2017—2019）》《南浔区美丽乡村小镇创建管理办法（试行）》等文件要求，以“十线十景十小镇”（将10条交通主干线打造成10条美丽乡村景观线，10个村建设成美丽乡村小镇）建设为总抓手，坚持大投入、大推进、大建设，全面打造“美丽乡村升级版”，全域建设南浔“大花园”，实现美丽乡村建设全覆盖，成功创建省级美丽乡村示范镇1个、省级美丽乡村精品村3个、省级历史文化（传统）村落重点村1个、省级农村生活垃圾分类示范村3个、市级美丽乡村30个、美丽乡村景观线2条，取得了2019年湖州市美丽乡村考核一等奖的优秀成绩，走出了一条具有南浔特色的新时代美丽乡村发展之路。省级美丽乡村示范镇、美丽乡村精品村累计数量分别达5个和12个，市级美丽乡村累计达159个。2019年成功创建浙江省新时代美丽乡村示范县（区）。

【美丽乡村创建】 秉持“绿水青山就是金山银山”的发展理念，深入实施乡村振兴战略，持续落实“千村示范、万村整治”决策部署，以农村增美、农业增效、农民增收为主要目标，扎实推动农业农村改革，有力实施乡村振兴战略、先进示范创建，取得了明显成效。

推进美丽乡村创建全域覆盖。近年南浔区陆续出台美丽乡村建设的一系列政策文件，累计投入资金15亿元，从6个层面，系统化、差异化、精细化创建美丽乡村，已打造美丽乡村景观线10条，构建了“十线十景十小镇”美丽乡村全覆盖的新格局。

推进农村生活垃圾分类全区覆盖。制定出台《南浔区进一步加强农村生活垃圾分类工作实施方案》和《南浔区农村生活垃圾分类处理工作考核办法》，建立健全分类投放、分类收集、分类运输、分类处理的农村生活垃圾“全链条”处理系统，实现农村生活垃圾分类处理村的全覆盖，农村生活垃圾回收利用率45.1%、资源化利用率100%、无害化处理率100%、减量化9.3%。建立健全长效管护机制，提升改造垃圾转运站86座，配备分类垃圾桶10.6万组，清运收集车辆642辆，软硬件配套得到极大改善。新建省级垃圾分类资源化站点6个，创建省级高标准分类示范村3个、市级标杆村18个。

推进人居环境全面改善。凝聚全区上下干部群众合力，强势推进城乡人居环境“百日攻坚行动”，建立“六个一”（一周一例会、一周一夜查、一周一典型、一日一督查、一日一曝光和一案一问责）工作保障机制和“千名干部联千组，党员同心美家园”的工作推进机制，深化实施“红黑榜”亮晒制、“星级户”评定制、“门前三包”承诺制等经验做法，全面提升人居环境质量，健全长效管理，累计清理垃圾5.6万吨，拆违拆旧47.2万平方米，整理“五线”11.6万米，修复农村生活污水处理终端128座、管网2.2万米，清理违规户外广告4416个。农村人居环境得到全面改善。

美丽乡村蝶变美丽经济。南浔区积极打造生态环境美、文化底蕴深、区域带动强的美丽乡村小镇，均达到AAA级以上景区标准，已累计吸引产业投资项目43个，吸引社会投资5亿多元，同时积极开展鱼文化节、湖羊节、蚕花节、民俗文化节、花海龙虾节等10多个节庆活动，加大宣传力度，做好服务，吸引人流。2019年，仅南浔镇息塘村成功招引6个产村融合发展项目，引入资金投入2.2亿元，村集体经济收入达300万元（较2018年增加80万元），成功带动就业人员超200人，农民人均增收4980元（2018年3800元），全年乡村旅游30.8万人次，为美丽经济的转化提供了样板。

【历史文化（传统）村落保护利用】 2019年度，南浔区历史文化村落保护利用项目2个，分别是续建第五批重点村善琏镇善琏村、新建第七批重点村菱湖镇竹墩村，其中善琏镇善琏村已完成省、市验收。菱湖镇竹墩村共有农户657户，安排项目6个，计划投入资金1732万元，已完成年度时序目标任务，完成总投资702万元。（沈　良）

·区、镇（局）级机构及负责人名录·

中共湖州市南浔区委员会

书　记：夏坚定（至8月）　杨卫东（8月起）
副书记：杨卫东（至8月）　温建飞
　　　　王剑峰（12月起）
常　委：王剑峰（至12月）　方　科（12月起）
　　　　徐　娟（女）　朱德清（至3月）
　　　　杨长海　金荷新　支德永　黄卫军
　　　　朱　伟（至7月）　范海鸣（3月起）
　　　　黄骆意（5月起）　陈纯志（7月起）
委　员：（以姓氏笔画为序，书记、副书记、常委均为委员，从略）
　　　　王培华　文　涛（1月起）
　　　　毕　琳（女）　朱建章
　　　　汤佩佩（女，至1月）　孙根祥
　　　　吴林元　吴叙良　何琪虎　闵金良
　　　　沈舟平　沈利建　沈建强（1月起）
　　　　沈培明　沈雪芬（女，至1月）

陆龙根　陈勤泳　罗祖盘（1月起）
季泉兴　周洪声（1月起）
钱红梅（女）　钱宝荣　李学明
徐天林　徐国华　梅爱祥　曹雪祥
屠　峻　屠赞宏　谢建伟
候补委员：文　涛（至1月）　沈建强（至1月）
罗祖盘（至1月）　周洪声（至1月）
鲁晓丽（女）
确定副县级待遇：陈勤泳（至6月）
钱宝荣（至6月）
朱儒清（至6月）

湖州市南浔区人民代表大会常务委员会

主　任：梅爱祥
副主任：魏海松　李雪华
王建荣（1月起，至5月）　潘金宝
陆龙根　莫建华
副主任候选人：徐国华（5月起）
常　委：（以姓氏笔画为序）
毛建强　朱月林（至12月）
刘　英（女）　许建荣　李彬彬　杨文杰
吴根荣　何信水（至10月）　沈利建
沈金星　沈建平　沈家骅　沈新祥
宋伟杰　陈火生（至7月）　陈找根
陈剑青　林　勤　周志江　周桂珠（女）
周晓耿　胡炳荣（至10月）　钱　江
倪方荣　章沈强
党组书记：梅爱祥
党组副书记：魏海松
党组成员：王建荣（1月起，至6月）
徐国华（6月起）　潘金宝　陆龙根
莫建华　宋伟杰

湖州市南浔区人民政府

区　长：杨卫东（至8月）
代区长：温建飞（　8月起）
副区长：王剑峰（至12月）　方　科（12月起）
徐国华（至5月）　秦　胜　单永杰
钱红梅（女，至12月）
陈纯志（至7月）　沈培明
吴冠宇（7月起）
费学梅（女，12月起）　钟　其（挂职）
郑　琦（挂职，女，3月起）
党组书记：杨卫东（至9月）　温建飞（9月起）
党组副书记：王剑峰　方　科（12月起）
党组成员：徐国华（至6月）
沈雪芬（女，至1月）
朱　伟（至1月）　单永杰
钱红梅（女，至12月）
陈纯志（1月起，至9月）
沈培明（1月起）　吴冠宇（9月起）
费学梅（女，12月起）
吴林元　郑　琦（挂职，女，3月起）

政协湖州市南浔区委员会

主　席：孙根祥
副主席：陈文龙　王湘起
万子牛（兼，至5月）　孙水根（兼）
秘书长：邵　枫（至1月）　谢建伟（1月起）
常　委：（以姓氏笔画为序）
干胤杰　王秀红（女）　王金康
王俊才　石增中　冯　云（女）
朱柏荣　朱惠汉　严振华　吴华良
吴兴权　沈思全　宋泉章　陈云锋
陈康兴　於　丽（女）　姚明根
莫慧娟（女）　顾正韡　殷　彤
高登旺（至10月）　程玉琴（女）
党组书记：孙根祥
党组副书记：陈文龙
党组成员：王湘起　邵　枫（至1月）
谢建伟（1月起）　石增中（至1月）
徐　俊（1月起）

中共湖州市南浔区纪律检查委员会

书　记：徐　娟（女）
副书记：曹雪祥　王　坚
常　委：沈　斌　詹祥鸽（至9月）
谢丽红（女）　沈　亮（至1月）
王建萍（1月起）　宋新良（12月起）
委　员：马新梁（至3月）　朱泽民

闵肖立　沈光明　沈振华　张红卫
陆利斌（至3月）　陈小方（至1月）
范建芳　姜吴刚（至3月）　徐法宝
戴益民　陈泽育（3月起）
丁利民（3月起）　慎玉龙（3月起）
姚文杰（3月起）

湖州市南浔区监察委员会

主　任：徐　娟（女）
副主任：曹雪祥　王　坚
委　员：詹祥鸽（至9月）　沈　亮（至1月）
王建萍　徐　斌　宋新良（1月起）

湖州市南浔区人民法院

院　长：沈舟平
副院长：慎玉龙　刘英政（至3月）
翁旭鸣（至9月）　胡震四（3月起）
尹建峰（12月起）
黄丽琴（女，挂职，至7月）
党组书记：沈舟平
党组副书记：慎玉龙
党组成员：刘英政（至3月）　张永成（至3月）
翁旭鸣（至9月）　雷震云
张根荣（至5月）　胡震四
沈晓婷（女，3月起）
朱泽民（5月起）　尹建峰（12月起）
政治处主任（至5月）：翁旭鸣（至3月）
沈晓婷（女，3月起）
政治部主任（5月起）：沈晓婷（女）
审委会专职委员：张建强（至12月）
杭新彦（至3月）
刘英政（3月起）
沈琴法（12月起）
南浔法庭庭长：葛忠平（4月起）
练市法庭庭长：葛忠平（至4月）
尹建峰（4月起）
双林法庭庭长：胡震四（至4月）
李倩倩（女，12月起）
菱湖法庭庭长：江　焘
执行局局长：雷震云

湖州市南浔区人民检察院

检察长：毕　琳（女）
副检察长：闵肖立　钱　军
陈　香（女，至7月）
沈　澄（7月起）
党组书记：毕　琳（女）
党组副书记：闵肖立
党组成员：钱　军　陈　香（女，至7月）
沈　澄　章春燕（女）
嵇银荣（至5月）　戴益民（5月起）
李　超（7月起）
政治处主任（至5月）：沈　澄
政治部主任（5月起）：沈　澄（至7月）
李　超（7月起）
检委会专职委员：章春燕（女）
钱丽娟（女，12月起）

区委工作部门

区纪委、监委机关
办公室主任：宋新良（至3月）
干部室主任：李莲莲（女，至1月）
党风政风监督室主任：沈　亮（至1月）
孟鹏飞（1月起）
信访室主任：张　弘（3月起）
案件监督管理室主任：王克威（1月起）
第一纪检监察室主任：徐　斌（至3月）
第二纪检监察室主任：鲁海峰
第三纪检监察室主任：谈永生（1月起）
第四纪检监察室主任：王征中（1月起）
案件审理室主任：孙　婷（女）
第一纪检监察组（至4月）
组　长：吴建林
副组长：杨　勇　吕建花（女）
驻委办纪检监察组（4月起）
组　长：吴建林
副组长：杨　勇　吕建花（女）
第二纪检监察组（至4月）
组　长：张红卫
副组长：施海凤（女）　吕宗铭

驻府办纪检监察组（4月起）
组　长：周建明
副组长：施海凤（女）
第三纪检监察组（至4月）
组　长：屠建文（女）
副组长：沈吴祥　陈　建
驻宣传部纪检监察组（4月起）
组　长：屠建文（女）
副组长：沈吴祥　陈　建
第四纪检监察组（至3月）
组　长：邱伟荣
第五纪检监察组（至3月）
组　长：范建芳
第六纪检监察组（至3月）
组　长：杨　伟
驻组织部纪检监察组
组　长：朱泽民（至3月）
谢丽红（女，3月起）
副组长：徐锡东（至7月）　潘文贤（4月起）
钱培祥（7月起）
驻法院纪检监察组
组　长：张根荣（至3月）　朱泽民（3月起）
副组长：倪笑彬
驻检察院纪检监察组
组　长：嵇银荣（至3月）　戴益民（3月起）
副组长：张　丽（女）
驻开发区纪检监察组
组　长：徐法宝
副组长：杨佩红（女）
办公室
主　任：徐天林
副主任：鲍劲松（至1月）　徐　俊（至1月）
徐渊潮　顾伟民
吴群英（女，1月起）
陶文伟（1月起）
孙国华（兼，4月起）
汤雪松（兼，4月起）
沈伟利（兼，7月起）
室务会议成员：吕丹枫（女，7月起）
徐建刚（至1月）　吴建林
陶文伟（至1月）
周建军（至3月）
周剑明（至1月）
督查考核办（至1月）
主　任：徐天林
副主任：吴群英（女）　姜小东
吕丹枫（女）
党史研究室（至1月）
主　任：徐天林
副主任：徐建刚
台湾工作办公室（1月起）
主　任：徐天林
副主任：吕丹枫（女，1月起）
档案局（1月起）：
局　长：徐天林（1月起，至9月）
汤雪松（9月起）
组织部
部　长：朱德清（至3月）
范海鸣（3月起）
常务副部长：沈利建
副部长：潘小红（女，至1月）
陈泽育（1月起）
王银武（女，1月起）
吴博文（1月起）
鲁晓丽（兼，女，至1月）
郭凤娟（兼，女）
石增中（兼，4月起）
部务会议成员：周海淇（女，3月起）
陈　晨（3月起）
郝成杰（12月起）
章忠凯（12月起）
朱泽民（至3月）
陈泽育（至1月）
王银武（女，至1月）
顾思强（3月起，至12月）
谢丽红（女，3月起）
老干部局
局　长：沈利建
副局长：陈泽育（至4月）
王银武（女，4月起）
机关党工委（至1月）
书　记：沈利建

区直机关工委（1月起）
书　记：范海鸣（9月起）
专职副书记：章忠凯（12月起）
“两新”工委
专职副书记：周海淇（女，3月起）
副书记：王银武（女，至4月）
冯旭康（兼）　陆仲怡（兼，至1月）
费敏良（兼，至1月）
曹桂江（兼，4月起）
陈炳龙（兼，4月起）
区关工委
专职副主任：陈　晨（3月起）
区委人才办
专职副主任：顾思强（3月起，至12月）
郝成杰（12月起）
区人才办
主　任：费　月（女，至4月）
宣传部
部　长：杨长海
常务副部长：沈振华
副部长：宋国平（至1月）　陈培英（女）
沈中心（1月起）
卜爱军（挂职，至7月）
部务会议成员：陈建伟（12月起）　计奇花（女）
陆　剑（1月起）　屠建文（女）
沈中心（至1月）
章　蓉（女，1月起）
文　联
主　席：沈振华
副主席：宋国平（至1月）
陈培英（女，至1月）
沈中心（至1月）　陆　剑（1月起）
社科联
主　席：沈振华
副主席：计奇花（女）
区政府新闻办
专职副主任：徐根红（3月起）
互联网新闻舆情中心
主　任：郭志辉（4月起）
统战部
部　长：王建荣（至1月）　金荷新（1月起）
常务副部长：严振华
副部长：李民强　熊　颖（女）　李晓锋
部务会议成员：冯旭康　戚伟敏
民族宗教事务局
局　长：严振华
副局长：李民强　李晓锋
台湾工作办公室（至1月）
主　任：严振华
副主任：李民强　熊　颖（女）　李晓锋
台湾事务办公室（至1月）
主　任：严振华
副主任：李民强　熊　颖（女）　李晓锋
侨　办
主　任：严振华
副主任：李民强　熊　颖（女）　李晓锋
政法委
书　记：温建飞（至9月）　王剑峰（12月起）
常务副书记：朱建学（1月起）
副书记：朱建学（至1月）　何文彬
沈洪亮（1月起）　徐建刚（1月起）
单永杰（兼）　沈群松（兼，至1月）
委　员：沈舟平　毕　琳（女）
王忠洪　王娟娟（1月起）
沈群松（1月起）　朱锦方（至1月）
沈洪亮（至1月）　沈敏勇（至1月）
黄　成
综治办（至1月）
主　任：何文彬
副主任：沈敏勇
维稳办（至1月）
主　任：朱建学
副主任：王忠洪
政治处
主　任：朱锦方（至1月）　王娟娟（女，1月起）
法学会
专职副会长：王忠洪（1月起）
区委编办
主　任：郭凤娟（女）
副主任：钱培祥（至7月）　马　烽
徐锡东（7月起）
区委巡察办
主　任：沈　斌

副主任：高云祥（至3月）　郝俊伟（3月起）
巡察组组长：姜吴刚（3月起）
　　　　　　张根荣（3月起）
　　　　　　嵇银荣（3月起）
巡察组副组长：高云祥（3月起）
　　　　　　　张晓良（3月起）
　　　　　　　吴民强（7月起）

信访局

局　长：鲍劲松（至1月）　孙国华（1月起）
副局长：邵剑忠　李定桥
信访督查专员：沈国宏

政策研究室

主　任：周剑明（至1月）
副主任：陶文伟（至1月）　沈伟利（7月起）
　　　　姜小东（1月起）　周建军（3月起）

档案局（馆）（至1月）

局　长：孙国华
副局长：朱丹娜（女）
局务会议成员：计建国

档案馆（1月起）

馆　长：汤雪松
副馆长：张宇锋　朱丹娜（女，至7月）
　　　　金丹杰（7月起）
党组书记：汤雪松
党组成员：朱丹娜（女，至7月）
　　　　　金丹杰（7月起）　计建国

区融媒体中心（12月起）

主　任：陈建伟

区人大常委会工作部门

办公室

主　任：宋伟杰
副主任：周佩群（女）　陆丹凤（女，至7月）
　　　　朱丹娜（女，7月起）　杨柳青（挂职）

研究室

主　任：宋伟杰
副主任：邓兆洲

法制委员会（至1月）

副主任委员：林　勤　吴　丹（女）

监察司法委员会（1月起）

主任委员：　宣永铃
副主任委员：　林　勤　吴　丹（女）

财经委员会

主任委员：杨文杰
副主任委员：何信水（至10月）　陆　斌
　　　　　　胡维国（12月起）

社会建设委员会（1月起）

主任委员：鲁晓丽（女）
副主任委员：沈益平

农业农村工委

主　任：朱月林（至12月）
　　　　费娟华（女，12月起）
副主任：郑缓香（女）

教科文卫工委

主　任：许建荣
副主任：胡维国（至12月）
　　　　金国英（女，12月起）

代表与选任工委

主　任：沈金星
副主任：沈　敏（女）

城建与环资工委

主　任：沈建平
副主任：徐军民

机关党组

党组书记：宋伟杰
党组成员：宣永铃　鲁晓丽（女，1月起）
　　　　　许建荣　沈建平　沈金星
　　　　　朱月林（至12月）
　　　　　费娟华（女，12月起）

政协南浔区委员会工作部门

办公室

主　任：石增中（至1月）　徐　俊（1月起）
副主任：王新凤（女）　张宇锋（至1月）
　　　　栗　智（1月起）

提案委

主　任：吴兴权（至1月）　朱惠汉（1月起）
副主任：钱伟娟（女）
　　　　周光宇（兼，至1月）
　　　　董明华（兼，至1月）
　　　　徐渊潮（兼，3月起）
　　　　章沈泳（兼，3月起）

经科委（至1月）

主　任：高登旺

副主任：施国方　刘　斌　何小波（兼）
　　　　戴　晶（兼，女）

经济委（1月起）

主　任：高登旺（至10月）　屠赞宏（10月起）
副主任：施国方　刘　斌　何小波（兼，至3月）
　　　　姚国峰（兼，至10月）
　　　　费敏良（3月起）

文教卫体和文史委（至1月）

主　任：莫慧娟（女）
副主任：章少明　姚明星（兼）　王益钟（兼）

教科卫体委（1月起）

主　任：莫慧娟（女）
副主任：唐晓倩（女，10月起）
　　　　章少明（至10月）　姚明星（兼）
　　　　王益钟（兼）

社法委（至1月）

主　任：宋泉章
副主任：吴小枫（女）　冯新民（兼）
　　　　何文彬（兼）　董水根（兼）

社法民宗委（1月起）

主　任：鲍劲松
副主任：吴小枫（女）　乔慧明（3月起）
　　　　何文彬（兼）　吴建光（兼，3月起）

委工委

主　任：王秀红（女）
副主任：朱桂翔（1月起）
　　　　马小红（女，至1月）
　　　　李民强（兼）　陈泽育（兼，3月起）

农业农委（1月起）

主　任：董明华
副主任：金小晖　张兰轩
　　　　何小波（兼，3月起）
　　　　周杨晨（兼，3月起，至7月）

机关党组

党组书记：邵　枫（至1月）　谢建伟（1月起）
党组副书记：石增中（至1月）　徐　俊（1月起）
党组成员：屠赞宏（10月起）　董明华（1月起）
　　　　　莫慧娟（女）　吴兴权（至1月）
　　　　　鲍劲松（1月起）　高登旺（至10月）
　　　　　王秀红（女）　宋泉章（至1月）

区人民政府工作部门

办公室

主　任：吴叙良
副主任：周光宇（至1月）　章沈泳（1月起）
　　　　孙伟强　胡建强　邹贤华（至1月）
　　　　周建明（至7月）　沈晓良
　　　　杨慧华（1月起）　周杨晨（7月起）
党组书记：吴叙良
党组副书记：周光宇（至1月）　章沈泳（1月起）
党组成员：张红卫（至7月）　孙伟强
　　　　　胡建强　邹贤华（至1月）
　　　　　周建明　沈晓良
　　　　　邱伟荣（3月起）

生态文明建设办公室

专职副主任：胡　赞（3月起）

大数据服务中心

主　任：陈东方（女，4月起）

法制办（至1月）

主　任：吴叙良

外事办（至1月）

主　任：吴叙良
副主任：王娟娟（女）

发改经信委（至1月）

主　任：沈培明
副主任：董海辉　姚国峰　徐　斌　唐志强（挂职）
总经济师：詹家峰
党组书记：沈培明
党组副书记：董海辉　姚国峰
党组成员：徐　斌　詹家峰　唐志强（挂职）
　　　　　袁梦华（女）

发改经信局（1月起）

局　长：屠赞宏（至10月）　陆利斌（10月起）
副局长：褚利斌　姚国峰（至10月）
　　　　姚国祥（10月起）　徐　斌
　　　　戴　晶（女）　唐志强（挂职，至7月）
　　　　刘　波（挂职，4月起）
总经济师：詹家峰

金融发展服务中心

主　任：袁梦华（女，3月起）

党组书记：屠赞宏（至10月）　陆利斌（10月起）
党组副书记：褚利斌　姚国峰（至10月）
党组成员：姚国祥（10月起）　徐　斌　詹家峰
平臻宏　袁梦华（女）
唐志强（挂职，至7月）
刘　波（挂职，4月起）

教育局

局　长：陈勤泳
副局长：章沈泳（至1月）　姚明星
於　丽（女，1月起）　陆国强
党委书记：陈勤泳
党委副书记：章沈泳（至1月）　姚明星（3月起）
党委委员：姚明星（至3月）　陆国强
黄海新　俞建华

科技局

局　长：陆利斌（至10月）　潘雪祥（10月起）
副局长：王国洪（至1月）　唐晓倩（女，至1月）
邹贤华（1月起）　曹军军（1月起）
党组书记：陆利斌（至10月）　潘雪祥（10月起）
党组副书记：王国洪（至1月）　邹贤华（1月起）
党组成员：唐晓倩（女，至1月）
邵　涛（10月起）　曹军军（10月起）

民政局

局　长：吴建学
副局长：陆仲怡（至1月）　姚小莉（女）
陈炳龙（1月起）　王　良（12月起）
党委书记：吴建学
党委副书记：陆仲怡（至1月）
党委委员：姚小莉（女）　陈炳龙（1月起）
王　良（12月起）　陈　斌（3月起）

司法局

局　长：沈群松
副局长：吴　炯（至5月）　杨慧华（至1月）
朱锦方（1月起）　马小红（女，1月起）
戴来香（女，7月起）
郑　杰（挂职，4月起，至7月）
党组书记：沈群松
党组副书记：朱锦方（1月起）
党组成员：吴　炯（至5月）
马小红（女，1月起）
戴来香（女，7月起）
简国华（1月起）

财政局

局　长：何琪虎
副局长：崔正云　孙　晖（女）　沈利明
总会计师：李卫英（女，3月起）
党组书记（至1月）：何琪虎
党组副书记（至1月）：崔正云
党组成员（至1月）：孙　晖（女）　沈利明
李卫英（女）
党委书记（1月起）：何琪虎
党委副书记（1月起）：崔正云
党委委员（1月起）：孙　晖（女）　沈利明
李卫英（女）　顾新江

区属国有企业监事会（至1月）

主　席：陈有富

人力社保局

局　长：鲁晓丽（女，至1月）　石增中（1月起）
副局长：段良英（女）　董水根（至1月）
吴建光　汪　澄（至1月）
李　程（女，3月起）
党组书记：鲁晓丽（女，至1月）
石增中（1月起）
党组副书记：段良英（女）
党组成员：董水根　邱伟荣（至3月）
汪　澄（至1月）　李　程（女）
王　雨（女，1月起，至8月）

区社会保险管理服务中心（至1月）

主　任：李　梅（女）

住建局

局　长：文　涛
副局长：钱云飞　张　涛　黄瑞春
总工程师：孙钟良（3月起）
党组书记（至1月）：文　涛
党组成员（至1月）：张　涛　钱云飞　黄瑞春
范建芳　李广永　孙钟良
袁榴红（女）
党委书记（1月起）：文　涛
党委副书记（1月起）：钱云飞
党委委员（1月起）：范建芳　张　涛　黄瑞春
孙钟良（至3月）
袁榴红（女）

交通局
局　长：季泉兴
副局长：顾月洪　冯　强（至1月）
　　　　程华斌　邱小锋（1月起）
总工程师：施海峰
党组书记（至1月）：季泉兴
党组副书记（至1月）：顾月洪
党组成员（至1月）：冯　强　程华斌　邱小锋
　　　　　　　　　王　羽　施海峰
　　　　　　　　　柳颖臣（挂职）
　　　　　　　　　李慧敏（女，挂职）
党委书记（1月起）：季泉兴
党委副书记（1月起）：顾月洪
党委委员（1月起）：程华斌　邱小锋　施海峰
　　　　　　　　　王　羽　李广永
　　　　　　　　　柳颖臣（挂职，至5月）
　　　　　　　　　李慧敏（女，挂职，至5月）

水利局
局　长：朱建章
副局长：何小波　陈炳龙（至1月）
　　　　陆建军（3月起）
总工程师：沈敏毅（女）
党组书记：朱建章
党组副书记：何小波（3月起）
党组成员：何小波（至3月）　陈炳龙（至1月）
　　　　　沈敏毅（女）　陆建军

农林局（至1月）
局　长：卫　良
副局长：董明华　费娟华（女）　沈剑平
　　　　贡满生　周杨晨
畜牧兽医局局长：吴　豪
党组书记：卫　良
党组副书记：董明华　费娟华（女）
党组成员：沈剑平　贡满生　方建强
　　　　　周益敏（援疆）

农业农村局（1月起）
局　长：卫　良
副局长：陈　宇　沈剑平　吴　豪（7月起）
　　　　费娟华（女，至12月）
　　　　周杨晨（至7月）
　　　　马裕冬（挂职，4月起，至7月）
总农艺师：盛雅萍（女，3月起）
党组书记：卫　良
党组副书记：陈　宇（12月起）
　　　　　　费娟华（女，挂职）
党组成员：陈　宇（至12月）　沈剑平
　　　　　吴　豪（7月起）　方建强
　　　　　周益敏（援疆，至12月）

商务局
局　长：吴　桢（女，1月起）
副局长：董海辉（1月起）　姚国祥（至10月）
　　　　宋新良　戴　晶（女，至1月）
　　　　费　翔（10月起）
　　　　刘佳峰（挂职，4月起，至7月）
党组书记：董海辉（1月起）
党组成员：姚国祥（至10月）　宋新良
　　　　　费　翔（10月起）
　　　　　陈发兵（3月起，至10月）
　　　　　王乃新（3月起）

旅游局（至1月）
局　长：冯　云（女）
副局长：沈伟利　邱建敏
党组书记：沈吴勇
党组副书记：沈伟利
党组成员：邱建敏　陈　勇　袁　峰

文体局（至1月）
局　长：汤雪松
副局长：陈建伟　任　晖（女）　沈　懿（女）
党组书记：汤雪松
党组副书记：陈建伟
党组成员：沈　懿（女）　李　彦　陆　剑

文广旅体局（1月起）
局　长：周光宇
副局长：周益敏（12月起）　邱建敏
　　　　陈建伟（至12月）　沈　懿（女）
　　　　吴寅华（7月起）
　　　　李　勇（挂职，3月起，至7月）
党组书记：周光宇
党组副书记：陈建伟（至12月）
　　　　　　周益敏（12月起）
党组成员：邱建敏　沈　懿（女）
　　　　　袁　峰（至3月）　李　彦

陈　勇

卫生计生局（至 1 月）

局　长：李　强

副局长：王益钟　朱洪根　嵇　冰（挂职）

党委书记：李　强

党委副书记：王益钟

党委委员：朱洪根　马海霞（女）　潘明峰

卫生健康局（1 月起）

局　长：李　强

副局长：王益钟　朱洪根（至 12 月）

程　萍（女）　嵇　冰（挂职）

党委书记：李　强

党委副书记：王益钟

党委委员：朱洪根　马海霞（女）

潘明峰　潘晓明

金国英（女，10 月起，至 12 月）

毛建强（兼，12 月起）

退役军人事务局（1 月起）

局　长：宋国平

副局长：陆仲怡　汪　澄

党组书记：宋国平

党组副书记：陆仲怡

党组成员：周永华（3 月起）　汪　澄

安全生产监管局（至 1 月）

局　长：施永伟

副局长：杨少锋　慎伟峰　余为荣

党组书记：施永伟

党组副书记：杨少锋

党组成员：慎伟峰　余为荣　吴　杰

应急管理局（1 月起）

局　长：施永伟

副局长：杨少锋　慎伟峰　余为荣

李　悦（挂职，4 月起，至 7 月）

总工程师：吴　杰（3 月起）

党组书记：施永伟

党组副书记：杨少锋

党组成员：慎伟峰　余为荣　吴　杰

吴　燕（女）

审计局

局　长：姜吴刚（至 1 月）　丁利民（1 月起）

副局长：王杰华　沈小燕（女）

车爱萍（女，12 月起）

总审计师：李哲新（女，至 1 月）

朱晓锋（3 月起）

党组书记：姜吴刚（至 1 月）　丁利民（1 月起）

党组成员：王杰华　沈小燕（女）　朱晓锋

市场监管局

局　长：李学明

副局长：穆红卫　曹桂江（1 月起）

杨徐伟　崔雄文（至 1 月）

郑锋英（女）　费敏良（至 1 月）

赵　波（挂职，3 月起，至 7 月）

总工程师：吴建平（1 月起）

党委书记：李学明

党委副书记：穆红卫　曹桂江（1 月起）

党委委员：杨徐伟　崔雄文（至 1 月）

杨　伟（至 3 月）　郑锋英（女）

吴建平（1 月起）

费敏良（至 1 月）

食安办主任（至 1 月）：李学明

食安办副主任（至 1 月）：于明英（女）

南浔镇分局局长（至 1 月）：顾乾峰

练市镇分局局长（至 1 月）：吴建平

市场稽查大队大队长：黄惠良

统计局

局　长：潘雪祥（至 10　月）　姚国峰（10 月起）

副局长：曹桂江（至 1 月）　费敏良（1 月起）

陈春燕（女）

总统计师：王学良

党组书记：潘雪祥（至 10 月）　姚国峰（10 月起）

党组副书记：曹桂江（至 1 月）　费敏良（1 月起）

党组成员：陈春燕（女）　王学良

环保局（至 1 月）

局　长：徐晓荣

副局长：沈美新　费　梁　罗　涛　杨家旺

党组书记：徐晓荣

党组成员：沈美新　费　梁　罗　涛　杨家旺

医保局（1 月起）

局　长：冯　云（女）

副局长：沈伟利（至 7 月）　张红卫（7 月起）

李　梅（女）

王小均（挂职，3 月起，至 7 月）

党组书记：张红卫（7月起）
党组副书记：沈伟利（至7月）
党组成员：李　梅（女，1月起）
　　郑林方（3月起）

综合执法局

局　长：罗祖盘（至1月）　冯　强（1月起）
副局长：沈国荣　蒋世明　展福海
　　温国荣　于　凯（兼）
党组书记：罗祖盘（至1月）　冯　强（1月起）
党组副书记：沈国荣
党组成员：蒋世明　展福海　温国荣
　　于　凯（兼）　简国华（至1月）

政务服务办

主　任：王剑峰（至12月）
　　方　科（兼，12月起）
常务副主任：朱惠汉（至1月）
　　陈海燕（女，1月起）
副主任：陈海燕（女，至1月）
　　胡　晓　高曙光　王　丰（1月起）
党组书记：王剑峰（至12月）
　　方　科（兼，12月起）
党组副书记：陈海燕（女）
党组成员：胡　晓　高曙光　宋美琴（女）
　　王　丰（1月起）

度假区管委会

主　任：屠　峻
副主任：费建民　李　刚
　　金江兰（女，至1月）
　　沈杨欢　倪董未（女，1月起）
党委书记：屠　峻
党委副书记：费建民
党委委员：倪董未（女，1月起）　李　刚
　　金江兰（女，至1月）　沈杨欢
　　陈风平　叶　徐（3月起）
　　谢海峰（兼）

科技新城管委会

主　任：吴　桢（女，至1月）
　　沈吴勇（1月起）
副主任：周建才　满　涛（3月起）
　　叶伟强（至1　月）
党组书记：沈吴勇
党组成员：周建才　满　涛（3月起）
　　叶伟强（至1　月）　马君君（3月起）

管理局（至4月）

局　长：章荣明
副局长：陈荣华　张守起
党组书记：章荣明
党组成员：陈荣华　张守起　蒋姗姗（女）

机关事务管理服务中心（4月起）

主　任：章荣明
副主任：陈荣华　张守起
党组书记：章荣明
党组成员：陈荣华　张守起　蒋姗姗（女）

金融办（至1月）

主　任：丁利民
副主任：褚利斌　平臻宏
党组书记：丁利民
党组副书记：褚利斌
党组成员：平臻宏

供销合作社（农合联）

主　任：陈　虎
副主任：姚　金（至12月）　金小晖（至1月）
　　袁　峰（3月起）
监事会主任：陈　宇（至12月）
党组书记：陈　虎
党组副书记：陈　宇（至12月）
党组成员：姚　金（至12月）　金小晖（至1月）
　　袁　峰（3月起）

计生协会机关

会　长：李雪华
常务副会长：李　强（兼）

上海联络处南浔工作部

主　任：沈德明
副主任：朱桂翔（至1月）　金江兰（女，1月起）

群众团体

总工会

主　席：魏海松
常务副主席：周洪声（4月起）
副主席：周洪声（至4月）　崔雄文（1月起）
　　沈林强（3月起）　章建英（兼，女）

倪　威（兼）　陆　剑（挂职，至1月）
吴寅华（挂职，1月起）
彭　洋（挂职，4月起，至7月）
党组书记：周洪声
党组成员：崔雄文（1月起）　陆　敏（女）
沈林强（3月起）　杨雪莉（女）
经费审查委员会主任：　陆　敏（女）

团区委

书　记：姚文斌（至1月）　王国权（1月起）
副书记：倪董未（女，　至1月）
王　金（3月起）　高海松（兼）
王　金（挂职，至3月）
汤松音（挂职，女，1月起）
党组书记（至4月）：姚文斌（至1月）
王国权（1月起）
党组成员（至4月）：倪董未（女，至1月）
王　金（3月起）

妇　联

主　席：茅雪莹（女）
副主席：于明英（女，1月起）
王晓丹（女，至1月）
闵陈晨（女）
周桂珠（兼，女，至1月）
高爱芬（兼，女）
程　萍（挂职，女，至1月）
任　菲（挂职，女，　1月起）
章九英（兼，女，1月起）
党组书记：茅雪莹（女）
党组成员：于明英（女，1月起）
王晓丹（女，至1月）
陈洁英（女，3月起）

科　协

主　席：陆利斌（至10月）　邵　涛（10月起）
副主席：王国洪（至1月）
唐晓倩（女，至10月）
董海辉（兼）　陆国强（兼）
方建强（兼）

工商联机关

主　席：万子牛（至10月）
潘宇文（女，10月起）
专职副主席：冯旭康（10月起）
党组书记：严振华
党组成员：李晓锋　冯旭康

残　联

理事长：何育锋（女）
副理事长：孙荣荣　钱晓英（女）
范玲英（兼，女）
黄海新（挂职）　李　程（女，挂职）
党组书记：何育锋（女）
党组副书记：孙荣荣
党组成员：钱晓英（女）

红十字会

会　长：钱红梅（兼，女）
专职副会长：朱洪根（12月起）
副会长：朱洪根（兼，至12月）
金国英（女，至12月）
王娟娟（兼，女）　陆国强（兼）
陆仲怡（兼）　孙　晖（兼，女）

区属国有集团

城投集团

董事长：朱　峰
副董事长：管利成
总经理：管利成
副总经理：张　峰　陈　莉（女）
总会计师：沈建明
总工程师：王　峰（3月起）
党委书记：朱　峰
党委副书记：顾新江（至1月）　管利成
党委委员：张　峰　沈建明　陈　莉（女）
吴新卫（6月起）
王　雨（女，8月起）
纪委书记：吴新卫（6月起）

交投集团

董事长：闻爱祥
副董事长：虞　岱
总经理：虞　岱
副总经理：莫文杰（12月起）　张　建
张　言（女）　高少勇（3月起）
总经理助理：冯　悦（至3月）
党委书记：闻爱祥

党委副书记：虞　岱　莫文杰（12月起）
党委委员：张　建　戴旭岚（女）　高少勇
纪委书记：戴旭岚（女）

旅投集团

董事长：刘厚平（1月起）
副董事长：刘厚平（至1月）
总经理：刘厚平
副总经理：张记生　朱旭梅（女）
冯　悦（3月起）
丁建强（3月起，至6月）
总经理助理：费震夏（女）　钟方俊（12月起）
党委书记：刘厚平（1月起）
党委副书记：张记生　刘厚平（至1月）
党委委员：丁建强
纪委书记：丁建强（6月起）

区级部门（单位）

南浔区人武部

党委第一书记：夏坚定（至9月）
杨卫东（9月起）
部　长：沈　威
政　委：支德永
副部长：陈黎晖

南浔区消防救援大队

政治教导员：马　俊
大队长：王　军
副大队长：喻志林
南浔中队政治指导员：阴　志
双林中队政治指导员：宋海龙

南浔区公安分局

党委书记、局长、督察长：单永杰
党委副书记、政委：姚国祥
党委副书记、副局长：沈岳祥
党委委员、副局长：沈光明
党委委员、纪委书记：王晓华
党委委员、副局长：陆桂龙
党委委员、副政委兼政治处主任：包雪峰
党委委员、副局长：何文庆

南浔区自然资源和规划分局

党委书记、局长：茹　伟
党委委员、副局长：钱　勇
党委委员、副局长：姜玮康
党委委员、湖州市南浔城乡规划编制中心主任：蒋学兵
党委委员、练市镇国土资源管理所所长：王书国
党委委员、湖州市不动产登记服务中心（市国土资源信息中心）南浔分中心主任：许晓斌
党委委员、副局长：钦　青

南浔区生态环境分局

党组书记、局长：徐晓荣
党组成员、副局长：沈美新　费　梁　杨家旺

南浔区税务局

党委书记、局长：张　杰
党委委员、副局长：陆冬根　孟雪海　冯永良
茅学峰　董　超　朱兴江
党委委员、纪检组长：陈小蕾（女，至9月）
任　芳（女，9月起）

工行南浔支行

行　长：俞婴红（女，至3月）
副行长（主持工作）：沈留良（4月起）
副行长：吴振华　蔡丽红（女）
行长助理：楼黄燕（女，5月起）

农行南浔支行

副行长（主持工作）：丁　琴（女）
副行长：许国良（7月起）
行长助理：许国良（至7月）
朱晓明　尤佳贤
纪委书记：求美羽（女，1月起）

建行南浔区支行

党委书记、行长：胡　涛
副行长：沈　霞（女）　金　风
梅　妍（女）
见习副行长：罗　海（10月起）

中行南浔区支行

行　长：徐　霆（女）
副行长：沈　颖（女）　朱　娟（女）

浙江南浔农村商业银行

党委书记、董事长：沈家骅
党委委员、行长：陈春仿（至5月）
虞承杰（6月起）
纪委书记、监事长：潘建妹（女，至5月）

钱　霞（女，6月起）
党委委员、副行长：冯新达
潘建妹（女，6月起）
邱全民

湖州银行南浔支行

行　长：朱荣华（至7月）　葛　飞（8月起）
副行长：莫兆平（女）
行长助理：朱莉青（女）

人寿保险南浔区支公司

经理、党支部书记：张金良
副经理、党支部宣传委员：程　晖
经理助理、党支部纪检委员：杨　光

人民财保南浔支公司

党支部书记、总经理：潘　华
纪检委员、副总经理：黄旭庆（女）
副总经理：钱春燕（女）　周　涛

中国电信南浔分公司

总经理：沈　博
副总经理：陈伊炜　蔡建明

中国邮政集团公司湖州市南浔分局

党支部书记、局长：王　俭（至9月）
局　长：倪　巍（10月起）
党支部书记、副局长：王卢慧（10月起）
副局长：沈　杰（至4月）

南浔广播电视中心

主　任：周　钰（女，至2月）
副主任（主持工作）：沈志伟（2月起）
党支部书记、副主任：朱三星
副主任：费艺丽（女，4月起）

南浔广播电视网络传输分中心

总经理：沈丽琴（女）
副总经理：钱金根

中国移动南浔分公司

总经理：沈旭峰（至7月）
副总经理（主持工作）：邱　路（7月起）
副总经理：周卫东　王佩芬（女，10月起）
总经理助理：王佩芬（女，至10月）

中国联通南浔区分公司

总经理：陈　俊
总　监：郑建锋　牛跃军

乡镇、开发区

南浔镇

党委书记：屠赞宏（至1月）　吴冠宇（1月起）
党委副书记：吴冠宇（至1月）
姚文斌（1月起）
沈　亮（挂职，至1月）
沈　亮（1月起）　费　军（12月起）
郭楼儿（挂职，10月起）
胡秉耀（至12月）
章沈泳（挂职，至1月）
赵正栋（挂职，至5月）
陶文伟（挂职，10月起）
党委委员：戴益民（至3月）　杨　伟（3月起）
叶伟强（1月起）　周永华（至3月）
费　军（至3月）　温文泉
王晓丹（女，1月起）
姚　峰（3月起）
何丹丹（女，3月起）
陆桂龙（兼，至6月）
杜新梁（兼，6月起）
人大主席：胡炳荣（至10月）
人大主席候选人：胡秉耀（12月起）
人大副主席：顾振贤
镇　长：吴冠宇（至1月）　姚文斌（1月起）
副镇长：邹建新　沈益平（至1月）
沈学峰　沈建新　叶伟强（1月起）
纪委书记：戴益民（至3月）　杨　伟（3月起）
纪委副书记：褚忠惠（7月起）
人武部长：周永华（至3月）　姚　峰（3月起）
正科级组织员：乔慧明（至3月）
费　军（3月起，至12月）
副科级组织员：张国妹（女）

练市镇

党委书记：朱　伟（至7月）　沈振宇（7月起）
党委副书记：沈振宇（至7月）
罗祖盘（10月起）
韦小泉（至7月）　李建平

沈旭晟（挂职，10 月起）
邵　涛（挂职，至 10 月）
党委委员：丁国方　钱建中（1 月起）
陈小方（至 1 月）
戴来香（女，至 7 月）
仰国红　陆丹凤（女，7 月起）
严芳华（女）　沈建钢
李莲莲（女，1 月起）　莫欣庆（兼）
人大主席：周晓耿（至 1 月）　宋泉章（1 月起）
人大副主席：邱建忠
镇　长：沈振宇（至 10 月）
镇长候选人：罗祖盘（10 月起）
副镇长：钱建中　朱凤明　徐宁峰
沈　岐（1 月起）
纪委书记：陈小方（至 1 月）
李莲莲（女，1 月起）
纪委副书记：章金南（女）
人武部长：沈建钢
正科级组织员：从泉林（至 1 月）　潘菊良
副科级组织员：章忠凯（3 月起，至 12 月）

双林镇

党委书记：陆松华
党委副书记：姚国祥（至 6 月）
姚永平（7 月起）　彭　琳（女）
陈泽育（挂职，至 1 月）
王国权（挂职，10 月起）
党委委员：高国勇　陈小红（至 10 月）
张俊毅　华小彬（至 1 月）
严雅利（女）　姚文杰　杨祥春
杨　斌（12 月起）
胡春强（兼，6 月起）
沈世明（兼，至 6 月）
谢金萍（女，挂职，至 9 月）
费　翔（挂职，至 10 月）
周少南（挂职）
人大主席：陈火生（至 7 月）　吴　斌（7 月起）
人大副主席：王新权
镇　长：姚国祥（至 6 月）　姚永平（7 月起）
副镇长：陈小红（至 10 月）　杨　斌
唐　华　沈徐华（女）
纪委书记：姚文杰
纪委副书记：蔡学杰
人武部长：高国勇
正科级组织员：杨荣根
副科级组织员：朱凯敏

菱湖镇

党委书记：王培华
党委副书记：沈其民　徐伟中　邹　颖（女）
李晓锋（挂职，至 1 月）
党委委员：高新明（至 3 月）　沈洪杰
薛　景　陆国民（3 月起）
侯朝阳（3 月起）　汪　健
张国强（1 月起）　李小强（兼）
何丹丹（女，至 3 月）
王一辉（挂职，至 5 月）
刘　梅（女，挂职，至 4 月）
人大主席：陈剑青
人大副主席：汤新明（至 1 月）　杨井水（1 月起）
镇　长：沈其民
副镇长：杨井水（至 1 月）　张国强
姚浩良　陆艳苑（女）
沈峰勇（1 月起）
副镇长候选人：吴　昊（挂职，10 月起）
纪委书记：汪　健
纪委副书记：耿若曦
人武部长：高新明（至 3 月）　陆国民（3 月起）
正科级组织员：高新明（3 月起）
副科级组织员：郝成杰（3 月起，至 12 月）

和孚镇

党委书记：谢建伟（至 1 月）　沈增赟（1 月起）
党委副书记：沈增赟（至 1 月）
周剑明（1 月起）　胡建荣
陈　芳（女，挂职，至 5 月）
党委委员：俞　晴　邱建荣　褚良伟
朱丽华（女，至 1 月）　袁小锋
杨升辉　郑　斌
池静宜（女，1 月起）　倪春翔（兼）
沈斌乾（挂职，至 4 月）
人大主席：杨建中

人大副主席：沈根如（至3月）
人大副主席候选人：吴健伟（3月起）
镇　长：沈增赟（至1月）　周剑明（1月起）
副镇长：邱建荣　於　丽（女，至1月）
　　　　薛　方　孙益平　李哲新（女，1月起）
副镇长候选人：吴夏平（女，挂职，10月起）
纪委书记：俞　晴
纪委副书记：胡成新
人武部长：袁小锋
正科级组织员：钱志宏
副科级组织员：徐　欢（女）

善琏镇

党委书记：吴丽梅（女）
党委副书记：丁　罡（挂职，7月起）
　　　　　　姚永平（至7月）　陈瑞清（至1月）
　　　　　　沈敏勇（1月起）
党委委员：金晓风　邱忠华　姚强英（女）
　　　　　姚惠良　陈有德　朱丹旦（女）
　　　　　曹光景（挂职，3月起）　徐新强（兼）
人大主席：朱国良（至1月）　陈瑞清（1月起）
人大副主席：鲍学俊
镇　长：姚永平（至7月）
　　　　丁　罡（挂职，7月起）
副镇长：姚强英（女）　朱　华　余　溢
纪委书记：金晓风
纪委副书记：谈林雅（女）
人武部长：邱忠华
副科级组织员：钱明华（女，3月起）

旧馆镇

党委书记：翟海峰
党委副书记：潘小红（女，1月起）　费海峰
党委委员：侯楠松　张华飞　石月荣
　　　　　蔡建军（女）　沈永良　章瑚纬（女）
　　　　　吴　斌（兼，6月起）
　　　　　于　凯（兼，至6月）
　　　　　吴博文（挂职，至1月）
　　　　　殷莉华（女，挂职）
人大主席：朱文伟
人大副主席：顾慧强
镇　长：翟海峰（至1月）
　　　　潘小红（女，1月起）
副镇长：张华飞　沈　岐（至1月）
　　　　田建强　徐国平（1月起）
纪委书记：石月荣
纪委副书记：严利花（女）
人武部长：沈永良
副科级组织员：徐　欢

千金镇

党委书记：汤佩佩（女，至1月）
　　　　　罗祖盘（1月起，至10月）
　　　　　丁一平（10月起）
党委副书记：丁一平（至10月）
　　　　　　陈小红（10月起）　宋锦荣
党委委员：施亚萍（女）　宋新华（1月起）
　　　　　朱　慧（女）　姚　峰（至3月）
　　　　　朱建人（3月起）
　　　　　费海峰（女，3月起）
　　　　　侯朝阳（至3月）
　　　　　潘国兴（兼，6月起）
　　　　　周国龙（兼，至6月）
人大主席：沈祖良
人大副主席：孙洪章
镇　长：丁一平（至10月）
镇长候选人：陈小红（10月起）
副镇长：吴健伟（至3月）　宋新华
　　　　杨锡伟（挂职）　周国华（3月起）
纪委书记：施亚萍（女）
纪委副书记：沈惠娟（女，至6月）
　　　　　　褚益可（9月起）
人武部长：姚　峰（至3月）　朱建人（3月起）

石淙镇

党委书记：黄骆意（挂职，至6月）
　　　　　姚国祥（6月起）
党委副书记：任元清　朱丽华（女，1月起）
　　　　　　张兰轩（至1月）　张丹峰（挂职）
党委委员：华小彬（1月起）　陆国民（至3月）
　　　　　沈伟英（女）　陆建强　张丽莉（女）
　　　　　李如刚（3月起）
　　　　　欧子静（女，挂职，3月起）
　　　　　吴国勇（兼，至6月）
　　　　　张强亮（兼，6月起）
人大主席：杨少华
人大副主席：杨维献

镇　长：任元清
副镇长：姚　欢　王国权（至1月）
　　　　华小彬（1月起）
纪委书记：沈伟英（女）
纪委副书记：高根荣
人武部长：陆国民（至3月）　李如刚（3月起）
正科级组织员：宋明霞（女）

南浔经济开发区、湖州市南太湖产业集聚区南浔分区管委会

南浔经济开发区

党委书记：朱　伟（至7月）　陈纯志（7月起）
党委副书记：吴林元（至3月）　闵金良
　　　　　　诸景华　沈晓强（7月起）
党委委员：吴　斌（至7月）　刘晓芬（女）
　　　　　沈晓强（至7月）　朱勤清
　　　　　杨占桩　姜　波　朱建国　沈晓斌
　　　　　胡官政　韦小泉（7月起）
　　　　　徐法宝　张春伟（兼）
　　　　　朱晓明（挂职，10月起）

南浔经济开发区管委会、湖州市南太湖产业集聚区南浔分区管委会

主　任：吴林元（至3月）　闵金良（3月起）
副主任：闵金良（至3月）　诸景华
　　　　吴　斌（至7月）　刘晓芬（女）
　　　　沈晓强　韦小泉（7月起）
　　　　朱勤清（7月起）　田中伟（挂职）

办公室

主　任：胡官政

党群工作部

部　长：沈晓斌

集聚区工作部

部　长：朱勤清（至12月）

经济发展局

局　长：张海清（至7月）　张康康（7月起）

规划建设局

局　长：姜　波

社会发展局

局　长：张海清（7月起）

农业农村局

局　长：赵　寅（12月起）

投资促进局

局　长：陈发兵（12月起）

财务融资局

局　长：屠徐峰（3月起）

社会管理综合治理办公室

主　任：朱建国

招商局

局　长：陆　伟（3月起）

投资服务中心

主　任：王新光（3月起）

人武部

部　长：杨占桩
副科级组织员：赵　寅（至12月）

党　政

·中国共产党湖州市南浔区委员会·

【区委四届六次全体（扩大）会议】 1月11日，召开区委四届六次全体会议。学习贯彻省委、省政府批准的《湖州市南浔区机构改革方案》。区委委员、区委候补委员；不是区委委员的区人大常委会副主任、区政府副区长、区政协副主席，区人大常委会副主任候选人、区政府副区长人选、区政协副主席候选人列席会议。

【区委四届七次全体（扩大）会议暨经济工作会议】 1月17日，召开区委四届七次全体（扩大）会议暨经济工作会议。区委常委会主持会议。高举习近平新时代中国特色社会主义思想伟大旗帜，深入学习贯彻中共十九大和中央、省委经济工作会议以及市委八届六次全会暨经济工作会议精神，认真总结2018年工作，部署2019年任务，动员全区上下赶超跨越出实效、一五一十谱新篇，高质量打造湖州“开放东大门、创业新高地”。区委书记夏坚定代表区委常委会作工作报告；补选区委委员；播放PPT，亮晒各镇（开发区）“全年红”主要经济指标完成情况；区领导及部门党政主要负责人对各镇（开发区）测评打分；区委副书记、区长杨卫东部署2019年经济工作；区委书记夏坚定作会议小结。区委委员、区委候补委员、区纪委委员、区人大、区政府、区政协党组成员，区法院院长，区检察院检察长，南浔经济开发区管委会主任、南太湖产业集聚区南浔分区管委会主任，区人武部部长，有关处级领导；退出现职的区级党员领导；曾担任过副处级以上领导职务的党内老干部；各镇党委书记、镇长、副书记、纪委书记，开发区副书记；区级各单位党委（党组）书记和党员行政主要负责人；区委巡察办主任、区委巡察组组长、区纪委监委各派驻纪检监察组组长；部分区党代表参加会议。不是区委委员的区领导，各民主党派、区工商联主要负责人和区级部门非中共党员主要负责人应邀参加会议。区委“四新”主题实践专项督查组负责人，区驻外各招商局局长列席会议。

【区委四届八次全体（扩大）会议】 7月30日，中共湖州市南浔区委四届八次全体（扩大）会议在南浔举行。区委常委会主持会议。区委书记夏坚定讲话，区委副书记、区长杨卫东，区委副书记温建飞等出席。全会高举习近平新时代中国特色社会主义思想伟大旗帜，认真贯彻落实省委十四届五次全会、市委八届七次全会精神，听取和审议夏坚定受区委常委会委托作的工作报告，对《中共湖州市南浔区委关于坚持底线思维坚决打赢防范化解重大风险攻坚战的实施意见》征求意见。全会指出，前半年全区上下深入贯彻习近平新时代中国特色社会主义思想，认真落实省、市委决策部署，紧紧围绕打造湖州“开放东大门、创业新高地”的发展定位，深入开展“三服务”活动，如期实现“半年红”目标，赶超发展在克难攻坚中稳步前行。区委委员、区委候补委员；区纪委委员；区人大、区政府、区政协党组成员，区法院院长，区检察院检察长，南浔经济开发区管委会主任、南太湖产业集聚区南浔分区管委会主任，区人武部部长；曾担任过副处级以上领导职务的党内老干部；各镇党委书记、镇长、副书记、纪委书记，开发区副书记；区级各单位党委（党组）书记和党员行政主要负责人；区纪委监委各派驻纪检监察组组长、区委巡察组组长；部分区党代表参加会议。不是区委委员的区领导，各民主党派、区工商联主要负责人和区级部门非中共党员主要负责人列席会议。

【区委常委扩大会议】 3月18日，召开区委常委扩大会议。由区委书记夏坚定传达全国两会精神。

梅爱祥、孙根祥、温建飞等区四套班子领导出席。

4月30日，召开区委常委扩大会议。传达学习省委十四届五次全体（扩大）会议、全省防范化解重大风险专题培训班和市委常委会（扩大）会议精神。梅爱祥等区四套班子领导出席。

11月23日，召开区委常委扩大会议。区委书记杨卫东主持会议并讲话。第一时间传达学习省委十四届六次全体（扩大）会议精神及市委常委扩大会议精神，研究部署南浔区贯彻落实工作。会议还就2020年一季度重点项目集中开工、ETC推广应用、市对区争先进位考核等工作做了具体部署。梅爱祥等区四套班子领导出席。

12月17日，召开区委常委扩大会议。会议由区委书记杨卫东传达中央经济工作会议精神。会议指出，这次中央经济工作会议，是在即将迎来“两个一百年”历史交汇的关键年份召开的重要会议。会议强调，要以学促用，精心谋划2020年思路和“十四五”规划。2020年是全面建成小康社会关键之年和“十三五”规划收官之年，尤其是沪苏湖铁路将全线开建，做好2020年经济工作至关重要。要压实责任，抓好岁末年初方方面面工作。梅爱祥、王剑峰等区四套班子领导出席。

【区委常委会】　1月9日，召开四届区委第四十四次常委会会议。会议听取关于在南浔区推进区域医疗卫生服务共同体建设的汇报；听取关于“最美家风+”典型选树情况的汇报；听取关于增补2018年度区级文明单位、文明村相关情况的汇报；听取关于召开区四届人大三次会议、区政协三届三次会议有关情况的汇报；讨论干部；审阅《关于进一步激励干部在南浔赶超跨越中改革创新担当作为的实施意见（送审稿）》；审阅《中共湖州市南浔区委办公室关于加强新时代人民政协党的建设工作的意见（送审稿）》。

1月11日，召开四届区委第四十五次常委会会议。会议开展党性党纪教育一刻钟，传达学习市委八届六次全体（扩大）会议暨经济工作会议精神。听取关于区委四届七次全体（扩大）会议暨经济工作会议建议方案和《全会报告》起草情况的汇报；讨论干部；审阅关于全市新一轮“百村示范、千村晋位”专项行动部署推进会暨“第一书记”培训会精神及南浔区下一步贯彻落实建议的汇报。

1月21日，召开四届区委第四十六次常委会会议。会议开展党性党纪教育一刻钟，传达学习中央纪委十九届三次全会和省纪委十四届四次全会精神。听取关于“大棚房”问题清理整治整改方案的汇报；听取关于区人大常委会、区政府、区政协、区法院、区检察院党组2018年工作和2019年工作安排、全面从严治党主体责任履职情况及党组主要负责人第一责任人履职情况的汇报；听取关于区四届人大代表补选人选及四届人大三次会议有关建议名单的汇报；听取关于区三届政协委员调整及政协三届三次会议有关建议名单的汇报；听取关于区纪委四届四次全会方案及工作报告的汇报；讨论干部。

2月2日，召开四届区委第四十七次常委会会议。会议开展党性党纪教育一刻钟：传达学习省“两会”精神。传达学习全省宣传思想工作会议精神。听取关于2018年度各镇（开发区）综合考核情况的汇报；听取关于全区领导干部大会会议方案的汇报；听取关于南浔区中央环保督察交办反馈问题整改落实情况和2019年南浔区生态环保重点任务有关情况的汇报；审阅《南浔区工会第四次代表大会方案（送审稿）》；审阅《南浔区第四次妇女代表大会方案（送审稿）》。

2月15日，召开四届区委第四十八次常委会会议。会议开展党性党纪教育一刻钟：传达学习《中共浙江省纪委关于认真贯彻习近平总书记重要讲话精神严肃整治领导干部利用名贵特产类特殊资源谋取私利问题的意见》精神。听取关于2019年《政府工作报告》和民生实事项目的汇报；听取关于《南浔区工业经济“三千”专项行动方案》的汇报；听取关于《南浔区“服务企业服务群众服务基层”活动实施方案》的汇报；听取关于《南浔区全面推进“学习强国”学习平台建设应用工作方案》的汇报；听取关于《湖州市南浔区人民代表大会常务委员会工作报告》的汇报；听取关于《政协第三届湖州市南浔区委员会常务委员会工作报告》《提案工作报告》的汇报；听取关于《湖州市南浔区人民法院工作报告》的汇报；听取关于《湖州市南浔区人民检察院工作报告》的汇报；听取关于2018年度区级单位综合考评结果及“四新”奖的汇报；审阅关于通报2018年度区委常委会成员履行全面从严治党“一岗双责”情况的汇报；审阅南浔区2018年国民经济和社会发展计划执行情况及2019年国民经济和社会发展计划草案；审阅湖州市南浔区2018年预算执行情况及2019年预算草案；审阅南浔区2018年度法治政府建设（依法行政）工作情况；书面听取2018年度南浔区“五水共治”工作考核情况；书面听取《健康南浔考核实施方案（试行）》；书面听取2018年度南浔区环境状况和环境保护目标完成情况的汇报。

3月6日，召开四届区委第四十九次常委会会议。会议开展党性党纪教育一刻钟：（1）传达学习《中共中央关于加强党的政治建设的意见》《中国共产党重大事项请示报告条例》精神。（2）传达学习《中国共产党政法工作条例》精神。听取关于中央和省市委政法工作会议、全国省市扫黑除恶专项斗争会议精神和南浔区贯彻落实意见以及全区开展“四个秩序”专项整治工作的汇报；听取关于2019年度南浔区招商引资工作实施意见的汇报；听取关于2019年度南浔区“以实绩论英雄促赶超跨越出成效”考核办法的汇报；听取关于南浔区2019年度落实全面从严治党主体责任常态化检查考核办法的汇报；书面听取关于全国、全省统战部长会议精神及南浔区贯彻落实情况的汇报。

3月11日，召开四届区委第五十次常委会会议。会议专题讨论干部任免。

3月18日，召开四届区委第五十一次常委会会议。会议开展党性党纪教育一刻钟：传达学习习近平总书记关于宗教工作的重要论述；传达学习全市党建工作会议精神。听取关于传达省委农村工作会议、全市农业和农村工作领导小组（扩大）会议精神和关于《南浔区实施乡村振兴战略2019年行动计划》起草情况的汇报；听取关于杭嘉湖北排后续工程（南浔段）的汇报；听取关于区纪委区监委派驻（出）机构改革相关工作的汇报；听取关于区管领导干部2018年度考核等次的汇报；讨论干部；书面听取《区委常委会2019年工作要点》；书面听取关于全省组织部长会议、全省“两新”工委书记会议、全省老干部局长会议精神及南浔区贯彻落实建议的汇报；书面听取关于2019年度区委理论中心组学习计划的汇报。

4月2日，召开四届区委第五十二次常委会会议。会议开展党性党纪教育一刻钟：传达学习全国巡视工作会议暨十九届中央第三轮巡视动员部署会精神。讨论案件；听取关于《2019年度区委巡查工作计划（送审稿）》《四届区委第四轮巡查工作实施方案（送审稿）》；听取关于省级、市级“担当作为好干部”建议人选推荐名单的汇报；听取关于南浔区“三八红旗手（集体）”评选结果的汇报；听取关于《政协湖州市南浔区委员会2019年度协商工作计划》的汇报；书面听取关于市落实全面从严治党主体责任第2检查组对南浔反馈意见的整改方案。

4月15日，召开四届区委第五十三次常委会会议。会议开展党性党纪教育一刻钟：传达学习《干部选拔任用条例》。听取关于全市年轻干部座谈会精神及南浔区下一步贯彻落实情况的汇报；听取关于浙江省文明区创建及《2019年“三城联创”活动工作方案》《南浔区持续深化“最美家风+”建设活动2019年工作方案》有关情况的汇报；听取关于南浔区2018年度平安建设考核总体失分情况及扣分值前三位的部门、乡镇的汇报；听取关于《南浔区关于全面推进城市安全发展的实施方案》的汇报；听取关于南浔城投集团与湖州城市集团合作运营南浔褚家漾区域旧城改造项目的汇报；听取关于实施“南浔古镇夜游灯光秀”项目的汇报。

4月30日，召开四届区委第五十四次常委会会议。会议听取关于全区一季度经济运行情况和下阶段工作安排建议的汇报；听取关于中心城区褚家漾区域企业土地收储有关情况的汇报；听取关于南浔区2019年生态文明专项行动实施方案的汇报；听取关于南浔区2019年“五水共治”工作实施方案及考核办法起草的汇报；听取关于制定南浔古镇保护利用三年行动计划（2019—2021）起草情况的汇报；讨论干部；书面听取《南浔区2019年“路长制”实施方案（送审稿）》；书面听取《中共湖州市南浔区委2019年度政党协商计划（送审稿）》；书面听取省委对台工作会议精神及南浔区贯彻建议。

5月16日，召开四届区委第五十五次常委会会议。会议开展党性党纪教育一刻钟：（1）关于2018年度区委选人用人工作“一报告两评议”民主评议结果通报。（2）传达学习全省警示教育月活动推进会有关精神。听取关于浙江省文明区创建工作的汇报；听取关于南浔区危险化学品领域安全生产专项整治实施方案的汇报；听取关于《南浔区印染行业整治提升指导意见（送审稿）》起草的汇报；听取关于2019南浔区融沪接苏协同发展（上海）推进会工作方案的汇报；听取关于2019年全区重点人才工作的汇报；听取关于召开南浔区科学技术协会第四次代表大会的汇报；听取关于收购湖州市南浔市场发展有限公司部分民营股权的汇报。

6月13日，召开四届区委第五十六次常委会会议议。会议开展党性党纪教育一刻钟：传达学习中央和省委“不忘初心、牢记使命”主题教育工作会议精神。听取关于《南浔区全域旅游发展三年行动计划（2019—2021）》起草情况的汇报；听取关于《南浔区违法用地监管责任追究暂行办法》起草情况的汇报；听取关于国务院安委会危化企业暗访组来南浔区暗访检查情况的汇报；听取关于传达学习中央和省委关于巡视巡察工作有关精神的汇报；听取关于《南浔区区管企业负责人考核补充办法》起草情况的汇报；听取关于推进南浔区机关事业单位、村（社区）间“最多跑一次”改革的汇报；讨论干部；书面听取《南浔区农村环境长效管理考核办法》修订稿；审阅《2019年湖州市南浔区党内法规工作要点》；区委常委会季度学法：《中华人民共和国公务员法》。

6月19日，召开四届区委第五十七次常委会会议。会议专题讨论干部问题。

7月12日，召开四届区委第五十八次常委会会议。会议听取关于与浙江同济科技职业学院合作有关事宜、关于全面优化提升全科网格建设工作意见有关情况、关于南浔区违建别墅问题清查整治专项行动实施方案有关情况、关于南浔区稳外贸攻坚行动方案有关情况、关于全市“双创双全”组织力提升工程推进会暨基层党建工作骨干培训班精神及南浔区下一步贯彻落实建议、关于“2019·湖州人大会”有关情况及南浔区筹备工作开展情况、关于南浔广安东西部扶贫协作工作情况、关于出台南浔区新时期企业职工队伍建设实施意见、关于省、市公务员工作暨《干部任用条例》、公务员职务与职级并行制度培训班有关精神及南浔区下一步贯彻落实建议、《南浔区加快数字经济发展实施方案（送审稿）》、《关于进一步加强南浔区内部审计工作若干意见（送审稿）》、《关于进一步促进民营经济高质量发展的实施意见（送审稿）》、《南浔区推动“降本减负稳增长”工作实施方案（送审稿）》、《南浔区2019年度督查检查考核计划（送审稿）》和中央扫黑除恶第11督导组反馈问题整改落实工作的汇报；会议还专题讨论干部问题。

7月29日，召开四届区委第五十九次常委会会议。会议开展党性党纪教育一刻钟：传达中央有关文件精神。听取关于区委四届八次全体（扩大）会议建议方案和《全会报告》《实施意见》起草情况、关于区委全面深化改革委员会第一次会议的情况、关于《南浔区“全能神”邪教专项整治工作方案》有关情况、关于全市公安工作会议精神、2019年上半年全区公安工作情况及南浔区贯彻建议有关情况、关于《四届区委第五轮巡察工作实施方案》有关情况、关于《南浔区农业产业规模化发展三年行动计划（2019—2021年）》起草情况、关于《南浔区东西部扶贫协作产业合作发展扶持政策（试行）》起草情况、关于2019年度镇（开发区）和区级各部门考核办法情况的汇报。

8月23日，召开四届区委第六十次常委会会议。会议开展党性党纪教育一刻钟：传达学习《中国共产党宣传工作条例》。听取关于创建省级国土资源节约集约模范县（区）、关于《南浔区农村集体资金资产资源工作管理规定》、关于《南浔区工业经济高质量发展三年行动计划（2019—2021）》、关于《南浔中心城区城市建设管理三年行动计划》、关于南浔区邮政管理机构建设、关于给予相关人员党纪处分、关于对各镇（开发区）党委意识形态工作责任制半年度专题督查、关于传达学习省委人大工作会议精神、关于落实中央扫黑除恶督导组反馈问题整改工作的情况、《中共中央国务院关于深化改革加强食品安全工作的意见》学习材料、关于省市第9号超强台风抢险救灾和灾后重建工作视频会议精神及南浔区贯彻落实情况、关于学习贯彻省市深化机构改革总结会议精神和《中国共产党机构编制工作条例》有关情况的汇报；区委常委会季度学法：《重大行政决策程序暂行条例》。

9月5日，召开四届区委第六十一次常委会会议。开展党性党纪教育一刻钟：由区委书记杨卫东领学：依靠学习、走向未来，快乐工作、开创未来。听取关于《南浔区庆祝中华人民共和国成立70周年群众性主题宣传教育活动方案（讨论稿）》的有关情况、关于《南浔区融媒体中心建设方案（讨论稿）》的有关情况、关于引进G8.5超薄玻璃基板深加工项目的有关情况、南浔区后进村党组织有关情况的汇报；会议还讨论区委常委分工、讨论干部问题。

9月12日，召开四届区委第六十二次常委会会议。会议由区委书记杨卫东传达学习中央和省委、市委“不忘初心、牢记使命”主题教育有关部署会议精神和南浔区主题教育总体安排建议。

9月20日，召开四届区委第六十三次常委会会议。会议听取关于2019年区委区政府重大项目推进清单、关于南浔区强镇（开发区）三年行动计划、关于南浔区“以实绩论英雄，拼搏实干促赶超”实施方案、关于南浔区“新象新牛”大企业培育三年行动计划（2019—2021年）、关于2019年平安建设工作、关于南浔区全域土地综合整治中农村存量宅基地盘活利用工作指导意见、关于南浔区企业用地历史遗留问题、关于选派优秀年轻干部担任“项目专员”开展百人百岗双项培养方案的汇报。

10月10日，召开四届区委第六十四次常委会会议。会议听取关于建立南浔区高质量发展四大配套机制的有关情况、关于《中共湖州市南浔区委全面深化党务公开工作实施方案（讨论稿）》有关情况、关于南浔区进一步加强生活垃圾精准分类实施方案的有关情况、关于评选南浔区“五水共治”工作和南浔古镇北部区域征迁集中攻坚行动先进集体和个人的有关情况、关于区政府与华夏幸福PPP合作区域2019年实施项目的有关情况、关于区政府与华夏幸福合丰泰超薄玻璃基板深加工项目的专项结算的有关情况、关于2019年度南浔区区级预算平衡情况及专项资金预算安排的有关情况、南浔区专职社区工作者薪酬待遇的有关情况、全市加强医院党的建设工作暨“双创双全”组织力提升工程推进会精神及南浔区贯彻落实建议的汇报。

10月16日，召开四届区委第六十五次常委会会议。会议听取关于南浔区扫黑除恶专项斗争领导小组（扩大）会议、关于民建南浔区基层委换届有关情况的汇报；会议还讨论干部问题。

11月1日，召开四届区委第六十六次常委会会议。会议开展党性党纪教育一刻钟：（1）传达袁家军省长在湖州调研时的重要讲话精神。（2）传达中央纪委国家监委“贯彻习近平总书记重要批示精神深入落实中央八项规定精神”电视电话会议精神和全省人防系统腐败问题专项治理工作业务培训会精神。（3）传达学习习近平总书记在全国民族团结进步表彰大会上的讲话精神。听取关于中央和省委政协工作会议精神及南浔区贯彻落实建议、关于全区前三季度经济运行情况和下阶段工作安排建议、传达学习《习近平关于“三农”工作论述摘编》及《中国共产党农村工作条例》精神、关于南浔区贯彻落实省委《进一步加强检察机关法律监督工作的若干意见》实施办法、关于2018年南浔区高质量发展评价结果的情况通报、关于出台《关于加强新时代城市基层党建工作的实施方案》、关于南浔区禁毒工作的情况、关于《中共湖州市南浔区委关于高水平推进新时代人大工作和建设的意见（讨论稿）》及区委人大工作会议安排建议的情况、关于选派优秀年轻干部担任“项目专员”有关情况的汇报；会议还传达学习《中国共产党党内法规制定条例》《中国共产党党内法规和规范性文件备案审查规定》《中国共产党党内法规执行责任制规定（试行）》三部党内法规。

11月28日，召开四届区委第六十七次常委会会议。会议开展党性党纪教育一刻钟：传达中央、省、市巡视巡察有关领导讲话和会议精神。听取关于防范化解地方政府性债务风险有关情况、关于四届区委第六轮巡察工作方案有关情况、关于全省事业单位改革部署推进会精神及核定部分单位领导职数的有关情况、关于湖州南浔新城投资发展集团改革方案的有关情况、关于职务与职级并行制度有关政策精神及南浔区试行办法制订的有关情况、《南浔区健全落实容错纠错机制进一步激励干部担当作为的实施办法（试行）》起草情况、《南浔区融沪接苏“1152”工程三年行动计划实施方案（2019—2021）》起草情况的汇报；会议同意区纪委监委提出的给予陈有富党纪政务处分的建议。

12月13日，召开四届区委第六十八次常委会会议。会议开展党性党纪教育一刻钟：传达学习全市区县委书记工作座谈会精神。听取关于市委政协工作会议精神及召开区委政协工作会议有关情况、关于制订村党组织书记后备人才培育计划的情况、关于南浔中心城区老旧小区改造实施方案的有关情况、关于2019年度南浔区综合考核有关调整的情况、关于部分调整南浔区防空地下室结建政策标准的情况、关于制订南浔区党政领导干部食品安全责任制工作清单的情况、2019年新增区级文明单位和文明村相关情况、《南浔区残疾人联合会改革实施方案》情况的汇报。会议同意区纪委监委提出的给予周国华、周永华、邱建荣党纪处分的建议。会议还讨论区委常委分工、讨论干部问题。（吴明锋）

【区委理论学习中心组学习活动】 2019年，区委理论学习中心组围绕中心工作，注重学用结合，共组织学习17次。

1月21日，区委理论学习中心组学习召开“学习习近平新时代中国特色社会主义思想和中共十九大精神”专题研讨会，夏坚定、杨卫东、温建飞、徐娟、朱德清等领导做专题发言。

3月18日，区委理论学习中心组举行“全国两会精神和全省领导干部会议、市委常委（扩大）会议精神”专题学习会，区委理论学习中心组全体成员参加会议。

3月29日，邀请浙江省环境科学研究院治气所所长吴建作“环境空气质量提质进位”专题辅导报告。区委理论学习中心组全体成员；区政协秘书长；各镇党委书记、镇长、人大主席、分管生态环境副镇长，开发区负责人大工作、生态环境工作副主任；区级各部门及人大各委室主要负责人；区发改经信局、区住建局、区交通局、区农业农村局、区商务局、区综合执法局、区市场监督管理局、区公安分局、区自然资源与规划分局、区生态环境分局全体班子成员；区人大常委会部分委员等参加报告会。

5月24日，邀请中国传媒大学媒介与公共事务研究院副院长郭晓科作“全媒体时代的文旅融合发展”专题辅导报告。区委理论学习中心组成员；区级各部门主要负责人；各镇（开发区）党委或政府主要负责人，分管文化体育、旅游工作负责人；区委宣传部、区文化和广电旅游体育局、度假区管委会、旅投集团班子成员等参加报告会。

6月22日，邀请中共湖州市纪委常委胡坚作“纪检监察法规解读”专题辅导报告。区委理论学习中心组全体成员；区政协秘书长；各镇（开发区）党委或政府主要负责人；区级各部门主要负责人；区司法局全体班子成员等参加报告会。

6月22日，区委理论学习中心组学习召开“纪检监督法规”专题研讨会，夏坚定、梅爱祥、朱伟、秦胜、钱红梅等领导做专题发言。

7月13日，邀请浙江省人民医院健康管理中心副主任、教授费敏作“机关干部常见的亚健康问题及对策”专题辅导报告。区委理论学习中心组全体成员；区政协秘书长；各镇（开发区）党委或政府主要负责人；区级各部门主要负责人、机关党组织书记；区卫生健康局班子成员、中层正职；区属医疗卫生单位党政主要负责人等参加报告会。

7月29日，区委理论学习中心组举行“关于民粹主义的有关问题和正确认识中美经贸斗争、集中精力办好自己的事”专题学习会，区委理论学习中心组全体成员参加会议。

8月23日上午，区委理论学习中心组举行“中国共产党宣传工作条例”专题研讨会，夏坚定、杨长海等领导做专题发言。

同日下午，邀请全国政协研究室原副主任、中国人民政协理论研究会原秘书长原冬平作“重温人民政协70年光辉历程 树立新时代人民政协的新样子”专题辅导报告。区委理论学习中心组全体成员；区政协秘书长；全体区政协委员；非委员的各民主党派班子成员；区政协机关非委员的机关干部；各镇（开发区）政协联络组组长、副组长等参加报告会。

9月23日，区委理论学习中心组召开学习“践行初心使命 乘势赶超跨越 高质量打造湖州‘开放东大门 创业新高地’”专题报告会。区委理论学习中心组全体成员参加会议。

9月24日，区委理论学习中心组学习召开“回望来时路”专题研讨会，杨卫东、温建飞、梅爱祥、孙根祥、王剑峰、徐娟、杨长海、金荷新、范海鸣、黄骆意、陈纯志等领导做专题发言。

10月25日，邀请浙江省委党校教授、浙江行政学院经济学教研部副主任包海波作“实施长三角一体化战略 加快经济高质量发展”专题辅导报告。区委理论学习中心组全体成员参加报告会。

10月29日，区委理论学习中心组学习召开“走好新时代长征路”专题研讨会，杨卫东、温建飞、梅爱祥、孙根祥等领导做专题发言。

11月14日，区委理论学习中心组学习召开“学习研讨中共十九届四中全会精神”专题研讨会，杨卫东、徐娟、杨长海、金荷新、范海鸣等领导做专题发言。

12月12日，邀请市委宣讲团成员、市人大法制委主任委员、法工委主任王武良作“中共十九届四中全会精神”专题辅导报告。区委理论学习中心组全体成员；各镇（开发区）党、政主要负责人，分管宣传工作的党委委员；区级各部门主要负责人参加报告会。

12月13日，区委理论学习中心组学习召开“学习宪法知识”专题学习会。区委理论学习中心组全体成员参加会议。（王志刚）

【组织工作概况】　2019年年末，全区共有行政干部1468人（不含下派和兼职），其中县（处）级领导干部31人，科级领导干部417，一般干部1020人；共有女干部509人，占34.4%；大专以上学历干部1445人，占98.8%；35周岁以下干部645人，占43.9%；党外干部281人，占19.1%。

全区共建立基层党组织1433个，其中党委43个，党总支部197个，党支部1193个。全区共有党员27214名，其中女性7069名，占26%；35周岁及以下6443名，占23.7%；60周岁及以上9381名，占34.5%。全区共有221个行政村，其中党委建制6个，党总支建制147个，党支部建制68个。村“两委”成员共1106名，其中35周岁及以下207名，高中及以上学历845名。全区共有非公企业法人单位2286家，其中从业人员在100人以上的有272家，50～99人的有479家；非公企业共建有党组织309个，其中党委11个，党总支部3个，党支部295个，共有党员5041名，其中业主党员289名。全区共有社区30个；社区党组织共59个，社区党员1978名。全区共有区级机关单位52个，其中建立党委8个，党总支13个，党支部31个，共有党员2535名。

【领导班子和干部队伍建设】 激励干部担当作为。准确把握机构改革的总体部署要求，区委组织部联合区委编办、区人力资源和社会保障局等部门完成干部转隶68人。抓好干部日常教育培训，认真办好科级干部培训班、年轻干部培训班等主体班次，累计选调1885人次参加各类培训。坚持把“最多跑一次”改革、长三角一体化发展、服务民营企业、东西部扶贫协作等工作作为培养干部的主阵地，2019年共选派60名干部全脱产参与中心工作、重点工作。强化能上能下力度，进一步完善“4+1”（“4”即单位干部民主测评、单位主要领导首尾测评、区分管领导条线测评、考核组测评，“1”即动态实绩考核）考核体系，全年共提拔干部90人，调整不担当、不胜任干部1人，开展干部提醒、诫勉谈话7人，有效推动干部担当作为。

加强年轻干部选育。坚持广开门路，通过选调、招录等方式进一步调整优化干部队伍结构，2019年共选调优秀毕业生8人，选调紧缺急需职位工作人员8人，新招录公务员39人。坚持在一线发现和培养年轻干部，在全市率先开展优秀年轻干部集中调研，创新实施年轻干部“百人百岗”双向交流机制，选派46人开展双向交流锻炼，推动年轻干部积累处理复杂问题的斗争经验。常态化抓好年轻干部选拔配备，全区科级领导干部中35岁左右及以下年轻干部占比达21.7%，乡镇党政正职中35岁左右及以下年轻干部占比达27.8%。

推进从严监督管理。围绕“凡提四必”（对拟提拔或使用的人选，实行档案必审、个人有关事项报告必核、纪检监察机关意见必听、线索具体的信访举报必查）等要求，认真落实干部选拔任用工作纪实、“一报告两评议”（每年报告干部选拔任用工作情况，对年度干部选拔任用工作进行民主评议、对所提拔任用的干部进行民主评议）等制度，完成24个单位党委（党组）书记离任、选人、用人工作检查，完成31名新任正职领导干部经济责任告知和31名党政“一把手”离任经济事项交接工作。进一步构建大监督工作机制，完善区委、区政府重点工作干部表现信息沟通机制，开展基层选人用人突出问题以及干部因私出国（境）违规问题专项整治，联合公安出入境管理部门完成483名区管干部和2661名区级部门在职在编人员数据库集中清理工作。

做实日常关心关爱。深化部委分片联系制度，深入了解班子建设情况和区管干部情况，全力帮助解决实际困难和工作疑虑。实施心理健康关爱行动，建立干部心理健康“1+N”机制，构建全方位关心关爱网络。用好干部关心关爱政策，深化落实干部住院慰问、家庭重要事项报告、优秀公务员健康疗休养等制度，全年共探望慰问干部17人。发挥先进引领作用，开展“担当作为好干部”评比表彰、人民满意的公务员评选等活动，评选各类先进典型28人。

【基层组织和党员队伍建设】 高标准开展主题教育。严格按照“守初心、担使命，找差距、抓落实”总要求，认真开展“学习教育、调查研究、检视问题、整改落实”行动，紧密结合区委中心工作，抓好规定动作、创新自选动作，创设“千名干部联千组”、“百名干部破百难”、乡村治理“五管”机制等载体举措，推动各项任务落地落实，相关做法获人民网、新华社、《浙江日报》、《浙江新闻联播》等媒体报道132条次。

大力加强组织体系建设。推进“三整一全”（整园建强、整楼推进、整线突破，全面提升）攻坚覆盖，完成练市镇南太湖精英计划产业园、旧馆镇创新创业小微产业园等4个党群服务中心建设，创建联合党支部3个，新建企业党组织5个。推进全区“两新组织”（新经济组织、新社会组织）党建工作水平提升，认定区级“双百强”（规模百强、税收百强）非公企业和社会组织党组织19家。探索物管片组党建机制，完成“红色物业”党组织创建3个。全面实施党员民警兼任村社（社区）党组织职务，选派47名党员民警兼任村（社区）副书记，切实强化村（社区）治理力量。

全面强化典型示范效应。坚持“示范引领、整体建强”，制定《关于“示范引领、整体建强”加快推进“双创双全”组织力提升工程的实施方案（2019—2021年）》，明确村（社区）、机关、“两新组织”等各领域示范点建设指导标准，打造乡村振兴产业示范带3条，创建整乡推进示范乡镇党委1个、先锋示范村党组织26个。推动相对落后村（社区）阵地提升，开展“七多”（职责事项多、工作台账多、机构牌子多、考核督查多、创建评比多、政务工作App多、上墙制度多）问题清理整顿，全面完成村（社区）机构牌子、上墙制度清理，切实提升阵地建设品位。

着力建强村（社区）干部队伍。推动村（社区）干部全面过筛，实行村党组织书记区委组织部备案管理制度，对村干部实行月度常态化资格联审，2019年共调整不胜任村干部21名（村书记14名），在城乡人居环境提升工作中问责村干部61名。建立健全社区干部“三岗十八级”薪酬体系，出台《关于进一步加强村干部关心关爱激励担当作为的若干意见（试行）》《村（社区）干部城乡人居环境工作问责办法实施细则（试行）》《关于全面实行村（社区）党组织书记区级党委备案管理的实施办法（试行）》等系列政策文件，切实加强严管厚爱，提升村（社区）干部队伍精气神。

有效发挥党建引领作用。扎实开展扫黑除恶行动，牵头制定41个城郊结合村扫黑除恶线索排查专项行动方案，“一对一”听取村“两委”干部、党员骨干、普通群众关于扫黑除恶方面的线索情况，组织全体党员集中学习和走村入户宣讲扫黑除恶相关知识。协调推进“三服务”（服务企业、服务群众、服务基层），推动成立强村公司，引导南浔银行设立4亿元“乡村振兴信贷帮扶专项资金”，全方位助力强村增收，全面完成经营性收入30万元以下欠发达村整转。引导党员结合职能开展各类服务，推动教育系统开展“党员名师无偿授课”，获社会各界青睐点赞。

【人才队伍建设】 着力加强体制机制创新。深化“人才资源是第一资源”理念，全力做好党管人才文章。抓统筹强体系，及时优化调整区委人才工作领导小组及区委人才办组成人员，压实党委、政府人才工作部门职能责任，理顺人才工作运行机制。抓落实强责任，坚持“以实绩论英雄”，坚持一月一通报，将市对区人才工作考核任务细化成117项具体指标，形成统筹推进、整体联动的工作格局。抓创新强宣传，组织人才参加“湖州人大会”、湖州高层次人才峰会、“湖州乡贤家乡行”等活动，成功举办“同济科技园·南浔链式孵化对接会”等活动，“万名技能人才库”培养做法得到省人力资源和生活保障厅批示推广，有效提升南浔人才工作影响力。

着力加强海内海外同引。坚持高端引领、精准指导，全力推进各类重大人才工程，为南浔高质量赶超跨越发展增添人才动力。坚持放眼全球招揽人才，成功举办第二届全球创业创新大赛、2019·世界IT青年科学家论坛学者南浔行等活动，全年引进顶尖、领军人才20余人。人才队伍建设有序推进，新建市级院士专家工作站3家、省级博士后工作站2家，深化落实大学生就业创业“新十条”，建立高校人才工作站11个，累计引进大学生及其他各类人才13149人。分层分类培养各类人才，培训企业经营管理人才2800人次，培养高技能人才1465人，培训农村“两创”实用人才1750人次，新增社工师、助理社工师382人。

着力加强创业创新保障。立足“人才强区”战略，不断完善配套政策体系、服务机制，着力营造适合人才成长的最佳环境。做足平台载体文章，积极打造上海科创中心、杭州科创飞地、高铁新城科创园等创新平台，建立英国伦敦海外“孵化器”，乡镇小微园“南太湖创业创新基地”“众创空间”实现全覆盖。用好高校智力资源，依托同济大学、杭州电子科技大学、浙江水利水电学院等，全年举办各类引才活动20场次。探索市场化运行机制，成立浔英人力资源发展有限公司，精准服务企业人才需求。提升人才服务水平，出台高层次人才医疗保障服务实施办法，放宽人才购（租）房奖励、子女就学审核等限制；深化“企业购买、政府返租”人才公寓模式，新增人才公寓342套；新建南浔古镇“人才之家”，持续打响服务品牌、提升服务质量。

【组织部门自身建设】 强化政治引领。区委组织部始终坚持正确政治方向，扎实开展“不忘初心、牢记使命”主题教育，认真学习中共十九届四中全会精神和全国、省、市组织工作会议精神。带头严格执行政治纪律、组织纪律、人事纪律、保密纪律，树立组织部门优质形象。坚持每周工作例会制度，对工作推进速度、重点事项办理等情况进行通报，增强工作整体联动性。

提升专业能力。定期举办“周六学堂”“组工论坛”，深化“实干先锋”“业务能手”评选活动，做到每季度举办1次专题培训、每月开展1次集中学习、每周落实1次科室自学，提高组工干部“开口能讲、提笔能写、在位能干、难题能解”的履职能力。加强区委组织部机关党建阵地建设，完善“月度重点工作”“工作动态”“公示栏”等专栏，营造科室“家”文化氛围，提高团队凝聚力。

优化作风形象。依托“南浔组工”微信公众号等载体，增进组织部门与党员群众互动交流，切实打造透明组工。定期开展组工干部下基层活动，认真听取干部、党员、群众建议，做到知实情、解民忧。坚持以上率下，从部委班子做起，从科室负责人做起，层层传导压力，强化执纪问责制度，打造“讲政治、重公道、业务精、作风好”的组工干部队伍。（沈嵇帆）

【统战工作】 2019年，南浔区统战系统牢牢把握大团结大联合主题，整合资源、发挥优势，服务大局、助推中心，各项工作均取得一定成效。全年全区统战系统各项工作获得市领导批示9次，其中市委、市政府主要领导批示2次。在市对区县统战工作考核中获得一等奖；连续4年获得区综合考核优胜单位且在同考核系列中排名第一。区工商联再次获得年度全国“五好”工商联。区民宗局获得2019年度全省民族宗教工作成绩突出单位（系全市唯一）称号。区委统战部机关得到市委、市政府集体嘉奖。

紧盯中心大局，助推赶超跨越有新成效。一是注重特色，找准统战路径。紧抓“2019·湖州人大会”契机，排摸在外乡贤3100余人。成立区乡贤联盟，累计推出“乡贤贷”70亿元，整个“2019·湖州人大会”期间南浔元素充分彰显，获得市委、市政府集体嘉奖。实现镇级乡贤联谊会和行政村（社区）一级乡贤会组建两个“全覆盖”。二是建言献策，凝聚各方智慧。2019年，党外代表人士累计提出人大建议51件，政协提案135件；提出“金点子”48个，“微点子”37个；各类意见、建议得到市委、市政府主要领导批示4件（次），区委、区政府主要领导批示9件（次）。三是积极融入，彰显工作担当。积极参与南浔古镇北部宝善街区域的征迁工作，区委统战部机关荣立集体三等功；深入参与招商引资，抽调一位副部长常驻上海招商，在谈亿元以上项目10个，区委统战部机关获评“大好高”项目招引先进集体。

注重政治引领，凝聚思想共识有新成效。一是深入学习贯彻习近平总书记关于加强和改进统一战线工作的重要思想。通过专题学习、研讨、以会代训等多种方式加强学习并贯彻落实到工作的方方面面，强化旗帜引领，引导全区广大统战成员进一步增强“四个意识”、坚定“四个自信”、做到“两个维护”。二是扎实开展庆祝中华人民共和国成立70周年系列活动。组织民主党派人士、党外知识分子、新的社会阶层人士、民族宗教界代表人士、非公经济代表人士、港澳台同胞和海外侨胞等分别开展各具特色的教育活动，喜迎中华人民共和国成立70周年，进一步增强听党话、跟党走的政治自觉性。三是精心组织开展党外代表人士“不忘合作初心、继续携手前进”主题教育活动。完善党外代表人士教育培训体系，增强党外代表人士以党为师、向党看齐的自觉性和主动性。

发挥制度效能，深化多党合作有新成效。一是完善制度体系。在全市率先组织开展民主党派基层委（支部、支社）“两争两比”（争批示、争荣誉，比贡献、比地位）主题活动，强化考核导向，着力引导全区各民主党派在落实年度工作任务和助推“水晶晶的南浔”建设进程中强担当、做贡献。二是拓展履职平台。出台2019年度政党协商计划，开展政党协商6次。聚焦民营经济高质量发展、民生实事两大重点有效开展民主监督。三是加强队伍建设。在全市率先出台《南浔区民主党派新成员发展纪要》，规范党派新成员发展。积极推进党外干部队伍建设，完善党外年轻干部人才库。

丰富活动开展，新阶层统战推进有新成效。一是注重发现培养。新完成10名市委统战部重点联系的无党派人士推荐和认定登记工作，排摸确定18名区委统战部重点联系的无党派人士。二是健全制度规范。深化联谊交友，每位区委领导联系1～2名党外知识分子和新阶层人士，有效引导党外知识分子和新阶层人士积极履行职能、发挥作用。三是积极开展活动。结合“三服务”（服务企业、服务群众、服务基层），通过“同心·知联”服务队等形式，积极参与扶贫济困、权益保护和社区服务等公益事业20多场次，不断提升服务实效。四是提升基地建设。成功创建获港桑基鱼塘研学馆市级实践基地；新发掘并切实加快开发区及练市镇等新的社会阶层人士创新实践基地建设，基本实现乡镇基地全覆盖。

坚守“两个健康”（民营经济健康发展、民营经济人士健康成长），服务非公经济有新成效。一是助推政商“亲清”。积极践行“亲清”新型政商关系，南浔区践行“亲清”专项工作获评全省工商联系统先进（系全市唯一）；出台全省首个清廉企业建设的地方标准——《清廉企业建设指导规范（试行）》，为企业清廉建设提供规范指导。二是涵养“新鲜血液”。梳理18名新生代企业家，积极参与市新一轮“311领航计划”；落实15名新生代企业家作为先锋团成员分驻全区五大招商片区，营造政企同心，合力招商的浓厚氛围。三是落细结对帮扶。赴四川省广安市广安区开展助力东西部扶贫协作工作，向广安区贫困村认购100万元农副产品，出资赞助广安区贫困学子赴南浔参加夏令营活动。开展山海协作“消薄”工作，落实100万元“消薄”资金，帮扶浙江省缙云县结对村集体经济发展。四是承办重大活动。积极争取全国工商联“2019·全国家居业高质量发展大会”落户南浔，浙江世友木业有限公司、久盛地板有限公司等20家非公企业被授予“中国家居业高质量发展示范企业”称号，南浔区获评“中国家居业高质量发展示范区（基地）”。

强化依法管理，保持民宗领域和谐有新成效。一是促进民族团结进步有温度。深化菱湖中学西藏班、镇东社区等民族团结进步示范点工作开展，发放全省首笔民族友谊助学金，乡镇少数民族联谊组织在全市率先实现全覆盖。二是落实宗教整改任务有速度。强势推进基督教私设聚会点专项治理工作，顺利实现“两年任务、半年完成”，完成南浔区民族宗教管理服务中心基础建设。三是持续推进宗教“两化”有高度。发布全国首个关于践行宗教“两化”的地方标准——《南浔区宗教活动场所中国化法治化建设指南》，永欣寺智永书画院获评市“两化”建设实践教育基地，广惠宫、南浔基督教堂获评市“两化”建设示范场所。四是维护宗教领域和谐有力度。组织开展宗教领域安全隐患大排查大整治、“防风险 保平安 迎大庆”消防安全执法检查专项行动、夏季安全生产大检查等，共排查整改安全隐患20多处，有效防止各类安全事故的发生。

扩大联谊联络，港澳统战工作和海外统战工作拓展有新成效。一是做优精准服务。开展走访活动20余次，发挥为侨法律服务站及医疗服务站的作用，开展法律服务2次，医疗服务2次。全市“访侨企、金融助侨”活动现场会、市“海燕助飞行动”现场会在南浔召开。二是做特联谊交流。接待“四象八牛”后裔及知名人士返乡寻根9批86人次。双林籍海外华人蔡崇信在南浔设立基金会，刘家后人刘承桓个人捐赠100万元设立慈善教育基金。三是做实平台支撑。成立南浔区留学归国人员联合会，组建南浔旅美、旅加、旅澳同乡会（商会、乡贤会）暨人才工作联络站，乡镇一级侨联组织首次实现全覆盖。

夯实基层基础，加强自身建设有新成效。一是凝聚工作合力。进一步调整全区统战工作领导小组和宗教工作协调小组成员，修订完善区领导联系各界统战代表人士等有关制度，积极构建大统战工作格局，切实凝聚统战工作合力。二是增强政治定力。高标准完成区委统战部机关“不忘初心、牢记使命”主题教育任务。扎实履行党风廉政建设一岗双责，保持清正廉洁的良好风气，打造统战系统“‘五心’（不忘初心、维护核心、固守圆心、凝聚人心、服务中心）传廉”品牌。三是传递考核压力。强化考核指挥棒作用，建立年度乡镇统战重点工作“项目化”“清单化”管理模式，实行乡镇统战委员月度例会机制，督促工作推进。四是提升宣传活力。健全信息报送网络，完善考核体系，2019年，在市对区县统战工作信息考核中南浔区位居全市第一，在区委信息工作考核中区委统战部名列区级部门前三位，并获评中央统战部2019年度中国统一战线宣传先进单位。

（朱梦娜）

·湖州市南浔区人民代表大会·

【区四届人大三次会议】 南浔区第四届人民代表大会第三次会议于2019年2月27日至3月2日举行。

会议的主要议程是：听取和审查湖州市南浔区人民政府工作报告；听取和审查湖州市南浔区人民政府关于2018年度民生实事项目实施情况和2019年度民生实事候选项目有关情况的报告，对湖州市南浔区人民政府2018年度民生实事项目实施情况进行满意度测评，票决确定湖州市南浔区人民政府

2019年度民生实事项目；审查湖州市南浔区2018年国民经济和社会发展计划执行情况的报告及2019年国民经济和社会发展计划草案的报告，审查、批准湖州市南浔区2018年国民经济和社会发展计划执行情况的报告及2019年国民经济和社会发展计划；审查湖州市南浔区2018年预算执行情况的报告及2019年预算草案的报告，审查、批准湖州市南浔区2018年预算执行情况的报告及2019年预算；审议湖州市南浔区人民政府关于2018年度环境状况和环境保护目标完成情况的报告；听取和审查湖州市南浔区人民代表大会常务委员会工作报告；听取和审查湖州市南浔区人民法院工作报告；听取和审查湖州市南浔区人民检察院工作报告；选举事项；通过关于设立调整湖州市南浔区第四届人民代表大会有关专门委员会的决定；通过湖州市南浔区第四届人民代表大会有关专门委员会组成人员名单。

2月27日召开预备会议，选举大会主席团和秘书长；通过会议议程；通报南浔区人大2018年度代表工作先进集体和个人。整个会议共安排全体会议4次、主席团会议3次，计划预算审查会议一次。区四届人大三次会议期间，共收到代表10人以上联名提出议案建议84件，其中城建交通类18件、社会事业类25件、工业财经类14件、农业农村类19件、旅游商贸类4件、生态文明类4件。这些议案主要涉及城乡统筹发展、道路交通改善、生态文明建设、民生社会保障、产业转型升级、现代农业提升、旅游商贸发展等方面。根据地方组织法、代表法的有关规定，大会秘书处在收到代表联名提交的议案建议后，及时进行认真研究，并征求了有关方面的意见，建议将这84件议案建议，全部转为建议处理。在大会闭幕后，分别交由有关部门研究办理，并负责答复代表。

【区四届人大常委会第十六至二十五次会议】 2019年，区四届人大常委会共召开10次常委会会议。

1月14日，召开区四届人大常委会第十六次会议。主要议题是：审议通过关于接受有关辞去区人大常委会委员职务请求的决定；审议通过关于接受有关辞去代表职务请求的决定；审议通过关于在部分选区补选（选举）湖州市南浔区第四届人民代表大会代表的决定。

1月19日，召开区四届人大常委会第十七次会议，主要议题是：有关人事任免事项。

1月22日，召开区四届人大常委会第十八次会议，主要议题是：听取和审议关于2019年度政府重大投资项目计划草案的报告，审议通过关于同意区政府2019年度政府重大投资项目计划报告的决定；审阅关于召开区四届人大三次会议有关情况的报告，审议通过关于召开区四届人大三次会议的决定；听取和审议关于区人大常委会在区四届人大三次会议上的工作报告（送审稿）及起草情况说明；审议通过区四届人大三次会议列席人员名单；审议通过区人大常委会2019年工作要点；有关人事任免事项；审阅关于南浔区2018年国民经济和社会发展计划执行情况及2019年国民经济和社会发展计划草案的报告（送审稿）、关于南浔区2018年国民经济和社会发展计划执行情况及2019年国民经济和社会发展计划草案的审查报告（送审稿）；审阅关于南浔区2018年预算执行情况及2019年预算草案的报告（送审稿）、关于南浔区2018年预算执行情况及2019年预算草案的审查报告（送审稿）；审阅关于区人大法制（内司）委在区四届人大三次会议上的报告（送审稿）；审阅关于区人大财经委在区四届人大三次会议上的报告（送审稿）；审阅区四届人大三次会议选举办法（送审稿）；审阅区四届人大三次会议关于区人大有关专门委员会组成人员人选通过办法（送审稿）；审阅区四届人大三次会议大会报告决议表决办法（送审稿）；审阅区四届人大三次会议关于南浔区人民政府2018年度民生实事项目实施情况满意度测评办法（送审稿）；审阅区四届人大三次会议关于南浔区人民政府2019年度民生实事项目代表票决办法（送审稿）；审阅区级部门2018年工作情况的报告及重点评议对象的调研报告，并开展满意度测评。

2月15日，召开区四届人大常委会第十九次会议，主要议题是：听取和审议关于2018年度民生实事项目实施情况和2019年度民生实事候选项目有关情况的报告；审议通过关于补选的南浔区第四届人民代表大会代表的代表资格审查报告。

4月26日，召开区四届人大常委会第二十次会议，主要议题是：听取和审议关于大气污染防治"一法一条例"贯彻实施情况的报告及执法检查报告；听取和审议关于《湖州市文明行为促进条例》宣传贯彻情况的报告；有关人事任免事项；审议通过关于接受有关辞去代表职务请求的决定。

6月25日，召开区四届人大常委会第二十一次会议，主要议题是：听取和审议区政府关于促进民营经济高质量发展的专项工作报告及区人大常委会调研组的调研报告；听取和审议区政府关于2019年涉改机构部门预算编制情况的报告；有关人事任免事项。

9月10日，召开区四届人大常委会第二十二次会议，主要议题是：有关人事任免事项。

9月10日，召开区四届人大常委会第二十三次会议暨半年度政情报告会，主要议题是：听取和审议区政府关于2019年上半年工作完成情况和下半年工作安排的报告；听取和审议区政府关于2019年度民生实事项目推进情况的报告；书面审阅区人大常委会调研督查组关于平台建设和民生实事推进情况的报告；书面审阅区政府关于2019年上半年国民经济和社会发展计划执行情况的报告；书面审阅区政府关于2019年上半年预算执行情况的报告；书面审阅区政府关于2018年度国有资产综合报告和行政事业单位国有资产专项报告及区人大财经委的初审意见；审查和批准区政府关于2018年区财政决算的报告，听取区政府关于2018年区本级财政预算执行和其他财政收支情况的审计工作报告及区人大财经委关于2018年区财政决算的审查报告；书面审阅区政府关于南浔古镇水系修复工作的情况报告，审议通过关于同意区政府对南浔古镇水系进行修复的决定；审议通过关于同意南浔区规上工业企业土地及厂房未批先建历史遗留问题处置方案的决定；审议通过关于设立南浔区全民健康日的决定；书面审阅区法院关于2019年上半年工作情况和下半年工作安排的报告；书面审阅区检察院关于2019年上半年工作情况和下半年工作安排的报告；书面审阅区政府关于区四届人大三次会议代表议案和建议、批评、意见办理情况的报告。

10月31日，召开区四届人大常委会第二十四次会议，主要议题是：听取和审议区政府关于全区美丽乡村建设情况的报告及区人大常委会调研组的调研报告；听取和审议区政府关于《中华人民共和国消防法》贯彻实施情况的报告及区人大常委会执法检查组的执法检查报告；听取和审议区检察院关于公益诉讼检察工作情况的报告及区人大常委会调研组的调研报告；审议通过关于同意2019年南浔区区级财政预算调整方案的决定；审议通过关于批准2019年南浔区地方政府债务限额的决定；书面审阅关于2019年度增补政府投资项目计划有关情况的汇报；确定2019年重点工作评议部门；有关人事任免事项。

12月24日，召开区四届人大常委会第二十五次会议，主要议题是：听取和审议区政府关于南浔中心城区基础教育资源规划布局情况的报告及区人大常委会调研组的调研报告；审议通过关于接受有关辞去代表职务请求的决定；审议通过《补选湖州市第八届人民代表大会代表办法》；补选湖州市第八届人民代表大会代表；有关人事任免事项。

【区四届人大常委会第二十八至四十三次主任会议】

2019年区四届人大常委会共召开16次主任会议。

1月14日，召开区四届人大常委会第二十八次主任会议，主要议题是：听取关于提请接受有关辞去区人大常委会委员职务请求的情况汇报；听取关于提请接受有关辞去代表职务请求的议案（草案）；听取关于区四届人大二次会议以来代表变动情况和区、镇人大代表补选工作情况的汇报；听取关于在部分选区补选（选举）湖州市南浔区第四届人民代表大会代表的决定（草案）的议案（草案）；听取关于补选（选举）湖州市南浔区第四届人民代表大会代表的实施意见（草案）的情况汇报；听取关于2018年度各镇（开发区）人大工作考核情况的汇报；听取关于2018年区级部门工作评议情况的汇报；确定区四届人大常委会第十六次会议的建议议程、时间、地点、日程。

1月19日，召开区四届人大常委会第二十九次主任会议，主要议题是：听取有关人事任免事项的汇报；确定区四届人大常委会第十七次会议的建议议程、时间、地点、日程。

1月22日，召开区四届人大常委会第三十次主任会议，主要议题是：听取关于召开区四届人大三次会议有关情况的报告；听取关于区人大常委会在区四届人大三次会议上的工作报告（送审稿）及起草情况说明；听取关于区人大常委会2019年工作要点（草案）、监督工作计划（草案）和会前学法计划（草案）及起草情况说明；听取关于确定区四届人大三次会议旁听公民代表建议名单的情况汇报；听取关于区四届人大三次会议有关建议名单（文件）的汇报；有关人事任免事项；听取关于南浔区2019年度政府重大投资项目计划草案的报告及区人大财经委的初审意见；确定区四届人大常委会第十八次会议的建议议程、时间、地点、日程；书面审阅关于南浔区2018年国民经济和社会发展计划执行情况及2019年国民经济和社会发展计划草案的报告（送审稿）、关于南浔区2018年国民经济和社会发展计划执行情况及2019年国民经济和社会发展计划草案的审查报告（送审稿）；书面审阅关于南浔区2018年预算执行情况及2019年预算草案的报告（送审稿）、关于南浔区2018年预算执行情况及2019年预算草案的审查报告（送审稿）；书面审阅关于2019年部门预算编制情况的报告（送审稿）；书面审阅关于区人大法制（内司）委在区四届人大三次会议上的报告（送审稿）；书面审阅关于区人大财经委在区四届人大三次会议上的报告（送审稿）；书面审阅区四届人大三次会议大会报告决议表决办法（送审稿）；书面审阅区四届人大三次会议关于南浔区人民政府2018年度民生实事项目实施情况满意度测评办法（送审稿）；书面审阅区四届人大三次会议关于南浔区人民政府2019年度民生实事项目代表票决办法（送审稿）；书面审阅区四届人大三次会议全体会议主席台领导座次说明及安排建议表；书面审阅区级部门2018年工作情况的报告及重点评议对象的调研报告。

2月15日，召开区四届人大常委会第三十一次主任会议，主要议题是：听取关于2018年度民生实事项目实施情况和2019年度民生实事候选项目有关情况的报告；听取关于补选的南浔区第四届人民代表大会代表的代表资格审查报告（草案）；观看“四有”代表专题片；确定区四届人大常委会第十九次会议的建议议程、时间、地点、日程；书面审阅区政府关于2018年度法治政府建设工作情况的报告；书面审阅关于开展南浔区扫黑除恶工作监督调研的实施方案（草案）。

3月7日，召开区四届人大常委会第三十二次主任会议，主要议题是：确定区人大常委会主任、副主任分工；听取关于区人大机关“服务企业服务群众服务基层”活动实施方案（草案）的情况汇报；听取关于开展促进民营经济高质量发展专项监督工作的实施方案（草案）的情况汇报；听取关于做好市人大常委会开展“五措并举”坚决打赢蓝天保卫战暨南浔区大气污染防治执法检查的实施方案。

3月27日，召开区四届人大常委会第三十三次主任会议，主要议题是：听取关于区人大各委室联系区级单位名单（草案）的情况汇报；听取关于2019年度区政府民生实事项目分组监督实施方案（草案）的情况汇报；书面审阅区政府关于南浔城区2018年度规划执行和2019年度规划安排情况的报告；书面审阅2019年全区人大系统“一委室一乡镇一品牌”项目申报情况；书面审阅区人大常委会2019年调研工作方案。

4月23日，召开区四届人大常委会第三十四次主任会议，主要议题是：听取有关人事任免事项的汇报；听取关于提请接受有关辞去代表职务请求的议案（草案）及有关情况的汇报；听取关于《湖州市文明行为促进条例》宣传贯彻情况的报告；听取关于大气污染防治“一法一条例”贯彻实施情况的报告及执法检查报告；听取关于开展“七五”普法工作情况的报告；听取关于《浙江省学前教育条例》执法检查的实施方案（草案）的情况汇报；听取关于《湖州市美丽乡村建设条例》宣传贯彻监督工作方案（草案）的情况汇报；关于确定区四届人大三次会议重点建议件的情况汇报；确定区四届人大常委会第二十次会议的建议议程、时间、地点、日程。

5月16日，召开区四届人大常委会第三十五次主任会议，主要议题是：听取区政府关于重点水利工程建设和管理工作审议意见办理落实情况的报告及区人大常委会督查组的跟踪督查报告。

6月20日，召开区四届人大常委会第三十六次主任会议，主要议题是：听取有关人事任免事项的汇报；听取关于开展扫黑除恶工作情况的报告及调研报告，书面审阅区法院、区检察院和区司法局关于开展扫黑除恶工作情况的报告；听取关于《浙江省学前教育条例》贯彻实施情况的报告及执法检查报告；听取关于南浔区小微企业园打造科技创新平台工作的报告及调研报告；听取关于促进民营经济高质量发展的专项工作报告及调研报告；听取关于2019年涉改机构部门预算编制情况的报告；听取关于区四届人大常委会第二十二次会议暨2019年半年度政情报告会的建议方案的情况汇报；确定区四届人大常委会第二十一次会议的建议议程、时间、地点、日程；书面审阅关于担任领导职务人大代表赴代表联络站开展联系人民群众主题活动实施方案（草案）的情况汇报；书面审阅关于开展“局长走进人大代表联络站”活动的实施方案（草案）的情况汇报。

7月25日，召开区四届人大常委会第三十七次主任会议，主要议题是：听取区政府关于南浔区残疾人权益保障工作情况的报告及区人大常委会调研组的调研报告；听取关于推进生活垃圾精准分类的监督方案；听取关于《2019年度镇（开发区）和区级部门人大工作考核办法（草案）》及起草情况说明。

8月19日，召开区四届人大常委会第三十八次主任会议，主要议题是：听取有关人事任免事项的汇报；听取区政府关于2019年上半年工作完成情况和下半年工作安排的报告；听取区政府关于2019年民生实事项目推进情况的报告；听取区政府关于“污水零直排区”创建工作情况的报告及区人大常委会调研组的调研报告；听取区政府关于2018年区财政决算的报告、关于2018年区本级财政预算执行和其他财政收支情况的审计工作报告及区人大财经委关于2018年区财政决算的审查报告；听取区政府关于2018年度南浔区行政事业单位国有资产管理情况的专项报告及区人大财经委的初审意见，书面审阅关于2018年度南浔区国有资产管理情况的综合报告；听取区政府关于南浔区企业用地历史遗留问题情况的报告；听取区政府关于南浔古镇水系修复工作情况的报告；听取区政府关于建议设立南浔区全民健康日的报告；听取关于在2019年半年度政情报告会上的中心发言；听取关于开展《中华人民共和国消防法》执法检查的实施方案（草案）的情况汇报；确定区四届人大常委会第二十二次会议暨2019年半年度政情报告会的建议议程、时间、地点、日程；书面审阅区政府关于2019年上半年国民经济和社会发展计划执行情况的报告；书面审阅区政府关于2019年上半年预算执行情况的报告；书面审阅区政府关于区四届人大三次会议代表议案和建议、批评、意见办理情况的报告；书面审阅区法院关于2019年上半年工作情况和下半年工作安排的报告；书面审阅区检察院关于2019年上半年工作情况和下半年工作安排的报告。

9月10日，召开区四届人大常委会第三十九次主任会议，主要议题是：听取有关人事任免事项；确定区四届人大常委会第二十二次、第二十三次会议的建议议程、时间、地点、日程。

9月10日，召开区四届人大常委会第四十次主任会议，主要议题是：听取有关人事任免事项。

10月24日，召开区四届人大常委会第四十一次主任会议，主要议题是：听取区政府关于全区美丽乡村建设情况的报告及区人大常委会调研组的调研报告；听取区政府关于2019年度增补政府投资项目计划有关情况的汇报；听取区政府关于2019年南浔区区级财政预算调整方案（草案）的情况汇报；听取区政府关于2019年南浔区政府债务限额的汇报；听取区政府关于《中华人民共和国消防法》贯彻实施情况的报告及区人大常委会执法检查组关于《中华人民共和国消防法》贯彻实施情况的执法检查报告；听取有关人事任免事项；听取区检察院关于公益诉讼检察工作情况的报告和区人大常委会调研组的调研报告；听取关于《南浔区人民代表大会常务委员会听取和审议区监察委员会专项工作报告办法（试行）（草案）》及起草情况说明；听取关于2020年度区政府民生实事项目建议征集情况的汇报；听取关于开展2019年区级部门工作评议的实施方案（草案）的情况汇报；确定区四届人大常委会第二十四次会议的建议议程、时间、地点、日程；书面审阅区人大各委室2019年度重点调研课题报告。

11月29日，召开区四届人大常委会第四十二次主任会议，主要议题是：听取关于区级部门预算提交区四届人大四次会议审议的实施方案（草案）的情况汇报。

12月23日，召开区四届人大常委会第四十三次主任会议，主要议题是：听取有关人事任免事项的汇报；听取区政府关于南浔中心城区基础教育资源规划布局情况的报告及区人大常委会调研组的调研报告；听取关于制定《湖州市南浔区人大代表活动经费管理办法（草案）》和《拨付各镇（开发区）的区人大代表活动经费管理使用实施细则（草案）》有关情况的汇报；听取关于提请接受有关辞去代表职务请求的议案（草案）；听取关于提请《补选湖州市第八届人民代表大会代表办法（草案）》的议案（草案）；听取关于提请补选湖州市第八届人民代表大会代表的议案（草案）；听取关于调整区人大相关委室对口联系区级单位的汇报；确定区四届人大常委会第二十五次会议的建议议程、时间、地点、日程；书面审阅区人大财经委关于《南浔区政府重大投资项目与预算监督系统管理制度》和关于《南浔区人大预算联网监督系统管理制度》的情况汇报。

【常委会履职工作】　区人大常委会始终做到旗帜鲜明讲政治，突出加强党的政治建设，进一步增强“四个意识”、坚定“四个自信”、做到“两个维护”，确保人大工作正确的政治方向。始终坚持党的领导，自觉把党的领导贯穿于人大工作的全过程、各方面，坚持从政治和全局的高度谋划和推进人大工作，全面有效地依法履行各项职能。积极协助区委召开人大工作会议，抓好《中共湖州市南浔区委关于高水平推进新时代人大工作和建设的意见》贯彻落实。严格执行请示报告制度，坚持重大问题、重点工作、重要事项及时请示报告。区委常委会多次研究人大工作，提出具体要求，作出相关部署。坚持党管干部原则，依法任免国家机关工作人员，组织任命人员向宪法宣誓，做到人事任免讲确保。落实区委决策部署。坚持“区委有号召、人大有行动”，常委会班子成员主动担当作为，牵头和参与生活垃圾精准分类、全域土地综合整治、中心城区空间整理、重大项目推进、选商引资等中心工作，以人大实际行动助推区委决策落实。依法行使重大事项决定权，作出“规上工业企业土地及厂房未批先建历史遗留问题处置”“南浔古镇水系修复”“全民健康日”等决定。充分发挥党组作用。深入学习贯彻党组工作条例，健全完善常委会党组学习、议事、决策工作制度和机制，切实发挥党组在人大工作中把方向、管大局、保落实的领导作用。围绕区委中心工作和常委会年度工作重点，定期召开党组会议及时研究解决工作中遇到的突出问题，有力有序推动工作落细落实。认真履行管党治党政治责任，严格落实全面从严治党、党风廉政建设和意识形态工作责任制，严格执行党组议事规则和决策程序，严格遵守各项纪律规矩，积极营造风清气正的政治生态和干事创业的良好环境。

【发展工作】 区人大常委会紧紧围绕赶超发展难点、民生关切痛点、基层治理堵点问题，聚焦重点领域和重要环节，坚持正确监督、有效监督，为全区经济社会发展提供有力支持。助推经济高质量发展。按照省、市、县（区）人大“三级联动”工作部署，结合南浔区实际，打好促进民营经济高质量发展“二三四”（做到“两个结合”、理清“三张清单”、开展“四项活动”）监督组合拳，召开各类座谈交流会11次，组织各级代表走访企业130余家，收集建议意见90余条，特别是针对调研中部分规上企业有未批先建的实际情况，进行“定点式”督查、专题调研，依法作出决定，妥善处理132家企业用地的历史遗留问题，产生良好的社会反响。密切关注全区经济运行状况，加大对重大项目、平台建设、小微产业园、美丽乡村等工作监督力度。依法审查10个政府重大投资项目，删减存疑项目2个，涉及总投资8500万元。听取区政府国有资产管理情况报告，认真履行国有资产监督职责。以宣传贯彻《湖州市美丽乡村建设条例》为契机，突出美丽乡村项目建设、村级集体经济发展、美丽经济转化等重点，开展涉农专项资金专项监督，推动南浔区通过“浙江省美丽乡村示范县”评审。建设人大预算联网监督和政府重大投资项目与预算监督两个系统，不断提升政府专项资金使用效益。助推法治南浔建设。在全省范围内率先开展扫黑除恶工作的专项监督，开展“双进互动”活动，共收集建议意见300余条；举行“聚焦扫黑除恶，打造最优营商环境”为主题的代表问政会，公检法司“四长”共同到会应询，推动扫黑除恶纵向深入，促进人民群众安全感切实提升，该项工作得到市人大常委会主任胡菁菁的批示肯定。构建“三进”普法工作路径，组织执法机关进站普法、司法机关进站释法、代表群众进站学法，持续延伸普法工作基层触角。听取“七五”普法、法治政府建设工作报告，开展消防法、防洪法、学前教育条例等法律法规执法检查，积极推动公益诉讼意见贯彻落实，加强规范性文件备案审查工作，主动配合市人大做好文明行为促进条例、美丽乡村建设条例的宣传贯彻以及市容和环境卫生管理条例等立法调研，有效促进法治南浔建设。助推民生持续改善。聚焦民生实事项目重点，发挥在项目筛选、过程跟踪、成效评估中的应有作用，构建出“全链条、全环节、全覆盖”的监督闭环。年初，区人代会上首次组织全体代表对2018年民生实事项目实施情况开展满意度测评，年中半年度政情报告会听取和审议区政府2019年民生实事推进情况工作报告。对基础教育、古镇门票收入等群众和代表关注的民生问题，加强调研，形成专报，向区委报告、向区政府反馈，区委、区政府高度重视，区委书记杨卫东、代区长温建飞作出批示，推动了相关问题解决。围绕城乡一体化发展课题，专题听取政府规划执行情况汇报，开展城镇精细化管理和重大交通城建项目代表问政活动。助推生态文明建设。聚焦生活垃圾精准分类工作，建立“五督”工作机制，实施生活垃圾分类全域网格化管理，推进生活垃圾精准分类持续深入，助推创建省级高标准生活垃圾分类示范小区14个、示范村5个。全面落实生态环境状况报告制度，推动区、镇两级政府依法落实生态环保责任。连续两年开展“污水零直排区”创建督查，助推全区日处理能力30吨及以上的终端标准化运维实现全覆盖。组织实施水污染、大气污染防治“一法一条例”执法检查，为全区打好生态治理攻坚战提供坚实法治保障。

【代表履职】　区人大常委会始终坚持代表主体地位，着力在保障依法履职上下功夫，让代表真正成为人大工作的力量之源、智慧之源、活力之源。做好“加”的文章。不断深化全区29家“五星级”代表联络站建设，坚持建、管、用并举，深入推进“一站一品”创建，由覆盖“全域化”向功能“实效化”转变，形成了“菱之花”“老娘舅工作室”“七彩代表”“选民说事堂”等一批各具特色、富有成效的工作品牌。如菱湖镇人大以“菱之花”牵手“格桑花”，主动组织代表“妈妈”结对西藏班学生，让在菱湖中学西藏班学生有家的温暖，后在全市推广，得到全国人大常委会副委员长、全国妇联主席沈跃跃的充分肯定。深化“联”的内涵。深化落实“双联系”制度，探索建立常委会组成人员联系代表、代表联系群众、“一府一委两院”及政府工作部门联系代表群众“三联系”机制，推动“局长”走进代表联络站、担任领导职务的人大代表走进联络站常态化，推动代表融入“基层治理四平台”制度化。全年共接待代表群众658人，收集意见建议183条，现场解决问题42个，跟踪推进项目34个，有效打通代表联系群众“最后一公里”，《人民代表报》头版报道相关做法。增强“办”的实效。紧抓代表建议件办理，把握关键环节，健全工作机制，着力在提升解决率上实现新突破。采取“督大户、督重件、督过程、督公开”的方式，盯过程、抓结果、重落实，开展代表意见建议中期督办活动，组织代表对8个重点办理区级部门进行集中督查，连续两年代表建议件解决率达60%以上。突出“双向座谈交流、定向征求意见、全面评价评估”三个环节，实行全过程评价，提升建议件办理实效。　（宋晨光）

·湖州市南浔区人民政府·

【区政府常务会议】　2019年，区政府召开了四届第三十八次至五十六次（共19次）常务会议。

四届第三十八次常务会议于2019年1月4日召开，会议听取区国土分局局长茹伟关于2017年度垦造耕地项目资金拨付、被征地农民参加社会保障实行“人地对应”实施办法、农村集体建设用地指标有偿使用管理办法与明确集体经济欠发达村建设用地复垦结余指标收购标准的汇报；听取区城投集团董事长朱峰关于拟收购湖州市南浔市场发展有限公司部分民营股权的汇报；听取区交通局局长季泉兴关于沪苏湖铁路建设有关情况的汇报；听取区旅游度假区管委会主任屠峻关于进一步完善南浔古镇民宿审批有关建议的汇报；听取区卫生计生局局长李强关于南浔区推进区域医疗卫生服务共同体建设实施办法的汇报；听取区政府办公室主任吴叙良关于区领导工作分工调整的汇报。会议书面通报南浔区开展进一步减轻企业负担优化营商环境的二十六条意见、电梯产业及木业产业转型升级实施意见、2017年度财政预算执行及其他财政收支情况专项审计有关问题整改落实、2017年国有资产综合报告以及企业国有资产管理情况专项报告、2018年度流动人口管理工作等事宜。

四届第三十九次常务会议于2019年1月19日召开，会议听取区生态建设指挥部治理一组常务副组长沈洪亮关于河长制信息平台管理运行维护及终端续约更新经费和2018年度南浔区“五水共治”工作考核的汇报；听取区农业农村局局长卫良关于南浔区“大棚房”问题清理整治整改方案的汇报；听取区发展改革和经济信息化局副局长姚国峰关于南浔区赶超跨越“开门红”实施方案的汇报。会议书面通报2019年度政府投资项目立项计划、南浔区推行小学生放学后校内托管服务工作实施办法（试行）、健康南浔考核实施方案（试行）、南浔城区部分水域禁止洗澡游泳洗涤捕捞、开展涉及民营企业发展规范性文件清理和2019年第1期南浔区政府常务会议学法等其他事宜。

四届第四十次常务会议于2019年2月1日召开，会议听取区生态环境分局局长徐晓荣关于南浔区中央环保督察交办反馈问题整改落实情况和2019年南浔区生态环保重点任务有关情况的汇报；听取区政府办公室主任吴叙良关于2018年度南浔区有关重点工作考核结果通报的情况汇报；听取区委办公室副主任吴群英关于2018年度各镇（开发区）综合考核结果有关情况的汇报。会议书面通报1月工作完成情况和2月重点工作安排，区四届人大二次会议代表议案、建议、批评和意见办理情况的报告，区政府党组成员2018年度履行党风廉政建设“一岗双责”的情况报告，2018年法治政府建设（依法行政）工作情况的汇报和有关人事任免的汇报。

四届第四十一次常务会议于2019年2月13日召开，会议听取区卫生健康局局长李强关于区中医院过渡期迁入区人民医院老院区的情况汇报；听取区交投集团董事长闻爱祥关于与湖州市欣隆机动车检测有限公司共同建设机动车检测服务中心项目的情况汇报；听取区委办公室副主任吴群英关于2018年度区级单位综合考评结果及“四新”奖的情况汇报；听取区水利局局长朱建章关于杭嘉湖北排后续工程（南浔段）有关情况的汇报；听取区发展改革和经济信息化局局长屠赞宏关于南浔区工业经济“三千”专项行动方案和南浔区项目推进“三率”专项行动方案的情况汇报；听取区生态环境分局副局长沈美新关于2018年度南浔区环境状况和环境保护目标完成情况的汇报；听取区政府办公室主任吴叙良关于2019年《政府工作报告》和民生实事项目有关情况的汇报。会议书面通报南浔区2018年国民经济和社会发展计划执行情况及2019年国民经济和社会发展计划草案的报告、南浔区2018年预算执行及2019年预算（草案）情况的报告。

四届第四十二次常务会议于2019年3月6日召开，会议听取区农业农村局局长卫良关于南浔区实施乡村振兴战略2019年行动计划有关情况的汇报；听取区政务服务管理办公室常务副主任陈海燕关于在全区“最多跑一次”改革工作中开展“五比一促”主题竞赛活动有关情况的汇报；听取区旅投集团董事长刘厚平关于南浔古镇新时代文明实践所（家风家训馆）布展实施和《浔商（暂定名）》电视剧项目有关情况的汇报；听取区商务局局长吴桢关于2019年度南浔区招商引资实施意见有关情况的汇报；听取区委办公室副主任吴群英关于2019年度南浔区“以实绩论英雄促赶超跨越出成效”考核办法有关情况的汇报；听取区发展改革和经济信息化局局长屠赞宏关于南浔区重点项目引推工作相关办法协议有关情况的汇报。会议书面通报南浔区2019年度2月份工作完成情况和3月重点工作安排。

四届第四十三次常务会议于2019年4月4日召开，会议听取区住建局局长文涛关于南浔区农村生活污水治理设施运行维护管理办法和“污水零直排居民小区”创建资金补助的情况汇报；听取区生态建设指挥部副主任费梁关于改建空气质量自动站臭氧监测仪器的情况汇报；听取区城投集团董事长朱峰关于南浔城投集团与湖州城市集团合作运营南浔褚家漾区域旧城改造项目的汇报；听取区旅投集团董事长刘厚平关于“南浔古镇夜游灯光秀”项目的情况汇报；听取区交投集团董事长闻爱祥关于南浔区综合供能服务站的情况汇报；听取区应急管理局局长施永伟关于制定南浔区全面推进城市安全发展实施方案的汇报；听取区发展改革和经济信息化局局长屠赞宏关于南浔区2019年500万元以下政府投资项目和国资集团项目计划有关情况的汇报；听取区科技局局长陆利斌关于南浔区规上工业企业科技创新“三个全覆盖”行动计划（2019—2020年）的情况汇报；听取区综合行政执法局局长冯强关于加快推进南浔区城乡环卫和固体废物（工业固废除外）综合处理一体化项目的情况汇报、关于南浔区“美丽城镇”长效管理实施方案的情况汇报；听取区政府办公室主任吴叙良关于副区长人选分工的情况汇报。会议书面通报南浔区2019年度3月工作完成情况和4月重点工作安排、湖州市南浔区小微企业园高质量发展五年规划（2018—2022年）、南浔区2019年安全生产和应急管理工作要点、南浔区创建“无证明区”工作方案、人事任免等有关情况。

四届第四十四次常务会议于2019年4月30日召开，会议听取度假区管委会主任屠峻关于制定《南浔古镇保护利用三年行动计划（2019—2021）》的情况汇报；听取区旅投集团董事长刘厚平关于南浔古镇龙虾啤酒美食文化季会场及配套项目建设情况的汇报；听取区消防大队大队长王军关于全区消防工作开展情况的汇报；听取区生态建设指挥部副主任费梁关于南浔区2019年“五水共治”工作实施方案及考核办法的情况汇报；听取区生态建设指挥部副主任顾伟民关于南浔区2019年生态文明专项行动实施方案的情况汇报；听取区自然资源和规划分局局长茹伟关于南浔国际旅游度假中心规划调整的情况汇报；听取区住房和城乡建设局局长文涛关于頔塘南岸旧城改造区块不动产证注销情况的汇报；听取南浔镇党委书记吴冠宇关于农博园项目解除投资协议和中心城区褚家漾区域企业土地收储的情况汇报；听取区发展改革和经济信息化局局长屠赞宏关于南浔区“园区外无企业”三年行动计划的情况汇报。会议书面交流南浔区2019年度4月工作完成情况和5月重点工作安排；通报南浔区打造“四好农村路”升级版实施意见、南浔区2019年“路长制”实施方案等有关情况。

四届第四十五次常务会议于2019年5月14日召开，会议听取区委组织部副部长吴博文关于南浔区人才公寓的情况汇报；听取区城投集团董事长朱峰关于与浙江天力集团合作开发南浔生态酒店项目的情况汇报；听取度假区管委会主任屠峻关于《南浔古镇北部区域房屋征迁集中攻坚实施方案（送审稿）》的情况汇报；听取区人力资源和社会保障局局长石增中关于南浔区促进就业工作有关情况的汇报；听取区应急管理局局长施永伟关于《南浔区危险化学品领域安全生产专项整治实施方案》的情况汇报；听取区商务局局长吴桢关于修订促进电子商务加快发展十条扶持政策和关于2019上海·南浔融沪接苏协同发展推进会工作方案的情况汇报；听取区发展改革和经济信息化局局长屠赟宏关于《南浔区印染行业整治提升指导意见（送审稿）》的情况汇报；听取区生态建设指挥部副主任董明华关于《南浔区美丽乡村景观线绿化景观管理养护工作办法（试行）（送审稿）》的情况汇报。会议书面通报南浔区开展法治化营商环境工作方案、进一步促进民营经济高质量发展实施意见、区级水利建设与发展专项资金管理实施细则、有关人事任免；会议书面学习南浔区政府常务会议学法材料（2019年第3期）。

四届第四十六次常务会议于2019年6月4日召开，会议听取区旅投集团董事长刘厚平关于南浔古镇全息多媒体舞台剧项目的情况汇报；听取区财政局副局长崔正云关于南浔区区管企业负责人考核补充办法的情况汇报；听取区委机构编制委员会办公室主任郭凤娟关于推进机关事业单位、村（社区）间“最多跑一次”改革有关情况的汇报；听取区政务服务管理办公室常务副主任陈海燕关于规范工程建设招投标活动和区限额以下工程建设项目发包工作的情况汇报；听取区安全生产委员会办公室主任、应急管理局局长施永伟关于国务院安委会危化企业暗访组到南浔区暗访检查情况的汇报；听取区生态环境分局副局长沈美新关于南浔区一般工业固体废物管理办法的情况汇报；听取区自然资源和规划分局局长茹伟关于南浔区违法用地监管责任追究暂行办法的情况汇报；听取区文化广电旅游体育局局长周光宇关于南浔区全域旅游发展三年行动计划的情况汇报；听取区生态建设指挥部副主任费梁关于锅炉专项整治提升工作方案有关情况的汇报；听取区发展改革和经济信息化局局长屠赟宏关于木业行业规范有序发展实施方案有关情况的汇报；听取区政府办公室主任吴叙良关于调整有关区领导工作分工的汇报。会议书面通报“降本减负稳增长”工作实施方案、农业产业规模化发展三年行动计划、修订南浔区政府质量奖评审管理办法、练市镇综合行政执法体制改革试点工作实施方案、电动自行车综合整治工作实施方案。会议书面传达全国违建别墅问题清查整治专项行动电视电话会议精神。会议书面交流各条线5月工作完成情况和6月重点工作安排。

四届第四十七次常务会议于2019年6月27日召开，会议听取区财政局副局长孙晖关于区级行政机关（事业）单位工作人员住房公积金缴存调整的汇报；听取区政府办公室主任吴叙良关于与浙江同济科技职业学院合作有关事宜的情况汇报；听取区中心城区低效用地再开发工作领导小组办公室副主任满涛关于南浔区城镇低效用地再开发有关工作的汇报；听取区住房和城乡建设局局长文涛关于南浔中心城区市政供水设施建设养护有关事项的汇报；听取区城投集团董事长朱峰关于招引新城吾悦广场入驻南浔的情况汇报；听取区商务局副局长宋新良关于南浔区稳外贸攻坚行动方案有关情况的汇报；听取南浔镇党委书记吴冠宇关于中心城区褚家漾区域收储企业评估情况的汇报；听取区生态建设指挥部副主任费梁关于南浔区2019年大气污染防治工作实施方案及考核办法的情况汇报；听取区自然资源和规划分局局长茹伟关于南浔区违建别墅问题清查整治专项行动实施方案的情况汇报；听取区委政法委常务副书记朱建学关于全面优化提升全科网格建设工作意见的情况汇报。

四届第四十八次常务会议于2019年7月9日召开，会议听取区水利局局长朱建章关于百漾千河综合治理项目有关情况的汇报；听取区发展改革和经济信息化局局长屠赟宏关于南浔区东西部扶贫协作产业合作发展扶持政策（试行）的情况汇报；听取区派驻四川省广安市广安区东西部扶贫前方工作组薛景关于南浔广安东西部扶贫协作工作的情况汇报；听取区委组织部副部长陈泽育关于进一步加强村干部关心关爱激励担当作为的若干意见（试行）的情况汇报；听取区委办公室副主任吴群英关于2019年度镇（开发区）和区级各部门考核办法的情况汇报；听取区文化广电旅游体育局局长周光宇关于南浔区旅游发展专项资金奖励补助（六条）办法的情况汇报。会议交流各条线6月工作完成情况和7月重点工作安排。

四届第四十九次常务会议于2019年8月1日召开，会议听取区旅投集团董事长刘厚平关于南浔古镇与康辉集团合作事宜处理的情况汇报；听取区农业农村局局长卫良关于南浔区农村集体资金资产资源工作管理规定的汇报；听取区自然资源和规划分局局长茹伟关于创建省级国土资源节约集约模范县（区）工作情况的汇报；听取区发展改革和经济信息化局局长屠赞宏关于南浔区工业经济高质量发展三年行动计划（2019—2021）和南浔区“十四五”规划编制工作方案的汇报；听取区住房和城乡建设局局长文涛关于南浔中心城区城市建设管理三年行动计划的汇报；听取区委组织部副部长吴博文关于佳源中心广场人才公寓的情况汇报；听取区生态建设指挥部副主任顾伟民关于实施全区城乡人居环境大排摸大提升大督查“百日攻坚行动”遥感扫描的情况汇报。会议书面通报南浔区落实中央扫黑除恶督导组反馈问题整改工作、2019年半年度国民经济与社会发展执行情况、2019年度南浔区工业企业（含个体户）绩效评价情况、2018年度区级预算执行和其他财政收支情况审计结果和有关人事任免等有关情况；会议书面交流条线7月工作完成情况和8月重点工作安排；会议书面学习南浔区政府常务会议学法材料（2019年第5期）。

四届第五十次常务会议于2019年9月5日召开，会议听取区科技新城管理委员会主任沈吴勇关于引进G8.5超薄玻璃基板深加工项目及签约仪式有关情况的汇报；听取区委宣传部常务副部长沈振华关于南浔区融媒体中心建设方案的汇报；听取区政府办公室主任吴叙良关于区领导工作分工调整的汇报。会议书面通报各条线8月工作完成情况和9月重点工作安排、有关人事任免；会议书面学习南浔区政府常务会议学法材料（2019年第6期）。

四届第五十一次常务会议于2019年9月20日召开，会议听取区财政局局长何琪虎关于2019年度南浔区区级预算平衡情况及专项资金预算安排情况的汇报；听取区发展改革和经济信息化局局长屠赞宏关于南浔区“新象新牛”大企业培育三年行动计划（2019—2021年）和2019年区委区政府重大推进项目清单的汇报；听取区民政局局长吴建学关于南浔区专职社区工作者薪酬待遇及人员配备情况的汇报；听取区农业农村局局长卫良关于南浔区生猪增产保供三年行动计划（2019—2021年）和南浔区全域土地综合整治中农村存量宅基地盘活利用工作指导意见的汇报；听取区自然资源和规划分局局长茹伟关于南浔区企业用地历史遗留问题的情况汇报；听取区政府办公室主任吴叙良关于区政府党组深入开展“不忘初心、牢记使命”主题教育实施意见的汇报；听取区发展改革和经济信息化局局长屠赞宏关于南浔区强镇（开发区）三年行动计划的汇报。会议书面通报2018年区财政决算情况、2019年1—6月财政预算执行情况和有关人事任免等有关情况。

四届第五十二次常务会议于2019年9月29日召开，会议听取区科技新城管理委员会主任沈吴勇关于区政府与华夏幸福PPP合作有关项目情况的汇报；听取区政务服务管理办公室常务副主任陈海燕关于南浔区国有资产处置交易实行网络公开竞拍的情况汇报；听取区人力资源和社会保障局局长石增中关于南浔区对企业招引大学生实行服务补贴的有关情况汇报；听取区交投集团董事长闻爱祥关于南浔区上海科创中心（大楼）交易方案的汇报；听取区住房和城乡建设局局长文涛关于进一步加强生活垃圾分类管理实施方案的汇报；听取区政府办公室主任吴叙良关于评选南浔区“五水共治”工作和南浔古镇北部区域征迁集中攻坚行动先进集体、个人以及建立南浔区高质量发展四大配套机制的情况汇报；听取区财政局局长何琪虎关于南浔区国有资产排查处置工作方案和国有资产交易有关管理办法的汇报；听取区发展改革和经济信息化局局长屠赞宏关于2019年增补政府投资项目计划有关情况的汇报。会议书面交流各条线9月工作完成情况和10月重点工作安排。会议书面通报南浔区家具及竹木制品产业改造提升试点实施方案（2019—2022）、南浔区政府投资项目管理实施细则、南浔区“百漾千河”综合治理项目骨干河道及湖漾整治工程拆迁安置补偿标准、南浔区国家知识产权强县工程示范区工作方案、南浔区行政执法“五个一律”铁规等相关事宜。

四届第五十三次常务会议于2019年10月25日召开，会议听取区生态建设指挥部副主任顾伟民关于南浔区2019年城乡人居环境示范点评选方案的汇报；听取南浔镇镇长姚文斌关于招引浙江越兴建设工程有限公司入驻南浔镇有关情况的汇报；听取区应急管理局局长施永伟关于南浔区注册安全工程师三年培育工作计划的汇报；听取区司法局局长沈群松关于南浔区人民政府行政诉讼应诉工作规则的汇报；听取区政府办公室主任吴叙良关于2019年度国务院、省政府督查激励项目预申报工作的情况汇报；听取区统计局副局长费敏良关于2018年南浔区高质量发展评价结果的情况汇报。会议书面通报湖州市南浔区人民政府及其各部门任命的国家工作人员宪法宣誓实施办法、南浔区“百漾千河”综合治理PPP项目京杭大运河（南浔段）作甩项处理、南浔区“四边三化”工作考核办法、有关人事任免的汇报、区政府及区政府办公室行政规范性文件清理结果等相关事宜。

四届第五十四次常务会议于2019年11月7日召开，会议听取区委宣传部常务副部长沈振华关于开展南浔城市形象宣传的情况汇报；听取区农业农村局局长卫良关于南浔区农产品区域公用品牌“南浔知味”建设推进情况、南浔区数字渔业发展三年行动方案（2019—2021）、南浔区农村集体资金资产资源盘活利用工作情况的汇报；听取区人力资源和社会保障局副局长段良英关于南浔区新引进大学生租房（生活）补贴的情况汇报；听取区退役军人事务局局长宋国平关于解决全区部分退役士兵社会保险接续工作的情况汇报；听取区生态环境分局局长徐晓荣关于做好迎接第二轮中央生态环境保护督察工作情况的汇报；听取区发展改革和经济信息化局副局长徐斌关于进一步精准支持服务业发展若干意见的情况汇报；听取区发展改革和经济信息化局副局长褚利斌关于南浔区出资参与国家集成电路产业投资基金（二期）的情况汇报。会议书面交流各条线10月工作完成情况和11月重点工作安排。会议书面通报南浔区融沪接苏“1152”工程三年行动计划实施方案（2019—2021）、南浔区“标准地”企业投资项目信用监管实施办法、修订南浔区产业投资引导基金管理办法、南浔区农村集体资产资源交易实施细则、南浔区学校出入口防车辆冲撞装置技术方案等相关事宜。

四届第五十五次常务会议于2019年12月3日召开，会议听取区住建局局长文涛关于部分调整南浔区防空地下室结建政策标准的汇报；听取区医疗保障局局长冯云关于设立南浔区专项医疗救助的情况汇报；听取区委办公室副主任吴群英关于2019年度南浔区综合考核有关情况调整的汇报；听取区生态建设指挥部副主任卫良关于2019年南浔区农村环境长效管理考核情况的汇报；听取区农业农村局局长卫良关于推进幸福南浔——强村企实施方案的汇报；听取区住建局局长文涛关于南浔中心城区老旧小区改造实施方案的汇报；听取区旅投集团董事长刘厚平关于投资四川省广安市广安区浔栖江南二期项目的情况汇报；听取区安全生产委员会办公室主任、应急管理局局长施永伟关于全国安全生产电视电话会精神及南浔区贯彻落实情况的汇报。会议书面交流条线11月工作完成情况和12月重点工作安排。会议书面通报2019年南浔区区级财政预算调整方案（草案）、2019年南浔区地方政府债务限额、南浔区行政诉讼案件败诉问责实施细则、南浔区党政领导干部食品安全责任制等相关事宜。

四届第五十六次常务会议于2019年12月27日召开，会议听取区水利局局长朱建章关于百漾千河综合治理翟家港重大设计变更情况汇报；听取区科技新城管理委员会主任沈吴勇关于2019年下半年区政府与华夏幸福PPP合作项目审计及结算情况的汇报；听取区生态建设指挥部副主任顾伟民关于南浔区2019年城乡人居环境示范点评选结果的汇报；听取和孚镇人民政府镇长周剑明关于和孚镇引进税源并给予税收优惠的情况汇报；听取区财政局局长何琪虎关于贯彻全面落实预算绩效管理实施意见和关于湖州市南浔区集中财力办大事财政政策体系的情况汇报；听取区生态环境分局局长徐晓荣关于生态环境领域四项工作机制情况的汇报；听取区发展改革和经济信息化局局长陆利斌关于南浔区“新象新牛”及培育企业评定细则和服务机制的汇报；听取区自然资源和规划分局局长茹伟关于开展南浔区乡镇国土空间总体规划编制工作的情况汇报；听取区人力资源和社会保障局局长石增中关于学习传达全国农民工工作暨保障农民工工资支付工作电视电话会议精神及南浔区根治欠薪工作和关于推进幸福南浔·金蓝领技能人才队伍建设实施方案（2019—2021）的汇报；听取区政府办公室主任吴叙良关于区领导工作分工调整的汇报。会议书面通报南浔区财政政府性专项资金管理办法等3个文件、十四次全国民政会议及全省民政会议暨第六届浙江慈善大会精神及南浔区贯彻意见、进一步推进南浔区农贸市场提升发展的实施意见、在市场监管领域全面推行“双随机、一公开”抽查监管的实施意见、修订南浔区雨雪冰冻灾害应急预案及出台应急救援有关机制和有关人事任免等相关事宜。

【人大代表建议和政协提案办理工作】　自觉接受人

大依法监督、政协民主监督、纪检监察监督和社会舆论监督，全年共办理人大建议 84 件、政协提案 118 件，满意率均为 100%。

【民生实事项目】 始终把保障和改善民生作为工作的出发点和落脚点。围绕群众急需、急盼，区委、区政府经过广泛征集和认真筛选，确定深化大气防治、改善水环境、改善农村交通条件、营造放心消费环境、全面推广厨房革命、提高教育服务水平、加强公共文体服务、保障居民居住出行安全、完善便民服务措施、强化医疗服务保障十方面的民生实事项目。区政府统筹做好社会保障和民生改善工作，完成年初确定的民生实事项目办理工作。

【区政府其他重要会议】 2019 年，区政府召开的其他全区性会议有：区政府第三次全体会议，全区“大棚房”问题再排查再清理工作研判部署会，2019 年全区交通运输安全生产暨春运工作会议，全区农村假冒伪劣食品专项整治工作推进会议，全区一季度“开门红”工作部署会，全区深化民兵调整改革暨 2019 年度民兵整组工作部署会，2019 年南浔区生态环保重点任务工作部署会，“南浔无欠薪”县区创建工作交办会，2019 年南浔区规划委员会第一、二、三、四次会议，南浔区劳动模范评选委员会会议，2019 年度住房公积金工作会议，全区一季度工业经济“开门红”工作推进会议，全区医共体建设动员大会，全区小城镇环境综合整治百日攻坚会议，全区农村公路等级提升百日攻坚会议，南浔区“三服务”活动涉企政策“云平台”工作会议，南浔区一季度“厨房革命”工作推进会，全区税务工作会议，2019 年全区重点产业项目准入评审会（第一批），全区生态环保工作推进会，全区防汛工作部署会，全区农业农村工作现场推进会，南浔区特种设备监管“安全顾问”制度实施动员部署会，2019 年全区医疗保障工作会议，全区深化“最多跑一次”改革工作部署会暨“五比一促”竞赛动员会，全区现代渔业订单和标准化发展试点工作推进会，南浔区城市管理委员会 2019 年第一次工作会议暨“美丽城镇”长效管理工作推进会，“南浔无欠薪”创建迎检冲刺工作现场会，南浔区 2017—2019 年招引项目落地推进情况汇报会，南浔区接苏融沪“1152”工程实施方案征求意见会，南浔区“厨房革命”暨浙江省食品安全区创建工作推进会，2019 年南浔区招引大学生就业创业工作推进会，全区旅游工作部署会，全区稻虾综合种养推进会，全区生态环保问题工作推进会，全区安全生产领域“化风险 清隐患 保平安 迎大庆”专项行动暨全面推进城市安全发展工作部署会，全区木业行业整治提升和喷涂标准化建设工作推进会，南浔区外贸企业座谈会，全区“浙政钉·掌上执法系统”工作推进会，2019 年度全区工业企业绩效评工作会议，南浔区清理拖欠民营企业中小企业账款工作推进会，全区清理整治不规范地名工作推进会，全区重点建设项目标后履约专项检查工作会议，南浔区电动自行车综合整治工作推进会，全区“浙政钉·掌上执法系统”应用扩面工作领导小组会议暨工作推进会，南浔区食品安全委员会 2019 年第一次全体扩大会议暨创建省食品安全区攻坚大会，全区人力社保系统半年度工作交流会，全区“十四五”规划编制工作会议，南浔区 2019 年安全生产无隐患管理培育项目中期总结暨扩面推广会，全区做好第二轮中央环保督察迎检工作第一次会议，南浔区“城警联勤”暨犬类规范管理工作推进现场会，南浔区 2019 年夏季安全生产及职工权益保护专项检查行动部署会，全区经济工作暨小微园招商和新升规工作会议，全区国有资产排查处置工作座谈会，全区 2018 年度区级预算执行和其他财政收支审计整改以及加强国资监管两个工作会议，南浔区木业有序发展和企升规工作推进会，全区印染和危化品行业整治工作推进会，南浔区质量强区建设暨国家高端装备制造业标准化试点推进会，南浔区新兵欢送大会，全区省级美丽乡村示范县创建迎检会议，全区反走私工作会议，南浔区木业行业规范有序发展及税收工作会议，全区稳外贸工作推进会，全区重大改革重大项目重点要素重点问题推进工作第二次例会，2019 年全区生态环境保护工作第二次例会，南浔区创建首批“全国法治政府建设示范市”动员部署会暨区委依法治区委员会执法协调小组第一次会议，2019 年南浔区城管委第二次工作例会暨“中心城区停车难”专项整治推进会，南浔区食品安全委员会 2019 年第二次全体扩大会议、全区粮食工作会议，全区冲刺“全年红”工作会议，全区今冬明春安全生产集中整治工作部署会。

【区政府重要文件】 1 月，区政府主要发出的文件有《湖州市南浔区人民政府办公室关于印发南浔区重点行业环保管理标准化建设实施方案的通知》《湖州市南浔区人民政府办公室关于印发南浔区国有房产统一管理实施办法的通知》《湖州市南浔区人民政府办公室关于印发南浔区赶超跨越“开门红”行动方案的通知》《湖州市南浔区人民政府办公室关于公布2018年度南浔区服务业发展工作考核结果的通报》《湖州市南浔区人民政府办公室关于公布2018年度南浔区外经贸工作考核结果的通报》《湖州市南浔区人民政府办公室关于公布2018年度南浔区服务业十强企业名单的通报》《湖州市南浔区人民政府关于区领导工作分工的通知》《湖州市南浔区人民政府关于公布2018年度南浔区政府质量奖评审结果的通报》。

2月，区政府主要发出的文件有《湖州市南浔区人民政府办公室关于公布南浔区2018年度“四边三化”工作考核结果的通报》《湖州市南浔区人民政府办公室关于公布南浔区2018年度城乡提质建设和小城镇环境综合整治行动考核结果的通报》《湖州市南浔区人民政府办公室关于印发被征地农民参加社会保障实行“人地对应”的实施办法（试行）的通知》《湖州市南浔区人民政府办公室关于印发南浔区治安防控安全技术工程建设管理实施意见的通知》《湖州市南浔区人民政府办公室关于印发2019年南浔区小城镇环境综合整治大会战百日攻坚专项行动实施方案的通知》《湖州市南浔区人民政府办公室关于印发2019年南浔区农村公路等级提升百日攻坚行动实施方案的通知》《湖州市南浔区人民政府关于印发南浔区人民政府咨询委员会工作规则的通知》。

3月，区政府主要发出的文件有《湖州市南浔区人民政府办公室关于印发南浔区加快产业项目供地工作机制的通知》《湖州市南浔区人民政府办公室关于开展南浔区2019年“最多跑一次”改革“五比一促”主题竞赛活动的通知》《湖州市南浔区人民政府办公室关于印发南浔区“三服务”活动涉企政策“云平台”实施方案的通知》《湖州市南浔区人民政府办公室关于印发南浔区重点项目引推工作流程意见（试行）等三个文件的通知》《湖州市南浔区人民政府办公室关于印发2019年南浔区迎接湖州市国家卫生城市复审工作实施方案的通知》《湖州市南浔区人民政府办公室关于印发2019年政府工作报告重点工作和十方面民生实事责任分解的通知》《湖州市南浔区人民政府办公室关于南浔区2018年度安全生产和消防工作目标管理责任制考核结果的通报》《湖州市南浔区人民政府办公室关于印发浙江省湖州市南浔区国家高端装备制造业标准化试点实施方案的通知》。

4月，区政府主要发出的文件有《湖州市南浔区人民政府办公室关于印发南浔区“道路（公路）清洁化工程”实施方案的通知》《湖州市南浔区人民政府办公室转发区发改经信局关于湖州市南浔区“十三五”规划纲要实施情况中期评估报告的通知》《湖州市南浔区人民政府办公室关于印发南浔区创建“无证明区”工作方案的通知》《湖州市南浔区人民政府办公室关于开展吊销未注销企业强制注销试点工作的通知》《湖州市南浔区人民政府办公室关于印发南浔区规上工业企业科技创新“三个全覆盖”行动计划（2019—2020年）的通知》《湖州市南浔区人民政府办公室关于印发南浔区污水零直排居民小区创建工程资金补助方案的通知》《湖州市南浔区人民政府办公室关于印发南浔区2019年500万以下政府投资项目和国资公司项目计划的通知》《湖州市南浔区人民政府办公室关于印发湖州市南浔区小微企业园高质量发展五年规划（2018—2022年）的通知》。

5月，区政府主要发出的文件有《湖州市南浔区人民政府办公室关于印发南浔区美丽城镇长效管理实施方案的通知》《湖州市南浔区人民政府办公室关于印发南浔区打造四好农村路升级版实施意见的通知》《湖州市南浔区人民政府办公室关于印发南浔区“浙政钉·掌上执法系统”应用试点工作实施方案的通知》《湖州市南浔区人民政府办公室关于印发南浔区“园区外无企业”三年行动计划的通知》《湖州市南浔区人民政府办公室关于印发南浔区农村生活污水治理设施运行维护管理办法（修订）的通知》《湖州市南浔区人民政府办公室关于印发南浔区印染行业整治提升指导意见的通知》《湖州市南浔区人民政府办公室关于印发南浔古镇北部区域房屋征迁集中攻坚实施方案的通知》《湖州市南浔区人民政府办公室关于印发南浔区促进电子商务加快发展十条扶持政策的通知》《湖州市南浔区人民政府办公室关于印发南浔区开展法治化营商环境工作方案的通知》《湖州市南浔区人民政府关于印发促进就业工作的八条扶持意见的通知》。

6月，区政府主要发出的文件有《湖州市南浔区人民政府办公室关于印发南浔区木业行业规范有序发展实施方案的通知》《湖州市南浔区人民政府办公室关于深入贯彻湖州市严厉打击围标串标等违法行为进一步规范工程建设招标投标活动实施意见等三个文件的通知》《湖州市南浔区人民政府办公室关于印发2019年南浔区码头专项整治工作实施方案的通知》《湖州市南浔区人民政府办公室关于进一步规范限额以下工程建设项目发包工作的通知》。

7月，区政府主要发出的文件有《湖州市南浔区人民政府办公室关于印发南浔区严厉打击盗采盗挖矿产资源行为专项行动方案的通知》《湖州市南浔区人民政府办公室关于印发南浔区防汛防台抗旱应急预案的通知》《湖州市南浔区人民政府关于印发南浔区城镇低效用地再开发实施意见的通知》《湖州市南浔区人民政府办公室关于印发南浔区推动“降本减负稳增长”工作实施方案的通知》《湖州市南浔区人民政府关于印发南浔区城镇低效用地再开发实施意见的通知》。

8月，区政府主要发出的文件有《湖州市南浔区人民政府办公室关于印发南浔区一般工业固体废物管理办法（试行）的通知》《湖州市南浔区人民政府办公室关于印发2019年南浔区食品安全工作要点的通知》《湖州市南浔区人民政府办公室关于印发南浔区企业国有资产监督管理办法的通知》《湖州市南浔区人民政府办公室关于印发南浔区东西部扶贫协作产业合作发展扶持政策（试行）的通知》。

9月，区政府主要发出的文件有《湖州市南浔区人民政府办公室关于印发2019年湖州市南浔区法治政府建设工作要点的通知》《湖州市南浔区人民政府办公室关于印发南浔区创建省级水产产业“机器换人”示范区实施方案的通知》《湖州市南浔区人民政府关于区领导工作分工的通知》。

10月，区政府主要发出的文件有《湖州市南浔区人民政府办公室关于印发南浔区加强企业商业秘密保护工作实施方案的通知》《湖州市南浔区人民政府办公室关于印发企业国有资产交易管理实施办法的通知》《湖州市南浔区人民政府办公室关于公布区政府及区政府办公室行政规范性文件清理结果的通知》《湖州市南浔区人民政府办公室关于印发南浔区促进生猪生产保障市场供应意见的通知》《湖州市南浔区人民政府办公室关于印发湖州市南浔区人民政府及其各部门任命的国家工作人员宪法宣誓实施办法的通知》《湖州市南浔区人民政府办公室关于印发南浔区人民政府行政诉讼应诉工作规则的通知》。

11月，区政府主要发出的文件有《湖州市南浔区人民政府办公室关于印发南浔中心城区城市建设管理三年行动计划（2019—2021）的通知》《湖州市南浔区人民政府办公室关于印发南浔区在市场体系建设中建立公平竞争审查制度实施意见的通知》《湖州市南浔区人民政府办公室关于印发南浔区数字渔业发展三年行动方案（2019—2021）的通知》。

12月，区政府主要发出的文件有《湖州市南浔区人民政府办公室关于印发南浔区产业投资引导基金管理办法（修订）的通知》《湖州市南浔区人民政府办公室关于印发南浔区练市镇综合行政执法改革试点工作实施方案的通知》《湖州市南浔区人民政府办公室关于部分调整防空地下室结建政策标准的通知》《湖州市南浔区人民政府办公室关于印发南浔区城乡居民困难人员专项医疗救助实施意见的通知》《湖州市南浔区人民政府办公室关于印发南浔区国民营养计划（2019—2030年）的通知》《湖州市南浔区人民政府办公室关于印发南浔区突发公共卫生事件应急预案和南浔区突发公共事件医疗卫生救援方案的通知》《湖州市南浔区人民政府办公室关于印发南浔区鼠疫控制应急预案等4个预案的通知》《湖州市南浔区人民政府关于公布2019年度南浔区政府质量奖评审结果的通报》。（胡凯玲）

·政协湖州市南浔区委员会·

【概况】 2019年是中华人民共和国成立70周年，是全面建成小康社会的关键之年，也是人民政协成立70周年。一年来，区政协高举习近平新时代中国特色社会主义思想伟大旗帜，深入学习贯彻落实中共十九届四中全会精神，全面贯彻落实中央和省、市、区委决策部署，聚焦区委“一五一十”工作安排，着力发挥专门协商机构作用，不断推进政协工作提质增效，圆满完成了区政协三届三次会议确定的各项任务，为全区高质量赶超发展做出了积极贡献。

【全体会议】 政协第三届湖州市南浔区委员会第三次会议于2019年2月27日至3月1日在南浔召开。出席会议委员207人，邀请领导95人，列席人员74人，旁听人员5人。2月27日上午，区政协三届三次会议开幕，区委、区人大、区政府领导，区人武部领导，有关处级领导以及有关老干部到会祝贺。会议审议通过政协第三届湖州市南浔区委员会第三次会议议程（草案）；主席孙根祥代表政协第三届湖州市南浔区委员会常务委员会作工作报告；副主席万子牛代表政协第三届湖州市南浔区委员会常务委员会作提案工作情况报告；表彰2018年度履职“十佳”政协委员、优秀提案和提案办理工作先进集体及先进个人、反映社情民意信息工作先进集体和先进个人。下午，召开区政协三届十次常委会议，听取区委关于有关人事事项的说明；委员分组讨论。2月28日上午，与会人员列席区四届人大三次会议第1次全体会议（开幕会），听取区人民政府区长杨卫东作政府工作报告；听取区人民政府作2018年民生实事项目完成情况和2019年民生实事候选项目有关情况的报告（书面）；听取区发展改革和经济信息化局作南浔区2018年国民经济和社会发展计划执行情况及2019年国民经济和社会发展计划草案的报告（书面）；听取区财政局作南浔区2018年预算执行情况及2019年预算草案的报告（书面）；听取区人民政府关于2018年度湖州市南浔区环境状况和环境保护目标完成情况的报告（书面）；听取区人大常委会副主任魏海松作关于设立调整有关专委会的说明。下午，分组讨论政府工作、计划、预算、民生实事项目、环境状况和环境目标完成情况等报告。同时召开区政协三届二十三次主席会议，审议大会选举办法（草案）；审议候选人名单（草案）；审议大会选举监票人名单（草案）、总监票人建议名单；审议大会提案收集审查情况报告（草案）；审议政协第三届湖州市南浔区委员会第三次会议决议（草案）。3月1日上午，与会人员列席区四届人大三次会议第二次全体会议，听取区人大常委会主任梅爱祥作区人大常委会工作报告、区“两院”工作报告。大会结束后分组讨论“两院”工作报告，同时召开区政协三届十一次常委会议，听取各组讨论情况汇报。下午，召开区政协三届三次会议第二次全体会议（选举大会），通过大会选举办法和大会选举总监票人、监票人名单；大会采取无记名投票的方式，选举潘宇文为政协第三届湖州市南浔区委员会副主席，谢建伟为政协第三届湖州市南浔区委员会秘书长，朱国良、徐俊、董明华、鲍劲松为政协第三届湖州市南浔区委员会常务委员。之后，举行区政协三届三次会议第三次全体会议（闭幕会），通过大会提案收集审查情况报告；通过政协第三届湖州市南浔区委员会第三次会议决议；区委书记夏坚定讲话。

【常务委员会会议】　2019年，政协湖州市南浔区委员会常务委员会共召开6次会议。

三届九次常委会议于1月24日在南浔召开。区委常委、区纪委书记、区监委主任徐娟应邀出席。会议主要议程是：听取区纪委监委关于2018年全区纪检监察工作情况的通报、政协第三届湖州市南浔区委员会常务委员会工作报告（草案）和提案工作报告（草案）起草情况的说明；审议通过召开区政协三届三次会议有关事宜、区政协专门委员会设置调整和有关人事事项。

三届十次常委会议于2月27日在南浔召开。区委常委、统战部部长金荷新应邀出席会议。会议主要议程是：听取区委领导关于有关人事事项的说明。

三届十一次常委会议于3月1日在南浔召开。会议主要议程是：听取区政协三届三次会议各组讨论情况汇报；审议通过大会选举办法（草案）；审议通过候选人名单（草案）；审议通过大会选举监票人名单、总监票人名单（草案）；审议大会提案收集审查情况报告（草案）；审议政协第三届湖州市南浔区委员会第三次会议决议（草案）。

三届十二次常委会议于6月25日在南浔召开。副区长陈纯志应邀出席会议。会议的主要议程是：传达学习中央和全省“不忘初心、牢记使命”主题教育工作会议精神、全省政协系统开展“新时代人民政协的新样子”专题讨论活动动员部署会精神、市政协党组扩大会议精神；审议通过《关于“深化接苏融沪、高质量打造湖州‘开放东大门、创业新高地’背景下，如何建设最优营商环境的对策研究”建议案和调研报告》《区政协全体会议工作规则》《区政协委员履行职责的若干规定》；审议通过有关人事事项。

三届十三次常委会议于8月20日在南浔召开。区委副书记、区长杨卫东应邀出席会议并代表区政府通报上半年全区经济社会发展情况和下半年工作安排。区政协主席孙根祥主持会议并讲话，副区长钱红梅应邀出席会议。会议主要议程是：传达学习省委十四届五次全体（扩大）会议、市委八届七次全体（扩大）会议、区委四届八次全体（扩大）会议和全省政协主席读书会精神；听取区政府关于2019年上半年工作完成情况和下半年工作安排的通报；审议通过有关人事事项。

三届十四次常委会议于10月31日在南浔召开。区委常委黄骆意应邀出席会议，通报《关于“以上海强化沪湖发展廊道为契机，加快推进南浔全面接轨上海示范区建设”的建议案》办理落实情况并作表态发言。会议主要议程是：传达学习贯彻中央和省委政协工作会议精神；听取区政府办公室关于区政协三届三次会议提案办理情况的通报；对《关于“以上海强化沪湖发展廊道为契机，加快推进南浔全面接轨上海示范区建设”的建议案》办理情况开展民主评议；审议通过有关人事事项。

【主席会议】 2019年，政协湖州市南浔区委员会主席会议共召开11次。

三届二十次主席会议于1月4日召开。区政协主席、副主席、副主席候选人、秘书长共6人出席会议。区政协一办六委主任、副主任，驻宣传部纪检监察组负责人列席会议。会议主要内容是：研究讨论区政协2019年工作要点、区政协常委会工作报告（初稿）和提案工作报告（初稿）；审议《中共湖州市南浔区委关于加强新时代人民政协党的建设工作的意见（征求意见稿）》；听取关于召开区政协三届三次会议的情况汇报、各委室关于2018年12月主要工作情况和2019年1月工作安排的汇报。

三届二十一次主席会议于1月22日召开。区政协主席、副主席、副主席候选人、秘书长候选人共6人出席会议。区政协一办六委主任、副主任，驻宣传部纪检监察组负责人列席会议。会议主要内容是：听取关于三届区政协委员调整名单情况和区政协三届三次会议各类名单汇报；审议区政协领导班子成员分工和有关人事事项；审议区政协三届九次常委会议议程（草案）和日程安排（草案）、区政协三届三次会议有关事宜、区政协专门委员会设置调整；审议《区政协常委会工作报告》（讨论稿）和《区政协提案工作报告》（讨论稿）；审议2018年度区政协委员履职情况考评结果及“十佳”政协委员建议名单（草案）、2018年度政协优秀提案、提案办理和反映社情民意信息工作、先进集体和先进个人建议名单（草案）；审议2018年区级部门（单位）提案办理考核情况、2018年度区对镇（开发区）政协工作考核情况。

三届二十二次主席会议于2月19日召开。三届区政协主席、副主席、副主席候选人、秘书长候选人共7人出席会议。区政协一办六委主任、副主任，驻宣传部纪检监察组负责人列席会议。会议主要内容是：审议通过区政协2019年工作要点，研究区政协三届三次会议相关工作。

三届二十三次主席会议于2月28日召开。三届区政协主席、副主席、副主席候选人、秘书长候选人共7人出席会议。区政协办公室、提案委主要负责人列席会议。会议主要内容是：审议大会选举办法（草案）、候选人名单（草案）、大会选举监票人名单（草案）、总监票人建议名单、提案收集审查情况报告（草案）和政协第三届湖州市南浔区委员会第三次会议决议（草案）。

三届二十四次主席会议于4月12日召开。三届区政协主席、副主席、秘书长共7人出席会议。区政协一办六委主任、副主任，驻宣传部纪检监察组负责人列席会议。会议主要内容是：审议《南浔区政协开展“请你来协商”平台建设工作的实施意见》；审议通过《重点协商课题调研方案》《区委书记与政协委员“面对面”活动方案》《2019年区政协委派民主监督小组和“回头看”工作方案》；讨论《2019年委员履职能力提升培训方案》；听取南浔区关于贯彻落实省、市政协开展城乡生活垃圾分类处理三级政协联动专项集体民主监督有关工作情况汇报、各委室2019年一季度工作总结及二季度工作安排的汇报。

三届二十五次主席会议于6月4日召开。三届区政协主席、副主席共5人出席会议。区政协一办六委主任、副主任，驻宣传部纪检监察组负责人列席会议。会议主要内容是：审议通过《区政协三届十二次常委会议方案》《2019年政府部门主要领导与政协委员开展“面对面”建言咨政、行政村书记、主任与政协委员开展“面对面”协商活动总体方案》《南浔区政协“走进基层、走进群众”界别活动月暨科技、文化、卫生、法律、教育“五下乡”系列活动总体方案》《区政协开展“紧盯双过半、助力全年红”专题视察调研活动方案》《区长与政协委员“面对面”活动方案》；讨论《关于“建设最优营商环境，深化接苏融沪，高质量打造湖州‘开放东大门、创业新高地’的研究”的建议案》重点课题调研报告；听取各委室2019年4、5月工作总结及6月工作安排的汇报。

三届二十六次主席会议于7月10日召开。三届区政协主席、副主席、秘书长共6人出席会议。区政协一办六委主任、副主任，驻宣传部纪检监察组负责人列席会议。会议主要内容是：听取各委室交流半年度工作情况。

三届二十七次主席会议于8月5日召开。三届区政协主席、副主席、秘书长共6人出席会议。区政协一办六委主任、副主任，驻宣传部纪检监察组负责人列席会议。会议主要内容是：审议通过区政协三届十三次常委会议方案、政协湖州市南浔区委员会关于庆祝人民政协成立70周年系列活动方案，讨论关于编辑出版《南浔文史第七辑》方案及“同心同行70载——庆祝建国70周年和人民政协成立70周年政协书画展”方案，听取各委室关于7月工作总结及8月工作安排的汇报。

三届二十八次主席会议于10月18日召开。三届区政协主席、副主席、秘书长共6人出席会议。区政协一办六委主任、副主任，驻宣传部纪检监察组负责人列席会议。会议主要内容是：审议通过区政协三届十四次常委会议建议方案；讨论《2019年区政协领导走访区政协委员（常委）面对面交流活动方案》；审议通过2019年市、区政协“走进基层走进企业走进群众”服务月“送科技下乡”活动建议方案；听取各委室汇报交流2019年9月工作总结及10—11月工作安排。

三届二十九次主席会议于12月9日召开。三届区政协主席、副主席、秘书长共6人出席会议。区政协一办六委主任、副主任，驻宣传部纪检监察组负责人列席会议。会议主要内容是：听取区政协三届四次会议会场安排有关情况汇报；讨论2020年“请你来协商”重点协商议题、调研课题、视察主题（建议）有关情况；听取市政协八届四次会议大会发言选题推荐有关情况汇报；听取区政协三届四次会议大会发言安排有关情况汇报。

三届三十次主席会议于12月30日召开。三届区政协主席、副主席、秘书长共6人出席会议。区政协一办六委主任、副主任，驻宣传部纪检监察组负责人列席会议。会议主要内容是：交流2019年特色亮点工作及2020年工作思路；讨论区政协三届四次常委会工作报告（讨论稿）；讨论区政协三届三次会议以来提案工作情况报告（讨论稿）；审议通过区政协各委派民主监督小组和“回头看”工作监督报告。

【重要活动】　2019年，区政协重要活动主要有：

4月18日，区政协召开“建设最优营商环境，深化接苏融沪，高质量打造湖州‘开放东大门、创业新高地’的研究”重点课题调研活动动员会。会议听取调研活动方案的介绍，开发区、区委组织部、区发改经信局、区政务办等单位分别围绕调研主题作交流发言。区政协主席孙根祥出席会议并讲话，开发区管委会主任闵金良、区政协秘书长谢建伟等参加。

同日，区政协召开2019年委派民主监督小组和“回头看”工作会议。会议回顾总结2018年委派民主监督小组工作成效，部署2019年委派民主监督小组和“回头看”工作任务。受派单位代表、“回头看”单位代表、监督小组代表分别作表态发言。

5月13—17日，区政协委员履职能力提升培训班在中国人民大学开班。来自区政协各界别的40余名委员参加为期一周的履职能力提升培训。本次培训由市政协和区政协联合办班。市政协副主席叶理中参加。

6月14日，区委书记与政协委员“面对面”协商议政会举行，围绕“高质量打造高铁新城，迎接高铁时代的到来”主题，区委书记夏坚定与政协委员开展“面对面”协商，广泛听取意见建议，共谋高质量赶超跨越发展良计。会上，来自7个界别的21名委员分别作了现场发言和书面交流，区发改经信局、区住建局、科技新城管委会负责人分别作了表态发言。区政协主席孙根祥主持会议，副区长陈纯志，区政协副主席陈文龙、潘宇文、万子牛、孙水根，区政协秘书长谢建伟参加。

7月17日，为庆祝中华人民共和国成立70周年和人民政协成立70周年，进一步把“新时代人民政协的新样子”专题讨论活动引向深入，区政协举办“学习新思想、树立新样子”演讲比赛。区政协主席孙根祥致辞，副主席陈文龙、潘宇文、王湘起、孙水根，秘书长谢建伟参加。

7月18日，区政协在和孚镇和孚码头举行2019年“六送下乡”委员走进基层走进群众集中服务活动。区政协主席孙根祥，副主席陈文龙、潘宇文、王湘起参加。来自区政协机关、区教育局、区科技局、区文广旅体局、区卫生健康局、区综合执法局、区公安分局等21个单位的委员和工作人员参与活动。

8月21—22日，区政协举行2019年区政协主席读书会。区政协主席孙根祥参加并讲话，区政协副主席陈文龙、潘宇文、王湘起，区政协秘书长谢建伟参加并交流发言。会上，各镇（开发区）政协工作联络组代表、各界别活动组代表分别交流发言。

8月23日，“新南浔论坛”区委理论学习中心组专题辅导讲座暨2019年政协委员学习培训会举行，围绕“重温人民政协70年光辉历程，树立新时代人民政协的新样子”主题，认真学习贯彻习近平总书记关于加强和改进人民政协工作的重要思想，推动全区政协工作再上新台阶。全国政协研究室原副主任、中国人民政协理论研究会原秘书长原冬平应邀做专题辅导。夏坚定、梅爱祥、温建飞等区委理论学习中心组成员参加，区政协主席孙根祥主持会议。

8月26日，区长与政协委员“面对面”协商议政会举行。围绕“以农产品营销升级为突破口，促进农民增收”主题，区委副书记、区长杨卫东与政协委员开展“面对面”协商，广泛听取意见建议，共谋“三农”发展良计。会上，来自10个界别的19名委员分别现场发言或书面交流，区农业农村局、区商务局、区供销社负责人分别做表态发言。区政协主席孙根祥主持会议。副区长秦胜，区政协副主席潘宇文、王湘起、孙水根及秘书长谢建伟等参加。

9月29日，同心同行70载——庆祝中华人民共和国成立70周年暨人民政协成立70周年书画展开幕。区委书记杨卫东宣布开幕。区政协主席孙根祥，浙江省书协原副主席、湖州市文联原副主席、湖州市书协原主席朱元更致辞。区政协副主席潘宇文、王湘起、孙水根，退出现职和退休的区政协领导，区政协秘书长谢建伟等出席。

12月24日，区委召开全区政协工作会议。区委书记杨卫东在会上强调，要深入学习贯彻中共十九届四中全会和省委十四届六次全会精神，认真落实中央和省、市委政协工作会议精神，聚焦服务高质量，共画最大同心圆，奋力推动新时代南浔政协工作走在前列。区委副书记、代区长温建飞主持，区人大常委会主任梅爱祥出席，区政协主席孙根祥讲话，区委常委，区政协副主席，区法院院长、区检察院检察长等参加。

【协商议政】 2019年，区政协常委会自觉把服务区委“一五一十”工作部署作为工作主线，不断完善“13456+”协商议政新格局，加强政协专门协商机构建设，专出特色水平，彰显价值作用。

协商议政献良策。协助区委制定出台开展“请你来协商”平台建设工作的实施意见，完善“请”的机制，拓宽“你”的范围，打造“来”的阵地，创新“协”的方式，提升“商”的成效，做精擦亮“政协365、请你来协商”特色品牌，相关做法在全省“请你来协商”平台建设工作座谈会上做经验交流。成功举办以“高质量打造高铁新城，迎接高铁时代的到来”为主题的区委书记与委员“面对面”、以“农产品营销升级为突破口，促进农民增收”为主题的区长与委员“面对面”。

提案办理促落实。区政协三届三次会议立案的118件提案，截至6月，全部办复完毕，提案办理满意率达100%。确定乡村振兴、民营企业发展等9件提案作为年度重点提案，由区委、区政府领导牵头领办，区政协副主席联系督办，促使重点提案办理工作更好落到实处。召开提案办理民主评议面商会，对区发改经信局、区文广旅体局开展民主评议，促进提案办理成果的有效转化。确定20件重要提案开展“背靠背”评议，有效提升提案办理协商成效。

创新模式解难题。创新“互联网+”模式，通过线上线下互动直播3次。围绕“深化接苏融沪、高质量打造湖州‘开放东大门、创业新高地’背景下，如何建设最优营商环境”，开展深度调研，提出了六个方面21条工作建议，得到区委书记的批示肯定，为进一步优化南浔区营商环境提供了决策参考。

【民主监督】 2019年，区政协认真贯彻落实中共中央和省委关于加强和改进人民政协民主监督工作的意见精神，不断探索创新民主监督的新载体、新途径、新方式，民主监督成效进一步彰显。

创新开展联系监督。围绕“城乡生活垃圾分类处理”，组织省、市、区三级政协委员120余人，组成7个民主监督小组，分别赴54个行政村（社区），开展监督调研23次，实地查看垃圾处置企业、生活垃圾处理点19个，走访座谈群众120余人，汇总整理意见建议62条，并反馈至相关部门，有效推动了城乡生活垃圾分类处理工作和长效机制建设。

联动开展专项监督。聚焦“赶超发展、科技创新、城市建设、乡村振兴、民生稳定”等主题，开展“紧盯双过半、助力全年红”专题视察监督，围绕“美丽乡村建设后续管理”“多层住宅加装电梯”“高质量建设‘四好农村路’”“改善环境空气质量”等群众关心关注的热点难点问题，开展调研视察，积极建言献策，助力问题解决。

持续开展委派监督。深入开展委派民主监督和“回头看”工作，委派6个民主监督小组到区委政法委等单位开展为期1年的定题定点式跟踪监督，对区发改经信局等 4 个单位的民主监督建议落实情况进行“回头看”，确保民主监督“不走过场”。

【委员履职】　2019 年，区政协主动顺应人民群众对美好生活的新期盼，广谋利民之策、助力惠民之事、厚积为民之功。

大力开展为民为企活动。聚焦民生关键小事和企业基层堵点难事，在全区政协系统全面开展“三进三问三服务”（进厂门“面对面”问难献策、进家门“心贴心”问需惠民、进村门“实打实”问计协商；服务企业、服务群众、服务基层）活动，各级政协委员和机关干部共走访企业 388 家、村（社区）249 个，协调解决困难问题 185 个。组织开展“六送下乡”（送科技、送教育、送文化、送卫生、送法律和送体育下乡）系列活动，累计提供科技、农技、教育、法律、健康义诊等咨询服务 3000 余人次，发放各类书籍资料和文体用品近 5000 份。

扎实助推民生实事。聚焦民生关切，围绕“推进医养结合，完善养老服务”“加强知识产权保护，推进科技兴企”“助推全域旅游”“助推全域土地综合整治中农村存量宅基地盘活利用工作”等主题开展 6 场重点“请你来协商”活动，提出 100 余条精准务实的意见建议，有力地推动了相关民生事实的解决。

积极反映社情民意。加强信息工作队伍建设，聘请 27 人担任政协特邀信息员。全年共编报社情民意信息 219 篇，《儿童青少年近视综合防控工作面广量大，建议纳入全国文明城市和未成年人思想道德建设工作测评体系》等 36 篇信息被全国和省、市政协录用。支持茶文化研究会等社团开展团结联谊工作。加强与省内外政协的沟通交流。

【凝聚共识】　2019 年，区政协注重建言资政和凝聚共识双向发力，把加强思想政治引领、广泛凝聚共识摆到更加重要位置，努力寻求最大公约数、画好最大同心圆。

搭好合作共事的“大舞台”。认真落实主席会议成员联系各民主党派、工商联制度，大力支持他们运用政协平台开展履职活动。支持和保障党外人士积极参与政协履职活动，在政协各项会议和活动中优先安排发表意见和建议。召开民主党派、工商联、民营企业家、行业协会、商会、新生代企业家委员等多场座谈会，不断引导他们提高政治站位和政治觉悟。全年，各民主党派、工商联和无党派人士在全体会议上发言 9 人，提交集体提案 21 件。

建好社会各界的“连心桥”。深化“一村一社区一委员”机制，既组织委员围绕党政中心工作开展视察监督、调研协商，又积极引导委员利用自身专业知识和影响力主动发声，深入基层和界别群众广泛凝聚共识、传播共识，协助党委政府做好宣传政策、协调关系、解疑释惑、化解矛盾的工作。

增强文史宣传的“感召力”。开展中华人民共和国和人民政协成立 70 周年系列庆祝活动，举办“同心同行 70 载”书画展，开展“我与人民政协”征文活动，编撰《我与人民政协》文史专辑。陈康兴委员参与中华人民共和国成立 70 周年群众联欢活动编导；选送集体舞《我们都是追梦人》参加省政协“与祖国同行、与时代共进”文艺会演；5 名委员的履职经历入选《湖州文史·纪念人民政协七十华诞》专辑。加大对外宣传力度，在《人民政协报》《联谊报》等媒体刊发报道 37 篇，有效扩大了南浔区政协工作影响力。　（栗　智）

·中共湖州市南浔区纪律检查委员会·

【四届区纪委四次全会】　四届区纪委四次全会于 1 月 23 日召开，区纪委常委会主持会议。会议的主要任务是深入学习贯彻习近平新时代中国特色社会主义思想，全面贯彻落实中共十九大和十九届二中、三中全会精神，按照十九届中央纪委三次全会、省纪委十四届四次全会、市纪委八届三次全会和区委四届七次全会的部署要求，回顾总结 2018 年工作，研究部署 2019 年任务。

【政治监督】　认真落实《中共中央关于加强党的政治建设的意见》，不断加大监督检查力度，推动各级树立“四个意识”、坚定“四个自信”、做到“两个维护”。聚焦“三大攻坚战”、“最多跑一次”改革、减税降费、征地拆迁等重大决策部署，开展工业项目落地、“以实绩论英雄”两个专项巡察，建立“书记区长点题、纪委监委跟进监督”和“跨部门联动解决”两项机制，发放“四带头四严禁助推中心工作”告知书，问责不担当、不作为党员干部 264 人次。加强对新形势下党内政治生活若干准则等制度执行情况的监督，健全从严治党主体责任考核评价机制，定期开展政治生态评估，压紧压实各级责任。

【专项治理】　深化“三服务”（服务企业、服务群众、服务基层）活动，率先建立东西部扶贫协作和对口支援领域监督执纪问责协作机制，结合主题教育牵头开展扶贫民生领域不正之风和腐败问题专项整治，解决民生问题47个。严查基层“不正之风”，各镇（开发区）办理自办案件31件，同比增长47.6%，群众身边“微腐败”有效治理。推进“打伞破网”，立案18件，给予党纪政务处分12人，挖出“保护伞”13把，留置并移送司法机关7人，成效位居全市前列。协助区委推进清廉南浔“六清工程”（政治清明、政府清廉、干部清正、政商亲清、社会清和、文化清朗）建设，清廉企业、清廉医院、清廉学校打响品牌；村级限额以下工程分段管理、村级工作餐规范支出、村级常用事务90问等做法，7次得到市委、市政府、市纪委领导批示肯定并在全市推广。

【日常监督】　建立联席会议和信息共享机制，统筹纪律、监察、派驻、巡察“四支力量”，提升监督合力。加强镇纪委、村（居）务监督委员会、廉情监督员队伍规范化建设，开展“贯通融合监督力量、问政惠民大查访”活动，走访群众1646户，查找并解决问题102个。开展重复信访“清淤”行动，全年受理信访举报231件次，查实率57.1%，重信重访同比下降32.5%。健全“12345”阳光热线定期反馈机制，推动9个问题有效解决。精准运用“四种形态”处置522人次，第一至四种形态分别占比78.2%、15.5%、3.1%、3.2%。严把选人用人关，回复党风廉政意见748人次。为10名党员干部澄清正名，回访教育受处分人员76人次，激发干事创业热情。

【正风肃纪】　继续紧盯重要节点，深入开展“清风行动”，创新公车轨迹联查、消费底单协查等机制，深挖细查顶风违纪、隐形变异问题，查处违规公款吃喝、违规发放津补贴、违规使用公车等问题33件36人次，给予党纪政务处分30人次，党纪政务处分率83.3%。严格落实“基层减负年”工作部署，开展“七多”（职责事项多、工作台账多、机构牌子多、考核督查多、创建评比多、政务工作App多、上墙制度多）问题专项调研，全年查处形式主义、官僚主义问题31起，处理党员干部42人次，其中给予党纪政务处分14人次，对13起17人“四风”典型案例进行点名道姓通报曝光，持续释放越往后执纪越严的强烈信号。

【巡察监督】　成立巡察办，组建巡察组，按照“六围绕一加强”（围绕党的政治建设，重点检查维护党中央权威和集中统一领导情况；围绕党的思想建设，重点检查学习贯彻习近平新时代中国特色社会主义思想情况；围绕党的组织建设，重点检查选人用人和基层党组织建设情况；围绕党的作风建设，重点检查整治“四风”问题的情况；围绕党的纪律建设，重点检查党规党纪执行情况；围绕夺取反腐败斗争压倒性胜利，重点检查领导干部廉洁自律和整治群众身边腐败问题情况；加强对巡视整改情况的监督检查）要求，采取“一拖三”（在实施常规巡察的同时，同步开展村延伸巡察、社区延伸巡察、某一领域专项巡察）模式，开展区委第四、五、六轮巡察和扫黑除恶、人防系统腐败问题等4个专项巡察，对73个行政村、11个社区开展村（社区）延伸巡察，健全上下联动机制，高质量推进巡察“全覆盖”。累计巡察党组织94个，发现问题1129个，移交问题线索39条，均创历史新高。坚持发现问题与整改落实并重，建立业务主管部门“专人解答”、重点问题向分管区领导同步提醒等机制，推动问题整改并完善制度59项。加强巡察规范化建设，强化组织领导，配强巡察力量，完善工作制度，推动巡察质效双升。

【体制改革】　深入推进纪律检查体制改革，落实对镇纪委“两为主一报告”（纪委书记、副书记提名考察干部、查办腐败案件以上级纪委领导为主，重大事项向上级纪委报告）、对派驻机构“三为主一报告”（纪委书记、副书记提名考察干部、日常履职考核、查办腐败案件以上级纪委领导为主，重大事项向上级纪委报告）工作机制，强化履职质效综合考评。持续深化国家监察体制改革，规范职务犯罪案件管辖、检察机关提前介入、监察机关向检察机关移送案件等事项，促进监察机关与司法机关、执法部门有效协作配合。扎实推进派驻机构改革，全面落实“六个一体化”（派驻机构与纪委监委机关在干部选调录用、选拔任用、轮岗交流、教育培训、党建工作和经费保障方面实行“一体化”管理）要求，建立“1+6”（1个纪检监察室+6个派驻纪检监察组）联动模式，派驻机构立案10件，给予党纪政务处分10人。深入推进区属企业纪检监察体制改革，最早配齐纪委书记、副书记、专职纪委委员，明确5项监督职责、4项工作职权，推进监督“全覆盖”。充分发挥反腐败协调小组作用，强化党委对反腐败工作的集中统一领导。

【反腐高压】 坚持零容忍态度惩治腐败，挖出全市第一把涉黑涉恶“保护伞”，查办全市第一例人防系统职务犯罪案件，全年处置问题线索520条，同比增长45.3%；立案115件，同比增长30.7%；查处区管领导干部7人，同比增长16.7%；给予党纪政务处分105人，同比增长9.4%；留置18人，同比增长500%；移送司法机关10人，同比增长150%。扎实做好审查调查“后半篇文章”，组织开展“党纪教育一刻钟”1300余次，常态开展“九个一”（一次警示教育参观、一次警示教育会议、一次专题学习和典型案例剖析、一次廉政风险排查和防范化解、一次党风廉政专题教育培训、一次专题民主生活会和组织生活会、一次庭审旁听或观看庭审直播、一次公开通报曝光、一次清廉文化创建）警示教育月活动，实施区内典型案例庭审旁听，编发《南浔区党纪政务处分典型案例剖析》，督促案发单位召开专题民主（组织）生活会，在强大震慑和政策感召下，2人主动投案，6人主动交代违纪违法问题。严格调查措施使用，严把线索处置、案件审核、处分决定执行关，确保依规依纪依法、安全文明办案。

（邹天宇）

民主党派

·民革南浔区支部·

【概况】 2019 年，民革南浔区支部围绕南浔区“聚力大赶超，实现新跨越”中心工作，立足自身特点、发挥自身优势，积极履行参政议政职能，广泛开展社会服务，全面推进党派工作。

【思想建设】 民革南浔区支部开展“不忘合作初心，继续携手前进”主题教育活动，参加区政协举办的“重温人民政协 70 周年光辉历程，树立新时代人民政协的新样子”专题辅导班、新南浔论坛举办的“聚焦新时代政协工作”培训班，赴中国人民大学参加“政协委员履职能力高级研训班”、交通大学“党外代表人士暨基层统战干部培训班”。开展兄弟支部之间的互动交流学习，与民革北京市海淀区支部、民革绍兴市柯桥区支部交流座谈，开展“纪念建国 70 周年延安红色游观故居爱国主义活动”。参加区委统战部组织的参观井冈山庆祝新中国成立 70 周年爱国纪念活动。

【参政议政】 民革南浔区支部获 2019 年度民革市委会参政议政先进集体称号。支部全年共计上交各类信息 40 余篇，省、市、区录用 37 篇，其中全国政协录用 1 篇，民革市委会作为重点提案 1 篇，市领导批示 1 篇，区领导批示 2 篇。章昊被评为区政协优秀信息员。

【服务弱势群体】 继续开展扶贫帮苦博爱牵手活动。资助困难学生、进行“失独老人”慰问走访；结对帮扶因丙肝疾病至贫家庭的孩子，并给予法律援助。充分发挥民革心理工作站、法律援助站功能，服务好家、校两级外，延伸服务到社区和行政村，促进社会治理。

·民盟南浔区支部·

【概况】 2019 年，民盟南浔区支部务实勤恳，以积极的精神面貌有序推进各项工作，进一步体现界别特色和盟员自身职业优势，组织盟员开展各项履职活动。主委朱惠汉被评为 2019 年浙江民盟榜样人物入围奖，盟员沈丹在平安湖州建设夺金鼎过程中被湖州市政府记个人嘉奖一次。全年发展吸收 3 位人员入盟。

【组织学习】 学习贯彻中央和省、市、区重要会议精神，组织专题学习 4 次，外出赴苏步青纪念馆、江西井冈山学习考察共 2 次。组织 29 人次参加党外代表人士培训班等专题辅导学习 6 次。组织全体盟员参观浙江盟史馆，撰写心得体会，参加庆祝中华人民共和国成立 70 周年暨新型政党制度确立 70 周年《见证初心》故事会演。

【参政议政】 围绕全区经济社会发展中心工作召开参政议政专题会议，深入课题调研，形成调研报告 8 篇。区“两会”期间，大会发言 2 人，提交提案建议案 11 件。7 人参加协商议政活动并建言献策。全年共 16 位盟员撰写社情民意 48 篇，其中 15 篇分别为民盟省委会、省政协、市委办录用。参与“城乡生活垃圾分类处理”三级政协联动专项集体民主监督活动，参加市委会和区政协组织的赴乡镇民主监督活动。

【社会服务】 联合医疗卫生支部开展“民盟同心·名医服务站”义诊活动。为“民盟同心·浔溪教育奖”捐款并开展颁奖活动，获奖教师 320 人次，获奖学生 5 人。选派盟员到双林镇邕山圩村作“垃圾分类”宣传讲座。

·民建南浔区基层委员会·

【概况】　2019 年，民建南浔区基层委员会秉承“爱国、民主、建设、团结、创新、奉献”的宗旨，紧紧围绕民建湖州市委会及区委、区政府各项工作目标和区基层委年度工作安排，积极工作，顺利完成各项目标任务。

【思想建设】　深入学习贯彻习近平新时代中国特色社会主义思想和习近平总书记重要讲话精神，认真领会精神实质，深刻把握核心要义，牢记民建“听党话、跟党走”的合作初心，不断强化“四个意识”，坚定“四个自信”，在思想上、政治上、行动上同以习近平同志为核心的党中央保持高度一致。

【参政议政】　全年共提交提案、建议 24 件，社情民意 46 件。积极参加民主监督，2019 年 11 月，提交《关于提升民营经济开放水平的专项民主监督报告》。多次参加市长与政协委员面对面协商议政会、区委书记和区长与政协委员“面对面”协商议政会，得到市、区主要领导的充分肯定。

【服务社会】　2019 年，各类慈善捐款、爱心助学活动累计捐款达 222.93 万元，其中，“低收入群众三年奔小康”募捐活动暨 2019 年“慈善一日捐”捐款 98.47 万元；11 月，区基层委走访慰问民建南浔企业家会员结对村——四川省广安区东岳乡安子村和石笋镇亮垭村，捐赠办公用品和现金 14000 元；为广安区悦来初级中学捐赠彩虹伞等玩具 92 个、图书 93 册（套），合计人民币约 8000 元。

·民进南浔区基层委员会·

【概况】　2019 年，民进南浔区基层委员会紧紧围绕区委提出的“一五一十”工作总目标，积极有为，在组织建设、参政议政等各方面都取得新的成绩。区基层委被民进省委会评为 2019 年度优秀基层组织，浔溪支部被市委会评为优秀基层组织。区基层委在区“两争两比”考核活动中获评先进集体。区基层委委员孙武先、南林支部副主委姚金妹两人被民进市委会评为优秀会员。会员冯建囡获评区统战工作先进个人。

【参政议政】　区“两会”期间，共提交议案提案 14 件，3 名会员被授予“最佳委员”称号。报送各类信息，合计全国政协录用 1 篇，民进中央录用 1 篇，民进省委会录用 3 篇，市政府主要领导批示 4 次，区政府主要领导批示 1 次。在南浔区政协组织开展的“请你来协商”议政活动中，区基层委副主委戴晶、主委沈岐、副主委吴建光分别作口头和书面发言。对区人力资源和社会保障局、区民政局分别就低收入保障和居家养老工作开展情况进行民主监督，提出监督意见。参加市、区政协组织的垃圾分类三级联动民主监督活动。

【社会服务】　组织或参加“春联万家，送医下乡”、湖嘉两地民进“庆祝中华人民共和国成立 70 周年书画联展”“开明公益下乡义诊”等社会服务活动。在湖州市“开明公益·情暖畲乡”庆“三八”活动中捐款 3250 元。承办“第二届蚕乡花海 真美石淙”趣味定向寻宝大赛。在国庆 70 周年之际，会员胡庆云、杨德明获得纪念章。冯建囡获湖州市教育工作突出贡献个人称号。沈岐、戴晶被评为区重点工作推进先进个人。南林支部委员陈斌获四川省广安市脱贫攻坚先进个人。

·农工民主党南浔区支部·

【概况】　2019 年，农工民主党南浔支部坚持以习近平新时代中国特色社会主义思想为指导，紧紧围绕南浔区“聚力大赶超，实现新跨越”中心工作，立足自身特点、发挥自身优势，积极履行参政议政职能，广泛开展社会服务，全面推进党派工作，取得丰硕成果。

【思想建设】　2019 年组织党员参加农工民主党省、市委会和政协、统战部等有关部门举办的各类理论学习、培训 29 人次。积极开展支部专题调研、考察活动 2 次，撰写理论研究文章 5 篇，参与各类征文活动 2 次。

【参政议政】　全年开展调查研究并形成调研报告 5

篇、民主监督报告2篇，提交区政协重点提案2篇，区“两会”集体提案3篇，个人发言1篇，区政协优秀提案1篇，个人提案6篇。共报送社情民意和“金点子”41条，全国政协录用2条，农工民主党省委会录用3条，区委统战部录用11条，其中3条获区主要领导批示、2条获区领导批示。区“两会”期间，支部被授予2019年度反映社情民意信息工作先进集体（一等奖）称号，孙水根、程萍荣获反映社情民意信息工作先进个人（一等奖、三等奖），杨秀智被评为优秀提案先进个人。

【社会服务】 联合善琏镇建立“健康南浔湖笔小镇服务共建基地”，持续开展“三服务”义诊活动。组织党员参加省、市、区各级社会服务活动及志愿者活动10余次。

【创先争优】 2019年，孙水根、沈华获区“最美医生”称号，潘杰获区“疾病预防控制工作先进个人”，王琴被评为南浔锦绣实验学校“优秀教师”；以刘英为校长的含山小学的办学特色2次获市级媒体报道；陈康兴作为浙江省优秀导演，参与在天安门广场举行的国庆70周年联欢活动编导，个人事迹发表于“湖州在线”“传媒湖州”；王琴的文章《有一种情怀叫政协》刊登于《南浔时报》；聂静雅被聘为中国妇幼保健协会妇科内分泌专业委员会健康扶贫工作学组青年委员，费红良被聘为浙江省数理医学会骨科分会委员、中国医药教育协会肩肘运动医学规范化培训浙江中心委员等；张跃芬、王琴、陈益骏、吴悦等党员在各类论文评比、主题演讲、书法比赛等活动中获得各类奖项。

·九三学社南浔区支社·

【概况】 2019年，九三学社南浔区支社开展“不忘合作初心，继续携手前进”主题教育活动，围绕南浔区的经济建设和社会发展大局，增进思想共识，大力加强组织建设，积极撰写提案，加大社会服务力度，全体社员同心合力，为南浔区打造“开放东大门、创业新高地”贡献智慧和力量。

【思想建设】 全年召开支委会4次，多次组织主题学习研讨活动并召开民主生活会。积极参加九三学社市委、区政协组织的各类活动。打造社员的线上“精神家园”，借助各类微信公众平台，讲好南浔区支社参政议政、民主监督、社会服务故事。积极组织骨干培训，全年参与市、区组织培训达10多人次。组织参与“学习新社章做合格社员”、“携手合作话发展”沙龙、读书会等活动。组织赴重庆开展“回望历史 不忘初心 携手共进”现场教学活动等。

【参政议政】 在区“两会”上共提交13条提案建议，其中“加快推进全域美丽的大花园建设”建议被选为大会书面发言材料。报送社情民意信息21篇，其中，区委、区政府主要领导批示3篇。参与民营经济法治环境相关政策措施推进落实情况民主监督、“保障性安居工程”专项民主监督。参加人大、政协组织的各类调研、视察活动。参加面对面协商议政活动，其中区基层委副主委闵陈晨、委员汪建辉、委员李敏丽的4条建议在区政协组织的协商议政活动中代表九三学社南浔区支社发言。

【社会服务】 完善新老社员“一对一”结对工作，持续开展慰问活动。与练市镇朱家兜村开展结对共建服务“三农”活动；与湖州市一院支社联手开展医疗、卫生、法律“三服务”活动。参加困境儿童微心愿认领活动，资助双林庆同小学学生1人。走访企业，为企业送政策送服务解难题。参加美丽乡村建设、古村落保护利用、乡村旅游等视察活动，并参与治水护水专项行动、垃圾分类、美丽庭院建设、扶贫帮困等各项社会服务工作。参加社市委组织的莫干山环保公益行活动；组织慰问并投身城乡人居环境大排查、大提升、大督查活动；南浔区支社被社省委评为2019年度社会服务先进基层组织。

人民团体

·工　会·

【概况】 2019年，南浔区总工会加强“两新”组织、创业平台、商圈楼宇等领域建会工作，新组建工会12家，新增会员1615人。推进工会会员实名制管理工作，实现全区会员实名制动态管理全覆盖，有1088家基层工会共49317人扫码入会。

【加强思想引领】 区总工会深入学习宣传贯彻习近平新时代中国特色社会主义思想和中共十九大精神，突出思想政治引领，强化政治认同，积极引导广大职工听党话、跟党走。一是开展“不忘初心、牢记使命”主题教育活动。全区各级工会通过党组会、中心组集中学习等多种形式，不断深化习近平新时代中国特色社会主义思想的学习贯彻，牢牢将“学习教育、调查研究、检视问题、整改落实”贯彻主题教育全过程。广泛开展“庆祝新中国成立70周年”系列活动，全年送职工文艺演出进基层、进企业10场。9月6日，配合省总工会在怡达快速电梯有限公司举办全省职工优秀文艺节目巡演。与区委宣传部合作开展“迎国庆、话家风”活动，组织开展“致春天”诗歌朗诵会、书画交流会、摄影鉴赏会等系列活动。二是继续开展“中国梦·劳动美”主题宣传教育活动。首场《树匠心做匠人》讲座受到职工欢迎，共有220余名职工参加。开展泛太湖职工歌唱赛南浔赛区选拔赛，推荐6位职工参加全市决赛并全员获奖。积极发挥工会微信公众号、新时代文明实践基地企业点、职工书屋等文化阵地的作用，开展健康文明、昂扬向上、全员参与的职工文化活动，全区共开展活动187场次，并在“南浔职工”微信公众号开设专栏，发稿28篇。做实做强做精外宣报道，全年外宣发稿47篇，其中国家级媒体13篇，境外媒体1篇，省级22篇，市级6篇。三是围绕中心，服务大局。根据市总工会和区委、区政府的工作部署，进一步强化服务企业、服务职工、服务基层的工作导向，动员全区各级工会干部进企业、访职工、下基层，为企业、职工和基层解决实际问题。2019年累计进企业服务30余次，“湖州365”刊发稿件4篇。开展“劳模工匠宣传月”活动，营造“劳动光荣、创造伟大”的社会氛围，深化劳模“三进”（进企业、进校园、进社区）服务，累计开展活动10次。组织开展“践行‘两山’理念为美丽湖州立新功”活动，围绕生态绿色宣传、生态文明展示、职工教育培训等方面内容，向全区职工发放各类宣传资料10000余份。

【助推经济发展】 牢牢把握为实现中国梦而奋斗的时代主题，不断提升职工劳动岗位技能和职业素质，动员广大职工在新时代建新功、立新业。一是深入推进职工队伍建设。围绕省、市、区重点项目建设，以“五比五赛”（比工程质量，赛单体工程优良率；比工程进度，赛工程建设计划完成率；比安全生产，赛事故零发生率；比文明施工，赛施工管理水平；比技术创新，赛节能增效）为内容，继续深入开展重点工程立功竞赛活动，积极选树示范项目。大力加强职工队伍建设，把企业职工队伍建设作为区政府工会联席会议的专项议题，并由“两办”（区委办、区府办）发文，重点推进职工教育培训经费落实和职工技能素质提升工作，加快知识型、技能型、创新型职工队伍培养。深化“千名技能人才”培育选树工作，成功举办“五一”国际劳动节全区劳模工匠座谈会，会上兑现2018年度南浔区“千名技能人才”考核津贴212.38万元，第二届“千名技能人才”已完成申报及初步审核工作。二是大力实施职工技能提升工程。成功举办南浔区第四届职工技能运动会，分企业、镇、区三级组织100场比赛，涉及工种27个；承办湖州市手工木工职业技能大赛、浙江省起重工技能大赛；积极推荐优秀选手参加省、市级各类比武，并多次获奖。结合“五小”（小发明、小创造、小革新、小设计、小建议）劳动竞赛，扎实开展“安全生产月”活动，共征集安全生产合理化建议345条。5月，南浔区职工培训中心在区工人文化宫正式启动，并积极探索工会培训工作的新模式。广泛开展区、镇、企业多层次岗位技能培训，组织各类培训共152场，培训17720人次。三是积极引导职工在经济社会中建功立业。共培育创新高技能人才工作室10家，培育职工创客10人，创新驿站20个，创建创新创业基地5个，名师带徒220对。发挥工匠志愿者技术服务队作用，进企业技术服务65人次，解决技术难题29项。区总工会与南浔银行面向各级劳模、工匠和工会会员创新推出南浔区职工“匠心贷”，最高贷款额度达30万元，利率优惠幅度大。已有180名职工获得授信，授信额度高达2509万元，其中，60名职工已申请贷款，贷款金额939万元。

【深化职工服务】 南浔区总工会以职工需求为导向，多措并举服务职工，提升职工满意度，打响南浔服务品牌。一是进一步完善维权机制。强化源头维权，全区已建立劳动争议调解组织1000余个，实现已建工会组织企业组建全覆盖。各级工会妥善处置劳动争议案件79件，涉及职工523人、资金717.43万元。抓好集体合同续签、新签工作，全年全区工资集体协商完成单签457家、区域性协议45份，覆盖企业1065家。联合走访检查37个工地建设项目，全区已有94个工程落实项目分账管理、实名制管理、信息维权公开、银行代发、按月足额支付、工资保证金6项制度到位。二是扩大职工服务覆盖面。大力做好职工医疗互助工作，参保人数实现新突破，有42782人参加。对符合住院、重大疾病、家属补助条件的1181人次职工进行补助，补助金额192.13万元。做好公积金扩面工作，全区911家规上企业已开户856家，建制率达93.96%，社保职工46902人中，已参加公积金27451人，规上企业职工覆盖率达58.53%。积极组织职工参加疗休养活动，全区共有8422名机关、事业职工参加工会组织的疗休养，其中赴周边五省疗休养2073人，赴对口疗休养127人；共有147家基层工会组织开展职工疗休养，惠及职工6433人次，其中湖州本地行17家，惠及职工515人次。三是加大精准帮扶力度。“两节”（元旦和春节）送温暖活动共帮扶困难职工126户，走访慰问对口支援地区在南浔职工29名，发放温暖帮扶资金56.568万元。扎实开展“春风行动”，与区人力资源和社会保障局等部门共同举办南浔区春季大型人力资源交流大会，达成意向515人。全年共举办招聘会12场，参加职工5000余人，达成意向983人。联合区人力资源和社会保障局等部门对19名参加“南浔—广安劳务协作扶贫活动”的四川广安职工进行就业帮扶，实现全员就业。做好高温慰问工作，全区各级工会共慰问职工24762人，发放慰问品金额71.74万元。着力推进全区“妈咪暖心小屋”建设工作，共新建区级7家、申报市级2家、省级3家。关心关爱青年职工，已举办相亲活动4场，共242人参加，以8个主题14场活动开展关爱“小候鸟”活动，惠及职工家庭300余家。

（杨秋艳）

·共青团·

【概况】 2019年，共青团南浔区委紧紧围绕“聚力大赶超、实现新跨越”的奋斗目标和打造湖州“开放东大门、创业新高地”的发展定位，按照区委“一五一十”工作安排，以深化共青团自身改革为核心，以“四比一创”（比学习力、比服务力、比战斗力、比影响力、创先进团组织）主题竞赛实践为抓手，扎实有效地开展团的各项工作，取得一定的成效。

【青年引领】 一是以先进典型感召青年。召开“纪念五四运动100周年暨南浔新青年大会”，共选树“敬业奉献、创业实干”等十大类优秀新青年100人，推选市级十大杰出青年1人。二是以青年大学习引领青年。组织开展“青春心向党 建功新时代”青年说、“青年大学习——学习强国”主题知识竞赛、“团委书记上团课”、“纪念五四运动100周年”座谈会、党团知识竞赛等活动40余场次，同时壮大“青淙红六宣讲团”，开展系列教育实践和宣讲活动5场次。三是以青春诉说凝聚青年。在庆祝中华人民共和国70周年之际，开展“青诉——我与祖国共奋进”主题活动，全区青年通过讲述所在乡镇城乡面貌、产业文化、生态环境等方面翻天覆地的变化来讴歌祖国，表达对中华人民共和国70年的祝福，有效凝聚团员青年的爱国热情，青诉系列共发布10

期，阅读量突破4万人次。

【志愿服务】 一是扎实开展“浔小青在一线·红马甲助攻坚”系列行动。深入推进“浔小青在一线·红马甲助攻坚”志愿服务行动，特别是在全市统一部署的城乡人居环境大摸排、大提升、大督查行动中，全区广大青年志愿者大动员、大集结、大攻坚，实现上下联动、靠前服务、亲自动手，深入到农村、社区、背街小巷、公路河道和田间地头，累计开展垃圾、“城市牛皮癣”清理等志愿服务250多场次，参与志愿者达12500人次，服务时长达35000多小时。百日攻坚行动入选全市“百日攻坚行动”典型案例。二是积极开展“乡村振兴 青创建功”主题行动。承办湖州市“践行两山理念 奉献美丽青春”新青年助力乡村振兴战略现场推进会，推送同步向“100万+车主”南浔乡村旅游精品线路5条。重点打造“浔梦新农人”创业示范带，培育省级青创农场2个、市级“两山”新农人40人、市级五星级家庭农场2个。三是着力开展“百名青企助跨越 共建创业新高地”助力招商引资专项行动。依托区青年企业家协会骨干成员16人，在北京、上海、苏州、杭州、广东五大片区设立青企协助力招商引资先锋团，并高质量承办全市“三会”理事会暨“走进南浔”创业嘉年华活动。11月20日联合区委组织部在北京大学举办南浔区“创二代”青年企业家培训班，为南浔青年企业家助力南浔发展充电加能。四是着力开展“垃圾分类我先行 共创生态+南浔”专项培训工作。联合区垃圾分类办公室对区“青少年活动中心”现有空间进行改造，逐步建成集宣传、教学为一体的垃圾分类教学课堂，对全区各级团组织、青工单位、志愿服务集体进行手把手教学培训。共举办培训6期，完成培训“梦回公益”等社会组织专业垃圾分类志愿者138人。“手把手垃圾分类课堂”被市分类办确定为全市7家垃圾分类宣教基地之一。五是着力实施“南浔 & 广安青少年伙伴计划”专项行动。自2018年4月南浔区与四川省广安市广安区结成东西部扶贫协作对口单位以来，团区委结合工作实际，重点打造“南浔 & 广安青少年伙伴计划”，在前期开展“捐赠微心愿”“圆校服梦”的基础上，2019年又重点开展“以购代捐”100万元广安农副产品活动和广安青少年到南浔暑期公益研学活动，折合扶贫捐赠达135万元，得到区委和团市委的充分肯定。

【服务青年】 一是扎实开展“青春三服务·团青心连心”主题活动。聚焦省委“大学习大调研大抓落实”活动和共青团系统“走青连心·团青大融合”行动，团区委依托专题调研、现场走访、座谈交流等方式打通服务青年“最后一公里”，有效提升企业、青年、基层的获得感。累计走访江南恒盛、富钢集团、蓝博众创、梦回一家、石淙村等青企协会员企业及基层组织60余家，收集企业招工难、人才队伍流失、企业贷款难等各类问题105个、意见建议60余条。同时扎实开展“爱在南浔·圆梦心愿”暑期助学工作，2019年共资助中、高考学生150余名，总金额70余万元。二是“三维一体”扶持助力青年创业创新。着力培育聚宝“蜂巢”众创空间、南浔“物联网+”现代渔业青创农场、蓝博科技众创空间、火炬孵化—练市创客邦等团属众创空间6个；强化团银合作，相继开发“金伙伴·诚信贷”“5·28邮储青年创业贷”“青年创业梦想卡”等青年创业贷款产品，累计发放各类青年创业贷款8950万元，受益青年200余人；成立“浔梦·创业课堂”，引入火炬孵化创业导师团队46名，进一步完善青年创业导师库，开展“导师带徒”活动。三是创新打造“青年驿家”工作品牌，有效实现党委中心工作和满足青年需求的有机统一。累计举办“寻找夏初田间的快乐”乡村亲子、“爱悦读 爱分享”读书交友、“正面管教”、“与浙大学霸面对面”等活动6场次，服务青年1000余人次。通过“南浔微生活”平台“与浙大学霸面对面”活动首次实现线上同步直播。

【固本强基】 一是全面推进“智慧团建”系统应用工作。严格落实“智慧团建”系统录入工作，共录入下级团组织544个、基层团干部850人、团员9848人，并按照任务扎实做好“学社衔接”和组织整顿工作。截至年末，办理转出率为95.5%，学社衔接率为98.5%。二是全面实施基层团组织培优攻坚行动。按照《湖州市基层共青团组织力指数分类评估实施办法》，团区委已培育双林镇团委、区综合行政执法局团总支等市级示范性团组织12家；加强与快递小哥、自由职业者等新兴群体青年联系，建立街舞青年何仪文、摄影记者陆志鹏、快递小哥唐少林等新兴青年群体数据库共28人；有效发挥党建带团建作用，从规上企业、团属社会组织、已建立党组织的“两新组织”重点突破，全区共组建非公企业团组织145家、新社会组织15家，占全区建立党组织的两新企业总数的75.8%。三是全面开展共青团员“三亮三比”（亮身份、亮承诺、亮业绩，比学习、比先进、比贡献）亮分制管理。通过量化管理，着力提升团员先进性和使命感，进一步树立新时代南浔共青团员新形象、新风貌。南浔税务局团支部对全局29位共青团员进行每季度亮分管理，定期公示，有效提升基层战斗力，被评为省级“五四红旗团支部”。四是全面提升“青年之家”云平台应用管理能力。全区12个“青年之家”已全部入驻“青年之家”云平台，并安排专业人员指导各镇（开发区、古镇度假区）团工作负责人依托“青年之家”云平台整合资源、开展工作、组织活动、强化互动，使共青团成为青年需要时想得起、找得到、靠得住的力量。

【青少年活动】 一是进一步完善南浔区青少年活动中心（青少年宫）功能设施。2019年完成7D影院、红领巾学院建设，并进一步完善水晶剧场功能配套设施，为各项活动的正常开展提供有力保障。二是不断扩大兴趣特长培训规模。全年开设培训项目共31个（书画类6个，体育与技能类8个，音舞类8个，综合类9个），其中自主项目14个，合作项目17个。开设培训236班次，参加培训学员7856人次，比2018年增加近2100人次。三是继续深入开展各类活动。活动之一：公益活动。以历史积淀浓郁，文化底蕴深厚的南浔古镇、非遗“荻溪渔隐”获港古镇和红色基地为平台，组织近500名未成年人到南浔古镇及“荻溪渔隐”开展本土文化公益体验活动；组织200名学生参加“寻访红色记忆 争做新时代好少年”为主题的体验活动和“探求‘三味’穿越东晋”寻访绍兴活动；组织近1000名学生开展“星星火炬，红色传承”“守望翰墨，传承湖笔文化”“笔墨江南　诗韵南浔——感受江南水乡文化”“‘科学好好玩　好好玩科学——steam课程’圆梦蒲公英主题研学活动”。活动之二：流动少年宫活动。2019年走进花林小学、新区幼儿园等10所校（园）开展流动少年宫活动，参加活动达5000余人次。活动之三：夏令营活动。围绕“体验教育”和“五自教育”，组织40位学生开展“水晶少年洞桥营地拓展体验‘五自’综合能力夏令营”活动；组织40位学生开展“相约三门湾，领略海岛风情”暑期夏令营活动。活动之四：宫内开放活动。利用青少年宫“童玩空间”“智能空间”等资源，积极开展对外开放活动，全年接待南浔区各学校组织的学生及自发前来参观体验的青少年10000余人次；为培养孩子的动手能力，组织80名青少年宫学员参加自主烹饪公益活动；承办“南浔区中小学机器人大赛”，有100名选手参加比赛；以“争当新时代好队员”为主题，青少年宫红领巾学院组织开展“特色专题队长学校”活动，通过“主题式培训”“集训式培训”，为全区学校培训优秀少先队员200位；元旦之际，组织举办“水晶少年迎新乐——‘中华幼儿口才’项目课程成果汇报展演”，邀请近300名学员家长参与活动。

（陈　溪）

·妇女联合会·

【概况】 2019年，南浔区妇联指导27家机关事业单位开展妇建工作，完成女职工30人以上的机关事业单位妇联组织建设全覆盖。推动“妇女微家”建设，对辖区内符合妇女微家创建的各类空间等进行摸底、梳理和培育改建，按照服务功能，明确10大类别，完成全区117个“妇女微家”的建设。开展宣传、服务活动1300余次，参与妇女和儿童1.7万余人次，帮助解决纠纷、困难百余件。年末，评选出“示范妇女微家”20家。

【增强工作动力】 一是立足初心，做深妇女思想政治引领。以庆祝中华人民共和国成立70周年为契机，持续开展“巾帼心向党”系列活动。开展具有地方特色的群众性宣传活动30余场，将思想政治引领贯穿于妇联工作始终，抓好“不忘初心、牢记使命”主题教育实效。二是面向群众，做细新时代文明实践巾帼接力。建立南浔区新时代文明实践巾帼基地18个，菜单式推出系列讲座10场，开展悦读分享、事迹宣讲、文艺表演、文化体验、亲子阅读等具有新时代精神和南浔特色的群众性精神文明创建活动11场。三是紧跟时代，做强“数字妇联”平台建设。大力打造网上正能量传播融媒体平台，率先发布新时代文明实践IP形象——浔姐姐，开通“hi浔姐姐”抖音号、微视号等，形成线上线下同频共振。2019年共发布信息200余条，开展互动20余次。区妇联工作被新华社、“学习强国”等国家级媒体平台刊发3篇，《浙江日报》等省级媒体刊发5篇。

【助推女性发展】 一是搭建创新创业平台助推女性发展。加强与银行、财政、劳动社保等部门的协调合作，推出“好家庭信用贷” “巾帼美丽贷”等“妇”字号、“家”字号金融产品，全省首笔“好家庭信用贷”落户南浔。联合区女企业家协会举办“凝心聚力谋发展 不忘初心绽芳华”新春交流座谈会、联合区人力资源和社会保障局开展“春风送岗位”人力资源招聘活动。与区商务局等部门联合开展“融聚创客 共创未来”2019电子商务创业创新大赛。新培育丽人荟巾帼电商双创空间。二是加强素质能力培训提升综合实力。推荐优秀创业女性周倩参加“2019义乌国际博览会”，推广剪纸文化。推荐2名优秀女性报名参加市“卓越女性创业能力提升项目”，20名女性参与民宿女管家、美丽乡村带头人等市高级研修班培训。开展特色种养、农村电商等各类女性素质提升培训13期，增强妇女就业本领和自我发展能力，培训妇女1473人次。三是促进巾帼岗位建功激发干事热情。2019年成功创建省级巾帼文明岗4个，市级巾帼文明岗7个，申报区级巾帼文明岗15个。同时，努力推动女性在岗位中建功立业，激发妇女的发展活力，涌现出全国“三八红旗手”章春燕、省级巾帼建功标兵章九英、省三八红旗集体中国移动南浔分公司适园路营业厅等先进个人（集体）。

【参与中心工作】 一是引领垃圾分类新时尚。通过小手拉大手，举办垃圾分类趣味家庭运动会、环保袋DIY制作、创意小品等活动。从机制抓起，成立“巾帼督导员”队伍，设置“点赞台”和“曝光台”，制定垃圾分类三级“桶嫂”服务工作制，通过晾晒公示引导群众自觉开展分类投放。二是助力人居环境攻坚战。通过“清单式”管理模式，制定共性整治和个性整治两张清单，开展整治和长效保洁工作，每月组织开展定期和不定期相结合的检查指导。利用“环境整治巾帼随手拍”，动员基层妇女发现问题及时上报、及时跟进整改。共开展整治行动819次、参与15096人次，整治点位27283个，打造百日攻坚“巾帼示范村”10个。三是打造美丽乡村升级版。围绕“十线十景十小镇”建设，区妇联引领带动家庭、群众常态化、持续性推进美丽庭院创建，新建成美丽庭院示范带6条，创建美丽庭院50241户。同时，用特色产业带动庭院创建，以美丽庭院突出特色产业，以南浔古镇为中心，培训巾帼民宿、农家乐，辐射带动周边特色乡村，打造巾帼美丽经济项目。

【维护妇儿权益】 一是营造平安创建氛围。联合区政法委、湖州南浔旅游投资发展集团有限公司开展“守护平安·幸福我家”大型家庭闯关赛活动。深化“周桂珠工作室”品牌，开设网上“浔姐姐微普法”专栏，以案说法提升广大妇女法律意识。全年开展反家暴、未成年人保护等有针对性的法律讲座和现场宣传20余场，并为近200余名妇女儿童免费提供法律帮助。二是促进平安家庭建设。立足家庭，倡导平安文明的家风家教。在和孚、菱湖等乡镇开展“平安家庭建设”主题活动，通过上门宣传，入户指导，微信转发加大平安家庭建设的知晓率。组织各级妇联组织通过指导平安妇情微家、积善守望微家等“微空间”，利用微信、小视频等“微渠道”，增加全区家庭参与平安建设的参与率和满意度。三是推进妇女暖心工程。旧馆镇港胡村“德润幸福儿童之家”持续性开展各类妇儿活动20余场，被列入省儿童之家规范化建设项目。联合区卫生健康局等开展孕产妇免费产前筛查与产前诊断项目，推动完善公共场所母婴设施建设。联合举办暑期暖心研学班，关心关爱新居民家庭子女。发动社会力量，募集价值约2.5万元爱心物资，持续开展100个“微心愿”认领活动。 （徐 帆）

·区工商联·

【概况】 2019年，区工商联认真贯彻落实习近平新时代中国特色社会主义思想和中共十九大、习近平在民营企业座谈会上的讲话精神，紧紧围绕中心工作大局，突出“两个健康”主题，团结带领广大非公经济人士主动适应新常态，开拓创新，主动作为，扎实工作，各项工作取得明显成效。

【助推政商“亲清”】 积极践行“亲清”新型政商关系，把政商“亲清”工程建设不断引向深入，打造公平竞争的市场生态和清正廉洁的政治生态。南浔区践行“亲清”专项工作获评全省工商联系统先进（系全市唯一），得到《中国统一战线》的报道肯定。联合区纪委出台全省首个清廉企业建设的地方标准——《清廉企业建设指导规范（试行）》，从党建引领、制度保障、阵地建设等6个方面，为企业清廉建设提供规范指导。同时，坚持“示范一个、带动一片”的思路，分区域、行业推进清廉企业建设，扎实有序推进花林皮业行业、城投、交投、谱拉歌世等清廉企业示范点（区）建设。

【涵养“新鲜血液”】 扎实推进新生代企业家教育培养，梳理18名新生代企业家，积极参与市新一轮“311领航计划”，与3位市领导分别建立师生结对机制。组建新生代企业家助力招商引资先锋团，落实15名新生代企业家作为先锋团成员分驻全区五大招商片区，通过以商引商、提供项目信息等方式，营造政企同心，合力招商的浓厚氛围。组织新生代企业家重点骨干赴延安、广安开展“探寻红色足迹·传承红色基因”主题教育活动，提升政治觉悟。联合组织部门等共同举办区新生代企业家北京大学培训班，着力推动“创二代”新生代企业家健康成长，实现企业“基业长青”。举办全市新生代企业家“三会”理事会暨“走进南浔”创业嘉年华活动。

【结对帮扶】 赴四川省广安市广安区开展助力东西部扶贫协作工作，签订“万企帮万村”消费扶贫协议，向广安区贫困村认购100万元农副产品，出资赞助广安区贫困学子赴南浔夏令营活动。积极对接协调，圆满完成东西部扶贫各项目标考核任务。开展山海协作“消薄”工作，落实100万元“消薄”资金，依托“村企结对助力乡村产业园”项目帮扶浙江省缙云县结对村集体经济发展。

【承办重大活动】 积极争取全国工商联“2019·全国家居业高质量发展大会”落户南浔，吸引全国家居行业企业、协会组织、专家、学者等500余名代表齐聚南浔，共谋家居业高质量发展之路。浙江世友木业有限公司、久盛地板有限公司等20家非公企业被授予“中国家居业高质量发展示范企业”称号，南浔区获评“中国家居业高质量发展示范区（基地）”。（朱梦娜）

外事　台湾事务　侨务

·外　事·

【概况】　2019年，南浔外事工作紧紧围绕党的中心工作，服务国家总体外交和地方经济社会发展大局，切实加强对外交流合作，有效提升管理服务水平，为推动形成全面对外开放新格局做出应有的贡献。

【因公出入国（境）管理】　2019年共办理因公出国（境）团组20批次、36人次，其中，党政出国自组团共3批次、17人次；党政出国双跨团共9批次、9人次；党政赴港澳双跨团共1批次、1人次；企业出国自组团共1批次、3人次；企业赴港澳双跨团共2批次、2人次；教师出国培训团共4批次、4人次。共办理企业邀请外国人来华申请34次、57人次。

【国际友校结对】　2019年，上海外国语大学附属浙江宏达南浔学校与美国翡翠中学、澳大利亚维多利亚舍尔布鲁克学校结成国际合作姊妹学校，并开展互访研学活动，促进与两校的合作交流，为后续的国际交往打下扎实基础。南浔锦绣实验学校与新西兰北岛海湾港口小学、旺格雷中学在建立两校间合作框架、寒暑期文化旅游课程项目等方面达成高度共识，并签署友好结对协议。

【重大涉外活动】　4月3—4日，“浔”遍八方英才，智汇高铁新城——2019·世界IT青年科学家论坛学者南浔行活动正式举行，60余名国内外IT青年专家学者到南浔，与南浔区企业交流合作，推动高铁时代重点产业精准引才。4月12日，由中国书画院、恒雅斋（北京）国际艺术交流中心、易书考官方团队、韩国忠清北道书艺委员会联合湖州市政协书画联谊会、浙江湖州开明画院南浔创作基地、南浔区书法家协会、龙湖书画院等单位共同举办的“2019中韩国际（湖州）书画交流大会暨中韩国际书画交流展”在湖笔之邦、江南历史文化名城——浙江省湖州市南浔古镇张石铭故居隆重开幕。6月1—2日，2019南浔古镇国际桨板公开赛在南浔古镇举行。参加比赛的选手来自全球11个国家。公开赛分3000米古镇追逐赛和桨板1V1挑战赛，其中追逐赛分设为男女精英组和男女公开组。赛道设在南浔古镇景区的十字港水面，选手们将会经过双桥、百间楼等南浔镇古建筑群。

【对外交流合作】　5月26—27日，黎巴嫩中北卡市市长穆罕默德·伊尔·巴斯特率领经贸合作代表团到南浔，与南浔区科技界、经济界人士开展经贸交流，进一步深化国际友谊，加强“一带一路”沿线国家产业合作交流。9月9日，印度尼西亚农村干部研修班一行32人到南浔区考察交流。研修班一行由印度尼西亚农村、落后地区发展与移民部农村社区赋权司司长穆·法查里带队，先后参观考察了南浔菱湖盛江家庭农场、南浔菱湖云豪家庭农场、浙江庆渔堂农业科技有限公司、湖州南浔浔味堂食品有限公司。通过考察，两地进一步加深了解、增进友谊，为深入开展农业、经贸等领域的交流合作及共同发展打下了坚实基础。10月22日，中国机电产品进出口商会信息部主任常忠携发展中国家促进机电行业与经济发展研修班一行到南浔，考察机电行业重点企业。本次研修班由来自埃塞俄比亚、乌克兰、乌兹别克斯坦、塞拉利昂、黎巴嫩等10多个国家政府官员和企业高管等40余人组成。发展中国家促进机电行业与经济发展研修班是由商务部主办、商务培训中心和机电商会承办的援外培训项目，主要邀请发展中国家相关工商部门、行业协会官员及企业家参加，侧重于工业部、商务部负责规划制定、行业协调的官员以及制造、贸易企业的中高级管理人员。该研修班已连续6年到南浔考察学习机电行业发展经验，并开展合作交流。（胡颖颖）

·台湾事务·

【概况】 2019年，南浔区委台湾工作办公室以习近平新时代中国特色社会主义思想和中共十九大精神为指导，根据中央和省、市委对台工作的总体要求，按照区委、区政府的决策部署，勇于担当、奋力作为，着力推动浔台经济社会融合发展。

【重大活动】 成功举办“第七届湖台邻里节”活动，邀请台湾南投地区及南浔在台同乡会总共120名台湾同胞参加，得到国台办、省台办的大力支持，《人民日报》、中央电视台《海峡两岸》栏目和中新网等国家级主流媒体争相报道；在练市小学举办湖台两地小学生“寻迹湖笔文化”交流参访主题活动，有效加强两岸小学文化交流交往，促进彼此加深了解、增进友谊，共建同宗同源的深厚情谊。

【交流交往】 启动南浔区自组团工作，全年共有因公赴台团组3批次、27人次；2019年共接待台湾各类团体46批次、947人次到南浔参访交流。不断扩大南浔在台同乡会规模，会员人数增加50%。每逢中秋、春节等传统节日举办同乡会联谊活动，宣传政策、凝聚共识、增进感情。

【服务台企台商】 积极招引台资项目落户南浔，主动邀请台商台胞到南浔考察，全国台企联副会长林易陞一行到练市、双林考察投资环境。总投资约10亿元的年产2000套智能制造装备的浙江宏旭智能制造有限公司一季度正式开工建设。积极开展惠台措施实施年活动，建立健全台资企业联系服务机制，认真贯彻落实惠台措施，全年累计走访台资企业80余次，帮助协调解决问题20余项，并完成3家南浔企业商务赴台审核转报事项。

【关心陆生和台属】 举办“青春起航·智汇南浔”南浔籍赴台学生与浙大紫领挂职团面对面交流活动，进一步增进赴台就读大陆学生对家乡的归属感与返乡就业创业热情度。在暑假、寒假期间开展大陆学生座谈交流，邀请部分大陆学生参与涉台交流活动，在交流中加强教育引导。指导区台联做好台属工作，举办南浔区台联工作恳谈会暨区台联三届理事会会员培训会，组织开展台联台商联谊活动，做好困难台属走访慰问工作，共慰问困难台属12人次，发放慰问金合计人民币22000元。（沈立煜）

·侨　务·

【概况】 2019，南浔区侨务系统以服务南浔经济社会赶超发展和侨企侨胞侨眷为统领，立足区域内侨资源，创新实干、主动作为，取得一定成绩。由省委统战部主办的《情系中华》杂志就南浔区围绕“根魂梦”开展侨务统战工作进行报道肯定。

【精准服务】 开展“育同心种子·凝血脉亲情·聚青春合力”主题活动，打造海外青年侨胞工作品牌。开展“浔侨同心·三服务”活动，建立区侨联副主席以上人员联系镇侨联、侨资企业及困难侨眷等制度，开展走访活动20余次。充分发挥为侨法律服务站及医疗服务站的作用，开展法律服务2次，医疗服务2次。承办全市“访侨企、金融助侨”活动现场会和市“海燕助飞行动”现场会。

【联谊交流】 坚持“根魂梦”主题，切实加强与“四象八牛七十二金黄狗”后裔的联络联谊，接待日本“湖州同乡会”会长、美国上市企业芯源公司CEO邢正人、邱炜等“四象八牛”后裔及知名人士返乡寻根9批、86人次。积极引导知名人士反哺家乡，双林籍海外华人蔡崇信在南浔设立基金会，“七十二金黄狗”后裔王省到南浔开展收藏展暨珍稀涉浔文献捐赠活动，刘家后人刘承桓个人捐赠100万元设立慈善教育基金。

【平台支撑】 成立南浔区留学归国人员联合会，并在上海、杭州设立留学生联络站，大力宣传南浔人才及大学生就业政策。成功组建南浔旅美、旅加、旅澳同乡会（商会、乡贤会）暨人才工作联络站。牵头协调刘锦藻墓群修缮工作及刘湖涵回葬南浔等事宜，牵头举办“叔蘋奖学金”创立80周年暨顾乾麟先生110周年诞辰庆祝活动。湖州桑基鱼塘研学文化交流基地和叔蘋奖学金展览馆获评第一批“浙江省华侨国际文化交流基地”，推荐湖州桑基鱼塘研学文化交流基地积极申报全国交流基地。新成立和孚、善琏等镇的侨联组织，实现乡镇一级侨联组织全覆盖。

（朱梦娜）

法　　治

·政法委及综治·

【概况】 2019年，南浔区委政法委认真贯彻落实中央和省、市、区委决策部署，始终咬定“平安南浔夺鼎摘星、国庆安保圆满完成、社会大局和谐稳定”的总目标，围绕中心、服务大局，一手抓保安全、护稳定，一手抓打基础、谋长远，有力维护全区社会大局持续稳定，人民群众的获得感、幸福感和安全感不断增强。南浔区实现平安南浔“十五连冠”并夺得浙江省首批“一星平安金鼎”。

【护航南浔经济发展】 紧紧围绕服务项目“双进双产”、营造优质营商环境、积极投身乡村振兴等重点工作，靠前指挥、主动作为，积极投身“三服务”（服务企业、服务群众、服务基层）活动，为南浔区高质量发展创造良好环境。牵头区政法各单位制定并实施《关于南浔区政法机关服务保障民营企业发展的实施意见》，为经济社会发展保驾护航。其中，区委政法委协调和指导各镇（开发区）和区级部门开展重大决策社会风险评估，完成风险评估项目68个，完成率达100%；区法院出台并健全司法护企八项措施，发布《加强产权司法保护保障民营企业发展》白皮书；区检察院依法快捕快诉11件阻碍企业发展的刑事犯罪案件；区司法局出台惠企便商十条，完成民营企业法治体检，排查调解民营企业矛盾纠纷成功率达99.3%；区公安分局深入实施项目警官制，严厉打击在项目推进过程中的各类违法犯罪行为，深入开展打击涉众型经济犯罪专项行动。

【提升平安建设质效】 坚持问题导向，查补平安建设问题短板，全面夯实基层基础。制定《关于全面优化提升全科网格建设的工作意见》，重新划分网格432个，配备专职网格员420人、兼职网格员12人，构建“四清六化”（网格内人口清、场所清、隐患清、动态清；网格管理精细化、人员参与多元化、职责任务具体化、信息收集数字化、处置协调统一化、保障激励极致化）全科网格机制。紧盯风险隐患多发的领域，扎实开展场地、交通、网络等“四个秩序”专项整治行动，严密堵塞防范漏洞等。创新联防联控联治等工作方式，全新开创“城警联勤”执法模式，执法环境和执法效能实现双提升。“平安指数”年度平均排名进入浙江省前30位。平安综合考核位列湖州市第一；全省排名39位，比2019年提升16位。在全省建设平安浙江工作会议上，南浔区顺利获得浙江省2019年度“平安县（市、区）”称号，夺到浙江省“一星平安金鼎”。

【维护大局安全稳定】 牢固树立“发展是第一要务、稳定是第一责任”的意识，坚持防为主、防为上，加强政治安全、经济金融、公共安全等领域风险排查化解，开展邪教等问题专项整治行动。圆满完成各级“两会”、中华人民共和国成立70周年大庆等重大活动安保工作，全区没有发生重大不稳定事件，实现“矛盾不出区、南浔不出事”的目标。深入推进“扫黑除恶攻坚年”活动，持续保持对黑恶势力犯罪的高压惩治态势，专项斗争取得阶段性成效。2019年，南浔区累计破获涉黑涉恶案件326件787人，捣毁涉黑恶团伙38个。

【创新社会治理模式】 不断优化“一中心四平台一网格”（基层治理综治指挥中心，综合治理平台、执法监管平台、便民服务平台、综合监督平台，全科网格）体系和“大平安”协调机制，升级智慧综治系统，实现基层矛盾问题发现、交办、处置、督办闭环管理。扎实推进区、镇两级社会矛盾纠纷调处化解中心（信访超市）建设，整合各类资源，打造

“一站式”服务平台，高质量实施社会治理“最多跑一地”改革。在浙江省率先开展“无隐患”创建社会治理模式，率先出台《无隐患美丽公路评价标准》。群众对平安建设的知晓率、参与率、满意率不断提升，据浙江省统计局调查，南浔区的群众安全感为98.22%，居全省第24位、湖州市第2位。

【塑造政法铁军形象】　举办南浔法治建设暨基层治理水平提升专题培训班等知识培训以及实战训练，政法干警政治素质、业务水平等持续提升，塑造敢打硬仗、能打胜仗的铁军形象。组织开展“不忘初心、牢记使命”主题教育，区委政法委共开展学习研讨、调研成果交流、对照党章党规找差距等活动17次；领导干部下基层讲党课7次，完成重点课题调研1个，领衔破难项目7个；牵头开展专项整治行动1个，破解工作短板1个，解决“三个一批”（办好一批民生实事，化解一批信访积案，整改一批安全隐患）问题3个，设立创新举措1项，建立长效机制2个。坚持党要管党、从严治党，认真对照区委巡察组反馈的6个方面意见，深入查找政治偏差，严肃整改18个问题，年度内完成整改17个，整改率94.4%。全区政法系统累计获评市级及以上荣誉150余项，其中区委政法委荣获平安湖州建设夺金鼎工作集体二等功和2018—2019年度平安浙江建设先进集体、浙江省扫黑除恶专项斗争成绩突出集体、湖州市庆祝中华人民共和国成立70周年维稳安保工作突出贡献集体等称号，被评为2019年度区级部门综合考核一等奖。（管霞铃）

·公　安·

【概况】　2019年，区公安分局认真落实“对党忠诚、服务人民、执法公正、纪律严明”总要求，牢牢把握“十个坚持”，正确处理“十个关系”，主动模糊警务与非警务概念，高水平全面推进平安南浔、法治南浔建设，各项工作呈现良好的发展态势。全年实现命案零发生，交通亡人和火灾事故同比分别下降26.09%、57.67%，圆满完成全国、省、市“两会”，中华人民共和国成立70周年大庆，第六届世界互联网大会，第二届中国国际进口博览会等重大会议活动安保任务。区公安分局34人次获评市公安局“防范之星”，3个集体和101名个人获市级及以上表彰，4个集体和25名个人荣立市级三等功，2名民警分别荣立省、市级个人二等功，区公安分局荣获平安湖州建设夺金鼎“集体三等功”和庆祝中华人民共和国成立70周年护航安保先进集体。

【推进扫黑除恶专项斗争】　深入开展扫黑除恶专项斗争攻坚年活动，系统推进严打深挖、“打伞破网”、固本强基“三大行动”，集中攻坚娱乐场所、建筑工程、村级组织等重点领域，严格落实“一案三查”（查办黑恶势力、追查黑恶势力背后的“关系网”和“保护伞”，倒查党委、政府的主体责任和有关部门的监管责任）、“三个一律”（对涉黑涉恶犯罪案件，一律深挖其背后腐败问题；对黑恶势力“关系网”“保护伞”，一律一查到底、绝不姑息；对说情和包庇者，一律严肃查处）等制度。2019年共打掉涉黑恶团伙9个，破获涉黑恶案件146件，抓获犯罪嫌疑人403人。

【护航经济社会发展】　聚焦南浔高质量打造湖州“开放东大门、创业新高地”重大战略目标，组织开展“三服务”活动，出台区公安分局服务保障民营企业发展实施细则，推动解决企业、群众和基层各类问题880个，入选全区担当破难典型案例2个。深入实施项目警官制，积极摸排征地拆迁、重大项目建设等中心工作中可能引发的不安定因素，发挥职能协同调处化解。2019年化解各类不安定因素11起，查处项目推进过程中涉及寻衅滋事、殴打他人、阻碍执行职务、扰乱单位秩序等各类违法犯罪案件34起，采取刑事强制措施6人，行政拘留44人，确保全区中心工作平稳有序推进。深入开展打击涉众型经济犯罪专项行动，共破获经济犯罪案件18起，抓获犯罪嫌疑人33人。

【护卫生态文明建设】　践行“两山”理念，通过“河道警长”“市场警长”“道路警长”等载体，扎实开展污染防治攻坚战，破获各类食药环犯罪案件17起，抓获犯罪嫌疑人48人。特别是结合扫黑除恶专项斗争，对石淙镇沈某涉黑恶案件进一步深挖，查处沈某实际控制的湖州某丝绸印染有限公司非法排污案件，依法对该公司4名管理人员采取刑事强制措施。扎实推进烟花爆竹全域“双禁”（禁止销售、禁止燃放）工作，累计查处烟花爆竹案件41起，处罚41人。

【深化“最多跑一次”改革】 整合区政务服务中心身份证办理窗口和户口迁移窗口，全面提高工作效率。加强与区综合行政执法局协调，对区政务服务中心4个公安窗口和1个综合执法窗口的机动车违法处理业务进行整合，在全市范围内率先实现两项业务“一窗通办”，解决群众处理机动车违法业务“两头跑”的现象。积极推进交警业务向乡镇延伸，练市、双林、菱湖、和孚、旧馆5个乡镇派出所综合窗口已实现办理车辆违法处理、年检标志发放等30余个交警办理事项和48个户籍窗口事项。全区所有公安窗口开通“智慧警眼”人脸识别功能，南浔机动车检测站已投入运营，医院、税务数据实现公安联网，群众办事进一步便利。

【严厉打击违法犯罪】 强势推进“黄赌”整治，办理“黄赌”案件507起，采取刑事强制措施116人，行政处罚1842人，“黄赌”警情同比下降19.20%。开展“云战”专项行动，破获毒品犯罪案件19起，其中部、省毒品目标案件4起，移诉涉毒犯罪嫌疑人65名。严厉打击重大恶性案件，破获1993年菱湖下昂持枪抢劫积案。开展“云剑行动”，抓获通信网络诈骗犯罪嫌疑人74人，成功打掉全国特大“杀猪盘”电信网络诈骗团伙。

【全力防控公共安全风险】 深入开展“一创一治”（创文明交通、治秩序乱象）系列专项行动，加强道路交通风险防控和安全隐患治理，查处各类交通违法行为44.5万起，同比上升31.09%。对67处道路交通事故安全隐患落实治理责任，提前完成8处省、市、区级道路交通事故多发点段治理任务。走访“两客一危一校一货”（公路客车、旅游客车，危险货物运输车，校车，重型货车）等重点车辆企业100家次，排查清理隐患15处，清理重点车领域各类未检验、未报废、多次违法车辆420余辆，约谈重点运输企业负责人10人次。扎实推进消防安全隐患整治，联合消防部门全面排查以出租房屋、沿街店面“三合一”（集住宿与生产、仓储、经营为一体）场所、小作坊为重点的消防安全隐患，累计排查店铺、作坊4826家，发放整改意见书3098份，督促整改隐患5332处，责令关停1231家次。

【深化基层社会治理】 深化“城警联勤”，整合派出所、交警和巡特警、综合执法等部门200余人，建立覆盖全区各乡镇的11支常态联勤执法队伍，深入开展对城市管理乱象专项整治，实现公安与综合执法“1+1>2”叠加效应。拓展延伸联勤执法范围，建立“公安+执法”联勤警务模式，形成部门间执法相互支撑、互利共赢良好局面。完善巡特警一大队三中队建设，强化巡处联勤、武装临检、重点人员预警核查等全域严管举措，全年盘查人数52.8万人次，同比上升231.4%。全面加强基层所队建设，菱湖派出所成功创建市级“枫桥式公安派出所”，区公安分局47名村（社区）党员民警兼任村（社区）党组织副书记。加快推进全科网格建设，将国土巡查、综合执法和村（社区）专职工作人员等435名全科网格员下沉至警务网格，由网格警长统一管理开展工作，做到警务网格与综治全科网格的全面融合。

（吴成成）

·检　察·

【概况】 2019年，南浔区检察院牢牢把握检察工作“稳进、落实、提升”的总基调，围绕“深化法律监督，彰显司法权威，维护公平正义”的工作主线，以“法律监督行动年、检察业务建设年、智慧检务提升年”为抓手，积极担当作为，各项工作取得新成效，多项工作走在全市前列。

【社会治理】 全力维护社会安全稳定。将维护社会大局稳定作为首要任务，依法履行批捕起诉职能，共批捕逮捕各类刑事犯罪329件604人，提起公诉720件1209人。围绕中华人民共和国成立70周年、“两会”等重要敏感节点，严格执行涉检信访矛盾“零报告”机制，扎实做好检察环节维稳安保工作。

扎实推进“扫黑除恶攻坚年”。批捕黑恶势力犯罪11件52人，提起公诉5件45人。深化提前介入引导侦查，依法办理省公安厅挂牌督办的郑某某等36人涉黑案和省检察院挂牌督办的米某某等15人涉恶案，黑恶势力犯罪得到有力震慑。移送“保护伞”线索8条。坚持防治结合，实行“一案一建议”，针对办案中发现的行业管理漏洞提出检察建议7份，促进铲除黑恶势力滋生土壤。

全面推进“三服务”活动。以营造法治化的营商环境、办好民生检察实事、推动基层社会治理为切入点，开展“大走访大调研”活动，院领导带队走访十余个镇、村和企业，听取意见建议，出台院《“服务企业服务群众服务基层”活动工作方案》，明确9项具体措施，促进检察工作与大局工作同频共振。5件案件被评为全市检察机关“三服务”优秀案例。

贯彻中共十九届四中全会精神，积极助推基层社会治理。践行新时代“枫桥经验”，深入贯彻诉源治理，坚持少捕慎诉，以认罪认罚从宽为主抓手，依法不批捕152人，不起诉167人。多元化化解矛盾纠纷，依托“12309”检察服务平台，受理群众来信来访41件，坚持将释法说理贯穿矛盾化解始终，切实做到“最多跑一次”和“群众来信件件有回复”；通过刑事和解、不捕不诉释法说理、公开听证等举措促进社会关系修复。发挥党委、政府参谋作用，结合办案形成《涉黑涉恶案件分析报告》《未成年人刑事检察工作白皮书》，促进相关领域治理。扎实开展“法治进校园”、检察长担任法治副校长等活动，以多种形式切实加强未成年人社会治理。

【刑事检察】　发挥诉前主导作用，监督公安机关立案7人，监督撤案2人，发出纠正违法通知书13份，均得到有效回复。以捕诉一体的全面落地为依托，全面推开认罪认罚从宽工作，全年有307起案件适用该制度，适用率45.01%，提升办案质效。落实加强和改进刑事抗诉实施细则，对认为确有错误的刑事裁判提请抗诉3件，均得到法院改判。积极开展刑事执行监督，对社区矫正执行中不规范问题发出《纠正违法通知书》4件次。进一步完善羁押必要性审查内部协作机制，对逮捕后无继续羁押必要的49人，依法建议变更强制措施。积极办理刑事申诉案件10件，其中3件改变原决定；办理刑事司法救助12件，发放救助金6.4万元。

【民事检察】　以构建多元化民事诉讼监督格局为导向，全面加强民事审判和执行活动监督。拓宽线索来源，加强线索研判，发挥“民事裁判智慧监督系统”作用，办理不符生效裁判监督案件1件，提请抗诉1件；发出审判程序监督检察建议18份，均被法院采纳。支持、监督法院依法、规范执行，发出执行活动监督检察建议18件，协力破解“执行难”问题。

【行政检察】　树立“双赢多赢共赢”监督理念，强化行政诉讼监督。贯彻落实《推进法治建设，加强检察机关法律监督实施办法》，落实行政执法信息向检察机关共享工作机制，拓宽线索来源。以化解行政争议为关键，办理行政争议实质性化解案件1件。开展行政非诉执行监督专项行动，受理案件41件。做好公益诉讼。围绕国家和社会公共利益保护核心，主动出击，多方摸排，实现四大监督领域全覆盖。共立案行政公益诉讼案件74件，发出诉前检察建议74份，促进行政机关依法履职和相关领域治理完善。善用监督手段，加强刑民联动，对2起非法捕捞水产品案提起刑事附带民事公益诉讼，依法追缴资源保护费，促进增殖放流鱼苗100余万条。提起全市首例环境污染民事公益诉讼案，诉讼请求得到法院支持，追偿生态修复费用186余万元，取得良好的法律效果和社会效果。拓展“等”外领域，先后开展电梯、消防通道等公共安全领域专项监督，协力排查消除隐患，督促职能部门依法履职，确保群众生活安全。

【未成年人检察】　以全国未成年人检察工作创新实践基地为依托，全方位加强未成年人司法保护。落实未成年人检察工作特殊程序，依法作出不批捕决定53人，不起诉决定40人，对40名涉罪未成年人开展观护帮教。创新“浔＋雏燕”公益服务项目，已有6名涉罪未成年人参加志愿引导等公益服务，更好引导涉罪未成年人改过自新、重回社会。积极借助外脑，以姚建龙教授团队工作室入驻的形式开展学术理论、实践研究合作，该模式得到省检察院认可和推广。组织承办未成年人刑事司法研究学术年会等专题研讨会，为推动未检创新发展提供智力支持。

【业务保障】 深化案件管理体系建设。围绕案件管理“三转”（转职能、转方式、转作风）要求，着力构建流程监控、业务分析、质量评查“三位一体”的案件质量管理格局。以流程监控为基础，以即查即改、动态预警、定期通报为抓手，通报并整改案件流程及案卡填录问题140余条，确保数据准确。以数据分析研判为根本，以绩效考核为导向，加强纵向沟通与横向对比，每月形成《南浔区人民检察院业务考核数据分析报告》，全面反映检察业务运行情况，为领导决策提供参考。以质量评查为重点，围绕检察业务、重点工作等开展评查，深化评查内容和效果，促进办案质效的提升。

加强理论调研和综合文字工作。充分认识检察理论研究与检察业务相互融合、相互促进关系，加强新时代检察理论研究工作。以课题制为抓手，申报各类调研课题20余篇，结题11篇，5篇文章被评为全市优秀理论研究成果。创新检校合作模式，形成3篇高质量的学术论文。注重调研成果转化，全年共有5篇论文被录用，4篇被评为全省检察机关优秀成果奖；1篇文章在《浙江检察》刊载，1篇文章参加全省理论研究年会交流。围绕省委《进一步加强检察机关法律监督工作的若干意见》，及时研究起草南浔区贯彻落实的实施办法，以区委办名义发文，为依法履职提供刚性制度保障。稳步推进检察信息、宣传工作，共撰写各类信息37篇，被省院、市院录用17篇，其中1篇获得省检察院检察长贾宇的批示。发表各类稿件40篇，省级媒体发稿34篇，微信公众号推送稿件132期，大力提升南浔检察工作知名度和影响力。

加强智慧检务建设。深化“智慧未检”App的深度运用和全市推广工作，形成健康的全市智慧未检生态。牵头做好政法一体化办案系统提质拓面工作，将协同拓展到立案监督、涉案财物等方面，并全面保持100%协同率。加强技术办案工作，完成技术协助案件50件，改变定性4件4人。探索公益服务信息化跟踪系统，作为全省信息化建设的试点应用项目，形成有效工作做法。承担浙江检察移动检务平台在基层院的试点工作，依托“掌上检察院”，努力为代表委员、律师群众及当事人等提供检察便民服务。

（肖　星）

·法　院·

【概况】 2019年，南浔区人民法院共受理各类案件10852件，办结10036件，同比分别下降5.17%和6.8%。连续三年获全市法院考核优胜奖。荣获全国法院“基本解决执行难”工作先进单位、省二等功法院、“全省指导人民调解工作先进集体”等荣誉称号。

【服务大局】 积极开展“三服务”活动，优化营商法治环境。发布《加强产权司法保护保障民营企业发展》白皮书。与5部门共建知识产权司法保护一体化协同平台，服务保障国家知识产权强县工程示范区建设。审结破产案件10件，浙江南方通信集团股份有限公司破产清算案顺利结案。

主动保障重大项目，服务全域土地综合整治与生态修复。调解涉頔塘南岸旧城改造工程征收补偿行政争议，促成9户拆迁户签约，保障全市唯一入选全省首批未来社区项目顺利推进，案例入选《浙江行政争议调解中心建设纪实》。审结全市首例环境污染责任公益诉讼纠纷案件。

大力推进诉源治理，提升基层社会治理水平。诉讼服务中心、行政争议调解中心入驻区社会矛盾纠纷调处化解中心，开展诉前调解、司法确认及简案速裁工作。诉前化解和民事可调撤率89.91%，居全省第2，一审民商事案件收案同比下降15.62%。

【公正司法】 加强刑事审判，共建平安南浔。受理刑事一审案件575件，审结566件，判处罪犯893人。受理涉恶案件5件48人，对恶势力成员全部判处实刑。审结职务犯罪案件11件11人，在全省法院职务犯罪案件审判工作调研座谈会上做经验交流。

开展“十个一”法治关爱系列工程，未成年人犯罪率持续处于全省低位。《法制日报》《人民法院报》等30余家主流媒体宣传报道两代“法官妈妈”20年接力坚守未成年人法治关爱工作，入选全省十大最佳法院新闻。

加强民商事审判，促进社会和谐。受理民商事一审案件6134件，审结5585件。深化家事审判联席会议、联动调解机制，一赡养纠纷调处案例获中央电视台《乡理乡亲》栏目深度报道。推进非法民间借贷协同治理，民间借贷纠纷案件收案同比下降36.31%。

加强行政审判，助推依法行政。受理行政一审案件301件，审结204件。行政机关负责人出庭应诉率100%。行政争议调撤率64.71%，全市首次对2件行政争议调解协议进行司法确认，获市中级人民法院推广。

【司法为民】 推进“最多跑一次”改革，让当事人获得更加高效便捷的诉讼服务。持续深化标准化、智能化、多元化建设，诉讼服务“最多跑一次”改革工作获“竞跑者”、《新华每日电讯》等宣传推广，获评全省十佳“示范诉讼服务中心”。

强化审判监督管理，让有理有据的当事人打得赢诉讼。在省高级人民法院组织的全省法院司法质量监督大检查中，无一件案件存在重大瑕疵，存在一般瑕疵、一般问题共2件，比例全省最低。12个月以上未结案仅3件，18个月以上未结案清零，全省最少之一。

巩固基本解决执行难成效，让胜诉当事人合法权益尽快得到兑现。受理执行案件3762件，执结3615件。审结拒执刑事自诉案件32件，全市最高，入选全省典型案例。全面推行驻庭执行制度，省高级人民法院刊发工作简报，《人民法院报》宣传推广。建立健全拒执打击、强制腾房、人员布控、联动失信曝光等长效机制，制裁违法率41.75%，自动履行率59.26%，着力构建“自动履行为主、强制执行为辅”的格局。被最高人民法院、人力资源和社会保障部评为全国法院“基本解决执行难”工作先进单位，全省基层法院仅2家获评该称号。

【从严治院】 坚持把政治建设摆在首位。扎实推进“不忘初心、牢记使命”主题教育，邀请中央党校教授做专题党课辅导报告。召开律师与法官互评工作暨征求律师意见座谈会，公开改进措施，主动接受监督，受到律师界广泛好评。

坚持把纪律作风建设挺在前面。加强会风会纪、着装规范、日常考勤等专项巡查，运用“第一种形态”处理19人次。常态化加强廉政警示教育，筑牢廉洁司法底线。

坚持把司法能力建设抓在常态。着力增强斗争精神和斗争本领，提升办大案、处置重大突发事件的能力。上挂下派8人次。省级以上征文获奖、刊物录用11篇。开展书记员专项评查，提升司法辅助事务水平。

坚持把基层基础建设落在实处。恢复设立南浔法庭。有序完成内设机构改革。通过创作原创歌曲MV《法官妈妈》等系列活动，热情献礼中华人民共和国成立70周年庆典。全院上下创新破难、力争第一的决心和气势显著增强，荣获市级以上集体荣誉18项、个人荣誉49项。

【接受监督】 主动接受人大监督和政协民主监督。向区人大常委会专项报告扫黑除恶专项斗争工作情况，向区政协主席会议通报法院工作情况并抓好意见建议落实。开展代表、委员定向联络178人次，举行“代表委员法院行”活动2次。

依法接受检察机关法律监督。区检察院检察长列席法院审判委员会4次，区检察院提请抗诉的3件案件依法予以改判。

广泛接受社会各界监督。新选任人民陪审员43名，参与审判普通程序案件868件。召开新闻发布会2次，举办公众开放日8次。拓展微信订阅号、“抖音”、“今日头条”等新媒体宣传阵地，以群众喜闻乐见的形式传播司法正能量。　（薛苏蓉）

·司法行政·

【概况】 2019年是机构改革重组的第一年，区司法局坚持司法为民的工作理念，充分发挥司法行政职能优势服务经济社会，为“聚力大赶超、实现新跨越”，全力打造湖州“开放东大门、创业新高地”提供优质高效的法律服务和法治保障。南浔区获评“2019年度法治浙江（法治政府）建设先进单位”“2019年度法治湖州建设优秀县区”，法治南浔建设全省排名第18位。旧馆司法所所长戚明被司法部评为“大排查、早调解、护稳定、迎国庆”专项活动表现突出个人，南林律师事务所项志正被评为“全国公共法律服务先进个人”，并在全省打造“最佳营商法律服务”活动中被通报表扬，南浔司法所温根生被省司法厅评为“十大百优”调解为民标兵，区司法局朱锦方被省司法厅记“大庆安保维稳工作个人三等功”。

【扫黑除恶专项行动】 认真贯彻落实中央、省、市精神，打好法治宣传、人民调解、法律援助、社区矫正、律师管理组合拳，周密部署开展扫黑除恶工作。依托“法律十进”（法律进机关、进乡村、进社区、进学校、进企业、进单位、进军营、进宗教场所、进监所、进家庭）等活动载体，利用“南浔普法”微信公众号、新闻媒体、公交站台、影院等普法宣传平台，开展扫黑除恶重点宣传，营造打击黑恶势力的社会氛围。加强公检法司联动，注重信息摸排收集，尤其是抓住律师这一关键对象，加强对其管理教育和业务指导，保障司法行政领域扫黑除恶工作取得实效。组织全区执业律师参加扫黑除恶相关专题培训，提升办理涉黑恶案件业务能力。统一完善报备制度，及时掌握律师办理涉黑恶案件信息。加强对律师办理黑恶案件的监督指导，落实涉黑涉恶案件庭审听庭制度，2019 年，南浔区律师代理涉黑涉恶案件共计 64 件，累计组织旁听涉黑恶案件 6 起，累计听庭 9 人次，不断提升扫黑除恶队伍的思想觉悟与业务水平。

【“优化营商”专项行动】 区司法局出台惠企便商“十条”措施，在公共法律服务中心设立“惠企便商”法律咨询专窗，开辟“绿色通道”。通过强化企业法律风险防控、优化法律服务平台，完善法律服务产品供给，加强民营企业矛盾纠纷排查化解，全力服务保障南浔民营企业健康发展。2019 年，完成民营企业法治体检 144 家，发放法律风险防范手册 1587 份，建立中小微企业法治健康档案 145 份，开展法律风险防范宣讲 14 场。同时完善涉企涉商多元化解机制，共计排查民营企业矛盾纠纷 365 次，受理矛盾纠纷 364 次，调解成功 362 次，调解成功率达 99.3%。在 2019 年的“三服务”工作中，2 篇助企解难的典型案例被评为区级“三服务”攻坚破难典型案例。

【“法制审核”专项行动】 以法制审核为抓手，积极参与頔塘南岸房屋征迁、褚家漾企业收储、古镇北部区域房屋征迁等中心工作，审核各类法律文书 120 份，提出法律意见 150 余条。拓展政府行政决策法制审核覆盖面，落实“双百制”，即区政府常务会议议题法制审核、行政规范性文件合法性审核覆盖率 100%。机构改革后，区司法局局长或分管法制工作副局长全程列席区政府常务会议，加强法治参与决策。政府法律顾问、政府法律事务工作机构贯穿重大行政决策全过程，组织审核各类政府文件 140 余件，对行政规范性文件开展合法性审核 15 件，提出审核意见 200 余条。编制《区本级行政规范性文件制定主体清单》并公布，未列入制定主体清单目录的不得以本单位、本机构名义制发行政规范性文件。严格落实行政规范性文件清理制度，开展行政规范性文件全面清理，废止行政规范性文件 32 件，拟修改行政规范性文件 6 件；对涉及“民营经济 31 条”惠企政策、涉经营行政许可规范性文件开展专项清理，为重大项目落地和区级层面依法行政提供有力的法治保障。

【三项突破】 1．“智慧矫正”有突破，试点工作出成效。不断改进和完善试点工作方案，结合社区矫正中心建设实际，通过基础设备和软件的完善，运用电子穿戴设备进行监管，新建应急指挥调度系统，扩建远程视频督查系统。依托浙江省社区矫正对象“浙里矫”移动应用，开发在线教育帮扶应用功能，创设电子交心日记模块，推进社区矫正工作智能化。通过不断探索，着力打造高质量、可推广的“智慧矫正”南浔样板，成为全市唯一一家“智慧矫正”省级试点示范单位。12 月 12 日，省司法厅组织人员对“智慧矫正中心”创建情况进行初评，南浔区试点工作得到领导、专家的一致好评，被评为优秀等次，并推荐参加部级“智慧矫正中心”示范单位创建。2．法治建设有突破，创新载体出成效。2019 年，随着机构改革后区委依法治区委员会的成立，南浔区快速启动依法治区工作，成为全市首个召开区委全面依法治区委员会第一次会议的县区。执法协调小组、司法协调小组、普法与守法协调小组 3 个协调小组第一次会议全部召开，并进入实体运作。实现区委依法治区办秘书科单设，并争取到股级职数1名，政法专编1名，进一步壮大法治南浔建设力量，形成总揽全局、协调各方的工作体系。立足南浔实际，推进执法部门各项改革创新。通过专题调研，形成《南浔区练市镇综合行政执法体制改革试点工作实施方案》，共梳理17个部门412项行政处罚权拟进行集中划转，推进练市镇开展全省“乡镇一支队伍管执法”首批二轮改革试点。通过公安、综合执法力量的整合，创新建立“城警联勤”执法机制。9支共200余人的“一体化”联勤队伍，通过“一体化”指挥平台，实现统一派单、同频指挥。扎实开展“浙政钉·掌上执法系统”全省试点工作，通过行政执法监管平台实现执法信息“一张网”。3．改革建制有突破，队伍建设出成效。2019年区司法局三定方案核定新增司法所1个，司法所由原来的10个增加到11个。以机构改革为契机，对各镇（开发区）司法行政专项编制情况进行重新梳理，完成相关人员转任审批、出入编手续，做到人编对应。按照“老人老办法、新人新办法”，结合“四个平台”相关规定进行管理。2019年通过向南浔区人民调解员协会购买人民调解服务的方式，结合警调、诉调、访调衔接机制，聘用10名专职人民调解员充实到基层调解一线，配合区社会治理综合服务中心（信访超市）优化整合，其中3名用于法庭诉前调解，1名用于水哥法官工作室，1名用于综合调解室，专业调解员队伍不断壮大。

【三项提升】　1．围绕“无证明区”创建，“最多跑一次”速度进一步提升。对照《南浔区创建“无证明区”工作方案》，明确具体工作责任人，参照六个“一律取消”，逐项比对证明事项法定依据，最大限度精简办事环节和证明材料，确保没有法律法规规定的证明事项100%取消。在梳理过程中，以群众和企业日常办事需求为导向全面梳理证明事项，实行部门权力事项清单、“八统一”办事项目清单、“一证通办”项目清单三张清单并重，全面掌握各单位应存的证明事项，做到底子清、数据准、情况明。对区级单位上报的证明事项梳理结果进行查漏补缺，对应报而未报或少报的单位，及时提出反馈意见。梳理共涉及308项证明材料，涉及26个证明需求部门，保留12项，取消296项。直接取消75项，依法取消18项，信息共享95项，承诺替代40项，其他材料替代32项。已公布取消296项证明材料，占100%。2．围绕民主法治创建，基层依法治理水平进一步提升。2019年成功创建省级民主法治村9个，“民主法治建设标准化示范村”2个。扎实开展“市级民主法治村全覆盖专项行动”，明确目标责任，层层抓落实，除一票否决单位外，做到市级“民主法治村”申报应报尽报，2019年度成功创建市级民主法治村（社区）62个。积极落实“七五”普法规划，同步规划、建设法治阵地，实现省级以上民主法治村“宪法主题公园”全覆盖。印发《南浔区司法局关于培育法治宣传教育基地推进清廉南浔建设的实施意见》，各镇（开发区）有效开展法治宣传教育基地培育工作，千金成校、善琏车家兜成校等10个法治宣传教育基地各有特色，如千金成校利用剪纸这一传统文化载体，开展宪法宣传、扫黑除恶等普法宣传活动，在群众中产生较好的反响。2019年，将民主法治创建作为提升基层依法治理水平的有力抓手，有力推动基层民主法治建设进程。3．围绕“平安南浔”创建，维稳保障能力进一步提升。建成视频点名、指挥调度、值班值守、应急处置等功能集于一体的南浔区司法行政指挥中心，实现高效统筹指挥调度。同时，开展监护人暖心谈话、“祖国在我心中”爱国主义教育、社区矫正开放日等活动，确保社区矫正对象心理稳定。在全区司法行政系统部署开展社区矫正对象大走访、安全隐患大排查、社区矫正纪律作风大整治等专项行动，严密构筑“人防＋技防”网络，严控社区矫正领域风险。深化“古镇心晴，修心引领”心理健康教育项目，共计对7名社区矫正对象开展个案心理辅导15场。2019年12月末，全区在册社区矫正对象302人，无严重刑事再犯罪现象，无社区矫正对象闹访、异常访、组织或参与群体性事件。

【三项延伸】　1．公共法律服务互联延伸。南浔区公共法律服务中心依托“12348”中国法网平台、浙江省法律援助统一平台及公共法律服务自助机智能服务平台，共同组成南浔区智能公共法律服务平台网，最大限度利用法律资源实现公共服务自助式供给。群众可通过网上申请的方式提起法律援助，突破传统的线下办理模式。在公共法律服务自助机智能解答基础上，新构建律师远程视频答疑系统，实现互联互通，通过律师视频在线解答、证据材料在线传输双模式，进一步打破公共法律服务空间限制，提供更灵活、更优质的法律服务。2019年，南浔区公共法律服务中心提供线上线下法律咨询共计2400人次，全区人工智能公共法律服务自助机共计提供服务1705次。围绕公共法律服务的高质量发展主题，区司法局代表市司法局在“环太湖公共法律服务工作交流会”上作经验交流。2．回应群众诉求前置延伸。为了进一步维护群众合法权益，保障公平正义实现，区司法局加快行政复议体制改革。行政复议局成立后完成行政复议职权集中归口，行政复议案件集中办理。全面推行行政复议案件审理集体讨论制度，提高行政复议办案质量。2019年接待行政复议来访120余人次，涉及案件60余件，70%案件在受理前得到有效化解，受理行政复议案件24件，办结20件，通过协调调解撤回行政复议申请9件，调解结案占比45%。在法律咨询、人民调解、法律援助、公证服务进驻公共法律服务中心的基础上，2019年行政复议及时进驻，窗口前置使行政复议制度真正成为党和政府取信于民、服务于民的重要桥梁和纽带。法律援助推行主办责任制和政务服务网申请，在南浔区法院、南浔区检察院派驻值班律师，参与认罪认罚、法律咨询，为群众提供更专业、更便捷的法律服务。2019年提供法律援助631人次，其中刑事案件法律援助372件，民事案件法律援助259件并为2批次22人次的群体性农民工提供法律援助上门服务。3．矛盾纠纷化解重点延伸。加大矛盾纠纷调处力度，2019年，全区各调委会共调处2961件矛盾纠纷，调解成功2953件，调解成功率为99.7%。没有因调解不及时或调解不当引起激化事件和民转刑案件。着眼道路交通事故纠纷化解重点领域，不断完善调解工作体制机制。南浔区道路交通人民调解委员会自2016年2月下旬开始正式运作，作为全区道路交通事故处理平台通过“1＋3＋5”模式（将全区道路交通事故归口至集中处理中心一个平台，统一标准，快速行动；推行“三调联动”模式，加强人民调解与行政调解、诉讼调解互相衔接联动；实现人民调解、交警部门、人民法院、法律援助、保险公司“五位一体”同时进驻，落实事故处理、纠纷调解、民事诉讼、事故理赔的无缝对接）开展工作。2019年，道路交通事故继续稳步下降，群众安全感进一步提升，使人民调解工作由“以调为主”向“以防为主”转变。

【三项规范】　1．规范行业管理，促进健康发展。制定《南浔区法律服务行业专项警示教育活动实施方案》，以“党建规范化建设年”为契机，加强律师事务所和基层法律服务所内部管理制度建设，指导各所对内部管理机制开展全面自查、落实整改，不断提高法律服务质量。各律师事务所和基层法律服务所积极开展自查自纠，撰写心得体会29篇，上报自查报告34篇。通过“掌上执法系统”，对全区法律服务行业执业活动进行双随机抽查，未发现违法违规情况。制定《2019年度村（社区）法律顾问工作目标考评办法》，有力、有效指导法律顾问开展工作。同时印发《法律顾问日志》，要求法律顾问严格按照规范记录每次活动情况。2019年，全区村（社区）法律顾问已实现全覆盖，根据年终考核情况，区司法局评比、通报4家先进单位、10名先进个人。2．规范风险管理，提升应诉水平。严格履行应诉协调职能，积极参与行政争议化解，将行政机关负责人出庭应诉、败诉等纳入法治政府建设考核评价。落实败诉案件分析报告制度、高风险案件报告和领导包案制度、行政机关负责人出庭应诉制度等规定，出台《南浔区人民政府行政诉讼应诉工作规则》和《南浔区行政诉讼案件败诉问责实施细则》。2019年，涉及南浔区的行政诉讼案件共157件，其中2018年结转13件，2019年新收144件，已结案114件，败诉11件，败诉率9.65%。3．规范执法行为，促进依法行政。邀请区政府法律顾问、特邀行政执法监督员对行政执法单位的30宗行政许可和35宗行政处罚案卷进行集中评查。区建设法治政府（依法行政）工作领导小组办公室、区检察院和区特邀行政执法监督员，联合开展行政执法监督活动，抽查区市场监督管理局、区综合行政执法局、区自然资源和规划分局、区人力资源和社会保障局等重点执法单位，针对行政执法公示制度、执法全过程记录制度、重大执法决定法制审核制度“三项制度”落实情况开展监督检查。举办法治政府建设（依法行政）培训班，将行政执法人员纳入培训范围。开展行政执法主体确认工作及执法人员执法证信息专项清理，公布两批次行政执法主体资格单位41家。

全年共审核执法证总数709次，审核人数493人。同时，为做好五大执法领域综合执法体制改革试点工作，对区综合行政执法局派驻练市镇人民政府的8名执法人员进行双主体的换证，行政执法资格持证率达91.5%以上。

【两大创新】 1. 创新活动载体，深化法治观念。抓住领导干部、公务员关键群体，开展区委理论中心组学法2次、区委常委会议学法3次、区政府常务会议学（讲）法7次并组织全区公务员及参公人员参加学法用法考试，县局级领导干部法律知识考试覆盖33人。做实“点上文章”，普法志愿者深入古镇、车间、农户家中，开展扫黑除恶、文明创建、美丽乡村、国家安全、垃圾分类等多种主题宣传，普法宣传更接地气。在宪法宣传周活动中集合多部门力量精制“普法套餐”，开展大型广场法治宣传活动、“社区矫正中心开放日”活动、法治进校“八个一”活动、“今天你学宪法了吗”专题活动、宪法宣传主题“红色星期六”等多样化的普法宣传活动，同时依托各类宣传活动，加大“法治政府建设示范市”创建工作宣传力度，各镇（开发区）扣题呼应，形成浓厚的法治宣传氛围。2019年，相关法治宣传活动被《澳门华文报》《浙江法制报》等多家媒体报道。12月4日，“法治剪纸”在浙江展览馆展出。2. 创新教育管理，改进工作面貌。采取集中学习规定书目、书记上党课、“学习强国”App等方式开展党员学习教育。利用“千名干部联千组”“双联系双报到”等活动载体，推进基层实践。在规定动作外，创新教育方式，组织参观“红军长征追踪馆”，开展每日“应知应会知识”早读、“我与国旗同框——祖国在我心中”摄影等活动，掀起“不忘初心、牢记使命”主题教育活动的热潮。结合素质能力提升年活动，开展学习教育培训、“三服务”、岗位练兵、志愿服务、“勇担当强作为”等系列活动。针对年轻干部素质提升，实施“年轻干部三服务暨成长工程”，促进服务理念的转变和行动力的提升。

（俞丹丹）

军　事

·人民武装·

【概况】 2019年，南浔区人民武装部坚决贯彻市军分区党委和区委的决策部署，坚持以强军目标为统揽，以使命任务为牵引，以调整改革为主线，着眼长远打基础，聚焦主业谋发展，传承特色求创新，各项建设扎实推进，各项任务圆满完成，被省军区评为先进团单位。

【思想政治建设】 区人武部党委始终把思想政治建设摆在首位，着力打牢高举旗帜、听党指挥、履行使命的思想基础。严格落实每季度党委中心组理论学习，狠抓习近平强军思想学习，做好精读原文、专题辅导、研讨交流等关键步骤，推动理论学习入脑入心。组织重大决策贯彻落实情况专项检查，开展清网行动专项整顿，进一步强化听党话跟党走的政治自觉。精心开展“不忘初心、牢记使命”主题教育，全过程贯穿落实“学习教育、调查研究、检视问题、整改落实”四个步骤，通过实在的举措、扎实的动作引导全体党员紧跟步伐，推动主题教育深入开展，同时结合“传承红色基因、担当强军重任”主题教育、党委中心组理论学习和民兵政治教育，做好资源整合，在抓好规定动作的基础上创新开展自选动作，不仅确保学习内容一个不遗漏，又确保学习环节一个不重复，取得了良好的成效。

【应急应战能力】 坚持以使命任务为牵引，把应急应战统在一起抓、合在一起建，加速提升面向部队、保障打赢的国防动员能力。狠抓民兵调整改革落地生效，突出依托行业优势、依托民间力量、依托科技企业，重点抓好民兵应急分队“一队多能”“一专多能”、道桥保障分队“快速抢修”、新质力量分队“科技参军”等队伍能力建设。2018—2019年，两次接受省军区民兵调整改革检查考评，并作为重点推荐单位参与迎接中央军委国防动员部民兵调整改革检查考核，迎检成果得到各级充分肯定。深化民兵岗位练兵成果，下大力在民兵队伍中营造“见红旗就扛、见名次就争”的良好氛围。在全省民兵岗位练兵湖州分赛场比武活动中，取得单位综合第一的优异成绩。

【国防基础工程】 积极适应改革重塑要求，军地各级立足实际，不等不靠、主动作为，抓好《国防动员和后备力量建设“十三五”规划》贯彻落实。围绕贯彻“军地一体、平战结合”的原则，及时调整充实区国动委领导小组和“八办”机构，落实成员单位任务，规范工作运行机制，调查摸清动员潜力。积极推进人防设施建设，科技信息建设稳步向前，全区国防动员准备质量逐年提升。按照“整体布局、分类推进、精准抓建”的思路，推动基层武装部建设整体提升。建立军地联合抓基层武装工作协调机制，实施军地联建、联帮、联考，形成军地齐抓共管合力。对表《基层武装部“评星挂牌”考评实施办法》，区分类型细化具体指标，实现基层武装部建设换挡升级。圆满完成年度新兵征集任务，被评为全国征兵工作先进单位。

【双拥共建发展】 积极传承南浔双拥共建发展特色做法，持续打造品牌工作，努力推进双拥共建发展。深化国防教育，巩固国防教育特色做法，在全区中小学校开展国防教育图片展，宣传国防知识，巩固国防意识。坚持做好双拥工作，区政府主要领导每年“八一”、春节到军事机关走访慰问，每年组织慰问现役军人干部家庭，以实在的举措暖军心、固国防。建立义务兵优抚金自然增长机制，拓宽转业士官安置渠道，落实随军家属就业、军人子女入学等优惠政策，较好地解决了部队官兵的后顾之忧。积极组织广大民兵主动参与政府建设，为“美丽南浔”

建设做出贡献。

【安全工作管理】　按照统筹抓防范，整体保安全的思路，狠抓自身安全管理工作落实。着眼人武部安全发展，认真组织安全教育、安全检查和形势分析，牢固树立“讲安全就是讲政治、顾大局，抓安全就是抓工作、尽职责”的思想，积极做好干部职工思想稳定工作，实现全年安全稳定的目标。加强隐患排查，严格落实“四项制度”，扎实开展“条令学习月”“百日安全竞赛”等问题专题教育整顿，坚持每季度、重大敏感期组织安全检查，重点加强关键部位、重要环节和营院消防的安全隐患排查，切实把问题和隐患及时消灭在萌芽状态。积极适应眼下人员居住分散、车辆动用频繁的实际情况，把人、车、枪、弹、密作为防范重点。按照上级统一部署，作为兵器室规范化建设试点，开展专项改造，确保不出任何问题。（吴海聪）

·人民防空·

【概况】　2019 年，南浔区人防工作贯彻执行国家关于人民防空建设的方针、政策和法规，不断强化政治意识、大局意识、国防意识和责任意识，进一步建立完善的人民防空通信警报系统，保障应急指挥，联合相关部门抓好人防工程建设，组织开展应急演练和人防宣传教育活动，着力提升人防应急应战核心能力、城市综合防护能力和人民群众的防空意识及技能。

【应急指挥】　围绕“长期准备、重点建设、平战结合”的人防建设方针开展工作，调整指挥部成员单位名单，召开人民防空指挥部会议，明确各成员单位的工作职责。在善琏镇组织开展“浔防 2019 疏散演练”活动，通过“地域集结、人员疏送、接收安置”3 个科目演练，将 120 名社区居民疏散安置到观音堂村。在南浔观景府小区组织 150 多名群众进行“南浔金盾—19”疏散演习。完成旧馆镇人防指挥平台建设，全区重点镇人防平台建设覆盖率达 100%。圆满完成“5·12”“9·18”警报试鸣工作，鸣响率达 100%。完成 10 个警报点的数字化改造，新增 8 套智能储能电池组，新增 2 台电声警报器。

【人防工程】　结合区住房和城乡建设局审批制度改革，将人防审批和工程质监、安监、消防、施工许可等独立事项实施“多合一”办理，浙江卫视、省建设厅网站等主流媒体报道；共计审批项目 128 项，其中，民用建筑项目审批 48 项，工业建筑项目审批 80 项。加强对人防地下室日常使用的管理，区人防办联合区综合行政执法局共同开展人防地下室的安全使用大检查，对擅自破坏人防结构的行为给予处罚并按设计整改方案恢复原样。

【人防教育】　通过微信、报纸、社区展览、宣教等多种形式，积极宣传人防知识，人员覆盖面逐步扩大。为了提高广大市民的安全防范意识和应对各类突发事件的能力，结合“3·1”国际民防日，在垂虹公园广场开展多种形式的宣传活动，发放人防知识传单 1500 份，宣传纪念品 500 份。结合“5·12”防灾减灾周活动，利用“南浔时报”微信公众号等平台，开展人防知识有奖竞猜活动，参与群众达 3 万余人。结合“人防宣传进百县千区”活动，暑期邀请大学生在南浔镇浔南、增山社区开展人防宣传活动。在国防教育主题公园——文兴公园内，向社区居民进行人防及防灾减灾知识的宣传教育，共计发放知识手册 1200 份，并在公园内建设有人防元素的宣传栏、休息凳、标语小品、警报器站台、警报器说明牌等景观设施。联合教育、应急、公安、消防等部门在双林二中开展防空防灾宣传活动，并在现场对全校初中学生进行人防知识讲解。结合湖州华数电影下乡活动，在全区 100 个行政村通过数字电影放映平台，播放人防宣传片，观影人数达 5000 人。为全区城区、农村共 44 所中小学校征订防空防灾教材 6994 本，同时选派 10 位中小学老师参加湖州民防学院师资培训。（张思婷）

人力资源　社会保障

·综　述·

【概况】　2019年，南浔区人力资源和社会保障工作坚持以中共十九大会议精神为指导，深入贯彻落实省、市人力资源和社会保障工作会议精神，紧紧围绕南浔区“高质量赶超跨越发展”总目标，以提高保障和改善民生水平为重心，扎实践行“不忘初心、牢记使命”主题教育，深入开展“三服务”活动，全面深化“最多跑一次”改革，充分促进社会就业，优化人才发展环境，完善社会保障体系，规范人事管理制度，构建和谐劳动关系，推进人力社保工作再上新台阶，为地方经济和社会发展贡献力量。

·就业服务·

【概况】　全区城镇新增就业人数24070人，城镇失业人员再就业人数6845人，困难人员再就业人数936人，城镇登记失业率1.79%。招引大学生和其他各类人才17660人，其中大学生人数10594人，招引上海、苏州籍大学生1403人，扶持创业人员2510人。累计举办和组团参加招聘会102场，共有857家企业参加，提供23482个岗位。审核发放创业担保贷款13058万元，拨付对口支援地区建档立卡人员就业补贴、一次性交通补贴、探亲补贴等累计33.25万元，拨付各类大学生就业创业补贴583万元。南浔古镇草编艺术多维度体验项目负责人陈真、双林镇世荣湖养养殖家庭农场场主谢莹荣荣获湖州市第二届“南太湖杯”创新创业大赛三等奖；善琏湖笔小镇就业创业服务指导站荣获第三批特色小镇市级就业创业指导站称号；区人力资源和社会保障局获评2019年度全市人力资源和社会保障先进单位。

【就业创业】　出台《南浔区引进大学生购房补贴实施办法》，扩大大学生购房人员享受补贴范围，吸引人才在南浔安家落户，全年审核购房补贴1100万元，拨付336万元。出台《南浔区对企业招引大学生实行服务补贴的通知》，鼓励企业及人才中介机构积极开展大学生招引活动。举办“风韵俏江南，我在‘浔’找你”为主题的首届大学生职场路演大赛。携手南浔银行在杭州举办“同心逐梦，大爱南浔——南浔在杭学子交流活动”，着力宣传大学生在南浔就业创业政策。组团赴武汉、成都、西安、长春、哈尔滨、赣州、郑州等高校开展58场新政推介会及校园专场招聘会，新建立人才工作站13家（累计30家），新增大学生实训基地4家。

【服务企业】　举办、参加各类招聘会102场，组织857家企业提供23482个岗位，为企业搭建用工交流平台。开展264家重点企业就业失业动态监测和98家受经贸摩擦影响企业用工调查，加强就业形势研判。全面落实省、市、区降本减负工作，促进企业健康发展，受理、审核企业社会保险费返还资料2736份，涉及资金约1.6亿元。举办人力资源经理高级研修班6期，提高企业核心竞争力。

【就业扶贫】　审核、认定困难人员377人，审核灵活就业社保补贴1492人次，补贴金额581.89万元；为38名四川省广安市广安区建档立卡人员在南浔安排就业，拨付就业补贴、一次性交通补贴、探亲补贴等累计33.25万元。

·引才育才·

【概况】　加大人才引进力度，深入推进重大人才工程。实施“菜单式”引才，持续引进大学生等各类紧缺急需人才，推进人才与产业深度融合发展。提升人才平台能级，承接人才项目。2019年新建省级博士后科研工作站2家，首次实现国家级技能大师工作室零的突破。开展千名技能人才培育选树工作，鼓励企业建立职工培训中心，加强技能培训。

【人才招引】 举办“‘浔’遍八方英才，智汇高铁新城——2019年世界IT青年科学家论坛学者南浔行”“‘创业汇’海外高层次人才南浔行”活动和“‘筑梦南浔，创享未来’——中国南浔第二届创新创业大赛”，有效推进南浔区创新驱动发展，服务重点产业精准引才。新引进博士后3人，新签约人才中介5家，入选省“钱江人才计划”C、D类1人，省有突出贡献中青年专家1人，组织南浔区高层次人才健康体检49人。

【人才培育】 实施职业技能提升三年行动计划，职业技能提升培训10784人次，新增高技能人才2786人。创建市级技能大师工作室3家。深入开展千名技能人才培育选树工作，为1798名“千名技能人才”考核合格人员发放津贴200余万元。深入推进企业自主评价，鼓励建立职工培训中心、兴办技工教育，开展自主评价企业60余家，涉及手工木工、电梯安装维修工等南浔区特色职业和工种3000余人。

【职称评审】 首次开展电梯行业中级职称自主评价，通过初审113人，取得中级专业技术职务资格77人，切实发挥用人单位在人才评价中的主导作用；取得初级专业技术职务资格的大中专生117人；完成创新型中级专业技术职务评审推荐工作，通过初审推荐上报市级59人，取得中级职称53人；完成工程技术领域专业技术职务正常晋升评审推荐工作，取得高级职称39人、中级职称60人；指导教育系统开展中小学教师职称评审推荐工作，取得正高级职称1人、高级职称30人、中级职称150人、初级职称202人；指导卫生系统开展高级职称评审推荐工作，医疗集团高级职称自主评价取得正高级职称12人、高级职称14人。

·人事管理·

【概况】 按照创新体制机制、服务科学发展、构建和谐社会的总体要求，紧紧围绕全力推动南浔赶超发展、加快建设现代化生态型水乡魅力之城的目标，加强事业单位人才队伍建设，深化事业单位人事制度改革和工资制度改革，严格规范事业单位管理，为全区社会经济又好又快发展提供有力支持。

【人事招聘】 2019年度选聘优秀高校毕业生2人；上半年选调事业人员3人，下半年选调事业人员11人；公开招聘事业单位人员197人，其中，卫计系统55人，教育系统66人。开展“百名硕博引才计划”，牵头组织实施一般事业单位高层次人才招聘，上半年引进高层次人才10人，下半年引进11人。全区编外用工实施统一招聘，全年共招聘编外用工55人。

【人员管理】 全年完成15家事业单位岗位设置变更和3家事业单位岗位设置。完成事业单位643人的人员调配工作，其中区内调动599人，调出区外32人（教育系统26人、卫生系统1人、其他事业单位5人），区外调入12人。

【监督检查】 对2018年度全区机关事业单位工作人员党纪政纪处分情况进行监督检查，对受处分的8名事业人员年度考核、工资待遇调整到位。开展基层选人用人突出问题和干部因私出国（境）违规问题专项整治工作。开展事业单位人员收入发放情况自查自纠工作。

【工资福利】 完成2018年工资正常晋升和调整清算审批；完成机关事业单位2018年度工资年报、绩效工资执行情况审核和2019年度奖励性绩效工资总量申报工作。完成2018年度全区机关事业单位工作人员年终一次性奖金和应休未休年休假报酬审批。及时发放2018年度机关事业单位离退休人员福利费。审批事业单位退休人员20人、事业单位工作人员抚恤金49人、遗属补助8人。

【人事改革】 创新试点事业单位岗位聘任能上能下机制，推进区域医疗卫生服务共同体建设；推进国有企业负责人薪酬制度改革、部门间最多跑一次改革、机关事业单位机构改革工作。开展“七多”（职责事项多、工作台账多、机构牌子多、考核督查多、创建评比多、政务工作App多、上墙制度多）问题清理整顿和干部人事档案专项审核。

·劳动关系·

【概况】 实施南浔“无欠薪”行动，落实“六项制度”（实名制管理制度、维权信息公开制度、工资保证金制度、分账管理制度、银行代发制度、按月足额支付工资制度），检查在建工程项目402家次。在全省首创欠薪案件流转处置工作办法，成功处置投诉案件249起。书面审查用人单位2605家，受理处理劳动投诉举报案件748起，追发劳动者工资5946万元。调处各类劳动人事争议案件1175件，涉案金额2798.54万元，受理立案228件，涉案金额1091.38万元，结案率达96%，劳动争议案件在基层一线得到有效化解的占80.6%。

【法治宣传】 为进一步加强和谐劳动关系建设，增强全区中小企业经营者劳动法律法规意识，教育和引导企业妥善解决劳动用工管理过程中出现的新情况新问题，规范劳动用工行为、预防和化解劳资纠纷，促进经济社会和谐发展，组织全区800余家规上企业开展人力社保法律法规培训，邀请英格玛人力资源集团法务人员为180余家企业就《企业用工法律风险及趋势研判》和《劳动争议十大典型案例及实务探讨》作解读，全年共培训企业人事负责人1100余人。

【监察执法】 开展“春节前防欠薪工作百日攻坚大会战”“清理整顿人力资源市场秩序暨规范服务行业劳动用工行为”和“根治欠薪夏季行动”等专项行动。对2018年度企业的劳动保障工作进行书面审查，共审查企业2399家。“12345”专线电话24小时畅通，方便群众咨询、投诉、举报，做到事事有记录、件件有回复，及时受理和调处群众投诉举报案件，切实维护劳动者的合法权益。全年共接听各类电话984个、接访3223人次，办案率100%，满意率100%。

【争议处置】 全面推进各镇（开发区）劳动纠纷多元化解规范化建设，开展仲裁员定点联系镇（开发区）和重点企业工作，每位仲裁员联系2个镇（开发区）、10家重点企业。浙江南浔农村商业银行股份有限公司、星光农机股份有限公司被推选为“第三批全省非公有制企业劳动争议预防调解示范单位”。劳动人事争议仲裁窗口进驻“信访超市”，关口前移，实现信访维稳、法律援助、案件调处、裁审衔接无缝对接。区劳动人事争议仲裁院获评2019年度全省劳动人事争议“互联网+调解仲裁”成绩突出仲裁院。

·社会保障·

【概况】 2019年，城乡居民基本养老保险参保16.4万人，待遇享受人员10.7万人，人均待遇229.33元/月。机关事业单位养老保险起用在职人员7363人，退休人员3773人。受理办理被征地农民转职工养老保险1969人次，政府配套“两项资金”（社会保障风险准备金和超龄优惠金）11745万元，全部落实到位。

【社保扶贫】 积极落实社保扶贫政策，加强与民政、残联等部门协作，建立扶贫台账，主动上门服务。全区60周岁以上贫困人员3329人，其中低保对象3114人，特困人员215人，全部享受城乡居民养老保险待遇。

【基金安全】 对全区2014年10月以来参加机关事业单位养老保险的在职人员的参保缴费情况、退休人员的退休待遇发放情况进行全面核查，并开展社保基金管理风险自查，实现三个“全面取消”（全面取消现金业务、全面取消手工办理、全面取消社银人工报盘）。对全区10万余名城乡居保待遇享受人员进行待遇领取资格认证工作，杜绝违规领取养老金现象。委托会计师事务所对2018年度社保基金工作开展第三方审计，加强社会监督。开展社保基金警示教育活动，提高工作人员法律法规意识。

【改革服务】 开展城乡居民养老保险业务、网上申报业务培训和机关事业单位养老保险培训，提高工作人员服务水平和业务能力。持续深化“最多跑一次”改革，城乡居民基本养老保险、机关事业单位养老保险领域的14个“最多跑一次”事项全部实现“跑零次”，“即办件”实现率71.4%，“一证通办”实现率85.7%，“承诺压缩比”89.8%，城乡居民基

本养老保险民生事项下沉基层平台达 100%，累计办件量 15488 件。（罗　燕）

·医疗保障·

【概况】　2019 年，坚持改革与创新并举、服务与提升同进，围绕打造惠民、安全、高效、精准、智慧、清廉“六个医保”目标，践行初心使命，扎实推动全区医疗保障各项工作，各项目标任务全面完成。

【医保服务】　完成城乡居民医保参保扩面，2019 年，城乡居民基本医保共参保 30.66 万人，户籍人口基本医保参保率 99.78%，全区享受城乡医保报销 25.41 万人，累计报销 328.1 万人次，医保基金补偿金额 3.93 亿元。推进医疗救助精准扶贫，全区困难人员资助参保 1.09 万人，政府资助 490.14 万元，享受医疗救助 12.86 万人次，救助金额 2749 万元，实现困难人员资助参保率和政策落实率两个 100%。设立城乡居民困难人员专项医疗救助，借助慈善等社会力量加大救助力度，切实帮助解决重特大疾病贫困患者的医疗困难，控制和减少因病致贫返贫现象发生。建立慢性病门诊保障机制，开通区内 34 家药店 12 种慢性病配药刷卡结算，全区已办理慢性病备案 5.79 万人，慢性病累计报销补偿 1533 万元。

【“最多跑一次”改革】　加快推进全区医保领域“最多跑一次”改革，全力打造医保服务“便捷区”，争做医保改革“领跑者”。城乡居民医保领域“最多跑一次”共 10 个事项，其中“零上门”9 项，实现率 90%；民生事项“一证通办”9 项，实现率 100%；全部事项纳入网上办理，“网上办”“掌上办”实现率 100%。率先推行城乡居民医保业务“不出村”服务新模式，城乡居民医保民生事项 100%下沉至区内 258 个村（社区）经办平台，将职工医保 20 项民生事项延伸到乡镇基层平台，打造“医保 15 分钟服务圈”，基层业务平台共受理医保业务 1.82 万件。这一做法得到省《医保简报》和省跑改办《竞跑者》栏目刊发。

【医保支付方式改革】　稳步做好区内医共体医疗费用谈判核定工作，制定出台《南浔区城乡居民基本医疗保险医共体医疗费用结算管理暂行办法》，明确城乡居民医保实行总额预算管理，参保人员门诊按人头付费，住院按平均定额过渡到 DRGs 统一疾病分组付费。同时制定《南浔区城乡居民基本医疗保险区内非医共体医疗机构医疗费用管理办法（试行)》，实现区内所有医疗机构医保费用管理全覆盖，确保全年医保基金运行平稳可控。

【医保基金监管】　开展医保监管巡查，累计检查市区定点医疗机构 61 家，追回医保基金 6.32 万元，暂停医保服务协议医疗机构 2 家，奖励举报 1 人次，对相关医保医师扣分处理 26 人。对各定点医疗机构开展网上监管审核，复核信息 8.79 万条，查实违规问题 2.2 万次，拒付医保基金 14.39 万元；开展外伤稽核 59 人，查明第三方责任 12 例，拒付医保基金 32.85 万元。通过定点医疗机构基金监管专题约谈和医保违规案例宣传警示，进一步规范医疗机构行为，维护医保基金安全。（宁季芸）

农　　业

·综　述·

【概况】　2019年是全面实施乡村振兴战略重要之年，也是“十三五”规划的关键之年。南浔区农业农村重点工作呈现高质量发展的良好态势，在全市乡村振兴考核中突破性取得第二名的好成绩；荣获全国县域数字农业农村发展水平评价先进县区、全省农业农村工作先进集体、全省农业执法工作先进集体等称号。成功创建国家级渔业健康养殖示范区、省级农业绿色发展先行区、省级美丽乡村示范县区、浙江省2019年农业“机器换人”主导产业示范县；西部渔业现代园区被列入省级现代农业园区创建名单，省级现代农业园区数量（2个）居全省第一，成功承办国家级现场会2次、省级以上培训班3次；渔业绿色发展、农业文化遗产、农合联改革等九项工作得到市领导的批示肯定。2019年，全区实现农业总产值41.2亿元，增加值27.07亿元，农村居民人均可支配收入34489元，省现代农业综合体系排名第12位。

【农业产业化】　农业产业化经营快速推进，全区拥有市级以上的农业龙头企业49家，包括国家级农业龙头企业1家、省级农业龙头企业4家、市级农业龙头企业44家，比2018年增加3家。规模化农业企业年销售收入达76.9亿元，农产品供沪金额达26.79亿元。销售收入在1亿元以上的企业有15家，销售收入在5000万元以上的企业有21家，建立农业产业化基地21333公顷，进一步完善贸工农一体化、产加销一条龙的产业化经营体系，优化形成利益联结更加紧密的“公司＋合作社＋基地＋农户”等生产经营模式。实现订单农业11.35亿元，其中带动本市农户22.6万户。新增省级农业产业化联合体1家。拥有省级现代农业园区2个，省级产业融合示范区1个，省级农业特色强镇2个，市级特色农业园区45个，新增市级特色农业园区6个。全区拥有农产品批发市场30家，占地面积25公顷，交易额达12.3亿元，各类经营户630户。全区休闲观光农业园区总面积627.9公顷，全年接待游客525万人次，营业收入5.43亿元。2019年，“采菊东篱”“石淙花海”“浔稻稻虾基地”被评为浙江省“最美田园”，和孚镇成功通过省级农业特色强镇验收，石淙镇成功列入省级农业特色强镇创建，和孚镇获港村“冬季来吃鱼汤饭”被列入2019年全国乡村旅游冬季精品路线推介名单。

【农业“大好高”项目】　南浔区农业“大好高”项目推进工作进展顺利。推进全区“大好高”项目建设17个，新引进8个，竣工8个，数量举全市第一，累计投入资金为4.09亿元。

【农业重大活动】　积极组织参加农业重大活动。组织3家企业参加浙江省农商对接大会暨知名品牌农产品展示展销会，获得金奖3个。组织11家企业布置15个展位，参加2019年浙江农业博览会，共推荐6个产品参加评选活动，其中2个产品获金奖。参加浙江农业博览会现场销售农产品43万元，收获订单金额300万元。组织5家企业布置5个展位，参加“2019年浙江省上海新春大联展”。举办各类农事节庆活动，2019年举办“湖州·南浔第十一届鱼文化节”“浙江省湖羊产业大会暨第七届湖州南浔湖羊文化节”“第二届石淙花海龙虾节”“首届淡水渔都丰收狂欢节”“花海火羊节”“桑果采摘旅游节”等一系列农事节庆活动。

【粮食生产功能区】　粮食生产功能区建设扎实推进，建设和管护齐抓共管。全区累计建成粮食生产功能区13667公顷，提标改造553公顷；新建高标准农田1687公顷，累计建成高标准农田21247公顷；顺利完成省、市下达目标任务。

【农产品质量安全】　一是狠抓绿色优质农产品发展。以质量兴农为理念，坚持数量与质量并重、认证与监管并举原则，积极推进南浔区绿色优质农产品发展，不断扩大绿色优质农产品的市场占有率，大力推进绿色食品、无公害农产品、地理标志农产品等申报认定。2019年，全区新增无公害农产品18个，无公害农产品复查换证22个，新增绿色食品13只；年末，15个无公害水产品的申报工作正在进行中。二是狠抓农产品抽检监测工作。接受农业农村部、省、市各级风险、专项、监督、例行抽检等926多批次，合格率达99.5%。定量抽检基地蔬菜、水果、畜禽、水产等农产品605个批次（50个监督抽样），合格率达100%，其中“三品一标”基地农产品31个批次，合格率达100%。各镇（开发区）2019年年底完成7200批次的定性检测。三是狠抓农产品追溯体系建设。对已获县级以上农业龙头企业、家庭农场、合作社资质的农业主体实现农产品二维码全覆盖，全区已安装二维码的各类主体已有185家。将“三品一标”企业和国家级、省市级龙头企业、示范性专业合作社、家庭农场以及农业部门支持建设的各类示范基地全部纳入追溯平台，已有2024家主体纳入追溯平台，185家生产主体依托二维码开展主体追溯并实现动态维护；全绿色食品、地理标志授权使用单位已全部纳入国家农产品质量安全追溯管理信息平台。四是狠抓农产品质量安全整治。牵头抓好农村假冒伪劣食品专项整治工作，共检查食品生产、经营主体1040个，查处假冒伪劣食品案件23起，查处假冒伪劣食品货值12675元，罚没金额96432元，收缴假冒伪劣食品数量263.4千克；查处商标侵权假冒案件6起，查处商标侵权假冒案值17358元。同时，在全区范围内开展农产品质量安全专项整治行动，各条线分组进行农药及农药残留专项整治、“瘦肉精”专项整治、兽用抗菌药及兽药残留专项整治、生猪屠宰监管专项整治、产地水产品兽药残留及非法投入品专项整治、农资打假专项治理、农产品质量标志专项整治等。2019年共出动执法检查人员428人次，检查食用农产品种养殖基地168家，其中“三品一标”企业42家，未发现违规行为。五是狠抓农业信用体系建设。出台《南浔区农业农村局2019年农业信用体系建设工作实施方案》，在此基础上，区农业农村局农产品质量安全监管科牵头组织区农业执法大队、动物卫生监督所对11家经查询有信用问题的企业实施信用修复，现场讲解信用修复的作用及修复流程，并限时修复完成。

【农村经营管理】　培育和提升家庭农场、农民专业合作社等新型经营主体。一是提升家庭农场。全年新增家庭农场127家，累计达483家，比2018年增加35.6%。积极组织申报省级、市级、区级家庭农场及农民专业合作社，新增省级家庭农场7家，市级家庭农场10家、区级家庭农场31家。二是积极开展农业“三项补贴”政策综合改革试点资金管理工作，在2017年粮油专业合作社联合社组建的基础上，继续推行三项补贴改革试点资金的运行，以该资金作为保证金，授信给各联合社，同时在贷款利率上给予优惠政策。三是继续推进土地流转。全年累计颁发农村流转土地经营权证479本，涉及流转土地面积4693公顷。

强化农村“三资”，减轻农民负担监管。一是加强农村“三资”管理。结合区纪委相关要求，开展村级财务“三年一轮审”工作，委托中介对全区96个行政村进行审计，并对审计发现的问题进行通报整改，促进“三资”规范化管理水平。二是提高财务人员业务水平。邀请省、市三资管理专家，组织乡镇三资管理中心主任、村代理会计、村报账员300余人开展两次财务培训，主要针对村级非生产性开支、小额工程、村务卡结算、村干部报酬等方面，规范村级财务管理，提高财务人员业务水平。三是强化农民负担监督管理。继续开展农民负担监管阳光行动，实现涉农收费、惠农政策、村级财务收支、监管制度、监管责任、投诉渠道“六项公开”。继续加强重点领域的监管和农民负担明察暗访工作，组织明察暗访活动7次，确保农民负担持续减轻不反弹。

深化农村改革，不断壮大村集体经济。一是创新金融服务。积极推进农村产权抵押贷款，建立健全农村土地经营流转权抵押贷款机制，根据《南浔区农村流转土地经营权抵押贷款管理实施细则（试行）》和《关于鼓励金融机构开展农村综合产权抵押贷款的指导意见》等文件精神，已通过流转土地经营权证抵押贷款1665万元。二是继续推进农村综合产权交易平台建设。全区农村综合产权交易平台上成功完成交易591宗，涉及金额3.1亿元，其中集体经营性资产所有权或使用权297宗，涉及金额1.07亿元；农户承包经营权294宗，涉及金额2.03亿元。三是全面开展农民宅基地有偿退出工作。以南浔区全域土地综合整治工作的开展为契机，积极探索农村存量宅基地盘活利用改革试点，提高农村宅基地节约集约利用，改善农村人居环境，切实增加农民财产性收入。制定出台《关于南浔区全域土地综合整治中农村存量宅基地盘活利用工作的指导意见》等一系列政策，参与农村存量宅基地盘活并签约2106户，预计可节约宅基地面积67余公顷。

【市校合作】 加大区校合作共建力度，努力在健全组织体系、协调机制上实现新突破，确保项目真正发挥作用。完成新增市校合作项目20项，完成市下达全年任务20项的100%，其中与浙江大学合作项目7个。

【产学研联盟】 特聘7位分联盟专家并签订产学研联盟聘任协议书，谋划出台“1＋7”联盟基地建设方案，培育“1311”行动结对村2个，遴选湖州农民专家20名。参加市举办的产学研县区分联盟工作考核评审会，协助湖州市现代农业产学研联盟做好首批“1311”行动结对村产业基地建设指导等工作。

【新型职业农民培育】 新型职业农民是发展现代农业、推进农业现代化和振兴乡村的生力军。2019年，南浔区坚持以列入农业部新型职业农民培育工作试点为契机，在推进工业化、城镇化和农业现代化中高度重视培育新型职业农民。全年全区共培育新型职业农民410人，投入资金82万元，初步建立起教育培训、认定管理与政策扶持“三位一体”的制度体系。

【劳动力素质培训】 2019年，省、市下达南浔区培训任务2450人，其中转移就业技能培训任务450人，新型职业农民培育任务400人，农村实用人才培训任务1600人。全年全区实际完成农民素质培训8570人，其中转移就业技能培训510人，新型职业农民培育410人，农村实用人才培训1650人，普及性培训6000人，圆满完成省、市下达的任务。

【农业信息化】 全区累计农民信箱注册用户达46585户，其中涉农企业34家，专业合作社65家，集团采购单位142家，农业专业大户936户，农机作业大户217户，农家乐8家。发送气象预警、文明创建等短信累计480余条；“每日一助”服务信息发布88条，“每日一助”服务成效报送5条；建立农产品地方馆有效链接60条，采编农产品商务信息20条。注册用户启用率，从40713户的88.4%提高到40954户的88.9%，用户规范率达87.9%。公共信息发布55条，发送买卖信息100余条。集团采购单位和购销专业户总数138家。公共政务信息维护40条，组建农业咨询专家库19名，采编农业知识19条。万村联网网站建设，南浔区万村联网工程共建设行政村网站221个，已实现全覆盖，其中自主建站221个，符合农业现代化评价指标的行政村网站221个，规范建站率达100%。启动信息进村入户工程，开展培训，完成全区221个村的益农信息社和1个中心站及4个农资店简易站的建设，实现益农信息社的全覆盖。2019年被农业农村部评定为全国农业农村数字化评价体系先进县。

【农林行政执法】 南浔区突出打假治劣、质量安全和纠纷协调，把保障农业生产安全、推进行业整治提升、维护群众合法利益作为全年工作的立足点和着力点。2019年共立案行政处罚案件13件，结案13件，共处罚没款总计99940元；办理“12345”热线工单9件，调处涉农生产事故纠纷9件，挽回农户直接经济损11.4万元。一是加大对各种农业违法行为的打击力度。开展春、夏、秋季绿剑集中执法行动和专项整治检查等执法行动，共出动执法人员286人次，检查各类农资经营主体706家，完成农业投入品抽样53个，查处各类违法行为13起（农药3起，兽药9起，生猪屠宰1起），共处罚没金额99940元，其中，涉及重大案件处罚2起。二是认真做好农资经营“两化”建设。全区开展信息化建设的主体从2018年的15家上升至2019年的73家，主体同比增长386.7%，同时实现信息化建设覆盖率达100%，综合评比排名从2018年全省第87名上升至2019年全省前十名，并呈现稳步发展的良好态势。抓住农药经营许可换证和小城镇建设等契机，120多家经营门店完成提升改造，行业形象明显改善。三是积极运用“浙政钉·掌上执法”。掌上执法账号开通率和检查应用率均达100%，对各类农资经营主体已开展双随机抽查119户次，日常巡查检查320户次，使用率在湖州市农业系统排名第1位。

四是积极推动购买农药实名制工作。按照《关于切实做好农药实名制购买工作的通知》要求，结合平时执法检查，继续指导各镇（开发区）有计划、有重点、有目标地做好推动全区农药购买实名制工作。南浔区农药购买实名制工作覆盖率达 100%。五是加大农产品和农业投入品风险监测力度。共出动执法人员 286 人次，检查各类农资经营主体 706 家，完成农业投入品抽样 53 个和 52 个食用农产品监督任务，全力保障舌尖上的安全。

【渔政管理】　一是国有水域管理初显成效。开展渔政协管员市级、区级执法培训各一次，共培训协管员 60 余人次，强化渔政协管执法能力。全区各镇开展各类渔政执法检查，其中日常巡查 1200 余次，出动人员 4000 余人次，联合市场监管、公安部门联合执法 76 次，查处违法行为 282 起，清理网具数 22000 余条（丝条 5000 余条），收缴电捕工具 93 台（套），发放各类宣传资料 4000 余份，有力保护渔业资源及水域生态环境。二是以执法为贯穿全年工作核心任务，综合开展渔业“三战”、渔政亮剑、水产品质量安全监督执法检查、打击电鱼专项行动、春雾季渔船安全检查、盘羊 4 号等专项执法行动。全年出动水陆执法巡查 253 次，参加人员 506 人，办理案件 45 起，已结案 41 起（电鱼 23 起，无证捕捞 14 起，毒鱼 2 起，没收“三无”船舶 2 起），罚没款 66300 元。三是开展水产品质量安全专项执法检查，检查水产养殖场 50 家次，详细检查养殖场证照、三项记录、现场仓库和药品库情况；开展海洋馆等繁育展演场所在养水生野生动物执法专项检查。对两家水生野生动物养殖场进行检查并登记相关信息进行核实。全年开展农业农村部、省、市级各类水产品质量安全监督抽样 130 批次。四是加强禁渔期宣传工作，2019 年新做禁渔期广告牌 19 个，张贴公告 300 余份，悬挂横幅 275 条、发农民信箱信息 18 条，宣传禁渔制度。加强渔业安全生产宣传，结合农资下乡、安全宣传月等活动，通过发放宣传资料、宣传展板共计宣传人数 200 余人，提高群众保护渔业资源和水域生态环境意识。五是做好渔业资源增殖放流工作，全年渔业增殖放流投入 15 万元，夏花增值放流 1801 万尾，其中鲢鱼 1093 万尾、鳙鱼 408 万尾、长春鳊 300 万尾，超额完成全年任务。六是处理来电举报及“12345”热线 15 条，移交各镇（开发区）处理 14 起，调解渔业生产事故 1 起，补偿养殖户 3 万元。

【农机管理】　区农业“机器换人”工作取得新进展。2019 年，全区新增各类农业机械 2967 台（套），其中享受农机购置补贴机具 296 台（套），设施大棚补贴面积 74868 平方米，中央补贴金额 240.468 万元（设施大棚补贴资金 160 万元），地方累加补贴 18.9 万元，总补贴金额 259.368 万元。粮食批次烘干能力新增 42 吨，总批次烘干能力达 2104 吨。报废高耗能农用机械 316 辆，其中大中型拖拉机 48 辆（提前报废道路拖拉机 43 辆），小型拖拉机 268 辆，涉及正常报废补贴资金 55.25 万元，提前报废追加补贴 47.28 万元，报废资金共 102.53 万元。农机报废更新 1 台，报废更新补贴 1.6 万元。全年主要农作物耕种收综合机械化率达 86.3%（单季晚稻 88.6%），成功创建浙江省水产产业“机器换人”示范区，创建省级农业“机器换人”示范乡镇 1 个（练市镇）、示范基地 2 个（菱湖精鑫、南浔玲丽）。全区农机安全生产有新进步。2019 年，全区未发生拖拉机亡人事故，建成省级“平安农机”示范镇 2 个（练市镇、双林镇），示范镇覆盖率已达 70%，创建市级“平安农机”建设模范单位 1 个（练市绿禾），省级农机合作社示范社 2 个（练市民合、双林双农）。全区上道路变型拖拉机得到全面清理。一是与区公安分局联合下发《关于深化变型拖拉机专项整治工作的通知》，出台对查扣解体拖拉机的奖励政策。2019 年解体拖拉机 179 辆，兑付奖励资金共 3.77 万元；二是自 6 月 1 日起全区执行变型拖拉机上道路“全天全域”限行，至 9 月 23 日在全市首先完成本区 87 辆在册拖拉机提前退出报废注销工作，提前完成 2019 年年底变型拖拉机上道路和当地在册拖拉机“二个基本清零”的目标。三是齐抓共管，形成整治合力。2019 年，区农机管理部门和公安交警共开展跨部门联动路检执法 21 次，联动查扣各类拖拉机 64 辆。四是交警部门路检执法和牌证信息查询工作常态化开展，按照“交警查车、农机查源，违规解体”的机制开展拖拉机长效整治，使各种违规行驶变型拖拉机得到及时处置。全年核查外籍拖拉机信息 699 辆，驾驶证信息 635 份，发现和查处假牌假证或无效牌证 373 起。

【畜禽定点屠宰】　全面实施屠宰检疫环节激光灼刻检疫验讫印章。为提高工作效率，加快机器换人，促进畜牧业现代化进程，在2018年试点的基础上，2019年6月，南浔华统肉制品有限公司全面实施屠宰检疫环节激光灼刻检疫验讫印章。

【美丽乡村建设】 打造美丽乡村升级版，累计完成美丽乡村创建154个、美丽乡村精品村12个、美丽乡村扩面提质村69个、美丽乡村小镇12个、美丽乡村景观线10条，实现美丽乡村创建、美丽乡村扩面提质创建宜创村全覆盖。石淙镇全力打造美丽乡村、乡村旅游、乡风文明三项升级版，成功举办6次大型乡村旅游主题活动，全年引进社会资本1.1亿元，新增龙虾馆、民宿等新兴产业主体6家，推广藕虾、稻虾生态混养、特色水果种植等现代绿色农业333公顷，带动农民就业120人，农民人均增收5000元，全年乡村旅游达100万人次，实现增收2500万元。南浔镇息塘村成功招引6个产村融合发展项目，引入资金投入2.9亿元，2019年村集体经济达300万元（较2018年增加80万元），成功带动就业人员超200人，农民人均增收4980元，全年接待乡村旅游30.8万人次，为美丽经济的转化提供了样板。

【农业人才引进】 完成建设“红美人”柑橘研究院。建立渔都渔业专家工作室，全面服务西部现代渔业园区建设。深化市校合作，申报市级市校合作项目7个。制定出台《南浔区关于推进乡村人才振兴的实施意见》，举办田园创客大赛，吸引各方人才约80人。引进农业农村领域大学生600人，新培育农创客48人。

·蚕桑业·

【概况】 2019年，南浔区蚕桑生产总体体现“二增三减”，即单产、产量增加，饲养量、产值、平均茧价减少。全区全年共饲养蚕种45219张，同比减少3949张，减少8.0%；总产蚕茧2555.0吨，同比增加16.1吨，增加0.6%；平均张产56.5千克，同比增加4.9千克；蚕茧产值9099.4万元，同比减少305.6万元，减少3.2%；平均茧价1781元/50千克，同比减少71元/50千克。蚕桑生产继续受蚕茧价格低下的影响，效益滑坡，产业竞争力低下，广大蚕农种桑养蚕的积极性普遍低落，已严重影响蚕桑产业的健康发展。

【桑园基础建设与管理】 2019年，全区共完成种改桑184.7公顷，同比减少32公顷，减少14.8%。蚕农种桑积极性低下，桑园管理不善，功能发挥不足。同时，抛荒明显抬头，造成资源大量浪费，已严重影响产业效益和产业竞争力。

【技术培训】 组织及参与市、区、镇、村举办的形式各异的培训班4次，受众150余人次。印发技术资料10000余份。参与区政协、区农业农村局等单位组织的各类科技下乡活动开展技术咨询2次，共发放小蚕省力化饲育及蚕病综合防治技术资料270余份。

【项目建设】 一是组织实施蚕桑科技创新团队项目——“果桑深加工与循环利用示范”，由区农技推广中心组织实施，地点在练市镇朱家兜蚕桑专业合作社，项目得到省、市、区各级政府和相关部门的关心支持，在市蚕桑产业联盟、国家蚕桑产业体系湖州试验站专家的指导下，项目取得了良好的阶段性成效及预期目标，得到领导、专家、业者的充分肯定。二是继续指导和孚镇、菱湖镇的“荻港村桑基鱼塘保护”和“射中村桑基鱼塘保护”项目实施，特别是依托院士专家工作站和湖州荻港桑基鱼塘建设管理有限公司建立荻港核心保护区长效建设管理机制，真正有效实现农耕文明景观的展示与保护，弘扬桑基鱼塘全球重要农业遗产文化，不断完善规划并加强指导实施，有力提升项目建设质量与水平。依托院士专家工作站、市农业基金会，不断完善荻港生态养殖“麦芽鱼”和云豪家庭农场实施循环水养殖的新桑基鱼塘模式。三是协助与指导丝绸之路集团浙江农业科技有限公司的“优质高效生态蚕桑生产示范基地建设”和云豪家庭农场的“蚕桑集约化生产模式的示范应用”项目，项目取得了良好的阶段性成效及预期目标，在规模养蚕与机械化养蚕模式上提供了可复制的新模式，为蚕业的稳定与可持续发展提供新动能。

【蚕业产业化】 2019年，蚕业产业化面临难以推进的不利局面，一是生产规模大幅缩减，蚕业收益占比已很小，蚕农对蚕业的期望值普遍低下，对产业化经营积极性不高。二是蚕茧市场的无序和低水平竞争，优质优价难于体现。已多年开展的合作收茧、按质返利服务示范带动力度不强，已呈萎缩态势。2019年，全区各蚕桑专业合作社共收购蚕茧251吨，平均茧价高于全区平均40元/50千克。

【农作制度创新】　2019年，蚕桑产业积极顺应蚕业提质增效、转型升级新形势的客观要求，积极谋求农作制度创新的示范与实践。通过项目建设，重点在小蚕人工饲料工厂化饲育、大蚕省力化、桑园立体种养等方面进行创新示范，在规模大户培育方面进行了探索与总结。一是小蚕工厂化人工饲料育。2019年，工厂化小蚕人工饲料育78张，为提升蚕业竞争力发挥应有作用。二是大蚕省力化养蚕。实现途径为杂交桑条桑收获，全年多批次养蚕。示范点全年10批次养蚕112张，采用草本化种桑，机械化收获，规模化生产。三是桑园立体种养。桑园立体种养主要包括桑—菜、桑—菌、桑—禽等模式。2019年，南浔区在桑园立体种养上得到进一步推进，取得良好成效。全区桑园间作套种（榨菜、青菜、油菜等）面积530.4公顷，实现产值1118万元，间作物公顷产值21075元。四是蚕桑畜禽复合种养，实现既栽桑养蚕，又桑园养禽，同时利用不能用来养蚕的桑叶，另外还有桑枝、蚕沙、桑园杂草等用来养羊。朱家兜蚕桑专业合作社蚕桑畜禽复合种养示范园，2019年实现公顷产值133050元，净利润64650元。

【蚕桑规模经营机制】　在上级主管部门的重视与指导下，南浔区尝试蚕业新型经营主体——蚕桑规模大户（家庭农场）培育。依托科技与机械，采用模式创新，提供政策支持，力求通过家庭农场培育，形成适度规模经营的生产主体，提升蚕业竞争力，为南浔区蚕业转型发展提供示范与样板。2019年，南浔区蚕桑合营规模大户（蚕桑农场）是善琏镇港南村的顺荣蚕桑专业合作社高爱芬，农场主要生产经营项目有小蚕共育（公司）、桑蚕饲养、蚕茧收烘（订单蚕业）、桑园养鸡、丝绵被生产等，全年实现蚕茧收入21.6万元，套养禽收入0.7万元，蚕桑副产品收入0.4万元，出售小蚕2.2万元（净利），蚕丝被生产产值135万元。2019年净利34.5万元。

【桑基鱼塘文化建设】　“浙江湖州桑基鱼塘系统”成功入选“全球重要农业文化遗产”之后，以农耕文化为魂，以美丽田园为韵，以生态农业为基，以创新创造为径，以古朴村落为形，在保护中利用、发展中传承，走出一条依托千年鱼桑文化强镇富民的乡村振兴之路。一是项目建设方面。4月，桑基鱼塘核心保护区内建设百桑园，作为科普长廊的有效补充；11月，桑基鱼塘核心保护区内建设院士专家工作站监测点；12月，拟投资365万元的荻港村规模化蚕桑基地项目启动。二是宣传活动方面。2019年3月，荻港渔庄牵头开办的湖州鱼桑研学院挂牌成立。研学院的研学课堂，开设捕鱼达人、制蚕丝纸等课程。2019年4—6月，举办湖州桑基鱼塘系统活动月；9月，举办第二届农民丰收节暨第六届“南南合作”框架下全球重要农业文化遗产（GIAHS）高级别培训班；12月，举办第十一届湖州鱼文化节，桑基鱼塘宣传以“文化传承、乐活鱼桑”为主题，把鱼桑文化与美食文化、蚕桑文化、耕读文化相融合，汇聚成原汁原味、独具水乡特色的丰收盛宴、文化盛会，各项丰富多彩的活动吸引广大游客，让更多的人了解湖州桑基鱼塘系统。桑基鱼塘的发展得到各级领导的关怀。7月，省农业农村厅厅长林健东调研桑基鱼塘系统；9月，国际交流司副司长马洪涛调研桑基鱼塘系统，都给予桑基鱼塘高度认可。壮大桑基鱼塘保护、利用队伍。9月，湖州桑基鱼塘产业协会牵头召开桑基鱼塘系列丛书学术研讨会暨湖州市桑基鱼塘产业协会年会；10月，湖州南太湖农业文化遗产保护与发展研究中心成立，牵头组织编写《湖州重要农业文化遗产系列读本》，分析其历史与现实价值和保护与利用现状，提出可持续保护与管理对策，以进一步提升遗产地公民的文化自觉性与自豪感，提高全社会保护传承与利用农业文化遗产的意识。发掘桑基鱼塘系统的品牌价值。12月，在荻港渔庄召开“湖州桑基塘鱼”国家农产品地理标志产品申报感官评鉴会，专家组一致同意湖州桑基塘鱼申报国家农产品地理标志登记产品。

·畜牧业·

【概况】　2019年，南浔区畜牧业狠抓规模化养殖、畜禽疫病防控、畜产品质量安全和畜禽生产绿色发展等工作，有力保障全区畜牧业持续健康发展。

【畜牧养殖生产】　一是紧密围绕区委、区政府“五水共治”“生态文明建设”等中心工作，加快推进畜牧业绿色发展，产业结构转型升级。2019年，全区全年生猪饲养量13.67万头，同比增加15.7%；湖羊饲养量31.1万只，同比增加8.19%；家禽饲养量1867.74万羽，同比增加8.38%；兔饲养量30.19万只，同比减少3%。实现肉类总产量32612吨，同比增加14.22%；禽蛋产量0.76万吨，同比减少4.75%。二是畜禽养殖集约化生产水平提高。畜牧业生产向规模化、现代化方向发展。全区各类畜禽养殖户17716户，其中出栏生猪50头以上专业户16户，年出栏商品猪8.19万头，占总出栏比例为98.5%；湖羊出栏30只以上的专业户315户，年出栏13.49万只，占总出栏量的80.02%；种、蛋禽存栏500羽以上专业户29户，存栏达49.82万羽，占全区种、蛋禽总存栏的91.7%以上；肉鸡年出栏2000羽以上的专业户280户，年出栏达1330.2万羽，占全区肉鸡总出栏量的98.82%。三是区域化畜禽生产绿色发展格局成型。着力扶大育强畜牧业龙头企业和示范性专业合作社，通过龙头引领推进优势品种区域化布局。

【重大动物疫病防控】　2019年，全区免疫2185.455万羽家禽，共使用高致病性禽流感疫苗910.4万毫升；免疫生猪口蹄疫14.92万头，使用猪口蹄疫疫苗67.15万毫升；免疫21.22万头牛羊口蹄疫，使用疫苗口蹄疫疫苗24.73万毫升；免疫生猪高致病性猪蓝耳病12.97万头，使用疫苗15.56万份。全年全区共检测重大动物疫病免疫抗体9365份，其中口蹄疫样品954份，合格数816份，合格率85.53%；猪瘟样品437份，合格数427份，合格率97.71%；禽流感（H5亚型）样品544份，合格数520份，合格率95.59%；H7N9流感样品2519份，合格数2486份，合格率98.69%；新城疫样本755份，合格数699份，合格率92.58%；小反刍兽疫样品1936份，合格1564份，合格率80.79%；高致病性猪蓝耳病检测数177份，合格166份，合格率93.79%。共检测羊布病2043份血清样本，全部阴性。除了常规检测之外，区畜牧兽医局还开展飞行监测4次，开展免疫效果评估4次。区畜牧兽医局助理兽医师邱诗敏在2019全省农业职业技能大赛动物疫病防治员职业技能竞赛项目中获得二等奖。

【畜产品质量安全】　一是实行源头管理，开展投入品整治。加强畜产品质量安全的监督管理，根据区农业农村局的统一部署，配合农林执法大队认真开展畜产品质量安全专项整治，上下联动，全程监管，成效显著。全区共出动执法检查人员312人次，重点检查饲料、兽药等投入品以及规模养殖场、屠宰场、农贸市场等主体。二是全面开展产地检疫，真正把动物疫病控制在源头。产地检疫是动物检疫工作的基础，全区产地检疫开展面达100%，全年累计产地检疫生猪9.9247万头、湖羊4.2521万只、家禽1681.6415万羽。三是突出抓好屠宰检疫。全年全区屠宰检疫生猪22.1925万头、家禽1526.7254万羽、湖羊3.2582万只，对检出的病变内脏病害产品全部进行无害化处理。四是加强对“瘦肉精”等违禁药物的监测。累计监督监测2623批次，“瘦肉精”残留抽检合格率为100%。五是实行动物及动物产品落地报告制度。规范报验点建设，落实专人负责，进一步规范操作。六是动物卫生监督体系逐步推进。全区积极推进动物卫生监督体系与官方兽医队伍建设。全区所有10个镇（开发区）均完成基层动物防疫项目建设，有效增强基层防疫检疫能力。湖州南浔温氏佳味食品有限公司检疫报检点创建省级示范窗口。

【畜牧产业建设】　加大畜牧业绿色发展示范建设。一是以项目推动产业发展。针对南浔区畜牧业优势主导品种湖羊，积极向上争取产业振兴等项目，提升主体的规模化、标准化、生态化水平，累计创建美丽生态牧场25家、农牧对接绿色循环体6家、数字化牧场1家，保种场1家，形成示范效应。二是加强项目管理。做好项目验收工作，及时拨付项目资金，提升财政资金绩效。三是污染治理新技术的推广应用。引进推广输送带清粪技术，试验应用于特色湖羊产业，结合当地实际，建成后实现节省人工成本近50%，同时，减臭效果明显。四是强化污染治理线上监管网络，全部在养规模猪场重新签订线上网络监管合同，线上监管率100%。

【畜牧行政执法与监管】　加强畜禽养殖病死动物无害化处理。根据《湖州市病死动物无害化处理工作实施细则》的要求，全面压实属地管理责任、部门监管责任、主体责任。8个无害化收集点收集病死生猪31794头，其他病死动物562.4吨。加强动物防疫条件审查。认真组织实施贯彻《动物防疫条件审查办法》，严格畜禽规模养殖场动物防疫条件审查，一是严格动物防疫条件的审核工作；二是完善规模化养殖场的养殖档案工作；三是注重养殖场的制度建设和畜产品质量安全责任管理。全区有“动物防疫条件合格证”的57家规模养殖场向区动物卫生监督所提交动物防疫条件情况和防疫制度执行情况的报告。强化动物诊疗行政许可及监督检查。按照《中华人民共和国动物防疫法》《动物诊疗机构管理办法》的要求，严格动物诊疗许可的审核工作，做好辖区内6家诊疗机构的诊疗许可“回头看”工作，规范诊疗过程中兽用处方药贮藏及使用、病例填写及处方笺开具；督促诊疗机构做好医疗废水、医疗废弃物处理；指导做好诊疗场所及诊疗器械的消毒工作；加强执业兽医注册管理；建立辖区动物诊疗机构的巡查常态化机制。强化执法监督。针对重点环节、重点领域的突出问题，发放责令整改通知书2份；立结案10起，主要涉及调入动物产品未附检疫证明、动物诊疗领域。继续加大对生猪屠宰环节的监督执法力度，全年共开展56次监督执法工作，出动执法人员151人次。

·水产业·

【概况】　南浔区处于杭嘉湖平原水乡，辖区内水网交错，池塘星罗棋布，水产资源丰厚，养鱼历史悠久，养鱼技术精湛，以盛产鱼虾而著称。2019年，全区水产养殖面积12656.1公顷，比2018年的12060.8公顷增加595.3公顷，增幅为4.94%。水产养殖产量17.64万吨，比2018年的15.33万吨增加2.31万吨，增幅15.07%；渔业总产值33.67亿元，比2018年的28.47亿元增加5.20亿元，增幅18.26%。现有渔业村13个，渔业人口36138人，渔业产值超全区农业总产值的50%，是南浔区农业的主导产业之一，也是全省水产养殖产业大县（区）。菱湖镇、和孚镇是全省水产养殖产业强镇。

【名特优水产养殖】　名特优水产品是南浔区的一大优势产业。2019年，特种水产养殖面积达11333公顷以上。养殖结构受市场价格影响有所调整，主要以加州鲈鱼、青虾等养殖品种为主。全区黄颡鱼养殖面积2552.2公顷，总产量45861吨；加州鲈鱼养殖面积2394.1公顷，总产量达36451吨；青虾养殖面积2276.2公顷，总产量达3077吨；青鱼养殖面积910.3公顷，总产量达18168吨；翘嘴红鲌养殖面积496.8公顷，产量达10013吨；鳜鱼养殖面积644.1公顷，产量达4838吨；甲鱼养殖面积421.7公顷，总产量2141吨。

【水产种子种苗】　2019年，全区共有水产苗种场27家，主要以罗氏沼虾育苗场为主，现有17家，全年生产、销售虾苗95.7亿尾。全年水产苗种总产值为16112万元。2019年，水产种苗产量有所回升，鱼类和罗氏沼虾苗种产量均有所增加，但受江苏高邮罗氏沼虾苗种市场冲击，南浔区的罗氏沼虾苗种价格有所回落。其他品种如加州鲈鱼、黄颡鱼、翘嘴红鲌等鱼类苗种价格也因市场需求有一定变化。

【生态循环养殖】　南浔区大力推广跑道养殖、稻渔综合种养、生态套养、配合饲料替代冰鲜鱼等生态养殖模式，在改善养殖生态环境同时提升产品质量，助力渔业健康示范。在跑道养殖方面，全区已建成养殖跑道334条，建成勤劳鲈鱼跑道园区和漾东鳜鱼跑道园区两个千亩规模化跑道鱼示范区；在稻渔综合种养方面，大力推广以稻—虾为主的稻渔综合种养模式，实现“一田两用、一水双收、鱼粮共赢”新目标，全区已累计推广稻渔综合种养3200公顷，已创建万亩镇2个，千亩村9个，百亩示范主体51个，并建立华梦、宇泉、浔稻3个省级稻渔综合种养示范基地。全区累计推广包括“黄颡鱼—白鱼—鲢鳙”混养、虾鳖混养、鱼鳖混养、鱼虾混养等生态立体套养面积2200公顷，累计推广配合饲料替代冰鲜鱼养殖面积2333公顷，推广面积全省领先，2019年基本实现加州鲈鱼配合饲料养殖全覆盖。

【绿色渔业发展】　南浔区全面实施“11158”（创建1个国家级现代农业产业园、1个现代渔业综合服务平台、10个现代渔业示范园区、50家美丽渔场和800户健康养殖示范户）渔业绿色发展工程。一是积极做好养殖尾水治理工程。按照“连片区域集中治理、分散区域单独治理、治理与退养相结合”的工作思路，通过2年时间开展全域养殖尾水治理工作，于2019年实现100%全覆盖。在做好面上治理工作的同时做好示范创建工作，建立省级渔业尾水治理示范点60个。二是积极创建新型渔业主体。截至年末，已完成7个现代渔业示范园区、42家美丽渔场和450户健康养殖示范户的创建工作。全面推行标准化生产、规范化管理和品牌化经营，并积极做好“省字号”和“国字号”示范创建，全年共创建省部级健康养殖示范场13家；成功创建农业农村部健康养殖示范县；和孚镇成功创建省级渔业特色农业强镇，石淙镇列入省级稻渔特色农业强镇创建。

【数字渔业工程】 南浔区启动数字渔业发展工程，制定出台《南浔区数字渔业发展三年行动方案（2019—2021）》，重点实施渔业“八个一”工程（打造一个淡水鱼加工园区，打造一个数字化淡水鱼交易中心，培育一批水产良种场，创建一批现代渔业核心试验区，建设一个智慧渔业大脑，打造一个渔旅综合体，建设一个科技金融服务中心，组建一个渔业产业联盟），促进渔业产业提档升级，创新数字渔业发展模式。（沈　杨）

·供　销·

【概况】 2019年，南浔区供销合作社联合社紧紧围绕实施乡村振兴战略，深入贯彻落实省、市农合联改革文件精神，坚持稳中求进的工作总基调，以深化“三位一体”农合联改革为主线，统筹抓好组织建设、为农服务、经济发展和队伍建设，切实加强党建工作，争创“三位一体”改革先行示范区。全年，区供销合作社联合社实现销售总额10.489亿元，同比增长11.17%；社会贡献总额500万元。2019年被浙江省供销合作社评为“三位一体”改革工作先进单位。

【农业产业转型升级】 一是“红美人”柑橘示范基地建设。为进一步加快“红美人”柑橘产业示范引领作用，带动农户增收致富，2019年，练市镇练溪“红美人”柑橘示范基地完成“红美人”柑橘绿色食品认证。全年，练溪“红美人”柑橘示范基地13余公顷“红美人”柑橘地，预计产果1.5万千克，产值突破100万元。新建西堡“红美人”柑橘可持续发展示范园区，完成土地流转286.2公顷，搭建大棚138.2公顷，总投资约1.6亿元。园区一期分为村集体经济提升种植区、创客示范引领区、产业扶贫区、生产体验区、农村旅游休闲区、乡村旅游配套区、仓库物流加工区七大区块。园区已落实完成63个贫困户结对入驻。二是稻虾共生示范基地建设。2019年，大虹桥粮食生产功能区已建成标准化示范基地80公顷，已注册“浔稻香”“浔稻虾”等品牌。同时，积极开展农业社会化服务，建立农机社会化服务队，引进农机操作管理能手，购置约500万元的各类农业机械；新建育秧大棚2000平方米。全年，大虹桥基地小龙虾实际收获12万千克，产值达360万元；优质大米收获30万千克，产值300万元。三是跑道鱼基地建设。联合饲料公司新成立浙江东裕生物科技有限公司，打造和孚镇“漾东”“新获”和菱湖镇“勤劳”3个跑道鱼精品园区，同时扶贫对接四川省广安市广安区建设7条养殖跑道，共建设跑道鱼跑道61条，每条跑道饲养1万～1.5万千克优质鱼类，跑道均收30万～50万元，实现总产值3050万元。

【“南浔知味”品牌营销】 一是建立“南浔知味”连锁门店经营体系。通过连锁经营，进一步加大对外推广南浔农产品的力度，加快打造南浔农产品区域公共品牌。已完成100家“南浔知味”线上线下门店建设，进一步拓展南浔农产品销售渠道，提升南浔农产品品牌形象，增强南浔农特产品对外影响力。二是线上在政采云平台开设“南浔农业（扶贫）馆”。积极入驻政采云平台，加入“全省一张网”，从而以互联网为基础充分利用云计算和大数据技术拓展销售途径。2019年，南浔农业（扶贫）馆线上销售四川省广安区农产品150余万元，累计扶贫销售额达210余万元。三是全力打通线下农产品销售渠道。全年共参加农产品展示展销及农事节庆活动7次，将南浔优质农产品以及“红美人”“跑道鱼”等特色农产品进行推广，以品牌为引领，展现南浔农业产业特色、农业优势和品牌价值。

【信用服务体系建设】 一是多举措开展为农服务。积极推广“两美农合贷”，帮助会员解决资金短缺难题。2019年，区、镇两级农合联会员信用评定和授信覆盖面均达100%，授信金额达2.58亿元，累计发放贷款340笔、1.69亿元。二是试点运行饲料销售模式。与饲料公司合作，帮助农户以更低的价格向饲料企业统一购买饲料，同时，给予信用贷款支持。企业让利部分，按照4∶4∶2的比例分别返利至养殖户、村集体和下一年的风险基金池中。全年，共销售饲料200吨，销售额158万元，为农户节省3万余元，为村集体经济增收3万余元。三是推出“农情绿意贷”。为让会员得到利率更优惠的贷款，南浔区农合联联合南浔农行、湖州市正策融资担保有限公司，为农合联会员推出月利率3.625%～4.25%的“农情绿意农合贷”。截至年末，授信金额已达5000万元，授信会员18户，发放贷款1000万元。

【为农服务工作推进】 一是做好农民培训工作。南浔区供销合作社联合社联合全区9个乡镇的成校做好农民培训工作，全年，开设各类涉农专业培训班40个，转移就业培训500人次，农村实用人才培训约1700人次。二是做好农资供应工作。认真组织做好农资供应，积极发挥农资经营主渠道作用，通过增设网点、延长营业时间，提供优质服务。三是做好农业投入品废弃包装物回收和处置工作。2019年，回收和处置工作顺利开展，回收量达70吨，库存剩余18吨，已累计处置废弃物52吨。（张浩旻）

·林 业·

【概况】 2019年，南浔区林业发展工作紧紧围绕“两山”重要理念，根据“生态立区”的首位发展战略，切实加强森林资源保护，狠抓公共绿地建设。以深化“森林城市”“森林城镇”“绿化示范村”等创建为抓手，不断促进“生态南浔”建设，有效地提升南浔“全国绿色发展百强区”的知名度和影响力。

【平原绿化建设】 3月12日，区绿化委员会组织200余人，在南浔镇甲午塘河畔开展义务植树活动，共栽种樱花、桂花、杨柳、红枫等树种400余株；2019年建设平原绿化45.3公顷、种植珍贵树种10.8万株，森林覆盖率为9.94%，较2018年略有提高(9.91%)；林木蓄积量为180767立方米，比2018年增长了13516立方米，年增长率为8.08%。

【自然保护地建设】 培育省级生态文化基地1个（千金镇）、市级湿地公园1个（双林镇），持续推进菱湖、千金镇省级湿地公园年度建设；对3个乡镇开展珍贵彩色树种赠苗活动，共赠1.4万株苗；创建“一村万树”示范村7个，大规模开展绿化种植。

【森林资源保护】 开展森林督查自查工作，涉及9个乡镇，遥感变化图斑85个，面积49.8公顷。菱湖、双林两镇的省级森林城建规划顺利通过省、市专家的评审。深化林业有害生物防治检疫，对全区美国白蛾防控重点路段的设备进行检修，并同时开展监测工作。审批办理森林植物检疫证书2万余张，发放森林植物产地检疫证8本。持续开展森林防火和野生动物保护工作，粘贴防火公告17张，开展野生动物保护执法4次，处理4人，救助野生动物10只。（蒋纪方）

·水 利·

【概况】 南浔为典型的江南水乡地区，境内河流纵横，湖漾密布，河道2248条、总长2110千米，湖泊和池塘615处、面积14.04平方千米，全区总水域面积93.28平方千米，水域水面率13.2%。2019年，南浔水利工作以习近平新时期治水新思路和在黄河流域生态保护和高质量发展座谈会上重要讲话精神为指导，按照“补短板、强监管、走前列、推进水利高质量发展”的总体要求，开拓进取，创新破难，真抓实干，全力推动全区水利事业高质量发展。2019年，南浔区水利局第五次荣获浙江省市县水利工作综合考核优秀单位称号，全省名列第7位；又获评2019年度区级综合考评优胜单位和“湖州市人民满意的公务员集体”等多项荣誉称号。

【防汛防台风】 一是防汛防台风实现安全度汛。落实各项防汛责任制32项，通过媒体公示12名重点水利工程防汛责任人，实现水利工程239名技术负责人及2000名管理人员网格责任全覆盖和近300名基层水利员、气象信息员业务培训全覆盖；修编预案、控运计划39项，举行大型防汛应急演练2次；落实水利工程抢险队伍96支、1340人，落实水利抢险技术专家24名，落实足量应急抢险救灾物资和装备。全面做好监测预警、巡查值守、工程调度、应急处置各项工作，13处防汛隐患全部完成整改或落实应急措施，平稳度过台汛期，实现“不死人、少伤人、少损失”总目标。二是气象防灾减灾扎实推进，不断健全气象防灾减灾组织领导体系，落实

790名镇、村气象协理员、信息员，开展气象信息发送、预警发布、灾情上报等工作。建立健全考核、长效管理等机制。创建9个气象防灾减灾标准化村、1个气象防灾减灾标准化提升村，累计21个村、1个示范镇；针对2019年杭嘉湖平原持续干旱少雨天气，在全省率先购置增雨防雹燃气炮，开展试验性作业6场、2800炮次，累计人工降雨300余万立方米，有效提升区域防灾减灾能力。

【水环境治理】 一是河湖环境生态化。围绕浙江省生态河道建设标准，制定南浔河湖生态建设具体细则，形成“三洁四点五性”（“河水需清洁、河面需保洁、河岸需整洁”“河中有亮点、河岸有节点、左右无污点、一望有看点”“生态体现自然性、示范彰显代表性、群众要有积极性、制度体现民主性、管理要有长效性”）南浔标准，建设完成20条美丽幸福河道，和孚漾、金象湖2个湖漾成功创建省级美丽河湖；完成河道清淤轮疏年度任务125万立方米，用于圩堤加固、肥田肥地，并积极探索淤泥新墙材利用，发挥湖州德海新型建材有限公司作用，建立年消耗100万立方米以上淤泥的4条制砖生产线，已全部投入运行；河道保洁进一步提质，新增骨干河道垃圾收集船装备开展集中收集处置；强化保洁协作力度，健全界河联防联治机制，保障世界互联网大会、中华人民共和国成立70周年庆祝活动等水环境质量；再现“水晶晶”南浔，呈现靓丽的水生态文明建设样板地。二是河湖管理规范化。全域河（湖）长制全覆盖，区级以上河（湖）堤防完成划界，强化河（湖）水域管控，确保河（湖）安全。规范水资源管理，加强工业、服务业有偿用水管理，全区118家企业，2019年取用水量1350.95万立方米，征收水资源费270.19万元，确保河道水源变资源。开展河道堤防薄弱环节建设，对灾后水毁工程切实采取有效的措施，杜绝防汛隐患，确保年度度汛安全；联合生态环境等部门，强化排水口的管控，确保生活、生产用水的安全，全年过境断面水质均在三类水以上。三是河（湖）民生共享化。通过对河（湖）的生态治理、全域功能规划，在古镇区域，将马路还原为河网；在农村，将主要水源岸地规划为农民集聚区；将文化渊源地规划为景区，举行有关水上体育运动会、鱼文化活动等，将美丽河道提升为幸福河湖。

【水利建设】 一是项目前期早谋划。太嘉河后续工程（练市塘）完成前期工作，开展政策处理，完成土地流转29.7公顷，房屋搬迁10户、193平方米，坟墓搬迁219穴，为项目无障碍施工创造环境。杭嘉湖北排通道后续工程（南浔段）可研及相关要件编制报省水利厅走入审批环节。启动水利“十四五”规划编制并形成思路报告，“五化”幸福河（湖）五年行动纲要等方案编制基本形成，进入完善审批环节，美丽河湖实施方案（2019—2020）、水利补短板实施方案已获批。2020年实施的南泥坝圩区进入施工招投标阶段，银马圩区开展初步设计编制。第二次水域调查工作有序开展，在湖州率先谋划上报中央水系连通及农村水系综合整治试点项目。二是工程建设快推进。健全文明工地创建、监理例会制、法人约谈制、信用评价制等制度，加速推进工程建设。百漾千河——社会资本合作项目，美丽乡村河道规划79个村、328条、158.5千米，已完成64个村、247条、129.6千米；骨干河道规划13条、75.1千米已全面开工，完成2条（新开河、沙浦港）20.4千米；防汛道路规划29.7千米，开工21.7千米，园路规划86.7千米，完成46.9千米；绿化规划282.1万平方米，完成133.8万平方米；桥梁规划38座，开工24座；闸站规划15座，开工14座；湖漾规划17个，开工12个，完成5个。甲午圩区顺利推进，完成新建堤防3.11千米，亭子桥闸站完成主体工程，完成年度任务180公顷。三是完工项目抓验收，注重项目的竣工验收，已完成和孚漾等9个项目的竣工验收，完成年度任务的100%。

【水利管理】 一是严格落实水资源消耗总量和强度双控要求，实现全区111家企业取水实时监控全覆盖，南浔区代表湖州市接受省最严格水资源管理检查并顺利通过；强化依法治水管水，集中开展水资源管理专项行动，与区综合行政执法局等部门联合执法，对非法占用水域、未经批准取水、超许可取水、非法倾倒渣土等行为依法查处，办理案件47起，其中行政处罚2起，责令整改29起，移交区综合行政执法局15起，申请法院强制执行1起。强力推进河湖清“四乱”（乱占、乱采、乱堆、乱建）行动，对四处河道边非法建筑进行整改，维护水事秩序。二是节水型社会建设三年任务两年完成，创建完成25家节水型企业、2个节水型灌区、29家节水型公共机构、3个节水型居民小区；建设1个节水型宣传教育基地；开展25家企业水平衡测试、14家企业清洁生产审核，在全省县（区）级层面率先开展水利行业节水型机关建设。三是深入推进“最多跑一次”改革，推进“一窗受理、集成服务”，精简办事材料7个，形成投资项目办理流程“八张图”，48项办事事项实现网办100%、掌办100%、跑零次100%，办件承诺时限压缩比97.46%，办结行政审批33件，其中取水许可审批15件，水土保持方案审批12件，涉河涉堤（占用水域）审批6件。四是农业水价综合改革五年任务两年完成，实现区域27446公顷（水稻田9100公顷、经济作物1900公顷、苗木3913公顷、养殖12533公顷）有效灌溉面积全覆盖，定额每公顷均用水量13200立方米，定额用水总量3.62亿立方米，实际每公顷均用水量11475立方米，实际用水总量3.15亿立方米，节水0.47亿立方米，节约13%。打造西堡红美人基地等15个省级示范村，创建成省级示范县（区），农业水价综合改革工作走在全省、全国行业前列。五是抓好水利工程标化管理和质量安全管理，完成2片圩区、10段堤防标准化创建；通过“飞检”、现场质量监督等手段，加强工程质量监管，开展质监活动3次，下发质监会议纪要3份，提出并整改问题49个；巡查、抽查88次，下发质量监督记录11份，发现并整改问题23个；成立区水利局安全生产领导小组，与镇（开发区）和局属单位签订安全生产责任书14份，下发安全生产文件7份，检查人员对投入运行的水利设施、在建工程等进行安全检查，合计检查43次，发现安全生产隐患29起，整改落实29起，整改率达100%。全区水利安全生产事故“零”起，死亡人数“零”人，实现经济“零”损失。

（方睿睿）

工　业

·综　述·

2019年，区发改经信局紧紧围绕打造湖州“开放东大门、创业新高地”的发展定位，按照市委“一四六十”（聚焦“一个目标”，突出“四个定位”，打造“六个城市”，开展“十大专项行动”）工作体系的部署，聚焦绿色制造主线，全力推进稳增长、促转型、抓改革、精培育和优服务等各项工作，经济社会发展呈现“稳中有进、进中向好”的态势，全区工业经济不断向高质量赶超发展迈进。

·节能减排·

【概况】 2019年，全区节能降耗和淘汰落后产能工作强势推进，成效明显。全区GDP能耗下降4.3%，规上工业增加值能耗下降6.4%。强化落后产能淘汰，实施重点节能技改项目20项；淘汰落后设备468台（套），腾出用能空间约2.86万吨标煤，为全区经济社会平稳发展和转型升级提供保障。加快“低散乱”企业专项整治行动，淘汰685家。着力做好有序用电，对不同类型的企业实行不同的用电制度，推进资源合理配置。大力发展绿色经济，实施清洁生产改造企业9家，成功创建国家级绿色工厂3家、国家级绿色供应链管理示范企业2家、国家级绿色产品3个。

【淘汰落后产能】 一是深入开展锅炉淘汰。按照湖州市锅炉整治工作要求，制定全区锅炉整治方案，明确任务和时间节点，倒逼推进工作开展。列入市高污染燃料锅炉淘汰计划的5台10～35蒸吨燃煤锅炉和31台生物质锅炉，全部完成淘汰任务。二是开展铝壳中频炉淘汰专项行动。逐家企业排摸、宣贯政策、督促淘汰，集中一个月时间完成淘汰工作，共淘汰27家企业的57台铝壳中频炉。三是深化高耗低效产能淘汰。完成13家企业落后产能淘汰，腾出用能空间2.86万吨标准煤，超额完成市下达的年度目标任务。加快黏土砖瓦行业淘汰，3座黏土砖瓦窑完成烟囱爆破、窑体拆除等工作，实现全区黏土砖瓦窑清零。制定《南浔区“园区外无企业”三年行动计划》，倒逼“高污染、高能耗、高排放、低效益”企业关停淘汰，各镇（开发区）共计淘汰“低散乱”企业685家。制定《南浔区印染行业整治提升指导意见》，对全区39家印染企业按照“关停淘汰、整合重组和刚性削减”进行整治，确定6家关停、6家搬迁重组、10家刚性排污削减和17家整治提升，要求保留企业达到效益提升、绿色发展、管理规范的要求。

【绿色制造】 一是加快节能技改。加大节能技改和节能新技术、新产品的推广应用力度，全区共完成节能技改项目20个，年节约用能1.3万吨标准煤以上。鼓励“两高”行业开展清洁生产审核，全年已完成清洁生产审核9家企业。二是加快构建绿色制造体系。全面启动绿色工厂星级评价管理三年全覆盖工作，引导企业绿色发展。越球电机、江潮电机、正导光电3家企业成功创建国家级绿色工厂；世友木业、久盛地板成功创建国家级绿色供应链管理企业；彩蝶实业成功创建国家级绿色产品3个；星级工厂累计达745家。三是抓好循环经济建设。按照“减量化、再利用、资源化”要求，加强规划引领、政策扶持、项目支撑和试点示范。湖州垃圾焚烧发电四期项目完工，并通过财政部浙江监察局项目绩效评价。湖州市南浔区旧馆污水处理厂新建工程成功申报资环领域中央资金项目。

【能源审批及监控】 一是严格项目审批。按照“十三五”及年度能源“双控”目标，从严把控新增用能，对单耗高于0.6吨标准煤/万元的高耗能项目严格开展用能替代。二是开展节能监察。对全区纺织、化纤、钢铁等行业的12家重点用能单位开展节能监察工作，委托中介单位编制节能监察报告，核算企业总能耗和产品单耗。三是开展重点企业监管。密切关注规上企业每月用能用电等情况，分析企业用能出现波动的原因，全面排查能耗异常企业并开展有针对性的指导服务工作。

·经济运行·

【概况】　2019年，面对复杂多变的宏观经济环境和艰巨繁重的改革发展任务，区发改经信局认真贯彻落实中央和省、市的决策部署，紧紧围绕“开放东大门、创业新高地”的总目标，深入实施“六大行动”（产业升级、改革创新、开放融合、城乡提质、生态文明、民生普惠），主动适应、把握、引领经济发展新常态，扎实推进工业经济“三千”（千名干部服务千家规上企业，年底冲刺千亿产值）工程、“亩均论英雄”改革、智能制造、小微企业园建设等特色亮点工作，有力地推动经济赶超发展，全区经济运行总体保持平稳健康发展，呈现“稳中快进、快中见好”的良好态势。2019年，全区实现地区生产总值458.01亿元，按可比价格计算，同比增长7.3%。分产业看，第一产业实现增加值23.99亿元，增长3.3%；第二产业实现增加值273.45亿元，增长7.5%；第三产业实现增加值160.57亿元，增长7.6%。三次产业比重由2017年的5.4∶54.9∶39.7调整为5.2∶59.7∶35.1。全区1057家规模以上工业企业实现规上工业总产值896亿元，增长4.9%；规上工业增加值152.5亿元，增长7.9%；电梯、纺织等主要行业平稳发展，规模以上工业利税总额增长4.0%，利润总额增长3.5%。固定资产投资增长13.5%。进出口贸易发展平稳，进出口总额98.78亿元，增长4.4%，其中出口85.47亿元，增长5.3%。

【行业发展】　一是示范试点扎实推进。家居及竹木制品产业入选第三批省级传统制造业改造提升试点；省级智能机电高新技术产业园区获批创建；智能电梯、绿色家居两个产业创新服务综合体成功列入省级创建名单；“中国木地板之都”复评顺利通过。二是重点行业引领发展。全区31个行业大类中有18个行业增加值实现增长，增幅超过规上平均的有10个。全区高新技术产业企业共实现工业增加值83.21亿元，增长8.1%，战略性新兴产业企业共实现工业增加值43.18亿元，增长5.7%，装备制造业产业企业共实现工业增加值53.65亿元，增长10.4%。

【转型升级】　一是加快传统产业改造提升。出台《南浔区木业行业规范有序发展实施方案》，深入推进传统制造业改造提升分行业省级试点，以“两个全出清、两个全覆盖”（规下企业全出清、低效企业全出清，标准化建设全覆盖、差别化政策全覆盖）为目标，规范一批企业上规升级。强化木业行业规范有序发展，对规上企业亩均税收3万元以下高压执法，通过约谈警示、自查账目、联合执法等，持续推进木业行业规范有序发展。千方百计促进企业升规，着力治理“厂中厂”问题，促进达产上规，全区“企升规”完成155家，全区规上企业总数达1057家。二是加快推进智能化改造。以制造业大中型企业为重点，持续开展企业“两化融合”管理标准体系对标诊断和贯标，形成带动示范效应。巨人通力、巨人机电等4家成功列入工业和信息化部“两化融合”管理体系贯标认证企业。深入实施“两化”（以信息化带动工业化、以工业化促进信息化）深度融合工程，不断提升企业数字化、网络化、智能化水平，实现企业“上云”1000余家，省级“上云”标杆企业2家，市级以上数字化车间和智能工厂9家。三是深入开展“亩均论英雄”改革。完成2019年工业企业“亩均论英雄”评价，共评价工业企业4788家（含个体户），其中规上企业评价915家，规下企业（含个体户）评价3873家。升级“亩产数字地图”系统，优化6个主要模块功能。落实差别化政策，在用能等6个方面实施差别化，差别化政策执行企业数量和力度全市领先。四是全力发展数字经济。围绕打造数字经济“一号工程”，积极实施南浔区加快数字经济发展实施方案，全力发展壮大数字经济，培育经济高质量发展新动能。2019年，全区限上数字经济核心产业服务业企业实现营业收入1.73亿元，同比增长251%；实现利润总额1324.5万元，同比增长164.7%；全区51家数字经济核心产业实现工业增加值11.8亿元，同比增长5.3%。11月，成功举办“华东CIO大会暨中国产业数字化（南浔）峰会”。

【技术创新】 一是注重提升产品档次。星光农机“4MZ—3棉花收获机”、怡达快速“智慧电梯（EKJ系列与EKW系列）”入选省内首台（套），久立特材“核安全级不锈钢仪表管组件”、太平微特“140TAST型超薄永磁同步门机电机”等6件产品入选浙江制造精品，世友木业“实木复合地板低TVOC/阻燃性能技术研究”入选浙江省重点高新技术产品。二是加强载体平台建设。制定出台《湖州市南浔区国家高端装备制造业标准化试点实施方案》，调整组建领导小组，建立一支由省、市特种设备科学研究院，省、市标准化研究院，电梯科创中心，电梯协会和企业组成的22名精于技术、专于管理的高层次的专家队伍。通过与浙江大学、中国计量大学、湖州师范学院等大专院校进行专项合作，与省标准化研究院签订战略合作协议，开展关键技术攻关和企业信息化、数字化建设，浙江久立特材科技股份有限公司获评“国家技术创新示范企业”，浙江亨通光网物联科技有限公司、湖州新利商标制带有限公司获评“浙江省企业技术中心”，湖州越球电机有限公司、浙江富钢金属制品有限公司等8家企业获评“湖州市企业技术中心”。

【加强服务】 一是开展中小企业培训。组织开展企业5S现场管理培训班2次，提升企业管理水平，引导企业管理模式向规范化、制度化转型升级；组织开展南浔区小微监测培育及税改新政培训会，讲解税收改革及降本减负政策；在南浔区电梯平台举办湖州市电梯行业数字化转型研讨会，来自全市50多家电梯整机及配件企业参加。二是发挥示范平台的示范引领作用。湖州衡鼎产品检测中心、湖州市对外贸易股份有限公司成功入选2019年省级中小企业公共服务示范平台，充分发挥示范平台的带动和服务引领作用，进一步助推小微企业“专精特新”发展和上规升级。三是开展“三千”专项行动。成立工业经济“三千”专项行动领导小组，按照千名干部联系企业服务名单，牵头组织各级干部实地走访企业，并将走访中了解到的企业生产经营情况和问题建议进行汇总，落实到相关部门、科室限期解决。

·平台建设·

【概况】 2019年，狠抓平台建设，不断提升项目承载能力。以南浔经济开发区和练市两大工业平台为重点，协调推进双林、菱湖、和孚、旧馆镇工业平台，加大投入，狠抓落实，全区平台建设顺利推进。全年共完成平台建设总投入11.11亿元，其中基础设施投入5.11亿元，拆迁1127户，土地拓展408.7公顷。

【平台拓展】 围绕“一区三片区两园”布局，启动建设万亩大平台，承载产业发展，打造区域经济增长引擎。一是着力打造“一区三片区两园”（开发区；开发区练市片区、开发区双林片区、开发区旧馆片区；菱湖工业园、和孚工业园）重点工业平台布局。积极整合练市、双林、旧馆三镇工业平台，突出智能电梯及关键零部件、高端电机等先进制造产业发展。练市工业区完成拆迁64户，拓展面积23.5公顷；和孚工业区完成拆迁177户，拓展面积74.5公顷；双林工业区完成拆迁102户，拓展面积53.3公顷；旧馆工业区完成拆迁35户，拓展面积17.3公顷；菱湖工业区完成拆迁30户，拓展面积40公顷。练市信息机电产业园区成功创建省级高新技术产业园区。二是加快打造万亩大平台。南浔经济开发区以城中村改造为契机，围绕泰嘉光电、海顺新材等重大项目开展征迁攻坚活动，精心谋划万亩大平台推进工作，集中力量全力以赴打好平台拓展攻坚战。全年共完成拆迁农户712户、企业520家，拓展面积201.7公顷。三是狠抓小微企业园建设。进一步探索小微企业培育、“低散乱”企业整治和小微企业园建设有机结合的发展模式，开工建设小微园19个，面积达204余万平方米，已竣工16个，被列入浙江省首批小微企业园建设提升工作试点县（市、区），南浔区获省财政专项激励资金750万元。

【设施建设】 一是配套设施加大投入。科学规划平台基础设施配套，完善工业平台内路网体系，统筹推进水、电、气、通信等基础建设。全年共完成基础设施投入5.11亿元，其中临沪工业区完成投入37000万元，练市工业区完成投入2700万元，旧馆工业区完成投入2800万元，菱湖工业区完成投入6000万元，和孚工业区完成投入600万元，双林工业区完成投入2000万元。二是道路框架加快拉开。南浔经济开发区内“三横四纵”道路框架不断完善，南浔大道、外环西路、富园路等8条道路完成改造提升并通车。和孚工业区内陶家墩片区新建排涝机泵1座。旧馆工业区内完成潘家庄二期及小微园建设。练市工业区内茹家甸大桥及东延段道路建设完成总工程量的70%；启动新会路两侧绿化工程、照明工程，练溪大道、茹家甸路两侧人行道绿化、照明工程；启动亭子桥路北延段建设。双林工业区内启动倪家滩村征迁、倪家滩路建设工作；完成通港路改造提升、强园路延伸段规划设计。菱湖工业区内新建工业东路、竹墩路和工业南路。南浔木地板产业园路网已形成。

·项目建设·

【概况】　2019年，全区深入实施项目“三率”（开工入库率、竣工投产率、上规升级率）专项行动，始终坚持把项目建设作为经济发展的一项重要任务，积极抢抓“中国制造2025”战略的重大机遇，进一步扩大有效投资，扎实推进工业“大好高”项目引进推进，大力支持“机器换人”技术改造工作。在项目审批、项目推进、项目督查上创新破难，全力以赴，重大项目建设加快推进，有效投入不断扩大。全区完成固定资产投资增长13.5%，增幅全市第三，其中完成工业性投入增长29.5%；179个区亿元以上项目完成投资103亿元，完成年度计划的116%。

【项目推进】　狠抓项目建设，全力打造赶超发展新优势。一是狠抓大项目引领。积极打造“开放东大门、创业新高地”，聚焦上海、杭州、苏州等重点区域新一轮产业转移机遇，抓招引、抓落地、抓开工、抓建设。深化区重点办项目“引推”工作，建立南浔区工业项目“三率”评估跟踪问效机制。鼎旭装备、中氢燃料电池、约顿气模列入省重大产业项目，可争取土地指标31公顷。“嘉亨化妆品集团运营总部项目”“物联网通云平台浙江中心基地”等5个项目列入省、市、县长项目。“申苏浙皖至练杭高速公路连接线工程”“浙江大东吴绿色建筑集成产业基地”等16个项目列入2019年度省重点建设项目。“年产通信光缆800万芯公里”“沪苏湖铁路南浔站交通枢纽工程”等8个项目列入省“4+1”［交通建设、生态环境和公共设施、高新技术产业、民间资本参与政府和社会资本合作（PPP）项目推介4大工程包+省市县长项目工程］重大建设项目。“湖州南浔水晶晶颐养中心”“贝高家居科技（苏州）有限公司WPC木塑新型复合材料研发及产业基地”等14个项目列入省“五个千亿”（千亿数字经济、千亿生命健康、千亿高端装备、千亿文化旅游和千亿能源环保）投资工程。全年认定市工业“大好高”项目32个。二是狠抓大项目推进。按照前期攻坚一批、开工建设一批、推进在建一批、竣工投产一批的要求，狠抓有效投入。建立由区委、区政府主要领导定期召开的项目“双进”（引进、推进）工作例会制度，并继续完善“6+X”（区发改经信局、区科技局、区商务局、区应急管理局、区自然资源和规划分局、区生态环境分局6个区级部门+不确定部门）项目协调机制，召开会议9次，协调项目14个，实际解决问题17个。在建重点工业项目累计完成投资48亿元，其中新开工68个，竣工40个，超额完成全年开竣工目标任务。5个省、市、县长项目工程落地率100%，比省定50%目标高50个点，比市定70%目标高30个点，5个项目均已开工入库。三是狠抓大技改支撑。抢抓“中国制造2025”试点示范城市建设契机，以振兴实体经济为核心，深入开展规上企业技改三年全覆盖行动，加快打造智能制造生产体系，不断提升工业企业生产效率。2019年，全区列入省5000项智能化技术改造项目计划重点类技改项目64个；列入省工信专项资金补助项目4个，争取省级技改补助资金305.08万元；列入市2025专项工业投资及技术改造项目53个，争取技改补助资金5474.39万元。

·综合改革·

【概况】　2019年，进一步深化“最多跑一次”、项目审批、“亩均论英雄”、民生领域等方面的改革，助推南浔工业经济不断向前发展。

【经济体制改革】　一是深化工程建设项目审批制度改革。深化工程建设项目审批改革开创“多证合一”

新模式，审批环节减少6个，环节精减66%；申报材料精简14份，材料精减60%；审批时间压缩27天（自然日），服务效能提速90%。印发《南浔区工程建设项目审批制度改革试点工作考核评价办法》《南浔区工程建设项目审批制度改革试点工作督查办法》，推行“工程建设项目审批”制度改革。印发《关于推行工程建设项目“联合竣工验收”的工作方案》，推行工程建设项目“联合竣工验收”。二是协同推进“‘五未’（批而未供、供而未用、用而未尽、建而未投、投而未达标）土地处置+‘标准地’”改革。全年累计消化批而未供土地260.7公顷，处置供而未用土地76.8公顷，盘活存量建设用地60余公顷，完成低效用地再开发10余公顷，工业用地供地113.3余公顷。积极探索“标准地+”改革后延伸，按照标准地“事前定标准、事中事后强监管”的要求，会同法院按照标准地标准处理不良资产项目，全年累计处理地块4个，处理面积超20公顷，处理工业后“三未”土地6宗。三是深化“亩均论英雄”改革。对工业企业，完成2019年“亩均论英雄”评价工作，共评价工业企业4788家（含个体户），规上企业评价915家（较2018年增加434家），其中A类207家、B类559家、C类104家、D类45家；规下企业评价3873家，其中B类1446家、D类2427家，落实差别化政策执行企业数量和力度全市第一。对服务业企业，探索服务业“亩均论英雄”改革工作，开展服务业企业普查，完成相关数据收集及初步分析工作。

【民生领域改革】 一是深入推进“最多跑一次”改革。深入开展“减证便民”行动，凡列入《南浔区证明材料清单》取消范畴的证明，办事企业和群众不再需要向第三方单位开具，共排查出证明材料清单326件，其中取消318项，保留8项，取消比例达97.55%。发布全国首个企业开办全流程地方标准，并在全省率先推行综合测绘、涉企证照通办、企业开办“零成本”、工程建设项目审批“三证合一”等系列改革，推出投资项目精准导航图模式。在全市率先完成“无证明区”建设，实现“清单之外无证明”。二是协调推进城乡改革。南浔頔塘未来社区成为全市唯一入选省级未来社区试点项目，获中央资金7700万元；在浙江省特色小镇验收中，善琏湖笔小镇被评为优秀级（居全省第二），丝绸小镇为良好级，智能电梯小镇为合格级，共获得奖励计划指标14.8公顷；在浙江省小城市培育试点考核中，练市镇为良好级，共获得小城市培育试点专项资金和考核奖励资金3200万元。三是信用体系建设不断完善。制定印发《南浔区社会信用体系建设2019年工作要点》《南浔区2019年社会信用体系建设工作考核评价指标》等文件6个。依托南浔区公共信用信息平台和“信用南浔”门户网站两个信用平台，不断推广信用信息查询、信用联合奖惩和信用承诺制等的应用。出台《南浔区信用承诺制实施方案》，对信用优良的企业和个人实施“承诺即办”“容缺受理”等优惠政策，累计上传信用承诺书600余份，发放“承诺准营制”许可证270余张。实施“信易贷”“税银贷”等项目，通过“税银贷”等税银互动产品，230余家企业累计获得银行信用贷款2.6亿元。

·服务业·

【概 况】 2019年，完成服务业固定资产投资132.10亿元，同比增长8.1%。全区服务业实现增加值160.57亿元，增长7.6%，超过全区GDP增幅0.3个百分点，占GDP比重达35.1%；对全区经济增长贡献率为34.9%，拉动经济增长2.6个百分点。

【体制机制】 紧紧围绕服务业“高质量发展”总目标，着力完善体制机制。一是完善统筹机制。针对服务业面广量大且涉及多个行业主管部门情况，完善服务业工作例会机制，明确部门职责，形成定期会商交流，部门齐抓共管、合力推进的良好工作机制。二是加快政策兑现。2019年是《关于精准支持服务业发展若干政策意见》实施的第二年，全年兑现支持资金619万元。三是加强考核督查。年初制定出台《2019年南浔区服务业发展推进计划》，明确各镇（开发区）和重点行业年度目标任务。深入分析半年度其他规上营利性服务业指标，印发关于《2019年1—5月南浔区规上其他营利性服务业完成情况的通报》，形成其他营利性服务业良好发展的局面。

【项目引推】 以项目“三率”为抓手，狠抓项目开工入库、竣工投产和上规升级。一是加强项目跟踪服务。及时协调解决项目推进过程的困难和问题。

针对南浔区部分单位入库项目少的情况，积极开展上门服务，深挖潜力，督促已经开工的项目尽快入库，做到应统尽统。二是加快在库项目推进。紧盯全区在库服务业项目单子，加强与统计局对接，每月对单子进行动态调整，精准把握每个项目进度，提前做好预警监测。三是加速推进服务业“大好高”项目建设。2019 年度，全区共上报服务业“大好高”项目 10 个，完成认定 6 个，超额完成年度计划的 200%；同时，服务业“大好高”项目开工 6 个、竣工 5 个，累计完成投资 11.67 亿元，完成年度目标的 233.4%。四是积极向上争取。南浔古镇文物建筑修缮工程、善琏大运河文化博物馆项目、湖笔小镇建设项目 3 个项目获 2019 年度省“诗路文化带建设”专项补助资金 900 万元；“物联网通云平台浙江中心基地”等 4 个项目列入省级服务业重大项目计划；南浔镇智慧健康养老产业园区被列入湖州市健康产业园区重点培育名单；浙江艾荣达健康科技有限公司、普康居家养老管理服务平台被列入湖州市健康产业十大典型案例。

【重点培育】　一是全力做好“限下转限上”工作。“限下转限上”是批零贸易业销售额、住宿餐饮业营业额和其他营利性服务业营业收入等指标体现的基础，这些指标的增幅直接影响服务业增加值增速。服务业“限下转限上”是 2019 年全区服务业工作的重中之重，新的服务业政策中着重鼓励服务业企业提档升级，特别是支持商贸业的大力发展，扶持力度在全市三县两区中最大。2019 年度，全区完成服务业企业“限下转限上”56 家（商贸业企业 38 家，其他服务业企业 18 家）。二是开展服务业“亩产效益”评价工作。根据省、市主管部门对服务业“亩产效益”综合评价工作相关要求，结合南浔区实际，拟定《南浔区服务业“亩产效益”改革实施方案（征求意见稿）》。针对全区规模以上服务业企业数量少的情况，为更好地开展“亩产效益”评价工作，经与区市场监管、税务等部门对接，初步确定全区服务业“亩产效益”评价对象。对接第三方机构，制定《南浔服务业企业调查项目实施方案》，完成全区服务业企业普查工作和相关数据收集分析及初步试评价（住宿餐饮行业）工作。三是加快推进古镇集聚区配套项目建设。全面完善旅游发展配套功能，狠抓重点项目建设，加快丝绸码头项目建设和洗粉兜旅游综合体、运河酒店等项目前期工作，积极推进基础设施、旅游配套和古建修缮项目建设。全年累计完成投资 29.31 亿元，吸引 1912 家经营户入驻开业，实现营业收入 44.56 亿元。四是积极调整建材市场业态布局。大力推进品牌化建设，开设“南浔一号”品牌家居馆、中国南浔楼梯配套展馆，引导高端家装品牌入驻金象建材广场；围绕玖象家居体验馆，完善周边配套设施，加快推进南浔精品家居广场项目竣工和红星易家精品建材城项目建设，2019 年累计完成投资 1.87 亿元，交易总额 130 亿元。

（姚海燕）

旅游　商务

·旅　游·

【概况】　2019年，南浔区旅游工作紧紧围绕全力争创文旅融合发展样板地的定位，推进全域旅游发展，加快乡村旅游提升，在产业规模上实现新突破，在经济效益上实现快增长。全年共接待国内外游客1947.8万人次，同比增长14.6%；旅游总收入246.64亿元，同比增长17.5%。

【“面”上项目推进】　出台《南浔区全域旅游发展三年行动计划（2019—2021）》和《南浔区旅游发展专项资金奖励补助（六条）办法》，规划“一个旅游度假区、两条水陆景观带、三大乡村游板块、多个精品示范点”的“1+2+3+N”全域旅游空间布局，加大对全区旅游项目业态的政策保障。全区重点文化和旅游项目41个，年度计划投入24.61亿元，全年完成年度计划投资总额的103%，其中芦荻酒店、都市聚落等8个项目全面竣工。编制旅游招商手册，成功引进练市镇樱花园、农耕园和双林镇田园综合体、千金镇羊角漾生态综合园、蝶半花来大酒店等旅游项目。

【“线”上配套建设】　启动“走运之旅”水上游线建设，成立游船经营管理有限公司，推进相关游船码头建设，游线航道（东宗线）改造项目已完成投入1.8亿元。结合“十线十景十小镇”建设，完成和孚镇荻港水乡乡村旅游集聚区争创省级乡村旅游集聚区专家联合评审。继续深化旅游厕所革命，完成新改建旅游厕所30座。

【“点”上提档升级】　加快善琏湖笔小镇国家AAAA级旅游景区创建工作，完成善琏镇老街环河旅游路线设计及周边景观提升项目深化设计方案。开展“百城千镇万村景区化”提升工程，创建6个国家AAA级旅游景区村庄、10个国家AA级旅游景区村庄、57个国家A级旅游景区村庄。和孚镇成功创建省级旅游风情小镇，双林镇列入省级旅游风情小镇培育创建名单，荻港景区成功创建省级生态旅游区。

【挖掘优势资源】　整理出文旅融合IP项目32项，数量居全市之首。开展“一镇一品”十大特色旅游商品评选，4件特色旅游商品入选“市十大旅游商品精品奖”，练市秦峰湖笔厂的“菩提长锋”湖笔礼盒套装获“省特色旅游商品大赛优秀商品奖”。推出荻港“百鱼宴”、练市“全羊宴”、石淙“龙虾宴”等特色风味宴席。组织参加全市美食擂台赛，并包揽三项冠军（焦啊宝的“万山八宝蹄”获热菜组冠军，沃增光的“阁老毛腌鸡”获冷菜组冠军，康世廷的“南浔定胜糕”获点心组冠军）。完成《南裬浔曦》《老家双林》《人文旧馆》《练溪风华》《美丽千金》《路入菱湖深》等反映乡镇历史人文书籍的出版，为下一步推进文旅融合作铺垫。

【提升业态品质】　围绕“南浔古镇打造文旅融合第一镇”的目标，实施文旅业态提升等八大专项行动，打造“古镇灯光夜游”项目，招引文创类店铺21家，引进影视制作等文创团队15个。提升乡村文旅业态，创建省级特色文化主题饭店1家、省级研学基地2个、市级研学基地2个、金果级省采摘旅游体验基地1个、银果级省采摘旅游体验基地3个，推进旧馆悠果维等15家民宿建设，完成1家民宿争创省级金宿级、3家民宿争创省级银宿级市级初评。强化景区运营管理，实现乡镇旅游公司全覆盖。

【加大宣传推广】　策划“一镇一节”四季游活动，举办“第二十四届含山蚕花节开幕式暨善琏镇全域旅游启动仪式”“第二届石淙花海龙虾节”等各类节庆活动11个。成功举办“第十六届中国旅游发展·北京对话·南浔古镇论坛”“世界中餐厨王争霸赛暨南浔文化美食节”“2019达人嗨游南浔活动”，进一步提升南浔文旅的知名度和美誉度。主动融入长三角一体化发展，与江苏省吴江区文体广电和旅游局签订合作框架协议，组织参加各类旅游推介、交易会10余场。（金秋丽）

·商　务·

【概况】 招商引资：2019年完成合同外资7.9亿美元，同比增长76.6%，完成全年目标任务的141%；完成实到外资1.22亿美元；完成新认定市外资“大好高”项目3个；全区新增固投亿元以上签约项目147个，上报市例会亿元以上签约项目92个。

外经外贸服贸：外贸：2019年，全区完成进出口额98.78亿元，其中出口额85.46亿元，同比增长5.3%。外经：2019年完成境外投资项目7个，实现境外中方投资额5048万美元，超额完成全年目标任务。服贸：2019年完成服务贸易进出口额11.98亿元。商贸流通：2019年实现社会消费品零售总额200.35亿元，同比增长8.6%。限上住宿餐饮业实现营业额2.88亿元，同比增长7.11%。全区实现净增限上批零住餐企业29家，超额完成目标任务。

电子商务：2019年实现网络零售交易额63.73亿元，同比增长40.1%，增幅居全市前列；实现跨境电商交易额（含B2B、B2C等）2.65亿元，同比增长76.86%。

【招商引资】 一是选优配强，凝聚招商引资大合力。2019年实行全区招商引资“一盘棋”及区、镇两级联动的招商工作机制。全区层面划分上海、苏南、浙江、广东、北京五大片区，成立23个驻外招商局（区级10个局，镇、开发区13个局），选优配强，统一派驻驻点招商员68名，形成“大招商、招大商”的良好氛围。驻点招商后，全区驻外招商局共新增在谈项目343个，签约项目98个（亿元以上78个）；其中沪苏片区在谈项目234个，签约项目52个（亿元以上46个），驻点招商成果显著。2019年先后举办招商引资专题培训班、全区项目“双进双产”（引进、推进，投产、达产）培训会等，不断提升招商员的招商技能和招商干部“双进双产”工作水平。二是融沪接苏，探索协同发展新机制。紧紧围绕打造湖州“开放东大门、创业新高地”的发展定位，以沪苏湖铁路建设为契机，深入实施融沪接苏行动，加快融入长三角一体化。6月27日，在上海成功举行融沪接苏协同发展（上海）推进会，23个重大项目集中签约，总投资达508.9亿元。9月6日，成功举行融入长三角重大项目签约仪式，总投资290亿元的G8.5超薄玻璃基板深加工项目成功签约。南浔区与上海市青浦区、苏州市吴江区建立合作关系，积极赴青浦区、吴江区开展合作交流，并与青浦区对接转移产业类、配套产业类、合作招引类等合作项目清单，创新探索区域合作新机制。三是提质增效，激发考核引领强驱动。制定2019年度招商引资工作实施意见，从体制机制、招商布局、招商方法、工作保障、考核运用和舆论宣传六大方面，对全区招商引资工作进行再谋划、再落实，为确保“2个100”年度工作目标打下良好基础。坚持“以实绩论英雄”，强化项目落地考核问效。2019年，经“以实绩论英雄”项目签约考核认定，签订正式投资协议且缴纳保证金的固定资产投资亿元以上项目达147个。

【对外贸易】 一是做好贸易摩擦应对，全力稳信心。成立稳外贸攻坚行动工作领导小组，制定《南浔区稳外贸攻坚行动方案》《南浔区稳外贸专班运行机制》，推进稳外贸攻坚行动。通过区领导联系走访、稳外贸专班联合走访、配合上级部门调研走访等形式，共走访服务外贸企业700余家次，共收集问题200余个。专班成员每周二、四针对走访情况进行集中会商，实时更新、动态调整外贸企业数据库，重点就政策解读、参展需求、人才引进等方面事项，梳理解决一批面上共性问题，及时解决问题200余个。二是做好市场主体服务，全力稳企业。组织开展各类主体培训，指导企业应对各类风险，全方位宣讲外贸、服贸政策，共培训企业550家次。积极帮助企业争取各级各类扶持资金，2019年，全区共组织外贸企业申报中央、省、市、区各级外贸政策扶持项目570个，共兑现资金2387.73万元。统筹抓好“订单+清单”系统、外贸监测运行系统，全区每月监测运行系统填报率均为100%。2019年，全区新增出口实绩企业95家，出口实绩2.25亿元，同比增长11.39%。三是做好多元市场拓展，全力稳增长。制定《2019年南浔区展会目录》，共计175个，比2018年度增加35个。全年共组织150家次企业参加境内外重点展会。加大“三转”（间接转直接、异地转本地、单一转复合）力度，通过走访调研，共排摸“三转”企业31家，实现“三转”11家，回转出口1.25亿元。挖掘木业、纺织等传统产业外经项目，完成6家企业境外投资备案。通过多元化市场拓展，2019年，全区对新兴市场出口55.14亿元，同比增长13.33%。

【商贸流通】 一是强化主体培育，夯实商贸基础。定期梳理全区批零住餐行业企业经营情况，筛选符合“上限”条件企业，建立拟入库企业清单。成立批零住餐行业工作专班，重点对南浔建材市场等未入库商贸流通企业发展情况进行排查摸底，解读政策，引导入库，2019年，新增限上入库企业34家，净增29家。积极做好楼宇排摸纳统工作，截至年末，全区共有纳统楼宇11幢，新增9幢，其中税收超千万元以上3幢。积极落实商贸政策，共组织43家次企业申报区级服务业资金、湖州市本级“菜篮子”工程商贸流通项目资金等共计304.61万元。二是创新发展模式，激活消费潜力。制定《南浔区2019年消费促进活动计划》，增强消费对经济的拉动作用。组织22家次商贸（粮食）企业参加中国粮食交易大会、中东欧国家博览会等展会。南浔古镇东大街历史文化街区成功入选省级高品质步行街培育库。成功将“南浔知味”产品纳入中石化加油站销售网点，扩大区域农特产品品牌影响力。联合区农业农村局等部门，承办“2019第二届石淙花海龙虾节”，共吸引游客30余万人次，销售额达623万元。成功举办以“浔你来消费　品味在金秋”为主题的“2019南浔金秋购物节暨商贸流通行业垃圾分类宣传活动”。三是强化安全保障，净化营商环境。按照年度商务领域安全生产工作要点，积极开展“安全生产月”、食品安全宣传周活动，累计向企业发放安全宣传资料280余份。持续开展商贸流通领域安全检查工作，紧盯大型商贸企业、加油站等重点领域，累计检查210余次，发现隐患点485余处，隐患整改率达98%。组织开展消防安全生产培训班，60余家商贸、成品油领域安全生产负责人参训。努力做好商务维权工作，实地调查走访美容美发、健身等商户1000余家，累计发放宣传折页2100余份，签订守法经营承诺书1000余份。2019年共处理单用途预付卡信访件320件，办结率100%。

【电子商务】 一是加强引导，营造良好电商发展环境。围绕“鼓励主体做大做强、支持平台建设、促进电商集聚发展”等方面，优化电商扶持政策，每年安排1000万元专项资金，用于支持全区电子商务产业发展，重大电商项目实行“一事一议”。2019年共兑现省、市、区各级电商资金270余万元。联合多部门举办电子商务创业创新大赛，一等奖获得者市外参赛项目“绿厨网”已在南浔区注册成立公司。2019年共招引市外电子商务项目25个，市外电子商务服务企业3家；实现电子商务交易额超亿元企业2家。二是深化帮扶，助推电商企业做大做强。积极开展电商培训，借助区电商促进会、阿里巴巴国际站等平台资源，累计举办《中华人民共和国电子商务法》宣讲等培训73场，累计培训5600余人次。积极组织企业参加电子商务博览会等展会，累计实现成交额近500万元。推动企业做大做强，2019年，5家电商企业、2个电商园区被评为市级电子商务AA级以上企业（产业基地）；南浔聚宝电商园等2家单位入选“湖州市电子商务示范单位”；15个村被评为省级电子商务专业村，首次实现全区各镇（开发区）全覆盖；共获评2个“中国淘宝镇”、9个“中国淘宝村”。浙江愚公生态农业发展有限公司、长超村分别入选“省电子商务百强企业”和“省电子商务十强专业村”；久盛地板有限公司成功入选“省零售模式创新工程名单”。三是多措并举，推进跨境电商快速发展。结合工作重点及外贸形势，累计开展25场跨境电商培训和资源对接会，受训人达1300余人次。主动对接国际站等跨境电商平台，引导全区传统外贸企业通过开展跨境电商业务，拓展海外市场。不断完善跨境电商服务体系，拟引入全省跨境电商综合服务平台的“麒麟谷”项目，在南浔区建设浙北新型贸易服务中心，项目洽谈顺利。借助南浔区木业、机电产业优势，成功申报省第二批、市第一批产业集群跨境电商发展试点，推动南浔区特色产业跨境电商发展。

【粮食物资】 一是粮食安全强调“严”。根据机构改革后部门职责，调整区粮食安全工作协调小组成员单位，对核心部门的考核内容及对应分值进行梳理，实现一单位一表，条线部门负责具体工作落实，区粮食办牵头抓总，凝聚工作合力。坚持“管行业管安全生产”，持续抓好全区粮食加工企业生产监管工作，采取政府购买服务方式，委托第三方机构对全区粮食加工企业每季度进行一次专项检查，并通报检查结果。二是粮食发展体现“优”。推动国家“优质粮食工程”项目建设，民合、白兔2个粮食产后服务中心项目均按要求竣工验收，民合已获中央奖励资金116.4万元。积极参与市本级“五优联动”试点，民合等4家企业参与试点，占全市试点参与企业数量的80%，共竞得试点储备粮6070吨，占全市试点规模的71.4%，试点工作获得国家、省粮食物资局认可。开展“湖州好大米”宣传推广，在“旧馆镇第二届稻香巡游节”等区内重要农事活动上推出“湖州好大米”推介首秀，并策划区内“五优联动”参与企业走进区、镇行政中心食堂宣传等系列活动。三是物资储备确保“稳”。依照“三定方案”（职能配置、内设机构和人员编制规定）的职能划转要求，与应急管理、水利、民政、供销社等涉防汛、救灾职责单位进行充分沟通、对接，明确2019年度相应储备职能保持不变，成功应对超长梅雨汛期及超强台风“利奇马”。与区城投集团合作，成立湖州市南浔区国有物资储备管理有限公司，负责全区除粮食、猪肉外重要物资储备。鼓励区内企业参与国家、省重要生活物资储备，南浔华统肉制品有限公司首次承担省、市 、区三级冻猪肉储备任务1645吨。　（金佳琦）

城建 环保

·住房和城乡建设·

【概况】 2019年，南浔区严格贯彻落实市委、市政府部署要求，紧紧围绕打造湖州“开放东大门、创业新高地”的发展定位，统筹谋划，精准施策，把“深化改革”“能级提升”“生态提质”等作为全年工作的重中之重，以“最多跑一次改革”、城乡环境综合整治、重点项目建设、房地产市场稳控等一批中心工作为载体，乘势而上、赶超跨越。

【行政审批】 在全省率先按照“一次申请、一套材料、一次审批、一个批件”的模式，对以往涉及建设、消防、人防三部门的6个独立审批事项与核发施工许可证同步进行，实施“多合一审批”。在办理项目施工许可证中由原来27项资料、10个环节、24个工作日，缩短为8项资料、3个环节，而且即时办理。

【保障性住房建设管理】 认真落实保障性住房各项政策措施，根据《2019年度湖州市住房保障工作目标责任书》，全年棚户区改造开工564套，发放城镇住房保障家庭租赁补贴250户。公共租赁住房申请审核通过304户，拨付公租房补贴86.41万元，任务完成率122%。

【房地产管理】 围绕“保稳定、去库存、可持续、促转型”的发展思路，持续招引优质房企到南浔拿地投资开发，房产开发理念不断更新，开发楼盘品质全面提升。全区房地产开发在建项目50个，总建筑面积240.88万平方米，竣工交付项目6个，总交付面积约75万平方米。全年商品房销售135.95万平方米，其中中心城区78.84万平方米，销售均价9281元/平方米。全区住宅销售102.04万平方米，其中中心城区销售66.93万平方米，销售均价9856元/平方米。出台《南浔区引进大学生购房补贴实施办法》，2019年累计支持人才购房72人，发放住房补贴546万元。强化小区物业管理，加强人力物力配备，为小区物业管理矛盾、住宅小区物业纠纷、商品房质量投诉等问题的解决提供保障，全力提升住房宜居水平。

【中心城区城市建设管理】 修编完成《南浔中心城区建设管理三年行动计划（2019—2021年）》。全年计划实施的92个项目，总投资127.67亿元，开工72个，累计完成投资131.2亿元，完成率103.4%。完成新安路、直港路、南浔大道等新建改造道路9.1千米，打通中心街断头路，新建改造泰安路停车场等9个公共停车场，新增停车位8755个，其中公共停车位1716个；完成金象湖公园、文兴公园、古镇区域等50处直饮水点位安装；完成中心城区一期8千米绿道建设，成功创建石淙镇省级园林镇、浔溪中学园林式单位以及东南华府和逸龙湾园林式居住小区；全面完成70个市级污水零直排小区创建任务，同时出台《零直排小区创建资金补助办法》，全力助推污水零直排区创建；牵头完成旧馆污水厂及菱湖污水厂的新建扩容项目建设以及善琏污水厂收购事宜，并完成振浔、善琏、旧馆3家污水厂的清洁排放提标改造工作，完成进度排在全市前列；坚持新建、改造、排查、清淤同步推进，完成污水管网新建22.5千米，改造20.75千米，排查176.8千米，清淤323千米，全部超额完成年度目标任务。

【建筑业管理】 针对建筑建材和施工设备、招标投标、施工建设等领域可能存在的违法违规乱象，持续挖掘有效信息，开展摸排工作，全年开展数次建筑质量安全专项检查行动，出动巡查1200余人次，发出整改通知书、巡检查意见书175份，工程暂停令26份，对涉及9家企业进行约谈，落实整改各类安全隐患1080处。对全区154个在建工地全面排查，发出扬尘污染防治整改单175份、《停工整改通知书》20份。对141个工地安装视频监控设备及颗粒物在线监测设备，45个建筑单体安装楼层喷淋喷雾设施，20个工地安装围墙喷淋。积极开展“南浔无欠薪”创建工作，开设农民工工资专户90个。扎实推进建筑业转型升级，完成装配式建筑面积101.9万平方米，完成任务率135.8%，建筑业总产值38.79亿元，完成绿建比例、屋顶光伏审批总建筑面积146.7万平方米，绿色建筑审查实现100%。

【村镇建设管理】　持续加大省级美丽宜居示范村创建力度，全程跟进对和孚镇漾东村、双林镇华桥村和石淙镇石淙村3个示范村创建指导，对全区13个传统村落传统风貌的保护、修复工作开展专项“回头看”。全域谋划，精准施策，按照全域规划、全域设计、全域整治的要求，持续开展对新建民居的指导，举办“水晶晶的南浔”江南民居建筑设计全国邀请赛，遴选出18个优秀设计方案，打造新时代浙派民居。在全省率先完成“县（区）域农村生活污水治理专项规划”编制及报批，修订《南浔区农村生活污水治理设施运行维护管理办法》。全区累计运维终端1969个，受益农户约5.5万户，设施运维率100%。提前完成52个终端标准化运维，较2019年增长420%，实现全区日处理能力30吨及以上的终端标准化运维全覆盖。

【小城镇环境综合整治】　完成马腰、练市、镇西、重兆、菱湖等小城镇环境综合整治并高标准通过省级考核验收，其中，马腰集镇等4个整治对象成功创建省级样板镇，样板率居全市第一、全省第二。截至2019年年末，南浔区21个整治对象全部通过省级考核验收，省级样板率达52.38%，获得“2019年度浙江省小城镇环境综合整治工作优秀县（市、区）”荣誉称号。　（张思婷）

·环境保护·

【概况】　2019年，区生态环境分局全力推进生态文明建设和生态环境保护工作，全区环境质量稳中向好。空气环境质量情况：据市环境保护监测中心站监测结果显示，全区全年$PM_{2.5}$浓度均值为34微克/立方米（同比下降15%），首次达到国家环境空气质量标准二级浓度限值；空气质量优良率80.9%（同比上升9.1个百分点），两项指标变化率均居全市第一。水环境情况：全区1个国控断面、4个行政交界出境断面和7个区控以上地表水监测断面水质均稳定保持在Ⅲ类水以上，达标率100%。

【美丽南浔建设】　对照《南浔区生态文明示范创建行动计划（2018—2022）》，有序推进生态文明建设，完成省级生态文明建设示范区创建工作并获得省政府命名。同时，成功创建省级生态文明教育基地1家，完成市级绿色家庭15家，全区两个省级湿地公园顺利通过“绿盾2019”自然保护地强化监管督察。以新南浔论坛、全区生态文明建设和生态环境保护培训班为载体，面向全区领导干部开展生态环境专题辅导，强化生态环境保护“党政同责”“一岗双责”。注重主流媒体宣传，全年共在中央媒体刊稿5篇、省级媒体10篇、市级媒体13篇。积极开展“6·5”世界环境日、“8·15”湖州生态文明日等活动期间线上线下宣传活动，向市民宣传普及新时代生态环保理念，营造良好共建共享氛围。

【污染防治】　全面全速推进7个污水零直排工业园区创建工作；全面实施涉水企业“阳光排污口”建设及刷卡排污等工作，累计已完成“阳光排污口”建设124家。组织开展全区39家印染企业整治提升工作，削减废水排放总量31%，刷卡排污设施安装率100%。大力推进锅炉提标改造工作，并完成142台全部改造。全面完成2019年度93家重点涉VOCs（挥发性有机物）企业“环保用电智能监管系统”建设任务。按照“建设标准化喷涂（共享）车间、淘汰喷涂工序、使用油改水无醛胶”3种模式，完成157家涉喷涂工艺木质家居企业深化整治提升任务。完成列入省治理名单的3家企业臭气异味治理工作。完成一般工业污泥处置项目和配套一般工业固废处置项目，切实补齐处置能力短板。出台《南浔区一般工业固体废物管理办法（试行）》，从分类分拣、贮存收集、清运处置、法律责任各方面全面规范一般工业固体废物管理。按照统一建筑样式、统一立面颜色、统一标志标识、统一管理台账“四统一”模式，全力推进工业企业固废管理中心标准化建设，进一步夯实管理基础。全区12家企业均已完成建设工作。

【改革创新】 针对生态环境领域27项“最多跑一次”办事事项，制作“一张清单”，细化“办事指南”，推动“网上申请”。对每一个办事事项进行回访，建设项目“最多跑一次”实现率和业主满意率均达100%。2019年共完成建设项目环境影响登记表项目网上备案252件；完成“区域环评+环境标准”备案项目6个。邀请省环境科学研究院专家下沉南浔区对“三线一单”（生态保护红线、环境质量底线、资源利用上线，生态环境准入清单）编制工作进行实地调研，汇总反馈各镇（开发区）意见建议，针对双林小微园区环境管控单位分类调整、开发区工业园区管控单位边界确定、饮用水源取消等突出问题，积极提供修改依据，相关意见均被省环境科学研究院采纳。

【执法监管】 以打造“执法最优最严区”为目标，大力推行双随机抽查和“浔绿卫士”联合执法专项检查，有效增强环境执法监管的震慑力。2019年，全区共作出环境违法行为处罚决定90起，处罚金额878.2万元，实施查封扣押65起，移送公安案件6起。同时，深入开展“三服务”活动，寓服务于监管中，助力提升企业污染治理能力和管理水平，共走访企业180家次，帮助协调解决问题120余个。组织开展生态环保全域培训活动，累计巡回举办培训班12期，培训企业1140家，涉及企业负责人和环保管理人员1303人、村（社区）干部240人，培训场次、培训范围和培训人数均创历史新高。加强与各镇（开发区）、区信访局的沟通对接，采取定期信访会商制度，对全区面上的热点舆情和难点举报进行研究分析，尽可能使信访问题化解在小，解决在早。2019年，区生态环境分局共受理信访件646件，同比下降27.8%，按期受理率、按时办结率、群众满意率均达100%。

【重点工作】 区委、区政府主要领导、分管领导高度重视，多次带队检查生态环境保护工作推进情况，对第一轮中央环保督察和长江经济带生态环保审计问题整改落实情况进行实地督查。同时，加强面上举一反三问题的自查自纠，将新排查出的问题以清单形式明确整改要求、整改时限和整改责任人，从严从实狠抓问题整改落实。区政府主要领导每月召集各镇（开发区）、区级相关部门主要领导召开工作例会，对49项生态环保重点任务进展情况实行“三色预警”通报，对标对表倒逼任务加快推进。根据普查统计，全区共计工业源5601家、规模化畜禽养殖场249家、集中式污染治理设施916家、入河排污口12个、生活源锅炉15台、移动源57家。对照上级统一部署要求，精心组织，全面排查，切实掌控污染底数，为进一步加强污染源监管、改善环境质量、防控环境风险、服务环境发展提供综合决策依据。

【建立健全管理机制】 与省环境监测中心达成战略合作意向，委托开展木业、漆包线重点涉气企业现场核查评估工作。借助省环境工程技术评估中心专业力量对建设项目环评报告进行评估，进一步提升审批效率，降低环境风险，2019年共计52个项目完成评估。通过政府采购引进3家第三方环境监测机构开展环境监测，切实补齐监测能力短板，提高环境管理时效性。开展环保专网整合，促进政务信息资源利用和数据共享，提升信息利用水平和政务服务能力。推行企业环境信用评价，对8家企业开展信用评价，并将评价结果纳入社会信用体系，应用到信贷、税收、评优评先各方面。通过“智慧环保”在线平台，对全区环境质量及污染源排放情况进行实时监测、动态分析和不间断管控。全面推行“浙政钉”掌上执法省级第二批试点平台应用，采购配备25套移动执法终端及便携式蓝牙打印机等执法装备，实现环保执法逐渐向无纸化办公转变。

【主题教育】 采取多种方式、多种渠道自觉学、主动学，加深对习近平新时代中国特色社会主义思想特别是习近平生态文明思想的理解，做到学懂弄通、入脑入心，同时把学习成果转化为行动指南，做到融会贯通、真信笃学。结合全市生态环境系统“三转一提振”（转理念、转作风、转方式，提振精气神）专题活动，组织开展业务培训、岗位练兵、工作交流等活动，着力提升干部职工特别是一线执法队员的专业素质和业务能力，引导全局党员干部把所有的心思凝聚到干事创业上，把所有的工夫下到狠抓落实上。教育引导全局党员干部始终保持为民务实清廉的政治本色，知敬畏、存戒惧、守底线，坚持公正用权、依法用权、为民用权、廉洁用权，全力打造生态环境清廉铁军。 （蔡国栋）

·综合行政执法·

【概况】 2019年，南浔区综合行政执法局紧紧围绕“聚力大赶超，实现新跨越”的总目标，认真贯彻落实区委、区政府各项决策部署，纵深推进综合行政执法体制改革，以湖苏沪高铁时代为新起点，以精心打造城市“大管家”为品牌，严格依法行政，全面推进城市精细化管理，不断巩固扩大文明创建成果，创新思路、主动作为，全力护航高铁新时代。

【主要工作】 一是精细管理防治扬尘污染。2019年全区落实“三化”工程车253辆，实现所有乡镇全覆盖。在运输和工地施工中对造成扬尘行为，立案查处327起，同比增长341.9%，查扣涉事车辆279辆、船只6艘，处罚金131.23万元，同比增长212.5%。严格落实渣土前置审批程序，审核及办理境内外渣土运输许可97起。对中心城区开展常态化保湿和冲洗，主要道路机械化清扫率提升至90%，增长4个百分点。全年排查露天焚烧隐患625起，制止露天焚烧行为478起，立案处罚24起，全市通报火点数5处，排名全市第二。二是精准发力整治餐饮油烟。完成全区1896家有证餐饮店的“一店一档”建档工作，建立第三方定期清洗机制大中型餐饮店40家，中心城区餐饮油烟净化器安装率达100%。全年新增有证餐饮单位734家，检查餐饮单位6290家，完成油烟净化器定期清洗检查3670台次，更换老旧油烟净化器750余台，处理群众油烟投诉250件，查处油烟超标排放2起。为实时监测、预警，掌握餐饮油烟排放情况，在中心城区大型餐饮店和“厨房革命”试点32家重点餐饮单位（60个出风口）安装在线监测设施37台，已完成验收并正式启用。三是精心组织建设污水零直排区。强化各业态排污治理，完成全区涉排单位及商户的建档工作。全区共有2210家涉水商户，完成排水设施整改2113家，建造污水预处理设施1023家，督促协调办理排污许可证488家。全面完成全区16个商贸集中区的创建任务，对拒不整改的污水直排单位立案查处8起。四是开展城乡人居环境“百日攻坚行动”。根据市、区整治攻坚专项部署安排，集中开展“空中管线”、“牛皮癣”、废品回收点专项整治行动。完成嘉业路东西两侧、辽里夏家埭3处“空中管线”点位的整治。建立健全“清理、打击、疏导”三位一体机制，清理“牛皮癣”6915处，在各镇、村及居民小区设置便民服务信息栏196个。8月，完成全区无资质、非规范废品收购点全面“清零”任务，破解持续近30年的环境顽疾。

【主职主业】 一是强势推进治危拆违。坚持“控违、拆违、防违”原则，落实“中队、社区、物业”三级管控责任，逐步实现治危拆违由城镇到乡村、由前往后、由外到里逐步推进。2019年，全区共完成“两改”（“三改一拆”之改革和城中村改造）125.44万平方米，实现年度目标任务的190%，各镇（开发区、度假区）共拆除违章搭建230万平方米，实现年度目标任务的177%，拆后土地利用率达75%，取得了违法建筑“零增长”，治危拆违“零冲突”的良好效果。二是常态开展违停查处。首次实现交警、城管违章处理窗口大整合，对湖州地区（吴兴、南浔）两部门机动车动态和静态违章处理业务实行“一窗通办”，5个综合窗口共处理两部门车辆违章业务31596起，窗口服务质效显著提升。联合区交警大队、区交投集团等机关单位，推进中心城区智慧停车管理系统建设，城市交通秩序管理更趋规范智能。全年，违章停车同比下降12.1%，形成道路资源持续优化，停车秩序规范提升的良好局面。三是整治提升公共空间。按照“立样本、治乱象、提形象”原则，有序推进空调外机专项整治试点，完成空调外机整改68台。同时，扎实推进“毁绿种菜”全面清零，清理城市绿化带、公共绿地，恢复绿化面积16700平方米；对全区背街小巷倒排进度、逐条整治，拆除废弃油烟管道、私设水池等652处，清理杂物、垃圾480余吨，城市空间环境明显提升。四是规范治理非法广告。按照“控制现量、逐步减量、提档升级”原则，针对占道广告、未批广告、破损广告、安全隐患广告、内容低俗广告，在全区域内开展大规模清理行动，共计拆除各类违法违规广告4900余块。全面完成全区公路沿线115处“高炮广告”的清零任务，拆除面积共计26850平方米。五是提档升级环卫保洁。提高中心城区城市道路保洁频率，平均每天保湿频率提高2~3次。全年新增各类环卫专用机械、车辆4辆，增加易腐垃圾收集点26个，设置灭烟器198个，安装更换路面果壳箱1200余个。扎实推进“公厕革命”，新建3座星级公厕，实现中心城区13座一类公厕24小时全天开放，着力破解“找不到、用不了、坐不下”的困局，让公厕更有“智”感，让群众满意放心。六是全面加强犬类管理。2019年，全区共设置接种免疫点25个、犬只信息登记点162个，在新一轮犬类规范管理专项整治行动中，全区犬只免疫总数为12774只，完成率100%；犬只登记总数为12704只，完成率99.28%，查处不文明养犬行为682起，犬只伤人登记数下降率全市第一。七是提质扩面垃圾分类。在全区因地制宜探索“南浔经验”，创新并推行“高层多层拎下来，联排别墅上门拎”的垃圾分类“桶安家”模式。全年完成中心城区853家单位生活垃圾强制分类全覆盖；成功创建生活垃圾示范片区2个、商业街定时定点投放清运试点3条、生活小区定时定点投放清运试点2个；实施精准分类小区97个32980户，占城镇居民总户数的73%，完成年度任务目标的84.5%，其中荣获省级高标准示范小区14个，获评总数位列全市第二。共查处生活垃圾垃圾混投等行为744起。八是精益实施市政管养。全年共发现各类市政部件损坏问题1520余个，共修复人行道铺装6400平方米、混凝土路面2753平方米、沥青路面8638平方米；疏通雨水管网26.8千米，清淤雨水井188座，更换市政井盖728套；加强路灯亮化养护，维修路灯1402盏，更换嘉业河亮化电源89个，确保亮灯率在98%以上，在保障功能性照明的基础上，进一步提升夜间景观效果。

【智慧便民】 一是拓宽便民服务渠道。深入推进“最多跑一次”改革，完善改革事项标准和办事指南，2019年共受理行政审批事项149件，办结率、满意率均为100%，平均办理时间较改革前减少4日。推动公共自行车网点布局不断延伸，实现与湖州中心城区（吴兴、南浔）网点互通，将公共自行车IC卡申办权力事项下放至基层，并建立线上申办“一次提交、一端受理、一站办结”全闭环。二是完善在线监管平台。全年，智慧城管系统平台立案城市管理事部件问题共31432件，立案率94.81%，结案率99.84%。三是打造绿色出行模式。加强“智慧站台”调度与管理，全面开展公共自行车站台改造提升工程，对全区1000辆公共自行车进行隐患排查及部件修复。“智慧站台”管理中心共保障自助借车22694次，完成车辆调度7392次，骑行里程达213567千米。加大站点密度、优化站点分布，在全区原有189座公交站台（含港湾式公交站台93座）的基础上，新增13座港湾式公交站点。四是推行网上办案系统。为推进数字技术在行政执法领域的深度应用，解决执法办案来回送签、档案保存等问题，形成数据汇聚、业务协同、标准规范、科学智能、精准高效的执法办案体系，区综合行政执法局积极推行网上办案，已导入权利事项库、自由裁量库，新增53名执法人员名录库，完成一般程序案件补录1524件，案件入库率全市第一。

【创新管理】 一是深化“城警联勤”模式。“城警联勤”实行统一化指挥调度，在南浔中心城区，将城市管理25个网格和公安五大防区有机融合，并整合公安、综合执法、交通等部门资源，实现全科网格与警务网格有效对接。全年共处置城市管理类问题2680余件，查处扰乱单位秩序、阻碍执行职务等案件153起，处罚167人，因行政管理引发的暴力抗法、阻挠执法同比减少32%，执法环境显著改善。二是深化“全员办案”机制。建立健全办案考评制、全员办案制等执法办案新机制，着力实现办案数量、质效双提升。全年，共查处各类行政处罚案件34888件，一般程序行政处罚案件立案2338件，同比增幅138%，结案2324件，同比增幅145%，结案率99.4%，罚款数306万元。三是启用“掌上执法”平台。根据“执法一张网，网外无监管”的目标，区综合行政执法局立足行政执法监管平台，全面铺开“浙政钉·掌上执法”应用扩面试点工作。平台已涉及综合执法领域事项73项，检查表单84个，自开展“掌上执法”以来，入驻平台执法人员78名，完成即时检查1161家，发现并整改问题132个；发放电子版《责令改正通知书》81份，着力构建“数据一个库、监管一张网、管理一条线”的信息化监管格局。四是推行“三项工程”举措。开展排摸清障工程，公共停车位使用率由89.5%提升至100%。开展停车泊位增容扩面工程，增设人行道公免停车位1225个，促成开放地下停车场（垂虹公园）1处、机关事业单位及小区停车位1045个。开展改造提升工程，全面修补老旧、淡化停车位。2019年，南浔中心城区公共停车位共6645个，停车方向指示标施划率达100%，违停月查处量下降54.4%，违停月举报数下降57%。五是筹备“一支队伍管执法”试点。为贯彻中共中央办公厅、国务院办公厅《关于推进基层整合审批服务执法力量的实施意见》等文件精神，推进基层治理体系和治理能力现代化，经省政府批复同意，练市镇正式列入全省五个综合行政执法试点。练市镇按照“放得下、接得住、管得好、有监督”的原则，集中行使省政府授权的23个方面378项权力事项，制订执法事项调整公告制度、案件受理、执法联动响应和协作制度等12项机制，并成立全市首支综合行政执法队。（邹莎莎）

交通　通信

·交通建设与管理·

【概况】 2019年，南浔区交通建设以“优化综合交通一张网，奋力迈向高铁新时代”为目标，大力实施交通“128＋N”工程，交通基础设施强势推进，公路管养水平显著提升，质量安全形势总体平稳，为高质量打造湖州“开放东大门、创业新高地”，推动南浔赶超发展提供坚实保障。全年完成交通投资35.7亿元，“三高连接线”工程（一期）、湖山大道（南浔段）、南浔大桥改建、湖盐公路（南浔段）整治工程、风顺路公交枢纽、湖浔大道绿化景观工程、京杭运河“四改三”等在建工程均超额完成年度目标投资任务。S213、S302、S214、三新线双林镇（湖浔大道至环城南路段）改建等项目工程前期工作按照既定计划平稳有序推进。区交通局先后获得湖州市“2019年度高质量赶超发展（枢纽门户城市建设）先进集体”“南浔区2019年度‘一五一十’重点工作先进集体”“浙江省文明创建突出贡献集体”等荣誉称号和“2019年度南浔区区级部门综合考核一等奖”。

【“三高连接线”工程】 南浔申苏浙皖至申嘉湖至练杭高速公路连接线工程（以下简称“三高连接线”工程）的主线起于申苏浙皖高速公路南浔出口，与江苏省230省道相接，向南利用南浔大道与年丰路交叉口，下穿申嘉湖高速公路，终点与练杭高速公路练市连接线相交，并与练市至桐乡公路相接。项目主线全长约25.4千米，其中整治段长3.54千米，新建、改建段长21.86千米，桥梁19座。主线新建、改建段中双向六车道按一级公路技术标准设计，设计速度80千米/小时，路基宽度32米。同步建设马腰、横街两条连接线，其中马腰连接线长1.4千米，横街连接线长4.1千米，连接线采用二级公路技术标准设计，设计速度60千米/小时，路基宽度12米。该项目总投资约17.97亿元，项目总用地约116公顷，其中农用地约92公顷。项目沿线经过南浔经济开发区、南浔镇、练市镇等乡镇9个行政村。K5＋885.8～K18＋360段为南浔申苏浙皖至练杭高速公路连接线工程其中一段，采用PPP模式建设实施，总投资约10.5亿元，计划工期12年，其中建设期3年，运营期9年。该项目获批全省公路领域首个PPP模式项目，是湖州市唯一入选财政部第三批PPP示范项目，2019年基本完成工程建设。

【南浔大桥改建工程】 该项目总投资约3.7亿元，按一级公路标准建设，主线长1.14千米，桥梁全长869米，改造后主线宽38米。截至12月，基本完工，2020年春节前完工通车。

【“四好农村路”建设】 根据《浙江省人民政府关于高水平建设“四好农村路”的实施意见》《南浔区综合交通运输“十三五”发展规划》《湖州市南浔区美丽经济交通走廊创建方案》等文件要求，南浔区以“四好农村路”建设为抓手，着力创建省级四好农村路示范县区。出台《关于推进“四好农村路”建设的实施意见》《南浔区高质量建设“四好农村路”三年行动计划（2018—2020）》并下达到有关部门，明确3年内投入资金50亿元，对全区范围内500余千米路面狭窄、路况较差的农村公路全部按照三级公路标准（路面宽7米）进行改造提升，到2019年区域内通行政村公路全部达到三级及以上标准，全面提升农村公路路况水平和服务能力。将建设“四好农村路”工作纳入对各乡镇（开发区）年度考核指标，为全面建成“四好农村路”创造良好的政策环境，《“四好农村路”中长期发展规划》正式印发。2019年9月，南浔区被核定为第三批“四好农村路”省级示范县（区）。截至12月，完成投资18.5亿，占年度计划的102.8%，完工161千米，累计完工里程 473 千米。

【综合交通枢纽工程】　该工程主要建设内容为风顺路二期、沈塘路二期、站前大道、交通枢纽。风顺路二期建设范围为风顺路南沿段（湖浔大道—站前大道），道路宽 44 米，总长 740 米。沈塘路二期位于南浔高铁枢纽西侧，湖浔大道以南，顺接站前大道及站后大道，道路宽 44 米。站前大道位于南浔高铁站北侧，湖浔大道以南，连接“三高连接线”至浔练公路，顺接风顺路和沈塘路，红线宽 100 米。交通枢纽主要建设站前广场、站后广场、长途客运站及公交停车场等，总建筑面积 7.5 万平方米。工程总投资约 28 亿元，建成集长途、城市公交、农村公交、高铁、水陆五位一体的综合交通枢纽。项目按一级客运站标准进行建设，新建客运站场、农村公交始发站、城区公交首末站、汽车维修房、加油站及部分配套商业设施等。截至 12 月，风顺路宕渣填筑，沪苏湖铁路建设南浔区指挥部成立。

【基本无隐患美丽公路创建】　创新性地在全省率先启动基本无隐患美丽公路创建工作，制定出台《南浔区无隐患美丽公路创建行动方案》，以宽容性设计理念入手，提出基本无隐患美丽公路创建十大标准，计划通过三年行动，到 2021 年完成创建 700 千米，完成创建基本无隐患美丽公路示范区，从根本上解决道路安全隐患问题。根据南浔区公路管理体制现状和农村公路管养特点，制定《南浔区“路长制”实施方案》，形成由市、区、镇、村分级负责的“四级路长制”，有效实现路长制管理全域覆盖。截至 12 月，湖浔大道基本完成无隐患创建工作，“三高连接线”段完成 10%；湖山大道段准备进场施工。

【三新公路（双林段）拓宽整治工程】　该项目起点位于湖浔大道，终点位于双林镇环城南路，路线全长 6.088 千米，总投资约 3.42 亿元。截至 12 月，项目部临建设施建设完成，征迁工作和路基填筑正在一并进行。

【湖山大道（路段）工程】　该项目总投资 7 亿元，按一级公路双向六车道标准建设，全长约 29.2 千米，路基宽 33 米，南浔区负责吴沈门水闸至青菱公路（K17 + 550 ~ K24 + 100）6.55 千米。截至 12 月，路基工程完成，路面工程完成 24%，桥梁工程完成 91.03%。

【公路边“三化”】　打好路域环境整治攻坚战，保障“两路两侧”“四边三化”专项整治行动的长效管理，继续加强对无序广告牌和绿化缺失的整治和监管，在巩固重点道路整治成果的同时，将重点整治工作向县道、乡道、村道沿线区域深入。结合城乡环境“百日攻坚”行动，全面开展道路两侧广告专项整治，共整治拆除违法广告 197 个，拆除高炮广告 115 个。全区公路绿化新增面积 213.6072 万平方米。加强农村公路路政管理，加强执法力量、加大巡查频率、加大查处力度。共清理道路砂石、白色垃圾及路面污染物 74 起，清理桥下堆积物 14 处；修补坑洞面积 1167 立方米，维修路侧防撞护栏 42 块，增设示警桩 70 根，路面灌缝 82.99 千米，定检桥梁 232 座；受理、办结路政许可案件 17 件，上路巡查 313 天、6598 人次，查处违章案件 257 起，清理各类道路堆积物 644 立方米，整治马路市场 218 个，增设和维护标志标线 88 处，受理办结举报投诉 7 件，满意度 100%，共收取路产赔补款 32.7 万元，查获违法车辆 328 辆，卸载货物 8373.94 吨，收缴罚没款 387.9 万元。进一步完善农村公路管养工作机制，全区农村公路设置路长制公示牌 583 块，总投入 87.16 万元。

【交通拥堵治理】　一是道路建设项目。完成新建改造城市道路 4.1 千米，完成投资 1.3 亿元；完成新增城市道路 9.23 千米，完成投资 9.765 亿元。二是停车位及停车场建设项目。2019 年，计划新增停车位 1000 个，其中公共停车位 600 个，新建公共停车场 1 个。三是公交场站等基础设施建设。练市公交场站完成移交，场站全面投入使用；完成公交停靠站 12 座，其中港湾式公交停靠站 9 座。四是重点区域交通整治。完成南浔人民医院周边区域交通秩序整治，采取优化交通组织，实施禁货、禁停管理，重要节点设置信号灯等举措，进一步提升改善该区域交通秩序，成效明显。五是全面优化公交线路。持续完善创建公交都市各项举措，新增 184 路、172 路、146 路 3 条公交线路，优化 116 路、117 路、138 路和 140 路 4 条公交线路。六是继续加大宣传力度。根据 2019 年治堵宣传目标要求，结合实际工作任务，在《南浔时报》《湖州晚报》《湖州日报》等新闻媒体发表新闻稿件 16 篇，在湖州广电《治堵进行时》专栏播出3期；报送市治堵办微信推文35篇、简讯4则、简报4篇。

【工程质量管理】 2019年负责监督共计106项，总投资约28亿元。受理交通工程质量安全监督申请41份，下发监督通知书41份，监督覆盖率100%。通过日常监督检查、专项监督检查、半年度综合执法检查等方式督促参建各方履行主体责任，全年出动检查180余人次，下发检查意见书82份，反馈率100%；全年下发质量黄牌重点监管3张，安全黄牌重点监管5张，行政处罚4起。加强工程安全监督管理，紧紧围绕目标责任要求开展安全生产监督工作，全年出动监督检查150余人次，督促相关参建单位严格落实安全生产责任，下发检查意见书67份，反馈率100%。加强监理、检测行业管理，全年检查监理办11个，下发检查意见书9份；督促并协助做好新开工项目工地试验室或委托试验室的登记备案工作，完成委托试验室登记备案41项，下发检测检查意见书7份。对工程造价、合同履约和转分包相关内容进行细致检查，全年进行造价审查25次，项目总投资3.2339亿元，下发检查意见书13份，并形成书面通报，督促参建各方对不合格项目及时整改落实。 （汤志亚）

·通 信·

邮 政

【概况】 2019年，湖州市邮政局南浔分局（以下简称“南浔分局”）紧紧围绕打造行业“国家队”的战略目标，以巡视巡察整改和主题教育推动企业经营发展，坚持普服为“根”、客户为“本”，以质量第一、效益优先、高质量发展为目标，以“两个原则”为依据，立标对标达标，以能力建设为抓手，提升全要素生产率，较好地完成了市公司下达的各项工作任务。2019年，南浔分局本级邮政累计完成业务收入1070万元，同比增长11.2%，在全市分支局中排名第一。

【提升服务质量】 强化责任担当，提升普遍服务水平，开展无着邮件管理提升专项活动和平常邮件质量大提升活动，做好邮件收寄验视，确保上半年重大活动和会议期间寄递渠道安全，加强客服工单处理质量考核，提升智能跟单质量，南浔分局机要室被湖州市评为“机要保密示范单位”。以客户为中心，拓展协同业务发展，全区共建警医邮网点7个，乡镇覆盖率70%，成功叠加“抵押解抵押”业务，在“邮乐购”站点叠加“简易保险”代理服务，首席客户经理制和流动邮局进企业、进村（社区），协同发展效果明显。

【打赢“三大战役”】 注重质效，实现寄递业务改革与发展同步推进。2019年，全区完成寄递业务总收入350万元，同比增长3.94%，总业务量完成50万件。多措并举，牢固树立“金融头号一把手工程”地位。全年，全区实现金融业务收入2641万元，同比增幅6.91%，全区储蓄余额规模达16.3亿元，全年余额增长1.7亿元，点均余额增长3400万元。运用好项目类活期抓手，以联动带发展，整合“大”邮政资源，适时“启动金融+寄递翼”“金融+电商”“金融+集邮文传”“团委小小银行家”等专业联动活动。夯实基础，实现农村电商发展协同推进。全年全区邮政累计完成批销额316万元，累计完成分销收入187万元，夯实站点基础，着力靠渠道销售，开拓寄递领域，做出南浔特色，加强线上运作能力，加强旅游产品推广，主动对接惠民工程，着眼打造服务型寄递，开展“邮乐小镇”中心店与“两山”农品汇联合运营项目，先后开展长兴湖羊、妙西土鸡蛋、东林翠冠梨、太湖珍珠米、莫家栅粉丝等农产品进城扶贫项目，受到省、市级多家媒体关注报道。 （蒋风华）

电 信

【概况】 2019年，中国电信湖州南浔区分公司（以下简称“南浔分公司”）深入学习贯彻中共十九大精神，认真领会中共十九届四中全会精神，全面接应落实省、市公司各项工作部署，坚持高质量发展理念，围绕“融合云改赋能增效”和“五个年”等重点工作，坚持党建统领，深化价值经营，加快能力提升，推进改革创新，加强队伍建设，强化责任担当，取得一定成效。

【扶贫工作】 南浔分公司领导班子挂帅，按照省公司“网络扶贫、业务扶贫、信息扶贫、就业扶贫、产业扶贫”五位一体扶贫政策以及扶贫工作要求，在研究制定扶贫工作策略的基础上，结合“党建翼联”活动的开展，多次到扶贫结对村与村书记沟通、交流。探索通过“同福汇”“天虎云商”等平台扎实推进消费扶贫。

【网络建设】 持续重点加强光网建设，实现宽带网络的光纤化升级，改善宽带网络质量，提升宽带网络带宽。LTE 室外覆盖率提升至 96.78%，当地网排名第二。FTTH 占比已达 95.46%，零箱体占用数 0.28%，在本地网排名第一。通过 OLT 下移、主光路整治和 E 改 G 等方式，南浔分公司光衰达标率从年初的 95.3%提升至 96.52%。

【信息化建设】 扎实推进信息化建设战略合作项目的落地，促进云计算、大数据和物联网等信息技术在社会经济各领域的应用创新。借助“两化融合”，强势推进行业应用。“互联网 + 政务服务”“互联网 + 智能制造”“互联网 + 现代农业”等得到全面提升。云业务 VCPU 发展量位列全市第二，物联网收入位列全市第一。率先在全市智慧城市建设方面拓展云网融合大单，成功建设南浔智慧停车诱导项目，首批 6500 个路边泊位均使用中国电信提供的 NB – IOT 卡实现智慧停车，南浔成为湖州本地网首个大规模 NB – IOT 物联网智慧城市，有力地助推“智慧南浔”建设。

【信息安全】 强化信息安全，抓好实名制和“一证五卡”（一张身份证最多只能办理五张电信手机卡）整治、垃圾短信治理等工作，加强保密工作“五个规范”（规范的组织机构、规范的制度落实、规范的教育培训、规范的设施设备、规范的检查监督），层层签订保密责任书。坚持“谁主管、谁负责”和“一岗双责”原则，明确责任。落实信息安全责任，加大信息安全管控力度，持续对高风险及疑似黑卡梳理整治，配合公安机关防范打击通信信息诈骗等犯罪行为。开展门卫管理、消防安全、网络与信息安全、保密和施工安全的隐患排查，及时整改存在的问题和隐患。落实消防措施，建立微型消防站，强化消防安全管理工作，提高防范能力，确保通信枢纽和干线安全。（李　慧）

移　动

【概况】 中国移动通信集团浙江有限公司南浔分公司（以下简称“南浔分公司”）认真落实省公司 2019 年工作会议部署，深化“大连接”战略实施，瞄准五大经营目标，践行“高度、速度、精度、轨度、温度、跨度”六度运营理念，以高质量党建为指引、高质量转型为方向，奋力实现“高质量运营模范生”的新愿景。2019 年，南浔分公司实现运营收入超 4.3 亿元，同比增长 3.88%。在“党建和创”“书记项目”“亲情网格”等党建重点工作中不断探索新思路、新方法，全力提升党建工作水平，助推公司高质量发展。

【推进网络覆盖】 一是以网络高质量发展为责任，充分调动工程建设工作积极性与创造力，确保无线、有线、基站疑难站点建设完成率领先，同时完成 16 个节点机房的完工及 17 个节点机房的启用，通信基础光缆及管道建设量达标。通过网络隐患排查整治、基站标准化整治、同路由整治、费用整治四项工作的开展，提升网络运维能力，重点攻坚跨路、跨河等杆路的升高，全力开展基站标准化整治工作；加强故障修复跟踪管理，确保南浔保持在全市退服时长比例最低水平，缩短中断时长，提升客户手机上网使用感知。二是以强化支撑为目标，不断提升客户网络满意度，开展营装维服一体化，引导装维人员营销意识，扩大装维队伍规模，划小网格规模，提升家客装机满意度、投诉满意度，提升用户宽带上网使用感知；推进弱覆盖铁通项目落实及开通，提升南浔无线网络资源均衡度，降低高负荷待扩容小区占比，提升无线网络覆盖能力。同时，积极配合南浔区相关部门工作开展，完成智慧城管二期、安防小区二期等项目的前期洽谈，为南浔城市发展做好服务支撑。

【提升客户满意度】 不忘初心，坚持以客户为中心，围绕客户权益和客户感知两条主线，持续提升客户满意度。一是全触点服务能力提升，通过重拾基础服务能力，优化服务评优体系，加大服务考核比重，开展服务明星评比，形成“日跟踪、周通报、月分享”机制，营造全条线比学赶超氛围，重塑整体服务形象；二是贯彻落实投诉压降，实行服务前置机制，建立健全“预警—通报—督办—考核”的服务管控机制，防范在先，通报到位，责任到人，追责到底，切实提升合规管控能力，有效降低不知情及外呼投诉；三是聚焦客户痛点难点问题，市场部、政企部、网络部协同，有效推动无线、家宽网络质差等重点整改项目。2019 年，南浔分公司营业厅触点满意度年度考核全市第一，不知情、外呼压降控制在管控值范围内，年度业服考核得分位列全市第三。（李小华）

联合网络通信

【概况】 2019 年，中国联合网络通信有限公司南浔区分公司（以下简称“联通南浔区分公司”）全力向上生长，在扎实开展“不忘初心、牢记使命”主题教育和推进巡视整改中，认真践行以人民为中心的发展思想，深入落实网络强国战略，政治建设达到新高度；竭力向下扎根，紧抓 5G 建设发展机遇，践行新发展理念，实施 5G 网络共建共享，推进行业生态日趋绿色，为可持续发展奠定坚实基础。2019 年，联通南浔区分公司努力向强挺进，持续深化混合所有制改革，不断加强员工队伍建设，“五新”联通建设迈出新的步伐。结合南浔实际，因地制宜地开展工作，各项业务发展呈稳中有升的态势。

【能力提升】 紧紧抓住产业数字化转型机遇，深化“5 + N + 1”能力布局，加强自主能力打造，推动专业销售能力提升，以“云 + 网 + X”营销模式快速响应数字化转型需要，为建设网络强国和国民经济社会信息化建设做出积极贡献。坚持“一切为了客户、一切为了一线、一切为了市场”理念，持续提升企业价值创造和服务支撑能力，以信息消费新服务助力经济、社会、环境和谐发展。2019 年，在网络建设上精益求精，5G 基站于 2019 年下半年度全面投入建设。抓住“互联网 +”带来的融合创新机遇，在“物联网”“云计算”“大数据”等领域提供一揽子信息化应用服务，聚焦教育、交通物流、社会安保等八大热点行业，形成自有产品体系，为智慧生活创造更多可能。

【客户服务保障】 实现提速降费，让客户享受“速度更快、覆盖更广、感知更好”的精品网络体验。助推中小企业发展，支撑经济高质量发展，2019 年对南浔老旧小区全部完成 100M 光纤接入改造，资费下降幅度达 25%；中小企业宽带平均资费单价同比降幅超过 15%。实施“云 + 网 + 应用”的企业信息化综合解决方案，有针对性地开展精准提速降费，助力中小企业信息化水平提升。持续、深入开展防范打击通信信息诈骗专项行动，严治、严防垃圾短信、骚扰电话和诈骗信息，加强转售号码管理，有效保护客户的信息和财产安全。在提升服务感知上精益求精，实现客户满意度持续提升，努力让客户体验更舒心、消费更放心、服务更贴心。通过每月开展“客户日”活动，有效提升高价值老用户对联通品牌使用感知。（吴海燕）

财政　税务　统计

·财　政·

【概况】　2019年，全区财政总收入完成63.74亿元，同比增长5.18%%（与2018年同口径对比，增长7.64%），完成预算的93.90%；其中一般公共预算收入完成37.93亿元，同比增长7.86%（与2018年同口径对比，增长12.3%），完成预算的96.29%。全区一般公共预算支出执行数为49.01亿元，同比增长21.94%，完成预算的108.87%。

【财政收入】　实行财税联动，强化收入预测、分析、执行的联动机制。及时关注重点行业、重点税源企业，通过定期组织召开财政与税务部门联席会议，分析收入执行动态，把握收入进度。通过“三服务”活动，走访部分重点税源企业，实现建筑企业税收招引，股权转让企业所得税、个人所得税就地征收。全力推进“三大行业”税收征收管理，实现税收13亿元，增长61.1%。按照高质量发展评价指标体系要求，不断优化收入结构，税收收入占一般公共预算收入的比重显著提高，2019年占比达91.25%，同比提高4个百分点。

【创新发展】　落实减税降费政策。严格执行中央、省各项减税降费政策要求，推动减税降费政策落地见效，全年减免税费8.44亿元，切实减轻企业负担。支持实体经济发展。全年落实支持经济发展专项资金2.66亿元，其中安排“中国制造2025”专项资金1亿元，鼓励引导企业做大做强，促进企业转型升级；安排服务业（含旅游、商贸等）发展专项资金8000万元，进一步精准支持服务业发展；安排科技、人才、品牌建设等专项资金5533万元，支持科技与人才创新发展，促进企业提质增效；安排绿色金改专项资金2500万元，推进南浔区绿色金融改革与创新。加快运作产业基金。围绕政府战略部署、重大项目投资，继续做好产业发展引导基金支持工作。2019年，设立南浔区产业投资引导基金母基金1个，规模3亿元；共参与设立南浔产业整合投资基金和湖州市“中国制造2025”新兴产业发展基金子基金2个，总规模达12亿元，涉及智能制造、节能环保等行业。扶持农民创新创业。依托农民合作基金、农业“三项补贴”政策综合改革试点资金，撬动银行资金1.8亿元解决农民创业贷款难、贷款贵问题。全年发放贷款56笔，累计放贷133笔，共计9012万元。

【民生保障】　全年民生支出39.43亿元，同比增长20.86%，确保新增财力2/3以上用于民生。落实支农惠民政策。全年农林水支出5.05亿元，重点支持农田水利、美丽乡村、渔业转型升级等重大支农项目建设。建设村级公益事业项目45个，投入一事一议财政奖补资金3577万元。采取“一折（卡）通”兑现各项农业补贴3901万元，惠及农户50593户次。加大社会事业投入。坚持教育为本，切实提高教师待遇，推进美丽校园建设，保障校园安全等资金需求，全年教育支出9.02亿元。落实文化事业资金保障，提升全区文化软实力水平，全年支出7871万元，增长37.13%。着力促进卫生健康事业发展，切实提高财政保障水平，全年支出5.91亿元，城乡居民医保人均财政补助标准达到每人970元，城乡医疗救助专项投入3480万元。完善社会保障体系，不断提高群众获得感，全年社会保障和就业支出7.22亿元。改善城乡人居环境。着力打好污染防治攻坚战，助推生态文明建设迈上新台阶，落实节能环保支出9264万元，加大治水治气力度，助力省级文明区创建。积极向上争取棚户区改造、城镇老旧小区改造等各类专项资金，全年住房保障支出1.65亿元，重点支持頔塘未来社区、保障性安居工程等项目建设。

【财政改革】 构建集中财力办大事财政政策体系。围绕“三大攻坚战”和“十大专项行动”工作部署，编好“大事—政策—财力”三张清单，构建以绩效为核心的集中财力办大事财政政策体系。推进预算绩效管理。出台《南浔区财政政府性专项资金管理办法》，14项政府专项资金3.59亿元纳入清单管理，实行全过程信息公开。制定《南浔区全面落实预算绩效管理的实施意见》，进一步完善全过程预算绩效管理运行机制，逐步构建“全方位、全过程、全覆盖”的预算绩效管理体系。全年完成全区47个部门418个项目涉及资金13.37亿元预算绩效评价，对所有区级部门431个项目实行绩效跟踪监控。深化政府购买服务改革。规范政府购买服务预算申报、执行、跟踪、统计全流程，循序建立购买主体和第三方专业机构综合绩效评价体系，着力构建事前、事中、事后监督机制。全年政府购买服务涉及14个单位、37个项目，金额5711万元。创新PPP管理模式。在全省首创性地开发建设“南浔区智慧PPP信息管理系统”，实现PPP项目全生命周期动态化、规范化管理。2019年，全区已纳入财政部PPP综合信息平台管理库项目12个，总投资达555.39亿元，入选国家级示范PPP项目2个，省级推荐PPP项目4个。加快财政数字化转型。推进国库集中支付电子化改革，在全省率先测试并实行收入退付、更正通知书的电子化管理，大幅缩短资金支付周期。不断推进政府采购数字化建设，全年实现采购计划4330个，采购交易金额1.5亿元。深化应用统一公共支付平台，拓展“支付宝”“银联”及“网银”等线上支付渠道，实现缴费48.96万笔，收缴金额2.77亿元。构建“阿里拍卖+”资产管理新模式，实现国有资产处置交易平台化。

【风险管控】 防范政府债务风险。加强源头管控，严格执行500万元以上政府投资项目联审制度，核定新建项目17个，总投资34.57亿元，2019年计划投资3.14亿元。全面落实化债责任，全年化解政府隐性债务38.8亿元，完成化解任务105.32%。通过做大财力，优化债务结构，全力推进融资平台转型，政府债务风险得到有效防控，2019年政府债务率控制在绿色安全区内。实施政府投资项目审核。全年完成政府投资概算审核项目73个，送审金额50.88亿元，审定金额45.93亿元，净核减金额4.95亿元，核减率9.7%；完成控制价及施工图预算审核项目16个，送审金额13.49亿元，审定金额12.34亿元，净核减1.15亿元，核减率8.5%；完成落实资金来源项目审核64个。强化行政支出监管。执行“厉行节约”规定，严控一般性支出。全区三公经费支出2296.08万元，同比下降6.83%，其中，公务接待费支出649.16万元，同比下降11.42%。利用动态监控软件，实现实时监控。全年动态监控拦截4395笔，审核退回金额3377.6万元，同比减少26.6%。深化监督检查。进一步加强财政内控制度建设，构建完善“1+8+X”（财政内部控制基本制度+法律风险、政策制定风险、预算编制风险、预算执行风险、公共关系风险、机关运转风险、信息系统管理风险和岗位利益冲突风险+各单位内部控制操作规程）的内控制度体系，风险防控能力进一步增强。全年完成对区发展改革和经济信息化局等4家单位会计信息质量和2018年度南浔区开放型经济发展专项资金等3个项目专项资金检查。

（许高峰）

·税　务·

【概况】 2019年，南浔区税务局以高质量推进新时代税收现代化走在前列为目标，以“不忘初心、牢记使命”主题教育为抓手，聚焦组织收入工作主业，突出减税降费工作主题，严格落实税收改革政策，规范税收工作。全年累计完成各项税费收入79.9亿元，其中税收收入60.11亿元，同比增收4.28亿元，增长7.66%；社保非税收入19.79亿元，同比增收2.48亿元，增长14.33%。

【税收法治】 深化内控机制建设，强化内控平台运用，切实防范涉税风险；全面执行行政执法公示、执法全过程记录、重大执法决定法制审核“三项制度”；与法院联合加强税费征缴工作机制，有效打通税务、法院协作路径，从源头上堵塞国家税款流失；协助南浔区扫黑办、公安部门、法院做好扫黑除恶专项工作。

【政策落实】 全力打好深化增值税改革、小微企业普惠性减免、个人所得税改革和社保降费“四场主攻战”，2019年，全区累计新增减税（费）8.43亿元，其中税收减免8.33亿元，社保费减免0.1亿元。鼓励高新技术发展，为高新技术产业减免税（费）2.22亿元。积极参与“亩均论英雄”改革，进一步加大城镇土地使用税差别化减免力度，2019年，全区减免城镇土地使用税9684.37万元。

【纳税服务】　全面推进“最多跑一次”事项梳理，持续打造“15分钟办税圈”，实现“最多跑一次”“网上办”“掌上办”“零上门”事项100%全覆盖；开通新办企业“一站受理办公室”，精简办税环节7个，缩短办税等待时长近一半；不动产交易实施多部门一站式联办，实现全流程1小时出证，工作效率提升明显；科学配置办税服务厅，大力推广电子税务局和征纳沟通平台，推广运用自助办税设备，网上综合办税率达96%，居全市前列；持续开展“三服务”走访活动，切实掌握和解决纳税人、缴费人实际诉求，服务满意率达100%。

【征收管理】　扎实推进“实名办税+数据管税+诚信纳税”模式，创建公平公正、文明和谐的税收营商环境；在区委、区政府的统一部署下，协同区级有关部门、各镇（开发区），针对建筑业、物流业和木业，开展助力“以实绩论英雄 促赶超出成效”百日攻坚活动，夯实税基、规范管理，推动税收协同共治稳步发展；开展水泥行业、印染行业税收风险应对活动，通过发送风险提示、召开座谈会、上门辅导、企业自查等方式，加强行业管理。

【信息化建设】　完成机房扩容改建、核心设备更新，合理规划机房线路和现有设备。开展内网专线、机房核心设备运行应急演练，提高故障应急处理能力。进一步优化运维管理方式和流转体系，全程监督整个运维过程，做到运维单据流转时间短，办结效率高。利用数据支撑和后台数据比对，实现信息补缺和信息分析，为税收政策落地精准定位。

【政务管理】　2019年，南浔区税务局更新制定绩效管理7.0版，调整考核指标。定期向区委办及区府办报送信息，主动汇报工作动态，及时交流先进经验。严格遵守各项保密制度，做好各类涉密文件的登记、传阅，不断提升干部职工保密意识。政务公开以网站为主，未开设任何新媒体平台账号。

【督察内审】　对照浙江省税务局2019年执法督察和内部审计工作要求，细化职责分工，落实自查工作。建立健全内控机制，强化内控平台运用，形成“全员参与、人人有责”的内控工作格局。

【纪检监察】　与区纪委联合构建全市首家《减税降费政策措施落实情况监督检查工作协作机制》，协调沟通监督流程。强化与区纪委监委的沟通协调，共计会商3次，交流深化“最多跑一次”改革、打造亲清政商关系等工作举措9项，向区纪委监委报送减税降费专报4期。持续推行《廉政风险预警指标体系》，督促干部守好廉洁底线。

【教育培训】　参加2019年全国税务系统“岗位大练兵、业务大比武”活动，参赛的6人获全市税务系统优胜个人，2人代表市局参加省局比武，1人在大企业税收管理专业岗位考试中获得第三名。制定《国家税务总局湖州市南浔区税务局干部轮岗交流管理办法（试行）》《国家税务总局湖州市南浔区税务局选派优秀干部到地方挂职锻炼实施方案》，优化干部轮岗制度，提高干部的综合能力。　（余丽华）

·统　计·

【概况】　2019年，南浔区统计工作以“四大”活动（大培训、大监管、大服务、大练兵）为抓手，积极开展各项统计调查及监测分析工作，切实发挥统计服务经济社会发展的参谋助手作用，全区经济发展实现稳中有进、平稳向好态势。

【开展“大培训”提升统计水平】　一是开展系统性培训。5月，联合省统计局教育发展中心，在杭州举办“高质量发展统计体系建设”专题培训班，全区经济工作和统计工作条线的骨干力量共50余人参加培训。邀请省统计局领导、专家授课，就高质量发展指标、工业统计、投资统计、统计执法等方面进行系统解读。二是开展操作性培训。将统计教育培训作为一项重要工作来抓，通过专业培训、综合培训、继续教育等方式全面提升统计人员专业水平。2019年针对全区小升规、新升规企业较多，企业统计人员新手多、业务不熟悉等情况，专门召开规上工业小升规和新变更统计人员业务培训会，培训全区统计业务骨干和企业统计人员150余人。涉及内容主要包括工业、能源、劳动工资等一些平台操作中遇到的常见易错问题讲解，全力推动统计干部和企业统计人员准确理解掌握业务知识、指标口径、统计方法及政策法规。三是开展针对性培训。健全统计基础规范化建设方案，全面部署诚信企业创建工作和统计基础规范化建设，鼓励引导企业积极创建统计基础建设规范化企业，着力发挥其示范引领作用。针对拟创建“诚信企业”，采取“一对一”培训方式，深入企业面对面交流，从现场查看企业生产情况、从账面查看企业经营状况，强化数据匹配性和协调性审核，督促企业填报数据真实、准确、完整。

【开展“大监管”精准统计数据】 一是加强统计法治精神的贯彻落实。2019年，区统计局党组专题学习《关于深化统计管理体制改革提高统计数据真实性的意见》《统计违纪违法责任人处分处理建议办法》《防范和惩治统计造假、弄虚作假督察工作规定》和浙江省统计局《关于深化统计管理体制改革加强统计工作的实施意见》《浙江省统计局全面落实防范和惩治统计造假弄虚作假责任制实施办法》，进一步强化“数据质量是统计工作的生命，不抓数据质量就是失职”的意识，最大限度地遏制统计造假、统计掺水冲动，切实扛起责任担当。按照省、市统计局部署，认真开展整治统计造假问题提升统计数据质量月活动。制定《南浔区统计局全面落实省、市统计局开展整治统计造假问题提升统计数据质量月活动工作方案》，召开各镇（开发区）统计负责人会议专题部署，排摸整治重点，采取相应措施，把防范和惩治统计造假、弄虚作假要求落到实处。二是加强数据全程管控。加强名录库维护。充分利用市场监管、税务等部门的行政记录、普查资料获取统计单位的信息，强化核查比对，提升名录维护的及时性和准确性。进一步健全数据查询、审核、比对制度，落实上级关于投资、工业、能源、贸易等重点专业数据质量管控规则，加强对各主要专业数据质量的定期跟踪评估，确保各项指标整体差错率不反弹、不“跳舞”，稳定在较低水平、保持在合理区间。三是加强统计法制工作。实施重点企业核查制度，年内对数据异常的企业逐家梳理，各主要专业都相继开展数据质量核查，对核查中发现的问题强化落实整改，通过核查及时排查问题、补好补丁。认真开展执法检查。检查重点突出统计基础薄弱、数据异常波动等问题，2019年开展执法检查26家，立案7家，处罚金额近3万元。强化统计普法宣传，结合“三服务”、“四经普”（湖州市第四次经济普查）、联村巡河等活动，开展普法宣传活动，营造依法统计的良好社会氛围。

【开展“大走访”摸清统计实情】 一是定期访。全面落实千名干部服务千企冲刺千亿的“三千”专项行动，建立区统计局班子成员带队分片联系镇（开发区）制度，并于每周六赴各镇（开发区）和规上企业开展服务，详细了解企业生产经营和项目推进情况，梳理反映的问题进行分类处置，在“三服务”中提升统计服务实效。全年共走访规上工业企业近200家，梳理反映问题、建议5个，帮助协调解决2个。二是重点访。紧紧围绕“三服务”活动，充分发挥统计部门“数库”优势，针对全区规上工业企业超千家且面广、量大、分散的现状，对全部1032家规上工业企业进行全面梳理，以2018年数据为基础，从企业规模、用电量、税收、土地面积等方面具体分析，以全面翔实的数据和明显直观的图表，充分展现企业的生产经营情况，为深入掌握企业运行情况提供参考。三是深入访。抓实、抓细、抓好城乡一体化住户调查、新一轮低收入农户全面小康统计监测调查等一系列重要民生调查工作。配齐配强基层统计调查人员，落实统计条线干部每月走访样本户不少于15户，村辅助调查员每月走访样本户不少于2次，详细了解样本户家庭成员的就业、收入等真实情况。同时，动态更新调整，并根据实际情况，就全区低收入农户增收致富的相关政策、措施和补助等情况提出相应对策建议。

【开展“大服务”增强统计实效】 一是加强会商。强化分析研判，建立发改经信和统计部门联动机制，区统计局负责做好一月一分析预判工作。创设经济工作会商模式，区发展改革和经济信息化局、区统计局有关人员共同研究当月经济形势发展趋势，并根据前期排摸，有针对性提出意见建议。二是强化分析。每月第一时间将市反馈指标情况制作成月卡、月讯，并及时在政务公开网公布。同时，做好统计分析，结合“开门红”“半年红”等主要节点，撰写工作信息，从“问题、原因、建议”三方面入手加强统计分析，精准研判，并及时报送区主要领导和分管领导，充分发挥基础数据优势，做数据的“有心人”，为区委、区政府决策提供重要依据。2019年，共撰写报送统计分析32篇，其中8篇被区两办领导专报信息录用，获区委、区政府领导批示10人次。三是服务基层。最大程度发挥统计服务经济社会发展的职能，全力满足在统计数据上的相关需求。在每月编印统计月讯、年度编印《南浔统计年鉴》分发到各镇（开发区）和相关行政村（社区）的基础上，在政务信息公开平台公开历年统计公报、月讯、统计信息等资料。同时，下到基层，深入一线，及时收集并更新各类数据信息，并在许可范围内答复各种数据上的疑点难点，做好基层服务的深化工作。

（张佩芳）

金融　保险

·金融管理·

【概况】　截至2019年年底，全区银行机构各项存款余额603.43亿元，同比增长14.43%；贷款余额454.89亿元，同比增长23.5%，存贷款余额首超千亿。小微企业贷款余额217.52亿元，增速19.74%；制造业贷款余额166.96亿元，增速14.19%；绿色信贷余额138.68亿元，增速26.87%。全区新增“新三板”挂牌企业2家，浙股交成长板挂牌企业18家，国际人才板挂牌1家，完成市对区任务210%；新增股份制公司38家，完成市对区任务190%；新增直接融资161.66亿元，完成市对区任务147%；新增“绿融通”平台接入企业33家，完成市对区任务174%。

【强化要素保障】　一是“银政企”对接畅通化。坚持“按季度、分专题、多层次、常态化”开展“银政企”对接活动，高规格召开全区金融支持民营经济高质量发展推进会，率先启动绿色企业（项目）系列贷集中授信暨区银政保联动支持实体经济发展活动。二是“线下”服务经常化。深化金融“三服务”，由全区各银行班子成员组成金融“智囊团”，对企业实行“点对点”深入对接，切实缓解企业融资难融资贵问题。全年化解市、区两级金融“三服务”活动问题56个，化解率及满意率均100%。深入开展“百名行长进千企”活动，全年共走访企业3402户，帮企业解决实际问题1599个。三是“直融”渠道多样化。与市金融办联合召开资本项目对接会（南浔专场），先后组织12家企业参加资本项目对接会，推动33家企业对接“绿融通”平台，有效解决资本与项目（企业）的信息不对称问题。与上海股权投资协会建立股权投资战略合作关系，进一步拓宽企业融资渠道。

【探索绿色金改】　一是绿色平台全面普及。深入开展“绿贷通”入园进企宣传活动，累计组织培训43场，截至年末，新增“绿贷通”注册企业数1955家。探索运用“绿信通”平台，配合做好绿色企业、绿色项目认定和绿色贷款贴息工作，全区46家企业获评绿色融资企业，2个项目获评绿色项目，落实发放32家绿色企业贴息补助416.1万元。二是绿色债券试点发行。鼓励金融机构发行绿色金融债，支持符合条件的企业发行绿色企业债、绿色公司债等，全年发行绿色债券2笔（区城投集团10亿元贴标绿色公司债，区交投集团停车场投资公司4.2亿元绿色公司债）。三是绿色产品持续创新。全省首笔“退税融E贷”在南浔发放，全年新增绿色金融创新产品9个。浙江南浔农村商业银行主起草的全国首个绿色金融产品地方标准——《美丽乡村建设绿色贷款实施规范》获评湖州市绿色金融产品服务创新案例。

【发展资本市场】　一是强化精准服务抓“增量”。坚持问题导向，加大走访服务力度，累计走访企业80余家次，帮助协调解决问题19个，加速企业挂牌上市进程。坚持需求导向，加大培训服务力度，先后组织60余家企业参加省、市培训活动10余次，组织召开全区企业挂牌上市推进会暨“绿融通”推介会，进一步提升企业对接资本市场的意识和能力。二是强化后备培育强“储备”。区、镇（开发区）两级联动，深入挖掘符合产业政策、具有发展潜力的企业，35家企业纳入2019年企业挂牌上市后备培育库，分A、B、C（即重点、次重点、关注）三类进行分类管理、精准服务。紧盯科创板开板契机，有针对性开展再排查、再筛选，锁定睿高股份、德毅隆等目标企业。三是强化纾困帮扶保“存量”。动态关注全区上市公司股权质押风险等情况，对上市公司实行菜单式服务。继续深入纾困帮扶尤夫股份，参与协调区交投下属国有公司出资1亿元参股解困基金（垚阔基金），出资 300 万元参与“航天云帆”，积极推动“尤夫重组”，企业债务重组取得一定进展，外部债务有序化解。

【防范金融风险】　一是稳妥化解企业“两链”风险。推动银行机构加快不良贷款处置，截至年末，全区银行机构不良贷款余额 1 亿元，不良贷款率 0.22%，低于全市不良率 0.29 个百分点。为耀东包装、洪波科技、丝绸之路集团等“两链”风险企业协调解决担保、资金等难题；妥善协调处置广通新材料风险问题。二是推动类金融组织规范运行。严把地方金融机构（组织）注册登记审核关，新增地方金融机构数 5 家，其中持牌 1 家。完成 3 家小额贷款公司年度监管评级、3 家典当公司年审评级、1 家民融中心年度审计工作。强化对民融中心监管，修订出台监管办法，最大力度防范金融风险、引导规范稳健经营。审核华洋小贷股转相关事宜材料，积极与市金融办对接协调，完成省、市股转审批及工商变更工作。三是开展类金融风险排查。全面排查梳理含金融类关键字企业，实行“清单化”一企一档化管理。全面排摸无牌典当行或超范围从事典当业务单位，发现 1 家并完成清理。对全区涉风险类金融企业开展三轮联合检查，排查出 2 家涉嫌非法集资企业，约谈企业负责人，要求按期限清退并注销，同时做好维稳工作。为“天罗地网”系统网格员投保意外险，最大程度保障“天罗地网”系统的顺利运行。四是开展金融领域扫黑除恶及打击非法金融活动。深入贯彻关于开展扫黑除恶专项斗争的部署要求，开展扫黑除恶集中宣传活动 148 场，印发张贴海报、公告 1114 份，走访群众 5000 余人。严格落实涉黑涉恶线索排查责任，全年未接到相关部门对资金账户的协查任务，也未发现金融领域涉黑涉恶线索。开展防范非法集资宣传月及主题宣传日活动，组织各镇（开发区）、区级有关部门及在南浔金融机构开展“六进”（进村组、进社区、进机关、进学校、进企业、进家庭）活动，累计开展宣传近 60 场次，发放宣传资料 3 万余份。积极做好打击非法集资风险的摸排和处置，全年无非法集资案件发生。

（陆芳芳）

·金融机构·

中国工商银行南浔支行

【概况】　2019 年，中国工商银行南浔支行（以下简称“南浔支行”）坚持“奋斗 + 落实”的工作姿态，凝心聚力、砥砺前行，牢牢把握发展总基调，夯实“客户、存款、队伍、管理”基础，加快转型步伐，守住风险底线，实现“市场竞争、效益效率、党建质量”三提升，开创南浔支行发展新局面。截至年末，实现两项存款余额 88.63 亿元、表内外贷款 69.8 亿元，贷款不良率仅为 0.59%，全年安全无事故。2019 年，南浔支行党总支被评为工行浙江省分行“先进基层党组织”，支行团支部分别荣获中国工商银行总行“五四红旗团委（团支部）”和“青年文明号”称号，支行营业部获评浙江省“巾帼文明示范岗”。

【支持地方经济】　南浔支行重点支持南浔区 PPP 项目，积极与开发区、各乡镇对接当地招商引资项目，落实专人对接项目申报，全程跟踪服务，对民营招商引资企业完成项目审批及贷款投放，审批通过及申报中项目 15 个，申请项目贷款资金 70 亿元，2019 年已投放到位 5.3 亿元。同时积极响应并落实政府进一步减费让利政策，解决企业家热议的“融资难、融资贵”问题，对中小微企业及个人经营贷款利率全面下调，对融资额 1000 万元以下的普惠金融口径小微企业及个人经营贷款按基准利率执行，2019 年涉及贷款利率下调的客户超过 200 家，利息让利超过 800 万元。为解决小微企业无抵押担保难问题，利用工行大数据，结合不同交易场景，推出主动给予客户授信额度的“网上小额贷”“经营快贷”“智慧贷”等信用方式的创新产品，且无须客户提供申请资料，只要通过网上银行或手机银行就能实现提款，贷款资金实时到账。针对住宅抵押物重点推出“E 抵快贷”产品，实现客户线上申请、线上评估抵押价值、自动完成审批，极大地减少客户提供资料及跑银行的次数，提高审批效率。2019 年实现行内口径小微企业及个人经营贷款扩面拓户 277 户，净增 109 户，为历年扩面数量及净增数量最大的一年。

【完善服务机制】 南浔支行始终坚持“以客户为中心”的服务理念，有省四星级服务型网点一家、三星级服务型网点2家，分别为银河支行、支行营业部、练市支行。一是加强全辖网点员工对服务规范化标准等内容的学习，抓好员工服务意识与能力提升，组织员工开展服务演练，不断完善网点综合服务能力；强化客户超时等候、客户满意度评价等服务指标管理，组织召开各网点厅堂服务人员座谈会，共同商讨厅堂服务提升措施；推行网点客服通岗机制，打造全能型客服经理队伍，突破岗位设置壁垒，实现客服经理柜台与厅堂均能履职；在业务高峰期通过弹性排班，有效解决客户排长队现象，南浔支行在2019年市分行服务综合考评中名列前茅。二是认真落实中国人民银行取消开户许可政策，针对企业开立基本存款账户，通过向企业法定代表人（单位负责人）核实企业开户意愿后，网点柜面及时为客户办结账户工作，实现客户最多跑一次，并使企业账户自开立之日即可办理资金收付业务。三是开展现金服务示范点创建活动，组织辖内各网点建立现金服务绿色通道，柜面做好现金清分工作，提高人民币整洁度；开展“结对放心农贸市场，打造现金服务精品”活动，在厅堂、社区、繁华商圈进行宣传服务，南浔支行成为全市工行系统首家现金服务示范行。四是不断优化服务环境，2019年下半年，对支行营业部进行全面改造装修，实现服务分区更合理、客户体验更优化。

【构建和谐文化】 南浔支行坚持“奋斗＋落实”企业文化内涵，为实现以人为本银行而努力奋斗。一是组织工会干部学习工会十七大报告，开展知识竞赛；改选支行工会组织，成立第八届职工代表委员会。二是组织员工参加市分行举办的“不忘初心跟党走、逐梦奋进新时代”评选活动。活动中，南浔支行员工分别获得“巾帼标兵”“最美家庭”“岗位模范”等称号，员工的获得感、荣誉感不断上升；吴训珍申报“匠心独运”女职工特色品牌，在全行树立起个人、团队先进典范。三是做好“工e行”项目南浔思进小学保单续保工作，同时与学校师生一起参加“植树节”活动。 （余桂莉）

中国农业银行南浔支行

【概况】 2019年，中国农业银行南浔支行（以下简称“南浔农行”）认真贯彻落实党和国家的各项金融方针政策，严格执行省、市分行工作会议精神及各项工作部署，紧紧围绕区委、区政府中心工作，全行员工攻坚克难、奋发进取，业务经营稳中有升。2019年年末，各项存款62.57亿元，比年初增加1.75亿元；各项贷款46.11亿元，比年初增加10.3亿元；贷款不良率0.08%，比年初下降0.02个百分点。全年实现平安经营。

【支持地方经济建设】 强化信贷支持，践行大行担当，深化服务实体经济，积极助推赶超发展。支持南浔区重点建设项目，为三新公路双林段（湖浔大道至双林镇环城南路）改建工程PPP项目等贷款投放共9.4亿元。普惠金融领域央行降准法人贷款客户72户，比年初净增43户，2019年投放普惠贷款1.01亿元。持续打通民营、小微企业融资堵点，不断发挥对南浔经济社会发展的支撑和保障作用，为南浔区聚力高质量发展做出贡献。2019年，南浔农行荣获南浔区金融支持地方经济社会发展综合考评一等奖。

【践行服务乡村振兴】 与区农合联积极对接辖区内农业大好高项目，深度参与南浔区农业转型升级和打造农业示范性基地工作。为综合性柑橘种植示范基地提供9400万元信贷支撑；抓住每月第一周周六各村党小组活动，以“党建＋业务”模式为抓手，持续深化普惠“三农”，加快推进惠农e贷；依托“惠农通”打造互联网金融平台，解决农村金融服务“最后一公里”，助力全域土地综合整治；为“南浔知味”百家店主授信，创新推出“农情绿意农合贷”，缓解农合联会员融资问题；选派业务骨干到乡镇挂职，融资融智，服务普惠金融。

【加强员工团队建设】 一是提升员工综合素质，加强学习培训，打造专业本领过硬的实战型队伍；二是打通员工成长通道，优化人才库建设，针对有潜力的年轻干部，通过多岗实践、挂职锻炼、上下交流等多种方式的培养，强化激励引导，发挥青年主力军作用；三是巩固深化“三线一网格”，加强员工行为管理和基础管理，推进合规教育警示活动，筑牢员工思想防线，防控案件风险。 （沈培芳）

中国建设银行湖州南浔支行

【概况】 2019年，中国建设银行湖州南浔支行

（以下简称“建行南浔支行”）以“党建引领 深化战略 合规经营 戮力同心 携手同行 谱写建行南浔支行发展新篇章”为目标，坚持开拓创新，持续推进支行各项业务有序发展。2019 年年末，支行一般性存款（人行口径，下同）时点余额 40.13 亿元，一般性存款日均余额 39.78 亿元，各项贷款余额 38.73 亿元，不良贷款余额 588.61 万元（包括信用卡），不良率比年初下降 0.11%。全年安全运营无事故。

【落实全面从严治党】 2019 年，建行南浔支行全面贯彻落实从严治党要求，制定并落实《中国建设银行湖州南浔支行 2019 年党建工作要点》。一是从严抓学习教育，强化理论武装，党委班子（党委中心组）集中开展学习累计 12 次，党委书记讲授专题党课 2 次，全体党员集中观看学习张富清先进事迹视频 1 次，以多种方式强化理论武装，提升党员队伍整体素质。二是党委领导班子落实“两个责任”，班子成员按照“一岗双责”要求，带头抓党建、抓业务、抓队伍、抓纪律。三是认真落实《中国共产党支部工作条例（试行）》的相关要求，进一步健全优化基层党组织设置，根据支部建设需要，完善对各基层支部党建工作考核方案，推动“三会一课”、组织生活会、民主评议党员、民主生活会、领导干部双重组织生活、谈心谈话等制度落实，组织开展现场党日活动 6 次。2019 年，建行南浔支行党委吸收 1 名入党积极分子为预备党员，2 名预备党员转正。

【多项业务亮点频现】 一是截至 12 月末，建行南浔支行贷款新增 5.69 亿元，当地四行排名第二。二是为菱湖人民医院申报落地首个银医通项目，支持电子医疗卫生行业电子化发展，进一步巩固银医关系。三是在裕农通业务拓展中组织员工全体出动，主动扛起“张富清金融服务队”和“张富清党员突击队”旗帜进行外拓，全年新增裕农通点 228 户，实现金融支持乡村振兴服务网点全覆盖。四是“三大战略”（金融科技、住房租赁、普惠金融）转型落地，以“小微快贷”“抵押快贷”等产品为抓手，持续做好“惠懂你”App 的营销推进，提升普惠金融发展，普惠金融客户新增 135 户。五是加快重点金融科技平台落地实施，积极推进智慧政务平台的推广。2019 年，成功推广党群综合服务平台、善行宗教事务服务平台、ERP 平台等金融科技平台，以科技力量打造业务新模式。六是全力支持乡村振兴领域信贷，投放全市首笔乡村振兴绿色贷款，深化银政在乡村振兴领域的合作。

【营造合规经营氛围】 2019 年，建行南浔支行开展一系列案防合规教育活动。一是每月组织全体员工进行合规宣誓，并观看视频学习张富清的先进事迹。二是组织员工参加每季度“合规知识”测试、下发“合规”大考考试内容要求员工认真学习。三是开展警示教育活动，组织员工学习《以案说纪 严惩黑恶势力》《以案说规以案说纪》《关于发布银行业法律纠纷典型案例（第四批）的通知》等，并组织观看警示教育片两次，采取多种形式开展廉洁从业警示教育活动，提升员工案防意识。四是在召开的各类会议中开展党纪一刻钟教育 12 次，通过学习党章党纪、规章制度、案例教育等，引导全体干部、员工牢固树立党章意识、纪律意识和规矩意识。

（阮倩倩）

中国银行南浔区支行

【概况】 2019 年，中国银行南浔区支行（以下简称“南浔区支行”）坚决贯彻南浔区委、区政府决策部署，积极履行国有大行责任担当，深入开展金融“三服务”活动，采取切实有效措施，支持实体经济发展，为南浔经济高质量发展做出积极贡献。截至年末，本外币贷款时点余额 22.08 亿元，比年初新增 5.2 亿元；本外币存款时点余额 20.26 亿元，比年初新增 3.58 亿元，实现存、贷款市场份额双提升。

【服务发展战略】 南浔区支行立足南浔实际，成立“长三角一体化”金融服务小组，积极向上争取人、财、物等资源支持，发布《服务长三角一体化发展行动计划》，与南浔区政府签订全面战略合作协议，商定 300 亿元授信支持，全力参与和支持地方重大基建项目、重点民生工程和新建产业园区等建设。全年清单化梳理项目 18 个，合计金额 19 亿元，其中获批复项目 13 个，合计金额 13.64 亿元，实现投放 6.3 亿元 。支持恒达、沃克斯等电梯龙头企业，助推南浔古镇生态旅游项目。

【加强支持力度】 围绕“长三角一体化战略”，南浔区支行借助长三角一体化建设发展契机，通过与区政府签订长三角一体化合作协议，积极对接区政府及南浔经济开发区，了解招商引资情况，重点支持轨道交通投资建设、南浔经济开发区综合建设(产业园区建设等)、全域土地整治、高铁配套建设、交通基础设施等城市建设、特色小镇建设等项目。开通民企贷款审批绿色通道，缩短民企融资链条，清理不必要“通道”环节，合理控制贷款利率水平，帮助民企最大限度降低融资成本，2019 年，针对民企的信贷融资平均利率比 2018 年下降 10%以上。陆续推出“烟商贷”“聚财商户线上经营贷款”等新型个人普惠信贷产品，为众多私营企业主、个体工商户带来资金的“及时雨”；加强推广“中银循环贷”等特色产品，切实解决小微企业转贷难、转贷慢和转贷贵的问题。出台针对小微企业的优惠利率政策及费用减免政策，12 月，新客户与存量续贷客户一律按照优惠利率 4.01%执行，确保降息让利政策惠及更多企业主。2019 年，全行累计投放普惠贷款 2.1 亿元，年累放利率仅为 4.21%，比年初下降 0.97%，利率水平列市级四大行最低。

【发展普惠业务】 为贯彻中央支持民营企业发展有关政策，落实中行普惠金融发展战略，确定练市支行为普惠专业支行。南浔区支行联动区工商局共同组织中小企业普惠产品推荐会，特别邀请市行条线专家指导，南浔区市场监管局领导、南浔建材协会负责人以及建材城中的 20 家企业代表参加此次会议。会上，主要有针对性地介绍中行普惠金融的优势产品，如“中银置业通宝”“中银结算通宝”“中银税务通宝”“中银网融易”等，特别是“中银网融易”深受在场中小企业家的好评。2019 年，南浔区支行全年普惠金融在“两增两控”口径下，余额 1.83 亿元，新增 7300 万元，客户数 128 户，较年初新增 25 户，在全区银行系统中排名第一。

【优化跨境服务】 充分发挥国际业务专业优势，针对中美贸易摩擦升级、汇率双边波动加大的形势，积极举办各类客户推介会、外汇产品宣讲会和汇率避险讲座，坚持开展送教上门服务，助力南浔外向型民企应对贸易摩擦。通过广交会以及进博会等平台为客户提供撮合服务，结合中行强大的海外分支布局、丰富的国际对接经验和优质的跨境服务优势，提供“一揽子”金融服务方式，在“走出去”战略上助推企业健康高效发展，实现银企共赢共荣。

【坚持合规运营】 深入开展金融“治乱象”和“敬畏监管、回归本源”合规治理专项行动等工作，全年实现零发案、零事故，确保安全运营，整体经营管理工作得到上级银行和各监管部门肯定。开展全行授信风险大排查工作，不断健全风险管理机制围堵风险。为深入推进合规文化建设，进一步增加员工遵纪守规意识，积极防范各类案件和违规案件发生，南浔区支行召开“一把手讲合规、讲案例 ”学习会。组织全体党员干部观看总行的《中国银行案例警示教育片六》《中国银行案例警示教育片七》，观看后分部门组织员工认真座谈讨论，深入剖析案例，撰写心得体会，引导员工筑牢思想道德防线和依法合规底线，树立正确的世界观、人生观和价值观，以案为鉴，警钟长鸣。 （施惠琴）

浙江南浔农村商业银行

【概况】 至 2019 年年末，浙江南浔农村商业银行股份有限公司（以下简称“南浔银行”）共下辖 51 个营业网点，全行在职员工 765 人。南浔银行以普惠精神为引领，牢固树立“以小为美、以农唯美”的发展战略和“社区金融·便捷服务”的经营理念，紧扣新零售转型方向，着力打造“客户首选快捷银行”。到 2019 年年末，南浔银行各项存款达 313.62 亿元，比年初增加 36.17 亿元，增长 13.04%；各项贷款为 217.67 亿元，比年初增加 31.88 亿元，增长 17.16%。按五级分类，年末不良贷款率为 0.68%，比年初下降 0.26 个百分点；实现各项收入 18.02 亿元，同比增加 1.76 亿元，实缴各项税费 1.9 亿元。年末资本充足率为 14.87%。2019 年，南浔银行被省委、省政府评为“浙江省模范集体”。

【惠农服务】 与区委组织部联合出台《南浔区“党建领航　金融惠农”助力乡村振兴行动实施方案》，构建“三级联盟、双基共建、银农融合、一站服务”的服务新格局，选聘 3664 名支农联络员，快速响应金融需求。

【做深普惠服务】 2019 年，南浔银行根据省农信联社及湖州办事处的指导部署，结合自身实际，制定发展以人为核心的全方位普惠金融行动方案，提出客户、创新、管理、人员、渠道、科技 6 个效能提升目标，以网格深耕活动和家风评议授信为抓手拓宽获客渠道、加快用信转化。到年末，全行普惠建档近26万户，(1万元以上）普惠签约7.34万户，比年初增加1.08万户，普惠签约率达51.68%，比年初提高7.59个百分点；个贷覆盖率达23.83%，比年初提高3个百分点。

【做优机制流程】 2019年，南浔银行积极落实金融“三服务”活动，开展小微企业“伴飞行动”，出台《支持小微企业高质量发展的若干措施》暨十大承诺，到年末，小微企业贷款余额达170.46亿元，比年初新增25.03亿元，增长17.21%；发放中长期流动资金贷款57.61亿元，占全部贷款的26.46%。为激发放贷积极性，出台《小微企业、涉农贷款责任认定尽职免责操作细则》，进一步提高不良容忍度；为提升放贷效率，进一步扩大支行审批权限，赋予9家传统存款类网点小贷职能，并增配22名专职小贷经理。同时深入对接全市绿金试点工作，通过“绿贷通”平台授信1568户，总额达22.49亿元，走在全市前列；作为“绿贷险”首批试点行，向保险公司推荐客户141家，完成37户出单放款。

【做严风控管理】 2019年，南浔银行将强化信贷风险管理作为重点工作，按月下达不良贷款清收目标任务，贯彻“谁出力、谁收益”的激励措施，持续巩固风控成果，到年末，累计清收处置不良贷款1.92亿元，收回已核销贷款2704万元。同时加强合规风险防控，结合监管新要求完成反洗钱制度、同业业务管理制度的修订完善工作，围绕资管新规实施保本理财和特定目的载体投资（SPV）规模压缩计划，并开展2019年内控与合规文化节活动，启动员工行为全方位网格化管理，进一步强化合规理念，促进稳健发展。（张　毅）

湖州银行南浔支行

【概况】 2019年，湖州银行南浔支行（以下简称“南浔支行”）紧紧围绕湖州“开放东大门 创业新高地”的发展定位和“聚力大赶超、实现新跨越”的奋斗目标，全面实施“金融+绿色+科技+合作+风控”的发展策略，坚持做大规模、做精主业、做实风控、做强基础，不忘初心、牢记使命，牢牢把握业务经营这一核心，以效益作为南浔支行工作的出发点和落脚点，扎实工作，努力创新，推动全年各项业务稳步前行。

【服务实体经济】 充分利用投贷联动的契机，对“双高”（高新技术企业、高新技术产品）企业及优质企业进行逐户走访营销。特别是“双高”企业，南浔支行信贷人员实现走访全覆盖。借助投贷联动产品利率优势，投贷联动产品已进入原传统产品无法进入的企业，取得较好效果。截至12月，南浔支行投贷联动自营贷款总计投放9660万元，累计投放投贷联动自营贷款1.65亿元。充分借助练市大东吴绿色项目贷款介入机会，深入对接绿色金融合作，发放法人按揭贷款15户，金额4500万元。通过加强与区政府、各乡镇的交流沟通，宣传湖州银行农地类信贷产品政策特点和模式，南浔支行成为南浔区全域土地整治项目贷款发行的主办行。为双林镇向阳村全域土地综合整治与生态修复工程发放配套项目贷款1.4亿元，为南浔镇息塘村全域土地综合整治与生态修复工程项目贷款授信1亿元，首期发放5000万元，有效解决了项目资金前期紧张的难题，保障整治项目的有效推进。2019年，湖州南浔城市投资发展集团建设有限公司发行小城镇综合整治绿色债10亿元，南浔支行主动认购1亿元，助力绿色金融表外业务发展。

【管控经营风险】 着力防范内控风险。一是定期开展风险排查。坚持动态排查、动态掌握、动态调整，确保风险早掌握、早计划、早化解。二是做实贷款“三查”。认真做好贷前检查、规范审查审批要点、加强贷后日常管理，全方位、全流程加强风险管理。三是飞行检查常态化，按季由分管行长带队，对南浔支行各网点进行业务全覆盖检查，进一步提升内控管理水平。着力提升合规经营。一是坚持问题导向，监督合力。建立横向机制，风险部、业务部门协同行动，做好自查、检查；强化纵向条线管理，各业务条线管好自己的队伍，防范好本专业领域的风险。二是明确风控目标，守正风控。坚持合规底线思维，强化合规文化引领，把依法合规经营作为业务可持续发展的重要保障。2019年，各项不良率指标继续有效控制，不良贷款持续下降。着力提升反洗钱工作。一是树立“了解你的客户”“风险为本”的工作理念。督促网点及时处理反洗钱系统的客户分类、认真做好对客户身份识别，对存量客户做好客户信息的完善等工作。2019年，南浔支行上报湖州银行总行可疑交易报告6份，其中重点可疑2份、一般可疑4份。在总行举办的反洗钱可疑交易分析交流会上南浔支行荣获个人最佳表现奖、团队最佳线索奖两项荣誉。二是定期召开反洗钱领导小组会议。为提升反洗钱领导小组成员的反洗钱业务知识，提升全行人员对反洗钱工作的重视度，按季召开领导小组会议，按季组织员工进行反洗钱知识学习。

【提升品牌形象】 提高站位，寻求突破。2019年，南浔支行主动提高政治站位，自觉担当新时代赋予的新使命，创新产品、优化服务，全面提升服务水平。同时，结合当地特色产业的发展，不断加强产品创新，陆续推出“无还本续贷”“投贷联动”“园区贷”“订单贷”“假远期信用证代付”等30余款特色化、差异化的融资产品，满足当地中小企业的个性化融资需求，赢得企业的认可。主动作为，服务地方。在小微企业、民营经济、外向性经济发达的浙江地区，服务小微、服务民企是当地金融机构的主责主业，而湖州银行作为湖州地区唯一一家法人城商行，始终坚守主业、深耕本土，已成为当地服务实体经济的“主力军”，并获评浙江省“民企最满意银行”。 （杨玉婷）

·保险机构·

中国人寿保险股份有限公司湖州市南浔区支公司

【概况】 2019年，中国人寿保险股份有限公司湖州市南浔区支公司（以下简称“支公司”）认真贯彻落实省、市公司工作会议精神，按照“稳中有进，不断发展”的工作思路，团结一心、锐意进取、顽强拼搏，取得显著成绩。支公司实现总保费收入2.37亿元，占南浔寿险市场35.96%，寿险市场份额位居全区第一。

【率先精神教育】 支公司全面学习贯彻落实中共十九大精神和习近平新时代中国特色社会主义思想，认真执行中央八项规定，坚决反对“四风”（形式主义之风、官僚主义之风、享乐主义之风、奢靡之风），确保教育实践活动善始善终、善做善成，以更加优良的作风推动公司业务发展。支公司以“成己为人，成人达己”为企业核心文化理念，以“特别能吃苦、特别能战斗、特别能协作、特别能奉献、特别守纪律”为企业精神，以“依法合规、创新驱动”为经营理念，以“诚实守信、客户至上”为服务理念，连续四次荣获湖州市消费者信得过单位称号；坚持贯彻“以人为本、德才兼备”的人才理念，努力加强企业文化建设，扩大品牌影响力，全力打造南浔“精品公司”。2019年度，支公司被南浔区政府评为“金融支持南浔经济社会发展先进单位”。

【履行社会责任】 支公司积极履行社会责任，大力推进大病保险、农村小额保险、计划生育家庭系列保险、女（男）性安康系列保险、学生平安保险、公务人员公共交通意外保险、食品安全保险、车辆乘意险等险种，与社保共同构建起完善的社会保障体系，有效服务民生。2019年给付满期金3667.64万元，理赔金1885.59万元。支公司与区卫生健康局共同开展“微心愿”活动，全年送出“微心愿”80个。2019年，支公司面向社会组织开展以“牵手国寿，共赢未来”为主题的第九届浙江省少年儿童书画艺术大赛暨亲子嘉年华活动；开展第七届保险公众宣传日活动和一系列客户联谊活动，保险理念更加深入人心。 （茅莉珩）

中国人民财产保险股份有限公司湖州市南浔支公司

【概况】 2019年，中国人民财产保险股份有限公司南浔支公司（以下简称“南浔支公司”）紧紧围绕监管部门的各项工作要求，发挥国有保险企业的政治优势和行业引领作用，坚持合规经营，加强内控管理，积极创新探索，在实现自身高质量发展的同时，有力地保障全区经济发展、社会治理和民生改善。全年累计为5025家企事业单位、140331户（次）居民提供1225.8亿元的风险保障。支公司全年保费收入1.5亿元，同比增长14.2%；市场份额41.5%，同比提升3.69个百分点；全年累计直接赔款8133万元，同比增长10.8%。累计缴纳各类税金（含代征车船税）931万元。支公司荣获南浔区2019年度金融支持南浔经济社会发展先进单位（二等奖）称号、银保机构特殊贡献奖和争先创优奖。

【助力交通治理】 南浔支公司聚焦政府难点、群众痛点，创新“警保合作”，深化“两站两员”（乡镇成立道路交通安全工作联席会议并设立交通管理站，重要路段、关口设立交通安全劝导站；建立乡镇专职交通安全员，行政村聘用交通安全协管员），有效地提升交通治理能力，事故率明显降低。南浔支公司牵头行业协助交警成立南浔区交通安全综合治理协会，制定“警保合作”工作方案，建立工作机制，夯实合作基础。交管业务代办服务站、快处快赔点的开放使用，真正做到让群众“最多跑一次”，践行“人民保险，服务人民”的使命。“两站两员”建设在南浔区221个行政村中全面铺开。自警保联动开展以来，南浔支公司与交警部门强强联合，共同出击，加大事故快处快赔和反欺诈的力度。2019年3月起，在配合公安部门电瓶车上牌登记工作之际，支公司积极响应号召，为南浔辖区内的72435辆电动车提供66.5亿元风险保障，赠送头盔6000顶，张贴反馈条23万余张，为南浔辖区内的7万多名电瓶车车主保驾护航。

【服务乡村振兴】 在全部实现生猪、能繁母猪、湖羊保险理赔与无害化处理联动机制后，2019年，南浔支公司积极按照区农业农村局的要求，对湖州市温氏畜牧养殖有限公司年出栏1950万羽的肉鸡养殖保险纳入政策性农业保险，参与病死鸡与无害化处理联动机制。截至年末，支付赔款505万元，有力地支持禽类产业的发展，特别是在2019年生猪存栏下降的情况下，保障禽类作为猪肉替代产品的“菜篮子”工程。借助淡水渔业养殖产业也亟待转型升级的契机，南浔支公司在原淡水养鱼保险条款基础上进行创新升级，套用地方财政补贴型淡水养鱼保险条款的“跑道养鱼”孕育而生。《中国保险报》头版报道跑道养鱼保险的创新之举，并得到政府的高度肯定。

【服务实体经济】 为破解小微企业融资难题，主动配合区金融办筹划发展绿贷险项目，累计为22户客户提供4430万元的增信服务。创新“保险+服务+科技”安责险模式，构建绿色金融安全生产风险防范体系；有序推进工程综合保证保险项目，为施工企业减轻负担，营造良好的营商环境；服务国家战略，大力推进出口信用险，护航南浔企业“走出去”。此外，在农民工工资支付保证保险、诉讼保全险等众多社会治理领域进行创新探索。

【优化金融“三服务”】 南浔支公司广大干部职工积极主动深入基层，着力解决实际困难。自然灾害高发期间，走访各家企业、各低洼小区、商场等，提醒做好人身和财产的安全防范，尽量减少损失。日常工作中也积极走访企业，做好防灾防损工作，并为企业答疑解惑。“利奇马”台风期间，成立工作组，累计支付各类赔款75.6万元。打通服务群众“最后一公里”，提供各种优质服务，增强人民群众获得感、幸福感。推行“理赔夜市”常态化，通过延长柜台的营业时间，让有理赔需求的上班族客户可以利用下班时间办理业务。（沈 莉）

经济管理与监督

·国有资产管理·

【概况】　2019年，区国有资产管理部门按照区委“一五一十”工作部署，始终坚持稳中求进工作总基调，全面落实国资企业改革发展“1＋N”文件精神，突出做大总量、做强产业、做活机制，加强监督管理、优化服务，助推全区国资企业不断向好发展。

【落实国企业绩考核】　按照《关于深化区管企业负责人薪酬制度改革的实施意见》《南浔区区管企业负责人年度考核办法（试行）》文件要求，成立考核小组，通过查阅会计年报、专项审计报告，听取企业年度总结及自评报告、财务总监审核报告、董监事年度报告等方式对区三大集团（南浔城市投资发展集团、南浔交通投资集团、南浔旅游投资发展集团）“年度计划任务完成、企业业绩指标、综合性指标”三方面进行业绩考核，考核结果报区委组织部审核作为国有企业高级管理人员年度考核依据。

【强化国企日常监管】　构建区国资部门与监管对象之间的互联互通平台，对国资信息进行集中和共享，实现对国有企业基本信息、资产管理、财务管理、人事管理等各方面的信息全面了解。与招商银行共同开发CBS6系统，区属国有企业资金监管进一步加强。紧盯重要节点、重要部门和重点人群，不定期开展贯彻执行中央八项规定精神专项监督检查。建立职工“清廉档案”，将违反廉洁行为记入个人清廉档案，作为企业内部中高层职位晋升的重要依据，做到凡提必查。

【推进国有资产处置】　根据《南浔区区级行政事业单位国有资产处置管理暂行办法》等有关文件要求，严格按照规定程序和权限审批资产处置事项，并对资产处置实施全过程监督管理。认真审核行政事业单位上报的资产处置申请和区政府转办单，及时批复和回复意见，未经批准不得自行处置。成立资产排查工作专班，对全区各类资产资源进行全面排查，及时划转至区级平台，实现国有资产合理配置。全年共排查出资产5120宗，面积420.11万平方米。与阿里巴巴集团签约“南浔区公共资产网络竞价平台”战略合作协议，打破传统资产交易定时定点弊端，实现线上化、透明化、全民化的“三化转型”，形成让竞拍人“一次都不用跑”“处置审批网络化、竞拍交易透明化、资产价值最大化”的资产管理新模式。

（许高峰）

·物价管理·

【概况】　2019年，南浔区物价管理工作根据全省改革工作会议精神和省发展改革委2019年价格工作要求，充分履行价格管理职能，优化价格公共服务，全面维护市场秩序稳定。

【价费管理】　一是继续落实转供电价格政策。对2018—2019年累计排摸的转供电主体单位，就清理规范转供电不合理加价工作做再强调、再部署、再落实。二是推进农业水价综合改革。根据2019年农业水价综合改革计划任务要求，配合区水利局按期完成既定目标。三是出台公墓收费试行标准。2月出台《南浔区公益性公墓、乡村公益性墓地使用费试行标准》。公益性公墓单穴2000元/穴·20年、双穴3200元/穴·20年，其中骨灰存放处单、双穴每穴每20年分别为800元、1100元；乡村公益性墓地单穴1600元/穴·20年、双穴2400元/穴·20年，其中骨灰存放处单、双穴每穴每20年分别为600元、800元。四是规范殡仪服务收费管理。根据《湖州市发展和改革委员会 湖州市民政局关于规范殡仪服务收费管理的通知》，进一步规范南浔区殡仪服务收费管理。根据南浔区实际，南浔镇政府下辖殡仪服务机构殡仪基本服务实行政府定价项目包括普通存放和骨灰寄存，实行政府指导价项目包括普通化妆、遗体理发、花圈花篮租赁服务和吊唁设施及设备租赁。基本殡仪服务坚持公益属性，政府定价项目中使用普通冷藏设备存放遗体三日内免费；骨灰寄存一年内免费。五是加强污水处理收费管理。配合市发改委开展污水处理费课题调研，会同区财政局、区住房和城乡建设局、区生态环境分局出台南浔区按污染程度分类分档及多因子计收工业污水处理费政策，组织召开南浔区污水处理收费政策年度评估会议。六是进一步落实景区门票价格优惠政策。对区政府定价景区门票价格优惠政策的执行情况进行系统梳理，通过实地走访督促各景区进一步落实好对军人、老年人、未成年人、学生、残疾人、宗教人士等特定群体的门票减免优惠政策。七是清理更新政府定价经营服务性收费目录。依据省发展改革委“六清理三公开”工作要求，重新梳理并公开南浔区政府定价经营服务性收费目录清单，南浔区政府定价经营服务性收费项目包括具有自然垄断经营和公益性特征的停车设施服务收费、生活垃圾（不含建筑垃圾）处理收费、普通住房前期物业收费和生猪定点屠宰收费等四项。并结合国家发展改革委《关于进一步清理规范政府定价经营服务性收费的通知》精神，分析南浔区政府定价经营服务性收费项目的现状、清理过程中遇到的问题以及对策建议。

【价格监测】 一是深化价格监测。2019 年年初新增善琏农贸市场价格监测点 1 个，进一步助推区域内建制镇农贸市场价格监测点全覆盖。结合南浔区产业特色，为健全市场价格监测体系，于 8 月新增电机产品价格监测点 1 个。变更异常工业生产资料价格监测点 1 个。在定期旬报、月报基础上，加强应急监测和市场巡视。尤其是在非洲猪瘟疫情应急及 9 号台风“利奇马”等特殊天气期间，持续 115 天开展日报制度。及时发布民生价格旬信息 36 期、月信息 12 期。二是加强价格宣传。通过“国际消费者权益保护日”现场活动等载体，侧重开展民生价格政策宣传，分发宣传资料。宣传资料采用分类梳理、列表反映的形式，全面宣传水价、电价、气价、教育收费等收费标准及涉及多人口家庭政策和优惠减免措施。

（郑敏杰）

·自然资源管理·

【概况】 2019 年，区自然资源和规划分局紧紧围绕省厅、市局和区委、区政府工作部署，深入开展“不忘初心、牢记使命”主题教育活动，认真贯彻新发展理念，坚持自然资源供给侧结构性改革，攻坚破难，开拓创新，扎实有序推进自然资源各项工作，获评南浔区 2019 年度行政奖励集体嘉奖、2019 年度南浔区区级部门综合考核一等奖。

【规划编制与管理】 以“多规合一”为目标，启动新一轮国土空间规划编制工作，结合南浔区城市发展的新推动力，合理确定城镇空间增量方案，全区除中心城区外的 8 个乡镇均已完成初稿编制。强化规划引领和管控，以“美丽城区”为抓手，以规划保障成片区、规模化的改造模式，全力推进全区各类公共服务资源规划布局优化提升，保障配套设施落实。推进中心城区功能完善和提升，改善老城区城市形象，增强中心城区的首位度和辐射力。完善规委会决策制度，提升项目审查质效。

【综合测绘改革】 南浔区率先在全省范围内开展“综合测绘”改革工作，为建筑工程项目提供全流程综合测绘服务，大大提高工作效率，压缩服务时间。工业项目由原来的 15～30 个工作日压缩到 5 个工作日，房地产项目由原来的 30～60 个工作日压缩到 15 个工作日，服务效率提升 50%以上，服务收费降低 30%以上，工程建设项目审批和验收切实实现提质、提速、提效，自然资源部、省自然资源厅领导给予充分肯定，并被《国土资源报》《浙江日报》等媒体争相报道，为全省综合测绘改革工作提供样板。

【农村土地全域整治】 2019 年，全区有 5 个镇全域整治项目计划获批，申报数量和规模均列全市首位。各项目区内签约农房搬迁 3369 户，集聚区农房建设竣工 23 万平方米，垦造耕地 340 公顷，拆除“一户多宅”6969 户，建设用地复垦 300 公顷，美丽河湖建设 213 公顷，河道清淤 63 万平方米，农村拆除违建约 21 万平方米。该项工作受到市政府主要领导表扬，并被省自然资源厅、《中国自然资源报》、

《浙江日报》等单位和媒体报道。

【自然资源保护】 开展永久基本农田储备区建设，划定永久基本农田储备区866.7公顷。加强耕地耕作层剥离利用提高造地质量，全区表土剥离面积65.4公顷。实施耕地质量调查项目、等级更新与监测评价工作，耕地质量调查项目先后通过由浙江省土地质量调查项目办公室组织的数据验收以及永久基本农田示范区建档工作验收。扎实推进第三次国土调查，将资源调查成果构建成统一的国土空间管控的“底图”“底线”“底版”，整合自然资源共享空间数据。

【土地要素保障】 精准保障各类用地需求，全区共争取各类用地指标286.7公顷，优先保障S211、S302等交通类重点项目和民生工程。强化用地供应，统筹保障工业用地57宗，面积169.7公顷；经营性用地20宗，面积82.7公顷。狠抓国土空间节约集约利用，共消化批而未供土地121.5公顷，完成率152%，盘活存量建设用地182.4公顷，城镇低效用地再开发69.1公顷。积极开展省级国土资源节约集约模范县（市、区）创建工作。

【自然资源执法监察】 深入开展扫黑除恶专项斗争，建立健全防范和打击涉黑涉恶违法犯罪的长效机制。大力开展“大棚房”清理和“违建别墅”清查整治，整治问题大棚56个，总面积8.4公顷，涉耕地面积8.4公顷；整治“违建别墅”问题2宗，占地面积1267平方米，建筑面积2420平方米。切实加强卫片执法，查处完善用地手续36宗、面积35.2公顷，拆除复耕30宗、面积2.3公顷，依职权移交其他部门3宗，面积1447平方米，年度卫片整改面积到位率91%。扎实开展日常执法监察，强化巡查责任落实和相关人员责任考核，制定出台《南浔区违法用地监管责任追究暂行办法》和《南浔区违建别墅问题清查整治专项行动方案》，全区共组织动态巡查4646次，出动巡查人员13948人次；组织矿产巡查102次、297人次；立案查处违法案件32件，面积4.1公顷；累计移送法院强制执行93件。

【民生与平安建设】 深化“征地阳光工程”建设，出台《被征地农民参加社会保障实行“人地对应”实施办法》，切实维护群众资源权益。2019年共完成征地项目128个，面积254.1公顷，拨付征地资金19386.8万元，参加基本生活保障2116人，落实保障资金6982.8万元。健全信访工作机制，完善法定途径分类处理信访纠纷化解机制，及时回应群众信访的关切问题和诉求。全年共办结阳光信访249件，及时响应率和按时办结率均达100%。承办市局转办信息公开23件，办理区政法委转办扫黑除恶线索件2件。

【自然资源管理数字化转型】 深入推进不动产登记“最多跑一次”改革，实施“银土共建”战略合作，已与5家银行建立协同办理机制。持续推动水电气视联动办理，共办理水电气视联动业务550宗。深入推进流动窗口建设，进一步拓展延伸服务，受理查询业务15382件，不动产登记业务5164宗。创新推进土地复核及规划验收“核验合一”，将原先土地验收和规划核实两项业务申报资料从17项合并压缩至9项，审批时限从30个工作日压缩为15个工作日。加快地理信息审批平台建设，推动投资项目在线审批监管平台3.0版（工程建设项目审批管理系统2.0版）运行。 （蒋纪方）

·市场监督管理·

【概况】 2019年，南浔区市场监督管理局围绕市委“一四六十”及区委“一五一十”工作体系，根据市局年度“十件大事”（“厨房革命”、“食安校园”、“放管服”改革、绿色产品认证、智慧监管、质量强市、药械监管、“乡村放心消费”、农贸市场长效管理、“1+N”执法整治）的工作部署，全力推进年度各项工作任务，重点突出、亮点频现，49项工作获省、市、区各级领导批示肯定，其中5项工作获市政府、2项工作获区政府专报刊发。

【优化营商环境】 一是实现企业开办“一件事零成本一日办”。发布国内首个地方标准规范《企业开办全流程“一件事”一日办结工作规范》，打造“线下点单式办理”和“线上闭环式办理”两种模式，企业开办效率由原先6天减少至1天内，开办效率提高98.4%，有2400家企业完成全流程“一日办”新设，占全区新设企业总数的94.8%。率先在全市开展公章刻制政府买单服务，共1400家企业免费享受公章刻制服务。二是推出企业注销“一网服务”。通过在“一网注销”平台上信息共享、债权信息公告等方式，“注销分头跑”变为多部门“一网通”，全年可为企业减少公告费用近48万元，实现企业注销制度性交易费用“零成本”。三是推动一体化在线政务服务平台建设。全面梳理完善公共服务清单、跑零次清单、最多跑一次清单等全局197项政务服务清单。完成国家事项目录匹配对应，在当地落实国家目录的对应与补充入库，共完成102个事项补充入库。所有事项平均法定期限由18.86天压缩至2.99天，办事时限承诺压缩比达84.13%。四是深入推进承诺准营制改革。牵头制定《南浔区涉企证照通办“承诺准营制”信用监管实施方案》，承诺准营清单新增8个部门23个事项。共办结食品经营、药品经营及医疗器械“承诺准营制”258户。2019年，全区新设各类市场主体10477户，同比增长48%。

【关注小微企业】　一是滚动实施《小微企业成长新三年计划》。新增小微企业2400家，其中八大万亿重点产业小微企业584家；个转企354家，转公司制企业90.8%。走访企业46家，排摸企业需求31个，现场解决问题16个。贯彻落实“服务业十八条”和“工业二十六条”等政策，向328家小微企业兑现财政奖励185.5万元。双林呈祥绫绢获评2019年“浙江省小微企业成长之星”。二是深化检验检测能力提升。加快引进、培育CNAS实验室3个，并抓住质检院向衡鼎木检中心标准转移的契机，提升其软硬件能力。三是多措并举拓展融资渠道。通过动产抵押、商标质押、专利质押等形式，共向72家企业发放贷款超14亿元。

【强化企业培育】　一是持续推进质量强区工作。紧密围绕国家高端装备制造业试点工作，新增导入卓越绩效企业20家，新增有效导入各类先进质量管理方法企业200余家，分别指导申报中国质量奖1家、申报省政府质量奖1家，以区政府名义申报省政府质量奖组织奖；申报市政府质量奖2家，其中1家通过现场评审；申报区政府质量奖13家，进入现场评审10家。浙江世友木业有限公司荣获“亚洲质量卓越奖”和“全国质量标杆”两项荣誉。森赫电梯股份有限公司获批“浙江省中小学质量教育社会实践基地”。二是加快制修订各类标准。2019年，南浔区市场监督管理局为主、参与制修订国家标准4项、8项；发布“浙江制造”产品标准10项；已发布地方标准4项，团体标准3项；三是开展百城千业万企对标达标提升专项行动和标准领跑行动，发布技术方案2项，开展对标达标行动企业30家，参与标准领跑行动5家。四是践行“三服务”破除发展瓶颈。“南浔区迎难而上 竭力维护本土企业权益”获评浙江省“三服务”活动典型材料。

【引导转型升级】　一是开展绿色认证，全区9家企业14个产品通过绿色产品认证。3月，国家市场监督管理总局副局长唐军到南浔调研绿色产品认证工作。二是推进“品字标”建设，全年完成10家企业、13个产品的认证工作。三是深入实施知识产权战略。荣获中国专利优秀奖1项，推荐申报省专利奖5项，指导6家企业开展PCT国际专利布局并完成申请5件；递交“南浔电梯”集体商标申请，裁定被抢注的“绣花锦”商标在“新鲜蔬菜”上无效。星光农机研发专利，获评“中国专利奖”优秀奖和“浙江制造”团体标准并获批国内首张“农业机械推广鉴定证书”。成功创建国家知识产权强县工程示范区，相关工作获副省长王文序批示肯定。

【打击违法行为】　一是强势推动“亮剑2019”专项行动，有效净化全区市场经营环境，过程性指标列全市第一。扎实开展保健品市场乱象治理工作，检查食品、保健品经营单位1832家，立案查处违法案件136起，罚没款257万元，移送公安案件8起，实现保健食品会销“零举报”。在全省食品药品平安指数测评中，南浔区第6次获评100分，全省并列第一。相关工作得到省市场监督管理局副局长卢永福、市政府副市长施根宝的批示肯定。二是加大知识产权保护力度，积极开展省级商业秘密保护示范区创建活动，指导全区39家整机电梯生产企业开展商业秘密保护工作并实现标准化创建全覆盖。查处一处特大制售假冒聚氯乙烯树脂的“黑窝点”，涉案金额高达2600余万元。三是成功整治市场“黄牛”乱象顽疾，制定出台“‘治牛’十策”，严厉打击市场“黄牛”。全年共查处各类违法案件462件，移送公安案件10件。

【监管特种设备】　一是探索创新“安全顾问”制度，在全省率先建立第三方特种设备安全技术服务机构担任企业“安全顾问”制度，并发布全省首个特种设备第三方服务地方标准《特种设备监管“安全顾问”制度实施规范》。为362家企业提供“安全顾问”服务1912次，拨付专项财政补助资金62.4万元。二是开展家门口作业培训，在南浔设立集培训、考核、发证为一体的培训机构，解决作业人员考核路程不便问题，上半年共举办各类培训班15期，培训专业人员865人次。

【推进智慧监管】 一是稳步推进“浙政钉·掌上执法系统”试点与扩面工作，相关工作共获省、市、区各级领导批示肯定9次。二是强化网络经营智慧监管，通过自主开发与购买大数据分析服务相结合的方式，实现电商大数据智能预警监测。1月，省委副书记、省长袁家军对区市场监督管理局报送的《湖州市反映电子商务监管存在三大难点》作出批示。三是全力推进“厨房革命”智慧监管建设，累计建成可视厨房1291家，32家大型餐饮安装油烟在线监测装置，已建成的可视厨房中油烟净化器安装率达98%以上，719家安装燃气泄漏自动报警装置。“厨房革命＋美食文化＋旅游名城”新路径初步成型，并在全市率先完成年度可视厨房总体目标任务。4月，全市“厨房革命”暨“食安校园”一季度现场推进会在南浔区顺利召开。第四季度，南浔区“厨房革命”建设工作再次以综合评价96.8分的高分位列全市首位。

【保障食品安全】 一是成功创建省级食品安全区。严格落实“党政同责”“四个最严”要求，通过三年不懈努力，成功创建省级食品安全区。二是推动食品经营主体提档升级。540家餐饮单位完成“厨房革命”后厨改造；推进建设6家名特优食品作坊和6家亮化达标小微食品生产企业；申报创建星级农贸市场9家、放心农贸市场6家；创建“放心肉菜超市”1家，规范化创建乡镇农贸市场快检室并免费向公众开放3家。三是打造“固定＋移动”快检新模式。利用农贸市场、基层单位快检室、食品快速检测车和第三方机构专业技术力量开展全方位食用农产品快速检测，共开展食用农产品快速检测4375批次，合格率99.5%。

【加强药械管理】 一是超额完成省民生工程“送药上山进岛”建设任务，完成率150%。设置24小时自动售药机，提供订购送药服务。二是创新开展积分制家庭过期药品回收，采用“固定点位＋流动回收点”模式，共建设回收点31个，实现镇（开发区）域全覆盖。三是有序开展企业换证检查。换证提醒50家次，提供服务指导28家次，完成现场换证检查30家。四是全面开展信用体系建设。全区涉药单位均纳入信用体系，全区经营满一年的19家第三类医疗器械经营企业中，13家被评为诚信企业、6家被评为警示企业；全区经营满一年的药品经营企业中，22家被评为守信企业，123家被评为基本守信企业，14家被评为轻微失信企业；湖州市南浔人民医院等264家药房（店）被评为“规范化药房”。

【建设放心市场】 一是指导省“放心农贸市场”创建，制定创建工作方案，结合物价监管职能，定期开展督查指导，6家市场已通过验收。推进市场转型、扩容提质，南浔建材市场首次入围“中国商品市场百强”。二是开展“放心消费在南浔”活动，申报放心商店（含网店）189家，建成无理由退货承诺企业228家、景区放心消费维权分中心5个和维权服务站221个。重点提升南浔玖象家居市场放心消费示范工作和全力推行“消费环节经营者首问和赔偿先付制度”。全年共完成食品抽检1900批次、药品抽检120批次、其他流通领域非食品类商品质量抽检200批次。建成全市首家农贸市场垃圾就地处理中心，实现市场垃圾处理的减量化、资源化和无害化，营造干净放心的消费环境。三是实施“乡村放心消费战略”计划，推动特色经济乡村实行“放心标价签行动”。四是有序推进物价工作，开展涉企收费专项检查和医疗服务价、“菜篮子”商品（猪肉）等重点检查、治理10次，确保国家各项惠企利民政策有效落实和市场平稳有序。（钱娟慧）

·安全生产与应急管理·

【概况】 2019年是应急管理机构改革后的开局之年。南浔区应急管理局紧紧围绕“大安全、大应急、大减灾”的工作目标，一手推进机构改革，一手牢牢守住防范防治、应急救援、减灾救灾的基本面，各项工作蹄疾步稳，实现应急管理工作的良好开局。全年，南浔区安全生产和应急管理工作得到省领导批示 1 次，市领导批示 3 次，省级以上简报刊物发信息 21 次。全区除火灾事故外，发生各类生产安全事故 16 起（工矿商贸领域 4 起，道路交通 12 起），死亡 13 人（工矿商贸领域 4 人，道路交通 9 人），同比 2018 年，事故总起数下降 36%，死亡总人数下降 27.8%。

【责任落实】 一是强化领导责任。区委、区政府高度重视安全生产和应急管理工作，专题研究工作 14 次。区四套班子领导在重大节假日前后，分镇分条线带队开展大检查活动，督促各单位进一步落实安全责任。区安全生产委员会召开全区性安全生产和防灾减灾会议 10 次，会商研判部署阶段性重点工作。二是强化部门责任。认真贯彻市委、市政府及区委、区政府关于机构改革工作的各项决策部署，严格时间节点及时完成应急管理局人员转隶、职能划转、“三定”（定职能、定机构、定人员编制）规定落实等各项工作。1 月 24 日，区应急管理局挂牌成立。尔后，更新调整防汛防台抗旱指挥部、减灾委员会、森林防灭火指挥部等成员名单；召开 20 余次区级有关部门协调会，反复协商磨合，理清各部门职责界线；明确应急联动、车辆保障、防汛物资储备等方面的职责分工；下发《关于进一步完善乡镇应急管理体系的实施方案》，明确乡镇应急组织机构与职责，理顺关系。三是督促企业落实主体责任。从教育培训入手提高企业安全生产水平，从专项整治入手夯实企业安全基础，从监管执法入手强化企业安全意识，从社会化服务入手提升企业安全管理能力，从联合整治入手助推企业转型升级。

【防治防范】 安全生产方面。一是全面开展各类专项整治活动。组织开展“防风险、除隐患”、夏季安全大检查、危化品综合治理、小微企业综合整治、今冬明春集中整治等活动。为吸取周边地区事故教训，由局班子成员定期、分组、分片区开展大宣讲，充分解析节假日前后重点工作、全国重特大事故经验教训、上级暗访督查反馈问题等，提升企业负责人安全意识与管理水平。2019 年组织开展各类宣讲与警示约谈 30 余场次；整治完成 7 个省级、21 个市级、47 个区级挂牌督办的重大隐患。全面开展危险化学品综合治理，对危险化学品生产企业开展专项整治，通过转型升级、关闭等方式降低辖区内风险系数。对危化企业开展危化品使用情况摸底，分批组织对企业的培训，明确整治要求。对小微企业违规占用消防通道、安全设施不足、员工安全意识差等问题进行综合整治，制定个性化检查标准，组织开展排查摸底人员大培训，充分发挥专职网格员作用。对木业、印染行业开展联合综合整治，治理散、乱、污等现象。二是从严执法推动主体责任落实。详细制定《2019 年南浔区安全生产监督检查计划》，明确全年监督检查工作目标任务和重点，量化监督检查频次。全年完成计划内重点监督检查企业 615 家次，完成率 109.8%；抽查一般监督检查企业 493 家，完成率 211%。对工贸企业加大事前执法力度，倒逼企业依法生产。全年，事前处罚案件累计 218 起，罚款 500 余万元，同比 2018 年分别上升 35% 和 42%，其中涉及危险化学品企业立案 54 家，处罚金额 148.09 万元，居全市首位。联合相关部门取缔小木业、小毛纺、服装加工作坊、塑料颗粒厂等低、小、散企业 421 家。自然灾害方面。对全区 323 个村（社区）级避灾安置场所开展调查摸底与示范点建设。2019 年，区应急管理局自我加压，建成验收 40 个点，翻倍完成下达任务数。创建全省综合减灾示范社区 2 个。完善各镇（开发区）重点水利工程、堤防、水闸（站）、泵站等网格责任人管理体系，通过新闻媒体对 285 个镇、村、重点工程的责任人进行公示，3211 名基层防汛体系网格责任人全部登记备案，并发放防汛责任告知卡、明白卡，明确网格责任人防汛责任。汛前准备到位，对辖区内所有的外围堤防、城镇防洪工程、农村圩区、机电排灌设施、在建重点工程以及物资储备、抢险队伍建设等情况，开展自查与督查，整治各类隐患 58 处。不断完善应急响应、信息报送、值班值守等机制，有效应对梅雨季节防汛抗涝工作。尤其是在防御 9 号台风“利奇马”过程中，应急管理系统与水利系统人员融合办公、统筹协调，全力防御自然灾害，快速安全转移人员 18411 人，实现全区“零伤害”，在机构改革后的首次综合性“大考”中交出满意答卷。

【应对举措】 一是修订完善预案。区防汛防台抗旱指挥部成员单位、各镇（开发区）通过防汛防台汛前检查，及时摸清情况，下达 38 项区级预案修编任务，启动总体应急预案修编，完成防汛防台抗旱等预案修编，部门、乡镇、企事业单位各类子预案同步跟进，建立横向到边、纵向到底的应急预案体系。二是推进队伍建设。依托原有的综合性消防救援队伍、民兵应急连、公安等力量，充分调动基层防汛体系责任人的积极性，有效整合交通、路政、电力、通信等行业专业应急队伍以及社会救援力量，并设立危险化学品、环境、特种设备、公共卫生、道路运输、防汛防台抗旱6类专家库，在册专家61人，优化力量配置。同时，加大森林消防、社会应急力量等队伍建设，增加设备设施投入，鼓励新建社会救援队，应急救援队伍进一步向专业化、综合化方向发展。三是开展实战演练。组织开展全区防汛防台综合应急演练2次。实景模拟遭遇强降雨，电力通信中断、圩堤决口、内涝积水、人员被困等场景，组织开展断杆抢修、决堤抢险、内涝强排、人员转移以及水上救援5个科目的演练。组织开展学校地震逃生、危化品泄露等全区性综合防灾减灾应急演练2次。组织开展基层综合救援队伍技能比武，以赛代练，促进各基层救援队之间的相互交流与救援技能的共同提升。区级有关部门及乡镇分别组织开展本行业领域和辖区的综合及专项演练，不断提升应急作战能力。

【安全监管】 一是服务指导全面科学。全省首创探索开展安全生产无隐患管理企业，与省安全生产科学研究院合作，研究编制《南浔区安全生产无隐患管理企业创建工作指导手册》，全区108家企业实施安全生产无隐患管理企业的创建工作，推动企业隐患排查治理全员化、常态化。多形式开展社会化服务工作，通过政府购买服务的方式与中国化学品安全协会合作，依托全国性专家深度排查隐患问题，积极推广“安全顾问”制度；通过传帮带作用提升企业特种设备等安全管理水平，经常性开展企业负责人警示约谈；通过展播与分析事故案例，强化企业主敬畏意识。二是专项治理精准有效。个性化制定全区危化行业综合治理方案和检查标准，对安全生产条件较差的企业实行转产或淘汰；持续深入开展木业企业除尘系统专项整治，对涉燃爆粉尘的木业企业进行逐家整治验收，确保火星探测器、隔爆阀等安全设施的安装与维护保养，提升除尘系统本质安全。深化“智慧安监”信息化监管系统，完成规上企业的注册与使用，绘制全区避灾安置场所一张图，加强线上监管执法。三是联动配合主动积极。开展以危化品为主的打非治违专项行动，通过张贴告知书、发放宣传折页、电子媒体视频播放等多种形式，加大对有奖举报的宣传，提升全民打非治违意识。2019年，充分运用“两法衔接”（行政执法与刑事司法衔接）机制，受理危险化学品举报案件72起，依法查处7处非法储存危险化学品窝点，向公安机关移交涉嫌刑事犯罪案件1起，与公安机关共同商讨案情8起，与检察院共同商讨案情3起，与法院共同商讨文书送达方式及程序6起，采取地址送达确认书送达行政处罚文书5件，申请法院强制执行案件4起。

【提升素养】 一是开展分级分类培训，保障培训效果。分期对安委会成员单位、防指成员单位和乡镇分管领导、安监系统人员、村（社区）灾害信息员、企业主要负责人和安管员的专题培训，强化各级各类人员的安全意识、防灾减灾知识与技能。全年共开展各类培训班52期，培训5389人。不断优化教育培训方式，在安全生产培训班上对企业主要负责人及安全管理人员实行分行业、小班化培训模式，积极采用本土培训师，严把学员考前审查关，防止替考。开展网络培训，利用“智慧监管”平台上传有关安全知识课件与视频，提升企业员工培训效果。深化企业“安全生产教育一刻钟”活动，有576家企业的决策层、管理层以及各部门、车间、班组在召开各类会议、开展各类活动前安排一定时间进行安全生产专题教育。二是安全生产专业人才培育实现新突破。区委、区政府高度重视安全人才，围绕解决南浔区安全生产专业人才短缺问题，专题研究制定《南浔区本地注册安全工程师三年培育计划》，出台《南浔区注册安全工程师引育八条激励办法》，通过调研摸底、鼓励发动、指导服务、完善政策及能力提升5个方面的举措，投入百万培育和激励经费，分3年培育百名注册安全工程师。2019年，发动230余人报考注册安全工程师，并分别组织考前专题辅导培训班，24人一次性通过考试，取得初、中级注册安全工程师资格证书。三是开展多形式宣传活动提升全民安全意识。组织开展安全生产月、防灾减灾宣传日等系列活动，通过播放宣传片、文化下乡、咨询日、体验活动、发放宣传资料、开展新闻专栏等多种形式，进一步提升民众风险防范意识和应急避灾能力。9月，组织开展“浙江安全发展媒体基层行”南浔专题采访活动，国家、省、市20多家媒体集中南浔采风，通过各类媒介报道安全生产有关工作，形成良好氛围。探索建设基层安全文化阵地，利用村（社区）党群服务中心、农村文化礼堂、日间照料中心（幸福邻里）以及村居公园等阵地，创建一个“安全文化阅览角”、一套“安全文化宣传册”、一个“安全文化放映厅”、一个“安全文化展示栏”、一个“安全文化大喇叭”和一个“安全文化宣传园”的六个“一”安全文化阵地，深化“安全生产教育一刻钟”主题活动向村（社区）拓展，形成“六有一主题”安全文化宣传阵地。

（陈旺虎）

·行政审批服务·

【概况】 2019年，南浔区行政审批服务工作实现民生事项“一证通办”199项、“一网通办（全流程网办）”746项、移动办事项1899项。“最多跑一次”和“零上门”事项占比分别达100%和98%，在全省两次第三方评估中，南浔区“最多跑一次”的满意率、实现率均位列全省前列。

【政务服务改革持续化】 坚持“一窗受理、集成服务”改革主抓手，着力推动政务办事“条块分割”向“整体政府”转变。一是推进事项全进驻。采取集中进驻、事项通办等方式，整合25个行政审批部门、10个公用事业部门进驻政务服务大厅，除省规定不宜进驻行政服务中心办事事项清单外的所有政务服务事项全部纳入区政务大厅集中办理，实现企业、群众必须到现场办理的事项“只进一扇门”。二是推行窗口无差别受理。区级层面按照“相近、相通、一件事服务”和“综合板块与专业服务相结合”的思路，将进驻事项全部整合到九大主题板块+综合板块（“9+1”）服务区，设置综合受理窗口和综合出件窗口；镇级层面制定《南浔区各镇（开发区、度假区）便民服务中心“无差别全科受理（一窗通办）”实施细则》，推动各镇便民服务中心完成事项集中进驻、窗口规范设置、硬件改造提升等工作，基本实现综合窗口和驻场窗口板块内“无差别全科受理”。三是强化人员全科培训。打破部门、专业限制，采用理论培训和岗位培训相结合的方式实行岗前培训，逐步实现由“专科”受理员向“全科”受理员的转变。

【涉企审批流程再优化】 一是实现企业开办一日办结。建立常态化企业开办服务模式，实现网上办理工商登记、公章刻制、银行开户、领取发票、参保登记5个环节在1个工作日内完成，企业开办网上申报率为93%以上，已有1100余家企业享受企业开办“零成本”服务。二是绘制投资项目审批导航图。围绕全省一般企业投资项目竣工验收前审批“最多90天”工作目标，创新绘制8类投资项目审批流程图，建立责任清单及配套机制，在全省率先试点工程项目建设审批“一证全流通”和竣工联合测绘、验收等改革，有效破解项目审批手续复杂、环节过多、效率不高等问题。全年发放施工许可证项目共75个，实现从赋码备案到开工前平均用时26天。三是推进涉审中介市场化改革。出台《南浔区“三服务”活动中介服务“大市场”实施方案》，推进投资项目审批中介服务“减事项、减环节、减材料、减费用、减时间”，完成对中介服务事项、机构的再摸底。同时按照市要求建好中介超市，已报中介服务事项86类，已注册并审核通过中介服务机构355家。

【事项办理一体化】 一是一体化在线政务服务平台建设。成立南浔区一体化数据专班，分批次逐一对接部门，提升22项核心指标，使“网上办”“掌上办”“一证通办”“材料电子化”实现率达100%；其余指标（除22项核心指标外）远超省定考核标准，其中“网上办”指标实现99.21%（17项为不宜网办事项），“掌上办”指标实现98.34%（17项为不宜掌办事项，19项为税务省定事项），“跑零次”指标实现97.56%（53项为不宜跑零次事项），“即办件”指标实现90.2%，“承诺压缩比”指标实现93.49%，“材料电子化”指标实现99.16%，政务服务平台可办事项、使用便捷度显著提高。二是推进政务服务“一网通办”。围绕政务服务线上线下融合发展，大力推进门户、事项、业务、系统、数据一体化整合，推动政务服务集约化、全域化、智能化、移动化。区政务服务中心办事事项基本实现网上申请（预审）和证照快递送达两个全覆盖。

【民生服务便利化】 坚持从降低办事成本、优化办事体验等群众切身需求出发，着力推动民生服务均等化、便利化。一是建设“市民服务之窗”。在全市首推长三角一体化政务服务自助异地通办和自助终端机地图定位导航服务，与上海青浦、苏州吴江、嘉兴各县（市）等地实现1000余个事项自助终端机办理，建成24小时“市民服务之窗”6个。二是推进减证便民。在全市率先完成“无证明区”创建，取消26个部门318项证明，取消比例达97.55%。推进企业、公民多部门联办“一件事”工作，省定有权限的29项“一件事”全部实现联办，并实现机动车违章处理一窗通办等10余项南浔特色的“一件事”。

【政务服务标准化】 充分发挥标准引领作用，着力推动办事事项、窗口服务、基层平台标准化全覆盖，以标准化促进政务服务制度化、规范化。一是政务服务环境升级。以服务型政府建设为目标，在政务服务中心设立母婴区、阅览区、自助网办区、免费复印区等便民区块，从标识引导、人员引导、设备引导三方面交织成网，为办事群众提供更优的服务。以“党建+家风”为引领，实现温馨环境、“标准化现场管理”的深度融合、联动推进。二是政务服务礼仪提升。开展“标准化现场管理”政务服务礼仪培训，全面形成“迎、询、办、核、评”窗口礼仪五部曲及“迎、询、引”导服礼仪三部曲服务体系，以此促进窗口工作人员改作风、提效能、优服务，让办事群众体验更加高效优质的服务。三是政务服务速度加码。对窗口接收的材料办理按颜色进行分类标识，让窗口工作人员能轻松快捷地找到文件、流转文件，后台审批人员能及时审批文件，存档文件能定期存档，大大提升窗口办事效率。同时，对各类办公物品摆放进行统一定位、顺序一致，大大提升办公效率。（尤佳琦）

·审　计·

【概况】 2019年，南浔区审计局紧紧围绕区委、区政府“一五一十”工作部署，聚焦聚力“五大重点”（财政审计、重点领域审计、经济责任审计、投资审计、内部审计）工作，深入推进“五大建设”（体制机制建设、审计基础建设、审计质量建设、审计协同建设、干部队伍建设），全面提升审计工作水平，为实现新常态下全区经济发展提供有力保障，不断提升南浔审计服务地方发展的贡献度和影响力，工作取得明显成效：在市对区（县）审计工作年度考核中实现争先进位；区对部门年度综合考核中荣获一等奖；完成审计项目18个，查出主要问题金额145208万元，其中违规金额20364万元，管理不规范金额124844万元；审计处理、处罚金额38143万元；完成单项工程121个价款结算审核，核减金额19320万元，核减率达17.76%；致力于大要案线索移送，全年共向纪检监察及主管单位移送线索16起，问责10人，其中免职2人，收回资金10296.59万元。

【推动审计改革】 紧紧抓住机构改革有利契机，加强对上争取横向协调，在改革中探索创新，在创新中推进改革，着力构筑有利于南浔审计事业发展的新体制、新机制。“南浔着力推动审计改革落地生根”的经验做法被省审计厅官网宣传推广。一是高起点配置审计办机构编制。主动协调发改、财政、国有企业监事会等部门全面完成职责划转、人员转隶、“三定”（定部门职责、定内设机构、定人员编制）规定等工作，实现领导职数、人员编制数略有增加，为区委审计办工作开展夯实机构基础。二是高规格成立审计委员会。研究并提出区委审计委员会委员建议人选，在区委、区政府主要领导重视支持下高规格成立区委审计委员会，委员会成员由区委书记、区长、常务副区长、纪委书记、组织部部长、人大常委会副主任及相关部门主要负责人组成。三是高质量开好区委审计委员会两次会议。精心组织周密安排，在全市县区中率先成功召开区委审计委员会第一次、第二次全体会议，两次会议都是单独以专题会议形式召开，会议时长均在1小时以上，区委书记、区长、常务副区长、纪委书记等多位区领导出席会议并充分发表意见，为后续区委年度集中审议审计工作及作出审计决策积累经验、提供遵循。四是高标准履行审计委员会办公室职责。主动承接区委审计委员会日常工作，研究并制定《中共湖州市南浔区委审计委员会工作规则》《中共湖州市南浔区委审计委员会办公室工作细则》《2018年度区级财政预算和其他财政收支情况的审计报告》等重要文件，提交区委审计委员会审议。五是高要求落实审计工作“两统筹”。加强审计资源统筹，科学安排年度项目，整合“五合一”项目1个、“三合一”项目1个、“二合一”项目1个，将多个价款结算项目整合为1个审计项目。积极探索融合式、“1+N”等审计组织方式，努力做到“一审多项”“一审多果”“一果多用”。六是高层级完善区对镇、区级部门审计工作年度综合考核。推动区委、区政府修订区对镇、区对部门年度考核办法，将“审计事项落实”纳入区对镇、区对部门年度考核，考核内容上聚焦审计决定执行、审计整改落实、审计事项移送、内部审计4项重点工作，考核对象上实现对各镇（开发区）、区级各部门全覆盖。

【提高审计水平】 2019年，区审计局牢固坚持以“党委政府满意不满意、人大评价高不高、被审计单位服不服”作为检验审计工作成败得失的主要标准，坚定不移弘扬工匠精神，不断提升审计工作的境界和层次，赢得区委、区政府、区人大、区纪委的高度评价和充分肯定。一是讲求审计质量。紧紧围绕“三个致力于”（致力于区级层面及被审计单位体制机制“废改立”，致力于“老大难”问题的解决，致力于大要案线索移送），抓住审计质量的关键点。全年推动区级层面出台《南浔区企业国有资产监督管理办法》等制度7项；推动区级部门出台《南浔区旅游发展专项资金奖励补助（六条）办法》等制度9项；推动解决区级层面老大难问题5项，其他老大难问题7项。二是严格创新审计业务人员考核。坚持以实绩论英雄，研究并运用“一审双评”考核模式，即对每一个审计项目进行总体评价赋分，同时对审计组成员在项目中的贡献度进行评价赋分，通过“一审双评”不断激励和引导全体审计干部围绕中心、服务大局、创优项目，积极营造“比学赶超”工作氛围，发挥考核指挥棒的引领作用。三是重视加强审计过程管理。首次将年度审计项目推进情况上墙进行看板管理，督促全体业务干部增强紧迫感和责任感。规范审前调查、审计取证、审计复核、档案管理等工作，促进审计程序标准化、规范化；强化审计业务会议，对审计移送、审计决定、审计报告进行深入商议，提高法定文书的质量。四是部署推动审计信息宣传工作。坚持结果导向、问题导向、价值导向，实施信息工作“125工程”考核办法，形成人人有责、人人写稿工作氛围，不断提炼审计成果和经验，扩大审计工作影响。2019年在省、市、区相关媒体刊物录用信息86篇次，同比增长291%，其中在《中国审计报》、浙江省审计厅网站、《浙江审计》杂志、《浙江审计简报》等省级以上审计系统权威信息媒体上发表16篇；审计专报区领导批示20篇，其中区委、区政府主要领导批示14篇。五是推动审计整改提档升级。以抓铁有痕、踏石留印的力度抓整改，积极探索“六重工作法”（重要项目区政府直接交办整改、重要事项区领导亲自部署整改、重要问题纪审协同推动整改、重要内容列入综合考核量化整改、重要批示探索审计办督办整改、重要报告人大审议倒逼整改），做深、做细、做透审计后半篇文章，做到责任不落实的坚决不放过、问题不解决的坚决不放过、整改不到位的坚决不放过。六是推进投资审计转型。认真贯彻落实国家审计署和省审计厅投资审计“减量、提质、增效、防风险”总体要求，坚定不移推进投资审计转型，相关工作得到省审计厅领导充分肯定。七是坚持推动协同建设。千方百计搞好内外联动和上下联动，着力形成协同合力。科学调配审计力量，打破审计人员专业和科室界限，组成复合型审计组，注重发挥整体优势，节约审计资源、提高审计效能。强化纪审协同，推动重要审计事项列入区纪委、巡察办、各派驻纪检监察组工作重点进行督办落实，有效促进审计发现的重大案件线索和问题依法依规及时得到处理和整改，提高监督合力。八是深入推动内审督导工程。深入实施“内审督导”工程，通过推动一次区领导集体审议、建立一项区级制度、出台一项考核新规、完成一次内审换届、举办一次内审培训、开展一次调研走访、组织一次评比表彰、增补一批优秀单位、宣传一批优秀经验、安排一次交流学习“十个一”活动，全方位系统化推进内部审计建设，着力增强国家审计和内部审计监督合力。先后有5篇内审文章被《中国审计报》、浙江省审计厅网站、《湖州日报》等重要媒体录用。 （王 东）

教　育

·综　述·

2019 年，全区共有各级各类学校 97 所，其中市属高中 4 所，区属学校 93 所。区属学校在校学生 51392 人，在编教职工 2558 人。其中，初中 18 所（含 6 所九年一贯制学校），在编教职工 925 人，在校学生 10907 人；小学 25 所，在编教职工 1377 人，在校学生 26956 人；幼儿园 41 所（含分园），在园幼儿 13529 人，在编幼儿教师 196 人；成人（社区）学校 9 所，在编在职教职工 60 人；直属事业单位 4 个。2019 年，全区教育系统深入学习贯彻习近平新时代中国特色社会主义思想和中共十九大精神，认真学习贯彻全国和省、市教育工作会议精神，围绕"一个核心"（党建领航为核心）、"五个第一"（立德树人作为第一目标、教育质量作为第一要务、校园安全作为第一要求、教师队伍作为第一资源、群众满意作为第一标准）、"六大工程"（义务教育优质均衡工程、学前教育快速补短工程、职成教育特色品牌工程、高中教育有效补位工程、高等教育积极引进工程、特殊教育多元融合工程）开展工作，聚焦问题、深化改革、全面提质，以办好人民满意的教育为宗旨，奋力推进南浔教育发展水平再上新台阶，全力推动南浔教育高质量发展。2019 年，区教育局获湖州市"人民满意的公务员集体"荣誉称号，南浔区获"浙江省示范学习型城市"、"全国全民终身学习活动周优秀组织单位"等荣誉称号。

·基础教育·

【概况】　2019 年全区基础教育以中共十九大精神为指导，根据《2019 年南浔区教育工作要点》的要求，紧扣建设教育现代化主线，紧紧围绕立德树人根本任务，全面开展社会主义核心价值观教育，加强和改进中小学德育工作，深化义务教育课程改革，扎实推进文化校园建设，着力提升学生核心素养，促进学生德智体美劳全面发展和健康成长。

【学前教育】　南浔区委、区政府将学前教育发展纳入重点民生工程，推动学前教育变"短板"为"样板"，系列措施刊发在《人民日报》、《浙江日报》、浙江省政协《联谊报》、《浙江政务》、《湖州政务》和《专报信息》。一是优质资源快速拓展。16 所农村幼儿园整体打包建设项目，年末 8 个项目完工、6 个项目完成选址和设计等前期工作；2 所小区配套幼儿园交由南浔实验幼儿园接管开办分园；6 个教学点撤并至周边等级幼儿园。南浔区幼儿园等级创建率 100%，二级以上占比 62.16%，镇中心幼儿园一级占比 60%。二是经费投入大幅增加。2019 年，学前教育经费投入总额 3.52 亿元，生均公用经费标准从 2018 年人均 660 元提升到 720 元。非编幼儿教师人均财政补助从 2018 年的 1 万元提升到 2019 年的 2 万元，增长率达 100%。非编卫生保健教师、厨房工作人员同等补助，非编教师培训经费与在编教师同等投入。幼儿园维修专项经费提升到 1300 万元，增长率 225%。财政投入 170 万元对教玩具和现代化设施设备采购进行补助，全区幼儿园办园条件持续升级。三是师资队伍快速提质。统筹规划和实施幼儿教师培训工作，将全区所有幼儿教师纳入教师培训平台，实施全员分层培训、提升教师素质。幼儿园教师资格证持有率达 100%，区教坛新秀以上的名优教师占比达 15%。举办卫生保健教师技能培训班、营养师技能培训班、厨师技能培训班 3 个培训班和三期保育员初级培训班，促使各幼儿园保育、教育齐头并进。依托南浔区社区教育学院平台，创新举办本地非学前教育专业有意向转入学前教育队伍的社会人员"学历 + 技能"进修班，有效补充农村合格师资缺口。进修班于 4 月开班，招收学员 25

名。四是课程改革深入推进。70.5%的幼儿园实施课程改革，涌现“古镇文化体验课程”“欢动五环”等多个优质课程品牌。以5所“安吉游戏”实践园、6所足球示范园、3所体育与健康教学实践基地等研究成果为载体，以点带面，共同打造南浔区“浔童体韵”学前健康教育特色品牌。12月，顺利承办省推进幼儿园课程改革第四次研讨会，实验幼儿园顾晓霞老师的《变废为宝、乐享运动》一书由北京师范大学出版社出版。

【义务教育】　2019年，全区小学、初中入学率均达100%，小学、初中巩固率均达100%，小学毕业升初中率为100%，初中毕业生升高中段比率达99.34%。全面深化义务教育课程改革，树立科学教育质量观，大力推进义务教育均衡发展，高标准、高质量实施九年义务教育。一是办学行为更加规范。进一步完善课程实施及“减负”领导责任制和责任追究制度，教育局领导及各校校长为第一责任人，严格执行课程计划，开齐开足各类课程，“三表”（课程表、作息时间表、课外活动表）上墙上网公示，扎实推进减负工作。督导室开展减负专项督查和经常性检查，不断完善减负举报、情况通报、责任追究等制度，切实做到违规必究、查处必严、不走过场，把考核结果纳入学校年度发展性评估。二是进一步规范学籍管理。每学期举行一次学籍管理培训工作会议，进一步规范转学、休学、缓学等审批手续，并通过优化办理流程、整合系统资源等方式，逐步推进学籍管理“无纸化”办理。区教育局进一步加强考核力度，将学籍管理纳入学校发展性目标考核。三是进一步完善招生制度。按省、市文件精神结合全区实际制定进城务工人员随迁子女入学办法，按照“两个为主”（以流入地政府为主、以全日制公办学校为主）的原则，使其享受与南浔区居民子女同等待遇，全区共接纳外来务工人员随迁子女16092人（小学：11709人，初中：4383人）。2019年南浔中心城区学校一年级新生实行网上报名，招生办公室组建政策咨询组、技术支持组、现场接待组3个服务小组，进一步完善网络报名服务支持体系，为家长顺利开展网上报名提供保障。通过网上报名、数据共享、后台审核、线上通知的方式，分类分批完成网上录取。四是课程改革推进有新成果。1．积极推进课程改革。南浔锦绣实验学校“健康心”等7项课程入选第二届市级义务教育精品课程。同时继续推进STEAM课程实验，相关成果在省第二届STEAM大会上交流。继续探索教学改革，充分发挥课改联盟作用，重点做好课程顶层设计、德育整合、小班化教育等；总结和推广区域、学校、教师的课改先进典型经验，9月，四川省广安市广安区教研室到南浔交流课改推进情况。2．教改成效进一步显现。采用多重丰富的评价方式以提高评价的可信度，小学一、二年级模块游考，中小学科学实验操作评价等常规项目继续稳步推进。南浔锦绣实验学校小学科学、双林二中社会法治2个教研组被评为省级“先进教研组”。3．综合素养全面发展。新增2所全国足球特色学校（浔溪中学、南浔实验小学）、2所省级足球特色学校（宏达学校、菱湖三小）；省青少年科技创新大赛6个项目获奖；在湖州市中小学生艺术节活动中，38件作品获市一等奖；南浔锦绣实验学校等5所学校被评为首批“湖州市科技创新教育特色示范学校”；市中小学航模锦标赛获单项一等奖30项（全市共71项），获团体一等奖13项（全市共24项），名列全市第一。成功承办湖州市“开学第一课”、湖州市中小学生田径运动会。五是教育科研成果丰硕。2019年，全区教科研成绩稳中有进。根据省、市规划课题申报要求，在各校申报的基础上经市教科所与省教科院组织立项评审，列入省教育科学规划课题1个、市教育科学规划课题40项、市教育科学规划微课题13项、省教研课题2项、市教研课题18项。六是教学质量有新突破。1．初中质量再创新高。2019届初中毕业生被湖州中学、湖州二中及以上学校录取365人，录取比例达14.3%，首次突破14%；湖州市本级四所省一级重点中学上线学生1290人，上线率达50.6%，首次突破50%。2．小学质量均衡提质。2019年毕业班质量监测4科合格率均在93%以上，四年级校级之间综合指数差距进一步缩小，新居民学校也在逐步缩小与公办学校的差距。七是特殊教育进一步优化。积极推进特殊教育改革发展，构建“轻中度残疾儿童安排随班就读，中重度残疾儿童安排特殊教育专业学校或卫星班就读，重度残疾儿童安排送教上门、康复训练”的多元融合教育机制。大力推进以“融合”为目标的卫星班建设，通过探索“特校+卫星班”的形式，推进特教与普教的融合、特殊儿童和普通儿童学习成长的融合。教育部第二期特殊教育提升计划调研组到南浔调研，调研组一行对南浔区特殊教育工作取得的成绩给予充分肯定。

八是放学托管提升教育服务能力。开学前，全区各小学通过家长会、告家长书、微信公众号、钉钉等多个平台主动向家长告知托管时间、服务对象、服务内容等信息，切实做到宣传全覆盖。健全放学后托管申请与审批、托管期间学生管理、托管服务、安全管理等各项制度，确保托管服务工作安全有序开展。全年，全区578个班级16121名学生参加放学后校内托管，占公办小学学生数的69%，全区1364名小学教师参与放学后校内托管服务，占比100%，做到“应托尽托”，得到家长们的肯定。

【德育工作】 2019年，南浔区以立德树人作为根本任务，深入培育和践行社会主义核心价值观，以“四园”联创、最美家风扬校风活动等开展为依托，全面推进全区中小学文化校园建设，积极营造健康和谐的育人氛围，扎实做好全区中小学育人工作。一是“四园”联创巩固文明创建成果。2019年，继续推动“美丽校园”“文明校园”“文化校园”“人文校园”的建设，实现区级“美丽校园”全覆盖。4月，召开全区未成人思想道德建设工作推进会暨中小学德育工作会议，明确德育工作任务和方向，表彰第三批区级“文化校园建设”示范学校5所。二是学生成长导师全覆盖。全区各校在继续抓好针对特长生、留守生、学困生、流动生等特殊群体儿童的有效关爱工作外，重点开展学科类导师的辅导工作，2019年，全区2000多名中小学教师担任5000多名学生的成长导师，做到“教师人人是导师，学生个个受关爱”；全面推行“社区导师工作站”建设，全区43个社区导师工作站常年开展活动，43所家长学校，开展家庭教育讲座100余次；努力构建“学校、社会、家庭”三位一体的德育教育网络，做到学生思想道德教育全覆盖。三是“最美家风”建设富有成效。9月，建成南浔区青少年家风馆，也是全市首个教育系统家风馆，该家风馆面积达600多平方米，投资达300万元，展示南浔区厚重的文化底蕴和“最美家风+”建设活动成果，引领全区中小学生参与新时代文明实践活动。2019年，最美家风扬校风示范校再建13所；开展中小学生“书家训、传家风”书法比赛，其中120幅书法作品获奖，切实提高广大师生道德素养。四是心理健康教育不断提升。2019年，心理健康教育标准化学校建设实现全覆盖，已创省心理健康教育示范点8个。健全心理健康教育辅导室运行机制，每月开设心理健康教育课不少于2课时，组织教师参加市中小学心理危机识别与管理专题培训，参加心理健康教育资格证C证培训，全区中小学C证及以上持证率达77.9%；设立心理危机预警干预机制，开展心理高危学生排查，所有学校均建立学生心理健康档案。五是主题教育活动彰显特色。各校开展“网上祭英烈”“学习雷锋做美德少年”“童心向党”“向国旗敬礼”等主题教育实践活动；组织承办主题为“我和祖国共成长”的湖州市开学第一课活动；开展童谣传唱评比活动，2个节目在市级获奖。开展国防、法制、禁毒、防艾（艾滋病）等主题教育活动，提高学生的国防、法治和防毒意识及自我保护能力，建成2所市级禁毒示范校。六是综合实践教育稳步推进。6月联合8部门出台《南浔区关于推进中小学研学旅行的实施意见》，9月中小学研学旅行全面铺开，各校做到认真选择研学路线，科学制定研学方案和安全预案，全区95%的四年级以上学生均参与研学活动；认定并公布区第一批研学旅行基地5个，申报省级研学营地1个、市级研学基地2个。加强劳动实践教育，各学校拓宽劳动实践途径，组织学生参与校内劳动、校外实践及家务劳动，促进学生形成良好的劳动习惯和积极的劳动态度；共培育劳动实践教育项目试点学校省级3所、市级5所、区级8所。七是生态文明教育成常态。2019年，全面优化学校生态环境，着力加强中小学生生态文明教育。通过用好宣传阵地、开设生态课堂、开展主题活动、实施“小手牵大手”行动、建设美丽校园等举措，使生态文明的理念深入校园、深入人心。菱湖五小、花林小学完成市绿色学校申报，重兆小学开展垃圾分类特色课程，“以校园为切入点补上全民垃圾分类课”一文在人民网上发表。八是科技创新教育出成果。1．开展科技大篷车进校园活动，让学生在活动中体验科学的奥秘，浓郁校园科普氛围。2．邀请中科院老科学家科普演讲团进校宣讲，拓宽学生科学视野、感悟科学人生。3．积极搭建科技创新比赛平台，展示学生的动手实践能力。4．加强科技辅导员队伍建设，将中小学教师进修科学专业课程和科技技能列入师资队伍建设规划，切实提高中小学科技教师的科学素养和业务能力。浙江省青少年科技创新大赛有6项作品获奖，湖州市青少年科技创新大赛有50项作品获奖。九是育人队伍培养展风采。全面提升中小学班主任工作室的质量，全区各校都建立校级班主任工作室。开展班主任、德育导师教育水平综合能力培训，全面提升全区班主任综合能力，花林小学王琴霏、马腰小学邱凌霞等教师获市班主任能力大赛、市德育导师一、二等奖；建立“南浔班主任”微信公众号，定期推出优秀班主任优秀事迹和班级管理经验；组织优秀班主任及骨干教师参加市中小学家庭教育指导教师培训班，提升全区中小学教师开展家庭教育指导能力。十是少先队活动添活力。1．认真学习近平总书记贺信精神，强化少先队思想引领。开展以“从小学先锋、长大做先锋”为主题的队日活动、班队会等，让少年儿童心灵深处埋下红色的种子。在中华人民共和国成立70周年、少先队建队70周年等重大节日点，组织全区2万多名少先队员广泛开展“追梦少年心向党祖国引领我成长”主题教育实践活动。2．推进“红领巾学院”建设，优化少先队工作品牌。在少先队南浔区队长学校的基础上，改进学院导师制，由区少工委选拔骨干并聘任为学院院长及导师团成员，突出示范引领。强化榜样作用，扎实开展“新时代好少年”等典型选树、学习活动，在红领巾学院内着重培养一支出色的少先队小干部队伍。3．夯实基层少先队组织基础，助推少先队改革。认真学习《中国少年先锋队组织工作条例（试行）》《中国少年先锋队标志礼仪基本规范》等文件，创新开展符合初中生特点的少先队组织教育、自主教育、实践活动，开展学校少工委建设，落实每周1课时少先队活动课，并组织活动课观摩，进行少先队微课评比。

【体育工作】　2019年，按照《国务院办公厅关于强化学校体育促进学生身心健康全面发展的意见》的有关要求，坚持“健康第一”的理念，围绕“青少年健康成长”的目标，继续深入开展“阳光大课间”特色品牌活动，全面提高学生体质健康水平和综合素质。一是全面实施《国家学生体质健康标准》。全区各校按照《国家学生体质健康标准》要求，加强管理，明确职责，安全、有序地开展学校体质健康测试，同时利用体质健康抽测、目标考核等契机，开展学校体育工作督查检查。各中小学校将测试数据和学校年报上报“国家学生体质健康网”数据平台，全区中小学校体质健康标准及格率为97.92%，优良率达64.22%。二是选优配强教师队伍。全区各校现有体育专职教师176人，兼职117人，具有扎实业务工作能力。学校积极推荐体育教师外出参加各种培训、教研活动，受到区级以上表彰45人。三是积极搭建体育竞技平台。全区组织运动会、三棋、定向运动、乒乓球、篮球等10多项竞技类比赛活动，承办“2019年湖州市中小学生田径运动会”。积极组织参加市级以上比赛，在首届省中小学生跳绳锦标赛中，三长学校获得中学组第六名。积极开展校园足球活动。全区已有全国校园足球特色学校11所、省级校园足球特色学校9所。

【艺术工作】　一是开足课程，抓实教学。各中小学校严格执行国家课程标准，按照《义务教育课程设置方案》的要求，开齐开足艺术教育课程。加强艺术师资队伍建设，定期开展艺术教学常规工作的检查与指导，提高教师的课堂教学水平，保证艺术课堂教学的质量。二是搭建舞台，展示成果。2019年重点举办区中小学生艺术节和区中小学生文艺会演活动。在艺术节活动中，组织开展绘画、书法、平面设计、立体造型、摄影等多项比赛，创作一大批丰富多彩、具有时代特征、校园特色和学生特点的艺术作品。在“2019年浙江省中小学生艺术节”上，获艺术表演类（声乐）二等奖4个、三等奖2项；美术作品类一等奖3个、二等奖11个、三等奖9个。在浙江省第六届“兰亭奖”中小学生书法大赛中，获三等奖1个、优秀奖3个。在“民族魂·中国梦——阳光下成长”2019年湖州市中小学生文艺会演中，获一等奖3项、二等奖7项。三是公开积分，纳入评估。继续推行《南浔区中小学体育、艺术积分榜实施办法》，优化考核评价机制，进一步助推学校艺术项目的发展。加强对学校艺术工作的考核力度，成绩纳入学校年度发展性评估考核，与教育质量考核挂钩。各学校也加强对艺术教师的考核，把学校艺术工作与教师绩效挂钩，有效保障各项艺术活动顺利开展。

【民生工程】　2019年坚持以人为本，以教育公平、和谐发展为目标，进一步加强“互联网＋义务教育”和“望远心远，预防近视”等工作，促进南浔区教育全面发展。一是“互联网＋义务教育”促进优质资源共享。根据省政府“互联网＋义务教育”部署要求，2019年，全区有9所义务教育阶段学校参加“互联网＋义务教育”结对帮扶，其中乡村学校结对帮扶3所。2019年共完成同步课堂授课180节，网络研修44节，远程专递课堂36节，名师网络课堂39节。“互联网＋义务教育”结对帮扶工作纳入学校发展性目标考核。二是“望远心远，预防近视”全民推进。联合十部门出台《南浔区教育局等十部门关于加强儿童青少年近视综合防控行动计划》，全面推进“一歌二操三望四育”（每个学生会传唱预防近视歌曲；每天做2次眼保健操；每天确保3个课间进行望远锻炼；培育有“人文底蕴”“健康生活”“责任担当”“科学精神”的青少年儿童）的“望远心远”防控模式，建立“311”监测机制（学校每年开展3次普查，学校保健老师每学期应用国家标准对数视力表开展1次普测，测试专家团队每年应用国家标准对数视力表和电脑验光仪开展1次普测），推行“亮晶晶”家校联系卡，每个学生会传唱预防近视的歌曲《亮晶晶》；同时开展“三达标”（教室、课桌、坐姿三达标）活动，各乡镇（开发区）20%学生实现可调式课桌椅配置。12月委托各乡镇有资质的6家眼镜店组织全区中小学（幼儿园）学生视力健康普查工作，对全区幼儿（5.5~6周岁）、小学、初中、高中学生的裸眼视力、矫正视力进行全面检测。

·成人教育·

【概况】 全区有省标准化成校9所，其中省示范性成校4所，省一级成校4所，省二级成校1所；市级现代化示范成校4所；省社区教育示范校2所；省新型农民素质教育示范校2所；省现代化成人（社区）学校4所，省成教品牌项目4个；成校在编教师65人（含1名职工）。2019年，善琏成校以全省第一的成绩成功创建省现代化成人（社区）学校，南浔成校“老年游学”项目获评省成教品牌项目；南浔区成功创建“浙江省示范学习型城市”。

【“双证制”教育】 完善成人“双证制”教育培训的有关规章制度，帮助学员克服工学矛盾，确保文化课面授时间；严肃考试纪律，接受社会监督，杜绝违规行为，继续保持全年零投诉零举报。2019年新注册学员458人，经过培训参加上半年学业考试的有446人，参加下半年学业考试学员466人，全年毕业386人。

【扫盲教育】 根据上级部门要求，2019年继续认真开展成人扫盲教育，全年减少文盲数482人，其中“一对一辅导”后测试脱盲67人。2013—2019年，总计减少文盲人数30156人，文盲率1.25%。

【成人学历教育】 全区成校为满足群众学历提升需求，积极与大专院校合作开展成人学历教育。2019年，高中以上在册学员达2539人，全年高中及以上毕业人数926人。

【社区教育】 按照《湖州市南浔区人民政府办公室关于推进社区教育工作的实施意见》精神，各镇出台相应文件，进一步完善社区教育组织网络，保障社区教育经费。南浔镇人民政府成功承办“南浔区暨南浔镇2019年全民终身学习活动周”开幕式，市、区各级相关领导参加活动，参与群众500余人。区教育局继续深入推进第四轮“开展百场社区教育，推进健康中国行”活动，下发《关于进一步做好南浔区2019年度“开展百场社区教育，推进健康中国行”活动的通知》，选树2019年度百场社区教育先进单位和个人。进一步完善“学院专题活动+中心特色活动+村民学校传统活动”的格局，全年共开展“百场社区教育”活动137场，其他各类社区教育活动222场，参与257368人次，赢得广泛好评。区教育局与区委宣传部联合下发《关于推进社区教育进文化礼堂三年行动计划（2019—2021年）》，积极推动社区教育进文化礼堂工作，全年开展培训427场、4.46万人次，以丰富的学习活动，进一步提升文化礼堂“用”的热度和“育”的深度，推进社区教育与农村文化礼堂协同建设发展，服务乡村振兴和美丽乡村建设。继续加强老年学制类教育，老年大学教学点实现全覆盖，有效满足老年人“老有所学”需求。全年开展老年教育76807人次，老年教育占常住人口数比例达57.37%。

【家政服务人才培训】 全区所有成校积极开展“家政服务员”“育婴师”“西式面点”等专业培训，全年培训2039人，取得初级资格证书770人、中级资格证书118人。

【其他各类培训】 高质量完成农民素质提升工程全年培训任务。劳动力培训总量达78834人次，占全区常住人口的29.81%。注重市场开拓，继续打造乡镇成校（社区教育）“六大中心”（继续教育中心、技能培训中心、科技推广中心、信息交流中心、社区活动中心、文化娱乐中心)，组织举办村以上规模特色文化艺术活动222场。

【宣传工作与品牌创建】 全区成校在市级以上报刊、网络媒体上刊登报道375篇，比2018年增加13篇。注重成校自我提升，用好“争创”抓手，积极促进成校自身建设。2019年，南浔区获评全国“全民终身学习活动周优秀组织单位”“浙江省示范学习型城市”；在“十三五”浙江省“中职教育质量提升计划”建设项目中，善琏成校在浙江省现代化成人(社区)学校评比中获第一名，南浔成校的“老年游学”项目获评省成教品牌项目。

【社区教育学院建设】 全区广大居民可通过“浔溪学韵·南浔终身学习在线”平台，免费学习有关养生保健、休闲生活、投资理财、职场发展、科技数码、市民教育、生活环境、文化素养和实用技术为主题的视频教学课程。2019年已注册5.45万人。

开展社区教育培训活动。“垃圾分类”培训。南浔区社区教育学院积极发挥牵头作用，制定“垃圾分类齐参与，人人动手美家园”的垃圾分类培训推进实施方案。组织全区成校教师开展“垃圾分类我在行，环境保护我先行”的培训活动，把教师培养成垃圾分类的宣讲员、推进员；组织各镇社区教育中心开展垃圾分类培训，采用进社区培训、宣传等形式辐射到全区各村及社区，形成上下联动、分层培训的格局，共培训近2万人次，发放垃圾分类宣传资料3万余份，为推进垃圾分类做出积极贡献。入学准备培训。为缓解家长的焦虑，指导家长正确引导孩子做好入幼儿园的心理准备，举办“科学做好入学准备”——学前家长培训3期，参加培训家长99人。会计入门培训。举办2期“零基础会计入门”技能培训，共培训880人次。其他培训。学院与南浔锦绣实验学校联办青少年叛逆期家长培训，培训320人；暑期组织全区党员名师开展“育人·浔梦”无偿授课活动，培训中小学生13440人次；举办“校园安全风险防控与管理效能提升”专题研修班、幼儿园卫生保健专业知识培训班，共培训380人次；承办四川省广安市广安区学生“赴浔研学”活动，考察新型农业实践基地——“采菊东篱”农业园、南浔镇水乡风情与民俗民生；开展普通话等级测试培训，派培训员到各镇社区教育中心开展培训11场，共培训760人。

·民办教育·

【概况】 新批准正式设立教育类民办培训机构25家。2019年，全区有民办中小学校7所，其中2所为九年一贯制学校；民办幼儿园23所，民办业余培训机构52家。

【民办机构管理】 对民办教育机构实施有效监管，继续做好一年一度的年检工作，对2所年检不合格的民办教育机构(1所幼儿园、1所小学)分别给予撤销办学许可证、责令整改处理。做好校外培训机构专项治理工作。2019年将校外培训机构整治工作纳入“全市民生痛点整治攻坚行动”，区政府出台《南浔区开展中小学生校外培训机构专项治理行动方案》，8—12月区教育局联合区市场监督管理局、综合行政执法局、公安分局等部门，对全区校外培训机构进行专项排查整治，并公布南浔区校外培训机构黑白名单。

·办学条件·

【概况】 深入实施美丽校园“校舍标准化”工程，2019年投入6.68亿元，加快推进庆同小学(凤凰校区)、南浔开发区水晶晶新城学校、练市一中教学楼(扩建)、花林小学综合楼、双林中心幼儿园食堂等建设项目；完成横街中学新建、重兆小学整体改造；启动双林二中整体改造、镇西小学新建食堂、善琏学校教学楼等项目。大力实施“校园和美化”工程，利用暑期进行“美丽校园”维修改造，2019年，全区32所中小学投入3652万元，对学校校舍、食堂、道路、校园环境维修改造，义务教育城乡一体化发展得到有力推进。全面实施“装备现代化”工程，2019年投入1000多万元，开展区教育装备项目建设。

【条件装备】 围绕创建“浙江省教育现代化区”目标，加速推进全区教育装备现代化建设。2019年完成的主要项目有：投入135万元更新学生机房4个，计算机365台(含教师机)；投入131万元新建创新实验室9个；投入100万元，改建和新建同步课堂

（录播）教室12个，完成省教育厅“互联网+义务教育”结对帮扶工程的环境建设；投入40万元新建校园电视台2个；投入102万元，新增交互式多媒体57套；投入177万元，更新课桌椅4710套。深入推进书香校园工程建设，接受省“书香校园”图书价值12.6万元；学校自行采购（含接受捐赠）图书价值140.4万元，全年图书增量生均2册。2所学校被评为市级“书香校园”，15名学生被评为市级“书香少年”。

【经费保障】 2019年，全区教育经费总收入117128.85万元，比2018年99708.70万元，增长17.47%。公共财政预算教育经费90202万元，比2018年82218万元，增长9.71%。其中预算内教育事业经费83001万元，比2018年增长9.50%；全区人均预算内经费支出1627.17元，比2018年1486.76元，增长9.44%。

【财务管理】 认真贯彻省、市、区教育经费管理的政策性规定，提高教育经费使用效益。加强学校资产管理，全面实施政采云平台政府采购制度，规范采购行为。严格“三公”经费管理，认真贯彻落实省、市、区出台的差旅费、会议费、招待费等财务报销新规定；加强财务审计，对发现问题及时落实整改，切实提高学校财务管理水平。认真贯彻落实省、市关于中小学校食堂管理的文件精神，进一步规范学校食堂财务行为，规范食堂管理。

·队伍建设·

【概况】 2019年，南浔区中学、小学、成校、幼儿园在编公办教职工共2633人，其中中学教师940人，小学教师1386人，成校教师65人，幼儿教师193人，直属事业单位49人。全区共有离退休教职工1657人。根据学校师资需求情况，2019年，新人编教职工71人，其中招聘67人，区外调入4人；出编教职工88人，其中调出37人，解聘10人，退休40人，在职死亡1人。与2018年相比，减少在编教职工17人。

【师德建设】 积极落实中小学教师师德建设长效机制，开展“铭记教育初心静心教书育人”师德主题教育活动和其他宣传表彰活动。锦绣实验学校沈跃群获全国优秀教师荣誉称号；练市一中庞国强获评省中小学师德楷模称号；蒋敏、陈少春、屠雅琴获评市师德先进个人；丁伟琴、冯文彪获评市春蚕奖；区教育局职成教科姚忠平获评市红烛奖；南浔锦绣实验学校等5所学校获评湖州市教育工作突出贡献集体；潘荣妹等16人获评湖州市教育工作突出贡献个人。

【教师招聘】 制定出台《南浔区教育人才引进实施办法》，积极招聘优秀专业人才，本着公开、公平、公正原则，面向省内高校提前招聘16名应届优秀师范类毕业生；采取异地出卷阅卷、外聘评委、当场宣布成绩、全程监督、阳光选岗的方式招聘应届毕业生12人、社会人员39人。

【人才培育】 以“三名工作室”（名师工作室、名班主任工作室、名校长工作室）为载体，通过“五级培训”（主题项目、联片研训、研训一体、合作办学、混合研修），实施新一轮教师专业发展全员培训，组织各类培训项目41个，完成培训3375人次，有效提升全区教师的素养和能力，不断提升教育发展内涵。2019年，教师获区级及以上奖1525人次。区研训中心倪丹英晋升正高级教师，南浔实验小学吴月斐和南浔开发区实验学校王平获评浙江省教坛新秀，石淙学校王芳芳等7人获评市十二届教坛新秀，宏达南浔学校学罗敏江、菱湖实验小学沈玉民获评2019年湖州市名校长。

【教师交流】 2019年带编交流95人（占专任教师的4.36%），超省定标准4%；其中骨干教师和校长32人（占交流教师数33.68%），远超20%的省定标准，实现“要我交流”到“我要交流”的转变，有效优化校际教师学科、年龄结构。

【支教工作】 浙江省第九批援疆支教人才（和孚中学施海、泉生小学陈斌、重兆小学胡小春）和浙江省“援藏援疆万名教师支教计划”人才（旧馆中学沈利根、双林二中费玉芳、和孚中学谈群力、泉生小学吴俊、菱湖实验小学俞贞）于12月结束援疆支教任务返回南浔；“东西部扶贫”对口支援人才（南浔实验小学朱佩红、徐伟峰）顺利完成四川省广安市支教任务回到南浔。2019年年末，新选派第十批援疆干部人才锦绣实验学校蒋香明等4人，“万名教师支教计划”南浔开发区实验学校倪建新等3人。

【教师专技评审】　加强教师专业技术年度考核，对2587名专业技术人员进行年度考核，其中优秀称职366人，占专业技术人员总数的14.15%，称职2214人，长病假未参加考核4人，未定等次3人。根据《浙江省教育厅办公室关于进一步做好中小学教师职称评审相关工作的通知》和《湖州市教育局关于做好2019年中小学学校教师专业技术资格评审工作的通知》精神，结合全区教师交流和“县管校聘”的实际，全面开展深化中小学教师职称制度改革。

【教师岗位聘任】　区教育局下属学校与单位在第三轮岗位设置与聘任的基础上，2019年1月进行岗位晋升与调整，全区中学、小学、成校、幼儿园有2633人聘任到岗。37所公办中小学（含九年一贯制）的2326名教师参与“县管校聘”适岗竞聘工作，跨校成功竞聘95人，辞职2人，待岗教师重新上岗3人，由教辅回归教学一线1人。省内外多个县（市、区）先后到南浔学习交流，工作得到大家一致认可。《浙江教育报》《湖州日报》和浙江省教育厅网站先后对南浔区教师人事制度改革工作给予报道。

【教师资格认定】　完成2019年教师资格认定：网上申报对象324人，严格按照网上申报、现场确认、体检及评委会评定等程序，最终284人取得相应教师资格证书，取得初中教师资格64人、小学教师资格152人、幼儿园教师资格68人。

2019年办理浙江省任教30年教师荣誉证书69人。

【教师工资福利】　2019年继续实行农村特岗教师津贴及乡镇工作补贴，在原绩效工资的基础上，教育教学质量奖人均2280元，年终考核奖人均69000元。退休教师年终福利人均20250元。

【民办教师基保】　根据浙江省人力资源和生活保障厅《关于调整城乡居民社会养老保险部分参保人员待遇政策的通知》精神，2019年继续做好扫尾工作，有11位原民办教师经审核并上报区城乡居民社会养老保险服务中心。

·教育督导·

【概况】　2019年，南浔区教育督导工作以习近平新时代中国特色社会主义思想为指导，全面贯彻落实《教育督导条例》，认真履行督政、督学、检查、指导、监测、评估各项职责，努力推进依法治校工作，促进全区教育事业科学和谐优质均衡发展。

【“两区”创建】　做好问题自查督查工作。对照“省教育现代化区”“全国义务教育优质均衡发展区”创建指标，在组织学校自查基础上，组织责任督学开展专项督查，区教育督导室对各校尚存主要问题进行汇总分析，形成全区层面的问题清单，为领导掌握信息、作决策及下阶段创建工作提供基础数据。

【发展性评估】　形成体现南浔教育特色的评估方案。8月下发《关于印发〈2018—2019学年度南浔区各级各类学校发展性评估办法〉的通知》及《2019年度南浔区各镇（开发区）教育事业考核细则》。组织开展年度发展性评估。及时完成全区89所学校（园）的发展性评估数据统计、材料汇总工作，并将考核结果发文公布。采取“乡镇自评、科室复核”等办法对2019年度乡镇教育工作及乡村振兴建设工作给予考核，考核结果纳入区对镇综合考核范畴，鼓励和推动乡镇重视、关心、支持教育。牵头完成2019年度省对区教育工作业绩考核、2019年度市对区教育工作考核自查自评工作、省对市县级人民政府履行教育职责情况督导评价的自查自评工作。组织开展中小学社会满意度调查工作，调查结果满意度在2018年91.88%的基础上又有提高。

【督学与责任区建设】　区教育督导室现有专职督学3人。全区现有责任区督学32人，覆盖全区各级各类学校。组织部分督学参加国家、省、市各期责任督学培训提升其能力。组织督学开展春季和秋季开学工作专项督导、“两区”创建工作专项督导、暑期中小学违规补课专项督导、对有关学校开展规范办学行为督导、配合学前办完成迎接省规范幼儿园办园行为督查等。各责任督学常态化开展每月不少于一次的经常性督导，对学校管理和教育教学工作、校园安全工作进行监督与指导，对督导中发现的问题，督促学校加以整改，全面提升依法治校水平。

【依法治校】 全面实施法律顾问制度，将“聘请兼职法律顾问”的要求纳入学校年度考核指标，全区所有中小学、公办幼儿园兼职法律顾问覆盖面达100%。督促学校做好新一轮三年发展规划第一年目标任务完成情况的自我评估工作以及年度法治宣传教育计划的落实工作，并将依法治校工作纳入学校发展性评估指标。深化全区中小学法治宣传教育，加强全区中小学专兼职法治教师培训，把法治教师培训纳入学年师训计划，在教师上岗前培训、继续教育和其他各类教师培训中增加法治教育内容。深入实施“法治五有”和法治副校长教育工作机制，落实“法治五有”各项任务，做到有教材、有师资、有课时、有活动、有评价，确保在校学生都能受到基本法治知识教育；聘请公安、检察院、司法系统专业人员48人担任各学校法治副校长，不断完善学校、社会、家庭“三位一体”的中小学法治教育体系。各学校因校制宜，与法院、检察院、公安、司法等部门合作，开展“法治进校园”“检察官进校园”等系列“进校园”活动。学校开展丰富的法治实践活动，如“小小交通警”“小小法官”“小小税务员”等角色体验活动，培养学生法治理念。有的学校开发法治校本教材、课件，与法院、人民法庭结对设立法治教育实践基地。

·监察审计·

【概况】 2019年，区教育督导监察室（监察审计）深化落实中央八项规定精神和省委“36条办法”、省教育厅“24项要求”等规定，根据区教育局党委印发的《2019年党风廉政建设和反腐败工作要点》，不断完善监察审计工作机制，落实全面从严治党和“清廉学校”建设工作，规范办学行为，取得明显成效。

【党风廉政建设】 一是召开党风廉政建设工作会议。2月，区教育局召开2019年党风廉政建设和反腐败工作大会，区教育局领导班子、各校（园）领导班子及局机关、直属单位中层以上干部近300人参加。局党委书记与各班子成员及各校（园）长、书记，各分管领导与各科（室）长层层签订《党风廉政建设目标责任书》。二是加强警示教育。结合重要时间节点，通过下发文件、案例通报、廉政自查、发送廉政短信等形式强化警示教育。暑期校（园）长、书记学习会上，纪检监察组长屠建文进行教育系统廉情分析，开展常规集中廉政谈话；邀请市审计局法规处副处长刘宝财作《财政资金常见问题与典型案例分析》。三是强化正风肃纪。抓住“重点领域、重点人员、重要节点”3个关键环节，不断加大正风肃纪工作力度，对发现的问题督促学校及时整改。四是绘制小微权力流程图。指导学校建立以学校章程为统领的现代学校制度，编印成册，形成制度文化。根据省教育厅《全省各级各类学校小微权力清单和办学行为负面清单》，各校对照小微权力清单内容，进一步完善相关制度，细化分解权力事项，绘制工作流程图，让“微”权力在阳光下运行。五是开展廉政风险自查。根据中共湖州市南浔区委办公室《开展岗位廉政风险大排查大防控工作实施方案》的要求，区教育局班子成员人人开展岗位廉政风险排查，填写防控清单，上交区纪委监委。按区教育局党委的要求，局机关科（室）负责人针对自身岗位，开展风险排查，防控清单交区教育局监察审计室。六是建立校务监督委员会。印发《南浔区校务监督委员会建设工作实施办法（试行）》，在6所清廉示范创建学校建立校务监督委员会，加强对学校权力运行的监督，防止权力滥用和以权谋私等消极腐败现象发生，着力构建教育、制度、监督并重的学校惩治和预防腐败体系。

【清廉学校建设】 印发《南浔区教育系统清廉学校建设实施方案》，大力推进清廉学校建设。4月，召开南浔区教育系统“清廉学校”建设暨食堂食品综合统一配送推进会，全区校（园）长及分管校长等160余人参加会议。全年，全区教育系统风清气正，湖师院南浔附小、浔溪中学等成功创建清廉示范学校。

【信访工作】 对于“12345”政府阳光热线、来信来访等各类信访举报，努力做到及时受理、及时调查、及时回复，按期反馈100%，按时办结100%。对于群众投诉，经调查确实存在违纪行为的，按照相关规定追究当事人及相关领导的责任。积极实践运用“第一种形态”，一年中提醒谈话2人，警示谈话2人，批评教育1人，诫勉谈话6人。

【审计工作】　认真落实三年轮审制度和审计工作联席会议制度，全面发挥财务审计监督功能。组织人员对24所幼儿园和4所民工子弟学校的食堂进行财务审计。审计中发现的问题及时与各校（园）进行沟通，并在局长办公会议上汇报，对存在的共性问题在幼儿园园长会议上进行通报。5月，区教育局对17所中小学开展校长任期经济责任审计，又对19家学校工会经费的收支情况进行审计。暑期指导全区6所民办学校开展审计问题整改。9月，根据教育局下属单位负责人的人事变动情况，及时组织完成对长超小学等4所中小学、幼儿园的校（园）长离任经济责任审计。

·平安校园·

【概况】　2019年，认真贯彻落实习近平总书记关于安全生产的系列重要批示、指示精神，以建设“平安南浔”、冲刺“一星平安金鼎”为契机，以确保全区教育系统安全稳定为总目标，坚持安全第一、预防为主、综合治理的方针，坚持“属地管理、分级负责”“管行业必须管安全、管业务必须管安全、管生产经营必须管安全”的原则，有效防范教育系统各类安全事故发生。2019年，全区教育系统安全形势总体良好，未发生一起重大安全事故、安全责任事故和群体性事件。

【落实安全责任】　区教育局成立安全工作领导小组，并由南浔区教育安全管理中心具体负责日常工作，切实加强对学校安全工作的领导。学校层面成立安全工作领导小组，由学校安全办（或综治办）具体负责学校安全工作。多次召开全区安全综治会议、每季度安全例会等会议，及时布置相关安全生产工作要求。年内召开全区范围安全工作会议9次，座谈会1次。8月，邀请专家作《校园安全风险防控与危机沟通机制》的安全管理讲座。下发文件通知110余个，及时部署全区学校平安综治工作。明确局领导班子成员、各科室、直属单位、各学校安全工作职责。年初，区教育局与各校（园）和局机关科（室）、直属单位签订安全综治管理、校车管理、食品安全、消防安全等各类责任书290余份，并将安全工作纳入对学校年度发展性目标考核的重要指标。严格落实学校安全工作主体责任。按照“党政同责、一岗双责、齐抓共管、失职追责”要求，明确学校的安全主体责任，严格落实校（园）长是校园安全第一责任人、书记是校园安全的共同责任人制度。按照教育部《中小学校岗位安全工作指南》要求，各校（园）也层层签订安全责任书，切实把每一项安全责任落实到岗、到点、到人、到位。全区教育系统已实行“谁主管、谁负责，谁在岗、谁负责”的安全综治管理体制，已形成“安全防范无空岗、安全责任无空挡”的无缝管理工作格局。

【健全安全制度】　坚持安全法治化管理，认真贯彻落实安全法律法规，积极运用法治思维和法治方式解决安全问题。坚持安全规范化管理，健全完善各项安全制度，制定各项安全规范和专业标准，进一步提高安全制度的执行力。根据安全综治工作形势的发展，及时对安全综治制度进行重新梳理和完善，确保安全工作制度更新及时、资料齐全、痕迹清晰。

【完善考核机制】　2019年，修订发布学校发展性目标考核指标。严格实行安全生产“一票否决”制度，对因学校内部安全管理责任不落实、措施不到位而导致发生涉校重大安全事故的，对党政主要负责人和相关责任人实行问责制。要求各校（园）根据“一岗双责”要求，将安全工作与教职工年终考核、各类评比挂钩。

【创新工作举措】　全力推进“全国安全教育实验区”工作，积极争创“国家级学校安全教育示范区”。有效利用中国教育学会安全教育实验区学校安全教育网络平台，扎实上好学校安全教育课程，做好各项安全专题教育，推进建立科学化、常态化、信息化的安全教育教学体系和管理评价体系。建立以学校为单位的网格化管理体系，实现安全教育网络体系“学校、教师、学生、家长”立体式全覆盖。

【扫黑除恶和维稳应急】　全力推进扫黑除恶专项斗争工作。按照中央、省、市、区有关扫黑除恶攻坚年活动的决策部署，制定攻坚年活动方案。实施分片区督导制度，查找短板，制定整改方案，落实整改措施。结合平安校园建设，依法严厉打击扰乱、影响学校正常工作秩序和育人环境的黑恶势力，为教育环境的稳定打好基础。扎实做好重大活动维稳应急工作。做好区运动会、市运动会、中华人民共和国70周年迎大庆等重大活动期间学校安保维稳工作。及时做好单位自查工作，做好重点人员、重点位置的隐患排查和整改落实情况，重大问题及时上报。加强对学校安保的督查工作，落实各项安保措施，确保教育系统不出事。积极配合相关部门做好各种应急工作，及时总结经验教训。

【安全教育培训】　扎实开展安全主题教育活动。印发《2019年全区学校安全宣传教育工作计划》，分月确定教育内容，集中开展安全宣传教育活动。2019年，全区中小学、幼儿园召开专题学习会202场，参与约2.5万人次；开展警示教育371场，受教育约11.6万人次；学校电子屏播放安全内容362条；开展安全知识竞赛60场，参与约2.2万人次；参观应急体验场馆13场，参与约1.3万人次；参与危化品安全知识网络有奖答题约1.3万人次；开展校园安全法律法规学习158场；国旗下讲话155场。扎实开展安全应急演练活动。2019年，全区学校（幼儿园）共制定、修订各类安全应急预案1490个，组织参加应急疏散演练318场，参与学生约24.3万人次，做到各类安全演练全覆盖。扎实开展安全岗位培训活动。建立健全安全教育培训制度。会同相关部门，重点加强学校分管领导、安全管理员、保安、食堂从业人员等安全培训，做到“应培尽培”，确保专业岗位从业人员持证上岗率达100%，严禁无证上岗。2019年，区级层面共组织安全培训14次，参加安全培训约1500人次。扎实开展安全教育作品评比活动。2019年开展安全生产月文化作品评比和安全公益宣传海报作品评比活动，共评出一等奖22名、二等奖45名、三等奖72名。

【日常安全管理】　狠抓学校安全防范管理。深入实施校园安全防范提升工程。2019年总投入150余万元对全区学校进行安防提升，落实保安经费272.58万元，切实推进校园安保保障。实施电动车综合治理，对教职工、家长电动车使用、停放等方面加强管理，强化要求骑行必须佩戴头盔。投入18.1万元在校园内统一安装电动车充电桩。狠抓学校交通安全管理。教育、引导学生、家长拒绝无安全保障的交通方式上下学，认真做好由家长接送上下学学生的交接工作。加强对校车接送工作管理，开展校车运行隐患专项检查。2019年，22所中小学开通校车，共开通接送线路158条，每天早晚各开出160个班次、接送4000余名学生上下学，未发生学生安全事故。狠抓学校食品安全管理。继续推进A级食堂创建工作，制定A级食堂创建3年规划，出台区A级食堂创建奖补办法，2019年共有26家食堂，被评为A级食堂。严格执行食品原材料统一配送规定，全区公办学校食品原材料配送率达100%；全面落实阳光厨房建设100%、“厨房革命”App安装率超100%；推进实施校（园）领导陪餐制度，不断强化社会、家长的监督力度和学校领导的食品安全责任意识。在省级“食品安全区”争创中，被省检查组抽到的南浔华府艺术幼儿园及宏达学校两个食堂均实现零扣分。2019年，在区食品安全考核中教育系统荣获一等奖。狠抓学校消防安全管理。全面加强学校消防安全“四个能力”（检查消除火灾隐患能力、扑救初期火灾能力、组织疏散逃生能力、消防宣传教育能力）建设。开展“防风险保平安迎大庆”消防安全专项行动，要求在全区中小学、幼儿园深入开展消防安全大排查大整治，将“三自主两公开一承诺”（自主评估风险、自主检查安全、自主整改隐患，公开消防安全责任人、管理人及其职责，承诺本场所不存在突出风险或已落实防范措施）工作落实到位。有效遏制火灾事故的发生，最大限度地保护师生生命财产安全，全力维护消防安全形势稳定。狠抓学校传染病防控工作。认真做好学生晨检工作，严格落实学生因病缺勤的追查与登记制度，并加强信息报送，做到“早发现、早报告、早处置”。加强教育、卫生、食品等部门合作，完善校园传染病防控机制，建立校园卫生工作快速应急队伍，第一时间处理卫生突发事件。及时做好雾霾天气、禽流感、诺如病毒、流感等特殊气候、突发疫情的应对工作。配合卫生部门做好新生接种查验工作。大力推进健康促进学校创建，2019年，全区共有29所学校取得健康促进学校称号。狠抓学生防溺水工作。2019年召开两次防溺水安全专题会议；加大宣传教育，强化家长监管责任，通过发放《给家长的信》和《学生和家长承诺书》、“学生安全千万家”教师家访、暑期每周不少于一次的防溺水安全提醒等，真正把防溺水宣传落到实处。2019年总发放告家长书97316份，回收回执48658份，走访学生48658人次，参与家访教师2405名，确保家访覆盖率达100%。学校成立防溺水志愿者小分队，主动与所在镇、社区、村对接，摸清河道，竖立警示牌或警示标志，加强与落实巡河工作，8月，顺利通过市教育局防溺水工作专项检查。狠抓防范校园欺凌和暴力教育。深入贯彻落实《关于防治中小学欺凌和暴力的指导意见》精神，结合扫黑除恶专项斗争活动，强化校园防欺凌线索排摸。加强预警机制建设和事后处理机制，推动家庭、社会、学校的资源整合，形成合力，预防和减少校园欺凌及暴力事件的发生。

【校园及周边综合治理】 建立常态化安全隐患排查整治机制。深入实施校园上下学高峰期间实行“5+3”工作机制；联合公安等部门开展校门口“三见”工程。湖师院南浔附小校园周边综合治理工作作为南浔区典型在浙江经济频道《中国蓝新闻》栏目专题报道。深入开展校园安全隐患排查整治工作。建立安全隐患“网格化、户籍化、长效化”排查整治机制。按照《浙江省教育系统校园安全隐患排查表》要求，定时开展校园安全隐患排查整治。对发现的安全隐患实行户籍化管理，逐一登记备案，落实责任人，及时整改到位；对一时难以整改到位的安全隐患，及时采取有效措施，制定整改方案包案督办，直至整改到位。学校每月20日前将安全隐患排查整治情况上报区教育安全管理中心。2019年，区教育局组织全方位、全范围的安全检查11次，同时进行经常性地、有重点地抽查；共排查出安全隐患623个，整改615个，整改率98.7%，落实整改资金139.5万元。9月在省组织的平安建设暗访中，双林庆同小学零扣分。深入推进“平安校园”创建活动。结合“平安县区”建设，开展冲刺“一星平安金鼎”行动，以创建“等级平安校园”活动为抓手，进一步加大“平安南浔”“平安校园”建设的宣传力度，提高平安建设的知晓率、参与率和满意率，不断巩固、提升平安建设成果。2019年，全区共打造AAAAA级平安校园67所、AAAA级5所、AAA级9所。继续保持全区“平安校园”满堂红。

·教育工会·

【概况】 2019年，全区教育系统有基层工会61家（初中12家、小学20家、九年一贯制6家、成校5家、外来务工子女学校4家、幼儿园14家），工会会员3311人（女性2326人）。

【助推师德建设】 开展教育系统迎新书画展。1月，区教育工会和区研训中心联合承办的，以“丹青育人，逐梦前行”为主题的迎新书画展在双林镇“费新我艺术馆”举行，展出作品超百幅，均来自基层学校在职教师，共评出一等奖12幅、二等奖27幅、三等奖43幅。开展女职工诵读“好家书”活动。4—5月，在全区开展女职工“好家书”诵读比赛活动，评出一等奖11名、二等奖15名、三等奖21名。开展优秀教师评选活动。年初开展“事业家庭兼顾型”先进个人评选活动，获区级先进个人79人，获市级先进个人3人，杨珏芬获省级先进个人；4—5月，在全区各校开展南浔区师德先进个人评选活动，82名教师荣获“南浔区师德先进个人”称号。菱湖实验小学体育组被南浔区总工会评为2019年度“南浔区工人先锋岗”。

【助力创业成才】 一是劳动竞赛。1. 开展幼儿教师专业能力竞赛选拔赛。为选拔好湖州市第四届幼儿教师职业能力大赛参赛选手，4月，在浙江宏达南浔幼儿园举行“南浔区第六届幼儿教师职业能力大赛”，选拔5位老师参加11月湖州市比赛，并获团体二等奖。2. 举行心理健康优质课评比。经过初赛与复赛，决出中学心理健康教师优质课一等奖5名、二等奖8名，并给予表彰奖励。10月，浔溪中学承办市教育局、市教育工会联合举办的湖州市第七届初中心理健康教育教师专业技能大赛，南浔区2位教师参赛。二是职业水平考试。区教育系统第一次参加社会工作者职业水平考试，全区教育系统有348人报名参考，通过比率与人数均为全区各系统之冠。三是“幸福启航”。积极组织教师参加在南浔古镇举行的“古镇之约——转角遇见你”青年联谊活动，为教育系统单身男女青年们搭建相互了解与联系的桥梁。

【丰富文体生活】 一是气排球、篮球联赛。比赛采用甲乙队联赛制，全年组织比赛150余场次。二是参加上级赛事。积极组队参加上级工会组织的文体活动，组织浔溪中学等10所规模较大的学校组队参加区总工会组织的“健康南浔万步有约”活动，参与教师150人，占全区参与人数的1/3。区教育工会单独组队，代表南浔区总工会参加湖州市第三届职工文化体育节气排球大赛。10月，组队参加2019年湖州市教育工会教职工羽毛球混合团体赛。11月，组织浔溪中学和练市一中两支教工足球队参加区总工会举办的南浔区首届职工5人制足球赛。

【情系教师职工】 一是疗休养与体检。2019年有51家单位开展疗休养活动，参与老师2450人；全区在职教职工体检做到全覆盖、不遗漏。二是医疗互助。在前一轮（2018年7月至2019年6月）职工住院医疗互助活动中，区教育工会共有3323名会员参加活动。全年，在职职工获得住院医疗互助共有166人次，获得住院补助114281元；重大疾病补助9人，获得重大疾病补助32808元；职工或家属困难补助27人，医疗困难补助101677元。三项合计补助款共计248766元。三是帮扶解困。2019年元旦、春节“两节”期间继续开展“心系职工情、温暖进万家”为主题的送温暖活动。共走访学校10所，困难教职工15人，发放慰问金47000元，其中争取到上级财政慰问金共计2.4亿元。

·教育科研·

【概况】 2019年，南浔区教育教学研究和培训中心，紧紧围绕区教育局及上级业务部门工作思路，加强调查研究，聚焦教育改革发展需求，深化课程与教学改革，加快研训工作转型与创新，提升研训工作品质，履行研究、服务、指导、培训、管理等职能。

【质量提升与评价改革】 1. 多举并进抓实质量。针对性、指导性调研指导。先后集体调研和孚中学、石淙学校、浔溪中学等学校，据不完全统计，2019年，全体研训员下校280余次，听课1000多余次。同时继续做好九年级质量监测、分析会及考前专项指导和小学六年级考试科目主题研讨会，10月开始对5所新居民子女学校进行专项调研和名师工作室送教活动。发挥命题导向作用。做好中小学相关学科期末命题、检测及分析工作，以关注基础、关注全面、关注能力为监测导向，注重命题质量。2. 深化改革评价机制。采用多重丰富的评价方式，除小学低段游考、中小学科学实验操作评价等常规项目外，6月与科大讯飞合作完成小学毕业班英语口语能力考查，12月完成小学艺术素养监测。得益于全区评价机制改革，在浙江省中小学教育质量综合评价中（小学）南浔区各项监测指数均高于全省平均水平，尤其是小学科学的学生实践能力远高于全省平均水平，10月顺利完成省中小学教育质量综合评价（初中）。3. 完善专项考核机制。完善学校、区域教学常规执行情况考核办法，5—6月进行区域作业改进专项常规考核、拓展性课程建设实施考核，通过分片区座谈等形式进一步完善区域教学常规检查制度。推进优秀教研组建设，南浔锦绣实验学校初中英语等12个教研组获评市义务教育阶段“先进教研组”，许占芬等12人被评为“优秀教研组长”；11月，南浔锦绣实验学校小学科学教研组、双林二中社会法治教研组的研修案例成功入选省中小学教研组建设与研修案例征集活动。

【教师业务学习与发展】 1. 上级活动搭平台。积极承办、参与省“百人千场”送教活动（小学英语、信息技术、初中科学、心理健康）、省推进幼儿园课程改革第四次研讨会等省、市级活动，为区内教师搭建展示舞台、成长平台。全年承办或参与市级以上活动200余次，参与教师达4000余人次。2. 区内评比促提升。组织各科优质课评比9项，其他教学评比17项。据不完全统计，教师区级及以上获奖1704人次，一等奖347人次，二等奖586人次，三等奖771人次。2019年，暑期区研训中心组织区内党员名师参加“育人·浔梦”无偿授课活动，共有205位区内党员名师参与此次活动。继续组织名师送教活动，如中小学英语、幼儿园名师送教活动等，面对面、零距离指导；组织名师工作室活动，引领骨干教师成长。3. 教师培训共发展。2019年，短中期培训项目突出“专题化、菜单式、互动型”特点，共研发16学分专题项目53个。推荐参加浙派名师培养对象3人，组织中小学骨干教师培训两期共146人。以师徒结对方式抓好新教师培训工作，落实好68位新教师180学分培训。

【教科研基地建设】 加强教育科研基地建设，各级各类教科研基地分布全区。已创建南浔锦绣实验学校等4个省“教科研200强单位”、南浔实验小学等4个市教育科研示范性实验基地、练市小学等16个市教育科研实验基地，南浔锦绣实验学校是长三角优秀科研团队。

【教育科研管理】 一是正视开端，做好课题申报与立项。指导各校（园）做好省、市各类教科研课题的申报与立项工作。二是重视过程，抓好课题过程跟进。年初，区规划办分类别有选择性地对市级以上相关课题的方案和计划进行可行性论证，引导各课题组少走弯路。把好阶段检查关。对所有省、市、区各类教科研课题中期定期检查，以把握研究的进度。把好资料汇总关。课题研究过程中，要求各课题组做好资料收集、整理和归档汇总。三是着重结果，抓好课题结题评审。邀请专家对需要的重点课题进行现场结题鉴定，课题结题前期，明确要求各课题组通过课例观测、挖掘典型案例、静心商议，做好结题报告撰写等工作。11 月，区研训中心、南浔实验幼儿园被评为省教科研先进集体，区研训中心潘剑英、旧馆镇中心幼儿园翁晓霞被评为省教科研先进个人。

【教育科研队伍建设】　一是积极为学校教科室主任的成长创造培训条件，开展各级每学期一次的实践培训，提升其水平。二是搭建能够反映他们动态业务发展水平的展示平台，具体落实“四个一”（每年开设一个专业讲座、执笔一项课题，每学期上好一节研究课、撰写一篇随笔或者论文）业务工作目标，力争使其成为影响学校教研与科研水平的领衔人物。三是让学校教科室主任明确“四个清楚”：清楚区规划办科研管理的程序与内容，清楚学校发展的关键问题，清楚学校的科研制度体系，清楚科研材料的收集和积累工作。2019 年“长三角家校合作分享会”论文评选，南浔区获一等奖 1 项、三等奖 1 项；“黄埔杯”长三角城市群“关键教育事件”征文评比，南浔区获二等奖 3 项；2019 年市教学研究论文评比，全区各学科研究论文共获奖 171 篇，同比 2018 年获一、二等奖比率分别提高 35.7% 与 24.1%。

【教育科研交流学习】　一是与上级、兄弟县区教科研中心进行合作与探讨，开拓科研交流的新局面，积极主动与周边县区进行课题交流活动，及时了解各个区域科研工作的优势与不同，做到“扬长处补短板”。二是开展校际间的合作与交流。利用区“课改联盟”活动机制，实施课题跨校研究，实现优势互补，实现学校间科研工作的均衡发展。三是组织现场展评。省、市级课题实施到中期时，定时组织以现场汇报加 PPT 的形式进行展评，并邀请专家现场诊断发现问题。四是实施“科研面对面”指导。利用课题开题、中期论证、结题推进现场会、论文现场指导等时机，对学校教科室主任、骨干教师进行课题、论文面对面指导，促进业务水平快速提升。

【教育科研成果】　2019 年，全区教科研成绩稳中有进。5 项省教育科学规划或教研课题被立项，40 项课题被列为 2019 年市教育科学规划课题，13 项课题被列为 2019 年市教育科学规划微课题，18 项课题被列为 2019 年市教研课题。在省规划课题评比中，区研训中心钱利祥主持的《区域推进“培根式”分层分类教师培训的策略研究》获省规划课题成果一等奖；区教育局局长陈勤泳主持的《融合式：创新中小学校党组织生活的实践研究》获省规划课题成果三等奖。在市规划课题成果评比中，13 项课题获一等奖，12 项课题获二等奖，18 项课题获三等奖。在市第十五届教研系统课题研究成果评比中，3 项课题获一等奖，5 项课题获二等奖，8 项课题获三等奖。

【语言文字工作】　紧紧围绕市语委和区教育局工作要点，全力谋划并启动区域推进语言文字规范化区创建工作，扎实推进语言文字工作优质持续发展。一是开展普通话普及情况调查。8 月，结合家访、入户调查、街头访问等多种方式，开展区域普通话普及情况调查。二是做好普通话培训和测试工作。坚持以测促训、以训保测的原则，切实提高受测人的普通话水平。邀请省级、国家级普通话测试员对全区乡镇公务员、中小学教师、公共服务窗口工作人员以及广播站播音员四类人群中普通话未达标人员进行普通话培训，并组织好测试工作。三是开展推普周宣传活动。根据文件精神要求，广泛张贴推普标语，播放推普周宣传视频，开展演讲朗诵比赛，通过校园广播、宣传栏、国旗下讲话等，营造推普氛围。

·教师培训·

【概况】　2019 年，南浔区 3173 名教师参加浙江省中小学教师培训管理平台注册，全年完成的总学分为 331057 学分，年人均学分 104 学分；教师全年通过自主选课完成的总学分数为 184810 学分，自主选课率达55.8%；90学分及以上集中培训完成712人，完成率22.4%，匹配率为98.5%；教师自主选课后实际参训率为99.7%，教师教评学完成率100%，满意率为99.7%。

【教师全员培训】 一是建立集约开放的研训体系。继续完善相关教师专业发展工作制度和管理办法，健全研训一体化管理机制，建立“教育局—研训中心—学校”三级管理网络，完善“校长—分管领导—具体师训负责人—培训平台管理员”学校四级组织网络。二是完善务实创新的过程管理。借助四大载体，实施五级研训流程，实现上下联动、齐抓共管的管理流程。通过推门听课、查看台账等途径，采集培训信息，形成教师培训暑期专项督查报告和年度质量监控报告。三是收获多元优质的培训效果。2019年，省师训工作绩效考核99.82分，居全市第一，全省第五，被评为“浙江省师干训先进集体”，“区域推进‘培根式’分层分类教师培训的策略研究”获省教科研规划课题一等奖、省师干训课题一等奖。

【“乐学南浔”品牌创建】 一是课程定位，探索乐学南浔“三个阶段”。雏燕起飞，求生存阶段，重点开发以师徒结对为抓手，以解决实际问题为主线的新教师岗前180学分培训，初级层次学科短训和90学分集中培训。群雁齐飞，求胜任阶段，重点开发以课改项目为主题，以课堂教学改善为主线的中级层次学科短训，90学分集中培训。领雁高飞，求突破阶段，重点开发以名师送教送培为主线的高级层次学科培训和90学分集中培训。二是项目实施，启动乐学南浔“三本策略”。“师本”策略，培训主体以教师为中心，本着“内容见人”“管理见人”“形式见人”的基本视角，更着眼于教师的长远发展和精神需求。“科本”策略，培训内容以课堂为中心，把经验和问题结合起来，把培训和研究结合起来，促进教师边学边用，活学活用。“校本”策略，培训场所以学校为中心，做精做实做好校本培训，定期举行主题式校本研训优秀项目评比、优秀教研组、示范学科评比活动。三是模式创新，打造乐学南浔“四大工程”。致力于“琢璞成玉”青年教师培养工程，开设“五个一”（一篇教育叙事、一个教学设计、一堂优质课展示、一篇教学论文、一项教师基本功展评）特色课程。做优“琢玉成器”新锐骨干晋阶工程，建立立体化、阶梯式人才培养目标，138位教师晋级为“教学新苗”，72位教师晋级为“教坛新秀”。打造“育人浔梦”首席名师孵化工程，带动骨干群体研修，第三期名师、名校长、名班主任工作室由原来的17个增至23个，学员182人，名师工作室外出考察学习、成果展示等研修活动200余次。进一步规范“追求卓越”领导力提升工程，借助优质资源，追求卓越培训，2019年共开展高端合作培训13项。

【研训队伍自身发展】 一是“主题研训+以研促训”，加强校本研训队伍培养。开展第四届校本培训管理者培训，举行南浔区第五届主题式校本研训优秀项目评比活动。湖师院南浔附属小学、南浔实验幼儿园荣获市一等奖，南浔锦绣实验学校、练市一中荣获市二等奖。二是“三系三课+三会三精+三联三展”，提升研训员队伍专业素养。要求研训员“情系教育、心系教师、力系课堂”“依托课例、对话课堂、研究课题”，2019年，湖州市教科研中心、湖州市教师继续教育中心、南浔区教育局组织研训员进行专题培训4次，参训人员达35人次。“会说、会写、会干事”“精学科、精教育、精技术”，鼓励研训员积极承办和参加省内外高端研修活动。2019年，承办市级及以上研修活动30余次；研训员参加省级以上专业活动约50人次。姜晓翔等人撰写的6篇研训论文在国家级杂志上发表，沈美琴等人撰写的多篇论文在省级获奖，倪潮红等人的5项省级课题被立项。“联系学校、联系联片研训、联系主题联盟”，借助“微信息”“微课程”“微讲座”展示研训成果，扩大研训后续影响力。2019年，在南浔教育信息网和湖州教育网发表各类培训报道500余篇，多项新闻报道在浙江省中小学教师继续教育网和各大媒体上登载。在省教研大会、省质量监控大会、省党建大会上，都能听到南浔教育的好声音。

（龙　萍）

文化　科技

·文化建设·

【概况】　2019年，不断完善基层公共文化服务体系建设，区图书馆、区文化艺术中心（区大剧院）、双林镇费新我艺术馆、南浔辑里湖丝馆、善琏湖笔文化馆、游子钢琴博物馆、区文化馆等一批文体设施建成并投入使用。全区共创建省级文化强镇3个（双林镇、善琏镇、和孚镇），省特级文化站3个（南浔镇、双林镇、善琏镇）、一级文化站5个（和孚镇、练市镇、菱湖镇、旧馆镇、石淙镇）、二级文化站1个（千金镇）；建成农村文化礼堂172个；拥有镇、村文化阵地232个；省市级文化示范村（社区）105个。

【拓展基层文化阵地】　启动图书新馆项目建设及大剧院修缮工程，新建城市书房1家，启动区非遗馆布展、实物征集等工作。建成千金镇综合文化中心并对外开放，新建乡镇特色文化驿站5个、文化礼堂50个，文化礼堂覆盖率达77.8%。完成《浙江省基本公共文化服务标准（2015—2020）》的认定工作和全省公共文化服务1个重点乡镇、9个重点村的建设任务。

【丰富群众文化生活】　成功举办“庆祝中华人民共和国成立70周年”系列活动、全民阅读节等大型文艺活动20余场。高质量提供“运河情”公益培训、文化“四送”、嘉业大讲堂等公共文化服务供给，2019年共举办基层文艺演出300余场、公益讲座80余场、送戏下乡100余场，“人文南浔”品牌内涵得到丰富。

【繁荣精品文化创作】　创作《永不褪色的红军被》《蚕花鼓》等各类题材的文艺作品12个，努力打造具有南浔“标签”的精品力作。其中，《鼓韵》入选省农村文化大礼堂优秀群众文艺作品展演节目；无伴奏人声合唱《北京的金山上》获2019年省群众声乐大赛银奖；《我们都是追梦人》在省、市群众广场舞大赛中均获金奖；《桑渔人家》获得省首届旅游歌曲大赛银奖；越剧小戏《壹圆茶馆》获2019年省群星奖、华东六省一市小戏比赛金奖，并获国家艺术基金2019年度项目资助。区文化馆成为全省唯一参加省委、省政府以及省政协中华人民共和国成立七十周年两场文艺演出的县区文化馆。

【加强文物保护利用】　积极推进文物修缮项目，争取上级资金补助249.8万元。完成菱湖种德桥修缮保护、刘氏梯号清醒书屋廊道抢修、刘锦藻家族墓修缮等工程项目。推进大运河诗路遗存挖掘保护工程项目遴选工作，全区共9项文保项目列入省文物局核定项目。投入2000万元，启动中共浙西北特委旧址、市级文保单位练市粮仓等的修复利用工作。争取省文化和旅游厅、省图书馆支持，投入600余万元，实施嘉业堂藏书楼整体提升工程扎实做好文物安全工作。出台《关于进一步加强南浔区文物安全联防联控工作的通知》，召开全区文物安全培训会，文物保护机制和意识得到加强。

【保护传承“非遗”文化】　完成“非遗”项目、基地和传承人“三位一体”体系架构建设，出台“非遗”传承人工作考核办法，新建“非遗”大师工作室5个。开展“非遗进校园”活动20余次、“浔根”“非遗”走亲和“非遗”展示展演活动18场、“非遗”大集市2场。做好特殊非遗项目抢救性记录，拍摄《含山轧蚕花》和《双林绫绢织造技艺》“非遗”小纪录片2部。成功承办省文化和旅游厅2019年度列入联合国教科文组织非遗名录项目“3+N”保护行动工作座谈会。（金秋丽）

·档案管理·

【概况】 2019 年，南浔区档案馆落实市委“一四六十”（聚焦“一个目标”、突出“四个定位”、打造“六个城市”、开展“十大专项行动”）工作体系和区委“一一二八”（围绕一个定位、强化一个导向、扭住两个抓手、实施八大工程）工作部署，围绕“双创双建”（组织创强、队伍创优，建设效能机关、建设模范机关）工作，大力开展“业务能力提升年”和“三服务”活动，实现机构改革稳妥过渡，服务便民更加高效，干事创业更有成果。

【机构改革】 针对局、馆分设改革实际，积极探索统筹资源力量、加强协作合作的工作机制，强化档案局行政管理工作与档案馆档案服务意识。机构改革后，由区委办副主任兼任区档案局局长及区档案馆党组书记、馆长，档案局局长既主管区档案馆工作，又分管全区档案工作。2019 年，首次将档案工作纳入对区级各部门和各镇（开发区）的综合考核指标，将全区档案管理工作推上一个新台阶。

【管理措施】 根据“最多跑一次”改革工作总体部署，紧密结合局、馆工作实际，切实做好各项改革工作，重点做好首批向基层延伸民生事项，实现全区 2014 年前存量婚姻档案均可在各镇（开发区）就近查阅、出证明。梳理区档案局、区档案馆“最多跑一次”事项 1770 多项，网办率、掌办率、“跑零次”、即办事项、材料电子化比例、承诺压缩比等考核指标全部达标。电子文件归档工作实现归档率 100%，完成考核任务目标，且在全市率先完成。针对此次机构改革，以档案行政执法“双随机”为抓手，全力以赴指导涉改单位切实做好各项档案工作。着重开展重点建设项目档案管理、档案馆履职、单位档案工作、档案服务外包承揽企业档案安全工作 4 个执法事项的监督检查，人均现场掌上执法近 10 次，大幅超过省定任务目标。执法事项覆盖率、执法计划完成率全部达 100%。跟踪做好原区金融办、原区旅游局 2 个撤并单位和区发改经信局、区文化广电旅游体育局 2 个接收单位的档案工作指导检查。

【创建工作】 经过 2 年多的筹备，区档案馆于 1 月 19 日，成功通过国家级数字档案馆评估测试。评估后，针对专家组的意见落实整改，围绕漏洞扫描、运维安全、动力监控等方面进一步升级改造，“南浔区数字档案资源共享平台”安全管理得到大幅提升，为档案工作夯实安全基础。在成功创建国家级数字档案馆基础上，乘胜追击，申请开展浙江省“市县级国家综合档案馆业务建设评价”工作。前期严格对照标准，明确责任分工，狠抓工作落实，增设的 160 平方米 3 号库房于 11 月底进入试运行。完成馆藏 1989 年前文书档案开放鉴定工作和馆《全宗卷》《全宗指南》《档案馆指南》编写，并于 11 月 12 日顺利通过省级验收，且达到示范档案馆标准。

【便民服务】 深入推进“三服务”“千名干部联千组”“双联系双报到”工作。以优化营商环境为宗旨，精准定位企业档案需求，根据企业在档案工作中遇到的实际困难，专门梳理《南浔区档案馆服务企业清单》，以投递《至企业的一封信》形式，向全区 100 家企业介绍并提供包括常规服务、专题指导、技术支持共三大类 16 项服务内容。同时，与区发改经信局、区住建局等部门密切合作，加强对重点建设项目档案工作的指导服务，根据企业档案工作遇到的具体困难，提供相关服务，指导业主单位做好项目档案的收集、整理和保管工作。围绕“数据多跑路，群众少跑腿”的服务理念，全力提升档案资料查阅工作效率。深化“远程查档、跨馆服务”工作，融入长三角地区民生档案便民服务，通过浙江政务服务网、“浙里办”手机 App、微信公众号“掌上查档”和“湖州市数字档案资源共享平台”等提供多渠道查档服务。2019 年，区档案馆面向社会累计接待查档群众 1200 多人次，出证档案 1600 多页次。同时，积极推动就近查档服务。要求各镇（开发区）在便民服务中心增设查档受理点配备查档人员，提供民生档案查询服务。加强区、镇、村三级档案指导，举办年度全区档案业务工作集中培训，解读区对镇（开发区）档案工作考核办法。针对培训会上档案员提出的“不惑疑题”，区档案馆派人上门进行实地指导。

【活动宣传】 深化档案资政育人功能，为区“家风馆”“城市展览馆”“湖州人大会南浔篇‘记忆中的乡愁’”等展馆展览提供档案资料 300 多件。8 月 12—15 日，区图书馆与市古玩收藏协会合作主办

"湖州·南浔文化档案交流展暨湖州市古玩收藏协会藏品展"。主动融入长三角一体化战略，首次与上海市博物馆合作办展，为在沪举办的"金石筼筜 ——金西厓竹刻艺术特展"上提供金西厓的竹刻目录册、陈毅颁发给金西厓的文史馆员聘书等展品。加快推进南浔单金根、张振荣、孙桂林捐赠的近5万张老照片整理项目、《岁月留痕》文选汇编和《浔档记事》编研工作；开展"新中国的记忆"征集活动和展览，面向社会征集南浔区区域内的老物件和老照片，并在区档案馆一楼展出；开展第12个"国际档案日"活动，召集全区60余名优秀共青团员参加档案馆开放日活动。加强对外宣传，提升档案工作层次，2019年，区档案馆在国家级媒体刊登新闻信息稿件5篇、省级媒体刊登16篇，并在中央电视总台播放专题片1部。

【日常管理】　制订档案移交计划，确定8个部门作为2019年度移交单位。同时，以重点涉民领域为主，加大民生档案资源建设力度。完成区退役军人事务局、区民政局、区农业农村局等包括文书、优抚、安置、土地确权等民生档案的移交进馆工作，2019年共进馆88257卷、6524件。与此同时，对进馆档案进行整体消毒入库，采用电子系统加人工形式认真开展数字化成果质检，确保数字化成果与档案实体一一对应，逐步形成移交接收工作规范化、常态化、制度化的工作机制。高度重视档案馆库房安全工作，健全并落实档案安全管理制度，规范出入库人员登记管理，定期开展安全检查，并修订《南浔区档案馆突发事件应急处置预案》，完善安全管理台账。时时观察天气变化，重视库房温湿度管理，在多雨潮湿季节增开库房空调，严格落实档案管理"八防"措施。注重台风期间档案安全排查工作，对1号、2号库房和临时库房进行安全隐患集中排查，并在库房中增设臭氧消毒、防盗报警设备和门禁系统，加强库房安全保护。　（熊旭娟）

·广播电视·

【概况】　2019年，南浔广播电视中心加强员工的业务知识学习，提高专业水平，节目和作品质量不断提升。全年南浔广播电视中心收获颇多，新党员方思懿在总台"守初心、担使命、强'四力'做新时代媒体人"微型党课比赛中荣获二等奖；归古月的作品《蔓塘里的三桶金》在2019年湖州市"主播三服务 美丽乡村行"活动中获优秀奖；朱寅敏、朱俊在"庆祝新中国成立70周年 浙江安全发展媒体基层行南浔专题采访活动"优秀作品评选中荣获三等奖；王迅在总台工会组织的2019年度"我是广电人"系列活动之"美在家乡"手机摄影比赛中获二等奖；沈志伟在《记者观察》2019年第3期发表论文《新媒体时代电视台全媒体记者采编面临的问题及对策分析》；谭忠会在《新闻传播》2019年第2期发表论文《融媒体时代主题报道的创新转型》。单位制作的电视作品《"形"会跟爱一起走》荣获浙江省电视青少专题一等奖；电视音乐《老家河埠头》获浙江省广播电视文艺一等奖。

【电视栏目】　开办一档电视新闻节目《南浔新闻》，每期10分钟，周一至周五19：30首播，次日中午重播。电视专题栏目《魅力南浔——奉献》每月一期，每月15日19：40首播，次日中午重播，节目时长10分钟。电视专题栏目《南浔安监》每月一期，每月26日19：40首播，次日中午重播，节目时长10分钟。电视专题栏目《魅力南浔 文明之窗》每月一期，每月28日19：40首播，次日中午重播，节目时长10分钟。电视专题栏目《南浔教育》每月一期，每月30日19：40首播，次日中午重播，节目时长10分钟。

2019年播出《南浔新闻》262期，共播出稿件1574篇。开设各专栏和系列报道19个；三档专题栏目《魅力南浔——奉献》《魅力南浔　文明之窗》《南浔应急管理》共播出30期，稿件169篇，主要体现在集中力量攻坚重大主题，报道成效明显。《壮丽70年·奋斗新时代》专栏好稿频出；"不忘初心、牢记使命"主题教育开设的各镇（开发区）和区级有关部门主要领导访谈，进一步彰显南浔广播电视在区级主流媒体的主导地位；抗击台风"利奇马"南浔专题报道，通过电视新闻和"爱湖州"直播平台的出口，取得良好的传播效果，其中南浔的内容占到整个"爱湖州"直播平台总发稿量的1/4，为南浔区高质量赶超发展造好势营造浓厚氛围。

【广播栏目】　主要开办南浔区农村广播节目（频率为有线调频106.5兆赫），覆盖南浔区221个行政村（包括4086个自然村）。节目版块设置有《南浔新闻》《专家说农事》《和谐乡村》《音乐星期天》《资讯气象服务》等 8 档，每天播出 3 次，播出时间为第一次播音 6：55—9：25、第二次播音 11：05—12：35、第三次播音 17：05—19：35，全天共播出 6 小时 30 分。

2019 年，农村广播《专家说农事》播出 51 期，《和谐乡村》播出 51 期，稿件 221 篇。先后有水产、蚕桑、教育、消防、卫计等方面专家 10 人次走进农村广播录音室。

【媒体宣传】 2019 年，国家级电视新闻录用 10 条，其中央视《新闻联播》3 条；省级电视新闻录用 62 条，浙江卫视《浙江新闻联播》播出 50 篇（6 篇以头条综合播出，20 篇以单条方式播出），四川卫视《四川新闻》、东方卫视《看看新闻》等 10 条；省级广播新闻 142 条，其中浙江之声《浙江新闻联播》3 条；市级媒体电视新闻录用稿件 322 篇（次），其中《湖州新闻联播》用稿 205 条（含头条 18 条）。加强新闻外宣策划，规范新闻外宣采写，主动出击，有的放矢，呈现出全员发力、百花齐放的良好局面。卫视综合头条和单条都比 2018 年提升，特别是 4 月 25 日央视四套《海峡两岸》栏目播出《湖台邻里走亲探访湖州乡村》，时长达 2 分钟；5 月 16 日，浙江卫视《浙江新闻联播》播出《壮丽 70 年　奋斗新时代：湖州——一支湖笔描绘“新画卷”》时长达 3 分钟，且为自主报题和自主完成。9 月 14 日，《人月两团圆　共抒家国情》在央视《新闻联播》中综合播出。

积极做好政务微博和工作信息的报送工作，提升信息质量。2019 年被湖州市记者协会录用 8 条，上送总台信息 15 条。

【新闻合作】 为及时报道南浔区与四川省广安市广安区结对帮扶的动态信息，在《南浔新闻》开设《南浔—广安 双城记》电视专栏，先后播发《四川广安区首批农特产品启航发往南浔》《我区社会爱心人士寒冬送棉被 情暖广安贫困户》等稿件 22 篇次；其中，浙江卫视《浙江新闻联播》录用稿件 4 篇，《浙江之声》录用稿件 4 篇，《湖州新闻联播》录用稿件 3 篇次，广播连线 3 篇次。

【媒体融合】 “爱南浔”微信公众号推送 264 期；完成“爱湖州”微信公众号推送 245 条，其中头条 14.5 条，侧条 27.5 条；破 5000 点击率的有 6 条，破 10000 点击率的有 2 条，破 20000 点击率的有 1 条，在数量和质量上都发挥了一线采编人员集体的智慧和力量，体现南浔广播电视应有的水平；《人民日报》客户端、浙江之声、新蓝网、“学习强国”等推送稿件 79 篇（次）。2019 年，南浔广播电视中心顺应大势，开拓自己的短视频领域，先后推出《老照片》《70 位老人与国同庆生日》《主播游古镇》等十余部作品，多次在“爱湖州”等媒体平台占头条新闻。

【安全运行】 南浔广播电视中心常抓安全不松懈。通过加强保安人员的目标责任管理，修复大楼消防设施，规范新闻节目传输，农村广播播出流畅，开展每月一次的安全卫生大检查等，消除事故隐患。以抓好节假日前期、互联网大会、进博会等重大活动时期的安全为契机，抓重点，保要害，确保南浔广播电视中心各项工作运行流畅。（谈谷青）

·广电网络·

【概况】 2019 年，南浔广电网络坚持把社会效益放在首位，以突出公益性为原则，坚持正确的舆论导向，履行职责，传播优秀文化；作为广电惠民工程建设的具体实施者和主力军，紧紧围绕基本公共服务覆盖城乡、区域均衡、全民共享的目标，健全完善城乡广播电视公共服务体系；服务大众，惠及民生，巩固和发展有线电视“村村通”、有线广播“村村响”和“广电低保”三项广电惠民工程成果，努力实现文化成果人民共享。

【广播电视网络传输】 数字电视普及城乡，有线网络连接千家万户，通过几年的网络升级改造，网络质量全面提高，技术支撑全面提升，双向网络覆盖全区，全区拥有数字电视用户 13 万户，数字电视入户率达 95%以上；拥有农村公共音频广播 4133 个，广播覆盖率达 90%以上，使广大群众切身享受广播电视均等化公共服务。

为确保网络安全传输和安全播出，加快网络基础设施建设，着力完善农村有线广播电视网络的双向化改造及 IP 城域网建设，2019 年结合农村小城镇整治和道路拓宽，加快行政村有线网络光纤化改造，并开展用户接入网整治，全面提升网络传输质量，确保网络传输安全。

【农村应急广播】 为应对突发事件，提高区委、区政府指挥和调度能力，及时处置突发事件，实现广播防灾救灾应急功能。全区 221 个行政村（包括 4086 个自然村）安装农村应急广播 1290 个，覆盖全区各镇、村、自然村，并已完成村一级 RDS 广播系统和 IP 广播系统与现有“村村响”调频广播系统的对接改造，实现“村村通”全覆盖，完成 100% 的建设任务。

【广电低保工程】 南浔广电网络从增强党的喉舌功能、建设和谐社会的高度，贯彻落实浙广发〔2008〕173 号文件精神和《关于“广电低保”工程的实施建议》，为全区的低保户、特困户、低保边缘户、残疾人实行收视费、安装费减免或优惠措施。截至年末，已为 5600 户低保用户减免安装和收视维护费用。

【客服体系标准化】 南浔广电网络不断加快全网数字电视客服体系标准化建设，以“最多跑一次”和“好服务在华数”为工作理念，实行装、维、营一体化和“4＋1”服务新规范，实现从经验型管理向规范型管理转变，全方位打造客服中心的规范管理体系。为进一步做好精准化的服务，更好地满足广大用户文化生活的需求，以乡镇、街道、村等行政区域为基础，按照分区分片、点面结合原则，把业务经营单元分成 25 个网格，全面启动网格化管理、装维营服务，开展由装维员和营业员组队而成的“亲民行动”。网格化管理改变了以往单一依托营业厅“服务”的模式，形成“营业厅＋”的运营模式，实现“装、维、营”一体化，做到故障报修及时应答，上门维修限时完成，服务质量和响应速度不断提高。为方便用户办理业务，新建立 18 个片区代理店。为满足越来越多数字电视用户网上消费的需求，并开通淘宝店、微信、支付宝等网络渠道，另外用户还可以通过微信客服报修故障、办理业务和业务咨询等，极大方便了广大用户。

【多功能全业务拓展】 南浔广电网络着力打造以视频业务为主导，宽带、信息、通信等多业务融合为支撑，适应“三网融合”发展需求的全业务提供商和广电网络优质运营商。一是利用广电网络资源，全面建设并完善农村信息化平台。二是努力拓展新领域，开发新产品，与区委宣传部共同合作开发“浔礼 e 家”项目，在全区行政村铺设具有宣传文化发布信息功能的触摸一体终端机。三是拓展新市场，开发新业务，有序推进 4K 高清电视落地，开发和应用互动高清云电视、云宽带等全业务融合发展。

（钱金根）

·科学技术·

【概况】 2019 年，南浔科技工作紧紧围绕区委“一五一十”工作部署，深入实施创新主体培育、创新平台建设、创新要素集聚、创新生态营造四大行动以及规上工业企业 R&D 活动全覆盖、研发机构全覆盖、专利全覆盖“三个全覆盖”行动，打基础、补短板、争项目、扬优势，各项工作都取得一定成绩。成功创建南浔智能机电省级高新区、省级可持续发展创新示范区；智能电梯、绿色家居均成为省级产业创新服务综合体，争取省、市专项资金 5000 万元，创建类综合体数量居全市第一。南浔区可持续发展创新示范区列入省级示范区建设公示名单，成为全省第二批 3 个省级建设类示范区之一。

【科技型企业培育】 大力开展科技“三服务”活动，建立完善高新技术企业培育库，指导帮助企业开展高企认定、产学研合作、科技项目申报等工作，新增高新技术企业 28 家，重新认定 19 家。健全完善“双高”（高技术、高成长）企业培育服务体系和工作机制，加强对“双高”企业培育库的动态调整，已调整 30 家企业进入培育库。通过政策引导和重点服务，助推企业快速发展壮大。完善“微成长、小升高、高壮大”梯次培育机制，进一步强化精准对接，推进系统服务、分类服务和个性化服务，推动小微企业提档升级。2019 年新增 110 家省级科技型中小企业。加快引进培育领军型创业创新团队和科技创业创新人才，新增省创新领军人才 1 人。

【产学研合作】 深入实施产学研合作，引导并支持本地企业与知名高校、院所开展科技交流与合作，开展协同创新和技术攻关，努力引进一批科技成果到南浔区产业化。已征集到技术难题 129 项，通过科技大市场促成各类技术合作 60 项，组织企业申报省级新产品 110 项。

【科技平台建设】 成功创建南浔智能机电省级高新区、省级可持续发展创新示范区，智能电梯、绿色家居均成为省级产业创新服务综合体。加强对现有众创空间的管理提升，着力提高众创空间创新要素集聚率、创客入驻率、创新项目培育孵化率，不断增强众创空间运营机构的可持续发展能力。全年新增省级备案众创空间 4 家、市级认定众创空间 4 家、市级备案众创空间 11 家，市级众创田园 5 家（居全市第一）。引导企业加大研发投入，实施区级企业研发机构培育行动，鼓励企业联合科研院所、高等院校共建研发机构，实施产业链关键技术联合攻关。新增省级高新技术企业研发中心 8 家，省级企业研究院 6 家，新增市级研发中心 22 家，新建院士专家工作站 3 家。

【科技创新环境】 加快科技政策落地。推广应用科技创新券，深入开展知识产权质押融资服务，多层次资本提供助力。大力宣传科技创新政策、重大科技成果、典型创新人物等，最大限度扩大科技创新影响力，激发全社会创业热情和创新活力，形成鼓励创造、追求卓越的“双创”氛围。（吴　平）

·科普工作·

【概况】 2019 年，南浔区科协紧紧围绕党政中心工作，狠抓任务落实，取得新成效。连续三年入选中国科协全国科普日优秀活动名单，获中国科协“全国科普日”活动优秀组织单位称号；1 人获邀在全国基层科协“三长”论坛作经验介绍。

【人才引进】 围绕区委、区政府中心工作，完成省院士行业科技战略咨询项目申报并入选。依托中国水产学会南浔服务站，举办“院士专家湖州（南浔）行暨湖州水产养殖绿色发展学术报告会”。促成浙江彩蝶股份有限公司与中国工程院孙晋良院士、浙江世友木业有限公司和浙江康辉木业有限公司与 2 位国际木材科学院院士达成合作，建立市级站。同时，积极协助久盛地板省级院士专家工作站与 2 位工程院院士签约合作。2 家单位申报中国工程院科技发展战略咨询项目，组织 40 余家企业参加创新方法培训。协助举办“中国工程院农业学部学术会议”“久盛地板院士专家战略咨询会”，搭建产学研用对接平台，组织院士专家企业行，点对点服务企业。森赫电梯股份有限公司项目成果和星光农机股份有限公司项目成果同获省科学技术奖一等奖，浙江久立特材科技股份有限公司、亨通光网物联科技有限公司项目获省科学技术奖三等奖。

【优化科普资源】 在走访调研的基础上，充分挖掘辖区内优质科普资源。2019 年认定市级基层科普行动计划 4 项、市级科普项目 2 项。以大型主题科普活动为载体，区科技局、区科协联合区教育局、区农业农村局等 10 余家单位分别开展“全国科普日”“科普三下乡”“青少年科技创新大赛”等品牌活动。面向“重点人群”开展涵盖垃圾分类、消防安全、食品安全、医疗保健的系列民生科普宣传。加强农村实用人才培训，指导各镇“农函大”开展农民科技培训。（吴　平）

体育　卫生

·体　育·

【概况】　2019年，南浔区已实现省级体育强镇、省级小康体育村全覆盖，建成省级体育特色乡镇2个（和孚镇、双林镇），省、市级中心村全民健身广场（含体育休闲公园）82个。不断加快体育设施建设、推动全民健身开展、聚力品牌赛事打造、促进体育产业发展，奋力开创南浔体育事业发展新篇章。

【配强体育设施】　全力推进基层体育场地建设，建成4个社区多功能运动场、2个拆装式游泳池、1个笼式足球场、1个省级中心村广场、6个市级体育广场（体育公园）及50千米健身步道，完成20个小康体育村提升工程。完成总投资1.4亿元、规划用地面积24.68万平方米的南林体育文化公园项目。

【打造品牌赛事】　成功举办“2019南浔古镇国际桨板公开赛”“中国围棋甲级联赛季后赛南浔专场（浙江队VS重庆队）”；全力打造“一镇一赛”特色赛事，成功举办石淙镇花海趣味定向赛、和孚镇民当龙舟赛、善琏镇民俗运动会等乡镇品牌体育赛事。

【传播健身文化】　举办首届南浔区全民健身节，大力开展乡村欢乐跑、健身达人挑战赛等全民健身及公益培训活动7场。编排少儿健康快乐操、青年健康幸福操、老年健康长寿操3套健康操，并在乡镇及企事业机关单位推广。开展10个项目的全民健身培训活动，惠及群众2万人次。

【推动产业升级】　完成双林镇后坝村户外营地项目、和孚镇新荻村汀州渔趣垂钓基地一期工程。积极指导双林镇后坝村户外营地项目、彩蝶运动内衣等体育产业示范项目建设，成功入围市级体育产业项目资金库1家。

【提升竞技水平】　引进省队退役高水平体育教练员，提升专业教学水平，向市体校输送在训学员20余人。发挥体教融合优势，开设10个少体校业余训练网点，在训人数120人，形成上下年龄梯队相衔接的“一条龙”训练网络。组织全区20余所学校、366名运动员参加湖州市第9届运动会，获得赛事金牌34.5枚、银牌32枚、铜牌41枚。　（金秋丽）

·卫　生·

【概况】　2019年，南浔区卫生健康局以建设健康南浔为统领，坚持谋定后动、干在实处、行稳致远，多思、善管、巧做，全力打好“1+5”（“最多跑一次”改革，县域医共体建设、医学高峰建设、卫生健康数字化转型、公立医院改革、健康浙江建设）攻坚战，各项既定目标和任务得到有效落实，全区卫生健康事业继续保持良好的发展势头。

【深化医改】　一是“最多跑一次”改革工作抓实抓细。全面落实出生服务一体化、健康服务一卡通等十大惠民举措，门急诊“医后付”、出院“掌上付”等多项工作走在全市前列。其中“医后付”惠及15.39万人，节省患者时间2.05万～3.85万小时；“云胶片”惠及23.38万人，减少患者支出1028.72万元。大力推进“放管服”改革，全面强化事后信用监管，发放全市首张告知承诺制诊所执业许可证。着力推动“最多跑一次”改革工作向公共服务领域延伸，全面启动医院智慧停车场、电子点餐等服务项目建设。二是医共体建设达标达效。成立南浔区医疗集团，推进行政垂直化、业务扁平化管理，全面理顺医共体党政管理体系，全面实行党委领导下的院长负责制，“一家人、一盘棋、一本账、一张网”的整合型医疗卫生服务体系全面确立，得到省政府督查组的充分肯定。2019年，区域内就诊率为92.06%，基层就诊率为74.87%。三是公立医院改革严管严控。取消医用耗材加成、实行无胶片化、降低部分检查检验项目收费价格等，腾出费用空间用于医疗服务价格调整，公立医院收入结构得到进一步优化。探索基于医共体的人事薪酬制度，不再对公立医院奖励性绩效实行“总量封顶”限制。深化医保支付方式改革，建立以区医疗集团为单位的医保总额预算制度，科学控制医疗费用不合理增长。南浔区医疗集团在全省公立医院考核中获优秀等次，位列第八。

【优化服务】 一是保持医疗服务“提”的力度。组建区域胸痛、创伤、卒中等救治中心并运行。依托省人民医院医联体资源优势，加强多学科融合团队建设，大力引进新技术新项目，全区疑难重症疾病诊治能力得到大幅提升。2019年，区人民医院手术总量达7963例，同比增长8.92%，其中三、四类手术占比达35.26%。建立医共体内部的分级诊疗和双向转诊制度，牵头医院下沉专家1824人次，提供门急诊服务11306人次、手术服务1964人次。大力扶持中医药工作，全区中医门诊占比达35.63%，顺利通过全国中医药工作先进单位复审。2019年，全区门诊转诊量达10527例，同比增长73.93%；区内住院转诊达2019例，同比增长12.38%。建成全区首个高压氧舱，启用全区首台核磁共振。外流病人回流明显。二是保持公卫服务“融”的力度。依托医共体建设，推动50%的专科医生融入家庭医生签约服务团队，共完成签约19.71万人，签约率40.13%，重点人群签约覆盖率89.70%。试行数字健康管理，推动医防融合，全区纳入健康管理服务对象达1.5万人次，实现翻番。加快基层医疗机构财政补偿机制改革，全面实行当量兑换，乡镇卫生院床位资源得到全面盘活。积极预防和控制疾病发生发展，全区甲、乙、丙传染病发病率保持在历史低水平，60岁以上老年人免费接种流感疫苗将纳入2020年南浔区民生实事项目。优化老年健康服务，承办全市医养结合工作现场会。加强职业病防治管理，开展培训7场次，检查企业55家，处罚1家。深化爱国卫生运动，善琏、石淙镇通过国家卫生镇省级评估，南浔区顺利通过国家卫生城市省级复查。三是保持家发服务“促”的力度。实施妇女儿童健康关爱工程，推进南浔区妇幼保健院服务能力建设，成立危重孕产妇、新生儿抢救救治中心。全区孕产妇死亡率为0，5岁以下儿童死亡率为1.17‰。2019年，全区共出生3710人。加强出生缺陷综合防治，全区出生缺陷发生率控制在15‰以内。落实农村育龄妇女“两癌”免费检查22952例。核发计划生育扶助金3288.98万元。全年新增规范化母婴设施场所14家，启动托幼机构省级示范点申报工作。南浔区获全国农村中老年妇女生殖健康促进项目实施单位，被省计划生育协会列为基层组织规范化建设和能力提升项目实施单位。双林镇入列省马寅初人口福利基金会围绝经期妇女取环咨询和宣传项目试点。

【统筹资源】 一是以基建为抓手，做实驱动文章。加大卫生项目攻坚力度，菱湖人民医院PPP项目基本竣工，区中医院整体迁建项目开工建设，双林人民医院住院楼改扩建项目推进顺利，练市人民医院、旧馆镇卫生院、千金镇卫生院工程完成土地征用、方案设计等前期工作，新改扩建社区卫生服务站8站次。二是以人才为根本，做深支撑文章。实施人才兴医工程，组织公开招聘、优先招聘活动7场次，招录医学人才135人，定向委培社区医生29人。加强医学人才在职培养，706人接受继续教育，42人赴城市医院进修学习，12人获正高级职称，14人获副高级职称。释放人才政策红利，4名硕士研究生享受生活补助，1名正高级医师享受购房补助。争取人才编制政策支持，核增医疗机构报备员额195个。着力提高医疗机构在编及退休人员医疗保障水平，将于2020年1月1日起享受G类医保报销政策。三是以信息为纽带，做优保障文章。实施智慧健康工程，实现群众就医网上约、医院挂号可刷脸、检查检验少跑腿、医学影像无胶片、费用结算手机付。在所有公立医院整体上线“健康医保卡”全流程应用，实现“两卡融合、一网通办”。推进区域卫生信息平台互联互通，达到国家医疗健康信息标准化成熟度四级乙等水平。建成卫生健康数据灾备中心，实现数据实时采集和批量归集，通过公安部网络安全等级保护三级测评并备案。

【主题活动】 深入开展“双百结对”活动，100名党员专家帮扶社区医生600余人次、100名党员干部对口帮扶100个基层社区，以实际行动践行医者初心和使命，“健康先锋”党建品牌不断深化。全面压实“两个责任”，落实“阳光决策”“阳光党务院务”等5个“阳光项目”，确保合理用药、合理检查、合理使用医用耗材“三个合理”，争做有医德、有医术、有底线、有爱心的“四有医护人”，全力打造清廉医院建设“南浔样板”。出台清廉医院建设地方标准，承办湖州市清廉医院建设现场会。成功举办医师节庆祝活动，授予57名医务人员“最美医生”等荣誉称号，积极营造尊医重卫的社会氛围。实施全民健康素养提升工作，设立全省首个全民健康日（5月15日）。深化健康知识五进活动，推出健康南浔VCR、主题曲、漫画集，举办职业人群健走激励大赛等赛事活动7场次，开展培训授课600余场次。出台全国首个健康村镇地方标准，规范化、标准化推进健康村镇建设，建成首批健康示范镇3个、健康示范村10个。出台健康南浔“三室一堂”建设标准（试行），开展全域“三室一堂”基地建设，建成全市首个健康主题馆。　（周新日）

社会生活

·民政事务·

【概况】 2019年，南浔区民政局坚持“民政为民，民政爱民”工作理念，聚焦脱贫攻坚、特殊群体、群众关切，紧密结合“不忘初心、牢记使命”主题教育和“三服务”活动，主动担当作为，全力攻坚破难，各项工作有序推进、成效显著。

【低收入群众救助】 牵头实施“五大工程”（安居、乐业、助学、兜底、帮扶），动员社会力量，全区7401名低收入群众人均年收入达17228元，实现三年任务两年超额完成。2019年发放救助资金共计5825.22万元，充分保障困难群众基本生活。启用慈善基金84.76万元为低收入群众购买意外及医疗商业保险，理赔415人次，报销58.68万元，帮助抵御重大疾病、意外事故等带来的致贫、返贫风险。全面深入排查低收入家庭致贫原因、收入情况，因户施策，为312名60周岁以上低收入群众增收31.05万元/月。

【低保工作专项治理】 在全区范围内深入开展以“人情保”“关系保”“错保”“漏保”为重点的低保专项治理行动，近亲属享受低保备案和银行卡代管备案59人。强化动态管理，2019年共退出低保、低边对象1885人，新增低保、低边对象1321人。联合区财政、区残联开展财政支持脱贫攻坚政策落实情况监督检查，针对4项扶贫专项资金，整改资金使用管理、会计信息质量、政策落实、档案管理等问题5个。

【“三大救助”推进工作】 完善临时救助，进一步明确申请对象、申请条件、救助方式及标准等，实施分类分户救助，切实规范工作程序。2019年度共救助315户、1003人，发放救助资金165.89万元。加强特困供养救助，对原有福利中心“三无”（无生活来源、无劳动能力、无法定赡养、抚养、扶养义务人）“五保”特困供养人员进行重新认定，对分散特困供养人员进行排查。开展特困供养人员照料护理等级评估，落实照料护理补贴，全年共认定特困供养人员200人，发放补贴289.87万元。开展慈善补充医疗救助，对身患重病的困难群众以及低保家庭中的老年人、未成年人、重残人员进行补充医疗救助，共救助252人次，报销医疗费用216.44万元。

【智慧健康养老示范镇建设】 优化智慧健康养老服务平台。南浔城南社区居家养老服务中心设置智慧健康养老服务与展示平台，让老年人体验智慧化居家养老服务的舒适和便捷。选取10个老年助餐点按照“厨房革命”的要求进行整改提升，创建示范型老年食堂。出台奖补办法，激励创建、打响品牌，9月出台《关于国家智慧健康养老创建示范镇以奖代补的实施办法（试行）》，在示范型居家养老服务中心、示范型老年食堂、智慧养老服务平台的建设和服务上给予奖补。

【养老服务机构建设】 推进养老机构建设，提升养老服务质量。区级福利中心1～7号楼主体和8～9号楼主体框架已结顶。全区14家养老机构已安装可视化设备，接入“厨房革命”App平台。成立南浔区首家护理员培训基地，完成两期培训班共培训护理员93人。联合区消防救援大队、区市场监督管理局、区安全生产委员会办公室等部门联合开展“防风险、保平安、迎大庆”消防安全执法检查专项行动，养老机构运行安全。

【民生实事项目建设】 新建4家示范型居家养老服务中心（3家为省为民办实事项目），3家已全部完成建设运行。推进城乡社区居家养老服务中心社会化运行实现100%（市为民办实事项目）。开展功能室清理整顿、设施设备添置及社会化运行三大专项行动，219家服务中心实现社会化运行100%。同时，制定居家养老服务照料中心管理和运行标准，进一步规范中心的管理和运行，提升运行质量。

【老年人基础服务】 加强政府购买居家养老服务多重监管，每月动态调整，每季度质量评估，启动智慧监管平台，形成线上线下双重监管机制。做好老年人福利和优待工作，老年人免费意外伤害险实现全覆盖，制作老年证690张，发放老年手机1206部，组织开展重阳节“三个一”慰问活动。

【“三社联动”工作】 区民政局按照自身职能，认真推动“三社联动”（社区、社会组织、社工三者联动），促进社会建设提档升级。开展无证明社区创建，保留12项，取消296项，实现“清单之外无证明”，并建立证明事项动态退出清单机制。牵头开展村（社区）职责事项清理，明确保留应当承担事项12项，协助部门工作事项33项，并建立健全村、社事务申报准入制度。组织开展社会组织年检，开展社会组织星级评估，评选AAAAA级1家、AAA级11家。联合区关工委推出“七彩阳光”公益创投项目，涉及社会组织7家，下拨资金43万元，加强事前备案、事中参与和事后监管。拓展社工人才队伍，激发社会组织活力。2019年，南浔区社工报考人数达1473人，较2018年增幅达168.3%，通过人数382人，较2018年翻了一倍，通过率全市第一，并荣获“2019年浙江省社会工作者职业水平考试最佳组织奖”。

【党群服务平台建设】 打造社会组织党群服务中心示范点，提供社会组织党建工作指导和服务平台，强化党建引领，已落实场地并开始装修。搭建幸福邻里中心服务平台，新建任务6家，均已完成装修，并通过验收。对已建成幸福邻里中心的日常运营及活动情况随机检查，并督促提升运行质量。

【公共服务工作】 全面优化公共服务，借助工业平台建设、河道整治和新农村建设等，推进“安息堂”建设，练市镇已完成项目图纸设计、招投标工作并已启动建设。开展不规范地名整治，确定需整治“洋”地名共3处，形成清单并上报。作出全市首个撤销涉诉婚姻登记行政行为，成功化解涉诉婚姻登记2件，破解败诉难题，优化婚姻服务。

【移民服务工作】 及时更新完善移民“一户一档”资料，做好移民信息动态管理。合理规划移民项目建设，加强对建设过程的监管及验收环节的把关。切实解决移民的实际困难，确保扶持到位、稳控到位。

【“最多跑一次”改革】 根据省、市、区统一部署，进一步优化流程，提升网办、掌办、即办、跑零次事项比例，压缩承诺时限，推进材料电子化，已全部达到指标要求。有序开展颗粒度细化办事事项认领及完善工作。全面启动“逝者身后一件事”工作，集中开展轮训，优化殡葬服务，累计办件1280件。全面启动婚育户“一件事”联办服务，提供结婚登记、生育登记、户口登记一站式服务，累计办件280件。

【主题教育和“三服务”活动】 及时传达“不忘初心、牢记使命”主题教育会议精神，研究制定实施方案，成立领导小组，排定学习计划，有序开展学习教育、调查研究、检视问题、整改落实各项活动；组织集中学习5天，开展领导干部上党课、课题调研等，并召开对照党章找差距会议；上报主题教育案例4个、微故事1个、制度1项。结合日常业务工作、“百日攻坚行动”、“红色星期六”、“双联系双报到”等活动，开展走访调研，广泛收集、主动化解难点痛点问题，已化解问题14个，入选南浔区“三服务”第二、三批担当破难典型案例2个，报送湖州市“三服务”担当破难典型案例1个，《南浔时报》头版报道1篇。

【党风廉政建设】 将清廉民政建设工作纳入全年重点工作清单，年初召开党风廉政建设大会，研究制订全年工作计划，明确职责分工。每月召开工作例会汇报工作进度，每季召开党委会议研究部署工作，年终进行党风廉政建设工作总结汇报，全面推进清廉民政建设。实施常学习行动，2019年共开展党性党纪教育一刻钟26次。组织警示教育月活动，实地参观警示教育基地，观看警示教育片，让廉政教育入脑入心。实施建制度行动，建立健全机关内部管理制度，形成工作例会制度，每月召开工作例会，有序推进工作。进行月度工作盘点，每月总结提炼，借助微信公众号公开展示比拼指标。健全“3 + X”资金监管制度，区、镇、村三级联动，社会力量参与，使用智能化手段，确保资金运行安全。实施造氛围行动，查找细化廉政风险点，推行廉政文化上墙展示。加大党风廉政建设宣传，录用廉政宣传稿3篇。设置党风廉政监督意见箱，强化外部监督。

（姚晓杰）

·退役军人事务·

【概况】 2019年1月19日，根据省、市、区新一轮机构改革精神，将区民政局退役军人优抚安置工作职责、区人力资源和社会保障局军官安置职责以及与军队有关职责等整合，正式组建湖州市南浔区退役军人事务局，主管全区退役军人事务工作。共核定编制10人（行政编制4人、事业编制4人、编外2人）。区退役军人事务局始终牢固树立以“退役军人为中心”的思想，坚持以退役军人的需求为第一信号，坚持问题导向，边组建机构、边推进业务、边谋划发展，各项工作正常开展，并有力推动全区退役军人事务工作实现良好开局。

【拥军工作】 双拥工作长足发展，整理全区台账资料10项57条并完成相应考核点位建设，积极配合市本级成功创建“省双拥模范城”八连冠。春节和“八一”期间，对优抚对象、部队单位等积极开展走访慰问，全年走访慰问优抚对象1250人次，发放慰问费（含慰问品）共计50.64万元；慰问和孚镇因公牺牲并荣立二等功军人杨镇涛遗属2次，慰问现役立功受奖军人家属9人；开展“慈善暖军心”活动，慰问5人。同时各镇积极开展双拥慰问活动，走访慰问优抚对象和现役军人家属，发放慰问金和慰问品计24.8万元，进一步巩固军民情谊。完成信息采集和光荣牌悬挂工作，按照信息采集“双百”要求，全方位、多举措开展光荣牌悬挂工作。清明节组织社会各界、群众到南浔陵园、菱湖烈士陵园、和孚“李泉生烈士命名碑”、长超山抗战英雄纪念碑等地祭扫。组织开展“9·30”烈士纪念日公祭活动，区四套班子领导，区级部门、镇（开发区）主要领导，驻南浔部队，学生代表等190人参加公祭活动。

【优待抚恤】 全面做好优待抚恤工作。严格按2018年提标标准，为3737名优抚对象按时足额发放优抚金1834.55万元、物价补贴20.3万元，为2017年和2018年入伍新兵发放家庭优待金750万元，为重点优抚对象发放医疗补助金120万元，为60周岁以上农村籍退役士兵发放生活补助金450万元。开展部分优抚对象身份核查，对480名“两参”（参战、参加核试验）人员10项内容展开信息完善，完成“两参”人员一人一档整理工作。为2名残疾退役军人补办残疾证，1名精神残疾退役军人办理残疾等级提升。全面开展社会化优抚工作，在全市率先与区内4家社会组织签订社会化优抚合同，围绕组建“老兵宣讲团”和“老兵志愿服务队”，建立个人需求评估档案，组织优抚对象学习党的路线方针政策，开展相关集体活动等内容，依托社会组织，以“七一”“八一”为契机，深入开展社会化优抚工作，累计走访优抚对象356人次，举办2次集体党日活动、4次参观学习活动。为750名重点优抚对象实现医疗（住院）补助金“一站式”结算。大力宣传先进退役军人典型，全区有5名优秀退役军人、1名拥军模范个人受到湖州市委、市政府隆重表彰。克服重点优抚恤对象疗休养供需矛盾，创新工作思路并积极协调浙江省荣军医院，为110名重点优抚对象义务巡诊活动。

【退役安置】 完成2019年度转业干部、符合政府安排工作政策退役士兵安置工作，集中档案审核，对符合接收安置条件的，分门别类登记造册。坚持指令性计划分配，落实“阳光安置”政策，与有关部门协调推出行政岗位3个、事业编制岗位2个，用于安置5名军转人员。坚持把推进军人退役“一件事”工作作为深化“最多跑一次”改革的重要内容，深入贯彻“最多跑一次”改革的决策部署，加强宣传引导，在服务平台建立之前，充分发挥退役军人服务保障体系作用，由区退役军人服务中心一窗受理，通过集中档案审核，内部流转、人工线下代办（跑）的方式，办理开具落户介绍信、预备役登记和党（团）员组织关系转接等工作，完成登记办理131人。

【培训就业】 做好退役军人的就业工作，搭建供需见面双向选择的就业平台，组织南浔区2019年度退役军人返乡欢迎仪式暨专场招聘会，50余名退役军人与招聘单位达成了初步就业意向。广泛宣传安置政策和自主就业优惠政策，将退役士兵各项补助、贴息贷款、税收、保险、土地承包、就业、继续教育等优惠政策落到实处。大力宣传对退役士兵免费进行职业技能教育培训、高等职业院校扩招等政策，完成以“学历＋技能”的形式开展退役士兵教育培训50人次，促进扶持就业。（朱国华）

·消防救援·

【概况】 2019年，南浔区消防救援大队（以下简称“大队”）以初心为根本、使命为牵引、问题为导向，全面落实消防安全责任制，强化火灾隐患治理、公共消防基础设施建设、消防安全宣传、消防应急救援力量建设等工作。进一步加强和创新社会消防管理，全面深化队伍建设，提升队伍思想作风、履职能力和全社会抗御火灾能力。圆满完成中华人民共和国成立70周年、第六届世界互联网大会等系列重大消防安保（各种抢险救援和防、灭火中心工作）任务。大队党委被市消防救援支队评为先进党委，2人被授予个人三等功，多人获评优秀党员、优秀指挥员和嘉奖。

【队伍建设】 大队坚持以政治建设为引领，牢固树立“四个意识”、坚定“四个自信”，做到“两个维护”。扎实开展“不忘初心、牢记使命”主题教育和“学训词、铸忠诚、创新业、立新功”专题教育等活动。作为全市“两严两准”（严格的纪律、严密的组织，准军事化、准现役）正规化建设试点，大队坚持软、硬件建设统筹推进，建立长效管理机制。严格落实教育训练、执勤备战、队伍管理等制度，狠抓队伍精细化管理，重点加强8小时以外和重点环节的管理，层层签订责任状。建设智慧营区综合管控平台，重点对人员轨迹、公车使用、接警出动和一日生活制度执行等情况进行动态监督、警示预警，提升队伍管理效能。

【应急救援】 2019年，大队共接处警698起（含增援），其中火警287起，抢险救援和社会救助400起，抢救被困人员10人，疏散人员111人，抢救财产价值150.9万元。大队始终坚持战斗力标准不动摇，对标“全灾种、大应急”任务形势需要，开展熟悉演练232次，修订190家消防安全重点单位应急预案和作战信息卡，完成538个消火栓编号保养；按照“十三五”规划，完成2019年度车辆装备配备任务，并制定实施战勤保障和装备建设三年规划“两年行动计划”，提升消防救援队伍整体作战能力；实行“1＋2＋2”（人员值班制度）和“7553”（每次出勤作战时，派车、派人制度）调度模式，把民间救援队、政府专职队、微型消防站并入调派体系，形成联勤联战、遂行保障的工作机制，全面提升消防救援效能。

【火灾防控】 加强消防安全责任落实，细化和量化各乡镇部门的责任内容，层层签订《2019年度安全生产和消防工作目标管理责任书》。围绕“消防安全三年翻身仗”行动，深化重点领域消防安全整治，开展“防风险 保平安 迎大庆”专项执法检查行动、小微企业安全生产和消防安全综合整治等；结合十大民生实事项目内容和智慧消防年活动，深入开展高层建筑综合治理、危化品、老旧小区、合用场所专项整治以及电动自行车消防安全综合治理，推进重点单位智慧用电和远程监控系统安装工作，完成重点单位大型劳动密集型企业和公众聚集场所智慧用电75家。推广完成重点单位（设有消控室的单位）远程系统30家，推动老旧小区、规模以上企业、高层建筑、劳动密集型企业及居住出租房等电瓶车集中区域安装智能充电桩2280个，接口总数达18580个，同时完成50个智能充电桩的改造任务。加强宣传教育培训，举办形式多样的消防宣传教育活动，发挥微信公众号、微博、抖音短视频等新平台的作用，进一步提高全民消防安全素质。2019年，南浔区共发生火灾63起，直接财产损失98.7万元，火灾起数同比下降59.4%，直接财产损失同比下降50.3%。

【监督执法】 完善消防监督模式，大队贯彻落实“双随机、一公开”机制，提升消防监督执法工作水平。2019年，监督检查单位4858家，督促整改火灾隐患4781处，下发行政处罚决定书539份，责令“三停”（停产、停业和停止施工）单位23家，临时查封单位6家，罚款68.82万元，拘留319人，并调整全区190家消防安全重点单位，组织召开2019年全区消防安全重点单位消防工作会议，逐家签订责任书，完成推广165家消防安全重点单位自主管理

App 的安装。

【服务民生】 落实“最多跑一次”工作，受理审批（备案）项目187件，咨询254件。深入贯彻中央“放管服”精神和创建“人民满意消防队伍”活动，“让群众少跑腿，让信息多跑路”。开展“三服务”活动，上门指导服务基层和企事业单位消防工作，夯实消防工作基础。加强行业领域消防安全公共信用监管，在行政审批、政务管理、公共服务等事项中全面推行信用承诺，实现100%覆盖并及时上传信用承诺书，共完成46家企业单位的信用修复。推进社区微型消防站的装备提升，为社区微型消防站新配备消防巡逻车18辆、战斗服160套、灭火器264具、逃生面罩95个。 （曹旭艳）

·红十字会·

【概况】 2019年，南浔区红十字会坚定信念、不忘初心，秉承人道主义宗旨，紧紧围绕区委、区政府中心工作，以“保护生命、维护人的尊严”为工作主线，坚持依法履职，创新工作，积极拓展红十字服务社会的内容和形式，较好地发挥了党和政府在人道领域的助手作用。

【组织建设】 扩大全区红十字会组织机构覆盖面，全区各镇（开发区）和19个村（社区）建立红十字会组织。初步形成覆盖城乡的红十字基层组织网络，充分发挥基层红十字会服务群众的前沿阵地作用。

【人道救助】 一是开展博爱送万家活动。根据省、市红十字会统一部署，开展“情暖南浔·博爱送万家”活动，为全区140户困难家庭送上慰问款物15.07万元。二是开展“企业商会”专项救助项目。联合北京湖州企业商会南浔分会、区妇联等单位开展困难学生慰问活动。经各镇（开发区）审核公示，于春节前将7.5万元救助金发放到25位困难学生手中。三是开展关爱贫困家庭活动。联合各镇（开发区）红十字会，动员辖区内爱心企业开展贫困家庭救助活动。共慰问贫困家庭36户，发放救助款物5.39万元。四是开展东西部扶贫协作。与四川省广安市广安区人民政府签订合作框架协议，南浔区以资金、项目、技术、管理理念等方式对口支援广安区红十字工作。先后援助广安区红十字会5万余元款物，用于救助广安区困难群众。

【救护培训】 全面深入推进应急救护培训“进社区、进农村、进学校、进企事业单位、进机关”活动，取得良好的效果。一是加强师资队伍建设。先后选派3名核心师资分别参加中国红十字总会、省红十字会师资提高班培训；6月开展全区红十字应急救护师资教学研讨会；9月开展全区红十字应急救护师资授课比赛，进一步加强师资队伍力量，提升师资授课水平。二是开展民生实事项目。为进一步提高群众的自救互救意识和技能，全年共开展应急救护普及培训169期，培训20342人次；开展救护员培训48期，培训1748人。全年配置5台AED（自动体外除颤器）于南浔区政务服务中心、南浔浙北大厦、南浔区全民健身中心、南浔古镇景区和车站，并同步完成相关人员AED使用培训。

【“三献”工作】 以保护人的生命和健康为宗旨，着力推进“三献”工作，在全社会倡导无偿献血、造血干细胞捐献、遗体和人体器官捐献。将无偿献血宣传与红十字主题日活动相结合，向群众广泛宣传献血知识和政策，红十字志愿者身体力行，积极引导市民自愿参加无偿献血，促进南浔区无偿献血工作深入开展。加大造血干细胞捐献、人体器官（遗体、角膜）捐献宣传工作力度，全年完成造血干细胞捐献入库59例，新增人体器官捐献志愿登记173例。

【宣传工作】 结合“世界红十字日”“世界急救日”等主题日活动，积极组织造血干细胞捐献、无偿献血及人体器官（遗体、组织）捐献的宣传活动，通过应急救护培训、心理健康咨询、健康义诊等便民惠民服务，推进“红十字”宣传深入农村、深入社区、深入企业。积极动员基层红十字会参加“我与红十字的故事”主题征文活动和“红十字宣传海报”设计征集、全省“红十字公益宣传片大赛”等活动，并获得多项荣誉。 （钱建芳）

·老干部工作·

【概况】 南浔区现有离退休干部（含教育、卫健系统）3620人，其中中共党员1319人，设有建制性离退休干部党组织21个。区老干部工作部门认真落实全国及省、市老干部局长会议精神，以党建为引领，将老干部队伍建设与志愿服务、品牌培育深度融合，持续唱响“水晶晶南浔”银领好声音。创新实施“银雁返乡”计划，引导广大老干部返回出生地、户籍地及曾经工作地，发挥独特优势和作用，全面开展“三服务三助力”（服务企业、服务群众、服务基层，助力民营企业发展、助力乡村振兴、助力社会治理）活动，相关做法获评全省老干部工作“优秀创新案例”，并被写入全省老干部工作要点予以全面推广。

【建立银色人才集聚地】 围绕“三服务三助力”活动要求，探索实施“银雁返乡”计划，通过专业化组队、团队式协作和集中性活动，凝聚起老干部围绕中心、服务大局的强大合力。一是构建志愿体系。区、镇、村（社区）三级联动，共同组建“水晶晶”银领志愿服务总队，围绕理论宣讲、文化传承、基层治理等领域设立分队，招募老干部志愿者450余名，全面构建“1+10”银领志愿服务体系。二是组建核心团队。依托志愿服务团队，选派具有专业特长和丰富经验的“银领指导员”，组建民营企业、社会治理、乡村振兴3支“银领助力团”，围绕服务方向制订服务清单，排出活动计划，精准发挥作用。三是汇聚行动合力。在全市率先召开老干部“返乡三走进、助力三服务”推进会，邀请市、区有关领导为助力团授旗“启程”，倡议广大老干部发挥独特优势和专长，积极投身助力“三服务”的行动浪潮。

【打造志愿服务样板地】 做精做特“最美老干部工作室”品牌，充分激发老干部围绕中心发挥作用的持续激情，营造老有所为“最美”新风尚。一是“美人之美”树典型。积极选树离退休干部先进典型，组织“学榜样、践初心、展风采”专题报道11期，微视频《不“老”的心》在省委组织部微视频展播活动及“学习强国”App展播。和孚镇获溪“六老”（老党员、老干部、老教师、老职工、老队长、老农民）银领服务队被省委组织部、省委老干部局授予“省离退休干部先进集体”荣誉称号，带头人章宇民受邀参加全省表彰大会。菱湖镇退休干部沈学能等8名个人、4个集体和1个社区分别被省、市委老干部局命名表扬。二是“以美衬美”促提升。新培育区人民医院“仁心银领”等3家“最美老干部工作室”，全区累计创建20家。在党员人数较多、作用发挥较为充分的工作室设立“最美党支部（党小组）”，打造老干部作用发挥的红色引擎，获溪“六老”关心下一代特色做法得到市关工委领导充分肯定。三是“美美与共”展风采。把握庆祝中华人民共和国成立70周年契机，联动开展“五个一”系列活动，举办书画、摄影联展，开展走访慰问，分级组织“走、看、促”。精心承办市关工委与浙江大学关工委联合开展的“湖笔文化进校园暨助力乡村旅游振兴”活动，全面展现最美风采。

（沈嵇帆）

·关心下一代工作·

【概况】 南浔区关心下一代工作委员会（以下简称“区关工委”）下辖乡镇关工委11个、村（社区）关工委249个、机关事业单位关工委27个、企业关工委46个、学校关工委44个（中学13个，小学31个）、医院关工委5个。2019年，区关工委以“五老”（老干部、老战士、老专家、老教师、老劳模）队伍建设为重点，以“七彩阳光”青少年公益创投项目为抓手，扎实推进强基层、打基础、树品牌各项工作，取得丰硕的实践成果。4月，省关工委主任徐宏俊到南浔调研关心下一代教育基地建设。9月，邀请浙江大学关工委顾问、求是宣讲团团长邹先定赴双林镇第二中学开展“辉煌70年·我心中的祖国”“开学第一课”主题宣讲。同月，联合市关工委、浙江大学关工委在善琏镇举办“庆新中国70华诞，育新时代‘两山’少年”暨助力乡村旅游振兴专题活动。12月，全省关心下一代工作“双先”表彰大会在杭州举行，南浔区虞林妹、黄海新被授予“省关心下一代工作先进个人”荣誉称号，南浔区关工委被评为“省关心下一代工作先进集体”。

【立德树人】 坚持以习近平新时代中国特色社会主义思想为指导，广泛开展主题实践教育，引导青少年争做红色基因的传承者和时代精神的践行者。一是以科学理论武装头脑。全区关工委系统积极开展“不忘初心、牢记使命”主题教育，引导广大“五老”坚守初心与使命，发挥优势和作用，依托中小学校、农村文化礼堂、社区假日学校等场所阵地，深入开展理想信念、党史国史和家风家训的学习教育。全区42所中小学校、37000多名学生参与“学习新思想，做好接班人”网上阅读活动。练市镇依托党群服务中心组织开展“童心向党 喜迎国庆”主题绘画活动，切实提升学生的爱党爱国情怀。二是以主题教育引导思想。充分发挥南浔历史文化底蕴深厚的优势，开展形式多样的主题实践教育，引导青少年从中汲取力量，扣好人生“第一粒扣子”。区关工委联合南浔镇关工委组织开展“弘扬红船精神，争当时代新人”少儿书画美术展活动，广大“五老”与青少年老少同乐，传承红色基因，弘扬传统文化。区总工会关工委开展“劳模精神进校园”教育实践活动，邀请市“五一劳动奖章”获得者、区人民医院骨科主任李桢华走进宏达学校做讲座。三是以家风家训温润心灵。大力推动家风建设与家庭教育有机融合，探索“家风＋家教”的家庭教育内核，打造青少年“成长第一课堂”。借助南浔区首届“家庭文化节”东风，联合区妇联、各镇关工委举行“最美家风＋”事迹宣讲20场次，依托南浔区家庭教育指导服务中心，举办家庭家教家风大讲堂9场，联合开展“少年家风说”“书香传家训　阅读承家风”“浔溪少年话家风，最美家风伴成长”系列活动。

【关爱服务】　围绕“急党政所急、想青少年所需、尽关工委所能”的工作定位，持续为青少年办实事、做好事、解难事，构建青少年健康成长的关爱服务体系。一是“一对一”帮扶教育。充分发挥关工委协调优势，巩固健全校内外辅导机制。双林镇关工委组织爱国路社区的离退休干部、退休教师、老共产党员及居民小组长，开展“54321”周末辅导日活动，让孩子们在轻松愉快的氛围下接受教育，取得进步。区教育局关工委动员1200位教师结对2500名学生，担任校内、校外成长导师，帮扶教育存在学业困难、心理偏差、行为不良及家庭缺失等情况的青少年。二是“实打实”奖学助学。联合区民政局关工委开展“福彩暖万家·点亮梦想”“福彩牵手·助圆大学梦”专项资助活动，为全区60名困难少年儿童发放资助款48万元，有效推动青少年慈善事业发展。联合星光农机股份有限公司连续9年开展关爱大学生奖学助学活动，累计奖学助学340人次，金额达170万元，推动关心下一代资源向经济薄弱村、低收入困难家庭等青少年群体倾斜。三是“心贴心”结对关爱。聚焦青少年群体的实际需要，组织实施精准化关爱，切实提升获得感和幸福感。区总工会关工委从家庭教育、身心健康、共建家园等方面入手，实施“小候鸟”关爱行动，开展新居民家庭亲子关系讲座、趣味运动会及垃圾分类宣传等活动，吸引近300个外来务工家庭参与活动。团区委关工委开展“阳光护航”专项行动，重点关注“五类青少年”（农村留守儿童、闲散青少年、流浪乞讨儿童、有不良行为或严重不良行为的青少年、服刑人员未成年子女），综合发挥心灵导师、爱心志愿者、阳光小同伴等作用，建立健全学校、家庭、社会“三位一体”工作网络。

【发挥优势】　以“万名五老结对关爱未成年人行动”为抓手，发挥各级关工委和“五老”的独特优势，参与区域社会治理，持续推动青少年全方面发展。一是下好法治宣教“先手棋”。区关工委联合区教育局、区法院、区检察院等部门关工委开展“七五”青少年法治宣传、“未成年人保护法治宣传教育进校园”等活动，通过赠送读本、集中授课、参观教育基地及举行“公众开放日”等形式普及法治知识，播撒法治种子，覆盖青少年3000余人次。区公安局、区禁毒办联合各镇（开发区）关工委等开展“扫黑除恶 预防校园暴力”主题宣传月活动，深入宏达学校、浔溪小学等学校，积极宣传扫黑除恶知识，有效净化校园成长环境。二是打好关爱服务“组合拳”。通过政府购买服务的形式，整合南浔区社会工作服务中心等社会组织力量，发挥社区“五老志愿者”乡情、亲情优势，为困境儿童提供思想引导、课业辅导、心理疏导、行为指导和困难帮扶等全方位关爱，累计服务青少年215人次。和孚镇关工委依托“六老六大员”（老党员、老干部、老教师、老职工、老队长、老农民；政策法规宣讲员、治安巡逻员、文明卫生监督员、纠纷调解员、民主管理督查员、关心下一代辅导员）队伍，组织泉生小学一年级新生开展“立志、向学”启蒙礼活动，传承优秀国学文化，引导青少年知晓读书的目的和做人的准则，有效提升思想道德修养。三是完善帮教保护“管理链”。依托成员单位的自身优势，有效完善未成年人帮扶、矫正、管理和就业的动态机制。区检察院关工委依托已开发运营的“智慧未检”App平台，精准匹配定制帮教方案，组织附条件不起诉的未成年人参加“浔＋雏燕”公益服务项目，推出“志愿积分贷”“组织正式从业”等优享措施，为涉罪青少年顺利回归社会创造条件。项目运行后，附条件不起诉人员的参与率达100%。

【打造品牌】 整合资源优势，持续推进品牌建设，因地制宜打造一批“关”字号品牌，有效提升关心下一代工作的社会影响力。一是持续巩固传统品牌。持续提升“温暖”“春燕”工作室的品牌效应，积极拓展作用发挥渠道，全面营造青少年健康成长的良好法治环境。区法院关工委精心制作青少年法治教育刊物《少年法苑》，并向区内学校、村（社区）免费赠阅，同步运营“少年法苑”微信公众号，共推送涉及未成年人法治工作动态、以案说法及心理咨询等专业内容的信息11期，打造青少年法治宣传教育的线上新平台。二是有效提升特色品牌。发挥“五老+三社”（“三社”社区、社会组织、社会工作专业人才）关爱合力，开展区第二届“七彩阳光”青少年素质提升公益创投项目，组织实施“七彩童年、幸福起航”社区少年儿童健康成长援助、“铸梦”青少年关爱行动、花海彩虹——青少年红色大讲堂等7个项目，累计开展活动140余场，参与人数超3500人次，持续唱响关心下一代事业的“南浔好声音”，社会关注度和影响力显著提升。三是创新涵养专业品牌。发挥党建带关建优势，创新推进关心下一代专业品牌建设。区教育局关工委以党建为引领，创新开展“党员名师无偿授课”活动，开设“246”亲子课堂，组织300余名党员名师、退休教师定期走进学校、社区、工业园区、党群服务中心等地进行无偿授课，切实解决学生学业困难和家庭教育能力不足问题，收到良好的社会反响。

（沈嵇帆）

·民族　宗教·

【概况】 2019年，南浔区民宗局全面贯彻中共十九大精神和习近平总书记关于民族宗教工作的重要论述，根据中央和省、市关于民族宗教工作的决策部署，扎实推进民族工作“石榴籽工程”和宗教“两化”（宗教中国化、宗教工作法治化）建设，紧扣中心，服务大局，全力推进民族宗教领域和谐稳定，为南浔高质量赶超发展做出积极贡献。

【促进民族团结】 认真学习习近平总书记在全国民族团结进步大会上的重要讲话精神，大力推进“石榴籽”工程，在全区范围内深化少数民族常住人员调查排摸，建档立册，夯实工作基础。深化菱湖中学西藏班、南浔镇镇东社区等民族团结进步示范点工作开展，发放全省首笔民族友谊助学金，拓展利民小学、恒盛印染等“六进”（民族团结进步创建活动进机关、进企业、进社区、进乡镇、进学校、进宗教场所）示范点建设。积极提炼菱湖中学西藏班17年办班经验，相关做法得到中央统战部信息刊载肯定。扎实做好少数民族村结对帮扶工作，完成年度帮扶任务10万元。区少数民族代表人士联谊会会长杨秀智获评来浙少数民族“和谐融入之星”，系全市唯一。乡镇少数民族联谊组织在全市率先实现全覆盖。

【落实宗教整改】 坚决贯彻中央及省委宗教工作督查要求，有序推进全区各项整改任务落地落实，高质量完成省宗教工作督查“回头看”各项工作任务。集中时间和精力强势推进基督教私设聚会点专项治理工作，制定出台《南浔区基督教私设聚会点治理方案》，召开专题部署会，定期通报治理进度，取得良好成效，顺利实现“两年任务、半年完成”，得到市委常委、统战部部长李上葵的批示肯定。集中力量和资源，完成南浔区民族宗教管理服务中心基础建设，加快推进装修布展，创新打造全市首个服务少数民族及宗教界代表人士和信教群众、依法管理民族宗教事务的综合性平台。

【推进宗教“两化”】 趁热打铁、趁势而上，在前期试点的基础上，联合市场监管部门制定并发布全国首个关于践行宗教“两化”的地方标准——《南浔区宗教活动场所中国化 法治化建设指南》，为全区“两化”建设提供重要遵循，得到省委办公厅、省政府办公厅的信息刊载肯定。在此基础上，积极稳妥、有序推进宗教“两化”示范点建设。永欣寺智永书画院获评市“两化”建设实践教育基地，广惠宫、南浔基督教堂获评市“两化”建设示范场所。

【维护宗教和谐】 层层落实宗教安全责任制，组织开展宗教领域安全隐患大排查大整治、“防风险 保平安 迎大庆”消防安全执法检查专项行动、夏季安全生产大检查等活动，共排查整改安全隐患20多处；有效应对台风“利奇马”，防止各类安全事故的发生。积极稳妥做好天主教朝圣工作，全程参与上海佘山、无锡青阳朝圣的管理与服务，确保朝圣活动安全有序无事故。提早谋划和布控，全力抓好伊斯兰教临时聚会点斋月期间的安全工作，确保开斋节、古尔邦节等平稳有序。建立健全宗教活动场所“四人管理服务小组”，实现全覆盖，着力强化基层基础。切实加强宗教团体自身建设，顺利完成区基督教三自爱国会和区道教协会的换届工作。

（朱梦娜）

开发（园）区

·南浔经济开发区·

【概况】 2019年，南浔经济开发区深入贯彻高质量发展理念，全面落实区委、区政府“聚力大赶超、实现新跨越”决策部署，紧紧围绕“争创国家级经济开发区”奋斗目标，攻坚克难、开拓进取，各项工作取得明显成效。全年实现规模以上工业产值268.44亿元，同比增长14.88%；完成固定资产投资44.7亿元，增长35.9%，其中工业性投资12.32亿元，增长63%；完成财政收入20.4亿元，增长37.4%。

【招商引资】 完善招商引资相关制度，制定出台《浙江南浔经济开发区商务接待管理办法》，确保招商引资工作顺利开展。优化整合招商资源和力量，组建上海、苏州招商局，分别由1名班子成员带班常驻。举办重大项目集中签约仪式3次，共签约亿元以上工业项目42个，同比增长82.6%。特别是引进南浔建区以来首个投资超百亿元的合丰泰G8.5超薄玻璃基板深加工项目。围绕项目集中开工、竣工、投产3个时间节点，建立“一个项目一个班子一个推进计划”制度，举行重大项目集中开竣工仪式4次，璟丰、瑞邦、南洋等20个工业项目顺利开工入库，同比增长400%；亨通光网、德意精密、欧德科技等9个项目竣工投产，同比增长80%。

【要素保障】 围绕创建“万亩千亿产业园”目标，强势推进万亩平台内拆迁行动，累计完成农户征迁718户，新拓展面积200公顷，其中“合丰泰”项目用地范围内农户已全部完成征迁。以“三改一拆”、“低小散”企业、“一户多宅”整治为抓手，全力推进北部园区转型升级，拆除违章企业128家、一户多宅600户，完成土地复垦26.7公顷，完成年度目标的400%，腾出发展空间154公顷。积极向上争取政策指标，争取土地发展空间10公顷。完成工业土地出让78.3公顷，同比增长106.9%。同时，加快推进平台内基础设施建设，投入资金3.7亿元，南浔大道、外环西路、富园路等8条道路的改造提升完成并通车。加快融资结构从短期向中长期、高成本向低成本、间接融资向直接融资转变，加快政策性银行融资项目落地。

【生态治理】 以“污水零直排”创建为契机，全面实施企业截污纳管工程，新建市政管网8.09千米，雨污分流改造5.03千米，完成截污纳管企业128家。以城乡人居环境“百日攻坚行动”为抓手，完成旧厂区、旧住宅区改造13万平方米，城中村改造444户，拆除违法建筑101万平方米。全面深入推进城市精细化管理，$PM_{2.5}$浓度连续多月全区最低，占道经营、违法停车等同比下降70%以上。大力推进富强、英雄、东上林3个村的美丽乡村创建，完成投资7900万元。全力开展漾南、直港巷、东迁、丁家港4个村历史遗留问题整改工作。加快推进江蒋漾公园、学校建设，江蒋漾公园西南区块已建成并开放，东区块正在有序推进；江蒋漾学校所有主体建筑均已结顶。

【改革创新】 “最多跑一次”改革不断深化，“跑一次”和“零上门”事项占比分别达100%和60%，群众办事时间平均压缩20%。创新水平不断提升，加强企业自主创新，新增高新技术企业8家、市级以上研发机构7家、发明专利50个。加快创新平台建设，6月，南太湖精英计划产业园开园，并开始招商。人才工作成效明显，引进创新人才2人，净增高新技术企业7家、市级以上研发机构5个，新增发明专利50个，培养高技能人才310人，聚引大学生就业创业2162人。 （姚沈中）

2019年南浔经济开发区行政村（社区）基本情况表

表1

村（社区）名	书记	主任	村民小组数（个）	总户数（户）	总人口（人）
直港巷村	周卫东	沈祖敏	26	643	2188
江蒋漾村	王东华	蒋明良	23	642	2868
洋南村	沈国平	蒋荣祥	17	398	1627
庠上村	朱木林		23	552	2516
马嘶村	卫　民	徐国兴	25	602	2642
戴家桥村	罗雪峰	陈东升	19	552	2573
宝山村	冯德明		16	352	1503
圣驾桥村	姚卫泉	陈建国	23	565	2382
方丈港村	朱永根	陈国银	12	452	1568
东迁村	马志刚		33	828	3509
祐村村	张建明	王少平	25	530	2170
东上林村	王慧明	莫建锋	25	503	2153
同心村	沈海林	王海峰	20	466	1877
丁家港村	方金法		21	550	2139
李家河村	吴训锋	吴国平	11	383	1526
浔北村	莫国祥		6	387	1512
富强村	叶振林	朱建明	29	638	2282
英雄村	陆永根		10	287	1070
马腰村	沈浩东		30	1110	4064
新安村	吴玉明	邱花荣	22	513	2147
南林社区	高　浩			1721	2324

·南浔古镇旅游度假区·

【概况】　2019年是南浔古镇新一轮三年行动计划实施的开局之年。南浔古镇旅游度假区（以下简称“度假区”）紧紧围绕区委“旅游活区”战略部署和“一五一十”工作安排，以建成国家级旅游度假区为总目标，以“六个一”（启用一个游客中心、环通一条北部游线、改造一片特色街区、沟通一段历史水系、打造一批旅游产品、引进一批文创产业）工程为抓手，乘势而上、赶超跨越，全面完成年度各项工作目标。全年，共接待游客突破200万人，门票收入突破9200万元。

【腾挪空间】　紧紧咬住“集体土地、建设项目、影响景观”三类房屋的清零目标，度假区管理委员会遴选精兵强将近60人，由班子成员带班，通过开展

“攻坚月”“百日攻坚”等行动，全力以赴，狠抓推进。2019年共完成签约516户，完成年度计划的103.2%，累计完成征收已达2780户。特别是古镇北部区域，已征收房屋1605户；常绿新村签约率首日过半，创下了全区国有土地房屋征收的新速度。群乐路、石铺里、新时代粮油等重点区块全面清盘，为项目建设、民宿招引、产业布局等腾出有效的发展空间。

【规划编制】 坚持以“一流规划”为导向，坚持多规合一、分项专设。《南浔古镇水系修复专项规划》获得国家文物局批复；《南浔古镇省级旅游度假区总体规划》完成环评修改由省政府即将批复；《大运河南浔段遗产保护规划》报送国家文物局待批；《南浔古镇宝善街保护整治方案》《运河酒店》《中国大运河（湖州段）南浔古镇旅游服务组团方案设计》《洗粉兜组团保护整治及活化利用方案设计》4个规划方案已送省文物局待批。

【项目建设】 加快推进旅游配套设施、街区整治等五大类38个项目的建设，全年共完成投资10.8亿元，比2018年增长11.6%，完成年度计划的105.1%。特别是列入区委、区政府重大项目推进清单的古镇北部景区33个项目快速推进，截至年末，非遗活态展示馆、东市河两岸整治提升、宜园复建工程等6个项目已全面完工；丝绸码头、北片入口廊桥、运河民宿等7个项目正在稳步推进，并已展示良好的形象；极乐寺、蒋氏密韵楼修缮、北小圩张宅修缮、宝善河开挖及沿河整治、栲栳湾河开挖及沿河整治等20个项目正在加快前期工作；特别是事关古镇赶超发展的北部出入口，计划早日投入试运营；夜游灯光秀项目成为网红景点，为古镇的夜游经济提供新的增长点，得到广大游客和市民的好评。

【业态转型】 全力配合旅投集团，以高端化、个性化、品质化为目标，大力引进家庭亲子、古风古韵、艺术文化等不同风格的民宿，莫干山相遇、乌镇子夜、杭州隐御、梦回南浔等品牌民宿、主题酒店已经或即将落户古镇。2019年已完成新签约5家，新开工3家，新开业3家。以水晶晶文创产业园为平台，以东大街为重点，已引进中国报告文学、上海文学基地、梦立方文创、美仑美奂影视等影视制作、文学创作、非遗体验等文创类企业12家，为古镇的活化利用作了有益的探索。与浙江璞琢千星影视文化有限公司共同打造的近30家影视企业加盟文创园区，太平洋咖啡、肯德基、super西餐厅等重点项目正在抓紧洽谈之中。同时按照“淘汰一批、提升一批”的总体要求，以休闲、体验、文创、老字号等为主要业态，全年完成南部、中部商业为重点的“低小散”产业整治提升55家。

【城市管理】 全面推进城乡人居环境“百日攻坚行动”，有效巩固全国文明城市创建成果，有力助推省文明区创建。2019年，度假区干部员工深入辖区17个网格，完成人工排摸问题整治800余个，完成遥感点整治226个，两项整治完成率均达100%，清理垃圾1908吨、杂物2332吨，补种绿化2108平方米，拆违拆旧3326平方米，修复破损道路620余平方米。推进古镇内121家餐饮单位“厨房革命”，在全区率先实现三年任务一年完成的目标。积极推进“厕所革命”，新增AAA级旅游厕所4座，21座旅游厕所全部实行18小时长效保洁制度和驻点式管理。大力推进“垃圾分类”，完成辖区内12个垃圾分类点的布置并投入运营。同时积极探索城市精细化长效管理机制，建立“五员”监管模式，城市精细化管理水平不断提升，名列全市19个一类考核单位第一名。

【社会事务】 强化网格管理，积极发挥指挥中心、全科网格及社会团体的作用，完善6个全科网格体系，配备6名专职网格员，严格落实每日管控机制。深入开展扫黑除恶专项斗争，强化宣传，发动群众，加大举报线索收集处理，共排查上报涉黑涉恶线索7条9人，3人被刑事拘留，3人被行政拘留。强化对安全隐患的大排查、大整治工作，组织开展大型消防安全演练4次，应急拉练10次，检查居民住户房屋664间，检查各类公共场所276家，对检查过程中发现的103个问题立查立改，切实增强居民的安全感。加快推进百间楼、适园、夏家桥三社区合一的市级党群示范服务中心建设，努力为辖区居民提供最好的环境和最优质的服务，让群众办事“只跑一次路、只进一家门”，充分享受一站式便民快捷服务。不断完善社区服务环境，完成虹阳花园、常绿新村、建工大楼等310个充电桩安装工作，切实增强居民的幸福感。不断提升为民服务水平，2019

年度在册低保人数43人，新增低保9户10人，临时救助3人，每月发放失业金人数30人，切实增强居民的获得感。

（赵良臣）

2019年南浔古镇旅游度假区行政村（社区）基本情况表

表2

村（社区）名	书记	主任	村民小组数（个）	总户数（户）	总人口（人）
百间楼社区	陈明海		50	1980	5311
适园社区	冯小萍（女）		19	1122	2967
夏家桥社区	沈利英（女）		25	1375	3423

·南浔科技新城·

【概况】 2019年，南浔科技新城管委会围绕“重塑水晶晶南浔，建设美丽繁华新江南，全力打造湖州‘开放东大门、创业新高地’”的战略部署，以“建设‘低密度、高颜值’的科技新城区，‘低年龄、高智力’的人群集聚区，‘低成本、高品质’的宜业宜居区”为目标，打造以数字经济、智能制造、国际商贸等为主的高端产业，全力打造“水晶晶南浔”的“重要展示窗口”“南浔未来的城市之心”。全年实施项目17个，完成投资7.8亿元；引进南浔区历史上第一个超百亿元工业项目，总投资290亿元。全年完成科技新城区域内税收3.85亿元，同比增长58%。新增市工业“大好高”项目3个。

【谋划布局】 按照区委、区政府接苏融沪“1552”工程三年行动计划实施方案（2019—2021），拟定科技新城开发建设三年行动计划方案（2019—2021），划定科技新城3～5年开发范围。拉开科技新城北区6平方千米开发框架，启动3平方千米区块建设；道路建设加快推进，6条道路开工建设，水闸基本完成，河网水系有序推进；启动高铁新城核心区块的设计，启动阳安塘以南区块空间规划调整。

【规划建设】 产业项目建设方面，鼎旭智能制造等10个产业项目快速推进，总投资10亿元的鼎旭智能制造项目（一期工程）结顶，设备进驻；总投资超亿元的林泽化妆品、和泽机电、正实辐照项目主体结顶；总投资10亿元的泉州华硕项目，一期工程完成施工围墙搭建；总投资15亿元的海顺新材项目完成供地；总投资290亿元的合丰泰G8.5超薄玻璃基板深加工项目按计划推进；进驻产业园的上海净泽医疗、杭州赛方传动部件、猎源医疗等项目实现投产。城市项目建设方面，南林公园、南浔城市规划展示中心等8个城市项目建设快速推进，已投入4亿元，南浔城市规划展示中心、南林公园计划年底对外开放；新安路一期建成通车，新安路二期、风顺路一期二期、直港路等多个项目有序推进。

【招商引资】 全力开展产业大招商，全年外出考察项目80余次，接待客商60余次。一批产业项目签约落地，成功举办2019年项目集中开工暨项目签约仪式、“开放东大门，创业新高地”湖州市南浔区融入长三角重大项目签约仪式等活动，完成签约总投资约339亿元。一批人才项目引进落地，坚持招商引资与招才引智相结合，新增市工业“大好高”项目3个。

（沈卫国）

乡　镇

·南浔镇·

【概况】　2019年，南浔镇牢牢把握高质量赶超发展工作主线，大力倡导“以实绩论英雄”的鲜明导向，经济社会发展各项工作实现“全年红”。全年实现地区生产总值95.72亿元，同比增长8.56%；财政总收入16.34亿元，同比增长7.81%；全社会固定资产投资88.98亿元，同比增长32.1%；城镇居民人均可支配收入5.87万元，同比增长9.3%；农村居民人均可支配收入3.82万元，同比增长9.8%，圆满完成年初确定的目标任务。

【经济实力】　积极培育新动能，全年新增规上工业企业13家，净增限上服务业企业8家、限上批零住餐企业11家。改造提升旧动能，共淘汰关停“散乱污”企业139家，关停面积18.74万平方米。收储企业58家，建筑面积50.82万平方米，仅用15天完成褚家漾区块全部57家企业签约。2019年，规上工业总产值66.72亿元，同比增长9.35%；实现亩均税收13.3万元，同比增长19.7%。积极组织参与上海·南浔区域合作推进会等推介会，做好沪苏优质产业转移承接工作。完成签约亿元以上工业项目15个、服务业项目6个，其中工业“大好高”项目3个，服务业“大好高”项目4个。全力攻坚项目建设，成功举行2019年重大项目集中开工仪式，实施“一企一策”。全年在建产业类项目22个，新增开工项目19个，总投资39.6亿元。大力发展现代服务业，完成服务业增加值48.98亿元，同比增长9.16%，服务业占GDP比重达51.17%。大力发展新业态，全年战略性新兴产业、装备制造业、高新技术产业增加值分别增长17.1%、18.9%、21.3%。大力发展现代特色农业，创建市级示范性家庭农场1家、市级现代农业园区1家、区级示范性家庭农场3家。以美丽乡村建设带动美丽经济发展，成功举办第二届“采菊东篱”旅游文化节、第三届“年鱼节”、第七届桑果采摘节，吸引游客32万人次，带动村集体增收256万元。

【城乡面貌】　开展联合执法25次，查处涉气“散乱污”企业80余家。全年$PM_{2.5}$平均浓度下降至35微克/立方米，同比下降23.9%，空气优良率达75.9%，均居全区第二。深化“污水零直排”建设，完成雨污管网建设2千米，雨污分流改造10千米，疏通管网25千米。全面推进河道综合治理，出境断面水质均保持Ⅲ类水以上，“五水共治”工作获市集体嘉奖。深入推进老城区改造，加速未来社区建设，頔塘社区成为全市唯一省未来社区试点。深入开展垃圾精准分类工作，实现中心城区无物管小区全覆盖，全市属地管理半年度考核位列全市第一。打赢小城镇综合整治“收官战”，实现全部细分项工程竣工验收，三长集镇成功创建省级样板。乡村环境不断优化，完成横街、迎春、柏树、伍林4个美丽乡村扩面提质，完成前洪村美丽乡村创建主体项目，成功打造10个特色亮点自然村，实现美丽乡村创建全覆盖。“百日攻坚”期间共完成问题整治1.8万余个，整治完成率100%。获评全市精细化管理突出贡献集体。专项整治成效显著，1个月完成腾空拆除废品收购站60家，照标准复垦土地7.8万平方米，治愈30年的环境顽疾；打响辽里村整村拆违攻坚战，拆除违章建筑200宗，拆除建筑面积9000多平方米。

【人民福祉】　全面梳理“最多跑一次”事项，全年线上办结事项213项，窗口办理事项24186项，日均办理事项96项，群众满意率达100%。加快“一窗受理”平台延伸入村全覆盖，打通半小时办事服务圈，实现90%民生事项在基层可办结。大力发展教育事业，完成总投入1500万元的7所学校“美丽校园”工程，完成总投入5000万元的横街中学迁建工程建设。聚焦养老卫生事业发展，城南社区日间照料中心、中心社区卫生服务站建成投用，国家智慧健康养老示范乡镇建设稳步实施。创新打造辽西村、堰四村2个智慧消防预警系统示范点和智慧门锁示范点。全年完成城镇新增就业人数2678人，困难人员再就业159人，完成失业人员再就业1034人，吸引大学生和其他各类人才就业创业2238人。城乡居民养老保险新增参保191人，完成土保改职保285人。组建以劳务服务、清洁服务、工程施工等为主要经营领域的“强村公司”，进一步发展壮大村级集体经济。持续深入扫黑除恶专项斗争，共打处涉黑涉恶类人员133人，破获案件39起，打掉十人以上团伙1个。顺利实现“平安南浔”十五连冠。加大各类矛盾纠纷排查调处力度，把矛盾纠纷化解在萌芽状态。全年共调处各类矛盾纠纷269起，涉及金额999.2余万元，无一上诉案件、无一民转刑案件，群众满意率100%。圆满完成中华人民共和国成立70周年大庆和第六届世界互联网大会维稳安保任务。

【干事创业】 扎实开展“不忘初心、牢记使命”主题教育，切实将“大学习、大调研、大抓落实”的各项要求落到实处。制定出台《2019年党风廉政建设和反腐败工作计划》和《南浔镇2019年党风廉政建设和反腐败工作组织领导与责任分工》等文件，切实履行执纪监督问责。全年开展正风肃纪检查6次，运用“第一种形态”诫勉、提醒、批评谈话25人次，立案查处违纪违法案件12件，给予撤销党内职务1人、党内严重警告2人、党内警告8人、政务警告1人。扎实做好党员发展工作，全年发展党员39名。进一步加强党员管理，用好党性体检，共检出“亚健康”党员41人、“不健康”党员1人。自觉接受监督，办理人大代表建议49件，选民代表86件，按时办结率和满意率均达100%，办理群众咨询投诉2568件。化解廉政风险，出台《南浔镇加强村级限额以下工程建设项目规范化管理的若干意见（试行）》《南浔镇村级临时用人用工支出管理办法（试行）》，切实加强农村集体“三资”（资金、资产、资源）管理。进一步健全完善政府法律顾问制度，行政复议、应诉等工作不断加强。进一步规范重大行政决策程序，完善专家论证、社会公示等制度，实现规范性文件、行政合同、重大决策合法性审查全覆盖。全面推进政务公开，全年主动公开政务信息360条，依申请公开信息11条。 （吴 倩）

2019年南浔镇行政村（社区）基本情况表

表3

村（社区）名	书记	主任	村民小组数（个）	总户数（户）	总人口（人）
辽里村	李根福	褚恩标	15	437	1769
辽西村	虞金狗	章永忠	8	331	1312
朱坞村	杨红军	杨永明	12	325	4525
浔南村	张鹤林	邵阿林	8	586	2280
浔东村	顾建华	季新根	17	560	2198
硬长桥村	曹振伟		13	354	1056
堰四村	朱水林	朱建华	11	193	868
沈庄漾村	杨建华	杨国新	14	364	1638
丁家桥村	潘荣林	陈利祥	21	450	1800
联谊村	张伟根	金子贤	18	541	2164
渔业村	费志华	顾红星	1	153	673

续表 3

村（社区）名	书记	主任	村民小组数（个）	总户数（户）	总人口（人）
计家兜村	谭小荣	施建华	11	318	1299
潘港桥村	濮林根	沈美祥	17	468	2026
前洪村	孙建民		19	556	2209
伍林村	施惠民	沈雪峰	14	510	2157
杨华村	徐永康	唐忠明	13	360	1386
泗州村	顾金顺	宋会权	14	496	2070
南林村	龚玉成	陈守华	10	471	1932
辑里村	吴晓泉	屠永明	22	504	1958
屯圩村	胡荣明	计　明	21	469	1820
施家浜村	姚志良		22	403	1435
横街村	钱炳根	吴益祥	16	428	1666
和睦兜	陈玉祥	虞亚根	18	457	1661
柏树村	朱建荣		20	559	2181
永联村	钱明波	沈新民	17	379	1703
迎春村	钱福根	沈发根	12	545	2189
神墩村	张荣华	徐新财	24	608	2254
适溪村	张雪东	王　锋	22	643	2684
息塘村	周美凤（女）	杨建兴	20	645	2406
兴隆村	钮文华	鲍金法	15	438	1743
三长村	何士海	沈士明	17	513	2047
灯塔村	沈雪标	金　平	17	652	2692
泰安路社区	沈琦琦（女）		39	2655	7887
增山社区	钱国英（女）		39	2874	9094
江南社区	姚利群（女）		36	1824	5627
辽里社区	李根福	朱晓华（女）	30	2458	7052
辽西社区	费红英（女）		30	2833	8870
朱坞社区	杨红军	钱月凤（女）	25	3618	5681
镇东社区	周月萍（女）		24	3800	8360
浔南社区	杨丽花（女）		16	3346	7868

·练市镇·

【概况】 练市镇行政区划面积124.3平方千米，辖41个行政村、2个居民社区，镇域常住人口10.12万人（户籍人口8.56万人），建成区常住人口3.39万人（户籍人口2.52万人），建成区面积7.8平方千米。练市镇是“全国重点镇”“浙江省第二批省级小城市培育试点镇”“浙江省中心镇”“湖州市工业强镇”。

2019年，练市镇紧紧围绕打造更具实力、更富活力、更有魅力的省级现代化小城市的奋斗目标，统筹推进经济社会高质量赶超发展，圆满完成镇十八届人大五次会议确定的目标任务。全年完成财政总收入7.06亿元，同比增长11.4%；完成固定资产投资16.9亿元，同比增长47.1%，其中完成工业性投入6.93亿元，同比增长31.6%，非工业性投入10亿元，同比增长60.1%；城乡居民收入分别增长9.3%和10.8%。2019年，练市镇获南浔区综合考核一等奖，“以实绩论英雄”考核位居全区第二。

【工业经济】 深入开展“百名干部进百企”活动，实现企业走访全覆盖，为企业申报各类资金补助4400余万元。强化项目招引，全年新增亿元以上产业项目17个，总投资超58亿元，其中10亿元以上2个，5亿元以上2个，入选市工业“大好高”项目6个。聚焦转型升级，全年新增规上企业18家，规上企业累计达135家，完成规上工业总产值164.1亿元，练市镇培育科技型小巨人企业的做法获得市主要领导批示肯定；改造提升传统产业，全年实施企业技改项目26个，总投资超3亿元，关停淘汰“低散乱”企业88家，完成全年任务的110%。

【现代农业】 全力推进农业产业集聚发展，新增亿元以上农业项目2个，其中市级农业“大好高”项目1个。深入打造特色果蔬品牌，“红美人”精品柑橘种植面积近200公顷，“稻虾综合种养”面积达636.7公顷，成功创建省级“平安农机”示范镇。大力培育农业经营主体，创建省、市、区家庭农场6家，市级农业龙头企业2家，南浔东部现代农业园区12家、农业精品示范区1个。

【第三产业】 积极发展休闲旅游、建筑业、物流业等优势产业，全年新增限上企业8家，建筑业税收同比增长58%，物流业税收同比增长142%。深入探索农旅结合新模式，成功举办第七届湖州湖羊文化节、第三届报恩文化旅游节，打响荃步“天下湖羊第一村”特色品牌；成功创建省AAA级旅游景区村庄1个，省AA级旅游景区村庄3个，省A级旅游景区村庄15个；创建省采摘旅游体验基地2家，市AAA级休闲农场2家。

【城镇形象】 全面打赢小城镇环境综合整治收官战，中心镇区小城镇环境综合整治顺利通过省级验收并成为省级样板。加速推进重点工程，练市消防站、练市工人文化宫已全面完工；水口小微企业园、练市大道改造、练溪公园、老粮站改造等项目基本完成；市民中心完成总工程量50%，建新安置小区三标段完成总工程量60%，姚庄小微企业园完成总工程量40%。

【乡村建设】 总投资8500万元，全面完成10个美丽乡村、4个扩面提质村建设并通过验收，成功实现美丽乡村全覆盖。小农水重点县项目已全面完工，柏树圩区练市段全面竣工。顺利完成全镇5万余亩粮食生产功能区摸底调查，建设高标准农田313.1公顷，提标改造粮食功能区125.3公顷。成立湖州练美农业发展有限公司、练城物业管理有限公司，40个村级股份经济合作社入股，推动村集体经济实效增收。

【交通体系】 积极推进重点项目建设，“三高连接线”、花乌线、浔练公路拓宽工程已全面通车；213省道土地征租用等政策处理基本完成；302省道、湖盐公路练市段政策处理有序推进。深入推进“美丽乡村路”建设，全年完成10条农村公路共35.04千米的改造提升，累计完成里程数72.73千米；全面启动花乌线绿化景观提升工程，助推“十线十景十小镇”项目建设。全面开展危桥改造及农村公路大中修工程，完成5座危桥改造、6条农村公路共7.6千米的大中修，“五纵五横”交通大格局进一步完善。

【蓝天碧水】 坚决打赢蓝天保卫战，全年共关停“散乱污”企业113家，对237家商铺实施餐饮油烟动态管理，全年 $PM_{2.5}$ 下降至 37 微克/立方米，空气优良率上升至 76.7%，相关考核位居全区第一。持续深化“河长制”，成功创建美丽河湖 2 条，完成河道清淤超 40 万立方米，139 个渔业尾水验收治理点通过验收。深入推进“污水零直排镇”建设，并顺利通过市级验收。

【净土清废】 全面开展“两区两边”（中心城区、各集镇镇区；主要公路边、主要河道和航道内）无裸露土整治，整治裸露土近 60 万立方米。积极强化固废及危废管理，全镇固废及危废单位均已纳入省级固废监管平台进行统一处置。全面推行生活垃圾精准分类，练溪家园成功创建省级生活垃圾精准分类高标准示范小区，朱家埭村、荃步村成功创建市级垃圾分类标杆村，建新村建成全区首个垃圾分类宣教馆。深入推进“四边三化”（公路边、铁路边、河边、山边；洁化、绿化、美化）、“三改一拆”（旧住宅区改造、旧厂区改造、城中村改造；拆除违法建筑）、“两路两侧”（公路、铁路沿线两侧）整治工作，“三改”完成 23.83 万平方米，完成年度目标 216.64%；“拆违”完成 42.73 万平方米，完成年度目标 213.65%，“四边三化”“两路两侧”143 个点位整治任务提前 2 个月完成。

【综合整治】 积极开展一户多宅整治及土地复垦工作，在连续两年实现全年任务半年完成的基础上，完成一户多宅拆除 1687 户，完成全年任务的 272%，完成土地复垦 99.6 公顷，完成全年任务的 244%，相关工作考核连续两年保持全区第一。全力开展城乡人居环境“百日攻坚行动”，水口村等 3 个行政村成功获得市“百日攻坚行动”一等奖。深入谋划全域土地综合整治，《练市镇全域土地综合整治中农村存量宅基地盘活利用工作实施细则》等方案已定稿并等待审批。

【社会保障】 全力以赴稳就业，新增城镇就业 2850 人，城镇登记失业率控制在 2.32% 以下。基本养老和医疗保险参保精准扩面，城乡居民社会养老保险、城乡居民基本医疗保险的参保率达 98% 以上。深入完善社会养老服务体系，练市镇居家养老服务照料中心社会化运营达 100%。进一步强化困境儿童救助，练市镇散居孤儿、困境家庭儿童基本生活费标准提高至每月 1486 元。

【社会事业】 深化“最多跑一次”改革，镇便民服务中心全年办理事项达 8.2 万余项，办理时间提速 35% 以上。积极发展教育事业，花林小学和洪塘中学综合楼完成改建、建新，洪塘幼儿园新建项目及练市一中教学楼改扩建工程顺利推进。加快卫生事业建设，练市人民医院异地新建工程全面启动。成功举办第七届“练溪杯”男子篮球联赛，群众精神文化生活日益丰富。

【社会大局】 扎实开展扫黑除恶攻坚年活动，查处涉黑涉恶案件 89 起，刑事打击处理 76 人，治安处罚 112 人。积极创新方式方法，在全市范围内率先探索建立移民之家，创新移民服务管理新模式。积极开展“与镇长面对面”服务活动，全年开展活动 28 期，成功化解各类问题 48 件。深入开展“全科网格”及“两个中心”建设，全镇社会大局安定有序，被评为 2019 年市平安示范先行行动先进集体、平安建设和社会治理突出贡献集体。 （朱 洁）

2019 年练市镇行政村（社区）基本情况表

表 4

村（社区）名	书记	主任	村民小组数（个）	总户数（户）	总人口（人）
新华村	邱仲华	曹国琴（女）	14	460	1665
莲墩村	张法祥	嵇永根	8	336	1320
新丰村		庄荣明	26	824	3508
新联村	孔金海		19	553	1943
练南村	沈新祥	丁建法	14	505	1963

续表 4

村（社区）名	书记	主任	村民小组数（个）	总户数（户）	总人口（人）
朱家埭村	沈悦明	顾元良	21	602	2261
建新村	童新夫	施发明	28	642	2550
中心村	仰五娜	茅玉良	24	595	2328
金塔村	金建祥	张根松	13	305	1186
悦新村	陆子良	沈建元	22	510	2003
水产村	施子林		2	131	525
严家圩村	钟达威	蔡国祥	23	642	2322
李家兜村	沈根娜	钱春良	11	335	1250
蔡家桥村	姚新根	蔡剑荣	15	410	1526
白水河村	赵斌斌	劳永发	18	453	1720
庄家村村	沈金香		16	666	2363
朱家兜村	陶新中	沈新忠	18	478	1765
钟家墩村	胡建兵	邱红权	21	507	1896
大虹桥村	茹金根	李春妹（女）	14	357	1497
慈姑桥村	蔡新贵	徐俊杰	20	384	1420
荃步村	汪荣林	徐建方	21	506	1902
凌家堰村	陈宝庆	朱林泉	26	586	2238
杨树河村	章会杰	吴月忠	17	499	1953
松亭村	沈宏飞	沈　斌	18	578	2057
民安村	张金泉	王永标	14	423	1699
车塔村	沈新花（女）		11	417	1643
柳堡村	朱永芬（女）		12	239	915
召林村	吴兴祥		14	334	1332
洪福村	钱新泉	俞佳勇	24	768	3113
姚庄村	刘金权	钱小荣	26	635	2424
施浩村	沈子明	王小妹（女）	27	615	2265
丰登村	曹华伟	高伟锋	17	478	1772

续表 4

村（社区）名	书记	主任	村民小组数（个）	总户数（户）	总人口（人）
横塘村	朱富根	王元昌	26	708	2738
达井村	茅明良	姚明强	23	562	2320
农兴村	黄国兴	费国强	23	473	1857
水口村	张玉林	朱玉祥	39	922	3572
东堡村	沈海明		15	320	1208
新会村	沈海龙	冯慧明	15	434	1630
花林村	钱新春	费新良	16	520	2055
西堡村	俞　伟	王国兴	12	491	1838
北堡村	沈国通	张建群	17	510	1850
万兴社区	唐莉萍（女）		55	1149	2807
再兴社区		汤菊英（女）	68	1439	3506

·双林镇·

【概况】 2019年，双林镇按照省委“八八战略”再深化、改革开放再出发的要求和市委“一四六十”工作体系、区委“一五一十”工作部署，围绕重塑“水晶晶的南浔”的目标，牢牢把握稳中求进的总基调，扎实开展“不忘初心、牢记使命”主题教育活动，全力以赴打好项目建设、产业转型、乡村振兴、环境整治和维稳安保等各项攻坚战，全年实现财政总收入6.4亿元，同比增长5.37%。“全国综合实力千强镇”排名持续进位，经济社会平稳健康发展。

【产业转型】 一是平台空间有力拓展。着力扩大平台规模，提升项目承载能力，全年拓展平台空间53.3公顷，新增工业项目供地15.4公顷、“腾笼换鸟”4.8公顷。夯实平台基础设施，启动倪家滩村征迁、倪家滩路建设工作。完成通港路改造提升、强园路延伸段规划设计。二是招大引强成效显著。全力开展项目“双招双引”，组建上海、苏州两个招商组开展驻外招商。成功签约新供地项目11个、存量盘活项目5个，总投资41亿元，其中5亿元以上项目3个。完成合同外资2115万美元，实到外资1032万美元。三是项目建设扎实推进。大力实施项目“三率”专项行动，实现合欣包装等7个项目开工，久立特材核电管等3个项目竣工。新认定市级工业“大好高”项目5个、区级3个。新增规上（限上）单位23家、省级科技型企业10家，净增“小升规”企业15家、国家高新技术企业3家。

【乡村振兴】 一是现代农业提质增效。持续推进农业特色产业发展，累计推广稻虾综合种养933.3公顷、“红美人”柑橘种植20公顷。成功创建市级农业绿色发展先行区2个，完成东部现代农业园区项目建设3个，新认定农业“大好高”项目3个，获批农业标准地项目3个。二是基础设施日益完善。完成粮食功能区提标改造426.2公顷、高标准农田建设254.1公顷，成功创建省级粮食绿色高产千亩示范片，农业基础条件持续改善。完成10个美丽乡村“百漾千河”综合治理任务，完成水系整治35千米，跳家山圩区标准化建设项目通过市级验收。三是乡村活力持续迸发。深化美丽乡村建设，启动华桥村美丽乡村精品村建设，建成美丽乡村小镇2个、美丽乡村扩面提质村3个、美丽乡村4个。大力实施强村行动，组建强村公司，全面消除欠发达村5

个，18 个提档升级村经营性收入增长 55.2%。成功创建市级乡村治理示范村 4 个。

【城乡发展】 一是提升城镇品位形象。有序推进吴家庄西片区征迁工作，首日签约率突破 80%，年末签约率达 93%。继莫蓉集镇、中心镇区之后，镇西集镇小城镇环境综合整治顺利通过省级验收，“省级样板镇”成效全面显现。双林镇成功入围浙江省旅游风情小镇创建名单。二是加快城乡配套建设。加快推进污水零直排建设，完成三大农贸市场和 13 个居民小区的雨污分流与截污纳管工程。建成垃圾分类处理中心 15 处、兑换超市 15 个，全镇垃圾分类知晓率和无害化处理率均达 100%，“垃圾分类”新时尚蔚然成风。三是优化交通路网格局。加快重点交通干道功能提升，狠抓三新线和湖盐线拓宽前期政策处理，年末完成近 90%。全力推进农村公路提升三年行动计划，完成道路 18 条，通车里程 40 千米。统筹推进公路养护、大中小修和危桥改造工程。

【生态优势】 一是重拳出击保卫蓝天。全面落实在建工地扬尘治理“七个 100%”（施工现场围挡设置 100%、施工现场砂土及材料遮盖 100%、主要道路硬化 100%、拆除工程洒水 100%、运输车辆冲洗且密闭加盖 100%、暂不开发场地绿化 100% 和外架密目式安全网设置 100%%），安装视频监控，加大监管整治力度。推进涉气重点行业环保标准化管理，完成全镇木业、印染、漆包线等行业环保标准化建设，完成 14 家涉 VOCs 重点企业过程监控设施安装。完成锅炉提标改造 25 台。$PM_{2.5}$平均浓度排名全区第一位。二是全面推进“五水共治”。镇控地表水监测断面水质稳定在Ⅲ类水标准。创新河长制工作机制。组建生态指挥办公室，成立生态办督查小组，共督查整改问题 265 个。完成河道清淤 7.5 千米，清淤量 32 万立方米，创建美丽河湖 2 条。三是强势推进“治乱拆违”。大力实施城乡人居环境提升“百日攻坚”行动，整治问题点位 1.3 万个，清理废品收购站 53 个，关停取缔“散乱污”企业 77 家，全面取缔废玻璃加工行业。

【民生福祉】 一是社会民生事业不断进步。加快教育事业发展，完成庆同小学新校区、中心幼儿园镇西分园主体工程建设。加快健康双林建设，农村中老年妇女健康促进项目获得中国计划生育协会充分肯定，在国家层面提供“双林经验”。提高城乡居民基本医疗保障水平，基本医疗保险参保率达 99.6%。积极推动文体事业发展，举办各类文体活动 100 余场次，新建文化礼堂 6 个。二是安全生产环境不断优化。深化安委会“1 + X”组织体系。重点抓好危化品领域综合治理和重点行业专项整治，全年火灾事故同比下降 50%。创建可持续发展和安全标准化融合建设示范企业 12 家，无隐患管理示范企业 12 家。加大公共消防基础设施投入，创建村级避灾安置点规范化建设 4 处，国家级综合减灾示范社区 1 个。三是社会治理体系不断增强。深入推进扫黑除恶专项斗争，共破获涉黑恶刑事案件 17 起，打掉涉黑恶犯罪团伙 10 个，刑事打处 78 人。圆满完成国庆 70 周年、进博会、互联网大会等重大维稳安保任务，全年警情同比下降 4%，交通亡人事故同比下降 66.7%，成功化解各类矛盾纠纷 345 起，实现“平安双林”十五连冠。

【党建工作】 一是加强思想政治建设。镇党委班子带头学习贯彻中共十九大、十九届四中全会精神和上级各项决策部署，带头履行抓基层党建主体责任，带头联系重点村、领办重点项目，协调解决难点问题，党委班子凝聚力和统揽全局能力得到明显增强。组织广大党员深入学习贯彻习近平新时代中国特色社会主义思想，扎实开展“不忘初心、牢记使命”主题教育活动，依托“学习强国”App 认真开展理论自学，组织集中学习 12 次，班子成员上党课谈体会 16 次，开展“党纪教育一刻钟”24 次，引导党员干部自觉用习近平新时代中国特色社会主义思想武装头脑、武装灵魂、指导实践、推动工作。搭建干部成长平台，举办年轻干部成长论坛 6 次，组织“品见初心”政治素质大测试，不断强化年轻干部理论素养和政治站位。全年共发展党员 41 名。二是加强基层组织建设。以“双创双全”（组织创强、队伍创优，全域提升、全面过硬）组织力提升为抓手，实施“育先锋、激后进、促提高”整体提升工程。打造市级先锋示范村 1 个、区级先锋示范村 4 个，党建示范点 4 个，完成镇党群服务中心建设。深入开展“七多”（村社职责事项多、工作台账多、机构牌子多、考核督查多、创建评比多、政务工作 App 多和上墙制度多）问题清理整顿，共取消各类机构牌子和上墙制度 118 项，切实为村（社区）减压松绑。扎实开展“两新”组织中党组织的“双覆盖”

工作，新建两新党组织1个，创建“红领学院”2家，浙江湖州新京昌电子有限公司荣获全市两新党建“微创投”项目优胜奖。三是加强纪律作风建设。严格落实中央八项规定精神和省、市、区作风建设要求，压紧压实全面从严治党“两个责任”，驰而不息狠刹“四风”。综合运用监督执纪“四种形态”，开展监督检查32次，诫勉谈话2人，党政纪处分4人，免职1人，为经济社会发展营造良好的政治生态。

（徐珊珊）

2019年双林镇行政村（社区）基本情况表

表5

村（社区）名	书记	主任	村民小组数（个）	总户数（户）	总人口（人）
显洪村	沈根海	施新荣	23	610	2103
跳家山村	杨国强	柴新祥	16	362	1319
东双林村	马云峰	陈　敏（女）	18	460	1547
岂山圩村	娄小明	俞金文	10	351	1268
邢窑村	李阿三	顾水坤	26	915	3276
后坝村		王香林	13	481	1801
黄泥兜村	吴泉元	徐根荣	13	400	1529
西阳村	丁新江	李雪强	31	764	2961
坞仁村	曹利锋	闵平方	23	645	2659
三田洋村		朱明泉	27	915	3547
镇南村	范惠根		5	169	492
水产村	杨发林	劳林林	3	213	893
洋滩村	庞育良	方水林	11	347	1348
赵家兜	王松坤	曹国飞	24	582	2172
新丰兜村	周志财	莫云妹（女）	12	346	1288
曹桥村	戴晓斌	徐建平	17	434	1751
周家兜村	邱国良	周建琴（女）	13	293	1085
土山村	施旭明	周焕诚	16	405	1501
千亩山村	陈国强	沈　胜	13	436	1648
勤裕村	吕建忠	徐建荣	20	358	1330
黄龙兜村	高金发	褚健康	18	397	1408
倪家滩村	费惠明	沈　辉	16	426	1728
雉头村村	朱建民	沈义华	24	596	2396

续表 5

村（社区）名	书记	主任	村民小组数（个）	总户数（户）	总人口（人）
吴家庄村	翁建强	王剑宏	18	539	2026
古桶兜村	陈新明	施美林	18	392	1380
七星桥村	沈银龙	徐炳荣	9	378	1411
花盘兜村	徐新培	汤新利	13	327	1178
儒林村	顾学法	吴秋明	21	606	2141
花城村	谈建平	沈朝晖	30	748	2649
向阳村	杨祥春	黄火林	21	446	1613
俞家埭村	沈顺荣	范小毛	12	296	1111
华桥村	吴林土	朱剑平	11	383	1383
莲花兜村	姚建利	翁文秀	13	286	1025
和睦社区	林　虹（女）		77	1021	2268
虹桥社区	陈忠伟		55	906	2227
龙古兜社区	乔建荣		30	380	672
爱国路社区	俞金生		66	1354	3076
板桥社区	薛正红（女）		6	839	1605

·菱湖镇·

【概况】 2019 年，菱湖镇被评为“中国历史文化名镇”、“全国综合实力千强镇”、浙江省“小城镇环境综合整治样板镇”，并被中国渔业协会授予“中国淡水渔都”“中国生态养鱼第一镇”“中国淡水渔文化第一镇”称号。经济社会发展继续保持稳中有进、稳中向好的态势，全年完成财政总收入 5.1 亿元，同比增长 25.3%；规上工业产值 66. 87 亿元，同比增长 11.4%，其中高新技术产值 37.1 亿元；规上工业增加值 11.98 亿元；完成固定资产投资 11.28 亿元，同比增长 38.1%，其中工业性投资 4.97 亿元，同比增长 19.3%；服务业投资 6.31 亿元，同比增长 58.7%；限额以上商贸业销售额 2.73 亿元，住宿餐饮业营业额 0.15 亿元，服务业营收 0.23 亿元；进出口总数 8.75 亿元，其中出口 8.6 亿元，同比增长 0.9%；实引外资 602 万美元，同比增长 30.1%；农业地区生产总值 6.49 亿元，农业总产值 23.5 亿元，其中淡水渔业总产值 20 亿元。2019 年，菱湖镇在南浔区“以实绩论英雄促赶超出成效”考核中位列第三，基础性考核获一等奖；菱湖镇政府获“浙江省小城镇环境综合整治行动突出贡献集体”称号。

【工业】 2019 年，在发展生物医药、先进装备制造、新型纺织、新型材料工业基础上深入招商引资，强化发展实力提质增效、优化发展动力持续聚集。全年引进禾异机械、尼可新材料、良树商贸等投资亿元以上项目 28 家，新峰塑业、锦朗纺织、国阳材料等 10 家亿元上项目开工入库，50 家置信小微园项目通过审批并完成投资协议签订；才发新材料、普磊欣、精弘机械等 6 家竣工投产，其中尼可新材料、维龙物流等 5 家成功认定为市级“大好高”引进项目；新增规上企业 8 家，截至 2019 年年末，全镇规上企业已达96家。深入推进“亩均论英雄”改革，精准确定全镇341家工业企业土地面积，平均税收达10.58万元；认定绿色工厂77家；完成高新技术企业认定3家、省级科技型中小企业16家，新增市级以上研发机构7家，新增发明专利产业化项目5家，培育众创空间1家；推动睿高新材料“新三板”成功挂牌上市；完成诸老大、兆力鞋业等企业“腾笼换鸟”。同时，围绕南浔区人才“全生态链”政策，全力打造人才引进生态最优环境，聚引大学生就业创业1318人，新增大学生创业实体61家，帮助办理创业担保贷款1426万元。2019年加强“美丽园区”建设，启动丰泰路整治，完成竹墩路雨水管网和集中供热官网建设及夹河河道整治；启动竹墩村前丘、下昂村暗火其片区223户拆迁和土地征用，提升了工业园区形象；大力推进项目用地保障，完成农转地块31个，农转面积18.8公顷；完或项目供地9宗，面积13.6公顷；完成低效土地利用2.3公顷。

【生态农业】　2019年，不断推进现代农业产业化、促进渔业转型升级和绿色发展，全镇农业总产值23.5亿元；蚕茧饲养4600张，蚕茧产量246吨；粮食播种面积1200.3公顷，粮食总产量6637吨；油菜播种面积860.3公顷，油菜籽产量2336吨；淡水水产养殖面积5000公顷，水产品产量8.2万吨，生产鱼苗17.1亿尾，产值20亿元（市场价）。大力推进渔业养殖尾水治理工作，完成2321.3公顷的治理任务；创建费家埭村、永丰村2个现代渔业示范园区，永福村庆渔堂、沈奇养殖场2个美丽渔场，永福村庆渔堂、严氏家庭农场2个省级健康养殖示范场，湖州菱湖精鑫生态农业科技有限公司1个省级“机器换人”示范基地；新申报南浔云豪家庭农场1个省级示范家庭农场，渔都家庭农场、沈琴芳家庭农场2个区级家庭农场，浙江欧润食品有限公司和湖州菱湖精鑫生态农业科技有限公司2个市级农业龙头企业，勤劳村赵家路现代渔业跑道鱼养殖示范园区和菱湖云豪桑基鱼塘农旅示范园区2个市、区级农业“大好高”项目，彭晓红电子商务经营部和湖州明湖水产育苗有限公司2家电子商务“双剑”示范点。截至2019年，全镇工商登记注册农民专业合作社44家，已创建省级示范2家、市级示范2家、区级示范8家；累计注册家庭农场34家，省级示范1家、市级示范1家。探索和推进多种农业养殖模式，全镇建设标准化养鱼跑道199条，制订可推广可复制的跑道养鱼标准。推广稻蛙生态种养模式示范面积6.3公顷，稻、蛙总产值376万元，每公顷效益21万元。试点机械化养蚕模式，一年能养蚕11批，产出蚕茧5500千克。打造国内首个“数字生态渔仓”，通过物联网将生产端小散的鱼塘和生态渔仓流通区实现无缝连接，实现按批次溯源和订单化管理，形成紧密的数字化渔业服务网络，提供“养好鱼、卖好鱼、吃好鱼”一站式服务。渔业渔都科研中心主体建设完成，成为充分整合农业主体、“农户—企业—村”、农合联等资源，搭建渔业服务平台。菱湖镇渔业协会竭诚为广大渔农服务，为渔都增光添彩。创建渔业品牌公共服务平台与渔业信息化服务，为渔农水质检测化验服务2000批次，鱼病检查诊断服务120批次，科技人员现场解决难题12次，技术咨询与指导2000人次；通过渔业技术专家顾问团队化解矛盾200件；举办技术培训班、座谈会6期、培训渔农150余名；制定生态养殖技术操作规程，加强水产品质量安全监管，检测水产品1200余个批次，产品检测合格率100%，并为水产品销售出具产品合格证；推广池塘内循环“跑道养鱼”、饲料替代冰鲜鱼、鱼菜共生等生态渔业养殖模式，全面实施智慧渔业战略，实现现场生产监管、正确检测基础数据和养殖过程可追溯等功能；同时，与湖州市水产技术推广站党支部党建共建、建立“渔都银龄”老干部专家工作室暨湖州市最美老干部工作室，进行水产专家学者远程指导活动，为养殖户答疑解惑、解决难题100余个。充分发挥渔业科普阵地，接待23个省、市、自治区参观团和4个国家及院校学生130余批次12000余人次参观访问交流，渔都渔创街区成为菱湖渔都文化的全国观摩点。12月，举办“绿色品牌科技”的“菱湖·中国淡水渔都首届丰收节”，以“养好鱼看菱湖、吃好鱼在菱湖”的冬捕活动、大会论坛、品鉴体验、美食厨艺展示、鱼王竞拍等形式，扩大菱湖渔都品牌效应，进一步引领和支撑优质、高效、生态、安全的现代渔业发展。全镇完成垦造耕地项目6个，新增耕地面积58.8公顷，复垦完成45.7公顷，“旱改水”完成8.2公顷；10个行政村的高标准农田建设612.7公顷基本完成。思溪村省级粮食功能区提标改造项目完成；达民村省级粮食功能区提标改造项目获批，达民村和杨家巷村粮食功能区的道路、“三面光”渠道建设完成。巩固“五水共治”成效，完成防汛大检查，修复部分塌损堤防，成功抵御“利奇马”台风。河道清淤轮疏完成年度总工程量的100%，2条美丽河道完成整治，小农水项目补充的机埠建设已完成。水政巡查力度强化，查处违法电捕鱼、清除网簖、拆除养殖网箱等。开展农产品质量安全工作，完成农产品速测率100%；举办各类农产品安全培训会，健全农产品质量安全智慧监管工作，保质保量完成全年重大动物疫病防控任务，新增申报2个省、市水产无公害基地。做好农村“三资”工作，提前完成全区三年强村计划的脱贫任务，进一步加强农村土地承包经营权流转管理和服务工作，累计土地（耕地）流转面积2224.1公顷，占全镇耕地的84%；确认土地承包权颁证，“一户多宅”拆除完成176户，全域整治与生态修复27个村完成编制村庄规划和永久基本农田布局优化方案；继续开展农村劳动力素质提升工程，开办实用型人才培训班5个和新型职业培训班1个，培训251人。联合28个行政村组建强村公司——湖州南浔菱众建设有限公司，进一步提高村级集体经济收入，继续抓好民主理财、财务公开、“一事一议”监督管理。

【城乡建设】 按照浙江省小城镇环境综合整治三年行动计划，菱湖镇建城区、下昂集镇、新溪集镇共实施41个项目，整治面积4.51平方千米，共投资6.5亿元，镇区主干道路全面翻新、背街里弄路面整修、主要街区店招统一更新重焕商业文化氛围；历史文化街区、红色记忆街区、时代记忆街区成为古镇改造亮点；菱湖镇建城区、下昂集镇获省级样板，新溪集镇获市级样板，2019年，菱湖镇政府被评为“浙江省小城镇环境综合整治行动突出贡献集体”，受到省委、省政府表彰。最后一批“美丽乡村”7个村建设全部竣工并通过验收；竹墩美丽宜居示范村通过省、市区验收，沈氏宗源小镇游客集散中心基建项目完成，沈氏文化园宗祠土建基本完成；传统历史古村落规划设计通过省级评审，进入实施阶段。城乡建设升级综合能力，省重大项目渔都渔业科学研究中心完成竣工验收；“污水零直排区”的污水处理厂二期扩容改造工程已投入商业运行，镇区11个生活小区完成雨污管网分流改造，完成市政污水管网建设3.77千米，并利用CCTV检测清淤疏通污水管道12千米；菱湖、下昂两个公交车场项目全面完成并投入使用；外环东路、振菱路、振兴路等7条道路改造完成；东栅路延伸工程进入路面处理；凤鸣路、光浒路、南浜路延伸路基建设启动；17条农村公路提升改造有序推进，已完成9条；湖山大道菱湖镇范围内土地政策处理工作全部完成，工程已全力推进；融杭新城7大工程建设全部启动，其中2个重点工程已完成基建竣工验收。全域整治与生态修复工程中的27个村规划编制完成，全域土地综合整治涉及永久基本农田布局优化方案通过市、区论证；土地综合整治永丰村试点完成签约腾空520户，双拼联排样板房和安置过渡房完成建设。加强对全镇129家经营主体6646台喷水织机的巡查管理，确保中水回用设施正常使用；2019年完成渔业养殖尾水治理2603.3公顷，累计完成4890公顷，基本达到养殖尾水治理全覆盖；新建氮磷生态拦截沟渠2条；河道保洁长效运转，实施全镇335.81千米的河道常态化保洁及黑臭水体排查；省级菱湖湿地公园（后庄漾及延伸村域）各项建设管理工作落实并推进。全镇治气工作成效显著，2019年1—12月$PM_{2.5}$浓度38微克/立方米，同比下降25.5%；空气优良率73.7%，同比上升26.4%；强化工业企业污染防治，完成涉气重点企业环保设施过程监控3家，停业整改或取缔“散乱污”企业65家，完成12家重点行业环保标准化建设，淘汰和改造各类锅炉17台；认真执行建筑工地7个百分之百要求；全面完成40个点位约30万平方米的裸露土覆盖；镇区进行全天候巡回洒水作业，确保重点公路每天6次以上、一般公路每天4次以上的洒水频率；完成4家粉磨站和2家搅拌站粉尘收集装置整改；查处非法运营渣土车105辆；大型餐饮单位油烟净化装置安装率达100%，小型餐饮单位已安装油烟净化装置128台，130家餐饮行业废气污水整治达标；露天夜宵烧烤摊位全部取缔清零，持续保持环境监督监管高压态势；细化禁止秸秆焚烧工作，确保“零火点”。全力优化人居环境，“百日攻坚行动”整治人工排查点位8692个、遥感点位10858个、农业生产用房1774个，清理各类管线13340米、“牛皮癣”25465处；完成整改33家废品收购站点；全镇实施生活垃圾精准分类，加强宣传教育和示范效应。

【社会民生】 2019年继续实施“美丽校园”建设，投入503万元，完成菱湖一中等5所中小学美丽校园建设。5月，菱湖一中新食堂通过验收并投入使用；按省一级幼儿园标准、21个教学班级规模、占地16667平方米、投资7500万元的菱湖镇锦绣幼儿园和省一级标准、12个班级规模、占地8000平方米、投资3000万元的下昂幼儿园开始基建；3所幼儿园室外活动场地已全部翻新铺设塑胶地板；排查全镇中小学校车站点，全面补修5个站点，新建8个站点，加强校车运行安全保障。菱湖人民医院异地新建项目完成主体建设和内部装修，进入设备安装阶段。妇女和母婴健康有保障。圆满完成全年城乡居民医疗保险参保工作，参保率99.5%；大病医疗救助182人。着力开展扶贫攻坚任务，募集慈善资金255.7万元，并创建2个慈善村；继续深化“4+3+2+1”立体式关怀帮扶体系，对全镇1116户低保户、边缘户、支出型贫困户进行全面专项检查，全年实施各类救助509户次，救助资金242万元，全镇167位老人享受政府购买养老服务补贴，社会福利中心集中供养83人，28个村（社区）日间照料中心社区化运行正常，3家幸福邻里已成老年人健康休闲活动中心。继续做好残疾人帮扶工作。与四川省广安市广安区石笋镇形成镇对镇、村对村、“十企对十村”形式结对帮扶，以渔业科技等扶助贫困地区脱贫致富。全镇全年推出就业岗位873个，援助就业困难人员170人，发放失业救济金353.6万元，促进就业稳民生。基层文化供给不断加大，5个村文化礼堂完成内部装修、下昂村文化礼堂结合赵孟頫纪念馆也高标准建成；全年开展古街灯谜会、首届桑基鱼塘桑果采摘节、首届菱美食文化节、首届中国渔都丰收节、庆祝中华人民共和国成立70周年文艺会演、首届诗吟菱湖读书节以及健身活动团、乡村水上体育会、第三届老年运动会和三县两区老年门球邀请赛等群众喜闻乐见的文体活动39场；龙湖书画院、凌波塘摄影文学协会、菱湖老年书法协会、紫砚画院、施酒故里昌硕文化研究会、湖州市女子书画院、雅斋艺术工作室等民间文化社团和民进菱湖支部、泰隆银行等联合举办下社区、下农村、下企业赠送春联及摄影进万家文化活动。浙江摄影出版社出版中国历史文化名镇菱湖丛书第一辑《路入菱湖深·人物卷》；菱湖籍作家在菱湖一中举行《菱湖话笔记》捐赠仪式。以新时代文明实践所、中国淡水渔都平台、农村文化礼堂等实体文化阵地为基础，开展新时代文明实践活动和“红菱”“银领”志愿宣讲活动。在中央及省、市、区和海外版媒体，宣传菱湖，提高知名度，大力讲好菱湖故事，全年发表各类文图宣传稿件234篇；开展“扬家风、传家训”活动，在竹墩村乡贤家风馆、菱新线家风示范带基础上，完成苏迅电梯家风广场家风长廊及3个乡风和谐好村庄建设。保护文物深入人心，以点带面修复古镇古建筑，完成历史文化街区、红色记忆街区和时代记忆街区的特色古街初步修复，打造有教育意义和时代特色的菱湖抗日战争史科馆、非遗大师灯谜工作室，启动菱湖历史文化记忆馆筹备工作和市文保单位章氏三省堂的修复准备工作。农村电影坚持在28个村轮流定期放映。积极推进全域旅游，城镇古街里弄自由游、工业遗产旅游及影视拍摄基地渐热；在原有基础上，2019年又成功创建5个特色村为A级旅游景区，2个村创建AA级旅游景区；竹墩村创建AAA级旅游景区。（李惠民）

2019年菱湖镇行政村（社区）基本情况表

表6

村（社区）名	书记	主任	村民小组数（个）	总户数（户）	总人口（人）
东河村	沈思全	丁根初	14	619	2472
南浜村	马瑞良	杨新忠	14	718	2752
勤劳村	沈连宝	沈国兴	14	468	1652
王家墩村	费永根	费伟星	22	599	2267
陈邑村	叶占方	施　彬	16	762	2665
杨家巷村	孙建方	沈有宝	25	795	2772

续表 6

村（社区）名	书记	主任	村民小组数（个）	总户数（户）	总人口（人）
费家埭村	赵建荣	施立强	21	698	2528
勤俭村	沈裕康	杨明杰	18	679	2324
水产村	褚水龙	费林发	6	123	446
沈家埭村	简彬彬	沈学凤（女）	6	242	877
南商林村	项建强	丁海根	36	884	2974
卢家庄村	费建荣	杨　乐	33	884	2913
永福村	赵文梅（女）	朱虎江	17	556	2005
菱东村	费新荣		19	593	2026
建丰村	包新儿	沈正明	17	537	1931
永丰村	沈金强		16	510	1830
达民村	吴淦荣	费新民	24	703	2510
思溪村	沈新良	吴汉江	27	904	3208
下昂村	吴觉民	杨宝娣	23	722	2519
新庙里村	徐　广	朱海新	33	879	3107
竹墩村	童义林	方新庆	22	634	2155
六堡里村	费建强	朱俐斌	23	662	2210
射中村	董魁富	谈继良	38	879	3237
千丰村	陆志强	陈新海	28	557	2073
三溪村	沈培芳	邱月桥	20	520	1922
山塘村	沈根林	姚联荣	14	482	1785
许联村	周海庆	翟睿华	16	557	2018
杨港村	方勤松	吴根华	12	299	1084
东栅社区	金　莉（女）	徐杰萍（女）	52	1049	2219
南栅社区	吕玲玲（女）	费月莉（女）	33	1014	2080
西栅社区	宋铮铮（女）	马红央（女）	51	1318	2757
北栅社区	卢小红（女）	郭丽萍（女）	54	1518	3196
下昂社区	沈根宝	沈勤芳	4	407	696
新溪居民会（归建丰村代管）	包新儿（兼）	沈正明（兼）	1	45	66

·和孚镇·

【概况】 和孚镇位于南浔区西南，面积97平方千米，总人口61427人，其中常住人口52125人，下辖22个行政村和3个社区居委会。2019年，全镇实现财政总收入4.357亿元，同比增长7%；规模以上工业总产值完成86.14亿元；全社会固定资产投入完成13.73亿元，同比增长25.05%，其中工业性投入完成9.5亿元，同比增长24.84%，服务业投入完成4.23亿元，同比增长25.52%。

【产业升级】 新型工业做大做强。深入开展企业扶大育强工作，不断壮大规模企业队伍，做精做强工业经济。共完成企升规16家，超出任务数8家，净增规上工业数完成12家。完成2家浙股交成长板挂牌上市培育工作，新增高新技术企业2家。尤夫股份纾困取得重大实质性突破，南方清洁汽油等企业实现“腾笼换鸟”，印染行业整治有序推进。现代农业加快发展。率先在全区出台《和孚镇支持现代农业产业发展实施意见》，成功创建全区第一个省级农业渔业强镇。2019年，农业产业签约项目4个，总投资近4亿元，3个项目已开工建设。完成3个现代渔业示范园区和8家美丽渔场验收工作。养殖尾水治理点完成21个，共计496.8公顷。南浔区水产特色园基础设施建设项目以及“3030”新农人创业补助项目都已顺利启动实施。乡村旅游全域推进。成功举办“湖州·南浔第十一届鱼文化节暨桑基鱼塘重要农业文化遗产活动”“江南·民当端午民俗文化旅游节暨湖州市首届龙舟赛”等富有本土特色的节庆活动，新华网和《杭州日报》等多家主流媒体进行了跟踪报道。全年共接待国内旅游人数150万人次，实现旅游总收入2.2亿元。和孚镇先后荣获浙江省“非遗主题小镇”“旅游风情小镇”“文化礼堂示范乡镇”“美丽浙江十大特色体验地”等荣誉称号。荻港景区被浙江省文化和旅游厅评为省级生态旅游区，和孚漾成功创建省级美丽河湖，已申报6个A级旅游景区村庄、1个AA级旅游景区村庄、1个AAA级旅游景区村庄、1家全国乡村重点村。

【城乡发展】 美丽乡村建设稳步推进。总投资约1342万元的美丽乡村创建村工作顺利通过市级验收。总投入约2800万元的美丽乡村精品村工程有序推进，其中漾东村已完成市级验收，新荻村正加快建设。总投入约5000万元的美丽乡村小镇荻港村已完成综合验收，新荻村等待验收。成功组建和孚镇集体经济强村公司，提前完成复乐村、四联村等5个村集体经济欠发达村消薄工作。小城镇综合整治圆满收官。总投资约1.1亿元的重兆小城镇环境综合整治工程成功获评省级样板。同时高度重视小城镇创建成果，持续加强后续长效管理运维队伍力量，健全“大城管”机制，深入推进“城警联动”模式。全力以赴开展城乡人居环境大排摸大提升大督查工作，共投入资金2200余万元，解决陶家墩村斗门兜、新胜村草田圩等一大批自然村顽疾，有力推进城乡人居环境的提升。基础设施建设提速提质。在建农村公路9条（26.8千米），总投资2.5亿元，其中7条道路（25千米）已完成沥青铺设。污水零直排镇创建工作有序推进，其中羊角圩等7个生活小区污水零直排建设项目已建设完成并实现雨污分流；总投资1900万元的和孚工业园区污水零直排项目雨污管网铺设已经完成，已进入道路路面修复施工阶段；总投资380万元的和孚农贸市场污水直排建设项目已完成并实现雨污分流。按照全面创建“无违建镇”目标要求，完成拆除面积10万平方米、旧住宅区改造6万平方米，完成年度目标120%。

【环境治理】 面源污染全面清零。落实“河（湖）长制”，实行一体化巡查监管，三级河长联动抓好“河长制”管理。完成河湖清淤2.1万立方米。完成美丽河道提升1条，污水零直排生活小区建设7个，养殖尾水治理400公顷，完成年度目标的100%。做好农村生活污水设施提升工作，开展农村生活污水治理9113户，覆盖率达92%，漾东村精品村新增建设65户，陶家墩村农村生活污水改造新增建设71户。完成12个30吨以上终端标准化运维提升改造。深化重污染行业整治，保持环境执法高压态势，完善环境监管网格化管理机制，排摸园区外规下企业459家，完成13家整治工作，关停淘汰60家小印花、小木业、小毛纺等“散乱污”企业。截污纳管全面覆盖。新建雨水管网4.5千米，完成年度目标150%；提标改造管网2.8千米，完成年度目标112%；雨污分流改造3.1千米，完成年度目标

124%；清疏排水管网35千米，完成年度目标100%。新建供水管网4千米，完成年度目标100%；一户一表改造160户，完成年度目标100%。改造节水器具145套，完成年度目标100%；建成屋顶集雨等雨水收集系统20处，完成年度目标133%。垃圾分类全面铺开。进一步加强垃圾分类的宣传和发动工作，22个行政村已全面开展垃圾分类；和孚集镇、长超集镇、重兆集镇的1000户商铺已完成二分类桶的分发，3个集镇的居民小区共4000户垃圾分类已启动正常收运工作，参与率、投放率、准确率均达到区级标准。投入250万元新建和改建四个易腐垃圾接驳站，其中和孚、荻港、重兆3个站已投入使用。

【民生改善】 民生保障强化兜底。全面提升低保工作精准化、规范化管理水平，全年临时救助36户，发放临时救助金12.95万元。慈善救助243户（含村级），发放慈善救助金45.8万元。补充医疗救助工作扎实有效，低保户、低保边缘户、特困人员的医疗救助，真正做到即时即报；和孚镇养老服务中心改建项目主体已完工并投入运行；构建一张由养老连锁分支机构及居家上门业务组成的“1+N”服务网，和孚镇城乡社区居家养老服务照料中心社会化运行全部完成。改造和提升“珍露残疾人之家”和“展辉残疾人之家”，为20名重度残疾人提供全方位服务。公共文化繁荣发展。新建重兆小学项目顺利竣工并投入使用，全镇“美丽校园”项目顺利完成。启动长超幼儿园、重兆幼儿园建设，标准化教学班达20个。完成新时代文明实践所2个、实践站24个、实践基地303个。打造四季民俗活动品牌，荻港村三官桥自然村等3个村完成乡风和谐好村庄建设，民当村文化礼堂被评为省级五星级文化礼堂。推荐各类典型人物18人，其中荻港村聚华园老茶馆业主潘平福被省委省政府评为第六届浙江省道德模范，民当村村民张少伟被省委宣传部评为“浙江省好人”。社会大局和谐稳定。坚持问题导向，以环境治理、维稳安保、公共安全等工作为切入点，全面增强问题发现和处置能力，有效破解基层治理难题。深入开展食品安全整顿工作，扎实推进校园食品安全检查、“厨房革命”、农村假冒伪劣食品专项整治等工作。持续开展扫黑除恶、“扫黄赌，零容忍”、“禁毒会战”、通信网络诈骗等专项行动，共计刑事打处59人。全面推进“平安和孚”创建工作，2019年调处各类矛盾纠纷283起，调处成功率达100%。受理、流转、处置平安建设信息系统信息9239条，受办理“12345”阳光热线1409条，处理信访问题98件，全力维护社会大局和谐稳定。

（朱　莹）

2019年和孚镇行政村（社区）基本情况表

表7

村（社区）名	书记	主任	村民小组数（个）	总户数（户）	总人口（人）
河东村	杨月方	丁建华	8	494	1828
新荻村	吴建龙	张胜杰	17	924	3293
荻港村	杨升辉	杨　明	41	1134	3473
李市村	柴振凯	顾新江	24	660	2121
群益村	李占如	严平伟	22	553	1907
陈塔村	王根明	陈林华	25	715	2285
和孚村	袁新强	曹新强	13	641	1970
新胜村	陈汉成	汤云忠	15	485	1744
陶家墩村	慎小琳	邱树荣	11	373	1202

续表 7

村（社区）名	书记	主任	村民小组数（个）	总户数（户）	总人口（人）
云东村	汤泉涌	倪晋华	16	559	1980
四联村	杨怀武		13	441	1551
漾东村	徐　伟	杨胜辉	24	778	2679
民当村	汤海明	王荣良	18	590	2120
双福桥村	褚前锋	蔡云峰	32	1075	3956
复乐村	唐占强		19	620	2366
长超村	曹建伟	沈敏华（女）	21	726	2545
横港村	张逸英（女）	计　华	23	520	1956
张村村		张建明	11	411	1511
佛堂兜村	孙建成	冯佩锋	11	421	1586
吴兴塘村	孙顺兴	蔡建强	12	303	1082
重兆村	张新华		42	927	3394
云北村	陈德元	赵永兴	38	838	3077
和孚社区	刘文玉	王红新	9	522	1056
重兆社区	沈火江	黄阿四	4	312	523
长超社区	唐　耀	沈淦元	3	171	273

·善琏镇·

【概况】　善琏镇区域面积 55 平方千米，现有行政村（社区）16 个，人口 3.2 万人。小镇地属杭嘉湖水网平原，是中国湖笔文化和蚕文化的发祥地，素有“湖笔之都、蚕花圣地”之美誉，拥有“湖笔制作技艺”和“含山轧蚕花”两项国家级非物质文化遗产，两次被文化部命名为“中国民间文化艺术之乡”。2019 年实现财政总收入 1.54 亿元，同比增长 20.3%；规上工业总产值 31.55 亿元，同比增长 16.09%；固定资产投资 2.99 亿元，同比增长 37.15%，其中完成工业项目投资 2.31 亿元，同比增长 26.92%。全年新增规上工业企业 10 家，规上工业企业达 47 家。

【产业结构】　项目建设推进强劲。2019 年亿元以上项目签约 9 个，总投资 14.29 亿元，其中固投 11.76 亿元，完成全年任务的 128.57%。全镇共有重点在建项目 3 个，总投资 3.8 亿元。生态农业加快步伐。大力推广稻渔综合种养模式，已完成面积约 466.7 公顷，创建千亩示范村 2 个。引进农业“大好高”项目 2 个，总投资 1.8 亿元，实现开工建设。水稻田低压管道节水灌溉基本实现全覆盖，灌溉保证率从 70%提升到 90%，新增节水能力 200 万立方米，增加粮食生产能力 70 万千克。

【特色品牌】　“湖笔小镇”建设项目完成固定资产投资 1.9 亿元，其中特色产业投资 1.85 亿元。创建以来，累计完成固定资产投资 32.06 亿元，其中特色产业投资 22.49 亿元，特色占比 70.15%。在浙江省特色小镇创建对象考核中，被评为优秀级（居全市第一、全省第二）。优质项目更加集聚。打造湖笔小镇特色街区，成功引入周文清现代艺术研究院、少求书屋、中国汉字艺术研究院、陈国麟美术馆、善琏书画院等文化项目，着力提升湖笔文化丰度。特色形象有力展现。启动研学营地、国学交流中心、文化艺术生活中心、农旅游线景观、振兴路二期改造、老电影院改造等子项目9个。全域旅游打开新篇。完成全域旅游规划，以湖笔小镇为核心区，规划笔墨书香风情线、笔祖寻源风情线等8条旅游精品路线。通过进一步完善道路、市河游线等旅游基础设施，提升蒙公祠、善琏老街等景点旅游品质，成功创建省级AAAA级旅游景区镇。

【统筹发展】 基础设施掀起热潮。梳理镇区架空管线，完成长益路、东兴路高压线路“上改下”，实现规划区范围内空中管线全域下埋。提升集镇容载能力，新建停车场1个，新增停车位50个。完成美丽乡村道路建设14条，总长36.06千米，完成国家重点工程京杭运河“四改三”工程建设。美丽乡村赢得点赞。投入1500万元建设窑里美丽乡村精品村，积极做亮“农旅+文化”结合文章。砖溪和观音堂村2个扩面提质村完成建设，总投资500余万元。善琏村历史文化古村落保护利用重点村项目完成创建验收，总投入约1800万元。全面施行生活垃圾分类收集，分类精准率达99%。发展空间不断拓展。开展土地复垦，累计完成土地复垦28.2公顷，“一户多宅”拆除606户。拓展工业平台，推进平台内农房搬迁，完成城镇规划区范围内5个自然村搬迁工作，占地面积约57.7公顷。启动农村存量宅基地退出制，完成8个自然村、286户农户旧房拆除，盘活存量宅基地12余公顷，一期5.8万平方米的安置房完成基础工程。

【环境整治】 污水零直排全速推进。完成大营里“城中村”及罗家白场等规划区边缘村及镇区长益路、东兴路雨污水分流工程，共计铺设管道4.7千米，累计投资1600余万元。完成蒙溪路、蒙恬路等4条路建筑立面管道分流工程。工业环境治理重拳出击。累计淘汰“低小散”企业30家、落后产能项目2个，完成节能减排项目2个。全镇5家印染企业按照全区印染行业整治要求有序推进整治工作，6家涉气企业安装用电过程监控。治土治气工作成效明显。加强在建工地现场管理，施工现场每日进行洒水掩尘。深化土壤污染防治，科学规范建设善琏工业区，严格执行环境影响评价制度。

【社会事业】 民生事业体现温度。善琏中心幼儿园新园主体建筑完工，成功创建国家级卫生镇，新创省级卫生村3个、市级卫生村5个。城镇新增就业1150人，失业人员再就业289人，就业困难人员再就业56人。推进政府购买养老服务，全镇126位老人享受养老服务补贴。实施困境儿童专项救助，发放生活补助金约35万元。严格落实低保增长机制，发放低保金175.5万元、特困人员补助金23万余元。文化活动提升品质。大力发展文化事业，成功列入“中国民间文化艺术之乡”首批培育计划。提升省级体育小康村2个，新建全民健身广场1个，组织开展基层文化活动70余场次、大型文艺演出4场，给“农家书屋”送书2300余册。成功举办“‘大运河畔 蚕花之源’第二十四届含山蚕花节”“湖笔文化节”“蒙恬会·华夏笔工祭笔祖”“‘以笔为媒 相约笔都’汉服音乐相亲节”等旅游节庆活动50余场。社会治理保障大局。成功创建省级食品安全区，全力推动小餐饮及农村家宴厨房改造提升。顺利完成国庆70周年大会、乌镇互联网大会、全国“两会”等重要时段维稳安保任务，有力开展扫黑除恶专项斗争，社会大局持续保持和谐稳定。不断夯实平安建设基础，各类事故、死亡人数、直接经济损失三大指标均同比下降。（尹　力）

2019年善琏镇行政村（社区）基本情况表

表8

村（社区）名	书记	主任	村民小组数（个）	总户数（户）	总人口（人）
皇坟村	王志新	沈永祥	16	481	1603
平乐村	朱洪惠	顾小平	17	489	1725

续表 8

村（社区）名	书记	主任	村民小组数（个）	总户数（户）	总人口（人）
港南村	沈春权	沈建平	18	493	1675
善琏村	张林勇	姚新泉	12	385	1419
施家桥村	徐美根	杨国明	18	376	1309
姚家桥村	胡小龙	喻国良	19	552	1920
车家兜村	郁根荣	姚建荣	14	372	1416
夹塘村	沈小金	严琳芳	27	564	2009
观音堂村	杨国琴（女）	陈　兵	14	384	1394
窑里村	何明发		14	356	1270
含山村	杨坤良	陆雪松	21	809	3032
砖溪村	姚发祥	沈建萍	8	411	1458
宏建村	沈建新	徐惠兴	15	278	988
和平村	陈有德		9	319	1132
卜家堰村	宋新根	徐新祥	30	720	2470
蒙溪社区	张林勇		27	956	2178

·旧馆镇·

【概况】 2019 年，旧馆镇紧紧围绕三年强镇计划，聚力聚焦高质量发展主线，全力推进“木·艺品质、江南韵味”特色小镇建设，各项经济指标实现平稳增长。全年完成规上工业产值 65.43 亿元；固定资产投资 10.2 亿元，同比增长 30%；工业性投入 7.89 亿元，同比增长 34%；服务业投入 2.34 亿元，同比增长 16.9%；高新技术投资 6.29 亿元，同比增长 61.4%；农民纯收入达 34531 元，同比增长 9.4%。

【项目引推】 招商引资如火如荼。开展全员招商，建立招商引智例会制度，镇村联动引推项目，全年共签约项目 11 个，总投资 47.5 亿元，其中 5 亿元、10 亿元以上项目各 2 个。金晨纺织获评市工业“大好高”项目；明人激光科技、立潮工贸获评区工业“大好高”项目；本道农业获评市农业“大好高”项目，实现农业“大好高”项目零的突破；浙北商业物流获评区服务业“大好高”项目。

项目推进有序有力。实施项目推进“三率”行动，围绕签约、开工、竣工、续建等项目清单，加强督促指导、强化服务保障，促进项目早落地、早开工、早达产。金晨纺织、富钢新建研发中心、明人激光科技、分布式光伏电站等 7 个项目开工；德毅隆、污水处理厂、智慧园区 3 个项目竣工；绿色家居智能制造产业园、服装整理产业园、PC 构建、刻强二期等续建项目有序推进。

营商环境有声有色。聚焦资金、人才、服务三大重点，优化企业经营环境、厚实企业发展保障。狠抓“最多跑一次”改革，全区率先启动“一门办”试点工程；全镇干部走访 130 家规上企业，实现走访全覆盖，帮助解决资金 1.2 亿元，完成各类事项办理 121 个；加快创新人才的集聚招引，新增市级以上研发机构 1 家，完成市级众创空间 1 家。

【城乡建设】 全域整治强推进。建立镇、村、部门三方联动机制，成立全域土地综合整治领导小组和专职技术骨干小组，细化任务清单，落实责任到人，统筹推进全域整治各项工作。第一批涉及8个村、2740户农户，总面积2039.97公顷，拆旧地块总面积162.62公顷，已完成评估2359户、签约1178户、腾空1087户、旧房拆除1011户，安置点征地60余公顷，首批912套安置新房全面启动建设，阶段性成效领跑全市。

城乡建设树形象。制定出台《旧馆镇美丽城镇长效管理试行办法》，推动城镇管理常态化、制度化。美丽乡村实现全覆盖，成功创建浙江省美丽乡村示范镇。持续推进“三改一拆”，新增违建实现零增长，累计拆除违法建筑12.43万平方米，完成旧住宅区、旧厂区改造6.67万平方米。加快推进交通水利建设，全年实施道路亮化、绿化、硬化等交通项目17项，投资达2800余万元；新开港“运粮故道”启动建设，努力打造文旅新亮点。

强村增收促振兴。总结提炼“光伏征收、盘活存量、土地入股、飞地物业、美丽撬动”等强村办法，成立镇村联动光伏能源科技公司，制定电站建设贷款贴息办法，开发宴会厅、文化礼堂、厂房等固定资产，提升村集体经济“造血”能力。2019年，村均经营性收入151万元，消薄增收“三年计划一年完成”。

【治污保洁】 强基础。加快推进治污设施建设，进一步提升污水“零直排”，新增管网疏通22.5千米，完成农村生活污水大修终端12处；北圣桥农村生活污水工程建设完成，截污纳管64户；旧馆镇污水处理厂建设竣工，完成设备调试和试运行。企业“环保用电智能监管系统”安装完成，实现重点行业环保标准化建设全覆盖。全面启动义家漾综合整治及清淤工程，完成工程量60%。

优机制。创新“红黑榜”“曝光台”“验收单”“移交书”等模式，设立环境卫生突击整治费用自理制、资格取消制，全面推进城乡人居环境“百日攻坚”工作，相关做法在全市大会作经验交流。组建“好媳妇”宣讲团，每周走村入户宣讲、指导生活垃圾精准分类，提高知晓率和正确率；全镇11个小区、13个行政村实现生活垃圾分类全域网格化，佳和玫瑰园被列为省级精准分类试点创建小区。

重管控。深入开展治水、治土、治气三项专项环境执法行动，组织督查6次，处理14件次。六小行业排水证全部办理完毕，共发放排水证168张；强化“两区两边”（中心城区、各集镇镇区，主要公路边、主要河道和航道边）裸露土排摸整治，成立专项攻坚行动领导小组，定人定期抓好管理维护，恢复毁绿种菜绿化面积5600余平方米，裸露土体覆盖植绿33500余平方米；加大对建筑工地及道路扬尘整治管理力度，分片区分时段开展扬尘常态治理，全年$PM_{2.5}$浓度、指数较2018年同期明显下降，空气优良率达76%。

【民生保障】 推进社会事业发展。加快完善公共服务设施，镇中心幼儿园完成改造并正式对外招生，城市客厅项目完成竣工验收并交付使用。有力推进文明村镇建设，成立全省首个镇级新时代文明实践基金，创设“家庭文明实践指数”，开展“新时代文明实践示范户”创评，成功创建市级文明镇。深入培育发展乡村文化，承办2019年全国“农家书屋”数字化建设现场推进会，完成省级公共文化服务重点镇项目建设，戏剧《壹圆茶馆》获国家艺术基金资助项目、省群星奖、华东六省一市现代地方小戏大赛金奖、市“五个一”精神文明建设奖。

完善民生保障体系。深化就业培训、养老保险、社会救助等民生工作，完成劳动力培训683人次，新增就业1860人，失业再就业265人，新增就业困难人员援助61人；住房公积金扩面618人，城乡居民养老保险缴费率达98.9%；新增低保户13户，调整68户；政府购买居家养老服务稳步推进，全镇66位老人享受养老服务补贴。推进“厨房革命”工程建设，建成可视化厨房36家，食品安全检查76人次、100余家，责令整改15家，立案查处2家。

提升基层治理水平。全面推进“基层治理四平台”（综治工作、市场监管、综合执法、便民服务）及“全科网格”建设，规范整合新居民管理服务工作。持续开展扫黑除恶专项斗争，打处涉恶类15人、“黄赌毒”5人。深入开展重点地区排查整治，排查重点人员4人、重点不稳定问题5个。安全检查常抓不懈，组织人员检查234人次，警告86次，责令整改、限期整改289起。深化“红色老娘舅”工作机制，成功调处各类矛盾纠纷108起。畅通群众诉求渠道，多平台受理各类投诉7193起，办结政府阳光热线954件。（杨微伟）

2019 年旧馆镇行政村（社区）基本情况表

表 9

村（社区）名	书记	主任	村民小组数（个）	总户数（户）	总人口（人）
祝良村	金树新	张民芳	22	572	2222
罗汉村	曹国强	沈建林	15	448	1816
麒麟村	严德荣	计建华	15	435	1774
塘南村	宣水桥	陆根宝	8（含 1 个居民组）	480	1310
寺桥村	费丽三	丁伟忠（至 10 月），11 月后空缺	13	408	1630
北港村	邱火江	董玉康	13	517	1900
潘家庄村	曹献忠	邱志强（代）	13	350	1531
载旺村	郑定芳（至 10 月）陈冠峰（11 月起）	金建强	17	434	1687
三桥村	高俊峰	徐云国（代）	9	393	1507
大洋村	汤卫华	陈岱峰	8	226	834
光明村	慎利明	凌　平	8	263	1051
港胡村	钱建强	莘小明	13	399	1586
新兴港村	沈建强	叶金明	17	446	1547

·千金镇·

【概况】　千金镇地处杭、嘉、湖三市交界处，水陆交通发达。境内东练线五级航道与京杭大运河连通；准备建设的四高连接线（湖杭高速）穿境而过，在千金与德清县钟管镇交界处设千金互通一处。全镇辖区面积 42 平方千米，下辖 10 个行政村和 1 个社区，总人口 2.3 万人。2019 年实现财政总收入 4751 万元，同比增长 7.4%；规上工业总产值 18.5 亿元，同比增长 12.4%；规上工业利税 1.99 亿元，同比增长 5.6%；规上工业增加值 2.92 亿元，同比增长 11%；完成固定资产投资 4.14 亿元，同比增长 66.9%，其中工业性投入 2.66 亿元，同比增长 101.9%；服务业投资 1.43 亿元，同比增长 23%。

【实体经济】　总建筑面积近 15 万平方米的万创小微园和吉成小微园完成主体建设，签约入驻企业 19 家；完成双民轨道、高强四期技改 2 个亿元以上工业项目开工入库，双民轨道交通项目被认定为市级“大好高”项目。加快临杭临港产业园平台拓展，流转里浩村、千金村土地 17.5 公顷，工业用地挂牌出让 10.8 公顷。全年新增兴云建材等 6 家规上企业；高强三期技改项目和巨旺清洁化节能改造项目快速推进。总投资 2008 万元的温氏智能化生态养殖小区项目被认定为市级农业“大好高”项目；总投资 2380 万元的东风湖羊场项目完成市级农业“大好高”项目申报。物流业和建筑业税收增幅均位居全区第三，传统企业亩产效益明显提升。坚持不懈抓好招商引资，全力以赴推进项目建设，新引进双民轨道、模卡新材料、龙云机械、华册包装、万复箱柜、赛宁新材料等工业项目共 6 个，总投资近 10 亿元。深入推进重大人才工程，持续引进各类紧缺急需人才，完成备案众创空间 1 家、南太湖本土高层次人才 1 人。整合培训资源，组织培训新型职业农民2批次、26人次。

【农业农村】 成功引进总投资6000万元的羊角漾生态综合园项目和总投资3500万元的精品民宿项目。认真落实“三年强村计划”，加强村级集体经济增收，创建全区首家强村公司——湖州南浔十方连合实业发展股份有限公司，提前完成“消薄”任务，商墓村集体经营性收入首次突破100万元，南窑桥村精品村顺利通过验收。健康渔业加速升级，成功创建健康养殖示范户28户，创建“美丽渔场”1户，创建省级健康示范农场1家。加强畜禽免疫防控，免疫率达99.8%。特色种植项目有序推进，草莓、脆冠梨、甜柿等特色种植面积达20公顷，经济效益逐步显现。加快水利设施建设，新建朝阳灌区小农水项目闸站1座、机埠9座。“美丽乡村”河网水系综合治理项目有序推进，“百漾千河”综合治理项目沙浦港和白云塘骨干河道工程基本完成。提高科学养殖水平，扩大养鱼规模，增添设施设备，新建“跑道养鱼”“跑道”16条。

【生态宜居】 生活污水处理覆盖率达100%，基本实现镇区范围“污水零直排”。$PM_{2.5}$同比下降38.3%，空气优良率同比提升9%。强化渣土车运输整治，开展专项整治行动20次，立案67起。企业整治持续升级，完成锅炉企业提升改造4家、企业行业标准化建设2家。全力推进城乡人居环境提升“百日攻坚”行动，顺利完成遥感点位提升1711个，新建改造看鱼棚655个。成功创建市级“美丽城镇”长效管理示范镇。创新设立“城乡人居环境排行榜”，持续巩固治理成果，朝阳村获“百日攻坚”示范村市级一等奖，石桥村、东驿达村、金城村获二等奖。全面推进垃圾分类，南窑桥村、商墓村成功创建市级垃圾分类示范村。大力推进城乡交通建设，公路等级提升18千米，完成农村公路大中修3项。强化用电保障，110千伏金塔变电站完成主体建设。成功破解镇区管理历史难题，顺利完成老菜场搬迁工作，新丰坛菜场成功创建“省级放心农贸市场”。

【民生福祉】 全力以赴稳就业，新增就业610人，帮扶失业人员再就业30人。千金小学综合楼完成主体建设，千金中学报告厅投入使用，千金幼儿园二期完成土地征用及工程招投标，千金卫生院迁建项目完成选址和方案初设。全镇推进家庭医生签约服务工作，日间照料中心实现全覆盖；新建省级为民办实事项目1个，镇居家养老服务中心及幸福邻里中心投入运营，全面提升辖区老年居民幸福感和获得感。着力改善住房条件，打造千金农房集聚示范点。全力抓好新时代精神文明建设，组织开展文化下乡、文化走亲等各类镇、村级文化演出活动36场次，电影下乡100场。餐饮“厨房革命”指数位居全区第二，南窑桥村文化礼堂厨房入选浙江省A级农村家宴放心厨房。成功举办第三届“一纸千金献祖国”长三角剪纸大赛，有效提升千金剪纸知名度。千金成校被命名为湖州传统剪纸教育基地。深入开展“平安千金”创建活动，调处矛盾纠纷33件，成功率100%；处理信访来件来信58件，办理“浙里办”信件共6240件，群众满意率达98%。投资近1600万元，顺利建成全区首个镇级乡贤馆，成功召开第一届乡贤大会。聚焦“三治融合”，不断创新社会治理体系，新增专职网格员20人，南窑桥村获“浙江省善治示范村”“浙江省民主法治村”称号，石桥村获市级“乡村治理示范村”称号。

【机关建设】 围绕“三服务”中心工作，加快机关内部“最多跑一次”改革，筑牢服务平台，健全服企助企常态化工作机制。落实政务公开制度，全年政务公开57件。严格执行重大行政决策法定程序，干部学法制度全面落实。自觉接受人大依法监督、政协民主监督、纪检监察监督和社会舆论监督，办理人大代表建议48件、政协委员提案10件，满意率均为100%。加大公共资金、国有资源资产等审计力度，完善工程建设招投标制度，“三公”经费同比下降10%。 （顾奕超）

2019年千金镇行政村（社区）基本情况表

表10

村（社区）名	书记	主任	村民小组数（个）	总户数（户）	总人口（人）
商墓村	钱永安	徐新明	18	587	2123

续表 10

村（社区）名	书记	主任	村民小组数（个）	总户数（户）	总人口（人）
南窑桥村	姚国平	姜玉平	18	478	1656
千金村	顾南石	张为明	28	838	2794
朝阳村	宋建根		13	579	2003
石桥村	宋根荣	倪永祥	21	680	2350
里浩村	宋文鑫		24	729	2500
东驿达村	沈建良	高利良	25	704	2377
东马干村	姚鑫良	陈荣方	20	576	2033
西马干村	沈忠根	叶海明	10	319	1023
金城村	朱新华		21	583	2032
千金社区	张霖轩		6	357	678

·石淙镇·

【概况】　2019 年，石淙镇牢牢把握高质量赶超发展主线，深入推进“三服务”工作，切实强化实绩论英雄导向，推动各项工作取得显著成效。成功创建国家级卫生镇、省级园林城镇示范镇、省级 AAA 级旅游景区镇、市级“四好农村路”示范乡镇和“美丽城镇”长效管理示范镇；获评省级小城镇环境综合整治行动突出贡献集体，荣获全市平安建设集体二等功；石淙村获评中国美丽休闲乡村，墙莫线石淙段获评省级精品示范道路，石淙镇民俗文化公园获评省级“优质综合公园”。村级工作餐支出管理等 8 项工作获得市领导批示肯定。

2019 年，全镇经济社会发展工作实现“全年红”。全年完成规上工业产值 14.94 亿元，同比增长 14%；规上工业利税 1.66 亿元，同比增长 4.9%；完成规上工业利润 8765 万元，同比增长 10.71%；完成固定资产投资 3.33 亿元，其中完成工业性投入 1.64 亿元、同比增长 73.79%；实现财政收入 6769 万元，同比增长 10.95%。

【经济发展】　一是“三服务”活动成效显著。实现镇内企业走访全覆盖，减轻企业各类成本负担近 8000 万元，解决企业发展难点等问题 60 余个。全年新设各类市场主体 453 户，成功入选市级“三服务”活动突出贡献集体。着力精文简会工作，重点精简三类文件，发文总数和会议总数整体同比呈下降趋势。二是产业转型有序开展。通过淘汰落后产能和行业专项整治，倒逼产业转型升级，完成升规企业 7 家。石淙小微企业园、东方丝绸等两个重点项目已经竣工，小微企业园平台已确定意向入驻企业 4 家，星耀光伏、君宝纺织等项目已签约落地开工建设。三是项目推进扎实有力。坚持“项目为王”理念，外派专职招商人员 2 名，依托全区招商引资一盘棋工作格局，进一步拓宽项目招引渠道，加大项目招引力度。2019 年累计完成正式签约项目 10 个，重大项目已开工入库 4 个、已竣工投产 2 个。

【乡村振兴】　一是美丽乡村品质更高。全力巩固全域美丽乡村扩面提质成果，致力打造美丽乡村建设“升级版”。花园湾村成功创建市级美丽乡村精品村，石淙镇 AAA 级旅游景区配套设施获中央旅游发展基金表彰，石淙村首批 AAA 级旅游景区村庄等获省级表彰，成功实现景区村庄全覆盖。二是生态农业转型更快。成功入选省级特色农业强镇创建名单，完成三零农业创新产业联盟项目申报，石淙村股份经济合作社“牧旅融合”项目获湖州市 2019 年第一批农业“标准地”项目。加大农业项目培育扶持力度，积极壮大新型农业主体，成功申报“中龙”“星凯”农业“大好高”项目 2 个。全力推进万亩清水小龙虾养殖基地建设，初步建成稻虾共生市校合作项目，已推广藕虾、稻虾生态混养400余公顷。三是全域旅游发展更优。成功举办第二届花海龙虾节和花海火羊节，活动期间接待游客突破60万人次，整体创收超1200万元，花海龙虾节等活动获中央电视台等主流媒体宣传报道。推动农旅融合发展，丰富拓展三零农场采摘、烧烤露营基地、花海趣味定向寻宝和微型马拉松等休闲娱乐项目，开展集赏花海、观民俗、品生态美食于一体的旅游特色活动，着力打造湖州“周末微旅行”最佳目的地。

【生态环境】 一是人居环境大幅提升。深入推进生活垃圾智慧分类，持续深化“三级”（村干部、党员先锋、一线保洁员）桶长制，成功创建省级垃圾分类示范村1个、市级垃圾分类示范村2个。创新建立“挂图作战”机制，党群联动全力推进城乡人居环境大提升，农村环境长效管理水平稳居全区前列，花园湾村、羊河坝村、姚家坝村和镇西村获评市级城乡人居环境大提升先进村。全面建立健全卫生保洁、绿化养护、拆违控违、水体治理等长效管理机制，重拳治理问题点位5234个，拆违拆旧12399平方米，清理河沟漾塘59260平方米。二是环境质量稳定向好。坚持源头化治理，实现全镇行业重点企业整治全覆盖，强化路面“5+X”降尘机制，全面落实在建工地扬尘防治7个“百分百”要求。2019年$PM_{2.5}$全年平均值39毫克/立方米，同比下降7.1%，空气优良率达74%，同比上升9.1%。持续巩固省级“污水零直排”建设考核优秀集体建设成果，全面落实长效管理，实现27.1千米城镇雨污水管网专业化运维养护。强化资源整合，创新建立“民间河长”机制，生态建设相关工作做法两次获市领导批示肯定。三是全域整治加速推进。全面启动全域土地综合整治，制定《石淙镇全域土地综合整治与生态修复及农村存量宅基地盘活利用工作实施细则》，完成建设用地复垦23.2公顷；一户多宅拆除257户，垦造耕地面积20公顷；粮食生产功能区提标改造33.1公顷；渔业尾水处理面积478.7公顷。全面启动7个行政村农房测绘评估和签约，确定完善各安置点规划设计，启动安置点征地和样板房建设。

【民生实事】 一是城乡面貌持续改善。加快推进农村道路建设，完成三级农村公路建设43千米，新增道路两侧绿化约1.8万平方米，“四纵六横”交通路网初具规模，城乡公路“微循环”逐步实现。进一步巩固小城镇环境综合整治省级样板创建成果，“厨房革命”成绩稳居全市前列，强化“城警联动”机制，坚决贯彻《湖州市文明行为促进条例》，全面开展电动自行车专项整治。“厨房革命”、打造“美丽镇容”等经验做法获市领导批示肯定。二是社会事业持续发展。引进大学生就业270人，完成大学生创业主体24家，新增城镇就业人数600人，新增职工养老保险和城镇居民养老保险219人，新增住房公积金缴存职工530人。发放临时救助、优抚补助54.75万元。积极开展文化下乡、定期公益培训活动，全面完成文化驿站建设。2019年中考，湖州二中以上上线率12.77%，创历史新高。石淙学校运动场完成改造并投入使用，石淙镇中心幼儿园异地迁建工程已开工建设。三是社会治理持续深化。不断巩固平安创建成果，深化全科网格和“四个平台”（综治工作、市场监管、综合执法、便民服务）建设，配备专职网格员14名。深入推进扫黑除恶专项斗争，启动实施“四个秩序”（场所秩序、道路交通秩序、网络秩序、信访秩序）专项整治行动，实现“平安石淙”十五连冠。实施“石淙365，天天有接访”机制，293件新受理及信访积案全部化解，77件矛盾纠纷得到妥善处理。深化法治石淙建设，全面推行党务公开工作，姚家坝村成功创建省级“民主法治村”，石淙太君庙获评“七五”普法省级法治宣传教育基地。

【党的建设】 一是主题教育高标准推进。镇领导班子带头开展学习教育、调查研究、检视问题、整改落实，确保主题教育高起点谋划、高质量推进、高标准落实。领导班子开展集中学习研讨9次，班子成员讲党课17次。结合发展实际，确定重点调研课题2个，班子成员牵头调研12次，走访群众437户、1470人次，根据调研反馈及时提出解决问题、改进工作的切实举措，着力抓好调研成果转化。收集重难点问题7个，确定领衔破难项目26个，全部及时跟进或整改到位。开展主题教育相关经验做法得到《人民日报》、《浙江日报》和浙江卫视等主流媒体宣传报道。二是思想政治建设全面强化。始终坚持把党的政治建设放在首要位置，全面增强“四个意识”，坚定“四个自信”，坚决做好“两个维护”，用习近平新时代中国特色社会主义思想武装头脑、指导实践、推动工作。落实意识形态工作责任制，抓好理论中心组学习，注重舆论引导，牢牢掌握意识形态主导权。紧密围绕“乡村振兴”目标，大力宣传石淙特色，各类新闻报道在国家级、省级媒体刊登65篇。三是基层组织建设全面深化。全面实施以“组织创强、队伍创优、全域提升、全面过硬”为主要内容的“双创双全”组织力提升工程。扎实推进“七多”问题清理整顿，全面完成行政村机构、牌子、制度上墙清理工作。发挥基层党组织战斗堡垒作用，打造“淙雁先锋”创业带，已在花海景区内建成“绿野仙淙”、安桥人家等5处休闲餐厅。发挥党员先锋作用，建立“淙心”党员志愿者队伍，全力护航各项中心工作。坚持以实绩论英雄，深入开展“找短板·强担当·亮绩效·促赶超”专项行动，每季度组织行政村考察学习、交流比拼、总结汇报等形式的大比武，比拼晾晒工作实绩。四是干部队伍建设全面优化。全面完成机构改革，进一步优化行政服务能力，完成下属事业单位注销审计及新设立工作，进一步整合资源力量，优化组织结构。加强年轻干部培养，依托“青年学堂”载体，开展年轻干部培训讲座、互学互比、知识竞赛等活动，着力提升干部业务能力和综合素养，2019年新提拔年轻干部11人。制定出台《石淙镇联村干部管理办法》，实行联村干部实绩与联系行政村年终考核挂钩制度，打好干部激励约束“组合拳”。五是党风廉政建设全面细化。坚定不移推动全面从严治党向纵深发展，严格落实党风廉政建设责任制。进一步强化党规党纪教育，扎实开展岗位廉政风险大排查和警示教育月活动。持续深化清廉乡村建设，整合基层监督力量，充分发挥廉情监督员作用，积极构建完善的基层权力监督体系，着力推动村级事务精细化、规范化管理。研究制定《村级工作餐支出管理实施细则（试行）》，试点实施并在全市推广，有关经验做法获中央、省级媒体宣传报道。（胡冰健）

2019年石淙镇行政村（社区）基本情况表

表11

村（社区）名	书记	主任	村民小组数（个）	总户数（户）	总人口（人）
南坝村	邱水章	沈玉杰	11	380	1330
花园湾村	吴建新	陈永峰	15	440	1530
羊河坝村	高海松	费建新	21	630	2224
银子桥村	张振华	叶　美（女）	16	521	1880
姚家坝村	俞海坤		12	315	1080
石淙村	李彬彬	杨晓红（女）	23	738	2730
镇西村		包根清	24	805	2910
石淙社区	丁荣勇		7	208	432

人　　物

·新闻人物·

沈红霞　女，1975年4月生，湖州市练市小学教师，第六届浙江省道德模范。

2012年，沈红霞的丈夫因工厂经营不善，被骗走大量资金，欠下几十万元债务，关闭厂后没有任何交代，撇下年幼的女儿和年迈的母亲一走了之。从那天起，沈红霞抵押了房产，独自扛起所有债务。七年来她省吃俭用，不敢多花一分钱，每月只留1500元的生活费，其余全部用来还债。她信守承诺，从未逾期，在日积月累中赢得了债主们的一致信任。她用行动传播“诚信为本，承诺是金”理念，成为当地诚信风尚的引领者。曾荣获“南浔区第三届道德模范”“湖州市第三届道德模范”等称号，2019年荣获第七届全国道德模范提名奖。

沈红霞身为教师，具有良好的心理素质和职业道德，沉重的家庭负担没有将她压垮。她很好地处理工作与家庭之间的关系，恪守职业承诺，全心教书育人，本着对学生的责任一直坚守着三尺讲台，从不请假，踏踏实实工作，业绩突出。2013年，她所带的班被评为区优秀班集体，2014年在毕业班抽测中获得全区第二名的好成绩。她的辛勤工作一直得到学生、家长、同事、领导的一致认可。曾荣获练市镇“优秀教师”、“湖州市优秀德育工作者”等先进称号。　（区委宣传部）

潘平福　男，1943年10月生，南浔区和孚镇荻港村聚华园老茶馆（“一元茶馆”）业主，第六届浙江省道德模范。

1966年，潘平福用自己剃头的所有积蓄盘下了这家百年历史的老茶馆。53年来，他坚守当初的承诺，不关门不涨价，至今一杯茶只卖一元钱，半个多世纪坚持诚信经营，用自己的爱心善举，温暖了乡里乡亲几代人。村民们在这里聊家长里短，把茶馆当作自己的第二个家。一杯茶、一把剃刀，让老潘和乡亲们相互依赖、彼此温存，一起守住了古村人自己的乡愁。如今，茶馆不仅是荻港老人们戒不掉的念想，也吸引了众多外来游客关注，老潘和他的茶馆故事也成了广为流传的佳话。

潘平福数十年如一日，秉持一颗善心诚信经营，如今“聚华园茶馆”有了一个更加烟火气的名字：“一元茶馆”。近年来，潘平福与他的家庭及茶馆先后获得浙江好人、市个体劳动者协会优秀会员、省最美家庭、全国五好家庭、市传统技艺展示基地、五好经营户等荣誉称号。　（区委宣传部）

朱惠新　男，1964年2月生，湖州南浔人，供职于南浔区练市人民医院。中国残疾人联合会文联会员、浙江省民间文艺家协会会员、湖州市作家协会会员。

长期以来，朱惠新笔耕不辍，矢志写作。曾担任党报通讯员十几年，经常克服困难，深入农家、学校、企业进行采访，发表大量新闻稿件、散文、诗歌等。2008年开始长篇小说创作，先后由时代出版社、浙江人民出版社、浙江文艺出版社出版《乡绅大侠》《茅坤传奇》和《在路上》3部长篇小说。

朱惠新在工作、写作之余，热心社会工作。经常赴文化礼堂、学校等进行文化传播和励志宣讲，被誉为“百姓名嘴”。朱惠新先后获得“湖州市最美残疾人”“湖州市优秀志愿者”“新时代南浔好人”等荣誉称号。他的事迹被《人民日报》、中国蓝新闻网、湖州电视台等媒体多次报道。（区残联）

·劳模人物·

胡春强　男，1984年2月生，大学文化，中共党员，湖州市公安局南浔区分局刑侦大队大队长，浙江省劳动模范。

胡春强2006年8月参加公安工作，从警13年来，始终坚持战斗在最苦、最险、最累的刑侦第一线，将破案作为头号职责使命。他直接参与侦破命案20余起，破获各类刑事案件1270余起，抓获犯罪嫌疑人750余名，并在多起大案要案中发挥重要作用。

胡春强先后荣立三等功3次，多次受到嘉奖，并荣获“全省优秀人民警察”“全省千名好民警”“湖州市劳动模范”“最美湖州人”“湖州市人民满意政法干警”等称号，两次入围“浙江好人榜”。

（区总工会）

钱　江　男，1961年11月生，研究生学历，中共党员，浙江巨人控股有限公司董事长、总经理、党委书记，中国电梯协会理事，湖州市电梯行业协会理事长，湖州市人大代表，南浔区第四届人大常委会常委，浙江省劳动模范。

钱江带领广大员工通过数十年的努力，将一家濒临破产的二轻企业经营成为国内电梯行业的佼佼者，打造成为十一次蝉联“金象”“金牛”荣誉的地方龙头企业。2005年，在他的主导下，巨人电梯公司与世界第三大电梯公司芬兰通力集团合资建立巨人通力电梯有限公司，开创湖州电梯行业引进外资、与跨国公司合资合作的先河。合资公司在钱江担任董事长兼总经理的7年时间里，发展迅猛，销售收入年均增长50%以上，2011年实现销售收入25.95亿元、利税4.17亿元，实缴税金1.31亿元，2009年跻身于国内电梯行业六强之列，树起行业内发展最快的一支标杆。至今，巨人控股（集团）已从单一产业的工业企业发展成为一家投资和投资管理、工业与服务业并举的多元化集团型公司，业务涉足电梯、停车设备、高效电机、新型装饰材料、智能机电装备以及物业、酒店、投资等产业领域，下属多家控股子公司。近8年，企业累计上缴税收超11亿元。

钱江曾先后获得浙江省五一劳动奖章、浙江省绿叶奖、湖州市非公有制经济人士新时代优秀中国特色社会主义事业建设者、优秀企业家等荣誉称号。企业先后获得国家高新技术企业、国家知识产权优势企业、国家科技进步二等奖、中国制造业信息化最佳实践奖、中华慈善突出贡献奖、工商企业信用AAA级守合同重信用单位、浙江名牌产品、浙江省著名商标（巨人电梯）、浙江省专利示范企业、省科技厅重大科技攻关项目综合评定第一名、浙江慈善奖、南浔区“工业企业税收冠军”“工业企业亩产税收十强企业”“上交财税收入大户”等荣誉称号。

（区总工会）

费咏梅　女，1969年3月生，大专学历，湖州新利商标制带有限公司车间主任、工会主席，浙江省劳动模范。

费咏梅自2002年进入湖州新利商标制带有限公司以来，无论在何种岗位，从事何种工作，都是干一行爱一行，一心扑在工作上，兢兢业业、踏踏实实、勤勤恳恳，各项工作想在前，干在前，起到先进模范带头作用。为提高工作效益，提升产品质量，她凭借自己勤奋好学、刻苦钻研的精神，同时结合自身多年来的实践经验，与公司技术部门共同对商标布的退浆工艺进行多次的技改和开发，获得突破性成功，并取得了良好的经济效益。2014 年，成功申请“一种由合成纤维制成的商标布连续退浆工艺”发明专利，使公司的技术创新又上了一个新的台阶，为该行业的工艺发展做出了较大贡献。她突出的业绩、勤恳务实的工作作风，深得领导的充分肯定，也深得广大员工的充分信任，多次被公司列为员工学习楷模。2016 年被评为南浔区劳动模范，2017 年被评为湖州市劳动模范。

（区总工会）

文件选编

中共湖州市南浔区委　湖州市南浔区人民政府 关于印发《湖州市南浔区机构改革方案》的通知

浔委发〔2019〕2号

2019年1月11日

南浔经济开发区党委、管委会，各镇党委、镇人民政府，区级各部门：

《湖州市南浔区机构改革方案》已报经省委、省政府批准，现予印发，请认真组织实施。

湖州市南浔区机构改革方案

根据《中共中央关于深化党和国家机构改革的决定》《深化党和国家机构改革方案》《关于地方机构改革有关问题的指导意见》和《中共浙江省委关于深化机构改革的实施意见》《浙江省机构改革方案》《中共浙江省委关于市县机构改革的总体意见》及《湖州市机构改革方案》，结合实际，制定湖州市南浔区机构改革方案。

一、机构改革的总体部署

深化机构改革，要以习近平新时代中国特色社会主义思想为指导，全面贯彻党的十九大和十九届二中、三中全会精神，贯彻落实习近平总书记关于深化党和国家机构改革的重要论述，牢固树立政治意识、大局意识、核心意识、看齐意识，坚持加强党的全面领导、坚持以人民为中心的发展思想、坚持社会主义市场经济改革方向、坚持优化协调高效、坚持以法治方式推进改革、坚持在中央统一领导下充分发挥地方积极性。

深化机构改革，要认真贯彻落实习近平总书记对浙江工作的重要指示精神，深入践行绿水青山就是金山银山的理念和“干在实处永无止境，走在前列要谋新篇，勇立潮头方显担当”的新期望，按照省委、市委要求，从机构职能上把加强党的领导落实到各领域各方面各环节，主要机构设置同中央保持基本对应、同省市机构改革有效衔接；以深化“最多跑一次”改革为牵引，加快政府职能转变，使市场在资源配置中起决定性作用、更好发挥政府作用，强化社会管理和公共服务职能，切实解决人民群众最关心最直接最现实的利益问题；统筹区镇各层级、党政群各领域改革，优化机构设置和职能配置，提高效率效能；充分发挥法治规范和保障改革作用，在改革中完善和强化法治，坚决维护国家法制统一、政令统一、市场统一；结合南浔区实际，因地制宜，积极探索机构设置和职能配置，构建系统完备、科学规范、运行高效的机构职能体系，再创体制机制新优势，为聚力大赶超、实现新跨越，奋力打造“开放东大门、创业新高地”提供坚强有力的体制机制保障。

深化机构改革，要在党中央集中统一领导和省委、市委具体部署下，由区委负总责，不折不扣落实好各项改革任务。

二、调整优化党政机构和职能

（一）对应省市机构改革，调整优化相应机构和职能

1．建立健全和优化区委对重要工作的领导体制机制

（1）组建区监察委员会。将区监察局的职责，以及区人民检察院查处贪污贿赂、失职渎职及预防职务犯罪等反腐败相关职责整合，组建区监察委员会，同区纪律检查委员会合署办公，履行纪检、监察两项职责，实行一套工作机构、两个机关名称。

不再保留区监察局。

（2）组建区委审计委员会，作为区委议事协调机构。区委审计委员会办公室设在区审计局。

（3）将区委全面深化改革领导小组改为区委全面深化改革委员会，作为区委议事协调机构。区委全面深化改革委员会办公室设在区委办公室，划入区发展改革和经济委员会的城乡和社会体制改革相关职责。

（4）将区委加强法治建设工作领导小组改为区委全面依法治区委员会，作为区委议事协调机构。区委全面依法治区委员会办公室设在区司法局。

（5）将区委网络安全和信息化领导小组改为区委网络安全和信息化委员会，作为区委议事协调机构。区委网络安全和信息化委员会办公室设在区委宣传部。划入区发展改革和经济委员会的信息化规划、网络信息安全协调职责和区委宣传部管理的承担行政职能的事业单位区互联网信息办公室的行政职能，对外加挂区互联网信息办公室牌子。

（6）组建区委财经委员会，作为区委议事协调机构。区委财经委员会办公室设在区委办公室。

（7）组建区委国家安全委员会，作为区委议事协调机构。区委国家安全委员会办公室设在区委办公室。

（8）将区委外事工作领导小组改为区委外事工作委员会，作为区委议事协调机构。区委外事工作委员会办公室设在区政府办公室（区政府外事办公室）。

（9）组建区委教育工作领导小组，作为区委议事协调机构。区委教育工作领导小组秘书组设在区教育局。

2．加强区委职能部门的统一归口协调管理职能

（1）区委组织部统一管理区委机构编制委员会办公室。调整优化区委机构编制委员会领导体制。区委机构编制委员会办公室作为区委机构编制委员会的办事机构，承担区委机构编制委员会日常工作，作为区委工作机关，归口区委组织部管理。

（2）区委组织部统一管理公务员工作。将区人力资源和社会保障局的公务员录用调配、考核奖惩、培训和工资福利等职责划入区委组织部，对外加挂区公务员局牌子。

（3）区委宣传部统一管理新闻出版和电影工作。将区文化体育局（区广电新闻出版局）的新闻出版、电影管理职责划入区委宣传部，对外加挂区新闻出版局牌子。

（4）区委统战部统一管理民族宗教工作。将区民族宗教事务局的职责划入区委统战部，对外保留区民族宗教事务局牌子。

（5）区委统战部统一管理侨务工作，对外保留区政府侨务办公室牌子。

将区委统战部（区政府侨务办公室）的指导、开展对华人华侨及其社团的联谊和服务工作职责划归区归国华侨联合会行使。

3．新组建和优化职责的机构

（1）组建区农业农村局。将区农林发展局（区农业和农村工作办公室）的农业农村管理职责，以及区发展改革和经济委员会的农业投资项目、区财政局的农业综合开发项目、区水利局的农田水利建设项目、市国土资源局南浔区分局的农田整治项目等管理职责整合，组建区农业农村局，作为区政府工作部门。区委区政府农业和农村工作领导小组办公室设在区农业农村局。区农业农村局承担扶贫相关工作。

（2）组建区文化和广电旅游体育局。将区文化体育局（区广电新闻出版局）的文化、文物、广播电视、体育管理职责，区政府直属承担行政职能的事业单位区旅游局的职责整合，组建区文化和广电旅游体育局，作为区政府工作部门。

不再保留区文化体育局（区广电新闻出版局）、区旅游局。

（3）组建区卫生健康局。将区卫生和计划生育局的职责，区深化医药卫生体制改革领导小组办公室的职责，区民政局承担的区老龄工作委员会办公室的职责，区安全生产监督管理局的职业安全健康监管职责等整合，组建区卫生健康局，作为区政府

工作部门。

保留区老龄工作委员会，日常工作由区卫生健康局承担。

不再保留区卫生和计划生育局、区深化医药卫生体制改革领导小组办公室。

（4）组建区退役军人事务局。将区民政局的退役军人优抚安置职责，区人力资源和社会保障局的军官转业安置职责等整合，组建区退役军人事务局，作为区政府工作部门，按中央有关改革部署实施。

（5）组建区应急管理局。将区安全生产监督管理局的职责，以及区政府办公室的应急管理职责，市公安局南浔区分局的消防管理相关职责，区民政局的救灾减灾职责，市国土资源局南浔区分局的地质灾害防治相关职责，区水利局的水旱灾害防治相关职责，区农林发展局的森林防火相关职责，区科学技术局的震灾应急救援相关职责，区防汛抗旱指挥部、区森林消防指挥部、区减灾委员会的有关职责整合，组建区应急管理局，作为区政府工作部门，按中央有关改革部署实施。

不再保留区安全生产监督管理局。

（6）重新组建区司法局。将区司法局、区政府法制办公室的职责整合，重新组建区司法局，作为区政府工作部门，加挂区行政复议局牌子。

不再保留区政府法制办公室。

（7）优化区审计局职责。将区发展改革和经济委员会的重大项目稽查职责，区财政局的预算执行情况和其他财政收支情况监督检查职责以及区属国有企业监事会职责等划入区审计局。

（8）重新组建区市场监督管理局。将区市场监督管理局（区工商行政管理局、区质量技术监督局、区食品药品监督管理局）的职责，以及区发展改革和经济委员会（区物价局）的价格监督检查相关职责，区科学技术局（区知识产权局）的知识产权保护协调职责，区商务局打击侵犯知识产权和假冒伪劣商品以及反垄断相关职责等整合，重新组建区市场监督管理局，作为区政府工作部门，加挂区知识产权局牌子。

保留区食品安全委员会，具体工作由区市场监督管理局承担。

不再保留区工商行政管理局、区质量技术监督局、区食品药品监督管理局牌子。

（9）组建区医疗保障局。将市人力资源和社会保障局的职工医疗保险、职工生育保险相关职责，区人力资源和社会保障局的城乡居民基本医疗保险职责，区卫生和计划生育局的药械集中采购和监督管理有关职责，区发展改革和经济委员会（区物价局）的药品和医疗服务价格管理职责，区民政局的医疗救助职责等整合，组建区医疗保障局，作为区政府工作部门。

（10）优化区科学技术局职责。将区人力资源和社会保障局的引进国外智力和外国专家管理职责划入区科学技术局。

4．其他不再设立的机构

（1）不再设立区社会治安综合治理委员会及其办公室、区委维护稳定工作领导小组及其办公室，有关职责交由区委政法委员会承担。

（2）将区委防范和处理邪教问题领导小组及其办公室职责交由区委政法委员会、市公安局南浔区分局承担。

（二）与省市机关机构基本对应的其他机构和因地制宜设置的机构

1．与省市机关机构基本对应的其他机构

区委办公室、区委巡察工作领导小组办公室作为区委工作机关；区政府办公室、区教育局、区民政局、区财政局、区人力资源和社会保障局、区住房和城乡建设局、区交通局、区商务局、区统计局、区综合行政执法局作为区政府工作部门。其中：

（1）优化区委办公室职责。划入区档案局（区档案馆）的行政职能，对外保留区档案局牌子。划入区委党史研究室（区地方志办公室）的职责，对外保留区委党史研究室（区地方志办公室）牌子。划入相关部门的督查相关职责。加挂区委机要局（区密码管理局）、区委保密委员会办公室（区国家保密局）牌子。

区档案馆继续作为区委直属事业单位设置。

（2）优化区政府办公室职责。将与区政府办公室合署办公的区政府外事办公室职责交由区政府办公室承担，保留区政府外事办公室牌子。

（3）优化区商务局职责。将区发展改革和经济委员会、区民政局、区水利局、区供销合作社联合社等单位的组织实施重要物资和应急储备物资的收储、轮换和日常管理职责划入区商务局，加挂区粮食和物资储备局牌子。

将在区商务局挂牌的区招商局更名为区投资促进局。

不再保留区粮食局牌子。

(4) 优化区综合行政执法局职责。强化统筹协调和指导监督全区综合行政执法的职责，以更大力度深化行政执法体制改革和推进跨部门跨领域综合行政执法。

(5) 区财政局加挂区政府国有资产监督管理办公室牌子。

2．因地制宜设置的机构

区委生态文明建设办公室、区委台湾工作办公室、区委区政府信访局作为区委工作机关；区发展改革和经济信息化局、区水利局作为区政府工作部门。其中：

(1) 组建区委生态文明建设办公室，作为区委工作机关，设在区政府办公室，承担全区生态文明建设的宏观规划、政策制定、统筹协调、督促落实等职责。

(2) 将区委台湾工作办公室（区政府台湾事务办公室）由在区委统战部挂牌调整为与区委办公室合署办公。

(3) 将区委区政府信访局由区委办公室管理的机关调整为区委工作机关。

(4) 将区委老干部局的职责划入区委组织部，保留区委老干部局牌子。

(5) 区政府办公室加挂区大数据发展管理局牌子，划入区发展改革和经济委员会（区信息化办公室）的电子政务发展、政务和社会公共服务信息资源开发利用职责，以及区政府办公室管理的事业单位区大数据管理中心的行政职能，统筹全区公共数据资源，打破信息孤岛，促进数据整合开放共享，推进智慧城市建设和政府数字化转型。

(6) 优化区发展改革和经济委员会的职责。划入区政府直属承担行政职能事业单位区金融工作办公室的行政职能，区商务局的典当管理相关职责，区农林发展局的从事信用互助的农民专业合作社管理相关职责，以及相应的风险处置职责，加挂区政府金融工作办公室牌子。划入区政府办公室的区域合作交流职责，加挂区政府区域合作交流办公室牌子，统筹推进全区对外合作交流，深度融入长三角一体化发展国家战略。

区发展改革和经济委员会更名为区发展改革和经济信息化局。不再保留区物价局、区信息化办公室牌子。

(7) 区委组织部加挂区委直属机关工作委员会、区委新经济与新社会组织工作委员会牌子。不再保留区级机关党的工作委员会牌子。

(8) 区委宣传部对外加挂区政府新闻办公室牌子。

3．优化区政府派出机构设置

区政务服务管理办公室加挂区最多跑一次改革办公室牌子。

4．优化市级部门派出机构设置

(1) 市自然资源和规划局在南浔区设立自然资源和规划分局，作为市自然资源和规划局的派出机构。将市国土资源局南浔区分局、市规划局南浔区分局的职责，以及区发展改革和经济委员会的组织编制并实施主体功能区规划职责，区住房和城乡建设局（区测绘与地理信息局）的村镇规划、测绘与地理信息管理相关职责，区水利局的水资源调查和确权登记管理职责，区农林发展局的林业管理职责，区住房和城乡建设局、区环境保护局、区水利局、区农林发展局等部门的自然保护区、风景名胜区、自然遗产等管理职责划入市自然资源和规划局南浔分局。

不再保留区农林发展局（区农业和农村工作办公室），不再保留区测绘与地理信息局牌子。

(2) 市生态环境局在南浔区设立生态环境分局，作为市生态环境局的派出机构。将区环境保护局的职责，以及区发展改革和经济委员会的应对气候变化和减排职责，市国土资源局南浔区分局的监督防止地下水污染职责，区水利局的编制水功能区划、排污口设置管理和流域水环境保护职责，区农林发展局的监督指导农业面源污染治理职责等划入市生态环境局南浔分局。

不再保留区环境保护局。

机构改革后，共设置党政机构 33 个。党委机构 9 个，其中，纪检监察机关 1 个，工作机关 8 个。政府工作机构 24 个，其中，办公室和工作部门 22 个；市级部门派出机构 3 个，市公安局南浔区分局、市自然资源和规划局南浔分局计入机构限额，市生态环境局南浔分局不计入机构限额。（详见附件）

三、统筹推进其他各项改革

（一）深化区人大、政协机构改革和群团组织改革

1．深化区人大机构改革

(1) 组建区人大社会建设委员会。整合区人大法制（内务司法）委员会、财政经济委员会、教育科技文化卫生工作委员会的相关职责，组建区人大

社会建设委员会，作为区人大专门委员会。

（2）区人大法制（内务司法）委员会更名为区人大监察和司法（法制）委员会。

2．深化区政协机构改革

（1）组建区政协农业和农村委员会（人口资源环境委员会）。将区政协经济科技委员会（人口资源环境委员会）承担的联系农业界、研究“三农”问题以及研究人口、资源、环境和可持续发展战略问题等相关工作调整到区政协农业和农村委员会（人口资源环境委员会）。

（2）区政协文教卫体和文史委员会更名为区政协教科卫体委员会（文化文史和学习委员会）。将区政协经济科技委员会承担的联系科技界等相关工作调整到区政协科教卫体委员会（文化文史和学习委员会）。

（3）区政协经济科技委员会（人口资源环境委员会）更名为区政协经济委员会。

（4）区政协社会法制委员会（港澳台侨联谊委员会）更名为区政协社会法制和民族宗教委员会（港澳台侨委员会）。

3．深化群团组织改革

认真落实党中央和省委关于群团组织改革的决策部署，健全党委统一领导群团工作的制度，着力解决机关化、行政化、贵族化、娱乐化等问题，推动群团组织增强政治性、先进性、群众性，完善组织体系、管理模式、运行机制，探索群团组织机关综合性设置。

群团组织改革与机构改革相结合，促进党政机构同群团组织功能有机衔接，支持和鼓励群团组织承接适合其承担的公共服务职能，增强群团组织团结教育、维护权益、服务群众功能，充分发挥党和政府联系人民群众的桥梁纽带作用。

（二）深化区委区政府直属事业单位改革和承担行政职能的事业单位改革

按照精干高效原则设置区委区政府直属事业单位。将完全、主要和部分承担行政职能的事业单位全部纳入改革范围，全面清理事业单位承担的行政职能，将行政职能划归行政机构；按照能转职能的不转机构、确需转机构的实行综合设置的原则，区分情况推进改革，理顺政事关系，实现政事分开。确需转机构并实行综合设置的，结合部门“三定”规定，根据工作内在联系，在部门内设机构设置和职能配置中统筹研究。改革后保留设置的事业单位，名称不再称“委、办、局”。除行政执法机构按照中央部署推进改革外，不再保留或新设承担行政职能的事业单位。

结合党政机构调整，撤并整合职责相近、设置重复分散、规模过小的事业单位，同步划转涉改部门所属相关事业单位，并适度精简编制。面向对社会提供公益服务的事业单位，理顺同主管部门的关系，逐步推进管办分离，强化公益属性，破除逐利机制；主要为机关提供支持保障的事业单位，优化职责和人员结构，同机关统筹管理。

（三）深化“最多跑一次”改革，推进审批服务便民化

按照“只进一扇门”“最多跑一次”要求，推进机构和职能优化配置，以更大力度推进简政放权、放管结合、优化服务改革，推进政府职能转变和审批服务便民化，建设人民满意的服务型政府，切实增强人民群众获得感和幸福感。

持续深化“一窗受理、集成服务”，全面实现“一窗通办、就近能办、异地可办”。推进各类政务服务事项向政务服务大厅全进驻和服务事项标准化，加快“无差别全科受理”窗口向镇、村（社区）代办点延伸，大力打造“无证明区”，实现政务服务“最多跑一次”。推进“最多跑一次”改革向公共服务领域延伸，提升医疗卫生、教育和水电气等公共服务水平，在解决人民群众反映最强烈、最渴望解决、最难办的事情上取得更大突破。

加快推进“互联网+政务服务”，全面实现“一网通办”。强化浙江政务服务网应用，全力打破信息孤岛，实现数据共建共享，构建一体联动、一网通办的线上线下政务服务体系，加快实现全区政务服务事项“网上办、掌上办、一证办”，持续推进政府数字化转型。

着力简化投资审批和商事登记流程，全面优化营商环境。制定发布企业投资项目开工前审批“最多跑一次”负面清单，着力打好标准地、承诺制、中介提速、代办制、区域评价、流程优化等改革组合拳，实现一般企业投资项目开工前审批“最多100天”；联动推进证照分离、多证合一、涉企证照通办改革，实现常态化企业开办3个工作日内完成。

创新完善“互联网+监管”，全面推动执法监管“一次到位”。深入推进“互联网+监管”，综合运用“双随机、一公开”、智慧监管、审慎监管、信用监管等举措，着力构建事前管标准、事中管检查、事

后管处罚、信用管终身的监管体系，提升监管实效。

（四）深化综合行政执法改革

按照减少层次、整合队伍、提高效率的原则，深化行政执法体制改革，统筹配置行政处罚职责和执法资源，完善“部门专业执法 + 综合行政执法 + 联合执法”的行政执法体系，进一步加强和创新执法监管。

大力推进科学执法。全面梳理和精简行政处罚、行政强制事项，实行清单化管理，建立动态调整机制，规范执法职责。改进执法方式，更多应用新科技手段，提高执法效能。健全完善行政执法监管系统，实现监管信息共享、平台工具共用、部门执法协同、违约失信共管，提升监管执法水平。

大幅减少多头执法。结合部门职责和机构整合，做好部门所属执法队伍和执法职责的整合，实现一个部门原则上设置一支执法队伍。认真落实中央专项部署，整合组建市场监管、生态环境保护、文化市场、交通运输、农业等 5 个领域执法队伍。进一步加大整合力度，将商务执法、盐业执法等整合划入市场监管执法队伍。5 个领域内已纳入综合行政执法的具体执法事项，由部门专业执法更加有效的，应回归相应领域的执法队伍承担。区市场监管、生态环境、文化和广电旅游体育、交通、农业农村部门加强指导，其他相关业务主管部门做好衔接配合，确保行政管理与行政执法接转有序。加大跨部门跨领域综合行政执法力度，优化执法事项，切实解决执法扰民、执法真空等问题。强化行政执法职责，一般实行局队合一体制。大力推进执法力量下沉、执法重心下移，健全完善区镇行政执法统筹指挥机制，更大范围融合基层执法力量，在镇逐步实现一支队伍管执法。

加强执法队伍建设。强化执法队伍编制管理，锁定执法人员编制底数，暂保持现状不变，待中央统一明确政策后逐步规范。加强人员招录、使用和考核管理，全面清理规范临时人员和聘用人员，严禁使用辅助人员执法。严把人员入口关。建立健全行政执法可追溯、可问责机制和执法人员不作为、乱作为退出机制，完善执法程序，严格执法责任，加强执法监督，做到严格规范公正文明执法。

（五）深化镇机构改革

根据《中共浙江省委办公厅浙江省人民政府办公厅关于加强乡镇（街道）“四个平台”建设完善基层治理体系的指导意见》《中共浙江省委办公厅浙江省人民政府办公厅关于深化街道体制改革完善城市基层治理体系的意见》《中共浙江省委办公厅浙江省人民政府办公厅关于深化经济发达镇管理体制改革加快服务型乡镇政府建设的实施意见》精神，在区委统一领导下，按照省委、市委改革要求，镇机构改革与区机构改革统筹谋划、同步推进。按照构建简约高效的基层管理体制要求推进镇改革，整合基层审批、服务、执法等方面的力量和职能，统筹机构编制资源，综合设置镇机构，实行扁平化和网格化管理。

发挥镇党委的领导核心作用，强化对经济、政治、文化、社会、生态文明建设的全面领导。加快镇职能转变，着力强化公共服务职能，扩大镇管理权限，重点扩大农业发展、农村经营管理、安全生产、建设管理、环境保护、公共安全、防灾减灾、扶贫济困等方面的服务管理权限。完善权责清单和公共服务事项目录，建立职能部门职责下沉镇准入机制。

综合设置镇内设机构和事业机构，一般镇设置 9 个综合性办公室和中心，规模较小的适当精简，经济较发达、人口规模大、基层治理任务重的可适当增设 1 ~ 2 个。坚持和发展新时代“枫桥经验”，深化“基层治理四平台”建设，推动问题在一线发现、矛盾在一线解决，着力构建区镇协同、功能集成、执行有力、简约高效的基层治理新体系。

（六）强化机构编制管理刚性约束

强化区委对机构编制工作的统一领导，推进各类编制资源统筹使用，加大部门间编制统筹调配力度，严格执行机构编制管理法律法规和党内法规，严格机构编制管理权限和程序，严禁越权审批。

坚持总量控制和限额管理。严格执行中央和省规定的机构限额。加强和规范机构编制管理。严禁超编进人、超限额设置机构、超职数配备领导干部。规范管理内设机构。严格管理编外聘用人员。清理不规范设置的机构和配备的职数，全面清理限额外设置的行政机构，规范管理合署办公机构，精简整合规范开发区管委会等各类派出机构，根除挂牌机构实体化、“事业局”。清理规范议事协调机构，职能相近的予以整合，临时性、阶段性的任务完成后及时撤销，严控新设议事协调机构。议事协调机构一般不单设办事机构，具体工作由有关部门承担。部门承担联席会议日常工作的内设机构不加挂牌子、不刻制印章。

认真做好部门“三定”工作。重新制定或修订区委工作机关、区政府工作部门“三定”规定，坚持优化协同高效原则，科学配置机构职能编制，强化部门内部职责和业务整合，推动组织架构重建和流程再造，切实把加强党的全面领导和职能转变要求落实到位，规范履职行为，确保权责一致。严格执行部门领导职数有关规定，区级部门领导职数一般不超过3名，任务重、规模大的可适当增加。

坚决查处各类机构编制违纪违法行为。及时公开机构编制有关信息，接受各方监督。完善机构编制实名制管理，健全机构编制管理同组织人事、财政预算管理共享的信息平台，强化机构编制同纪检监察机关和组织人事、巡察、审计等部门的协作联动，形成监督检查合力。

四、组织实施

（一）加强组织领导。各级各部门要充分认识做好机构改革工作的重要性，提升政治站位，增强“四个意识”，坚决维护习近平总书记的核心地位，坚决维护党中央权威和集中统一领导，切实把思想和行动统一到党中央关于地方机构改革的决策部署上来。在省委、市委的具体部署下，区委加强统筹，区深化机构改革协调小组负责统筹做好全区机构改革的组织实施工作，具体工作由协调小组办公室承担。各级党委主要负责同志要当好第一责任人，牵头挂帅，靠前指挥，抓好机构改革组织实施工作。

（二）细化工作进度。机构改革工作部署、组织实施要上下协同、有机衔接、紧凑有序，统筹安排时间表、路线图，严格按照省委、市委规定的时间进度要求压茬推进。省委、省政府批准区机构改革方案后，区委召开动员部署大会，组织开展新部门组建、人员转隶和“三定”规定制定等工作，确保2019年3月底前基本完成。

（三）稳妥有序推进。全面贯彻先立后破、不立不破原则，有序做好人员转隶、新机构挂牌、集中办公等工作。特别是涉及安全生产、应急救援、维护社会稳定等工作的新老机构要确保工作有序衔接。各级各部门要紧紧抓住职能转变这个关键，在改职责上出实招硬招，在职能整合、业务融合上真正发生化学反应，做到脱胎换骨。要高度重视思想政治工作，教育引导广大党员干部特别是领导干部坚持党性原则和全局观念，自觉服从改革大局，确保思想不乱、工作不断、队伍不散、干劲不减，保证机构改革和日常工作两不误。要加强改革正面宣传，做好舆论引导和政策解读工作，为改革顺利开展营造良好氛围和环境。

（四）严明纪律规矩。严格执行机构改革政治纪律、组织纪律、机构编制纪律、干部人事纪律、财经纪律、保密纪律，严防国有资产流失，不讲条件、不打折扣、不搞变通、不开口子，确保机构、职责、队伍按照改革要求及时调整到位。要将机构改革实施情况纳入区委区政府督察任务和巡察范围，强化监督和执纪问责，确保改革顺利推进。各级各部门推进机构改革情况和遇到的重大问题要及时向区委报告请示。

附件：1．中共湖州市南浔区委机构设置表

2．湖州市南浔区人民政府机构设置表

附件 1

中共湖州市南浔区委机构设置表

表 12

纪律检查委员会监察委员会机关	办公室	组织部	宣传部	统一战线工作部	政法委员会	全面深化改革委员会办公室（设在办公室）	全面依法治区委员会办公室（设在区司法局）	国家安全委员会办公室（设在办公室）	网络安全和信息化委员会办公室（设在宣传部）	财经委员会办公室（设在办公室）	外事工作委员会办公室（设在区政府办公室）	机构编制委员会办公室	审计委员会办公室（设在区审计局）	教育工作领导小组秘书组（设在区教育局）	区委区政府农业和农村工作领导小组办公室（设在区农业农村局）	生态文明建设办公室（设在区政府办公室）	巡察工作领导小组办公室	区委区政府信访局

说明：南浔区委设置纪检监察机关 1 个，计入机构限额的工作机关 8 个（设在相关部门的区委议事协调机构的办事机构不计入机构限额）。其中，纪律检查委员会与监察委员会合署办公，实行一套工作机构、两个机关名称；生态文明建设办公室设在区政府办公室，台湾工作办公室与办公室合署办公，挂区政府台湾事务办公室牌子，均不计入机构限额；办公室挂区档案局、党史研究室（区地方志办公室）、机要局（区密码管理局）、保密委员会办公室（区国家保密局）牌子；组织部挂直属机关工作委员会、老干部局、新经济与新社会组织工作委员会、区公务员局牌子；宣传部挂区政府新闻办公室、区精神文明建设委员会办公室、区新闻出版局、区互联网信息办公室牌子；统一战线工作部挂区民族宗教事务局、区政府侨务办公室牌子

附件 2

湖州市南浔区人民政府机构设置表

表 13

工作部门																							市级部门派出机构		
办公室	发展改革和经济信息化局	教育局	科学技术局	民政局	司法局	财政局	人力资源和社会保障局	住房和城乡建设局	交通局	水利局	农业农村局	商务局	文化和广电旅游体育局	卫生健康局	退役军人事务局	应急管理局	审计局	市场监督管理局	统计局	医疗保障局	综合行政执法局		市公安局南浔区分局	市自然资源和规划局南浔分局	市生态环境局南浔分局

说明：南浔区人民政府设置政府工作机构 24 个，其中办公室和工作部门 22 个。区政府办公室挂区政府外事办公室、大数据发展管理局牌子；发展改革和经济信息化局挂区政府金融工作办公室、区政府区域合作交流办公室牌子；司法局挂行政复议局牌子；财政局挂区政府国有资产监督管理办公室牌子；住房和城乡建设局挂人民防空办公室（民防局）牌子；商务局挂粮食和物资储备局、投资促进局牌子；市场监督管理局挂知识产权局牌子。市级部门派出机构 3 个，市公安局南浔区分局、市自然资源和规划局南浔分局计入机构限额，市生态环境局南浔分局不计机构限额

中共湖州市南浔区委
关于印发《中共南浔区委常委会 2019 年工作要点》的通知

浔委发〔2019〕41 号

2019 年 3 月 30 日

南浔经济开发区、各镇党委，区级各单位党委（党组）：

《中共南浔区委常委会 2019 年工作要点》已经区委同意，现印发给你们，请结合实际，认真贯彻执行。

中共南浔区委常委会 2019 年工作要点

2019 年是中华人民共和国成立 70 周年，是高水平全面建成小康社会的关键之年，也是南浔赶超跨越承上启下之年。根据中共湖州市委关于印发《中共湖州市委常委会 2019 年工作要点》（湖委发〔2019〕5 号）和区委四届七次全体（扩大）会议暨经济工作会议精神，今年区委常委会工作的总体要求是：高举习近平新时代中国特色社会主义思想伟大旗帜，深入贯彻庆祝改革开放 40 周年大会、中央和省委经济工作会议以及市委八届六次全会暨经济工作会议精神，按照“八八战略”再深化、改革开放再出发的要求，落实市委“一四六十”工作体系，坚持稳中求进工作总基调，坚持新发展理念，坚持推进高质量发展，坚持以供给侧结构性改革为主线，坚持深化市场化改革、扩大高水平对外开放，继续打好三大攻坚战，扎实开展“三服务”活动，突出稳企业、增动能、保平安，统筹推进稳增长、促改革、调结构、惠民生、防风险工作，“一五一十”谱新篇，高质量打造湖州“开放东大门、创业新高地”。

今年全区预期主要目标为：地区生产总值增长 8.5%、力争 9%；固定资产投资增长 15%、力争 18%，其中工业性投入增长 18%、力争 20%；财政总收入和一般公共预算收入均增长 20%、力争 25%；规上工业增加值增长 9.2%、力争 9.5%；社会消费品零售总额增长 10%、力争 12%；城镇、农村居民人均可支配收入分别增长 8.5%、9%，力争 9%、9.5%；节能减排等约束性指标完成省市下达的目标任务。

1．加强思想政治建设

始终把党的政治建设放在首要位置，旗帜鲜明讲政治，坚持用习近平新时代中国特色社会主义思想和党的十九大精神武装头脑、指导实践，突出抓好领导干部这个“关键少数”，推动全区上下在学习贯彻习近平新时代中国特色社会主义思想上常学常新、常悟常进。把“两个维护”作为根本政治责任，铭记在头脑里、落实在行动上、体现在工作中，切实增强维护意识、坚定维护行动、提高维护能力、确保维护效果，始终在政治立场、政治方向、政治原则、政治道路上同以习近平同志为核心的党中央保持高度一致。严格落实意识形态工作主体责任，牢牢掌握意识形态工作领导权。高质量建设新时代文明实践中心，建成新时代文明实践中心 1 个、实践所 21 个、实践站 221 个、实践基地 2300 个。组建区融媒体中心巩固壮大主流思想舆论。按照中央和省、市委部署，以学习贯彻习近平新时代中国特色社会主义思想为主要内容，精心组织开展“不忘初心、牢记使命”主题教育。常态化、制度化推进“大学习大调研大抓落实”活动，扎实开展“服务企业服务群众服务基层”活动。坚持完善区委理论学习中心组集中学习宣讲、“党性党纪教育一刻钟”和

“学习强国”学习平台常态化学习制度。

2．加快经济转型升级

推动工业经济高质量发展。制定并实施工业经济发展三年行动计划，大力度推进工业经济“三千”专项行动，助推企业发展，冲刺千亿产值。分类实施“雄鹰企业”培育计划、企业股改挂牌上市三年行动、“新象新牛”企业培育和小微企业“雏鹰计划”，完成拟上市企业股改2家以上、“新三板”和“成长板”挂牌企业11家以上，培育税收亿元以上企业5家以上、“隐形冠军”企业5家以上，完成“个转企”180家、“企升规”200家。深化“亩产数字地图”系统运用，并以差别化政策加快传统产业转型提升，打好印染、制革、电镀三大行业整治提升战，关停淘汰“散乱污”企业847家以上，腾出用能空间1万吨标煤。推进质量强区建设，参与制定国家标准或行业标准20项，新增“品字标”企业6家、“浙江制造”标准8项。

推动现代服务业特色化发展。制定并实施全域旅游发展三年行动计划，深入做好“古镇+”的文章，加快西游乐园、原创动漫城等大型旅游综合体项目落地建设，努力争创国家级旅游度假区。深入挖掘南浔特色文化内涵，统筹推进荻港水乡、花海蚕乡、浔练丝乡三大乡村旅游集聚示范区建设，善琏争创市级全域旅游示范镇，石淙蚕意花海争创国家AAAA级景区。优化乡村旅游载体，启动建设頔塘至含山等水上游线，培育AAA级景区村庄2个、省级旅游风情小镇1个。围绕“南浔乡村四季游”主题，精心策划古镇人家、花海农场、笔墨风情、鱼羊美味等民俗文化活动。加快建材市场转型升级、扩容提升，进一步完善业态布局。深化电子商务建设，网络零售额达56亿元以上。力争列入市级服务业优强企业12家以上，新增限上企业20家以上。招引和培育金融新业态15家以上。

大力扶持民营企业发展壮大。打好支持民营经济发展的政策组合拳，切实减轻企业税费负担，解决民营企业融资难融资贵问题，不断增强民营企业政策获得感，营造公平竞争环境。大力构建“亲”“清”新型政商关系，用心服务企业健康发展和企业家健康成长。

3．加大项目引推力度

全力招引“大好高”“高精尖”项目。加快推进区镇长工程，加大上海、苏南、北京、广州、浙江招商引资力度，选优配强五大片区招商员队伍，确保全年签约亿元以上产业项目100个以上，力争在百亿、五十亿元制造业项目上取得实质性突破，新增市认定“大好高”项目40个以上。

全力加快项目推进速度。大力度实施项目推进“三率”专项行动，确保鼎旭智能、中氢新能等60个重点项目开工建设，健禹环保、置信工业园等39个项目竣工投产，确保全年实施亿元以上重点产业项目100个以上，完成投资100亿元以上。

全力提升平台承载能力。大力推进南浔开发区争创国家级开发区，集中精力、财力、物力，推进开发区万亩大平台建设，确保全年拓展面积267公顷以上。加大练市、双林、菱湖、和孚、旧馆等工业园区改造提升力度，拓展更多产业发展空间。加快建设小微企业园，确保新建成11个，投入运营5个。

全力强化要素保障。加大土地要素保障力度，全力推进农村宅基地有偿退出、农村“一户多宅”清零，积极盘活土地资源，复垦土地200公顷以上。深化绿色金融改革创新，确保银行信贷余额不少于450亿元，新增贷款不少于80亿元，帮助500家以上企业在“绿贷通”上对接融资。支持国有经济做大做强，加强国有资产、资金和管理整合，鼓励混合所有制改革，提升产业基金运作绩效和投融资能力，力争三大国企资产、利税均实现快速增长。

4．持续推进改革创新

深入释放改革动力。持续深化“最多跑一次”改革，贯彻落实“放管服”改革五年行动计划，实现政务服务事项100%开通网上办理，在更宽领域推进事项办理“零跑”；实施审批服务限时提速办结制，政务大厅审批服务整体提速30%以上，60%以上的事项15分钟内办结；积极打造“无证明区”，证明事项削减80%以上，80%以上的民生事项实现“一证通办”。深化“多证合一”改革，压缩审批流程，实现常态化企业开办一日完结。纵深推进“亩均论英雄”改革，精准开展新一轮企业综合评价，严格执行用电用气用水和税收、金融等差别化政策，全区规上企业亩均税收增长20%以上，实现亩均税收1万元以下低效企业出清，推动资源加快向优质企业集中。深化“五未”土地处置专项行动，确保消化批而未供土地67公顷、盘活存量建设用地67公顷、城镇低效用地再开发27公顷。提升供地水平和效率，落实工业用地指标200公顷。全面实施“标准地”制度，健全出让后全过程监管机制。全面完成机构改革工作，优化职能配置，提高效率效能。

大力激发创新活力。加快创新主体培育，新增国家高新技术企业30家以上、省级科技型中小企业100家以上、市级“双高”企业20家以上，高新技术产业增加值增长12%以上。加强创新平台建设，全力创建国家级电机特色产业基地、省级可持续发展创新示范区等省级以上平台。加快集聚创新要素，新增省级企业研究院5家、省级研发中心10家、市级研发中心20家，大力推进规上企业研发机构建设，开发省级新产品100项以上。深入实施创新创业“双十”工程，新增众创空间10家、大学生创业示范园10家。

加快引进人才智力。全力打造人才生态最优区，引进领军型创新创业团队和人才项目48个，新增院士专家站2家。实施“菜单式”引才，持续引进各类紧缺急需人才，引进大学生及其他各类人才1万人以上，培育高技能人才1650人，创建技能大师工作室5个，推进人才与产业深度融合发展。提升人才平台能级，充分发挥人才“飞地”作用，积极承接人才项目。

5．全面融入重大战略

全面深化接苏融沪。制定并实施接苏融沪三年行动计划，大力推进“1152”工程，积极主动参与沪湖绿色智造大廊道建设，规划建设“沪苏产业园”4个，引进沪苏“专精特新”企业200家以上，吸引创业科技型人才8000人，规划建设南浔—上海科技城。深度开展接苏融沪专项活动，加大“融沪”宣传力度，举办旅游、农副产品及科技、教育等专场推介会，全面宣传南浔、推介南浔。

深度融入长三角一体化。开展更加紧密的区域合作，深入推进与长三角周边大城市的平台互接、产业互补、要素互融，全面承接上海、杭州、苏州等地的项目、产业、人才、技术溢出。积极参与上海“1+10”同城化都市圈、“1+7”大都市圈和G60科创走廊建设，全面对接全省大湾区大花园大通道大都市区建设，加快沪湖绿色智造廊道建设。深化与重庆涪陵区龙桥街道及吉林省白山市江源区等地的战略合作。

着力提升对外通达能力。加快建设沪苏湖铁路，大力推进南浔综合枢纽工程，开工建设南浔至临安公路（S211省道）、湖盐公路改建工程，扎实推进苏台高速、“四高”连接线、织菱公路（S212省道）、浔织快速公路、三新公路提升工程等项目前期工作，全力争取早日开工，构建接轨沪苏杭宁的“1小时交通圈”，不断提升互联互通水平。

6．加速城市能级提升

做精城市新区。高标准谋划推进高铁新城建设，加快总部经济、楼宇经济、特色街区等一批项目招引落地，大力实施水系、道路等基础设施工程，确保城市展览馆、水乡文化公园等重大项目竣工，完成投资25亿元，着力打造高品质新城。

做优老城更新。制定并实施新一轮中心城区建设管理三年行动计划。深入实施老城区规模化大整治大提升，加快推进頔塘南岸旧城改造工程，投资18亿元，完成总工程量的50%，城市阳台实现主体结顶；适时启动頔塘北岸整治提升。推进中心城区低效用地再开发，完成投资4亿元，加快君欣豪悦大酒店、正一广场等10个项目建设，着力打造一批城市新地标。进一步完善老城区功能配套，优化农贸市场、公共厕所等配套设施布局，启动9个公共停车场建设。

做靓南浔古镇。制定并实施古镇保护利用三年行动计划，加快推进丝绸码头、水系恢复等重大项目建设，建成古镇东部主出入口，实施中部街区大整治，打通北部新旅游线，完成房屋征收500户以上，腾退企事业单位10家以上。引进规模化、品牌化、个性化高档民宿和主题酒店30家以上，引进文创、科技等新业态30家以上。

做细城市管理。进一步深化“三城联创”，不断巩固扩大全国文明城市创建成果，确保省文明区创建高分夺牌。加强“智慧城市”建设，深化城警联勤模式，探索运用市场化机制加强城市精细化管理，全面提升城市管理水平。

7．实施乡村振兴战略

推动现代农业规模化。制定并实施农业产业规模化发展三年行动计划，深化提升农业“两区”建设，全面推进六大万亩产业园建设，推广稻渔综合种养3万亩，发展红美人柑橘3000亩。加快渔业转型升级，建成现代渔业示范园区10个、美丽渔场50个，加快制定南浔跑道鱼技术标准，争创全国健康养殖示范区，推进西部绿色生态渔业园区争创国家级现代农业园区，和孚镇争创国家级渔业特色强镇，大虹桥粮食生产功能区争创国家级稻渔综合种养示范区。积极争创国家级农产品质量安全区，新增绿色食品基地1600亩、省级农业品牌2个以上。强化科技惠农，新建博士工作站2个、科技示范基地10个、科技示范户400户以上。

推动美丽乡村全域化。围绕争创省级美丽乡村示范区目标，投入2.3亿元，完成美丽乡村创建30个、精品村4个、扩面提质15个，实现规划区外美丽乡村全覆盖，打赢美丽乡村创建收官战。探索市场化投融资模式，加快“十线十景十小镇”建设，投资3.6亿元，建成美丽乡村小镇4个、景观线2条。高标准开展省级“四好农村路”示范区创建，建成美丽乡村路200千米，打赢农村公路等级提升收官战。创新开展无隐患美丽公路创建。持续开展“百漾千河”治理和农田水利项目建设，完成河道综合治理100条、100千米，投资8亿元以上。

推动农民增收加速化。拓宽村集体经济增收渠道，实施集体联建物业项目8个，全区村集体经济收入增长15%以上，全面消除集体经济年经营性收入30万元以下的欠发达村。积极培育农业经营主体，新增市级以上农业龙头企业5家、家庭农场100家以上，建成扶贫基地67公顷，助力农民增收致富。大力发展农村电商，新建农村淘宝站点20个，农产品网络销售额达到1亿元以上。全面深化农村综合改革，推进农村全域土地综合整治，不断增加农民财产性收入。积极引导工商资本下乡支持农业、带动农民，吸引更多高校毕业生、新乡贤、退役军人等回归农村。加大农业职业教育和实用技术培训力度，培养造就一支新型职业农民队伍。加强金融支农服务，新增涉农贷款2亿元。

8．推进生态文明建设

奋力推进碧水守卫战。持续开展“五水共治”碧水行动，深化河（湖）长制，全域推进污水零直排区建设、美丽河湖建设和渔业养殖尾水治理，严防城市黑臭水体反弹，确保Ⅲ类及以上水质断面比例、水环境功能区达标率、集中式饮用水源地水质达标率均达到100%，全力夺取大禹鼎。

坚决打赢蓝天保卫战。坚持源头化治理+标准化建设+数字化转型，打好涉挥发性有机物企业全过程监管战、“低散乱”企业清零战和扬尘（面源）治理严管战等，实现八大重点行业企业环保管理标准化建设全覆盖，运用物联网、大数据等信息技术实现主要涉气涉水涉废企业全天候智慧监控，争当全省环保数字化转型样板，力争$PM_{2.5}$浓度达到35微克/立方米以下、空气优良率达到80%以上。

深入实施治乱拆违。巩固“基本无违建区”创建成果，以创建省“无违建区”为目标，以“控新增、去存量、大改造、创精品”为重点，全力推进11条无违建公路、9条无违建河道、10个无违建镇区的创建任务。持续深化综合整治，全面打赢小城镇环境综合整治收官战，确保练市、菱湖2个镇和马腰、镇西、重兆3个小集镇高标准通过省级考核验收。

9．深化民主法治建设

依法保障人民当家做主。深入贯彻落实习近平总书记关于坚持和完善人民代表大会制度的重要思想，支持和保证人民通过人民代表大会行使国家权力，支持和保证人大依法行使监督权、决定权、任免权。支持人大依法开展民主监督，持续深化民生实事项目代表票决制和满意度测评，实现“局长走进代表联络站”活动和担任领导职务的代表进站开展主题接待活动常态化，更好地发挥人大代表作用。召开全区人大工作会议。

大力发展社会主义协商民主。深入贯彻落实习近平总书记关于加强和改进人民政协工作的重要思想，加强协商民主制度建设，把协商民主贯穿于政治协商、民主监督、参政议政全过程，统筹推进政党协商、人大协商、政府协商、政协协商、人民团体协商、基层协商以及社会组织协商，不断完善“13456+”协商议政新格局，推动协商民主广泛、多层、制度化发展。围绕增强政协工作生机活力，加强机构改革后各专委会建设，高质量建设“委员活动中心”，不断提升政协工作整体水平。

巩固发展爱国统一战线。构建大团结大联合工作格局，大力支持各民主党派、工商联、无党派人士积极建言献策、发挥作用；扎实做好民族宗教、党外知识分子、新社会阶层、港澳台及海外统战、新时代乡贤统战等工作，力求最大公约数，画出最大同心圆。

不断深化法治南浔建设。进一步加强党内法规制度建设，推进党内法规宣传教育工作，扎实做好党内规范性文件的制定、审核、审查、备案、清理等工作。深化司法体制综合配套改革，强化法治政府建设，不断提高依法行政和执法司法水平。深入实施“七五”普法，落实“谁执法谁普法”普法责任制，加强“以案说法”工作。强化法治工作队伍建设，加强律师队伍管理。深入贯彻习近平强军思想，坚持党管武装，深化双拥共建，促进军民融合深度发展。

10．不断增进民生幸福

加快发展教育事业。围绕教育现代化区建设，持续实施“美丽校园”八大工程，完成教育投资7.2亿元，加速推进庆同小学、江蒋漾学校、新南浔高中、14所幼儿园新（扩）建等项目建设，加快启动华夏小学建设。牢牢把握立德树人方向，积极实施中小学教学质量提升行动计划，持续提高教育质量。

全速推进卫生健康事业。加快推进健康南浔建设，菱湖人民医院完成内装工程，加快区中医院、练市人民医院等重点项目建设，推进基层医疗机构标准化，不断提高医疗供给能力。全面完成区域医共体建设，组建南浔区医疗集团，初步建成整合型医疗卫生服务体系。完善分级诊疗，提升责任医生签约服务质量，基层医疗机构就诊比例达到70%以上，区域内就诊率达到90%。推动和孚卫生院建成全市首个养老护理专业技术人员培训基地，加快有条件的镇全面开展卫生院医养结合工作。

着力提升文体服务水平。完善文体设施建设，抓紧启动区图书馆新馆异地新建、区体育中心建设，建成文化礼堂28个，打造特色文化驿站5个，完善区、镇、村（社区）基础体育设施。开展各类文化惠民活动，提供优质丰富的公共文化服务。加快文化产业园区、街区建设，完善水晶晶文化创意产业园、琉璃文化产业园、东大街文化创意街区、南浔秀场在内的“两园一街一秀场”建设。加强文艺创作，大力发展影视产业，推动电视剧《浔商》创作。深化全民健身工程，补齐公共体育领域短板。

健全完善社会保障体系。完善多层次社会保障体系，努力实现基本养老保险、基本医疗保险人人享有。持续优化社会救助兜底服务，扎实推进低收入群众三年奔小康工程，减少低收入群众8700人。实施重点群体就业帮扶工程，新增城镇就业15000人，确保城镇登记失业率控制在3.5%以内。切实提高退役军人服务管理保障水平，进一步健全区、镇（开发区）、村（社区）三级退役军人服务管理体系，加强部门协同、上下协同，切实维护广大退役军人的合法权益。

11．深化平安南浔建设

提升社会综合治理能力。充分发挥党委在社会治理中统揽全局、协调各方的领导核心作用，贯彻落实好《中国共产党政法工作条例》，严格实行责任追究机制，强化齐抓共管的合力。探索推进智慧治理服务体系建设，持续深化“全科网格”“基层治理四平台”等工作，巩固提升具有南浔特色的新时代“枫桥经验”，不断夯实基层基础。创新推进各领域“平安细胞”建设，最大限度凝聚“大平安”的社会共识，增强平安综治工作的显现度和基层群众的满意度。健全应急管理体系机制，建设高效应急指挥平台，强化应急实战演练。

确保社会持续平安稳定。按照“扫干净、除彻底”的要求，坚持“有黑扫黑、无黑除恶、无恶治乱”，保持高压态势深挖线索、打击犯罪、彻查“保护伞”，纵深推进扫黑除恶专项斗争，营造安全环境。全面落实“管业务必须管安全、管业务必须管稳定”的理念，以新中国成立70周年庆典等系列维稳安保攻坚战为牵引，构建“一体两翼”维稳体系，完善线上线下矛盾纠纷多元化解机制，继续推进“四重问题”清单化管控，确保社会稳定。深化“平安巡防”等工作机制，加强治安领域执法打击力度，维护社会秩序。

防控公共领域风险隐患。强化法治理念、创新思路方法，有效防范和化解金融风险、地方债务风险、房地产风险，营造公平有序的生产生活环境。探索实施社会稳定评估报告机制，排摸确定并动态调整社会治安、信访稳定、安全生产、生态环境四大类风险点和风险等级，做到防控在先、预警在前。全力推进安全生产无隐患管理企业创建工作，大力开展信访、场所、交通、网络“四个秩序”专项整治，最大限度消除隐患，以更加坚实的基层基础创平安、保稳定、护发展。

培植乡风文明。在“五风五好五文明”示范点建设的基础上，全域化推进“最美家风+”建设活动，打造“三纵三横”6条最美家风风景线，全方位展示好家庭、传播好家训、宣传好家风，形成文明乡风、良好家风、淳朴民风，促进社会和谐。

12．推进全面从严治党

大力锻造忠诚干净担当的高素质队伍。坚持以实绩论英雄、凭实绩用干部，大胆培养使用优秀年轻干部，大力推动干部“能上能下”，让干部跑起来、干起来、拼起来。深入持续开展服务企业、服务群众、服务基层活动，不断提升全区各级干部的作风、能力和水平。落实关心关爱举措，进一步健全容错免责机制，为敢于担当的干部担当。高质量办好主体班次和“拥抱高铁时代大讲堂”，提高领导干部综合素质和专业化水平。深入推进“互学互比助赶超”活动，开展季度亮晒比拼，营造比学赶超、争先进位的浓厚氛围。

夯实基层基础。推进“双创双全”组织力提升工程，加大先锋示范村创建、后进村整转力度，改造提升30个相对落后村社阵地，建成5条党建精品示范带、5个示范群，推动基层党组织全域提升全面过硬。选优育强村社头雁，完善村社书记区级备案管理制度，推行不称职村干部“歇职教育”。切实发挥堡垒作用，通过第一书记驻村、部门联系、村企结对、区域抱团，加快欠发达村转化。全面推行村级精细化管理及流程规范，拓展清廉乡村建设成果。整体提升学校、医院、国企等行业党建，着力打造“一系统一载体、一单位一特色、一支部一品牌”。深化完善“红色星期六”“六老六大员”“5分钟服务圈”等机制，推动党建工作与经济社会发展深度融合、同频共振。

持续正风肃纪。按照项目化管理、标准化推进、多元化展示的方式，合力推进清廉南浔建设，形成一批具有南浔特色的清廉细胞品牌。深化纪检监察体制改革，强化派驻监督、拓展监察监督，抓好联动贯通，形成监督合力。扎实开展第四轮政治巡察，制定巡察工作“三规则一细则”，建立与省委巡视、市委巡察联动机制，强化巡察监督效果。紧盯重要节点、关键环节、重点领域和重要岗位，持续加大查处问责力度，严肃查处党员干部侵害基层群众利益、形式主义、官僚主义等突出问题，持续释放越往后执纪越严的强烈信号，保持正风肃纪反腐高压态势。持续深化运用监督执纪第一种形态，严格落实政治生态评估报告制度，压紧压实管党治党责任。

13．加强区委常委会自身建设

带头深入学习贯彻习近平新时代中国特色社会主义思想，带头严明政治纪律和政治规矩，带头坚决做到“两个维护”，对党中央决策部署，坚定坚决贯彻、不折不扣落实落细，在重大原则问题和大是大非面前，立场坚定、旗帜鲜明。坚持把抓好省委巡视组反馈意见整改作为重要政治任务，带头整改、带头推动、带头督促、带头落实，确保改彻底、改到位。聚焦“八个方面”本领，加强学习、勇于实践，不断掌握新知识、熟悉新领域、开拓新视野，全面提高领导能力和执政水平。坚持担当实干，牢固树立正确的政绩观，大兴调查研究之风，健全完善抓落实工作机制，坚决反对形式主义、官僚主义，推动形成大抓落实的鲜明导向。坚持底线思维，增强忧患意识，提高防控能力，着力防范化解政治、意识形态、经济、科技、社会、外部环境、党的建设等领域重大风险。带头贯彻支部工作《条例》，强化普通党员意识，认真严肃过好支部组织生活。保持健康的党内同志关系，倡导清清爽爽的同志关系、规规矩矩的上下级关系，坚决抵制拉拉扯扯、吹吹拍拍等歪风邪气，让党内关系正常化、纯洁化。带头贯彻民主集中制，服从组织决定和组织分工。坚持廉洁自律，带头贯彻中央八项规定及其实施细则精神，增强政治定力、纪律定力、道德定力、抵腐定力，管好家属子女和身边工作人员，自觉接受各方面监督。高质量开好区委常委会民主生活会，以“钉钉子”精神抓好存在问题的整改。

中共湖州市南浔区委　湖州市南浔区人民政府
关于印发《湖州市南浔区实施乡村振兴战略
2019年行动计划》的通知

浔委发〔2019〕42号

2019年4月4日

南浔经济开发区党委、管委会，各镇党委、镇人民政府，区级各单位：

《湖州市南浔区实施乡村振兴战略2019年行动计划》已经区委、区政府同意，现印发给你们，请结合实际认真贯彻执行。

湖州市南浔区实施乡村振兴战略2019年行动计划

为全面贯彻党的十九大精神、全力实施乡村振兴战略，切实抓好2019年的乡村振兴工作，特制定本行动计划。

一、加快产业升级，推动农业高效发展

1．推动农业产业提档升级。制订并实施农业产业规模化发展三年行动计划，全力推进“国字号”“省字号”农业平台建设，积极争创全国健康养殖示范县（区）、国家级农业产业强镇1个，省级特色农业强镇1个，省级现代农业园区1个；积极推进省级农业绿色发展试点先行区、畜牧业绿色发展示范区、渔业转型发展先行区、东部现代农业园区、和孚特色农业强镇建设；推广稻鱼综合种养2000公顷，红美人柑橘200公顷，粮食生产功能区提标改造533公顷。（责任单位：区农业农村局）

2．培育新型农业经营主体。深入实施“千家主体培育工程”，招引农业大好高项目5个以上、培育省市级农业龙头企业5家以上、新增家庭农场100家以上（其中省市示范性家庭农场10家以上）、新增示范性农民专业合作社8家以上，提升社会化示范性服务组织5家以上。（责任单位：区农业农村局）

3．推进产业融合发展。大力推动乡村一、二、三产业融合发展，全年举办农事节庆活动12次，新认定3A级休闲农场1家、新建省级“最美田园”2个，农家乐休闲旅游接待游客数突破300万人次、直接营业收入突破3亿元，同比分别增长20%。加快发展农村电子商务，农产品网络销售额力争突破6亿元，同比增长45%，培育农产品电子商务经营主体10家以上，市级以上农业龙头企业电子商务应用普及率达到80%以上。（责任单位：区农业农村局、区文化广电旅游体育局、区供销社）

4．强化农业科技支撑。深入实施农业“机器换人”全面提速专项行动，争创主导产业（渔业）“机器换人”示范县，建成主导产业“机器换人”示范镇1个、示范基地2个。深化区校合作，持续推进与浙江大学、上海海洋大学、省农科院、省淡水所的合作，充分发挥科研单位的技术优势、体制优势、人才优势，成立红美人柑橘研究院，充分发挥渔业院士工作站作用，全力开展跑道鱼、红美人柑橘、鳜鱼饲料化养殖标准化生产。培育科技示范基地10家，科技示范户400户以上。着力完善“1+1+N”联盟服务、基层农业公共服务、社会化服务三位一体的农技推广服务体系。建立健全农村青年人才激励机制，培育农村实用人才1650人，培育新型职业农民310人，培养农民大学生70人，培育乡创客35人，新增农民大学生创业基地1个，培育市级“青创田园”2~3个，市级众创田园（星创天地）1个以上。（责任单位：区科技局、区人力社保局、区农业农村局、团区委）

二、深化农村改革，促进农民持续增收

5．全面促进农民持续增收。继续实施“低收入群众三年奔小康”五大工程，落实教育、就业、医疗等各项兜底帮扶政策，切实帮助低收入群众脱贫致富。实施全面参保计划，完善城乡居民基本养老保险制度，落实城乡居民基本养老保险待遇确定和基础养老金标准正常调整政策。加快实现贫困人员城乡居民基本养老保险应保尽保，提升最低生活保障水平。以产业带动农户增收，新建稻虾综合种养扶贫基地67公顷，红美人柑橘扶贫基地6.7公顷。实施农村家庭屋顶光伏小康工程，新增居民1896户。深入推进“三年强村”，全面消除18个欠发达村，实现消除全覆盖，巩固提升年经营性收入30万~50万元的村102个。全区农村居民人均可支配收入增长9%，村集体经济总收入增长18%，低收入农户人均可支配收入增长10%。（责任单位：区民政局、区农业农村局）

6．深化农村产权制度改革。持续推进农村存量宅基地盘活利用改革试点工作，今年落实2000户。深化农村集体产权制度改革，健全完善区、镇两级农村综合产权交易平台。完善承包地管理制度，推进农村承包土地三权分置，构建新型农业经营体系，实现省、市、县三级联网。围绕耕地数量、质量、生态“三位一体”保护理念，继续推进全域土地综合整治与生态修复工程，着力加强耕地管控，提高永久基本农田集中连片程度，提升农业生产能力和水平。坚持农地农用、防止非农化原则，开展“大

棚房”专项整治，严格农业设施用地管理。（责任单位：区农业农村局、区自然资源和规划分局）

7．深化农村金融创新。加强金融支持力度，丰富金融产品和提高服务质量，确保农村“三权”抵质押贷款余额同比增长10%以上。推进国家绿色金融改革创新试验区建设，创新绿色金融产品、服务，全年新增信贷产品3只以上。推进农业政策性保险扩面、增品、提标，扩大农产品价格指数保险等模式。重点围绕红美人、跑道鱼、稻虾综合种养、精品蔬菜等重点产业全面推广“两美”农合贷、“粮农贷”等金融产品，新增涉农贷款2亿元。（责任单位：区发改经信局、区农业农村局、区供销社）

三、强化质量监管，全面打响农业品牌

8．健全农产品质量安全追溯体系。按照农产品质量安全“四个最严”的标准，进一步加强农业技术推广、动植物防疫、农产品质量监管、农业执法、产品质量检验检测、农业标准应用、生产经营诚信体系能力建设。食用农产品质量安全监测合格率在98.5%以上，不合格处置率达100%，确保不发生重大农产品质量安全事件；区、镇两级监管员年接受农产品质量安全专业培训时间不少于40小时。进一步加大“二维码”“电子耳环”等信息数码技术的推广与应用力度，实现农产品质量安全可追溯率全覆盖。（责任单位：区农业农村局、区市场监管局）

9．增加绿色优质农产品供给。狠抓“三品一标”认证，新增绿色食品3只，绿色食品基地107公顷，绿色食品有效面积稳定在1000公顷以上；新增省级农业品牌2只，力争供沪农产品金额超30亿元。组织经营主体参加各类农业展示展销活动10场次以上。加强农业“智慧监管”，推进农村假冒伪劣食品专项整治，全力争创国家级农产品质量安全县（区）。（责任单位：区农业农村局、区市场监管局、区供销社）

10．着力提升农业品牌。全力打响“南浔知味”区域公用品牌，推出清水小龙虾、稻虾米、五常大米南浔基地等特色子品牌。围绕长三角区域，开设直营店、连锁超市，积极推广南浔绿色优质农产品，完成“南浔知味”门店建设80家。加快制定企业主体准入机制，建立优质农业企业合作平台，打造质优、价高、品牌强的企业联盟。（责任单位：区农业农村局、区供销社）

四、优化人居环境，实现农村生态宜居

11．全域推进美丽乡村。加快“十线十景十小镇”建设，创建美丽乡村示范镇5个，建设美丽乡村景观线2条、美丽乡村小镇4个、美丽乡村精品村4个、美丽乡村30个、扩面提质村13个，形成“十线十景十小镇”全域覆盖的美丽乡村新格局；协调城乡区域发展，优化农村生产、生活、生态用地空间布局，通过全域整治、整镇整治、整村整治三种模式，全力打造“田园+文化+旅游+康养”的“田野牧歌”式康养住区。开展美丽庭院创建，建设美丽庭院示范带1条，完成63个行政村5万户家庭的美丽庭院建设，并建立健全美丽庭院长效管理机制；新打造3A级景区村庄3个、A级景区村庄20个；新增国家卫生镇2个，省级卫生村8个；力争成功创建省级美丽乡村示范县区。（责任单位：区住建局、区交通局、区水利局、区农业农村局、区文化广电旅游体育局、区妇联、区自然资源和规划分局）

12．全域推进平原绿化。以“美丽乡村”建设行动为重点，充分挖掘我区林业潜力，建成一批具有平原特色的林业景观。新建并提升平原绿化40公顷，创建省级森林城镇2个、省级生态文化基地1个、市级以上森林村庄10个；持续推进千金、菱湖两个省级湿地公园建设。全区森林覆盖率稳定在9.73%以上，平原林木覆盖率稳定10.34%以上，湿地面积不低于1.27万公顷。（责任单位：区自然资源和规划分局）

13．全域推进生态建设。全力推进“百漾千河”工程，打造一批“清水绿岸、鱼翔浅底”的美丽河湖，完成河道综合整治50千米，河道清淤125万立方米，重点打造美丽湖漾5个，美丽生态河道20条。力争打造“污水零直排区”示范点30个以上。全力推进农村环境卫生长效管理、“厕所革命”，全面普及农村无害化卫生户厕，实现农村垃圾分类处理宜建村全覆盖，巩固农村生活污水治理成效且健全长效管护机制。新建现代生态循环农业示范主体4个，农作物秸秆综合利用率、农村清洁能源利用率分别达到96%和80%以上。完成渔业养殖尾水治理4.4万亩。（责任单位：区住建局、区水利局、区农业农村局、区卫生健康局、区生态建设指挥部）

14．全面完成小城镇综合整治。完成投资3.8亿，高质量实施56个项目，全力做好练市、菱湖、马腰、镇西、重兆等5个小城镇综合整治省级考核验收工作。精细化抓好长效管理工作，加强全区已达标的16个小城镇日常管理工作，全面推进以“长效管理”为重点的整治，充分结合乡镇“四个平台”，健全环境卫生长效管理机制、网格化管理制度，确保层层抓落实，整治工作不留死角。（责任单位：区住建局）

15．全面完成农村公路提升。以“四好农村路”为总纲，遵循“巩固、完善、提高”的方针，加快补齐农村公路交通短板，农村公路等级提升150千米以上、危桥改造15座以上，完成投资10亿元；启动无隐患美丽公路创建，优化S211省道、S302省道、三新公路双林段等3个项目无隐患美丽公路方案；全力争创“四好农村路”示范县（责任单位：区交通局）

五、推进“三治”融合，打造平安和谐乡村

16．夯实基层基础。全面启动新一轮“整镇提升”，创建市级示范村21个、省级善治村17个；新建区级及以上先锋示范村47个，整转后进村11个，晋位村和示范镇比例分别达到100%、80%。坚持阵地建设，点线建精和基础规范两手抓，跨镇域、多领域谋划推进“五带五群”建设。从严落实《中国共产党支部工作条例（试行）》，推行党支部“B（标准）+T（特色）+N（若干任务）”内容体系建设，探索建立党组织组织力AAAAA质量评价机制。开展“村社头雁提能行动”，选优育强头雁队伍，深化治村导师联盟，常态化推行村社干部日常管理制度，全面实行村党组织书记动态管理区级备案，提升村两委干部队伍素质及战斗力。实施村后备人才“雏雁计划”，深化“四个提前”工程，建立后备人才库，确保每个村2名左右村主职后备人才，逐步实现“一村一名大学生”。大力推进“清廉乡村”建设，深化村级“阳光治理”，推进村级“三务”公开，推行村级小微权力清单制度。深入推进医养融合工作，加快发展老龄产业，推进健康南浔建设，深化医疗卫生服务领域“最多跑一次”改革，深入开展“互联网+医疗健康”活动，组建南浔医疗集团，推进区、镇两级医疗资源统筹管理，实现资源共建共享、管理同标同质、服务优绩优效。（责任单位：区纪委监委、区委组织部、区卫生健康局）

17．强化乡村治理。按照“七个有”标准，积极推进镇、村乡贤会扩面提升，新增镇级乡贤联谊会1个以上，村级乡贤会10个以上，进一步打造南浔乡贤统战工作“广聚乡贤力、同心助赶超”的品牌。突出支部带村，创新党组织领导下的基层治理机制，不断完善“六老六大员”等做法。健全和创新村民自治机制，大力实施“法治宣传村村行”专项行动，打造户户能点播的法治家园云频道。实施《美丽乡村民主法治建设规范》，广泛开展道德评议活动，深化“最美”系列活动。依托农村基层“全科网格”建设，进一步深化拓展网格服务管理功能，构建“全要素网格”，实现大事全网联动，小事一格解决。进一步纵深推进扫黑除恶专项斗争，深入开展农村“反诈禁毒”、“扫黄禁赌”专项行动，加大对农村非法宗教活动和境外渗透活动打击力度，健全农村公共安全体系，保障农村长治久安。（责任单位：区委组织部、区委统战部、区委政法委、区民政局、区司法局、区公安分局）

18．弘扬文明乡风。深入实施《南浔区新时代文明实践中心建设工作的实施方案》，建立“实践中心—实践所—文化礼堂（实践站）—实践基地”四级工作体系，实施“百名文化专家基层行”，新建农村文化礼堂28个，新建乡镇文化广场1个。建设小康体育村升级工程20个，送戏下乡45场、送书下乡1.1万册、送展览下乡9场，开展“文化走亲”活动40场。持续开展“最美家风+”建设活动，打造“三纵四横”七彩家风文明风景带，推进文明村镇、文明家庭、最美家庭等农村精神文明细胞创建，新创建25个以上市级文明村。完善道德典型选树宣传、关爱关怀机制，持续优化未成年人成长环境，组织开展“开学第一课”“春泥计划”等系列活动。发挥三会一堂等组织作用，深入推进移风易俗，倡导婚事新办、丧事简办、节庆俭办。开展浙江省文明区创建，共同推进城乡文明创建。培育发展文体协会、环保协会、志愿服务组织等社会组织，完善便民服务平台功能，建成不少于6家幸福邻里中心。（责任单位：区委宣传部、区民政局、区文化广电旅游体育局）

六、完善保障机制，全力推动乡村振兴

19．完善组织领导机制。坚持“三农”工作重中之重地位不动摇，坚持农业农村优先发展理念，把“三农”工作作为“一把手”工程，主要负责人要亲自研究部署推进乡村振兴工作，分管领导要靠前指挥、狠抓具体，区各职能部门立足岗位，全力支持，积极配合。落实好区、镇、村三级书记抓乡村振兴，建立动态化督查考核、季度亮晒比拼、年终述职报告考核机制，同时把贯彻落实中央、省市委乡村振兴战略决策部署情况纳入区委巡察范围和报告范围。

20．完善财政金融投入机制。坚持农业农村优先保障，加大“三农”投入。建立完善以绿色生态为导向的财政支农政策体系。推进涉农资金统筹整合，探索财政补助方式改革。引导更多工商资本、金融资本、社会资本等投向农业农村。进一步加大美丽乡村建设尤其是农业的财政投入力度。深入实施农信普惠金融提升工程，加强农村信用体系建设。（责任单位：区财政局、区农业农村局）

21．完善合作共建机制。进一步推进地校合作，新增市校合作项目20项以上，全面开启南浔与高等院校合作共建乡村振兴新局面，做大做强重点研发、农技推广等平台，合力打造产业提升发展、乡村振兴人才、生态文明建设、乡村治理创新、城乡公共服务融合发展、创新发展六个新高地。协同推进各类特色共建，切实增强合作共建合力。（责任单位：区农业农村局）

中共湖州市南浔区委　湖州市南浔区人民政府关于印发《南浔区加快数字经济发展实施方案（2019—2022年）》的通知

浔委发〔2019〕75号

2019年8月9日

南浔经济开发区党委、管委会，各镇党委、镇人民政府，区级各单位：

《南浔区加快数字经济发展实施方案（2019—2022年）》已经区委、区政府同意，现印发给你们，请结合实际认真贯彻执行。

南浔区加快数字经济发展实施方案（2019—2022年）

为认真落实省市数字经济发展大会工作部署，深入贯彻实施数字经济“一号工程”，根据《浙江省数字经济五年倍增计划》（浙政办发〔2018〕91号）和《湖州市加快数字经济发展实施方案》（湖委发〔2018〕35号）文件精神，结合我区实际，特制定本实施方案。

一、指导思想

以习近平新时代中国特色社会主义思想为指导，全面贯彻党的十九大、省委十四次党代会、市委八届四次全会和区委四届七次全会精神，深刻把握长三角一体化、沪湖绿色智造大廊道建设历史机遇，以“两区一极”为总目标，以电梯、木业等特色行业数字化转型为主攻方向，以电机等优势行业数字产业化发展为协同支撑，以数字应用赋能为助力引擎，加快机制创新、夯实产业平台、加速要素集聚，构建“数字南浔”框架体系，促进新旧动能接续转换，为我区经济社会高质量发展注入新动能。

二、发展目标

通过四年的发展，到2022年，力争全区数字经济主营业务收入和增加值实现双倍增，数字经济综合评价指数达到80，确立基础扎实、业态繁荣、创新活跃、竞争有力的数字经济生态格局，建成全省数字化赋能城市发展先行区、浙北传统产业数字化转型标杆区、湖州特色数字产业化发展增长极。具体目标：

1．数字产业化。建成一批特色的数字经济产业集聚平台，引进和培育数字经济领域重点企业，产业结构进一步优化。完成数字经济核心产业增加值24亿元，实现规上电子信息制造业主营收入达到294亿元、软件和信息服务业收入1亿元以上。

2．产业数字化。优势行业规上工业企业数字化改造覆盖面达到100%，重点企业装备数控化率达65%、工业设备联网率达40%；累计上云企业3000家，培育特色工业互联网平台3个。实现网络交易额110亿元、跨境电商出口额8亿元，数字化服务新业态广泛推行。

3．创新驱动加速。新增省级以上数字经济企业研发机构10家以上，企业发明专利拥有量超过400件。培育建成一批数字经济创新成果转化平台，集聚一批高层次创业创新人才，有力支撑产业创新。

4．赋能能力提升。5G网络实现覆盖应用，互联网普及率达到80%以上，有效满足数字经济发展需求。数据资源集聚共享和开放水平大幅提升，在政务服务、城市治理、民生服务等领域实现深度赋能应用，促进业态创新和模式创新。

南浔区数字经济发展主要指标一览表

表14

类别	指标	2018年	2022年
总体规模	数字经济核心产业增加值（亿元）	12	24
	数字经济核心产业增加值占GDP的比重（%）	2.8	4
数字产业化	规上电子信息制造业业务收入（亿元）	136.95	294
	软件和信息服务业收入（万元）	0.60	1
	信息技术领域发明专利授权数（个）	240	400
	数字经济上市企业（家）	1	2
产业数字化	新增工业机器人数量（台）	252	400
	重点工业企业装备数控化率（%）	52	65
	重点工业企业工业设备联网率（%）	33	40
	规上工业全员劳动生产率（万元/人年）	20.3	30
	企业上云数（家）	1800	3000
	网络零售额（亿元）	54.11	110
	跨境电商交易额（亿元）	1.45	8
基础设施	互联网普及率（%）	70	80
	光纤宽带用户率（%）	70	80
	无线局域网AP点（个）	2000	3000

三、发展重点

（一）深化数字应用，构建数字化赋能先行区

谋划建设“城市大脑”，加强政府部门数据资源整理和共享交换，建设完善区大数据平台和“一窗受理”平台，推动与省市级平台数据互联互通，促进“最多跑一次”改革，打造高效的数字政府。推进大数据、云计算、人工智能等数字技术在城市治理、民生服务中的应用，提升便利化水平和群众幸福感。到2022年，建成以“城市大脑”为核心的数字政府、数字城市和数字民生体系，成为全省数字化赋能发展先行区。

（二）推进产业升级，构建产业数字化标杆区

推动数字技术与实体经济深度融合，加快实施绿色智造提升、工业互联网建设、信息化覆盖、装备产品智能化升级等专项，促进制造业大中小企业做大做强。协同推进消费电子商务与产业电商融合发展，提升农业生产经营信息化与农村信息服务水平，着力做强以智慧旅游为重点的特色服务业态。

到2022年，“两化”融合发展指数突破90，特色电商、智慧农业、智慧旅游等业态蓬勃发展，建成浙江北部产业数字化示范区、标杆区。

（三）培育新兴集群，构建数字产业化增长极

围绕电磁线、电机等主导行业，深化“小升规”、小微企业园建设提升和核心技术攻关，增强数字经济核心产业内生发展能力。发挥南浔长三角腹地区位优势，加快承接周边地区装备电子等产业化项目转移，着力引进一批高质量的创业创新企业。以全区产业改造升级为突破口，加强系统集成商、信息技术服务商、软件开发商等企业引进和培育，构建特色的软件与信息服务业集群，培育产业发展新动能。到2022年，力争培育形成百亿级电机与高端线材产业集群，集聚一批创业创新企业，成为湖州数字经济发展增长极。

四、主要任务

（一）着力制造业数字化转型

1．推进绿色智造提升。深化电梯行业“机器换人”省级试点，在全生产流程实现智能机器人及其联网应用，建设一批数字化车间和智能工厂。在木业、电机及电磁线、金属线材等主导行业和纺织等传统行业关键环节开展以“机器人＋”为核心的智能化技术改造，建设示范性智能生产线、数字化车间，实现生产效能和生产稳定性双提升。广泛推行智能制造新模式，在木地板、纺织等行业推广动态感知、实时响应消费需求的个性化定制，在电梯、电机、金属线材等领域形成一批协同设计与开发、供应链管理等创新示范。开展专家入企送服务专项，为企业开展智能化改造提供精准咨询。到2022年，重点企业在役工业机器人数量达到1500台，实施智能化技术改造项目100项，培育示范数字化车间40个、智能工厂5个。（责任单位：区发改经信局，各镇、开发区）

2．增强企业两化融合覆盖。以电梯、电机、金属线材、木业和纺织等行业为重点，分类型推动企业信息化建设，推广ERP、MES、PLM、CRM等关键信息系统及软件应用，促进企业生产和经营管理能力提升。支持信息化基础较好的制造企业以信息系统综合集成打通数控化、智能化设备互联互通通道，实现设备互联、数据共享和生产协同。以制造业大中型企业为重点，持续开展企业两化融合管理标准体系对标诊断和贯标，形成带动示范效应。到2022年，制造业企业信息化水平大幅提升，实施贯标企业8家以上。（责任单位：区发改经信局，各镇、开发区）

3．开展工业互联网应用。引入工业互联网服务商，以政企园三方协作方式建设一批符合我区产业特色和企业需求的区域性工业互联网平台，赋能广大中小制造企业数字化发展。以电梯行业为重点，依托巨人通力、怡达等一批条件好的龙头企业，培育建设一批行业级平台，提升行业发展能力。支持电机、金属线材、木业等行业重点企业建设企业级平台，满足企业数字化建设需求。以平台应用为切入点深化企业上云，组织开展企业上云对标诊断和对接活动，定制个性化的上云解决方案和云应用服务，按企业类型推动基础资源、业务、设备、数据、应用上云，形成可复制的深度用云标杆。到2022年，培育工业互联网平台3个以上，上云企业数量达到3000家，形成区域、行业、企业三位一体的工业互联网服务体系。（责任单位：区发改经信局，各镇、开发区）

4．培育智能化装备产品。实施“智能＋”行动，推动智能传感、机器视觉、移动互联网、智能控制等新技术与装备制造技术融合，大力发展智能电梯、智能电机、智能农机等智能装备新产品，打造智能装备产业集群。加快引进智能化新能源汽车整车制造产业。鼓励企业参与“浙江制造”品牌建设，到2022年，新增“浙江制造”认证证书10张以上、首台（套）产品5个以上。（责任单位：区发改经信局、区科技局、区市场监管局，各镇、开发区）

（二）推进特色行业数字化发展

1．提升发展特色电子商务。加强电子商务培训宣传，推动传统企业“触网”，支持与知名第三方平台、自建平台等开展网络营销。实施集群电商试点，大力发展金属、铜材、丝绸等大宗原材料网上交易和工业电商，助力全区制造企业发展。加强与阿里、京东等电子商务平台对接，做强渔产品等特色农副产品电子商务，优化农村电商服务站和生鲜配送网络，以线上线下融合推动产销对接。研究制定支持跨境电商的政策，鼓励区内企业发展跨境电子商务，扩大海外市场，打造数字化贸易基地。支持电商企业集聚发展，建设一批电子商务产业园和跨境电商园，完善电商物流设施和公共仓储设施。到2022年，实现网络零售额110亿元、跨境电商出口额8亿元，培育年销售额超亿元电商企业4家、电商园

区6个。(责任单位：区商务局、区农业农村局，各镇、开发区)

2．扩大农业渔业数字化应用。推广农业物联网示范，以六大万亩基地为试点，推进物联网技术、智能农机具等在粮食生产加工、水产养殖、蔬果规模化种植等领域中的应用，实现农渔产品生产智能化、精准化。加强智慧农业平台建设和功能体系完善，搭建农业大数据平台，开展农业生产环境监测、病虫害预警、市场预测等服务。建设完善农副产品质量安全管理平台，加强与省市平台对接和数据互联互通，实现区内农渔业生产主体全覆盖和农副产品生产全流程监管。到2022年，建成智能化温室大棚6.7公顷、智慧渔场5个、智慧果园5个，实现农渔业年产值增长10%以上。(责任单位：区农业农村局，各镇、开发区)

3．大力发展数字旅游。深化“一张地图游南浔”建设，进一步拓展和集成景区景点线上导游导览服务，打造南浔数字旅游服务品牌。以南浔古镇景区为重点，部署智能感知设施和智能终端，促进景区内客流引导。建设南浔旅游大数据中心平台，加强全区景点景区、旅游路线、车流客流、酒店饭店等涉旅数据的采集、存储和挖掘，促进全域旅游业态监测、预警调度和服务提升和在线旅游咨询、信息查询、预订及支付服务。加强旅游大数据及旅游电商数据挖掘和关联分析，开展旅游产品精准营销和信息智能推送。到2022年，数字旅游应用覆盖全区景区景点。(责任单位：区文化和广电旅游体育局、度假区管委会、区旅投集团，各镇、开发区)

4．培育数字化服务新业态。创新发展共享经济，以主导产业集群为重点，引进和培育共享服务平台，大力发展现代物流、检验检测、商务咨询、人力资源等生产性服务和生产设备、生产能力、科学仪器共享信息服务，优化社会资源配置。规范推广房屋短租、共享出行、网约车等生活服务领域共享模式。在大型商超、商业综合体、商务楼宇及社区推广智能便利店等新零售服务，在电子政务、公共交通、医疗、教育、商业及便民等生产生活场景中广泛推广移动支付、电子支付等无现金支付新金融服务。到2022年，培育一批服务业数字化转型典型应用。(责任单位：区发改经信局，各镇、开发区)

(三)培育特色数字经济核心产业

1．做强高端电磁线材产业。以高端工业电机、特种电机和智能仪器仪表等应用牵引，支持长城电子、洪波科技等龙头企业加大研发创新投入，开发高温电磁线、耐压耐腐蚀电磁线、特种电磁线等新型产品。推动电磁线行业抱团式发展，加大企业资源、产能和市场渠道整合，培育一批有质量、高效益、竞争力强的企业集团。着眼产业链生态体系构建，精准引进和培育一批铜材加工、精细化工等配套企业，推动入园集聚发展。到2022年，高端电磁线材行业总产值超100亿元，培育主营收入超10亿元企业5家以上。(责任单位：区发改经信局，相关镇、开发区)

2．打造高端电机制造集群。支持南洋电机、太平微特、科宁电机等龙头企业加强技术创新，在微特电机、高端变频电机、高效节能电机、特种电机、伺服电机、永磁无刷电机等技术方向实现突破。进一步发挥我区电机企业集聚优势，做大白色家电电机等主导产品市场规模，加快推进新能源汽车动力电机、高端装备传感电机等新兴产品发展，优化产品结构。强化电机周边产品研发，加强电机芯片、控制器、驱动器及电子元器件开发，构建“整机—零配件—后端服务”电机生态链，提升产业附加值。到2022年，引进和培育一批大企业大集团，形成龙头引领、中小协同的电机制造企业生态，打造具有全国竞争力的百亿级高端电机产业集群。(责任单位：区发改经信局、区科技局、区财政局，相关镇、开发区)

3．着力培育特色数字产业。支持电梯、电机等高端装备制造企业重点开发面向装备制造的嵌入式软件、控制系统及解决方案、面向生产的数据库和面向特殊场景的工业APP。以企业数字化改造为契机，引进和培育一批工业信息工程服务机构，面向全区企业提供工业互联网平台服务、综合解决方案服务、智能化技术改造服务、工业网络服务、工业云服务、数据应用服务、工业软件开发服务等，做大特色的信息服务业。加强与上海等区域对接，加强装备电子、芯片等“硬”制造企业和区块链、大数据等“软”服务企业引进。到2022年，引进数字产业企业20家以上，软件和信息服务主营业务收入突破1亿元。(责任单位：区发改经信局、区商务局、区财政局，各镇、开发区)

(四)加强数字科技创新支撑

1．开展核心技术创新攻关。以电梯、电机等行业为重点组建产业技术创新联盟，建设制造业创新中心。健全企业研究开发机构体系，提升省级重点企业研究院建设成效，支持新建一批研发中心、工程技术中心、企业研究院等载体，提升产业数字化创新能力。以科研平台为依托，在高端电机、智能电梯、智能农机等领域突破一批关键技术和共性技术，形成一批自主产品。以新技术应用为突破口，围绕工业互联网、智能制造系统等领域瓶颈技术开展研究攻关。到2022年，新增省级以上数字经济企业研发机构10家，入选省级重点研发计划项目5项以上，企业专利数量达到400件以上，开发一批拥有自主知识产权的标志性新产品。（责任单位：区科技局、区发改经信局、区市场监管局，各镇、开发区）

2．强化创新成果转化。加强电梯产业科技创新公共服务中心等产学研用平台建设，深化校企校地合作，培育一批科创成果转移转化中心。搭建浙江（南浔）网络科技大市场，建立线上技术需求、技术创新供给、技术交易平台，促进创新成果交易。以电机、电梯等行业为重点，积极创建产业创新服务综合体建设，形成一站式技术转移和创新成果产业化服务链。到2022年，力争创建省级数字经济产业创新服务综合体1个以上，完成技术交易额4亿元。（责任单位：区科技局，各镇、开发区）

（五）构建数字经济核心供给体系

1．引育一批数字经济企业。实施数字经济领航计划，在智能电机、电磁线、装备电子等领域培育一批国际性领军型企业，增强全球行业竞争力。实施“瞪羚计划”，培育一批细分领域单项冠军和隐形冠军。实施科技型企业“雏鹰计划”，深化入库专项培育，形成一批成长性好的科技企业群。持续推进“小升规”，推动数字经济小微企业上规升级，提升企业竞争力。深化“凤凰行动”，推动符合条件的数字经济企业股改、挂牌和上市。到2022年，引进和培育数字经济产业“新牛新象”企业5家以上，累计数字经济领域高新技术企业达到10家以上。（责任单位：区发改经信局、区科技局、区商务局，各镇、开发区）

2．引培一批数字经济菁英人才。开展数字经济人才需求调查，强化“高精尖缺”数字经济人才引进，形成“引进一个人才、带来一个团队、落地一个项目、带动产业优化”的引才生态。实施校企联合培养试点，推动本地大企业与高校联合设立数字工程师学院等平台，培养复合型数字经济技术人才。推行“研究院＋平台＋产业化项目＋产业基金”四位一体引才育才留才模式，培养一批数字经济“新锐”。到2022年，引进和培养数字经济领域国千省千专家4人以上、“南太湖精英”人才40人以上，组织数字经济企业人才培训1000人次以上，实现领军型创业创新团队突破。（责任单位：区委人才办、区人力社保局、区科技局，各镇、开发区）

3．提升一批数字经济集聚平台。加强练市信息机电高新技术产业园建设，进一步完善公共服务，加快创建省级高新技术产业园。推进智能电梯等一批创新型产业平台功能和服务升级，加大招商引资引智力度，促进创新资源集聚。依托小微园和“沪苏绿色智造产业园”建设，打造一批“小而精”的数字经济专业园区、科技孵化器等，集聚产业链上下游企业。以服务提升为重点，引导各类园区、特色小镇等载体建设智慧运营和管控平台、智慧服务平台等，推广园区大脑，提升服务赋能能力。到2022年，新增数字经济产业集聚平台5个，培育数字化园区10个，信息协同、资源协同和创新协同能力大幅提升。（责任单位：区发改经信局、区住建局、市自然资源和规划局南浔分局，各镇、开发区）

（六）释放数字技术应用赋能红利

1．深化数字政府建设。强化政务数据资源整合和共享交换，全面推进“一网通办”和高频民生事项“同城通办”，畅通政企、政民沟通渠道。深化“一窗受理”升级改造和向乡镇延伸，加快“网上涉审中介超市”建设和在线审批平台升级，推动企业投资项目审批提速增效，实现“最多跑一次”。以便民服务中心、企业园区等区域和练市镇、菱湖镇等为重点，部署综合性政务服务自助一体机，打造24小时自助服务区，实现企业和群众办事前置。以“亩均”改革为契机，建设完善亩均综合评价大数据平台，推动与银行、等部门数据联通，延伸探索企业精准信贷等综合服务。（责任单位：区政务服务中心、区大数据服务中心、区发改经信局，各镇、开发区）

2．深化数字民生发展。加快信息技术在民生领域的创新应用，扩大智慧教育、智慧医疗、智慧养老、智慧交通等应用服务。建设完善教育大数据平台，推进VR/AR、智能互动终端等进校园进教室，建设智慧课堂和智慧校园。建设“健康云”，基于云平台打造医疗诊断协同服务体系、分级诊疗服务体系，促进与省市大医院的影像、诊断结果共享，提升基层医疗水平。推广市民卡应用，逐步推动社保、金融等数据融合。积极布局数字化社区和数字乡村建设。到2022年，组织实施民生领域数字化应用示范项目10个以上，民生服务能力大幅提升，群众获得感显著增强。（责任单位：区教育局、区卫生健康局、区民政局，各镇、开发区）

3．深化数字城市建设。围绕城市精细化、可视化和智能化治理，对接市城市数据大脑，规划建设区“城市大脑”，并推动向公共服务、市场监管、社会管理、环境保护等领域拓展应用，促进城市发展平提升。加强水务大数据挖掘，健全智慧水务功能体系，加强水道水面精准监测、水利枢纽智能调度和汛情精准预测预警。建设“五水共治”大数据平台，加强大气环境、水环境等的质量监测数据分析，实现环境风险实时监测和智能预警。深化食品及工业品质量监管大数据开发利用，构建全流程全生命周期的可追溯监管体系建设。推进智慧城管建设，实现交通违法抓拍、市容管理等的数字化、网络化、智能化。到2022年，基本建成南浔“城市大脑”框架体系，水务、市场监管、城市管理数字化应用持续深化，城市治理能力显著提升。（责任单位：区大数据服务中心、区水利局、市生态环境局南浔分局、区市场监管局、区综合执法局，各镇、开发区）

4．推进数字强基。实施“万兆光网”进园入楼入企工程，建设高质量的网络接入设施，支撑数字经济企业发展。推动区内铁塔基站共建共享和设施升级，推广5G技术应用，提升4G网络服务质量。推广窄带物联网（NB－IoT）、5G、工业无源光网络等技术在车间、工厂中的应用，改造提升企业内外网络环境，有效支撑工业互联网等新技术应用。到2022年，力争5G网络实现全区覆盖，90%以上规上工业企业实现内外网IP化、柔性化改造。（责任单位：电信南浔分公司、移动南浔分公司、联通南浔分公司、华数南浔分公司，各镇、开发区）

五、保障措施

（一）强化组织领导

成立以区委书记、区长为组长、区委副书记、副区长为副组长、相关责任部门主要领导为成员的区数字经济发展工作领导小组，统筹顶层设计、决策研究、重大事项推进及重大问题协调。领导小组下设办公室，设在区发改经信局，负责推进日常工作。建立联席会商机制，动员区内重点企业、产业园区积极参与，及时协调解决各类难题。各镇、开发区应结合地方实际，建立相应的组织机制，加强属地数字经济发展领导。（责任部门：区数字经济发展领导小组）

（二）强化成效考评

制定年度实施计划和任务分工，相关责任部门要结合各自职责，明确工作推进路线图、时间表和任务书，定期汇报落实情况。研究建立我区数字经济工作推进成效考核评价体系，加强目标考核和动态督查，将考核评价结果纳入对各镇、开发区和区级部门的年度绩效考核中。加大对考核优秀单位的激励力度，发挥带头示范作用。（责任部门：区数字经济发展领导小组各成员单位）

（三）强化政策保障

研究出台我区加快推进数字经济发展的专项政策，优化科技创新、人才引育、产业扶持、园区发展等系列举措。统筹区工业和信息化财政资金，积极争取省、市资金支持，设立区数字经济发展专项扶持资金，支持数字经济平台建设、产业创新和招商引智。协调金融机构加强对数字经济企业的精准信贷支持。以亩均综合评价为抓手，增加对评价结果首档数字经济企业的资源要素配置。（责任部门：区发改经信局、区财政局，各镇、开发区）

（四）强化示范引导

在数字产业化、产业数字化和数字政府领域组织实施试点示范，对列入示范的优先推荐申报国家和省、市试点示范。鼓励区内企业积极申报创建省级以上智能制造、智能化技术改造、工业技术软件化创新、工业互联网应用等试点示范。加强新应用、新技术、新成果和典型案例的总结，走出一条具有特色的南浔之路。（责任部门：区发改经信局、区财政局，各镇、开发区）

（五）强化氛围营造

召开区数字经济发展动员大会，提升全社会思想认识和实践能力。举办数字经济高级研讨班，将数字经济专业知识纳入党政干部理论培训体系。以园区等产业平台为单位，组织数字经济政策宣贯活动。围绕产业数字化和数字产业化，组织举办多层次交流对接、考察、行业峰会等活动，利用多种媒体渠道加强宣传，营造全社会参与的良好氛围。（责任部门：区委宣传部、区发改经信局、区政务办，各镇、开发区）

附件：南浔区数字经济发展领导小组名单（略）

湖州市南浔区人民政府办公室关于公布区政府及区政府办公室行政规范性文件清理结果的通知

浔政办发〔2019〕65号

2019年10月30日

各镇人民政府，南浔经济开发区管委会，区府各部门，区直各单位：

根据《浙江省行政规范性文件管理办法》（省政府令第372号）规定和《浙江省司法厅关于进一步加强行政规范性文件制定和监督管理工作的通知》（浙司〔2019〕45号）工作部署，经区政府同意，区司法局对2003年至2018年区政府继续执行的176件行政规范性文件进行了清理。经过清理，拟修改的行政规范性文件6件，废止的行政规范性文件32件，继续执行的行政规范性文件138件。经区政府第53次常务会议审议通过，现将清理结果予以公布。

本通知自公布之日起施行。

附件：1．拟修改的行政规范性文件目录

2．废止的行政规范性文件目录

3．继续执行的行政规范性文件目录

附件1

拟修改的行政规范性文件目录

表15

序号	文号	文件名称	牵头实施单位
1	浔政办发〔2016〕75号	湖州市南浔区人民政府办公室关于全面推行水利工程标准化管理的实施意见	水利局
2	浔政办发〔2015〕145号	湖州市南浔区人民政府办公室关于印发南浔区圩区建设与运行管理办法（试行）的通知	水利局
3	浔政办发〔2015〕146号	湖州市南浔区人民政府办公室关于印发南浔区小型农田水利设施确权发证办法（试行）的通知	水利局
4	浔政发〔2015〕17号	湖州市南浔区人民政府关于实行最严格水资源管理制度全面推进水生态文明建设的意见	水利局
5	浔政办发〔2006〕35号	南浔区人民政府办公室转发区社会发展局区财政局关于调整计划生育手术经费包干办法的通知	卫生健康局
6	浔政办发〔2017〕127号	湖州市南浔区人民政府办公室关于印发南浔区精准支持服务业发展若干政策意见的通知	发改经信局

附件 2

废止的行政规范性文件目录

表 16

序号	文号	文件名称	牵头实施单位
1	浔政办发〔2016〕13 号	湖州市南浔区人民政府办公室关于印发南浔区加快科技创新二十条政策的通知	科技局
2	浔政办发〔2016〕19 号	湖州市南浔区人民政府办公室关于印发湖州市南浔区农林发展局（湖州市南浔区农业和农村工作办公室）主要职责内设机构和人员编制规定的通知	区委编办
3	浔政办发〔2016〕77 号	湖州市南浔区人民政府办公室关于印发南浔区加强行政审批中介机构诚信体系建设指导意见的通知	政务办
4	浔政办发〔2016〕78 号	湖州市南浔区人民政府办公室关于印发南浔区农村生活污水治理设施运行维护管理暂行办法的通知	住建局
5	浔政办发〔2016〕103 号	湖州市南浔区人民政府办公室关于促进电子商务加快发展的若干政策意见（修订）	商务局
6	浔政办发〔2015〕80 号	湖州市南浔区人民政府办公室关于印发南浔区餐桌安全治理行动三年计划（2015—2017 年）的通知	市场监管局
7	浔政办发〔2015〕108 号	湖州市南浔区人民政府办公室关于印发湖州市南浔区“小微企业三年成长计划”实施方案（2015—2017 年）的通知	市场监管局
8	浔政发〔2015〕10 号	湖州市南浔区人民政府关于印发南浔区工业企业差别电价政策实施办法（试行）的通知	发改经信局
9	浔政办发〔2013〕18 号	南浔区人民政府办公室关于印发南浔区整治“黑烟囱”长效监督管理实施细则的通知	生态环境分局
10	浔政办发〔2013〕51 号	南浔区人民政府办公室关于印发南浔区计划生育公益金管理办法（修订）的通知	卫生健康局
11	浔政办发〔2013〕88 号	湖州市南浔区人民政府办公室关于加强南浔区集中供热管理的通知	发改经信局
12	浔政办发〔2012〕47 号	南浔区人民政府办公室转发区科技局等部门关于加强国家重点扶持高新技术企业认定和管理工作的意见（试行）的通知	科技局
13	浔政办发〔2012〕81 号	南浔区人民政府办公室转发区民政局关于建立低收入家庭收入核定制度的实施意见的通知	民政局
14	浔政办发〔2012〕97 号	南浔区人民政府办公室关于印发南浔区流动人口计划生育均等化服务优惠奖励实施办法（试行）的通知	卫生健康局
15	浔政发〔2012〕19 号	南浔区人民政府关于调整区对南浔经济开发区财政管理体制的意见	财政局
16	浔政发〔2012〕21 号	南浔区人民政府关于加强和改进消防工作的实施意见	消防大队

续表 16

序号	文号	文件名称	牵头实施单位
17	浔政办发〔2011〕24 号	南浔区人民政府办公室印发关于进一步规范无证无照经营行为查处和监管工作实施意见的通知	市场监管局
18	浔政办发〔2011〕57 号	南浔区人民政府办公室关于印发南浔区开展品牌强镇创建工作实施意见的通知	市场监管局
19	浔政办发〔2011〕60 号	南浔区人民政府办公室关于印发南浔区农村土地整治以奖代补资金实施办法（试行）的通知	自然资源和规划 分局
20	浔政办发〔2011〕64 号	南浔区人民政府办公室关于印发南浔区科技创业园科创型企业入驻暂行办法的通知	科技局
21	浔政办发〔2011〕76 号	南浔区人民政府办公室关于印发建设用地优化配置实施办法（试行）的通知	自然资源和规划 分局
22	浔政办发〔2011〕79 号	南浔区人民政府办公室关于印发南浔区国有投融资公司监管暂行办法的通知	财政局
23	浔政办发〔2011〕80 号	南浔区人民政府办公室关于印发南浔区农村土地整治项目节余指标管理使用办法的通知	自然资源和规划 分局
24	浔政发〔2011〕12 号	南浔区人民政府关于印发南浔区项目评估办法（试行）的通知	发改经信局
25	浔政办发〔2010〕60 号	南浔区人民政府办公室关于印发南浔区产业项目建设保证金暂行办法的通知	发改经信局
26	浔政办发〔2010〕103 号	南浔区人民政府办公室关于印发南浔区打击侵犯知识产权和制售假冒伪劣商品专项行动方案的通知	市场监管局
27	浔政办发〔2007〕51 号	南浔区人民政府办公室关于印发《南浔区提高土地集约利用暂行办法》的通知	发改经信局
28	浔政办发〔2005〕52 号	南浔区人民政府办公室关于进一步深化殡葬改革加快推进生态葬法工作的意见	民政局
29	浔政发〔2005〕23 号	南浔区人民政府关于切实加强动物防疫工作的通知	农业农村局
30	浔政发〔2004〕14 号	南浔区人民政府关于切实规范建设用地管理秩序的通知	自然资源和规划 分局
31	浔政发〔2003〕37 号	南浔区人民政府关于印发南浔区贯彻《中华人民共和国人口与计划生育法》和《浙江省人口与计划生育条例》实施意见的通知	卫生健康局
32	浔政办发〔2013〕97 号	湖州市南浔区人民政府办公室关于印发南浔区村级小额工程项目管理办法的通知	区纪委

附件 3

继续执行的行政规范性文件目录

表 17

序号	文号	文件名称	牵头实施单位
1	政府令 6 号	南浔历史文化保护区禁止燃放烟花爆竹暂行规定	公安分局
2	政府令 9 号	湖州市南浔区行政规范性文件管理办法	司法局
3	政府令 12 号	南浔区人民政府重大行政决策程序规定	司法局
4	浔政办发〔2018〕2 号	湖州市南浔区人民政府办公室关于印发南浔区国有渔业水域管理暂行办法的通知	农业农村局
5	浔政办发〔2018〕20 号	湖州市南浔区人民政府办公室关于进一步加强“地沟油”综合治理工作的实施意见	市场监管局
6	浔政办发〔2018〕29 号	湖州市南浔区人民政府办公室关于印发南浔区企业投资项目“标准地”模式实施方案和南浔区企业投资项目“一窗服务”改革实施方案的通知	发改经信局
7	浔政办发〔2018〕33 号	湖州市南浔区人民政府办公室关于印发南浔区支持和鼓励开放型经济发展十条政策的通知	商务局
8	浔政通〔2018〕1 号	湖州市南浔区人民政府关于确定禁止销售燃放烟花爆竹其他区域的通告	司法局
9	浔政办发〔2018〕35 号	湖州市南浔区人民政府办公室关于印发南浔区全面推进农业水价综合改革工作指导意见的通知	水利局
10	浔政办发〔2018〕38 号	湖州市南浔区人民政府办公室关于进一步扶持众创空间发展的十二条意见	科技局
11	浔政办发〔2018〕41 号	湖州市南浔区人民政府办公室关于印发南浔中心城区单位生活垃圾强制分类实施方案的通知	综合执法局
12	浔政办发〔2018〕43 号	湖州市南浔区人民政府办公室关于印发《南浔区中小学生集中接送工作管理办法（修订)》的通知	教育局
13	浔政发〔2018〕14 号	湖州市南浔区人民政府关于深化“亩均论英雄”改革促进高质量发展的实施意见	发改经信局
14	浔政办发〔2018〕65 号	湖州市南浔区人民政府办公室关于印发南浔区工业污泥清运处置管理暂行办法的通知	生态环境分局
15	浔政办发〔2018〕88 号	湖州市南浔区人民政府办公室关于公布区政府及区政府办公室规范性文件专项清理结果的通知	司法局
16	浔政办发〔2018〕92 号	湖州市南浔区人民政府办公室关于印发南浔区消防安全责任制实施办法的通知	消防大队
17	浔政办发〔2018〕107 号	湖州市南浔区人民政府办公室关于印发南浔区畜禽养殖废弃物高水平资源化利用工作方案的通知	农业农村局

续表 17

序号	文号	文件名称	牵头实施单位
18	浔政办发〔2018〕112 号	湖州市南浔区人民政府办公室关于印发南浔区稻渔生态种养发展实施意见的通知	农业农村局
19	浔政办发〔2018〕128 号	湖州市南浔区人民政府办公室关于印发南浔区加快推进农村电子商务发展实施方案的通知	农业农村局
20	浔政办发〔2018〕130 号	湖州市南浔区人民政府办公室关于印发南浔区“厨房革命”三年行动方案（2018—2020 年）的通知	市场监管局
21	浔政办发〔2018〕133 号	湖州市南浔区人民政府办公室关于印发南浔区推进城镇人口密集区危险化学品生产企业搬迁改造实施方案的通知	发改经信局
22	浔政办发〔2018〕136 号	湖州市南浔区人民政府办公室关于废止部分行政规范性文件的通知	司法局
23	浔政发〔2017〕12 号	湖州市南浔区人民政府关于大力促进健康产业发展的实施意见	发改经信局
24	浔政办发〔2017〕18 号	湖州市南浔区人民政府办公室关于印发南浔区秸秆压捆作业机械“以奖代补”实施方案的通知	农业农村局
25	浔政办发〔2017〕23 号	湖州市南浔区人民政府办公室关于印发南浔区农村公路养护与管理办法（2017 年修订）的通知	交通局
26	浔政办发〔2017〕39 号	湖州市南浔区人民政府办公室关于印发南浔区公共资源交易管理暂行办法的通知	政务办
27	浔政通〔2017〕2 号	湖州市南浔区人民政府关于实施禁渔期制度的通告	农业农村局
28	浔政办发〔2017〕81 号	湖州市南浔区人民政府办公室关于印发南浔区农村公路提升工程建设管理办法的通知	交通局
29	浔政办发〔2017〕84 号	湖州市南浔区人民政府办公室关于进一步加强政保合作加快发展现代保险业的实施意见	发改经信局
30	浔政办发〔2017〕89 号	湖州市南浔区人民政府办公室关于印发南浔区盐业体制改革实施方案的通知	发改经信局
31	浔政发〔2017〕25 号	湖州市南浔区人民政府关于印发南浔区城中村改造征收集体土地房屋补偿和货币化安置奖励的实施细则（试行）的通知	住建局
32	浔政办发〔2017〕114 号	湖州市南浔区人民政府办公室关于公布区政府及区政府办公室行政规范性文件清理结果的通知	司法局
33	浔政办发〔2017〕125 号	湖州市南浔区人民政府办公室关于印发《南浔区贯彻〈中华人民共和国人口与计划生育法〉和〈浙江省人口与计划生育条例〉实施意见》的通知	卫生健康局
34	浔政办发〔2017〕130 号	湖州市南浔区人民政府办公室关于印发南浔区加快科技创新若干政策的通知	科技局

续表 17

序号	文号	文件名称	牵头实施单位
35	浔政办发〔2017〕149 号	湖州市南浔区人民政府办公室关于印发区政府行政规范性文件征求意见工作实施细则的通知	司法局
36	浔政办发〔2017〕150 号	湖州市南浔区人民政府办公室关于印发《南浔区计划生育公益金实施细则》的通知	卫生健康局
37	浔政发〔2017〕28 号	湖州市南浔区人民政府关于划转部分行政处罚权及相关职权的通告	司法局
38	浔政办发〔2017〕162 号	湖州市南浔区人民政府办公室关于推进政府职能向社会组织转移的实施意见	区委编办
39	浔政办发〔2017〕163 号	湖州市南浔区人民政府办公室关于贯彻落实湖州市建设国家绿色金融改革创新试验区的若干意见	发改经信局
40	浔政办发〔2017〕166 号	湖州市南浔区人民政府办公室关于印发南浔区企业投资项目承诺报备制改革试点方案的通知	发改经信局
41	浔政办发〔2017〕169 号	湖州市南浔区人民政府办公室关于进一步加强全区文物保护工作的实施意见	文化和广电旅游体育局
42	浔政办发〔2017〕175 号	湖州市南浔区人民政府办公室关于印发南浔区推进安全生产社会化服务工作的实施办法的通知	应急管理局
43	浔政办发〔2016〕24 号	湖州市南浔区人民政府办公室关于印发南浔区农村综合产权流转交易管理办法（2016 年修订）的通知	农业农村局
44	浔政办发〔2016〕69 号	湖州市南浔区人民政府办公室关于调整促进民营医疗机构加快发展的实施意见部分内容的通知	卫生健康局
45	浔政办发〔2016〕84 号	湖州市南浔区人民政府办公室关于印发南浔区畜禽养殖禁限养区划分方案的通知	农业农村局
46	浔政办发〔2016〕85 号	湖州市南浔区人民政府办公室关于全面建立耕地保护补偿机制的通知	自然资源和规划分局
47	浔政办发〔2016〕118 号	湖州市南浔区人民政府办公室关于印发南浔区支持工会开展劳动法律监督办法的通知	总工会
48	浔政办发〔2016〕124 号	湖州市南浔区人民政府办公室转发区卫计局等六部门关于南浔区疾病应急救助制度试行办法的通知	卫生健康局
49	浔政办发〔2016〕126 号	湖州市南浔区人民政府办公室关于印发南浔区乡村民宿管理办法（试行）的通知	文化和广电旅游体育局
50	浔政发〔2016〕15 号	湖州市南浔区人民政府关于印发加快推进残疾人全面小康进程实施办法的通知	民政局
51	浔政发〔2016〕17 号	湖州市南浔区人民政府关于划转部分行政处罚权及相关职权的通告	司法局

续表 17

序号	文号	文件名称	牵头实施单位
52	浔政办发〔2015〕2 号	湖州市南浔区人民政府办公室关于印发南浔区农村村民建房审批管理实施细则的通知	农业农村局
53	浔政办发〔2015〕25 号	湖州市南浔区人民政府办公室关于加强打击非法电捕行为的实施意见	农业农村局
54	浔政办发〔2015〕71 号	湖州市南浔区人民政府办公室关于加强职业卫生监管工作的实施意见	卫生健康局
55	浔政办发〔2015〕73 号	湖州市南浔区人民政府办公室关于印发南浔区欠薪应急周转资金管理暂行办法的通知	人力社保局
56	浔政办发〔2015〕74 号	湖州市南浔区人民政府办公室关于印发南浔区建设占用耕地表土剥离和再利用暂行办法的通知	自然资源和规划分局
57	浔政办发〔2015〕95 号	湖州市南浔区人民政府办公室关于印发湖州市南浔区产业投资引导基金管理暂行办法的通知	财政局
58	浔政办发〔2015〕99 号	湖州市南浔区人民政府办公室关于印发南浔区工业企业“零土地”技术改造项目审批方式改革实施方案的通知	发改经信局
59	浔政办发〔2015〕100 号	湖州市南浔区人民政府办公室关于印发南浔区生产建设项目水土保持方案编报审批管理办法的通知	水利局
60	浔政办发〔2015〕101 号	湖州市南浔区人民政府办公室关于印发南浔区深化土地要素市场化配置严格项目开竣工延期审查实施办法的通知	自然资源和规划分局
61	浔政办发〔2015〕130 号	湖州市南浔区人民政府办公室关于公布全区行政许可事项目录（2015 年）的通知	司法局
62	浔政办发〔2015〕144 号	湖州市南浔区人民政府办公室关于公布区政府及区政府办公室行政规范性文件清理结果的通知	司法局
63	浔政办发〔2015〕149 号	湖州市南浔区人民政府办公室关于印发南浔区公共租赁住房保障实施细则（2015 年修订）的通知	住建局
64	浔政办发〔2015〕151 号	湖州市南浔区人民政府办公室关于印发南浔区农村居民建房审批管理实施细则的通知	自然资源和规划分局
65	浔政办发〔2015〕153 号	湖州市南浔区人民政府办公室关于促进社会资本进入公共设施领域建设与运营的实施意见	财政局
66	浔政发〔2015〕13 号	湖州市南浔区人民政府关于加快发展现代农业的若干政策意见	农业农村局
67	浔政发〔2015〕15 号	湖州市南浔区人民政府关于印发南浔区地名管理实施细则的通知	民政局
68	浔政发〔2015〕18 号	湖州市南浔区人民政府关于促进民营医疗机构加快发展的实施意见	卫生健康局

续表 17

序号	文号	文件名称	牵头实施单位
69	浔政发〔2015〕19 号	南浔区人民政府 南浔区人民武装部关于进一步加强军人军属法律援助工作服务保障国防和军队建设的意见	人武部
70	浔政办发〔2014〕31 号	湖州市南浔区人民政府办公室关于规范生猪养殖管理的实施意见（试行）	农业农村局
71	浔政办发〔2014〕32 号	湖州市南浔区人民政府办公室关于印发南浔区跨行政区域河流交接断面水质保护管理考核细则（试行）的通知	生态环境分局
72	浔政办发〔2014〕34 号	湖州市南浔区人民政府办公室关于加快电子商务发展的实施意见	商务局
73	浔政办发〔2014〕52 号	湖州市南浔区人民政府办公室关于印发南浔区企业安全生产诚信管理办法的通知	应急管理局
74	浔政办发〔2014〕54 号	湖州市南浔区人民政府办公室关于印发南浔区租赁经营企业工资支付担保制度试行办法的通知	人力社保局
75	浔政办发〔2014〕60 号	州市南浔区人民政府办公室关于土地竣工复核验收有关工作的补充意见	自然资源和规划分局
76	浔政办发〔2014〕61 号	湖州市南浔区人民政府办公室关于印发南浔区深化节约集约用地推进空间换地实施方案的通知	自然资源和规划分局
77	浔政办发〔2014〕63 号	湖州市南浔区人民政府办公室关于加强电梯安全管理工作的实施意见	市场监管局
78	浔政办发〔2014〕65 号	湖州市南浔区人民政府办公室关于印发加快推进新型职业农民培育实施意见的通知	农业农村局
79	浔政办发〔2014〕73 号	湖州市南浔区人民政府办公室关于调整离休退休劳动模范荣誉津贴标准的通知	人力社保局
80	浔政办发〔2014〕76 号	湖州市南浔区人民政府办公室关于印发南浔区农村流转土地经营权登记管理办法（试行）的通知	农业农村局
81	浔政办发〔2014〕77 号	湖州市南浔区人民政府办公室关于印发南浔区农村宅基地确权登记发证工作实施细则的通知	自然资源和规划分局
82	浔政办发〔2014〕81 号	湖州市南浔区人民政府办公室关于印发进一步加强国有土地使用权出让收支管理的意见的通知	自然资源和规划分局
83	浔政办发〔2014〕83 号	湖州市南浔区人民政府办公室关于印发南浔区加强食品安全基层责任网络建设实施办法的通知	市场监管局
84	浔政办发〔2014〕95 号	湖州市南浔区人民政府办公室关于印发《南浔区打击非法行医综合治理暂行办法》的通知	卫生健康局
85	浔政办发〔2014〕97 号	湖州市南浔区人民政府办公室关于促进房地产市场平稳健康发展的若干意见	住建局

续表 17

序号	文号	文件名称	牵头实施单位
86	浔政办发〔2014〕101 号	湖州市南浔区人民政府办公室关于印发《南浔区政府信息主动公开办法（试行）》等试行办法的通知	政府办
87	浔政办发〔2014〕105 号	湖州市南浔区人民政府办公室关于全面禁止秸秆露天焚烧加快推进秸秆综合利用的实施意见	农业农村局
88	浔政办发〔2014〕113 号	湖州市南浔区人民政府办公室关于印发南浔区城镇污水集中处理设施管理办法（试行）的通知	住建局
89	浔政办发〔2014〕116 号	湖州市南浔区人民政府办公室关于进一步加强老年体育工作的意见	文化和广电旅游体育局
90	浔政办发〔2014〕136 号	湖州市南浔区人民政府办公室关于印发南浔区计划生育特殊家庭特别扶助实施意见（试行）的通知	卫生健康局
91	浔政发〔2014〕19 号	湖州市南浔区人民政府关于公布区政府及区政府办公室行政规范性文件清理结果的通知	司法局
92	浔政办发〔2013〕32 号	南浔区人民政府办公室关于印发进一步加强农产品质量安全监管工作实施意见的通知	农业农村局
93	浔政办发〔2013〕47 号	南浔区人民政府办公室关于印发南浔区促进个体工商户转型升级为企业及小微企业规范升级政策意见的通知	发改经信局
94	浔政办发〔2013〕57 号	湖州市南浔区人民政府办公室关于印发南浔区行政复议工作守则（试行）的通知	司法局
95	浔政办发〔2013〕58 号	湖州市南浔区人民政府办公室关于印发南浔区行政复议听证程序规定（试行）的通知	司法局
96	浔政办发〔2013〕59 号	湖州市南浔区人民政府办公室关于印发南浔区行政复议办案程序规范的通知	司法局
97	浔政办发〔2013〕72 号	湖州市南浔区人民政府办公室关于印发南浔区进一步加强殡葬管理工作实施意见的通知	民政局
98	浔政办发〔2012〕41 号	南浔区人民政府办公室关于印发南浔区公立医院综合改革试点工作实施意见的通知	卫生健康局
99	浔政办发〔2012〕58 号	南浔区人民政府办公室关于进一步加强出生人口性别比综合治理工作的实施意见	卫生健康局
100	浔政办发〔2012〕61 号	南浔区人民政府办公室关于印发南浔区药品安全责任追究暂行办法的通知	市场监管局
101	浔政办发〔2012〕99 号	南浔区人民政府办公室关于印发南浔区建设领域重大事项公示和听证办法的通知	住建局
102	浔政办发〔2012〕100 号	南浔区人民政府办公室关于印发南浔区政府投资项目施工和监理企业行为考核管理办法的通知	发改经信局

续表 17

序号	文号	文件名称	牵头实施单位
103	浔政办发〔2012〕101 号	南浔区人民政府办公室关于加强南浔城区规划范围内农民新村建设的管理意见	自然资源和规划分局
104	浔政办发〔2012〕105 号	南浔区人民政府办公室关于印发南浔区处置境外经贸纠纷和突发事件暂行办法的通知	商务局
105	浔政办发〔2012〕117 号	南浔区人民政府办公室关于印发南浔区工程建设项目地震安全性评价管理工作纳入审批程序实施办法的通知	应急管理局
106	浔政发〔2012〕12 号	南浔区人民政府关于印发南浔区区级行政事业单位国有资产处置管理暂行办法的通知	财政局
107	浔政发〔2012〕23 号	南浔区人民政府关于推进低效利用建设用地二次开发的实施意见	自然资源和规划分局
108	浔政发〔2012〕24 号	南浔区人民政府关于进一步深化全区土地节约集约利用的实施意见	自然资源和规划分局
109	浔政发〔2012〕28 号	南浔区人民政府关于政府投资重点建设项目实行双公示制的通知	住建局
110	浔政发〔2012〕34 号	南浔区人民政府关于加快推进养老服务体系建设的实施意见	民政局
111	浔政办发〔2011〕75 号	南浔区人民政府办公室关于印发推进土地节约集约利用的若干规定的通知	自然资源和规划分局
112	浔政办发〔2011〕126 号	南浔区人民政府办公室关于印发南浔区基层防汛防台体系管理实施办法试行的通知	应急管理局
113	浔政办发〔2010〕26 号	南浔区人民政府办公室转发区教育局等部门关于积极推进成人双证制教育培训工作的实施意见	教育局
114	浔政办发〔2010〕39 号	南浔区人民政府办公室关于印发南浔区校园安全“三防”建设管理规范的通知	教育局
115	浔政办发〔2010〕46 号	南浔区人民政府办公室关于印发南浔区加快农村房屋改造建设若干政策意见（试行）的通知	自然资源和规划分局
116	浔政办发〔2010〕52 号	南浔区人民政府办公室关于进一步加强社会福利中心敬老院安全管理工作的通知	民政局
117	浔政办发〔2010〕84 号	南浔区人民政府办公室关于印发南浔区政府投资项目实施代建制暂行规定的通知	住建局
118	浔政办发〔2010〕85 号	南浔区人民政府办公室关于印发南浔区政府投资项目公示办法（试行）的通知	发改经信局
119	浔政办发〔2010〕93 号	南浔区人民政府办公室关于加快推进残疾人社会保障体系和服务体系建设的通知	民政局

续表 17

序号	文号	文件名称	牵头实施单位
120	浔政办发〔2010〕96 号	南浔区人民政府办公室关于印发南浔区三位一体农业公共服务体系建设的实施方案的通知	农业农村局
121	浔政办函〔2010〕3 号	南浔区人民政府办公室关于提高上海农婚知青生活补助标准的函	民政局
122	浔政办发〔2009〕26 号	南浔区人民政府办公室关于区污水处理设施建设管理指导性意见的通知	住建局
123	浔政办发〔2009〕49 号	南浔区人民政府办公室关于印发南浔区旅游业发展总体规划（2009～2025）的通知	文化和广电旅游体育局
124	浔政办发〔2009〕80 号	南浔区人民政府办公室转发区发展改革与经济贸易局区财政局关于进一步加强政府投资项目管理的通知	发改经信局
125	浔政办发〔2009〕86 号	南浔区人民政府办公室转发区人力资源局区总工会区发改经贸局区司法局关于建立健全南浔区基层劳动争议调解组织实施意见的通知	人力社保局
126	浔政发〔2009〕15 号	南浔区人民政府关于健康宝宝计划实施办法的通知	卫生健康局
127	浔政发〔2009〕17 号	南浔区人民政府关于印发南浔教育奖评选奖励办法的通知	教育局
128	浔政办发〔2008〕7 号	南浔区人民政府办公室转发区总工会等部门关于南浔区企业职工免费健康体检实施办法的通知	总工会 ·
129	浔政办发〔2008〕8 号	南浔区人民政府办公室关于印发南浔区污水处理费征收使用管理规定（试行）的通知	住建局
130	浔政办发〔2008〕51 号	南浔区人民政府办公室关于在全区推行婚前免费医学检查的意见	卫生健康局
131	浔政办发〔2008〕102 号	南浔区人民政府办公室转发区卫生计生局区财政局关于计划生育家庭特别扶助制度实施意见的通知	卫生健康局
132	浔政办发〔2008〕113 号	南浔区人民政府办公室关于印发《南浔城市公用事业（电力）附加费收支管理办法》的通知	住建局
133	浔政发〔2007〕9 号	南浔区人民政府关于印发南浔区大中型水库移民后期扶持直接补助资金发放工作实施方案的通知	民政局
134	浔政发〔2007〕23 号	南浔区人民政府关于实施义务教育经费保障机制改革的通知	教育局
135	浔政办发〔2006〕68 号	南浔区人民政府办公室转发区教育局等部门《关于南浔区义务教育免除学杂费实施意见》的通知	教育局
136	浔政发〔2006〕18 号	南浔区人民政府关于印发南浔区扶持救助残疾人实施办法的通知	民政局
137	浔政发〔2006〕23 号	南浔区人民政府关于印发优待老年人实施办法的通知	民政局
138	浔政办发〔2005〕41 号	南浔区人民政府办公室转发区民政局区财政局关于建立在乡重点优抚对象优抚标准自然增长机制意见的通知	退役军人事务局

统计资料

·2019年南浔区国民经济和社会发展统计公报·

2019年，面对各种因素叠加影响的经济下行压力，全区上下认真贯彻中央和省、市决策部署，统筹抓好稳增长、促改革、调结构、惠民生、防风险、保稳定各项工作，确保高水平全面建成小康社会，重塑“水晶晶南浔”，高质量打造湖州“开放东大门、创业新高地”，全力推动高质量赶超发展，全区经济实现平稳增长。

一、综合

初步核算，2019年，南浔区地区生产总值（GDP）为458.01亿元，比2018年增长7.3%。分产业看，第一产业增加值23.99亿元，增长3.3%；第二产业增加值273.45亿元，增长7.5%；第三产业增加值160.57亿元，增长7.6%。三次产业增加值结构比例为5.2∶59.7∶35.1，第三产业比重比2018年提高0.6个百分点。按户籍人口计算的人均GDP为93310元，增长7.3%，折合13526美元；按常住人口计算的人均GDP为82621元，增长7.1%，折合11977美元。

根据中国GDP核算制度和第四次全国经济普查修订结果，2018年南浔区GDP为426.47亿元，三次产业增加值结构为5.4∶60.1∶34.5。

2019年南浔区GDP各行业增加值情况一览表

表18

	总量（亿元）	可比价增幅（%）
地区生产总值	458.01	7.3
#第一产业	23.99	3.3
#工业	255.46	8.0
建筑业	18.03	-0.4
第三产业	160.57	7.6
#交通运输、仓储和邮政业	4.91	-1.4
批发和零售业	36.70	5.1
住宿和餐饮业	8.00	0.6
金融业	40.75	15.1
房地产业	20.21	4.8
营利性服务业	19.87	7.0
非营利性服务业	27.01	7.7

二、农业和农村

全年实现农林牧渔业总产值43.22亿元，比2018年增长3.2%。其中，农业产值10.03亿元，增长1.1%；林业产值0.05亿元，同2018年持平；牧业产值6.62亿元，下降0.8%；渔业产值22.01亿元，增长5.0%。经济作物播种面积11920公顷，其中蔬菜面积5793.3公顷，花卉苗木面积1786.7公顷；油菜籽产量0.76万吨；生猪出栏7.95万头，增长20.6%；肉类总产量2.80万吨，增长11.1%；蚕茧产量0.26万吨，增长1.4%；家禽出栏1354.63万羽，增长21.0%；禽蛋产量0.80万吨，下降2.5%；水产品产量17.64万吨，增长15.0%。

2019年新认定市级农业“大好高”项目8个，竣工8个，完成投资3.02亿元；累计推进市级农业“大好高”项目17个，完成投资4.1亿元；新增家庭农场127家，累计达472家，其中市级以上13家；培育市级以上农业龙头企业6家，省级农业产业化联合体1个；新培育乡创客52人，落地项目18个。

三、工业

全区规模以上工业实现增加值152.50亿元，按可比价计算，比2018年增长7.9%，其中轻工业44.74亿元，重工业107.76亿元，分别增长3.0%和10.1%。31个大类行业中，有18个行业增加值实现增长，5个行业超过10亿元。其中，通用设备制造业27.53亿元，增长11.9%；纺织业20.95亿元，增长9.7%；电气机械和器材制造业19.66亿元，增长14.9%；木材加工和木、竹、藤、棕、草制品业19.30亿元，增长2.2%；黑色金属冶炼和压延加工业13.97亿元，增长5.5%。从重点产业看，高新技术产业83.21亿元，增长8.1%，占比为54.6%；战略性新兴产业43.18亿元，增长5.7%，占比为28.3%；装备制造业53.65亿元，增长10.4%，占比35.2%。

全年规模以上工业实现营业收入905.67亿元，比2018年增长3.5%；利税71.87亿元，其中利润44.74亿元，分别增长4.0%和3.5%。电气机械和器材制造业，通用设备制造业，木材加工和木、竹、藤、棕、草制品业达到“营业收入超100亿元”，共实现营业收入386.39亿元，占全部规模以上工业的42.7%。6个行业利税超过5亿元，其中，通用设备制造业12.34亿元，增长4.1%；黑色金属冶炼和压延加工业11.43亿元，增长42.4%；电气机械和器材制造业9.39亿元，下降8.1%；木材加工和木、竹、藤、棕、草制品业8.43亿元，增长3.1%；纺织业7.01亿元，增长10.1%；非金属矿物制品业5.21亿元，增长10.7%。

全区市级工业“大好高”项目32个，其中，5亿~10亿元项目1个，10亿~20亿元项目2个，20亿元以上项目1个。

四、固定资产投资和建筑业

全年固定资产投资额比2018年增长13.5%，分产业看，工业投资增长29.5%，服务业投资增长8.1%。从结构性看，民间投资下降2.3%；交通投资增长35.0%；高新技术产业投资增长77.2%；生态环保与公共设施投资增长31.2%。

全年完成房地产开发投资68.30亿元，比2018年下降12.5%。全年房屋施工面积390.21万平方米，增长23.3%，其中新开工面积134.68万平方米，下降9.7%；商品房销售面积106.56万平方米，下降9.7%，其中住宅90.58万平方米，下降23.9%；商品房销售额97.16亿元，下降9.2%，其中住宅91.12亿元，下降10.7%。

全区年末拥有建筑企业27家，其中一级资质企业2家。全年建筑企业完成建筑业增加值18.03亿元，占GDP比重3.9%；房屋建筑施工面积284.91万平方米，增长2.7%；竣工面积95.46万平方米，下降10.9%。

五、国内贸易和旅游

全年实现社会消费品零售总额200.35亿元，比2018年增长8.6%。其中，批发业21.19亿元，增长12.2%；零售业145.68亿元，增长8.2%；住宿业2.88亿元，增长38.7%；餐饮业30.60亿元，增长6.0%。限额以上批发零售业销售额128.92亿元，增长16.6%。其中，金属材料类59.99亿元，增长38.7%；食品、饮料、烟酒类9.69亿元，增长7.6%；石油及制品类6.01亿元，增长15.3%；化工材料及制品类5.04亿元，增长10.1%。

全年旅游总收入246.64亿元，比2018年增长17.5%。因2019年采用新统计口径，全年接待人次1947.80万人次，同比增长14.6%。

六、对外经济

全年实现外贸进出口总额98.78亿元，比2018年增长4.4%。其中，出口85.46亿元，增长5.3%；进口13.31亿元，下降0.8%。按贸易方式分，一般贸易出口81.33亿元，增长8.0%；加工贸易出口

4.13亿元，下降29.7%。按企业性质分，内资企业出口48.91亿元，增长5.5%；外资企业出口29.82亿元，增长1.2%；流通企业出口6.73亿元，增长26.6%。按主要产品分，纺织原料及纺织制品出口32.12亿元，增长11.7%，机电产品出口24.20亿元，增长4.0%。按主要市场分，非洲出口增长较快，达21.6%；亚洲、欧洲、拉丁美洲分别增长13.7%、12.9%、8.7%，北美洲下降19.2%。

全年合同外资7.89亿美元，比2018年增长76.7%。全年实到外资1.22亿美元。

七、财政和金融

全年实现财政总收入63.74亿元，其中地方财政收入37.93亿元，分别比2018年增长5.2%和7.9%。财政总收入占GDP的比重为13.9%。地方财政收入中，税收收入34.61亿元，增长12.8%，占比为91.2%；从主要税种看，增值税、企业所得税、个人所得税分别为15.28亿元、4.73亿元和1.64亿元，分别增长－0.2%、－1.7%和16.1%。全年财政支出49.01亿元，增长21.9%，教育、文化、社会保障和就业、医疗卫生、农林水、节能环保等民生领域共支出28.91亿元，增长13.68%，占财政支出的比重为58.99%。

全区金融机构年末本外币存款余额603.43亿元，比2018年增长14.4%，其中个人储蓄存款411.83亿元，增长14.6%；本外币贷款余额454.89亿元，增长23.5%；年末金融机构不良贷款余额为1.00亿元，比年初减少0.23亿元；不良贷款率为0.22%，比年初下降0.11个百分点。

八、教育和科技

年末共有小学24所，在校学生总数2.69万人；全年新招生4912人，毕业3973人，小升初比率保持100%。共有初中18所，在校学生总数1.09万人；全年新招生3577人，毕业3226人，初升高比率为99.3%。

全年专利申请量3320项；专利授权量2274项，其中发明专利169项。全区年末拥有国家重点扶持高新技术企业24家，比2018年增加6家；拥有省级高新技术研发中心8家；省级企业研究院6家，比2018年增加3家；新增110家省级科技型中小企业。

九、文化、体育和卫生

全区年末拥有剧场、影剧院13个，文化馆、艺术馆3个，全年举办展览159个，组织文艺活动323次；公共图书馆13个，总藏量62.24万册（件）；训练班结业人数15690人次；乡镇文化站9个；省、市中心村全民健身广场（休闲公园）6个。

启动图书馆新馆项目建设及大剧院修缮工程，新建城市书房1家、乡镇特色文化驿站5个、非遗大师工作室5个、文化礼堂28个，区非遗馆建设基本完工。成功举办“庆祝中华人民共和国成立70周年”系列活动、全民阅读节等大型文艺活动20余场；全年共举办基层文艺演出300余场、公益讲座80余场、送戏下乡100余场。

全力推进基层体育场地建设，人均体育场地面积达1.48平方米，同比增长9%。成功举办南浔古镇国际桨板邀请赛、中国围甲联赛季后赛、冬泳等赛事50余场；成功举办石淙花海定向赛、和孚民当龙舟赛、善琏民俗运动会等乡镇体育赛事100余场。举办南浔区首届全民健身节，举办全民健身活动20余场。组队参加湖州市第九届运动会，获得金牌34.5枚、银牌32枚、铜牌41枚。

全区年末拥有医疗卫生机构256个，其中医院8家、卫生院（社区服务中心）14家、门诊部15家、诊所69个、社区卫生服务站147个；拥有医疗床位1549张，其中医院实有床位1352张；卫生技术人员2764人，其中执业医师754人、执业助理医师210人、乡村医生158人、注册护士993人。全年孕产妇死亡率为0，5岁以下儿童死亡率为2.18‰。

十、人口、就业、人民生活和社会保障

全区年末户籍人口49.04万人，其中男性24.04万人、女性25.00万人；城镇人口18.44万人；60岁以上人口15.26万人，占总人口的31.1%，占比提高0.6个百分点。全年出生人口3743人，出生率为7.63‰；死亡人口4200人，死亡率为8.56‰；人口自然增长率为－0.93‰。全年城镇新增就业24070人，城镇登记失业率1.79%。

据100户城镇居民家庭抽样调查，全年城镇居民人均可支配收入达57414元，比2018年名义上增长8.9%。其中，工资性收入增长8.5%，经营净收入增长7.9%，财产净收入增长10.0%，转移净收入增长13.9%。人均生活消费支出28678元，增长16.3%。据100户农村居民家庭抽样调查，全年农村居民人均可支配收入达34489元，比2018年名义上增长9.3%。其中，工资性收入增长9.2%，经营净收入增长9.0%，财产净收入增长14.9%，转移净收入增长11.2%。人均生活消费支出21528元，增长 17.8%。

城乡居民基本养老保险参保 16.4 万人，参保率 97.96%，贫困人员应保尽保 3339 人。2019 年，城乡居保待遇调标从 180 元增加到 215 元，待遇享受 10.7 万人，人均待遇达每月 234.42 元；办理被征地农民转职工养老保险 1969 人次；加快推进湖州市民卡建设，第三代社保卡换发进展顺利。

全年最低生活保障家庭人数 5018 人，其中农村 4486 人、城镇 532 人；全年发放救助资金共计 5825.22 万元；帮扶 312 名 60 周岁以上低收入群众就业增收每月 31.05 万元。建设 3 家示范型居家养老服务中心，创建 11 家示范型老年食堂。

十一、城市建设和环境保护与社会治安

南浔区頔塘南岸未来社区是湖州唯一入选的省首批未来社区试点创建项目，2019 年頔塘南岸旧城改造新建工程正在全力建设中；完成中心城区褚家漾区域收储，总面积 67.3 公顷，已基本完成拆除；碧桂园·凤翔苑、吴越路提升改造工程等 12 个项目提前完工；新南浔中学、生态酒店、污水零直排等 60 个项目正在全力推进；完成三高连接线等外联道路建设 8.8 千米；完成浔乌线等 4 条绿道，合计 20 千米；全区 21 个小城镇环境综合整治对象全部通过省级考核验收，省级样板率达 52.38%。

全年 $PM_{2.5}$ 浓度均值为 34 微克/立方米，同比下降 15%，首次达到国家环境空气质量标准二级浓度限值；空气质量优良率 80.9%，同比上升 9.1 个百分点；全区 1 个国控断面、4 个行政交界出境断面和 7 个区控以上地表水监测断面水质均稳定保持在Ⅲ类水以上，达标率 100%。

全年除火灾事故外，发生各类生产安全事故 16 起，死亡 13 人，相比 2018 年，事故总起数下降 36%、死亡总人数下降 27.8%。一般以上道路交通事故 121 次，比 2018 年下降 4.7%，经济损失 28.13 万元，比 2018 年下降 6.9%；刑事案件立案数 1705 件。火灾累计发生事故 63 起，比 2018 年下降 59.4%，直接经济损失 120.9 万元；2019 年度无较大以上伤亡事故发生。

注：1. 本公报部分数据为初步统计数；
2. 生产总值、增加值绝对数按现价计算，增长速度按可比价计算；
3. 地区生产总值数据执行国家统计局 2012 年制定的《三次产业划分规定》：第一产业是指农、林、牧、渔业（不含农、林、牧、渔服务业）；第二产业是指采矿业（不含开采辅助活动），制造业（不含金属制品、机械和设备修理业），电力、热力、燃气及水生产和供应业，建筑业；第三产业即服务业，是指除第一产业、第二产业以外的其他行业；
4. 按国民经济行业分类（GBT 4754—2011），农林牧渔业是指农业、林业、畜牧业、渔业以及农林牧渔服务业；
5. 粮食播种面积及产量数据采用粮食生产统计监测调查结果；
6. 主要行业统计范围：①规模以上工业，年主营业务收入 2000 万元及以上的工业法人单位；②限额以上批发和零售业，年主营业务收入 2000 万元及以上的批发业、年主营业务收入 500 万元及以上的零售业法人单位；③限额以上住宿和餐饮业，年主营业务收入 200 万元及以上住宿和餐饮业法人单位；④固定资产投资，计划总投资 500 万元及以上项目和全部房地产开发投资；⑤房地产开发经营业包括全部房地产开发经营业法人单位。

·统计图·

单位：亿元

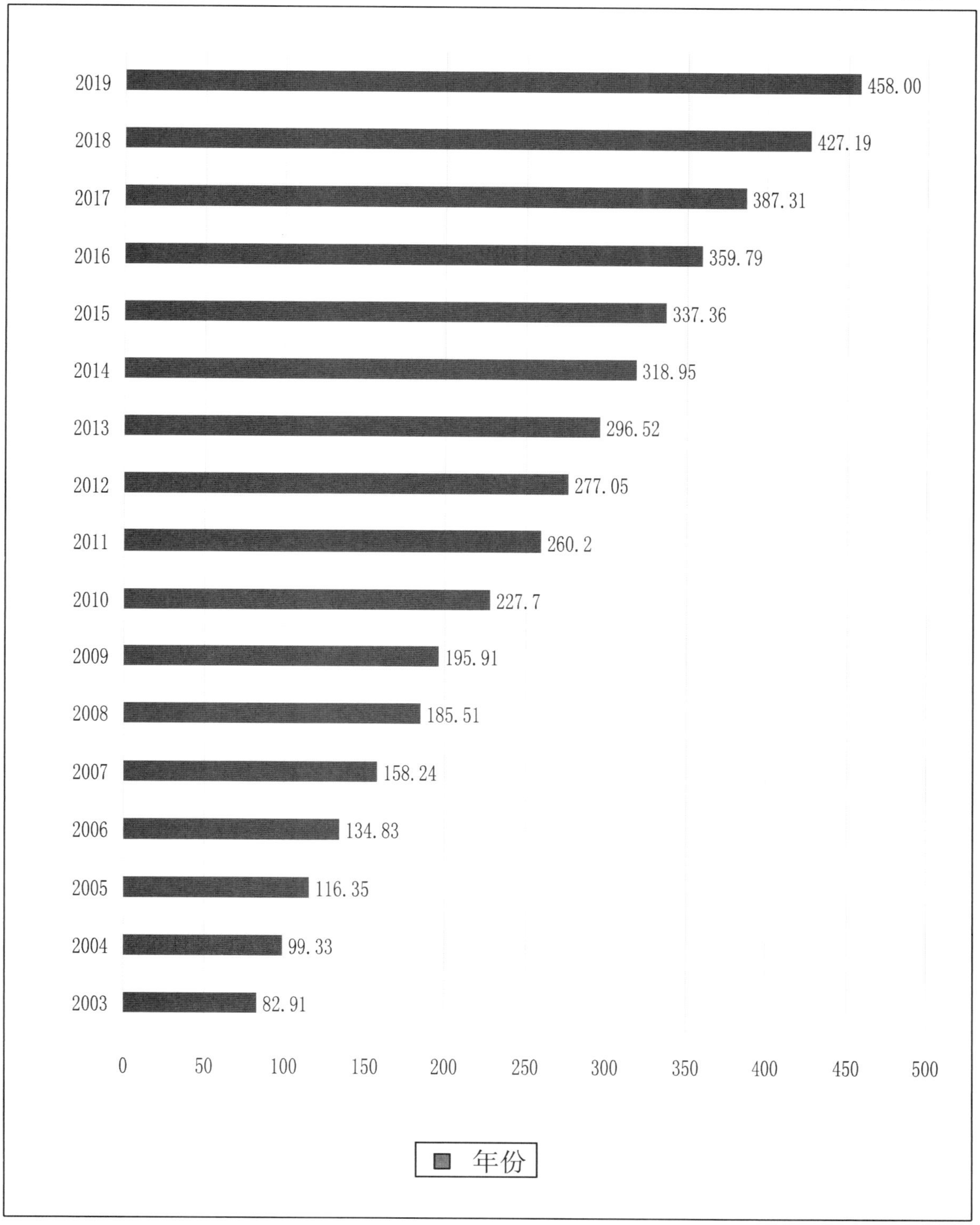

2003—2019 年南浔区地区生产总值（GDP）示意图

单位：元

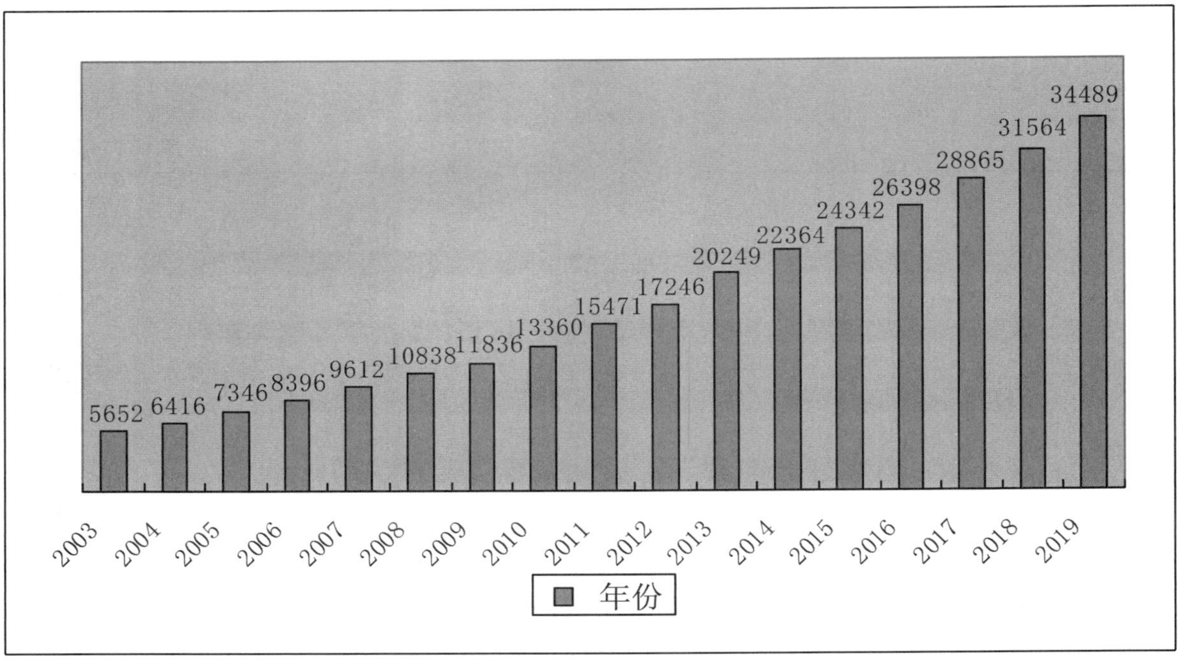

2003—2019 年南浔区农村居民人均可支配收入示意图

单位：元

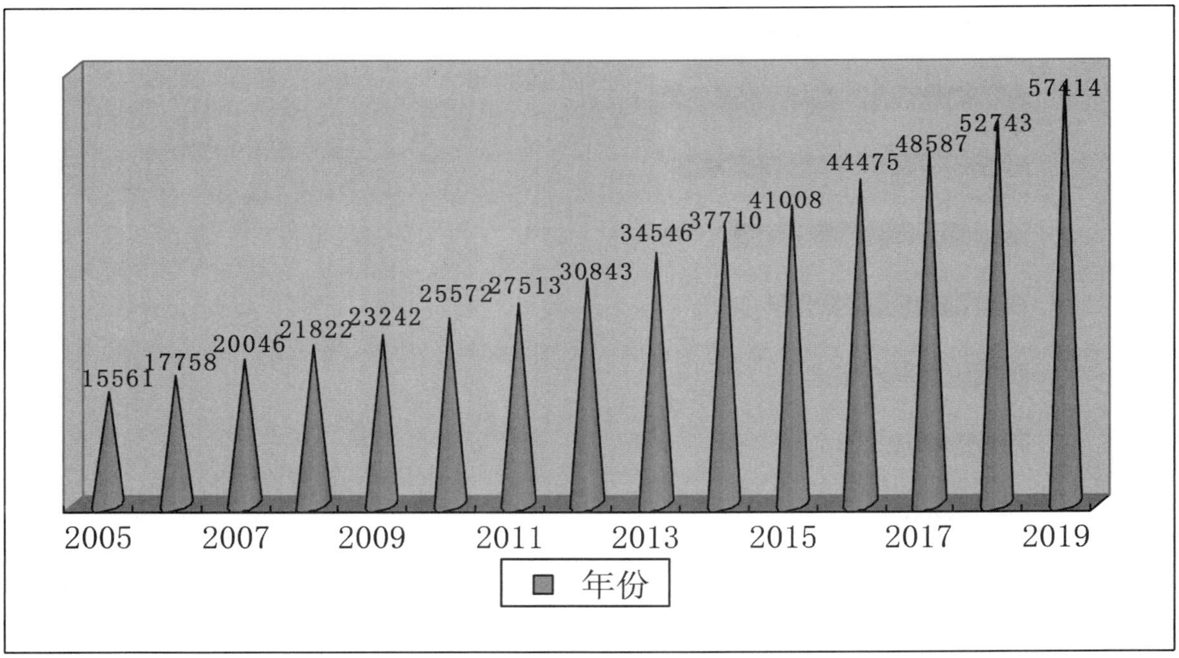

2005—2019 年南浔区城镇居民人均可支配收入示意图

单位：亿元

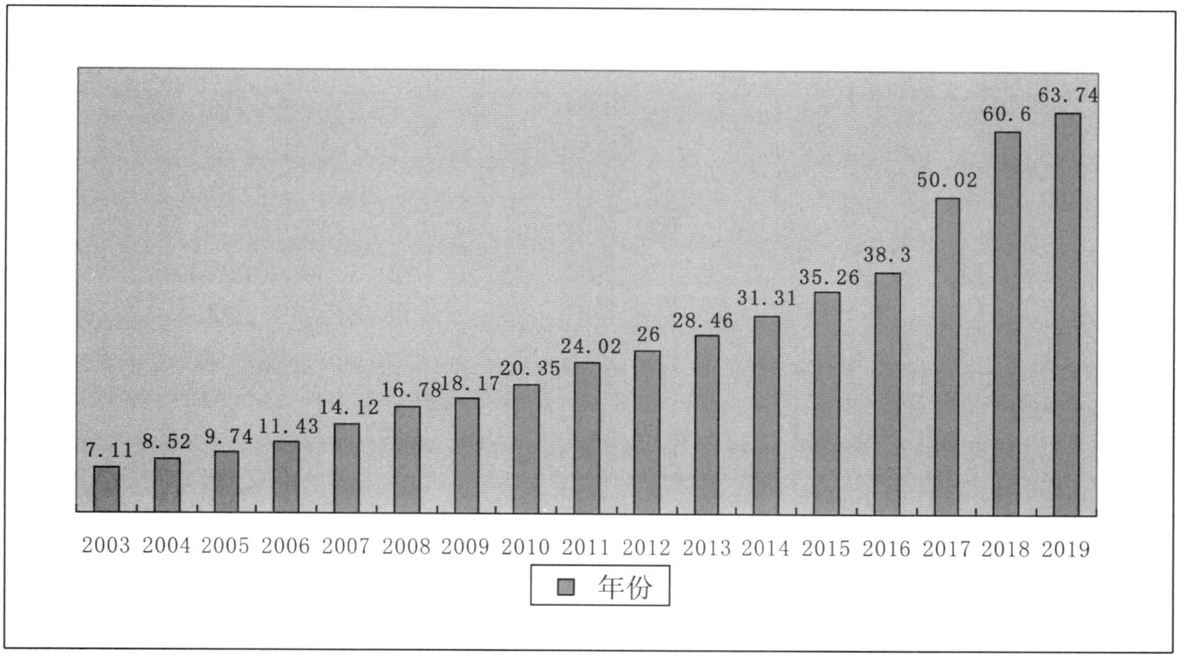

2003—2019 年南浔区财政总收入示意图

单位：万美元

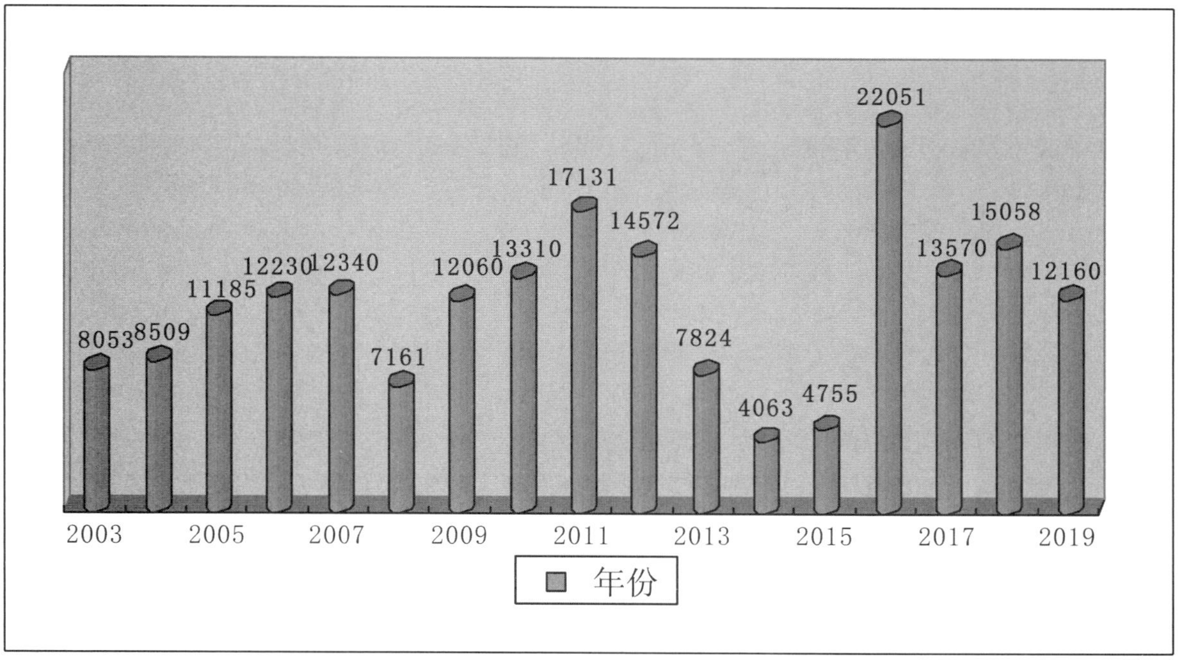

2003—2019 年南浔区实到外资示意图

单位：万美元、亿元

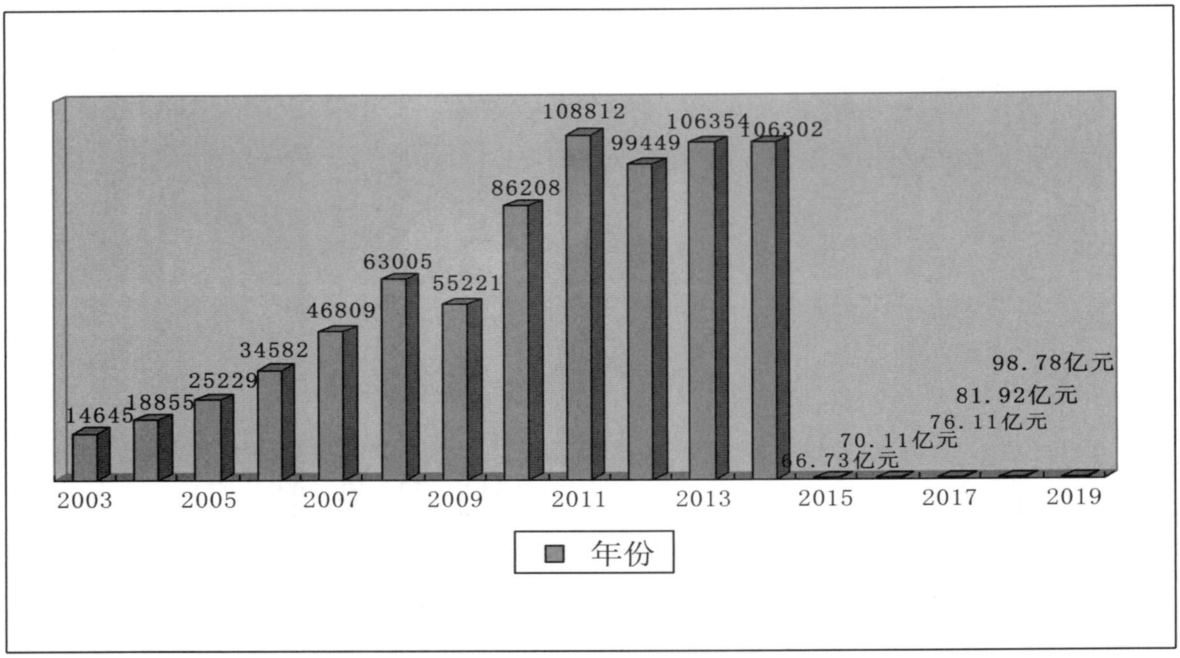

2003—2019 年南浔区外贸出口额示意图

注：2003—2014 年进出口总额、进口、出口 3 个指标的计量单位为万美元，2015 年开始调整为亿元人民币

单位：亿元

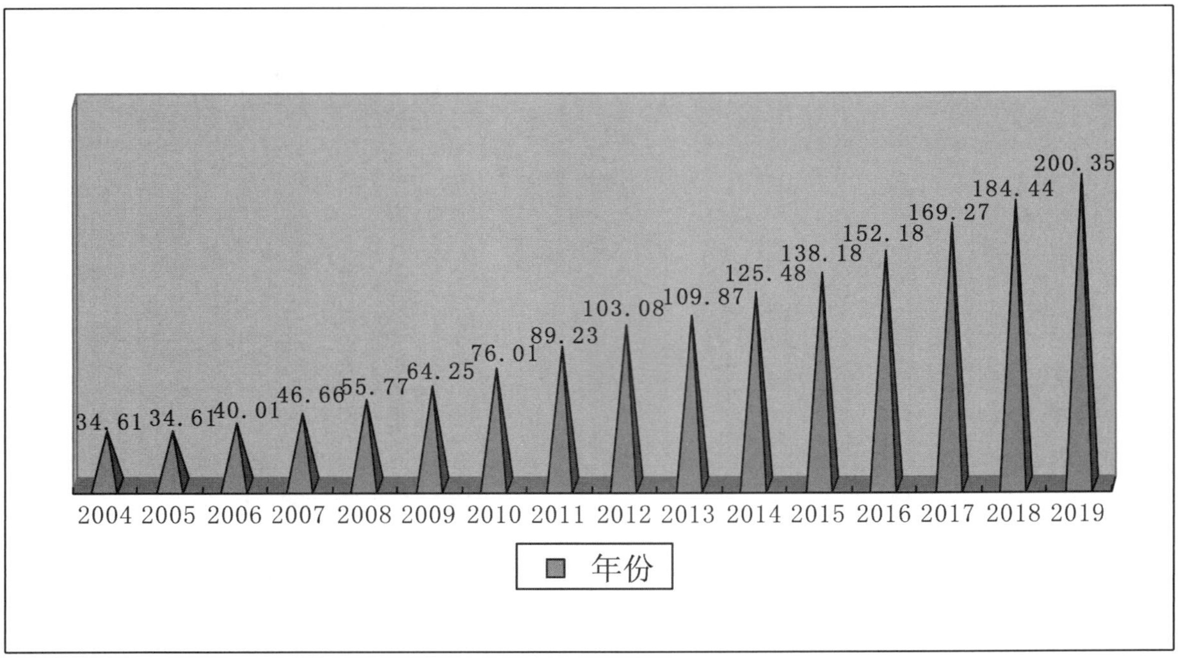

2004—2019 年南浔区社会消费品零售总额示意图

·统计表·

2019年南浔地理位置和土地面积一览表

表19

一、地理位置	
北纬	30°52″ ~ 30°53″
东经	120°25″ ~ 120°26″
四邻	东南邻桐乡市
	东北毗苏州市吴江区
	南连德清县
	西北接吴兴区
二、区域面积	
土地总面积	702平方千米
#林地面积	2平方千米
水域面积	159平方千米
园地面积	96平方千米
耕地面积	294平方千米

2019年南浔行政区划一览表

表20

	城市社区（个）	村民委员会（个）	总户数（户）	户籍人口（人）	土地面积（平方千米）	人口密度（人/平方千米）
全　区	28	221	142377	490408	702	699
南浔镇	12	52	36731	130369	141	925
练市镇	2	41	23408	85082	123	692
双林镇	5	33	19787	66851	99	675
菱湖镇	5	28	22764	73277	110	666
和孚镇	3	22	15857	52162	86	607
善琏镇	1	15	7971	26687	47	568
旧馆镇		13	5379	20478	31	661
千金镇		10	6405	21429	40	536
石淙镇		7	4075	14073	25	563

2003年以来南浔国民经济主要指标一览表

表 21

	单位	2003年	2004年	2005年	2006年	2007年	2008年	2009年	2010年	2011年	2012年	2013年	2014年	2015年	2016年	2017年	2018年	2019年
生产总值（GDP）	亿元	-	99.57	116.95	135.69	159.48	187.21	207.32	237.26	267.09	286.62	308.44	331.42	349.18	363.87	387.69	426.47	458.01
	±%	-	-	14.8	11.6	13.7	11.4	11.0	8.1	6.6	7.7	8.8	8.0	6.7	3.6	7.5	7.6	7.32
#第一产业增加值	亿元	-	12.09	12.79	13.23	13.70	17.28	18.05	20.95	23.30	24.30	23.06	21.70	22.39	23.04	23.29	23.12	24.00
	±%	-	-	2.2	4.4	-5.6	9.4	-1.5	6.7	1.8	1.9	0.4	-6.3	1.9	1.1	1.9	2.9	3.30
第二产业增加值	亿元	-	61.20	72.24	87.86	105.43	123.53	136.38	153.62	167.87	178.64	187.96	204.60	213.16	216.79	231.02	256.43	273.45
	±%	-	-	16.0	14.9	17.3	12.1	14.7	6.9	5.0	8.4	9.1	10.0	5.6	2.8	8.0	7.8	7.52
#工业增加值	亿元	-	55.92	66.67	81.19	100.06	117.17	128.84	142.93	154.92	163.74	175.08	190.61	198.43	200.14	214.12	238.87	255.46
	±%	-	-	17.0	14.6	20.2	12.6	14.4	5.5	4.7	7.7	10.9	10.1	5.6	3.4	8.6	8.3	7.97
第三产业增加值	亿元	-	26.27	31.91	34.60	40.35	46.39	52.89	62.68	75.92	83.67	97.42	105.11	113.63	124.03	133.38	146.93	160.57
	±%	-	-	17.6	7.0	12.7	10.4	5.5	12.1	12.3	8.1	10.3	6.9	10.2	5.6	7.7	8.2	7.65
人均生产总值（按户籍人口）	元	-	19673.74	23099.98	26913.57	31725.87	37381.43	41521.80	47591.89	53584	57559	62920	67521.86	71212.26	74439	79225	86924.41	93310
人均生产总值增长速度	%	-	-	14.82	11.98	14.01	11.47	11.52	8.19	6.6	7.86	10.52	7.86	6.78	4.10	7.4	7.4	7.27
财政总收入	亿元	7.11	8.52	9.74	11.43	14.12	16.78	18.17	20.35	24.02	26.00	28.46	31.31	35.26	38.30	50.02	60.6	63.74
	±%	23.3	23.3	14.3	17.3	23.6	18.8	8.3	12.0	18.0	8.3	9.5	10.0	9.1	8.6	30.5	20.8	5.2
#一般公共预算收入	亿元	2.90	3.02	4.06	4.81	6.25	7.38	8.48	10.01	12.02	12.88	14.16	15.02	17.90	21.73	28.97	35.16	37.93
	±%	29.2	22.4	20.3	18.3	29.9	18.1	14.9	18.0	20.1	7.1	9.9	6.1	11.7	11.7	32.6	20.6	7.9
一般公共预算支出	亿元	2.00	2.43	2.95	3.47	4.50	6.20	7.75	9.62	11.12	12.30	14.58	17.25	23.91	27.01	32.59	40.2	49.01
	±%	-	21.8	21.2	17.7	29.8	37.7	25.1	24.2	15.5	10.7	18.5	18.3	32.4	13.0	20.7	23.3	21.9
农林牧渔业总产值	亿元	-	21.48	22.95	24.85	28.16	33.18	31.67	36.58	41.28	42.92	44.35	41.67	41.64	43.43	43.19	41.22	44.64
	±%	-	-	9.7	8.3	13.3	10.8	4.6	3.1	3.1	2.5	0.5	-1.1	2.4	2.5	0.4	1.8	7.9
农林牧渔业增加值	亿元	10.58	12.09	12.79	13.23	13.70	17.28	18.05	20.95	23.30	24.30	25.20	24.32	25.13	26.02	26.18	25.98	27.07
	±%	5.0	8.2	2.2	4.4	-5.6	8.5	4.3	3.6	2.8	2.2	0.8	-3.9	2.1	2.2	2.5	3.1	3.5
规模以上工业企业数	个	289	329	399	491	534	679	690	735	442	460	477	482	495	546	650	956	1119
规模以上工业总产值	亿元	160.03	205.46	271.66	311.58	412.71	473.80	472.69	555.02	604.89	615.10	653.90	704.05	733.36	734.36	780.58	856.84	923.62
	±%	26.2	36.9	32.0	29.3	29.5	21.7	2.8	26.1	21.4	6.0	4.7	6.1	3.2	-2.8	23.4	10.9	4.9
规模以上工业增加值	亿元									71.70	84.66	98.11	112.38	123.45	125.50	128.71	137.85	147.84
	±%										11.80	10.50	8.60	6.50	2.00			7.9

续表 21

	单位	2003 年	2004 年	2005 年	2006 年	2007 年	2008 年	2009 年	2010 年	2011 年	2012 年	2013 年	2014 年	2015 年	2016 年	2017 年	2018 年	2019 年
	亿元	155.9	202.0	272.0	311.3	407.3	470.4	466.4	541.0	589.7	609.1	645.5	691.7	711.6	705.4	763.86	857.69	918.98
	± %	33.20	37.80	32.20	29.80	28.70	20.60	1.00	24.70	19.50	5.40	4.40	5.90	1.50	- 3.40	23.4	11.8	3.4
	亿元	12.2	15.6	19.6	21.8	29.3	30.6	31.8	39.3	41.8	48.5	58.7	69.6	73.6	74.7	83.1	70.23	77.44
	± %	35.70	35.50	28.40	28.60	32.70	9.70	6.00	21.70	17.20	3.30	28.00	23.20	4.30	0.00	26.7	- 11.5	4
	亿元	6.46	8.5	10.8	12.4	16.8	17.1	18.5	24.3	26.5	32.0	38.4	45.9	47.4	50.6	59.73	44.47	49.44
	± %	44.30	40.00	33.70	31.00	33.90	8.50	10.40	25.40	19.80	5.40	27.40	26.50	2.10	5.5	35.50	- 18.80	3.5
研究与试验发展经费内部支出	亿元	0.5	0.7	1.1	1.6	2.6	3.1	4.1	4.7	5.3	6.8	8.0	8.8	8.9	9.92	10.6	12	14.85
R&D 经费支出占 GDP 比重	%		0.73	0.98	1.21	1.63	1.65	1.97	1.99	1.99	2.39	2.60	2.66	2.54	2.8	2.73	2.81	3.24
	亿千瓦时	13.81	14.83	17.07	18.96	–	20.82	22.24	25.45	29.33	30.2	33.8	35.78	37.14	40.92	44.41	48.0	50.11
	± %	17.6	8.4	13.3	11	–	–	6.8	14.4	15.2	3.10	11.80	5.9	3.8	10.20	8.5	8	4.51
	亿千瓦时	11.45	12.55	14.06	15.48	–	16.89	18.06	20.61	23.88	23.9	26.4	28.75	29.46	31.9	34.65	37.28	38.85
	± %	20.70	13.00	10.90	10.10	–	–	6.90	14.10	15.90	0.00	10.70	8.70	2.50	8.3	8.6	7.5	4.2
	亿元	32.55	44.7	47.5	57.4	65.6	81.0	91.2	105.5	104.3	121.0	133.9	157.8	182.3	200.9	218.25		
	± %		37.26	6.21	20.86	14.38	23.43	12.67	15.63	- 1.16	16.06	10.63	17.84	15.55	10.2	13.5	8.3	13.5
	亿元		30.76	30.2	35.1	43.3	48.6	55.0	66.1	64.2	72.8	77.2	84.4	90.9	100.28	107.41		
	± %			- 1.95	16.52	23.08	12.44	13.03	20.27	- 2.85	13.42	6.05	9.22	7.69	10.4	13.1	- 36.3	29.5
	亿元		12.58	16.9	20.5	19.8	24.4	35.0	37.7	39.6	45.3	54.8	73.3	91.4	100.6	110.85		
	± %			34.62	21.19	- 3.63	23.36	43.39	7.84	4.94	14.35	21.13	33.75	24.72	10	13.90	40.1	8.1
	亿元		4.4	5.4	5.5	4.9	4.2	9.8	10.0	18.7	14.6	16.4	24.2	30.5	22.36	25.6	78.09	68.30
	± %			23.97	0.61	- 10.46	- 13.30	130.44	2.28	86.78	- 22.00	12.25	48.01	26.09	- 26.8	14.5	205.1	- 12.5
	万平方米						21.74	31.0	34.7	31.5	19.2	22.24	25.07	39.85	57.32	67.28	118.06	106.56
	± %							42.69	11.77	- 9.03	- 39.20	16.00	12.7	58.9	43.9	17.4	75.5	- 9.7
	亿元	–	34.61	34.61	40.01	46.66	55.77	64.25	76.0	89.2	103.1	109.9	125.5	138.2	152.2	169.27	184.44	200.35
	± %	–	15.2	15.2	15.6	16.6	19.5	15.2	18.3	17.4	15.5	14.1	14.2	10.1	11	11.2	9.7	8.6
	亿元	20679.0	23401.0	32312.0	45351.0	66921.0	87001.0	75944.0	116248.0	149291.0	141625.0	141332.0	128541.0	81.5	81.01	89.49	94.31	98.78
	± %	42.7	13.3	38.2	40.1	48.2	24.1	- 7.5	62.6	29	- 5	0.2	- 9	3.1	- 0.30	10.5	5.4	4.4
	亿元	6034	4546	7083	10769	20112	23996	20723	30040	40479	42176	34978	22239	14.73	10.9	13.38	12.39	13.31
	± %	91.3	- 16.9	45.1	49.8	86.8	19.2	17.7	61.3	34.8	4.2	- 15.8	- 36.6	7.8	- 26	22.7	- 7.4	- 0.8

续表 21

	单位	2003 年	2004 年	2005 年	2006 年	2007 年	2008 年	2009 年	2010 年	2011 年	2012 年	2013 年	2014 年	2015 年	2016 年	2017 年	2018 年	2019 年
	亿元	14645	18855	25229	34582	46809	63005	55221	86208	108812	99449	106354	106302	66.73	70.11	76.11	81.92	85.47
	±%	29.2	25.7	40.3	36.8	35.4	26.1	-14.3	63.1	26.9	-8.4	7	0.2	2.1	5.4	8.6	7.7	5.3
	万美元	18150.0	27128.0	27444.0	28830.0	32620.0	18870.0	25743.0	33415.0	31910.0	11416.0	9740.9	3370.0	11724.0	25506.0	26116	44710	78979
	±%	-6.2	50.1	1.2	5	13.1	-42.2	36.4	29.8	-4.5	-64.2	-15	-65.4	248	117.6	2.4	71.2	76.6
	万美元	8053.0	8509.0	11185.0	12230.0	12340.0	7161.0	12060.0	13310.0	17131.0	14572.0	7824.1	4063.0	4755.0	22051.0	13570	15058.0	12160
	±%	37.80	5.20	31.40	9.30	0.90	-42.00	68.50	10.30	28.70	-14.90	-46.30	(48.10)	17.00	363.70	-38.5	11	-19.2
金融机构年末本外币存款余额	亿元	63.11	70.85	75.97	93.37	103.14	132.23	170.26	218.08	245.57	263.04	300.37	341.20	366.89	410.37	468.08	514.75	603.43
#城乡居民人民币储蓄存款余额	亿元	48.68	55.25	59.48	71.16	77.73	101.43	122.17	143.79	167.49	186.32	219.37	248.69	271.94	301.21	323.05	361.88	411.83
金融机构年末本外币贷款余额	亿元	42.08	41.60	44.74	57.80	74.31	86.40	122.80	160.11	171.12	187.00	211.68	314.35	257.23	283.96	325.34	399.19	454.89
年末总户数	户	144890	145984	145789	145952	145249	146115	145449	144742	144150	143378	142828	142833	142385	142190	142088	142091	142377
年末户籍总人口	人	496189	495319	493625	492983	492317	491266	490401	490552	491029	490578	489853	491803	488877	488747	489970	491277	490408
人口自然增长率	‰	-3.95	-1.47	-2.96	-2.13	-1.98	-3.06	-2.55	-2.15	-1.18	-1.5	-0.49	1.9	-2.78	-0.71	0.48	-0.72	-0.93
	元			15561	17758	20046	21822	23242	25572	27513	30843	34546	37710	41008	44475	48587	52743	57414
	±%				14.1	12.9	8.9	6.5	10	7.6	12.1	9.7	9.2	8.7	8.5	9.2	8.6	8.9
	元	5652	6416	7346	8396	9612	10838	11836	13360	15471	17246	20249	22364	24342	26398	28865	31564	34489
	±%		13.5	14.5	14.3	14.5	12.8	9.2	12.9	15.8	11.5	10.5	10.4	8.8	8.4	9.3	9.4	9.3
	元	–	18155	19355.0	19967.0	21624.0	25440	27086.0	31438.0	37277.0	41540.0	48957.0	55630	61355	67010	72570	82878.0	87271
	±%	–	–	6.61	3.16	8.30	17.2	6.47	16.07	18.6	11.4	17.9	13.6	10.3	9.7	8.3	14.20	5.3
城镇登记失业率	2.99	2.69	2.46	2.09	2.33	1.79												

说明：2011 年开始规模以上工业统计口径调整为年主营业务收入 2000 万元及以上，固定资产投资统计口径调整为 500 万元及以上项目。

2003－2014 年进出口总额、进口、出口三个指标的计量单位为万美元，2015 年开始调整为亿元。

按三次产业划分规定（2012 年），第一产业是指农、林、牧、渔业（不含农、林、牧、渔服务业）；按国民经济行业分类（GBT 4754—2011），农林牧渔业是指农业、林业、畜牧业、渔业以及农林牧渔服务业

2018—2019 年南浔人口、婚姻一览表

表 22

	单位	2019 年	2018 年	± %
总户数	户	142377	142091	0.2
总人口数	人	490408	491277	-0.2
乡村人口	人	305980	305676	0.1
城镇人口	人	184428	185601	-0.6
男	人	240395	241023	-0.3
女	人	250013	250254	-0.1
0~17 岁	人	57864	58103	-0.4
18~34 岁	人	96174	96003	0.2
35~59 岁	人	183746	187134	-1.8
60 岁以上	人	152624	150037	1.7
出生人口	人	3743	4070	-8.0
人口出生率	‰	7.63	8.30	
死亡人口	人	4200	4421	-5.0
人口死亡率	‰	8.56	9.01	
自然增长人口	人	-457	-351	
自然增长率	‰	-0.93	-0.72	
迁入人口	人	3845	6062	-36.6
市内迁入	人	1906	3567	-46.6
省内迁入	人	391	613	-36.2
省外迁入	人	1548	1882	-17.7
迁出人口	人	4217	4379	-3.7
迁往市内	人	2374	2776	-14.5
迁往省内	人	946	1082	-12.6
迁往省外	人	897	521	72.2
结婚	对	2514	2747	-8.5
离婚	对	1021	1033	-1.2

2019年南浔地区生产总值一览表

表23　　单位：亿元

	2019年	±%
生产总值（GDP）	458.01	7.3
第一产业	23.99	3.3
第二产业	273.45	7.5
#工业	255.46	8.0
建筑业	18.03	-0.4
第三产业	160.57	7.6
#农、林、牧、渔服务业	3.08	5.1
交通运输仓储及邮政业	4.91	-1.4
批发和零售业	36.70	5.1
住宿和餐饮业	8.00	0.6
金融业	40.75	15.1
房地产业	20.21	4.8
营利性服务业	19.87	7.0
非营利性服务业	27.01	7.7

2019年南浔公共财政收入一览表

表24

	全区	±%	开发区	南浔镇	练市镇	双林镇	菱湖镇	和孚镇	善琏镇	旧馆镇	千金镇	石淙镇
财政总收入	637440	5.2	177254	165384	70554	65037	40293	43577	13265	34193	4751	6369
#一般公共预算收入合计	379252	7.9	77740	69580	31017	31099	21335	19666	6751	15791	2738	3008
(一)税收收入小计	346057	12.8	77740	69580	31017	31099	21335	19666	6751	15791	2738	3008
1.增值税	152811	-0.2	43247	27926	18857	21448	8503	11817	4664	12007	1698	1957
其中:改征增值税	32645	-15.4	6881	15936	2965	1402	2668	1302	334	654	194	208
2.企业所得税(40%)	47329	-1.7	15033	11915	4354	4869	4203	3985	920	1223	412	415
3.个人所得税(40%)	16376	16.1	217	8385	1132	446	5598	324	128	86	40	20
4.城市维护建设税	16887	-4.6	4410	3014	2063	2002	1359	1570	506	1411	232	320
5.其他地方各税	51609	3.2	14833	18340	4611	2334	1672	1970	533	1064	356	296
6.耕地占用税	36683											
7.契税	24362	3.1										
(二)非税收收入小计	33195	-26.0										
1.专项收入	18323	-43.9										
其中:(1)教育费附加收入	8586	-1.6										
(2)地方教育附加收入	5682	-2.6										
(3)残疾人就业保障金	2159	-1.3										
(4)地方水利建设基金												
(5)水资源费收入	324	23.7										
2.行政性收费收入	3787	9.7										
3.罚没收入	9651	37.3										
4.其他收入	1434	-14.9										

2018—2019年南浔利用外资一览表

表25

	单位	2019	2018	±%
外资审批项目数	个	24	17	41.2
#新批企业	个	18	14	28.6
增资项目	个	2	3	-33.3
减资项目	个	1	0	
外资项目总投资	万美元	201514	61319	228.6
外资项目注册资本	万美元	159056	45417	250.2
实到外资合计	万美元	12160	15058	-19.2
开发区	万美元	5826	5898	4.0
南浔镇	万美元	0	102	-100.0
练市镇	万美元	2677	1644	76.3
双林镇	万美元	1032	1507	-31.5
菱湖镇	万美元	602	2816	-80.2
和孚镇	万美元	21	1850	-98.9
善琏镇	万美元	0	0	
旧馆镇	万美元	2003	1220.418	6.8
千金镇	万美元	0	0	
石淙镇	万美元	0	0	
合同外资及港澳台资	万美元	78979	44710	76.6
#第一产业	万美元	0	0	0.0
第二产业	万美元	76756	31710	142.1
第三产业	万美元	2223	13000	-82.9
#中国香港	万美元	64291	20338	216.1
美　国	万美元	94	0	
加拿大	万美元	6151	3900	57.7
中国台湾	万美元	27	2223	-98.8
全区累计批准外商投资企业数	个	315	297	6.1
总投资	亿美元	66.72	46.57	43.3
合同外资	亿美元	38.49	30.59	25.8
实到外资	亿美元	16.79	15.6	7.6

2019年南浔进出口总额一览表

表26

单位:万元

	2019年	±%
进出口总额	987765	4.4
#开发区	312313	2.6
南浔镇	108314	11.5
练市镇	88593	-11.8
双林镇	200739	21.1
菱湖镇	87506	-0.4
和孚镇	107615	2.8
善琏镇	21884	-12.3
旧馆镇	29525	-20.0
千金镇	10467	174.5
石淙镇	20809	5.3
出口	854646	5.3
#开发区	270639	3.9
南浔镇	71420	26.0
练市镇	86514	-6.9
双林镇	167009	12.6
菱湖镇	86002	0.9
和孚镇	105936	2.6
善琏镇	17312	0.6
旧馆镇	18650	-22.9
千金镇	10355	181.6
石淙镇	20809	5.3
进口	133119	-0.8

2019年南浔对外及对港贸易一览表

表27 单位:万元

	2019年	±%
一、出口按贸易方式分		
#一般贸易	813341	8.0
加工贸易	41299	-29.7
其他贸易	6	-20.6
二、出口按企业性质分		
#外资企业	298249	1.2
内资企业	489064	5.5
流通企业	67332	26.6
三、出口按地区分		
亚洲	433034	13.7
东盟	154170	26.0
印度	62747	15.6
韩国	38988	26.7
中国香港	6163	-23.3
欧洲	164654	12.9
欧盟	135366	11.3
意大利	18020	19.7
德国	22694	-5.9
北美洲	157493	-19.2
加拿大	13530	-2.3
美国	143963	-20.5
拉丁美洲	47642	8.7
非洲	39690	21.6
大洋洲	12124	-9.1
四、出口按产品分		
#食品、饮料	1153	-67.9
化学产品	22050	-28.9
塑料、橡胶及其制品	82292	12.6
革、毛皮及制品	5717	-28.7
木及木制品	49110	-24.6
纺织原料及纺织制品	321169	11.7
贱金属及其制品	112461	20.9
机电产品	242028	4.0

2018—2019 年南浔金融机构信贷收支一览表

表 28

单位:亿元、%

	2019 年	±%	比年初增减 2019 年	比年初增减 2018 年
一、金融机构年末本外币存款余额	603.43	14.4	76.09	41.33
金融机构人民币存款余额	593.05	16.7	84.67	40.54
1.企业存款	170.64	25.5	36.57	5.88
2.个人存款	411.83	14.6	50.65	34.33
#储蓄存款	411.83	14.6	50.65	34.33
3.财政性存款	9.67	-24.3	-3.10	0.48
二、金融机构年末本外币贷款余额	454.89	23.5	86.55	77.78
金融机构人民币贷款余额	440.46	22.5	80.77	75.30
1.企业贷款	227.10	18.0	34.71	34.12
#工业贷款	135.77	11.7	14.94	8.26
商业贷款	10.60	-5.1	-0.57	10.21
农业贷款	2.10	149.7	1.26	0.54
基本建设贷款	78.63	33.4	19.09	15.11
#政府性项目贷款	78.28	36.1	18.22	15.11
2.个人贷款	213.36	27.6	46.05	30.63
#个人消费贷款	41.47	41.8	12.17	6.29
三、票据融资	14.06	85.4	6.48	2.67
#贴现	14.06	85.4	6.48	2.67
四、不良资产(包括抵债资产)	1.00	-18.7	-0.23	-1.58
1.不良贷款	1.00	-18.7	-0.23	-1.58
2.不良贷款率%	0.22	-0.1	-0.11	-0.64
五、存贷比%	75.38	5.5	5.54	9.46

2003—2019年南浔主要年份规模以上分行业工业总产值一览表

表29

单位:万元

	2003年	2004年	2005年	2006年	2007年	2008年	2009年	2010年	2011年	2012年	2013年	2014年	2015年	2016年	2017年	2018年	2019年
总　　计	1600275	2054608	2716589	3115790	4127092	4738015	4726944	5550162	6048892	6151021	6449080	7040541	7333618	7343617	7805760	8568350	9236180
农副食品加工业	11759	17947	29707	44168	42675	32569	49700	64923	67138	62848	67881	75460	78820	201266	225086	186766	211959
食品制造业	3656	4254		1579	2276	2858	4271	4365	3295	3684	3123	3089	2576	2744	5801	4827	5347
酒、饮料和精制茶制造业	993	1018	1047	1040	1236	1305	1417	2006	2017	2025	2018	2033	2400	2264	2216	2207	2199
纺织业	350897	396259	495598	696447	842734	820816	814767	872015	859435	876278	807183	762684	852952	864995	914725	847194	976066
纺织服装、服饰业	190420	215365	310237	70223	85297	118052	128974	122514	106572	125943	211786	152553	165874	144429	109536	75486	81043
皮革、毛皮、羽毛及其制品和制鞋业	61898	95518	109909	120106	128652	103886	89884	79122	64356	76640	84332	60885	52112	50509	41761	37209	30410
木材加工和木、竹、藤、棕、草制品业	77218	179995	282383	400402	625396	889323	903988	1062720	1082945	1085288	1088667	1109860	1113581	1192481	940594	1050320	1202557
家具制造业	90494	3538	19615	33519	39504	40237	39589	49847	54615	51538	54688	58256	51162	46571	44319	177033	214606
造纸和纸制品业	8254	12391	7424	7454	16117	29970	31234	35448	39512	40423	41168	38277	44633	49123	69136	82356	81915
印刷和记录媒介复制业	871	3207		45354	1073	2036	4430	5147	7159	7890	7086	8822	9769	11002	14963	7885	10073
文教、工美、体育和娱乐用品制造业	4280	4892				1475	3173	2882	19429	20652	21487	116308	147647	115778	137643	108693	138840
石油加工、炼焦和核燃料加工业							2719	5315	6091	5161	6377	7047	8212	14716	71908	49695	23743
化学原料和化学制品制造业	83650	103540	141899	175485	242457	296824	216560	210843	228277	150231	147441	191580	238796	237208	251366	308577	300236
医药制造业	68490	63742	19231	23811	29168	22518	21384	20610	23800	25332	25487	28538	28279	30235	29759	31347	38468
化学纤维制造业	4255	4838	32764	47075	60245	42840	50411	58436	86037	83296	201989	358812	341569	347618	359579	418275	362824
橡胶和塑料制品业	15730	14048	10728	11576	15813	11907	16397	25116	12755	8990	8366	16431	20984	29005	37687	36477	53487
非金属矿物制品业	92107	124765	109851	126849	153833	150654	152921	154382	174294	147349	156245	207231	206574	223502	296776	447529	603120
黑色金属冶炼和压延加工业	130781	233695	336831	218613	425565	483356	510488	590131	773301	789204	747045	723035	647449	620082	530837	672084	323643
有色金属冶炼和压延加工业	24644	24675	86113	116919	142050	286268	65001	83617	92060	93836	124415	113019	568768	157084	72432	63612	76327
金属制品业	39237	54392	10597	18670	32431	64129	51810	60861	64657	61077	73669	64966	63853	286702	736643	873815	1293221
通用设备制造业	47414	67026	107644	154301	199896	275939	323648	432614	483779	599376	760707	955629	997112	1001243	1042438	1004572	1169938
专用设备制造业	0	900	6162	9489	10830	12849	17634	47048	48809	81647	58637	62994	62800	53799	61430	58346	72584
汽车制造业	7694	9595	9479	14813	23876	28151	32487	37806	18615	15822	20714	21128	21786	38199	70140	41405	39654
铁路、船舶、航空航天和其他运输设备制造业									14711	16090	17391	18557	9306	15506	35961	15066	3306
电气机械和器材制造业	268669	390420	554271	513964	715791	948691	891571	1163944	1370542	1666766	1652954	1816531	1528664	1528138	1589587	1702533	1575891
计算机、通信和其他电子设备制造业	13351	24606	21430	247829	265508	42256	262654	311989	319605	23230	24811	30097	28814	15766	24772	32681	49742
仪器仪表及文化、办公用机械制造							4724	6470									0
其他制造业	2024	2320	1440	1878	3824	6368	13680	18165	3598	3425	4291	3734	3253	4054	4136	3360	8382
废弃资源综合利用业														2349	3969	31004	36233
电力、燃气及水的生产和供应业	1491	1662	12230	14227	20847	22739	21430	21826	21489	26982	29122	32985	35874	57248	61694	129501	171763
燃气生产和供应业															16740	66448	76334
水的生产和供应业															2126	2045	2272

2019年度南浔规模以上工业企业分镇(开发区)经济指标一览表

表30

单位:万元、人、个

指标名称	南浔区	开发区	南浔镇	练市镇	双林镇	菱湖镇	和孚镇	善琏镇	旧馆镇	千金镇	石淙镇
企业单位数(家)	1119	245	148	138	167	101	93	47	131	17	32
亏损企业	96	23	6	12	11	20	14	2	7		1
工业总产值(当年价格)	9236180	2737140	685421	1668563	1170224	691949	925806	333673	663093	203313	156998
#新产品产值	3327633	1199375	90361	947192	402741	150925	360957	54445	115858		5779
年初存货	903464	224784	85232	156941	175842	75152	72905	23005	66518	12255	10830
# 产成品	419219	108153	27838	76381	77421	35306	34154	10503	38673	6256	4534
资产总计	8362880	2154354	487366	1294413	1198183	611122	1710370	247629	439461	115430	104552
流动资产合计	5488735	1492624	349585	886116	798167	401139	957201	151125	283787	90851	78140
应收账款	2125559	425193	140293	304909	294278	155764	527089	82354	113061	43420	39198
存货	1013576	265059	84370	203873	175853	82103	68807	22951	87343	11603	11614
#产成品	412096	96283	23207	85285	70511	34630	26518	11198	52273	8340	3851
长期股权投资	508228	23185	15591	112391	83596	6582	247637	2344	16698	137	67
固定资产原价	2875976	588233	142901	370823	482455	254114	657796	117014	184029	39536	39075
累计折旧	1123964	173655	56186	161646	253691	101954	225527	36749	81567	14299	18690
#本年折旧	195838	37749	10088	25794	36271	17574	37915	7611	15343	4375	3118
固定资产净额	1721607	408450	84504	207916	229144	146255	422633	80264	101612	20444	20385
负债合计	5025984	1278780	302676	694206	635932	380337	1147316	155733	273649	83069	74286
流动负债合计	4341381	1166660	297981	559960	529764	317218	902366	149972	263297	82756	71407
#应付账款	1386580	334998	87594	148270	146136	111828	362520	47599	89928	33892	23815
所有者权益合计	3328886	875574	179580	597309	562250	230785	563053	91896	165812	32361	30266
实收资本	1640851	588433	110679	212742	198205	136311	218267	46525	98252	14358	17079
#国家资本	9644				2030		7614				
集体资本	7149				7149						
法人资本	704504	279360	20136	135126	42396	49946	139391	20255	13963	2740	1191
个人资本	691740	176437	86257	71740	142210	57772	30398	26270	75250	11618	13788
港澳台资本	142568	55230	3967	2040	3587	26789	39816		9039		2100
外商资本	85246	77406	319	3836	833	1804	1048				

续表 30

单位:万元、人、个

指标名称	南浔区	开发区	南浔镇	练市镇	双林镇	菱湖镇	和孚镇	善琏镇	旧馆镇	千金镇	石淙镇
营业收入	9358941	2785673	693293	1656721	1261477	704175	918222	330148	643489	210652	155091
#主营业务收入	9189828	2732868	681959	1630432	1209468	694712	914144	329712	634652	209471	152410
营业成本	8066152	2390149	600634	1465463	1044243	604040	771368	291490	576334	186085	136346
税金及附加	43315	14075	5455	5144	5948	2899	4283	1278	3178	478	577
销售费用	245360	93648	15417	36749	41249	19605	16494	6419	8222	3595	3962
管理费用	338922	119768	27837	42145	50034	32199	31832	9955	17600	3199	4353
研发费用	170573	49056	5996	36500	28445	14870	21734	4343	8317	1	1311
财务费用	103413	13550	5881	14690	8636	7988	42366	2203	6299	919	881
#利息费用	113299	22325	6122	15357	9582	7884	41942	2282	6169	725	911
利息收入	11196	6417	404	1595	1890	349	409	78	41	8	5
资产减值损失	7320	861	42	－9	1259	2841	2205	121			
其他收益	51911	868	21	926	18	480	49586		12		
投资收益	17893	3035	378	4381	9434	12	－17	117	511	25	17
公允价值变动收益	326				326						
资产处置收益(损失以“－”号记)	1689	－19	－53	146	37	－108	1346			340	
营业利润	455702	108448	32376	61493	91473	20117	78855	14457	24062	16742	7679
营业外收入	52702	9916	8222	8033	9053	7174	3334	2166	2338	927	1539
营业外支出	14009	2679	4494	1685	1009	1695	1111	681	436	92	127
利润总额	494396	115686	36104	67840	99516	25598	81079	15942	25964	17576	9091
所得税费用	62514	14672	4662	9627	12334	5004	10261	2167	1994	847	946
亏损企业亏损总额	27358	5305	516	5755	2109	7882	2904	188	2681		18
利税总额	774408	186924	56378	101149	161609	44688	117788	27429	39639	21709	17095
应交税金及附加	342526	85910	24935	42938	74426	24093	46970	13655	15669	4980	8950
应付职工薪酬	540307	161695	40914	63494	91464	42502	53151	25291	43701	6907	11188
本年应缴增值税	236697	57163	14819	28165	56144	16191	32426	10210	10497	3656	7426
本年进项税额	1094439	311547	70732	201924	183664	76481	99514	34354	77012	20006	19205
本年销项税额	1200239	333754	82415	214072	204530	83021	111958	43186	85216	19784	22303
平均用工人数(人)	75517	19630	7161	9235	12698	6502	6936	4403	5811	1203	1938

续表 30

单位：万元、人、个

指 标 名 称	南浔区	开发区	南浔镇	练市镇	双林镇	菱湖镇	和孚镇	善琏镇	旧馆镇	千金镇	石淙镇
期末用工人数	75933	19687	7435	9173	12897	6595	6890	4404	5844	1169	1839
银行贷款余额	1248023	236142	77036	148438	90229	90975	484709	21088	73955	12761	12690
资产负债率(%)	60.1	59.4	62.1	53.6	53.1	62.2	67.1	62.9	62.3	72.0	71.1
成本费用利润率(%)	5.5	4.3	5.5	4.3	8.5	3.8	9.2	5.1	4.2	9.1	6.2
营业收入利润率(%)	5.3	4.2	5.2	4.1	7.9	3.6	8.8	4.8	4.0	8.3	5.9
每百元资金实现利税(元)	9.3	8.7	11.6	7.8	13.5	7.3	6.9	11.1	9.0	18.8	16.4
每百元固定资产原值实现利税(元)	26.9	31.8	39.5	27.3	33.5	17.6	17.9	23.4	21.5	54.9	43.8
每百元营业收入实现利税(元)	8.3	6.7	8.1	6.1	12.8	6.4	12.8	8.3	6.2	10.3	11.
流动资产周转率(次/年)	1.7	1.9	2.0	1.9	1.6	1.8	1.0	2.2	2.3	2.3	2.0
全员劳动生产率(元/人)	195768	193195	146032	196584	215722	161028	307167	141717	166660	265003	155926
总资产贡献率	10.5	9.4	12.7	8.9	14.1	8.6	9.3	12.0	10.4	19.4	17.2
流动比率	1.3	1.3	1.2	1.6	1.5	1.3	1.1	1.0	1.1	1.1	1.1
速动比率	1.0	1.1	0.9	1.2	1.2	1.0	1.0	0.9	0.8	1.0	0.9
企业亏损面(%)	8.6	9.4	4.1	8.7	6.6	19.8	15.1	4.3	5.3		3.1
亏损率(%)	5.2	4.4	1.4	7.8	2.1	23.5	3.5	1.2	9.4		0.2
利润总额占利税比重(%)	63.8	61.9	64.0	67.1	61.6	57.3	68.8	58.1	65.5	81.0	53.2
利税总额占增加值比重(%)	52.4	49.3	53.9	55.7	59.0	42.7	55.3	44.0	40.9	68.1	56.6
产成品存货周转天数(天)	18.4	14.5	13.9	21.0	24.3	20.6	12.4	13.8	32.7	16.1	10.2
新产品产值率(%)	36.0	43.8	13.2	56.8	34.4	21.8	39.0	16.3	17.5		3.7

2019年南浔乡镇农村基本情况一览表

表31

	单位	全 区	开发区	南浔镇	练市镇	双林镇	菱湖镇	和孚镇	善琏镇	旧馆镇	千金镇	石淙镇
一、村民委员会个数	个	221	20	32	41	33	28	22	15	13	10	7
二、农村住户数、人口												
1.农村住户数	户	117468	11480	14992	20713	16617	17304	14188	6837	5438	6071	3828
2.农村人口数	人	439415	47364	58227	79392	62381	62976	49626	24210	20632	20974	13633
#男	人	217566	23481	28745	39258	31103	31593	24408	11865	10117	10364	6632
女	人	221849	23883	29482	40134	31278	31383	25218	12345	10515	10610	7001
三、农村劳动力资源数		256100	28694	33938	49250	33322	36756	27290	13680	12136	13391	7643
#男	人	132113	14820	17436	25334	17057	19179	13613	6997	6157	7595	3925
女	人	123987	13874	16502	23916	16265	17577	13677	6683	5979	5796	3718
四、农村从业人员	人	220608	24728	20733	42618	31233	32092	26199	12084	12062	12109	6750
1.男	人	115186	12921	10808	22594	15849	17273	13085	6155	6202	6841	3458
#从事农业人员	人	26614	1420	2930	5132	3068	6846	2833	1678	957	1110	640
2.女	人	105422	11807	9925	20024	15384	14819	13114	5929	5860	5268	3292
#从事农业人员	人	20297	1132	2159	4161	2560	4008	2778	1362	800	952	385
五、农村社会基础设施												
1.自来水受益村数	个	221	20	32	41	33	28	22	15	13	10	7
2.通有线电视村数	个	221	20	32	41	33	28	22	15	13	10	7
3.通宽带村数	个	221	20	32	41	33	28	22	15	13	10	7
六、年末常用耕地面积	公顷	26947	5048		5483	4478	3848	2638	2298	1156	1157	841
七、乡镇公共财政预算收入	万元	191635	30185		22386	64237	21335	19666	6751	18154	5454	3467

2019年南浔全部固定资产投资完成情况一览表

表32

	全区	开发区	南浔镇	练市镇	双林镇	菱湖镇	和孚镇	善琏镇	旧馆镇	千金镇	石淙镇
一、投资额(万元)											
1.计划总投资	13.5	16.3	9.9	17.8	20.4	25.8	-14.0	-69.8	3.8	-33.3	-30.5
2.5000万元以上项目投资及房地产开发自开始建设累计完成投资	27.1	23.9	28.0	76.1	94.9	70.7	2.0	-79.2	0.7	84.4	-7.1
3.自年初累计完成投资	13.5	10.9	-2.4	47.1	76.7	38.1	3.0	2.5	17.3	60.2	-16.0
#国有投资	53.5	38.5	91.8	11.6	161.9	19.7	-39.4	***	124.1	42.8	-3.2
#非国有投资	1.3	4.1	-16.3	54.8	19.8	53.3	14.4	-10.3	-53.9	69.1	-30.7
#民间投资	-2.3	1.6	-16.2	27.3	19.8	33.1	11.1	-10.3	-53.9	69.1	-30.7
#房地产开发投资	-12.5	-6.6	-16.7	51.2	-34.4	212.1	***	***	-73.6	***	***
#投资项目	37.7	42.0	49.0	46.3	124.1	34.1	0.5	2.5	24.9	60.2	-16.0
#基础设施投资	21.4	31.5	44.1	9.2	146.5	59.9	-44.2	-23.6	-53.8	35.8	-34.4
(1)电力、热力、燃气及水的生产和供应业	-25.2	12.7	-0.5	-97.0	***	50.8	-59.6		12.4		***
(2)交通运输业	35.0			-13.5	***	-100.0					
(3)水利、环境和公共设施管理业(除土地管理)	31.2	43.2	56.6	49.5	121.6	33.0	-13.7	-23.6	-100.0	35.8	-51.8
#公共服务投资	-13.1	***	-59.3	69.0	106.7	34.7	-40.5		-100.0		
(1)教育设施	226.2	***	***	253.9	98.3	23.3	-40.5		-100.0		
(2)文化艺术业	-35.5		490.4	-100.0							
(3)体育设施	-100.0					-100.0					
(4)卫生设施	-73.0		-100.0		***	49.6					
#工业投资	29.5	27.6	41.0	31.6	118.3	19.3	8.3	-14.3	16.1	89.3	77.6
#工业技术改造投资	-1.5	-13.9	-34.0	41.9	14.3	-20.3	-12.5	52.6	-29.5	-34.7	-8.5
按三次产业分:	***	***	***	***	***	***	***	***	***	***	***
第一产业	373.3					-17.7			***	98.8	***
第二产业	29.5	27.6	41.0	31.6	118.3	19.3	8.3	-14.3	16.1	89.3	77.6
第三产业	8.1	6.1	-5.1	60.1	47.1	58.7	-8.8	86.0	20.4	25.7	-53.4

续表 32

	全区	开发区	南浔镇	练市镇	双林镇	菱湖镇	和孚镇	善琏镇	旧馆镇	千金镇	石淙镇
按登记注册类型分:	* * *	* * *	* * *	* * *	* * *	* * *	* * *	* * *	* * *	* * *	* * *
内资企业	11.5	11.6	-2.2	25.3	79.9	26.7	0.2	2.5	17.3	60.2	-16.0
国有企业	-2.9	2.9	-40.9	11.6	118.9	23.7	-15.3	* * *	-100.0	119.1	-22.4
集体企业	23.4		-100.0	504.8				* * *	-4.8		
股份合作企业	-100.0			-100.0							
有限责任公司	78.5	84.6	134.8	33.6	59.1	17.4	2.8	-57.4	31.9	59.5	-20.3
股份有限公司	147.1	2660.1		* * *	337.4	* * *	203.5		-56.0	25.3	
私营企业	-23.0	-17.3	-36.0	20.9	-6.6	31.5	-23.2	12.0	29.3	75.9	39.1
其他企业	30.6	106.0		-100.0		-15.7					-79.8
港、澳、台商投资企业	98.4	-8.6	* * *		-54.2	240.1	99.2				
外商投资企业	109.8	5.1	-100.0	2891.7							
按建设性质分											
(1)新建	47.2	74.4	54.0	64.6	161.0	40.4	9.4	-31.1	37.8	93.1	-16.6
(2)扩建	-43.6	-23.0	-100.0	-32.2	328.7	-100.0	-100.0	-100.0		856.2	
(3)改建和技术改造	55.9	133.1	64.6	78.5	23.1	6.8	74.6	80.4	-29.5	-92.6	-8.5
(4)单纯建造生活设施											
(5)迁建	-100.0								-100.0		
(6)恢复											
(7)单纯购置	386.6			7.9			* * *				
按构成分											
建筑安装工程	71.2	68.5	93.4	73.3	157.3	58.4	8.6	-10.8	40.8	153.7	-36.6
设备工器具购置	-25.0	9.8	-69.7	-5.4	257.3	-59.8	-8.4	56.7	29.3	-62.3	116.7
其他费用	-71.1	-84.3	-84.2	17.3	-87.9	-5.7	1.9	-39.3	-63.4	-48.6	141.6
#建设用地费	-84.0	-91.7	-91.6	-15.3	-90.0	2.0	-33.4	-26.1	-58.1	-59.9	-22.2
按国民经济行业分											
农、林、牧、渔业	373.3	* * *	* * *	* * *	* * *	-17.7	* * *	* * *	* * *	98.8	* * *
制造业	45.9	31.4	64.9	38.4	116.0	15.9	158.4	-14.3	16.4	89.3	22.7

续表 32

	全区	开发区	南浔镇	练市镇	双林镇	菱湖镇	和孚镇	善琏镇	旧馆镇	千金镇	石淙镇
农副食品加工业	367.0			-100.0	-100.0		***	***		-100.0	
纺织业	32.9	4468.8		418.9	281.5	-10.4	-48.5	16.6	***	-100.0	-41.6
纺织服装和服饰业	490.1	171.8		1060.0						***	19.3
皮革、毛皮、羽毛(绒)及其制品业	-100.0			-100.0							
木材加工及木、竹、藤、棕、草制品业	-38.9	-69.2	33.3	1109.4	-100.0				-92.2		
家具制造业	-37.1	-100.0	-100.0	-32.3			85.8	-60.2	***		
印刷业和记录媒介的复制业	-100.0						-100.0				
文教体育用品制造业	-91.7	***				-100.0		-100.0	-82.4		
化学原料及化学制品制造业	78.9			-100.0		257.1	53.6				
医药制造业	25.3									25.3	
化学纤维制造业	-94.0			-100.0	***						
橡胶和塑料制品业	193.1		***		366.0	112.8	75.6		***		
非金属矿制品业	56.8	27.3	34.8		***	7.0	608.5		9.0	***	
黑色金属冶炼和压延加工业	-56.9							-100.0	-50.8		
有色金属冶炼和压延加工业	-100.0		-100.0				-100.0				
金属制品业	65.8	45.0				22.3	***	1.7	***	-100.0	
通用设备制造业	153.3	42.1	900.8	37.4	209.2	-83.4	711.8		***		***
专用设备制造业	104.5	-75.6	-71.8	636.4	-99.0	***	40.8		186.8		112.4
汽车制造业	8225.3	5348.4	***		***						
电气机械及器材制造业	14.7	61.2	-100.0	-13.4	-33.1	22.9		166.8			
计算机、通信和其他电子设备制造业	33.7			37.2				-100.0			
废弃资源综合利用业	-62.2				-100.0	***					
电力、热力、燃气及水的生产和供应业	-25.2	12.7	-0.5	-97.0	***	50.8	-59.6	***	12.4	***	***
电力、热力的生产和供应业	-42.0	-83.3	121.7	-97.0			-59.6		56.5		***
燃气生产和供应业	-38.0		-38.0								
水的生产和供应业	65.8	800.0	-100.0		***	50.8			-4.8		
交通运输、仓储和邮政业	98.7	***	***	39.7	***	-100.0	***	***	***	***	***

续表 32

	全区	开发区	南浔镇	练市镇	双林镇	菱湖镇	和孚镇	善琏镇	旧馆镇	千金镇	石淙镇
道路运输业	2781.5			* * *	* * *	-100.0					
水上运输业	-40.1			-40.1							
住宿和餐饮业	44.4	* * *	32.1	* * *	* * *	* * *	2.4	* * *	* * *	* * *	* * *
住宿业	53.5		75.2				2.4				
餐饮业	4.7		-100.0			* * *					
房地产业	-5.8	-4.5	-9.6	19.2	-34.4	134.0	65.4	* * *	150.9	* * *	* * *
房地产业	-5.8	-4.5	-9.6	19.2	-34.4	134.0	65.4	* * *	150.9		* * *
租赁和商务服务业	121.2	243.4	-100.0	* * *	* * *	-100.0	* * *	* * *	* * *	-100.0	-100.0
商务服务业	121.2	243.4	-100.0	* * *		-100.0		* * *		-100.0	-100.0
科学研究和技术服务业	-4.9	-100.0	-100.0	1215.5	137.8	-65.1	* * *	* * *	* * *	* * *	* * *
研究与试验发展	7.9			7.9							
科技推广和应用服务业	-6.0	-100.0	-100.0	1708.7	137.8	-65.1			* * *		
水利、环境和公共设施管理业	31.2	43.2	56.6	49.5	121.6	33.0	-13.7	-23.6	-100.0	35.8	-51.8
水利管理业	589.0		-100.0								
生态保护和环境治理业	72.7		106.5				-100.0			* * *	
公共设施管理业	10.8	43.2	78.8	49.5	121.6	33.0	4.6	-23.6	-100.0	3.4	-51.8
居民服务和其他服务业	-31.9	-100.0	* * *	* * *	* * *	* * *	* * *	* * *	* * *	* * *	* * *
其他服务业	-31.9	-100.0		* * *							
教育	226.2	* * *	* * *	253.9	98.3	23.3	-40.5	* * *	-100.0	* * *	* * *
教育	226.2	* * *	* * *	253.9	98.3	23.3	-40.5		-100.0		
卫生和社会工作	-73.0	* * *	-100.0	* * *	* * *	49.6	* * *	* * *	* * *	* * *	* * *
卫生	-73.0		-100.0		* * *	49.6					
文化、体育和娱乐业	-37.7	* * *	490.4	-100.0	* * *	-100.0	* * *	* * *	* * *	* * *	* * *
文化艺术业	-35.5		490.4	-100.0							
体育	-100.0					-100.0					
公共管理和社会组织	357.3	* * *	371.9	49300.0	* * *	0.5	* * *	* * *	* * *	* * *	* * *
国家机构	357.3		371.9	49300.0		0.5			* * *		

续表 32

	全区	开发区	南浔镇	练市镇	双林镇	菱湖镇	和孚镇	善琏镇	旧馆镇	千金镇	石淙镇
二、本年新增固定资产(万元)	74.2	* * *	68.4	10385.8	-37.7	68.7	27.9	601.7	-93.6	* * *	* * *
三、项目个数(个)											
1.施工项目个数	3.5	10.2	-2.6	22.5	47.4	-11.4	-21.2	-21.4	30.0	-38.5	-8.3
#本年新开工	29.1	25.0	33.3	55.6	125.0	-18.2	-58.8	-10.0	80.0	0.0	100.0
2.本年投产项目个数	-8.7	* * *	-36.4	0.0	* * *	300.0	-30.0	33.3	-50.0	300.0	-100.0
四、房屋建筑面积(平方米)											
1.房屋施工面积	4.6	36.0	-1.8	24.0	98.5	175.0	-74.4	-100.0	-100.0	* * *	* * *
#住宅	12.0	43.4	0.0	-38.1	-0.5	1879.3	98.6	* * *	-100.0	* * *	* * *
2.房屋竣工面积	6.7	* * *	-6.5	* * *	* * *	* * *	37.3	-100.0	* * *	* * *	* * *
#住宅	9.2	* * *	-1.6	* * *	* * *	* * *	* * *	* * *	* * *	* * *	* * *
3.房屋竣工价值	83.8	* * *	73.4	* * *	* * *	* * *	-7.4	-100.0	* * *	* * *	* * *
#住宅	105.3	* * *	92.5	* * *	* * *	* * *	* * *	* * *	* * *	* * *	* * *
五、本年资金来源合计(万元)	* * *	* * *	* * *	* * *	* * *	* * *	* * *	* * *	* * *	* * *	* * *
1.上年末结余资金	75.9	691.9	26.9	158.2	244.5	-72.7	-58.8	* * *	* * *	* * *	24.7
2.本年实际到位资金	21.5	-5.5	24.3	43.0	60.4	92.6	72.1	48.2	-67.1	74.2	-91.7
(1)国家预算内资金	-41.9	* * *	-100.0	12.5	* * *	* * *	100.0	* * *	-100.0	* * *	* * *
#中央预算资金	-45.7	* * *	-100.0	* * *	* * *	* * *	* * *	* * *	-100.0	* * *	* * *
(2)国内贷款	-41.1	-93.0	-83.4	844.5	* * *	871.5	8.9	* * *	* * *	-100.0	* * *
(3)自筹资金	36.4	41.0	43.6	62.6	36.2	-22.4	111.5	48.2	-95.8	147.2	-93.1
(4)其他资金来源	36.1	79.8	33.8	-63.5	186.9	* * *	21.5	* * *	* * *	* * *	-83.2
六、各项应付款合计(万元)	16.0	-26.9	45.6	79.9	47.4	-37.5	3.9	-100.0	49.1	* * *	-85.6
其中:工程款	26.9	-31.4	156.2	109.7	158.8	-58.6	45.7	-100.0	-100.0	* * *	-79.4

2005—2019 年主要年份南浔社会消费品零售总额分类情况一览表

表 33

单位:万元

	2005 年	2006 年	2007 年	2008 年	2009 年	2010 年	2011 年	2012 年	2013 年	2014 年	2015 年	2016 年	2017 年	2018 年	2019 年
社会消费品零售总额	346051	400127	466625	557710	642459	760090	892315	1030845	1098689	1254824	1381799	1521841	1692703	1844396	2003542
比上年增长(%)	15.2	15.6	16.6	19.5	15.2	18.3	17.4	15.5	14.1	14.2	10.1	11.0	11.2	9.7	9
按国民经济行业门类分															
批发和零售业	303461	350207	406685	484265	558822	674402	792817	906725	943212	1078864	1165927	1278347	1408221	1534858.07	1668714
限额以上	13322	18167	28416	23437	40263	51429	86717	141796	95965	129182	142660	175745	148632	141879	143265
限额以下	290139	332040	378269	460828	518559	622973	706100	764929	847247	949682	1023267	1102602	1259589	1392978.67	1525449
其中:批发业							40561	45077	59096	79014	100585	140109	167515	188899	211909
限额以上							5344	5235	12095	38357	47613	65312	5887	682	3810
限额以下							35217	39842	47001	40657	52972	74797	161628	188217	208099
零售业							752256	861648	884116	999850	1065342	1138238	1240706	1345959.39	1456804
限额以上							69037	136560	83870	90825	95047	110433	142745	141198	139455
限额以下							683219	725088	800246	909025	970295	1027805	1097961	1204761.49	1317350
住宿和餐饮业	35989	42550	51683	64552	74177	85688	99499	124120	155477.02	175960	215872	243494	284482	309538	334829
限额以上	1850	2169	2427	2444	3635	5130	9190	20916	19817	19624	20477	21420	24042	19992	18728
限额以下	34139	40381	49256	62108	70542	80558	90309	103204	135660	156336	195395	222074	260440	289546	316100
其中:住宿业							4060	4496	6766	8117	12035	16257	19322	20792	28842
限额以上							1952	1887	2962	3090	3961	4792	5552	5698	3783
限额以下							2107	2609	3804	5027	8074	11464	13770	15094	25059
餐饮业							95439	119624	148711	167843	203837	227237	265160	288746	305987
限额以上							7237	19029	16855	16534	16517	16627	18490	14294	14946
限额以下							88202	100595	131856	151309	187320	210610	246670	274452	291041
其他	6601	7369	8257	8893											

附　录

·报　告·

湖州市南浔区 2018年国民经济和社会发展计划执行情况及2019年国民经济和社会发展计划草案的报告

——在湖州市南浔区第四届人民代表大会第三次会议上

湖州市南浔区发展改革和经济信息化局局长　屠赟宏

2019年2月28日

一、2018年国民经济和社会发展计划执行情况

2018年，全区上下深入学习贯彻党的十九大精神，有效落实中央和省市区系列决策部署，紧紧围绕“开放东大门、创业新高地”的发展定位和“聚力大赶超、实现新跨越”的奋斗目标，扎实开展“四新”主题实践，全力实施赶超跨越六大行动，克难攻坚，狠抓落实，经济社会发展呈现稳中有进、进中向好的良好态势。

（一）主要目标执行情况

主要指标稳健增长。实现地区生产总值427.19亿元，增长7.6%；实现财政总收入60.6亿元、一般公共预算收入35.16亿元，分别增长20.8%和20.6%，增幅分别列全市第二、第三位；社会消费品零售总额增长9.7%；城镇居民、农村居民人均可支配收入分别达到52743元和31564元，分别增长8.6%和9.4%。

试点示范扎实推进。在全省工业投资和“机器换人”技改考核中获一等奖，小微企业园建设成功列入全省建设提升工作试点县区。智能电梯产业创新服务综合体列入省级第二批创建名单，高端装备制造业（特种设备）列入国家标准化试点。木业产业国家级质量提升示范区创建通过预验收。在全省首创创新方法推广应用“1+3”模式，并成功创建省级示范区。成功入选全国平安农机示范区、省级绿色农业先行示范区、省级农产品质量安全放心区。

要素保障切实加强。取得各类用地指标207.9公顷，消化批而未供土地221.5公顷，盘活存量建设用地145.3公顷，城镇低效用地再开发60.3公顷。列入省重大产业示范项目2个，省市县长工程项目5个，其中绿色建筑集成项目获得预支土地指标17.5公顷，新认定市“大好高”项目39个。发布全国首个绿色金融产品地方标准，新开银行支行2家，新增金融新业态33家。新引进各类人才9956人。

（二）国民经济运行和社会发展基本情况

1．工业经济持续壮大。大力实施工业经济“双千”工程，“企升规”完成355家，总数达1007家，新增数与总量均居全市第一。深化“亩均论英雄”改革，开展工业大普查，在全省首创“亩产数字地图”，精准开展4781家工业企业的绩效评价，并实施差别化政策。推进“南浔制造”品牌建设，分别新增市、区政府质量奖1家、4家，参与制订国家标准18项、发布“浙江制造”产品标准9项，新增省级绿色企业2家。成功举办国家电梯产业技术创新战略联盟会议，5家企业入围全省电子信息百强企业。长城科技在上交所主板成功上市，永昌股份在新三板挂牌，新增浙股交挂牌企业25家，新增股份制企业41家，新增小微企业1960家，新增“个转企”328家。

2．三产发展势头良好。实现服务业增加值169.67亿元，增长8.3%，占地区生产总值比重达39.7%。完成服务业投资增长40.1%，增幅列全市第一。加大培育扶持力度，在全省服务业强县（市、区）培育综合评价中获省发改委通报表扬。加快电子商务发展，实现网络零售额54.11亿元，增长34.2%。大力发展乡村旅游、全域旅游，接待国内外游客1979.18万人次，增长29.9%；实现旅游总收入192.6亿元，增长28.2%，其中门票收入1.29亿元，增长22.1%。古镇文化创意产业园正式启用，入驻企业15家。南浔国际建材城集聚区在全省服务业集聚示范区综合评价中居第27位，比2017年提升14位。房地产发展迅速，实现商品房销售面积120万平方米，增长42.4%。金融业运行健康稳定，银行存款余额首次突破500亿，贷款余额比年初增加67.22亿元，增长22.3%。

3．现代农业优化提升。实现农业增加值25.98亿元，增长3.2%。加快农业“两区”建设，新增市级以上农业园区6个、市级农业龙头企业4家、示范性家庭农场16家。深入实施农业品牌战略，新增养殖跑道300条、面积140余公顷，推广“红美人”柑橘精品示范基地200公顷，建成稻虾综合种养1333公顷。石淙村被列入中国美丽休闲乡村，千金镇东马干村荣获全国“一村一品”示范村。东部果蔬现代农业园成功创建省级园区，成立全市首家国家级水产学会服务站，绿色生态渔业园区成功创建省级农业科技园区，桑基鱼塘系统被列为全球重要农业文化遗产。强化农产品质量监管，成功创建省级农产品质量安全放心区。发布“南浔知味”品牌，与华润集团等达成产供销协作，在全省首创“三分六统”（分类规划、分片管理、分户结账，统一苗种供应、统一生产物资、统一技术标准、统一信用支持、统一品牌销售和统一物流配送。——编辑部注）生产经营管理模式。

4．有效投入提速见效。扎实开展“双重”项目“三进”行动，实施“图文并茂季度亮晒”机制，亨通光网、久立特材等51个重点项目开工建设，三行电气、德毅隆等32个重点项目竣工。加快推进科技新城建设，园区道路、征地拆迁、水系整治等基础设施项目稳步推进，鼎旭智能等项目进场施工。扎实推进开发区万亩大平台建设，累计拆除1400余户、拓展面积200余公顷。大力推进小微企业园建设，举办中小微企业（上海）招商推介会，开工建设15个园区，完成建设5个。招商引资成效良好，累计签约各类项目101个，总投资981.66亿元；其中产业项目84个，100亿元以上项目1个，50亿元以上项目8个，20亿元以上项目4个。完成合同外资4.47亿美元，增长75.5%；实到外资1.51亿美元，增长16.5%。

5．自主创新步伐加快。推进科技创新平台建设，国家知识产权强县工程示范区创建通过评审，南浔高新园区创建通过省级部门联评联审，省级智能电梯产业创新服务综合体创建稳步推进，新增众创空间10家。加强创新主体培育，新增国家高新技术企业24家、省级科技型中小企业103家、市级“双高”企业25家，新增省级企业研究院3家、省级企业研发中心8家，新增省级院士专家工作站2家、市级3家，数量居全市第一。加速“两化”深度融合，新增市级设计中心3家、技术中心5家，省级“两化”融合示范企业2家，巨人通力和森赫电梯成功创建全国两化融合管理体系贯标试点企业。

6．重点改革纵深推进。深化“最多跑一次”改革，全区“最多跑一次”和“零上门”事项占比分别达100%和52.3%，在“最多跑一次”改革第三方测评中列全省第一梯队，全市第一。营商环境持续优化，深化企业投资项目审批制度改革，实施“承诺制+标准地+一窗服务”，一般企业投资项目开工前审批“最多100天”实现率达100%。实施承诺制项目17个，平均审批用时为60天，完成标准地交易40宗。推行“涉企证照市场监管通办”制度，首创“红色导办”模式，压缩开办时间，在3个工作日完成。基本完成农村土地承包经营权确权登记颁证，合同签订率达95.8%。农业水价综合改革获全省绩效评价第3名。扎实有序推进机构改革。

7．城乡面貌大幅改善。頔塘南岸旧城改造工程顺利启动，完成投资7.5亿元。古镇景区项目加快建设，巨人君澜酒店、博阳酒店对外营业，丝绸码头完成房屋主体结顶，北部游线建设全面推进。小城镇环境综合整治顺利推进，双林、旧馆、新溪等9个完成验收，其中千金、石淙等5个成为省级样板。南浔镇顺利通过国家卫生镇复评，石淙镇成功创建国家卫生镇，省级卫生镇实现全域覆盖。“十线十景十小镇”完成投资4.55亿元，新建美丽乡村景观线2条、美丽乡村小镇4个，省级美丽乡村特色精品村4个。基础设施日益完善，南浔大桥改造、“三高”连接线、湖山大道等重点项目加快推进，湖盐公路（和孚段）拓宽工程基本完工，南浔公交枢纽中心投入使用，浔练公路拓宽工程完工并通车。美丽乡村公路开工183千米，建成206千米，危桥改造完工33座。小城市培育力度加大，练市镇在省级小城市考核中由达标晋升为良好等次。智能电梯小镇入围省级特色小镇第四批创建名单，湖笔小镇考核获得优秀，丝绸小镇考核获得良好。

8．生态治理成效显著。实施“碧水”行动，扎实推进污水零直排区创建，新建污水管网46.02千米，出境断面水质均稳定保持在Ⅲ类水及以上。开展“蓝天保卫”行动，86个在建工地实现颗粒物在线监测，清理整顿涉挥发性有机物企业528家，$PM_{2.5}$年均浓度为41微克/立方米。深入推进“三改一拆”“两路两侧”“四边三化”，完成拆违490万平方米，旧厂区、旧住宅区和城中村改造320万平方米，分别完成目标任务的245%、320%，成功创建省“基本无违建区”。持续优化用能结构，完成节能技改项目25项，创建国家绿色工厂3家、国家绿色管理供应链示范企业1家。加快“低散乱”企业淘汰，共计淘汰2057家，淘汰10～35蒸吨高污染燃料锅炉29台。建成新能源共享汽车租赁网点30个、投放车辆300辆。全力推进垃圾分类，建成生活垃圾接驳点31座、资源化处理站点24个，中心城区单位生活垃圾强制分类实现全覆盖。

9．民生保障切实加强。新增城镇就业人数1.88万人，城镇失业人员再就业5800人，实现困难人员再就业914人，城镇登记失业率为2.33%。加强社会保障，建成示范型居家养老服务照料中心5个、幸福邻里中心5个，南浔镇入选国家第二批智慧健康养老示范乡镇，基本养老和基本医疗保险参保率分别达到94.9%和99.7%。加快卫生养老事业发展，区社会福利中心启动建设，区人民医院新院区投入使用，菱湖人民医院新建项目加快推进。深入实施第二轮“美丽校园”四年行动计划，完成27所中小学和18所幼儿园改造提升，教育现代化发展水平列全省第八、全市第一。扎实推进基层文化阵地建设，中国报告文学馆开馆，新增农村文化礼堂26个、企业文化车间11个、城市文化公园1个。顺利完成全国“两会”、世界互联网大会、联合国世界地理信息大会等重要时段维稳安保任务。社会持续保持和谐稳定，有望实现“平安南浔”十四连冠。

2018年，全区上下攻坚克难、奋力拼搏，克服诸多不利因素，确保经济社会企稳回升、赶超发展。但受国际贸易紧张局势，国内经济下行压力加大等影响，计划执行中仍然存在一些困难和问题，比如：稳增长基础尚不稳固，重点项目、重点企业、重点产业有效支撑不足；高质量发展还不够，产业层次不高，新旧动能转化不快，新经济增长点不明显；公共服务、民生保障等方面同人民群众的美好生活需要仍有一定差距。

二、2019年国民经济和社会发展主要指标安排建议

根据中央、省市委经济工作会议和区委四届七次全会暨经济工作会议精神，结合“十三五”规划既定目标，坚持稳中求进工作总基调，坚持以新发展理念为主要内容的习近平新时代中国特色社会主义经济思想引领，按照“一五一十”工作体系，紧扣“聚力大赶超、实现新跨越”的奋斗目标，扎实开展“三服务”活动，高质量打造湖州“开放东大门、创业新高地”，建议2019年主要经济社会发展指标安排如下：

地区生产总值增长8.5%左右。一是从数据测算看，2019年一产、二产、三产增加值增幅初步安排为2%、9%以上、9.5%，根据我区GDP构成，测算GDP增幅为8.5%左右。二是从省、市安排看，省安排6.5%左右，市安排8%左右，建议8.5%左右体现赶超。

规上工业增加值增长9%以上。一是要实现GDP增速目标，规上工业增加值须增长9%以上。二是2018年工业企业升规完成355家以上，规上总家数超千家，同时2019年将继续推动“新升规”，将有效增大我区规上工业体量。三是原有规上企业自然增长因素。四是2018年有32个重点工业项目竣工，其中亨通光网二期、三行电气等重大项目投产后将有力拉动工业增长。

财政总收入和一般公共预算收入均增长12%以上。一是考虑2019年GDP增长，拟定财政收入增长高于 GDP 增长。二是考虑自然增长及结转因素。

固定资产投资增长 15%，其中工业性投入增长 18%。一是重点项目投资趋于向好，2019 年亿元以上重点产业项目共 90 个，年度计划投资 91 亿元。其中重点工业项目 75 个，当年计划投资 67.7 亿元。二是政府投资扎实推进，頔塘南岸新建、新南浔高中、区中医院等一批重大项目开工建设。三是项目开竣工支撑有力。排定 2019 年重点亿元项目新开工 40 个，竣工 47 个。

社会消费品零售总额增长 10%。一是从目标导向看，“十三五”规划确定年均增长 9%以上。二是从政策导向看，根据上级“压实总量、稳定增速”要求，结合限上总量与限下占比情况考虑。

进出口总额、出口总额增长 10%。一是加大外向型企业的招引力度，引进大型综合服务平台公司，快速提升全年进出口、出口总额。二是积极应对中美摩擦，组织企业参加境内外展会，开拓产品出口市场，促进全区外贸企业稳步发展。

全社会研究与试验发展经费支出占地区生产总值比重达到 2.92%。一是“十三五”规划明确到 2020 年为 3%。二是 2018 年新增国家高新技术企业 24 家、科技型中小企业 103 家，科技型企业队伍不断壮大，科技研发投入不断增加。三是新增省级企业研究院 3 家，省级企业研发中心 8 家，创新能力不断增强。

新增城镇就业人数 15000 人，城镇登记失业率控制在 3.5%以内。一是出台扶持大学生就业创业新政策，力争引进 8500 名大学生和其他各类人才来浔就业创业。二是新增私营企业和个体户有大幅提升，创业带动就业效果明显。三是随着企业转型升级，企业技工需求明显。

城镇居民人均可支配收入增长 8.5%，农村居民人均可支配收入增长 9%。一是从目标导向看，“十三五”规划确定城镇和农村居民人均可支配收入增长 8.5%和 9%。二是从政策导向看，随着收入分配制度改革不断深化、乡村振兴战略深入实施、强农惠民政策不断加大，居民收入增长略高于经济发展的目标有望实现。

万元生产总值综合能耗和化学需氧量、二氧化硫、氨氮、氮氧化物排放量、$PM_{2.5}$等节能减排指标按市下达任务执行。

三、2019 年重点实施项目投资计划安排

2019 年，全区重点实施项目计划安排 134 个，年度计划投资 105.61 亿元。

（一）重点产业项目。重点产业项目（总投资亿元以上）计划安排 90 个，总投资 415.63 亿元，年度计划投资 91.15 亿元。其中新建项目 36 个，年度计划投资 39.12 亿元；续建项目 54 个，年度计划投资 52.03 亿元。

（二）政府投资项目。政府投资项目计划安排 44 个，总投资 91.95 亿元，年度计划投资 14.46 亿元。其中新建项目 17 个，年度计划投资 3.44 亿元；续建项目 27 个，年度计划投资 11.02 亿元。

其中，经区人大常委会重点审议的政府投资项目 9 个，总投资 16.84 亿元，年度计划投资 2.78 亿元。分别为新南浔高中项目总投资 8.55 亿元，年度计划投资 6400 万元；南浔区 2019 年“美丽校园”建设项目，总投资 6000 万元，年度计划投资 4800 万元；双林二中改扩建工程，总投资 5000 万元，年度计划投资 640 万元；2019 年农村公路提升工程，总投资 1 亿元，年度计划投资约 4000 万元；2019 年南浔区农村公路大中修工程，总投资 1.1 亿元，年度计划投资 4000 万元；南浔区污水零直排工程，总投资 3.2 亿元，年度计划投资 4000 万元；练市派出所业务用房项目，总投资 5200 万元，年度计划投资 1600 万元；练市镇区北侧部分道路新建工程，总投资 7700 万元，年度计划投资 1600 万元；南浔开发区强园路（外环西路—迁西路）建设工程，总投资 6000 万元，年度计划投资 800 万元。

湖州市南浔区2018年预算执行情况及2019年预算草案的报告

——在湖州市南浔区第四届人民代表大会第三次会议上

湖州市南浔区财政局局长　何琪虎

2019年2月28日

一、2018年预算执行情况

2018年，在区委正确领导，区人大、政协监督支持下，全区财税部门深入贯彻学习党的十九大精神，认真践行习近平新时代中国特色社会主义思想，紧扣区域发展主题，围绕“聚力大赶超、实现新跨越”奋斗目标，把握稳中求进工作基调，抓收入培财源，优结构保重点，推改革提质效，优服务促发展，预算执行情况良好。

（一）一般公共预算执行情况

1. 财政收支总体情况

2018年全区财政总收入完成60.60亿元，同比增长20.77%，完成预算的108.18%；其中：一般公共预算收入完成35.16亿元，同比增长20.58%，完成预算的108.36%。

经区四届人大常委会第十四次会议批准，调整一般公共预算支出预算数为39.92亿元，实际执行数为40.20亿元，同比增长23.32%，完成调整预算的100.69%（剔除债务付息及发行费用支出、公安下划增加支出等不可比因素，同口径增长17.83%）。

2018年财政通过争取上级财力补助及调入清理财政存量资金，收支相抵，实现区级一般公共预算收支平衡，具体决算情况待市与区体制结算后向人大常委会报告。

2. 财政收支具体执行情况

（1）全区一般公共预算收入情况：

主要收入科目情况：

增值税15.32亿元，增长17.83%；

企业所得税4.81亿元，增长36.46%；

个人所得税1.41亿元，下降3.12%，主要是股权转让减少；

城市维护建设税1.77亿元，增长26.19%；

契税2.36亿元，增长52.97%；

其他地方各税5亿元，增长2.07%；

非税收入4.48亿元，增长42.14%，主要是自2018年起原政府性基金诉讼费、防空地下室易地建设费等转入一般公共预算；同时，公安下划以及公安罚没收入增加。

（2）全区一般公共预算支出情况：

一般公共服务支出3.75亿元，增长28.45%；

公共安全支出3亿元，增长77.32%，主要是因为公安下划导致支出增幅较大；

教育支出8.22亿元，增长9.96%，其中：教育管理事务1670万元，普通教育7.21亿元，成人教育1435万元，教育费附加安排支出6419万元；

科学技术支出1.14亿元，增长20.61%，其中：科学技术管理事务308万元，技术研究与开发3203万元，科学技术普及106万元，其他科学技术支出7825万元；

文化体育与传媒支出5740万元，增长15.19%；

社会保障和就业支出5.40亿元，增长28.54%；

医疗卫生与计划生育支出5.67亿元，增长21.45%；

节能环保支出9574万元，下降5.89%，主要是省补项目减少；

城乡社区支出2.88亿元，增长28.8%；

农林水支出4.61亿元，增长18.38%，其中：农业支出1.56亿元，林业支出30万元，水利支出1.86亿元，农村综合改革支出8547万元；

交通运输支出8029万元，增长12.58%；

资源勘探信息等支出7987万元，增长33.27%；

商业服务业等支出4027万元，增长5.31%；

金融支出371万元，增长24.44%；

住房保障支出1738万元，下降80.69%，主要是2018年起住房公积金支出调整到部门相应功能科目反映，同时部分省补项目指标下达较晚，尚未列支；

其他支出1.55亿元（其中：一般债券付息及发

行费 1.38 亿元），增长 17.96%，主要是增加一般债券付息及发行费。

（二）政府性基金预算执行情况

1．基金预算收入情况

2018 年政府性基金收入预计为 44.05 亿元（实际执行数待市对区体制结算后确定），同比下降 2.83%，完成预算 122.06%。其中：

国有土地使用权出让收入 40.97 亿元；

其他政府性基金收入 2595 万元（主要是污水处理费等）；

政府性基金上级补助收入 2.82 亿元。

2．基金预算支出情况

根据以上收入情况，2018 年政府性基金支出执行数为 37.29 亿元，加上上缴市级的土地出让金市级分成预计 5.78 亿元（实际上缴执行数待市对区体制结算后确定），支出总计预计为 43.07 亿元，本年基金预算支出同比下降 13.05%，完成调整预算 102.67%，主要是土地出让金安排支出减少。主要支出科目情况如下：

大中型水库移民后期扶持基金支出 453 万元；

国有土地使用权出让收入支出 33.86 亿元；

旅游发展基金支出 24 万元；

其他政府性基金支出 2.29 亿元；

彩票公益金支出 5549 万元；

债务付息及发行费支出 5439 万元。

（三）社会保险基金预算执行情况

2018 年全区社会保险基金收入 10.23 亿元，增加 15.62%，完成预算 101.31%，其中：保险缴费收入 3.21 亿元，财政补贴收入 6.87 亿元，利息收入 1140 万元。本年社会保险基金预算支出 9.55 亿元，增长 5.76%，完成预算 96.97%；其中：居民基本养老保险基金支出 2.98 亿元，居民基本医疗保险基金支出 3.83 亿元，机关事业基本养老保险基金支出 2.74 亿元。本年社会保险基金收支结余 6744 万元，年末滚存结余 3.79 亿元。

（四）国有资本经营预算执行情况

2018 年区级国有资本经营预算收入 90 万元，完成预算 100%，主要是区国有资产投资控股有限责任公司参股企业股息、股利上缴收入，调入一般公共预算统筹安排。

（五）地方政府债务情况

2018 年，经省财政厅核定，区人大常委会批准，全区地方政府债务限额为 65.21 亿元，其中一般债务 44.4 亿元，占比 68.09%；专项债务 20.81 亿元，占比 31.91%。2018 年在批准的限额内，通过省代发地方政府债券 1.2 亿元，均为置换债券。截止 2018 年末，全区地方债务余额为 63.69 万元，其中一般债务 43.85 亿元，占比 68.84%；专项债务 19.84 亿元，占比 31.16%。

（六）落实区人大预算决议有关情况

1．认真落实区四届人大二次会议对预算的决议及区人大财经委对预算的审查意见

按照区四届人大二次会议有关决议，以及区人大财经委审查意见，围绕我区各项财政经济指标，攻坚克难，积极有为，充分发挥财政职能，确保各项财政工作圆满完成。

强化协作互动，财政收入稳步增长。2018 年面对国家政策性减收效应等多重困难，区财税部门紧盯目标任务，完善责任制，精耕“责任田”。实现涉税信息共享，动态监控分析税收数据，重点掌握建筑、交通运输、地板行业税收情况，实时分析研判税收收入形势，有效化解一次性增收等政策性因素带来的困难；完善非税收入票据和银行账户管理制度，确保政府非税收入及时足额入库；不断创新工作思路，狠抓政策机遇，积极向上争取资金，实现财政收入稳步增长。

发挥职能作用，服务经济转型升级。全面依法落实各项减税降费政策，办理小微企业各类税收优惠 1.47 亿元，福利企业、资源综合利用企业退税 1.5 亿元，办理出口退税 6.14 亿元。转变财政扶持方式，围绕供给侧改革，积极引导直接投入向间接扶持、资金扶持向机制转变，助推产业转型升级。全年安排“中国制造 2025”工业发展等经济补助 1.33 亿元，安排支持农业产业发展资金 1 亿元，安排支持旅游产业发展资金 1858 万元。创新财政金融协同支农机制，依托农业“三项补贴”政策综合改革试点资金和农民合作基金授信农合联会员，撬动银行资金 1.8 亿元解决农民创业贷款难问题，助推我区粮食生产和特色优势产业发展。推动政府产业基金健康发展，目前已设立南浔区产业整合投资基金和湖州市新兴产业投资基金；实践项目资金新途径，运用 PPP 形式实现南浔至临安公路等三项目总投资 37.89 亿元，且三项目已通过省财政厅审核入库；完成两个 PPP 项目招标，涉及投资 33.75 亿元。

优化支出结构，民生保障持续改善。厉行节约保障民生，突出民生支出，全年用于民生事业支出

24.48亿元，同比增长18.02%，重点保障医疗卫生、教育、科技以及社会保障、就业等方面支出。2018年“三公”经费支出2469万元，同比下降2.7%，其中，公务接待费同比下降2.54%。加大教育保障投入，安排保障“美丽校园行动计划”、学生安全专项等支出8.22亿元，全面改善教育薄弱学校办学条件。完善养老保险机制，安排5.4亿元实现城乡居民最低生活保障区级统筹。保障医保卫生投入，安排落实公立医院及基层医疗单位保障经费8617万元；城乡居民基本医保财政补助标准提高至每人每年940元，基本公共卫生服务经费筹资标准提高至每人每年55元。加强村级公益事业建设，全年实施农民综合服务用房建设、农村道路硬化工程等一事一议财政奖补项目35个，总投资2832万元，受益村民人数4.9万余人。加大生态环境投入，安排城市环境卫生和绿化维护、“百村示范，千村整治”等建设资金3.94亿元，农村垃圾分类及智能化平台建设资金3133亿元，小城镇环境综合整治资金1.2亿元。落实强农惠农补贴政策，配合部门采取“一折（卡）通”兑现方式，兑现各项农业补贴资金4102万元，惠及农户56009户次。

深化财税改革，制度管理更加规范。完善部门综合预算，完善全口径预算和预算编制标准化体系，实现部门预算全程监督。除涉密部门外，全区43家预算单位的部门预算全部提交人代会审查。调整财政管理体制，综合考虑各镇（开发区）经济发展水平等因素，及时调整区对镇（开发区）财政管理体制，增加乡镇（开发区）基本保障能力，同时充分调动增收积极性。深化国库集中支付改革，完善预算执行动态监控机制，实现区乡两级预算单位国库集中支付改革全覆盖。落实“最多跑一次”改革，推广运用“政采云”系统，将全区行政事业单位政府采购全部纳入平台，促进政府采购规范、廉洁和高效运作，2018年“政采云”平台完成采购金额1.57亿元。完善国有资产监管体制，强化国有资产产权管理及出租监管；理顺国有企业管理机制，深化区国有企业负责人薪酬制度改革等。

加大监管力度，财政风险有效可控。加强政府债务管控，按照“严守债务红线，厘清主体责任”的要求，切实加强平台公司、镇（开发区）债务管理，完成乡镇债务“关闸门”；完善融资审批机制，控制债务增量和融资成本。组织开展全区违法违规举债担保问题自查整改工作，规范我区融资平台公司举债融资行为。通过培植税源，做大财政实力，优化收支结构，实现政府债务率大幅下降，2017年政府债务率降为87.6%，控制在95%的绿色安全区域内。提升资金监管绩效水平，实行绩效跟踪监控，开展财政部门重点项目绩效评价，提高财政资金使用效益。2018年完成评价项目436个，涉及资金3.76亿元；完成区卫计局等三个部门绩效跟踪监控工作。强化财政监督检查，组织2017年度南浔区科技专项资金等三个项目专项检查，委托第三方会计事务所对城防专项资金等四个项目监督检查，对区行政服务中心等四家单位会计监督职责检查，针对监督检查中发现的问题，督促相关部门限时整改，2018年违规资金上缴财政9.81万元。加强财政支出管理，强化内审严把关，利用动态监控软件，通过预算单位支付业务事前、事后设置预警机制，实现实时监控。2018年动态监控拦截纠错资金2573万元。深入推进预算公开，严格按照相关文件规定的公开范围及内容，在区级统一平台上集中公开部门预决算及三公经费预决算，实现公开范围全覆盖。

2．认真办理人大代表建议

一是高度重视，把办理好代表建议纳入重点工作日程，人大代表建议的受理、交办、转办、督办工作切实落实到责任领导、落实到责任科室和责任人，主动加强与人大代表沟通联系，及时解决建议件中所提问题及建议。二是用心办理，把答复好建议件作为干部考核的依据。将办理过程中干部表现好不好、代表满不满意作为年终评优评先的重要参考依据。今年由财政主办、协办的建议件共3件，区财政承办的关于加大千金镇一般转移支付力度的建议件，得到代表肯定和满意，答复满意率达100%。三是总结提升，把办理建议件作为自我提升的标尺。收集总结在办理过程中的经验，不断提升建议办理工作质效。对已经解决或列入规划准备解决的建议事项进行梳理、跟踪，确保事项解决不打折，做到事事有回音。

各位代表，过去的财税工作，得到上级党委、政府的充分肯定，取得如此成绩实属不易。这是区委、区政府正确领导和区人大、政协支持指导的结果，是社会各界理解和支持的结果，是全区财税干部职工齐心协力的结果。在看到成绩的同时，我们也清醒地看到当前财政运行中还存在着不少困难和问题，主要表现在：一是财政收入增速趋缓，持续增长压力较大，收支矛盾仍较为突出，财政满足经济社会建设需求方面的保障功能还有待于增强。二是政府债务还本付息压力逐年增大与财政稳健运行的矛盾更加突出。三是预算执行的规范性和约束性不够，部门项目支出进度较慢，预算管理有待进一步提高。四是财政监管的触角、范围、力度还有待于延伸、扩展和加强等。对于这些问题，我们将认真分析，找准症结，综合施策，切实加以改进解决。

二、2019年财政预算草案

（一）财政预算编制的指导思想

根据2019年度全区经济社会发展目标、国家宏观调控总体要求和跨年度预算平衡的需要，结合对2019年财政经济形势的分析和预测，按照省、市、区对经济工作的总体部署以及财政改革总体要求，2019年我区财政工作的总体要求是：以习近平新时代中国特色社会主义思想为指导，深入贯彻庆祝改革开放40周年大会、中央和省市委经济工作会议以及区委四届七次全体（扩大）会议暨经济工作会议精神，按照“八八战略”再深化、改革开放再出发的要求，围绕“一五一十”工作部署和安排，坚持稳中求进工作总基调，坚持新发展理念，坚持推进高质量发展，继续实施积极的财政政策，增强财政可持续性；落实减税降费政策，严控财政金融风险，调整优化支出结构，切实保障改善民生；着力推进财税改革，全面实施绩效管理，加快建设现代财政制度，更好促进我区经济社会持续健康发展。

（二）2019年一般公共预算草案

1．一般公共预算收入

2019年全区财政总收入预期完成68亿元，同比增长12.2%；其中：一般公共预算收入预期完成39.39亿元，同比增长12.01%。

主要收入科目情况：

增值税172000万元，增长12.3%；

企业所得税54000万元，增长12.19%；

个人所得税15900万元，增长12.7%；

城市维护建设税20000万元，增长13.01%；

其他地方各税57500万元，增长15.03%；

非税收入43200万元，减少3.66%。

2．一般公共预算支出

根据2019年一般公共预算收入安排，按照现行财政体制测算，加上预计的上级各项补助、动用上年结转结余、动用预算稳定调节基金以及调入资金等，2019年当年全区地方财政可用资金为45亿元。根据财政预算收支平衡原则，拟安排2019年全区一般公共预算支出45亿元，增长12%。主要支出科目如下：

一般公共服务支出4190万元，增长11.79%；

公共安全支出30500万元，增长1.83%，其中消防转列灾害防治及应急管理支出（剔除消防因素，增长7.52%）；

教育支出90000万元，增长9.47%，其中：教育管理事务1828万元，普通教育78933万元，成人教育1571万元，教育费附加安排支出7027万元；

科学技术支出12800万元，增长11.87%，其中：科学技术管理事务345万元，技术研究与开发3582万元，科学技术普及118万元，其他科学技术支出8754万元；

文化旅游体育与传媒支出8800万元，增长53.31%，主要是新增旅游支出科目；

社会保障和就业支出60000万元，增长11.05%；

卫生健康支出62000万元，增长9.42%；

节能环保支出10500万元，增长9.67%；

城乡社区支出31500万元，增长9.4%；

农林水支出50500万元，增长9.52%，其中：农业支出17088万元，林业和草原支出33万元，水利支出20419万元，农村综合改革9361万元；

交通运输支出9000万元，增长12.09%；

资源勘探信息等支出6800万元，减少14.86%，主要是安全监管转列灾害防治及应急管理支出；

商业服务业等事务支出2100万元，减少47.85%，主要是旅游支出转列文化旅游体育与传媒支出；

金融支出400万元，增长7.82%；

自然资源海洋气象等支出550万元，减少76.15%，主要是上级资金列支；

住房保障支出8000万元，增长360.3%；

其他支出16000万元（其中：预估地方政府债券付息13566万元），增长41%；

预备费5000万元。

（三）2019年政府性基金预算草案

1．基金收入预算

拟安排2019年政府性基金收入预算为434050万元，增长－1.47%，上年结转20000万元，调入资金5589万元（专项债券付息）。根据新的基金预算收入口径，其中：

国有土地使用权出让收入420000万元；

其他政府性基金收入 2600 万元（主要是污水处理费等）；

政府性基金上级补助收入 11450 万元。

2．基金支出预算

拟安排 2019 年政府性基金支出预算为 320544 万元，增长 –14.04%，预计调出资金 55000 万元，土地出让收入上解上级支出 80000 万元。主要支出科目情况：

大中型水库移民后期扶持基金支出 326 万元；

国有土地使用权出让收入安排的支出 285900 万元；

其他政府性基金支出 28724 万元；

债务付息支出 5594 万元。

（四）2019 年社会保险基金预算草案

2019 年全区社会保险基金收入 104501 万元，增长 2.19%，其中：保险缴费收入 3244 万元，财政补贴收入 70794 万元，利息收入 878 万元；本年社会保险基金预算支出 103925 万元，增长 8.8%，其中：居民基本养老保险基金支出 30673 万元，居民基本医疗保险基金支出 42932 万元，机关事业单位基本养老保险基金支出 30320 万元。本年社会保险基金收支结余 576 万元，年末滚存结余 38500 万元。

（五）2019 年国有资本经营预算草案

2019 年国有资本经营预算收入 100 万元，其中：参股企业股息、股利收入 100 万元，安排国有资本经营预算调出资金 100 万元，调入一般公共预算统筹安排预算支出。

（六）2019 年地方政府债务预算管理

2019 年地方政府债务暂按省财政厅下达的 2018 年政府债务限额 65.21 亿元控制。待省财政厅下达后，依法编制调整预算（草案）并提交区人大常委会审议批准。

三、认真抓好 2019 年预算执行工作

2019 年，区财政局将全面落实中央、省、市、区经济会议精神，坚持稳中求进工作总基调，贯彻新发展理念，继续实施积极财政政策，深入推进以绩效为导向的财政预算制度改革，确实区委、区政府重大决策部署落实，确保财政资金使用效益最大化，确保财政预算支出全过程接受监督，为加快南浔高质量发展提高坚实财力保障。今后，我们将重点做好以下工作：

（一）强化生财理财，着力稳增长提质效

紧跟财经形势，促进收入增长。顺应税制改革、征管体制改革的新变化，加强政策研究，加强对经济运行、财税收入数据的分析，查找税收征管薄弱环节，深挖增收潜力；着力打造财税一体化征管平台，完善协税护税机制，加强对重点企业、重点行业、重点税种的税源监控，以“亩产税收”为导向，提高地方财政收入质量；深化与税务部门间的协调合作，加强部门信息交互，健全税收协助机制。健全政府非税收入管理制度体系，完善非税收入征收机制，努力做到应收尽收。力争全区一般公共预算收入增长 12%以上。

（二）强化支出管理，着力调结构惠民生

紧盯重点领域，科学安排支出。保障产业发展投入。积极统筹整合资金，重点支持企业发展、基础设施配套、科技创新、工业转型升级、开放型经济、文旅产业、品牌培育等；落实国家减税降费政策，完善财政惠企政策，切实帮助企业降成本、拓融资，助推区域经济发展。保障重点民生投入。优先保障民生支出。支持促进就业创业，提高就业服务水平；完善社会保险制度体系，落实社保待遇调整政策；加大财政奖补力度，支持义务教育发展，改善学校办学条件；支持深化医药卫生体制改革，促进卫生健康事业发展；落实财政投入，保障城乡困难群体的基本生活。保障乡村振兴投入。重点支持以“宜居、宜业、宜游”为建设目标的美丽乡村升级版等建设，大力支持农业升级发展。保障生态环境投入。加大污染防治、生态环保等投入力度，深入推进“三改一拆”“污水治理”，支持开展全区污染源调查、土壤污染详查、大气污染防治和重金属土壤污染防治工作。

（三）强化债务管理，着力守底线化风险

紧守债务底线，防范化解风险。按照《中共湖州市委湖州市人民政府关于进一步做好防范化解政府性债务风险工作的实施意见》文件精神，扎实推进债务风险化解工作。守住目标底线。实行政府投资项目联审制度，强化审批管理和责任落实，全面禁止违规举债，严禁借新还息，守住隐性债务总量不增加的底线。着力化解债务。通过财政性资金安排、处置资产、转化为企业经营性债务、政府债券置换等多途径化解隐性债务。加大平台公司、行政事业单位国有资产处置力度。加速平台转型。强力推进平台公司清理整顿，支持平台公司转型为自主经营的国有企业，承担起应由企业承担的偿债责任。用好上级政策。用好用活地方政府专项债券，争取金融机构对在建项目和补短板重大项目的金融支持力度，合理保障融资平台公司正常融资需求，规范有序推进 PPP 项目。

（四）强化改革引领，着力优管理提效能

紧抓财政管理，提升财政效能。深化财政预算管理。围绕现代财政管理制度，在体制机制、资金分配、理财思路、预算管理、风险防范以及财政监督等方面不断改革创新，扎实推进税收制度改革，创新资金分配使用方式，逐步构建和完善科学的财政管理体系；编实编细“四本预算”，加大政府性基金预算、国有资本经营预算与一般公共预算统筹力度；完善全口径预算和预算编制标准化体系，强化预算审查，规范部门预算行为，增加部门预算透明度，实现部门预算全程监督。全面实施绩效管理。按照加快建成全方位、全过程、全覆盖的预算绩效管理体系的目标，强化绩效自评管理，加大运行监控力度，扩大重点评价范围，推动项目主管部门对项目实施单位的绩效评价工作，强化绩效评价结果应用。强化国有资产管理。严格规范行政事业单位国有资产出租出借管理，推进闲置国有资产处置，积极推动国有金融企业和文化企业资产、行政事业单位国有资产管理增效。严格财政支出监管。加强投资评审、政府采购等管理，严控“三公”经费支出，提高财政支出监管水平。全面实施政府会计制度改革，加强单位内部控制建设，不断提升单位财务管理水平。

各位代表、各位委员，做好新时代、新形势下的财政工作任务艰巨、使命光荣，我们将高举习近平新时代中国特色社会主义伟大旗帜，在区委的坚强领导下，自觉接受区人大监督，虚心听取区政协意见建议，围绕“一五一十”工作部署，不忘初心、牢记使命，改革创新、真抓实干，为谱写新时代南浔高质量发展新篇章做出更大的贡献！

湖州市南浔区人民法院工作报告

——在湖州市南浔区第四届人民代表大会第三次会议上

湖州市南浔区人民法院院长　沈舟平

2019 年 3 月 1 日

2018 年，在区委的正确领导、区人大常委会和上级法院的监督指导下，在区政府、区政协和社会各界的关心支持下，区法院高举习近平新时代中国特色社会主义思想伟大旗帜，深入学习贯彻中共十九大精神，紧紧围绕“聚力大赶超、实现新跨越”的奋斗目标，认真执行区四届人大二次会议决议，坚持司法为民、公正司法工作主线，依法履行审判职责，各项工作取得新进展。共受理各类案件 11444 件（含旧存 875 件），办结 10766 件，同比分别增长 0.3%和 2.2%，结案标的额 26.10 亿元。各项审判执行绩效数据持续向好，其中 80%以上的指标在全省法院平均以上，60%以上的指标名列全省前二十位，员额法官人均结案数 262.58 件，约为全国平均数的 2 倍。2017、2018 年度连续两年在全市法院综合考核中名列第一，荣获全省法院先进集体等市级以上集体荣誉 17 项、个人荣誉 18 项，温奕弋法官获评全国法院办案标兵荣誉称号。

一、助推经济社会发展，服务大局有新作为

围绕全区中心工作，保障重点工作推进。始终坚持全区中心工作推进到哪里，司法保障跟进到哪里。审结涉頔塘南岸旧城改造征收工程案件 203 件，对苏宁云商商贸有限公司等一批矛盾较激化案件调解结案，调撤率达 81.77%，妥善化解涉征收房屋所有权人与承租人间的矛盾纠纷，促使尽早签约、及时腾空。建立行政争议调解南浔区分中心，协调化解相关行政诉讼争议，积极为党委政府重大项目决策提供法律建议，反映侵占耕地案件特点的信息获市长批示。护航污染防治攻坚战，惩治污染环境罪案件 2 件 7 人，准予行政强制执行 10 件，影响较大的树本华等 4 人污染环境罪一案，对被告人全部判处实刑，并邀请 20 余名市区两级代表、委员旁听庭审。在非法捕捞案件中促使被告人采取增殖放流等方式，落实“谁破坏、谁修复”的生态修复补偿机制。增设荻港景区旅游巡回审判点，实现辖区

AAAA 级以上景区旅游巡回审判庭全覆盖。

保障民营企业发展，优化营商法治环境。平等保护各类市场主体的合法权益，审结涉企纠纷案件 2024 件。树立谦抑司法理念，坚持保护债权与保障企业生存发展并重，最大限度减少司法活动对企业正常生产经营的影响。妥善审结湖州佳佳乐装饰材料有限公司施工失火引发的系列刑民交叉案件，既使火灾受损害方得到较好民事赔偿，又不严重影响企业生存发展空间。依法保障全区重点企业，打击假冒注册商标罪等侵犯知识产权犯罪，坚持快立、快保、快审、快执，使企业尽早实现合法权益。加大“僵尸企业”处置力度，加强执行转破产衔接，审结破产案件 11 件，盘活企业资产 3.5 亿元。恒基光伏电力科技股份有限公司、浙江恒基电源有限公司破产清算案顺利结案。推动建立全区 17 家单位参与的企业破产协调处置机制，对破产企业工商登记、税款缴纳、重整后信用恢复等 9 方面政策予以细化。审结金融借款、票据、保险等纠纷案件 156 件，化解银行不良资产 6700 余万元。与区工商联联合召开司法保障民营企业发展座谈会，发布加强产权司法保护保障民营企业发展白皮书，建立完善八项司法护企措施，相关工作获市中院院长批示肯定，《浙江法制报》《湖州日报》头版报道。

打造“枫桥经验”升级版，服务乡村振兴战略。实施“水哥法官工作室”站点驻村、法官联村工程，工作室站点由 20 个扩面至 100 个，实现在矛盾纠纷相对较多的村均设站点和联系法官（法官助理）。全面对接“四个平台”建设，联村法官累计走访 700 余人次，就地化解纠纷 600 余起。开展涉农村房屋土地、相邻、赡养、抚养等纠纷“巡回审判、百姓评案”35 件，促进乡村和谐、乡风文明。加强对人民调解的指导，培训人民调解员 275 人次。构筑三道“过滤网”，诉前纠纷化解率 30.74%，同比上升 10.84 个百分点，大量矛盾纠纷化解在基层和萌芽状态，在全市矛盾纠纷多元化解工作暨在线矛盾纠纷多元化解平台建设现场推进会上介绍经验，被省委、省政府评为全省指导人民调解工作先进集体。人民法庭前沿阵地作用愈发凸显，双林法庭获评全省首批 21 家“星级法庭”之一，三个人民法庭均获评市级优秀人民法庭。

二、保障社会公平正义，执法办案有新成效

深入开展扫黑除恶专项斗争，打击刑事犯罪。共受理刑事一审案件 619 件，审结 605 件，同比分别上升 13.16% 和 13.08%，判处罪犯 862 人。深入推进扫黑除恶专项斗争，审结涉黑涉恶犯罪案件 4 件 13 人，均判处实刑，其中判处三年以上有期徒刑 5 人。排摸上报涉黑涉恶线索 4 条，加大扫黑除恶典型案例宣传力度，积极营造扫黑除恶浓厚社会氛围。审结食品、药品安全及电信诈骗等涉民生犯罪案件 12 件 80 人，切实提升群众安全感。审结职务犯罪案件 2 件 2 人，惩治“微权力”腐败。注重宽严相济，对 328 名被告人依法判处非监禁刑。加强人权保护，可能判处三年以上有期徒刑辩护率达 100%。坚持惩教结合，审结未成年人犯罪案件 16 件 19 人，南浔区未成年人犯罪比例持续处于全省低位，未成年人案件综合审判庭获评省级“巾帼文明岗”、市三八红旗集体。

妥善化解民事纠纷，促进社会和谐。共受理民商事一审案件 6427 件，审结 5954 件，同比分别下降 0.23% 和上升 1.02%，结案标的额 15.95 亿元。坚持调判结合，力促案结事了人和，民商事调撤率 70.71%，居全省第五位。审结买卖、承揽等合同纠纷案件 1285 件，促进市场要素有序流转。建立二批共 39 名职业放贷人名录，对企图利用诉讼程序实现非法放贷利益合法化的行为予以严格规制。审结房屋买卖、租赁、中介、建设工程等纠纷案件 243 件，保障房地产市场健康发展。审结婚姻家庭纠纷案件 417 件，在全市率先试行婚姻冷静期制度，与区妇联等五部门建立家事审判联席会议制度，推行登记辅导、志愿者心理疏导、联动反家暴、判后回访等八项机制，维护家庭和谐稳定。

决胜基本解决执行难，推进社会诚信体系建设。共受理执行案件 4280 件，执结 4090 件，同比分别上升 10.28% 和 14.69%，执行到位金额 10.15 亿元。评估基本解决执行难四项核心指标均位列全市第一、全省前十。对被执行人履行期限过后拒不履行的，一律限制高消费，拒绝报告财产或报告不实的，一律采取司法拘留或罚款措施，不积极履行的，一律限制出境，共限制高消费 3925 人次，司法拘留 353 人次，罚款 1282 人次，限制出境 12 人次，12 人被追究刑事责任。加强信用联合惩戒，区两办出台《关于进一步加快推进失信被执行人信用监督、警示和惩戒机制建设的实施办法》，纳入失信被执行人黑名单 1739 人次，使其在招投标、信贷、出行、高消费等方面处处受限。人难找物难寻问题逐步破解，财产网络查控已落实所有案件全覆盖，实现被执行人存款、房产、车辆等主要财产“一网打尽”，与区公安分局签署协作备忘录，在人员布控、拒执打击、腾退房屋、信息发布等方面建立全面协助机制。为第一时间查获、控制被执行人及其财产，执行干警夜间和节假日外出执行1374人次。大力加强执行规范化建设，制订《基本解决执行难工作指引》，获市中院推广。营造执行大宣传大声势，特别是通过各种途径加大“老赖”曝光力度。《人民法院报》头版头条宣传推广南浔区人民法院基本解决执行难“三大转变”工作经验，执行局被省高院荣记集体二等功。

三、牢固树立宗旨意识，司法为民有新举措

持续优化诉讼服务，深化司法领域“最多跑一次”改革。巩固五星级“示范诉讼服务中心”品牌，当场立案率98.3%，完成网上立案、跨域立案、延伸立案2912件，通过诉讼服务网、12368热线等提供线上服务3079次，办结率100%。大力推广应用“移动微法院”和“在线矛盾纠纷多元化解（ODR）平台”，在全市首用移动微法院成功在线调解，全区ODR平台在线调解4026件，成功3872件，调解成功率96.17%，实现“数据多跑路，群众少跑腿”。我院起草的全国首个诉讼服务地方标准已被省市场监管局和省高院上升为省级地方标准，并在省高院新闻发布会上介绍经验，为全省法院系统推进“最多跑一次”改革提供可复制、可推广的南浔经验。“最多跑一次”改革工作影响力不断扩大，山东、江苏、福建、吉林、安徽、江西等30余家省内外法院来院考察交流。

依法保障民生权益，切实提升群众司法获得感。完善涉民生案件“绿色通道”和快速办理机制，审结人身损害、交通事故、劳动争议等案件1544件，平均审理天数10.51天，同比减少6.83天，强化财产保全、当庭履行、督促履行等，涉民生案件自动履行率64.81%。开展岁末年初涉民生专项集中执行活动，执行到位金额825万余元，其中为385名农民工追回劳动报酬408.93万元。建立律师参与调解、消费争议诉调对接等工作机制，为群众提供专业化、多元化纠纷解决渠道。针对被告难找、法律文书难送等情况，与公安、通信运营商协作，拓宽被送达人查找途径，在268件案件中实行夜间送达、电子送达，减轻当事人诉累，相关经验获最高法院刊发信息。

全面深化司法公开，充分保障群众知情权参与权。充分利用裁判文书、审判流程、执行信息和庭审直播四大公开平台，公布法律文书5540份，实现依法能够公开的裁判文书全部上网，向当事人发送案件审理、执行节点流程信息2.8万余条，开展庭审直播682次，96.98万人次点击观看，让司法活动经得起“围观”。大力推进“随案扫描”，实现电子卷宗归档率100%。充分利用“一网两微”和各类媒体平台进行法治宣传280余篇次，大力开展普法宣传教育，多层面、立体化传递法治正能量。

四、发挥党建引领作用，自身建设有新亮点

旗帜鲜明加强政治建设。扎实推进“不忘初心，牢记使命”主题教育，依托“红色星期六”等载体，开展各类学习教育、宣讲、志愿服务活动1680余人次。加强支部活动室建设，完善支部考核细则，推进支部建设规范化。着力加强党建、廉政文化、家风家训等阵地建设，获评全区“最美家风好单位”。设立“水哥法官工作室”银领服务队，获评市、区“最美老干部工作室”。切实推进“清廉法院”建设，以支部为网格设立纪检监察联络员，积极推动党建与廉政工作“两网融合”。健全廉政风险防控机制，加强作风建设，营造风清气正良好“政治生态”。

稳妥有序推进司法体制改革。顺利完成第三批员额法官遴选，完善审判执行团队搭建，进一步配强一线审判力量。推行随机分案、繁简分流，简易程序适用率84.04%，实现简案快审、繁案精审。院庭长带头审理重大、疑难、复杂案件，院领导人均办案量全市第一，法检“两长”在5件案件中同庭履职。探索建立适应新审判权运行机制的院庭长监督管理机制，落实裁判文书备阅制度，充分发挥审判委员会、专业法官会议把关作用，进一步统一裁判尺度，二审发回改判瑕疵率0%。推进以审判为中心的刑事诉讼制度改革，联合公安、检察出台侦查人员出庭作证规定，在20件案件中落实21名侦查人员出庭作证。认真实施《人民陪审员法》，新增选68名人民陪审员，进一步拓宽群众参与司法的渠道。

持之以恒推进规范化建设。开展“规范建设深化年”活动，重点开展案件质量提升、庭审规范提升、裁判文书规范提升、执行规范提升、信息化应用推广、精细化管理等六大提升专项行动，着力解决审判执行和机关内部管理中存在的突出“顽疾”。邀请高校教授、政法委干部、上级法院法官、代表、委员等12名第三方专家对裁判文书开展专项评查，进一步找准司法不规范、不精细问题，并严格落实整改。出台《提升中层干部敢抓善管能力十项措施》，强化司法巡查力度，严格通报不规范行为58人次，并扣罚绩效奖金，促进机关内部管理井然有序，体现法院良好形象和风貌。

勇争一流锻造法院铁军。加强学习型法院建设，利用“嘉业讲坛”“法官沙龙”等平台不断提升干警司法能力。营造司法调研工作浓厚氛围，省级以上征文获奖、刊物录用9篇，全市法院第七届学术研讨会在浔召开。加强年轻干部培养力度，先后选派8名法官和年轻干部到上级法院、对口援建法院、乡镇挂职和入村“蹲苗”锻炼，进一步拓展视野，提升做群众工作能力和综合素养。落实“一家人一条心一盘棋”的要求，队伍向心力、凝聚力、战斗力显著提升，在全市法院系统首届运动会中荣获团体第二名，充分展示奋力拼搏的团队精神。严管厚爱干部相关经验被省高院工作简报刊发推广。

五、自觉主动接受监督，司法公信有新提升

主动接受人大监督和政协民主监督。向区人大常委会专项报告基本解决执行难工作情况，并根据意见建议抓好整改落实。区人大常委会、区政协领导班子分别集体来院视察，充分体现对法院工作的重视和关心。进一步加强代表委员定向联络工作，院领导带队分片区座谈、走访在浔各级代表、委员193人次。举行“代表委员南浔法院行”活动，邀请22名代表、委员来院旁听庭审。认真办结政协委员提案1件。

依法接受检察机关法律监督。支持、配合检察机关依法履行法律监督职责，区检察院检察长首次列席我院审判委员会，进一步促进“两院”相互监督、相互配合。区检察院提请抗诉的2件案件已依法改判1件。

广泛接受社会各界监督。聘请12名辖区代表、委员和各界人士担任新一届特约监督员。召开新闻发布会2次，举办公众开放日8次，500余人次“零距离”接触、了解法院工作。自觉接受新闻媒体的舆论监督。

各位代表，区人民法院工作能够取得一定的成绩，离不开各级党委、人大、政府、政协和社会各界的关心与支持。在此，我代表区人民法院，向关心支持法院工作的人大代表、政协委员和社会各界人士，表示衷心的感谢和崇高的敬意！

我们清醒的认识到，区人民法院工作还存在一些问题：一是政治建设仍有待加强，党支部先锋模范和战斗堡垒作用有待进一步发挥；二是基本解决执行难长效机制建设有待进一步健全完善，区域内执行协作机制、联动惩戒机制有待进一步落实到位；三是少数案件质量效率不够高，司法规范化水平尽管明显提升但离精细化要求仍有差距；四是部分法官司法能力水平与新形势新要求尚有差距，特别是优秀司法人才紧缺；五是案多人少矛盾仍然突出，外部司法环境仍待优化。由于审判辅助人员不足，未能按要求搭建“一名法官、一名法官助理、一名书记员”的标准化审判团队。针对上述问题，我们将切实采取有效措施，努力加以解决。

2019年，区人民法院总体工作思路是：以习近平新时代中国特色社会主义思想为指导，围绕“让人民群众在每一个司法案件中感受到公平正义”的总体要求，以“争创全国一流的优秀基层法院”为目标，深入贯彻落实区委四届七次全会精神，始终坚持司法为民、公正司法，大力加强政治建设、规范化建设、智能化建设和基层基础建设，努力打造精品法院、智慧法院、人文法院，为“聚力大赶超、实现新跨越”提供更加有力的司法保障。

提高政治站位，加强党的建设。学深笃用习近平新时代中国特色社会主义思想，认真贯彻落实中国共产党政法工作条例，始终坚持党对人民法院工作的绝对领导，坚决做到“两个维护”。全面落实从严治党主体责任，细化责任清单，压紧压实责任。建立健全量化考核评价机制，加强党支部规范化建设，提升法院党组织组织力，构筑坚强战斗堡垒。

强化服务保障，护航高质量发展。紧紧围绕全区“一五一十”工作部署，履行好司法保障职能。深入开展“扫黑除恶”专项斗争，提高政治站位，依法从严打击，正确把握司法政策，经得起历史检验。大力加强产权司法保护，认真落实好保护民营企业和企业家权益各项司法政策措施。探索破产案件简易审理程序，强化执破衔接，进一步加强“僵尸企业”司法处置。做好新一轮行政案件集中管辖，推进行政争议调解中心实质化运作，有效化解行政争议。推进环境资源审判“三合一”专业化审理，加强修复性司法理念运用，助力污染防治攻坚战。不断加强破解执行难长效机制建设，巩固基本解决执行难工作成果，防止问题“反弹”和松懈思想，推进社会诚信体系建设。

践行为民宗旨，增强群众获得感。坚持以人民为中心的发展思想，妥善审理涉民生案件，维护群众切身利益。加强信息化应用推广，创新在线便民利民诉讼服务举措，减少群众诉累。进一步深入实施水哥法官工作室“站点驻村、法官联村”工程，加快标准化站点建设，妥善审理各类涉农案件，打造“枫桥经验”升级版，服务保障乡村振兴战略。健全“谁执法谁普法”普法责任制，提高普法的精准性和针对性。

坚持改革创新，保障公平正义。全面深化司法体制综合配套改革，稳妥推进内设机构改革，精简层级、提升效能。进一步推进以审判为中心的刑事诉讼制度改革。进一步推进繁简分流，健全调解前置和调解速裁衔接机制。加强院庭长审判监督管理，完善类案裁判规范指引，进一步统一裁判标准。加强律师履职保障，协力推进法律职业共同体建设。

夯实基层基础，争当司法排头兵。进一步加强法庭建设，深入参与基层社会治理，促进自治、德治、法治“三治”融合。深入开展“服务企业、服务群众、服务基层”活动。恢复设立南浔法庭，区青少年法治体验馆力争完成布展工作。自觉接受人大监督、政协民主监督、检察机关诉讼监督和社会监督。大力加强清廉法院建设，开展岗位廉政风险大排查大防控。按照省高院统一部署，扎实开展“思想建设年、质量建设年、作风建设年”活动，落实好三个“十项措施”，大力推进法院队伍革命化、正规化、专业化、职业化建设。

各位代表，新的一年，我们将在区委的坚强领导、区人大及其常委会的有力监督下，认真落实本次大会决议，切实履行好宪法和法律赋予的职责，为我区高质量打造湖州“开放东大门、创业新高地”做出新的贡献，以优异成绩迎接中华人民共和国成立70周年！

湖州市南浔区人民检察院工作报告

——在湖州市南浔区第四届人民代表大会第三次会议上

湖州市南浔区人民检察院检察长　毕　琳

2019年3月1日

2018年，区检察院在区委和上级院的正确领导下，在区人大及其常委会的有力监督下，在区政府、区政协和社会各界的关心支持下，坚持以习近平新时代中国特色社会主义思想为引领，全面贯彻中共十九大及十九届历次全会精神，围绕“讲政治、顾大局、谋发展、重自强”工作总要求，紧扣区委“聚力大赶超、实现新跨越”的奋斗目标，忠实履行法律监督职责，奋发有为、开拓进取，谱写南浔检察工作新篇章，为全面加快南浔赶超发展做出积极贡献。

一、强化责任担当，服务全区改革发展大局

助力打好三大攻坚战。围绕区委、区政府“关于全面加快南浔赶超跨越发展的决定”，制订出台实施意见，加强有效司法保障。强化风险防范化解，将风险防控贯穿司法办案，依法妥善办理非法吸收公众存款等涉众型经济犯罪，起诉62人。围绕打好扶贫攻坚战，加大对侵害低保金、农村合作社资金等职务犯罪打击力度，依法起诉2人，追回损失资金100余万元。强化重点人群司法保护，深入开展农民工讨薪讨债问题专项监督，依法起诉拒不支付劳动报酬罪6人，为农民工追回薪资250余万元。

助推经济健康发展。围绕检察机关服务民营经济21条意见，立足职能加大打击、保护、教育力度。依法打击破坏市场经济秩序犯罪，批捕非法经营、合同诈骗等犯罪17人，起诉57人。突出产权司法保护，加大对生产销售伪劣产品、假冒注册商标犯罪的打击和整治，批捕1人，起诉6人。注重开展法制教育，深入涉案企业走访调研宣讲，通过建言建议、典型案例通报会等方式，引导企业堵漏建制，保障行业创新发展。两件案件被评为湖州市检察机关服务非公经济精品案例。

助力守护绿水青山。持续开展破坏环境资源专项立案监督活动。突出打击非法排污、非法转移倾倒处置废物等严重破坏生态环境的犯罪行为，监督立案1人，批捕2人，起诉9人。践行恢复性司法理念，在依法追究犯罪嫌疑人刑事责任的同时，督促开展损害赔偿，追偿公益赔偿金3万元，以促进生态环境修复。针对企业偷逃水资源费违法行为开展监督，以规范水资源的合理开发、利用和保护。

二、坚持人民中心，更好满足群众法治需求

保障“平安南浔”建设。以扫黑除恶专项斗争为牵引，批捕各类刑事犯罪293人，起诉847人。坚持依法严厉打击黑恶势力犯罪，批捕25人，起诉27人。依法打击严重影响群众安全感的刑事犯罪，批捕30人，起诉19人，提前介入、快捕快诉潜逃20年的“练市白马塘抢劫杀人案”。依法打击电信网络诈骗犯罪，联合公安出台电信网络诈骗犯罪证据指引，批捕涉案金额1.4亿元“7·19邮币卡诈骗专案”犯罪嫌疑人12人。

践行新时代枫桥经验。将公正、文明、和谐的社会主义核心价值观融入司法办案，出台《南浔区检察院服务保障“社会主义核心价值观融入法治南浔建设”的实施意见》，强化司法人文关怀。坚持少捕慎诉，对情节轻微、社会危险性小的犯罪嫌疑人依法不批捕68人，不起诉121人。注重矛盾化解，办案中开展释法说理194件，促进刑事和解7件，对2名确有生活困难的被害人或近亲属发放司法救助金1.3万元。1件案例入选全省新时代“枫桥经验”检察实践案例。

创新发展未检工作。我们坚持“教育、感化、挽救”的理念，创立了人格甄别前置、分类观护涉罪未成年人的观护帮教机制，实行了“1+3”考察帮教模式，建立了以网格化为主导的专业化观护帮教基地，在全省、全国唱响了“春燕工作室”品牌。2018年，我们被确定为“全国未成年人检察工作创新实践基地”，同时，进一步创新创优未检工作，开通未成年人咨询、求助的心语热线，开发专用软件，启动未成年人观护公益创投项目，为15名涉嫌犯罪未成年人提供帮教，为21名受到伤害的未成年人提供心理疏导。开展法治进校园宣讲15场，覆盖全区13所中小学。挂牌成立姚建龙教授学术团队工作室，为未检工作发展提供高端智力支持。

三、聚焦法律监督，切实维护社会公平正义

强化侦查监督。建立派驻公安机关检察官办公室，将侦查活动监督前移。重点关注有案不立、有罪不究、违法插手经济纠纷等问题，对应当立案而不立案的，监督立案2件。制订加强审查逮捕实施意见，强化违法取证、漏捕漏诉、滥用强制措施等问题的监督，依法追诉15人。建立多元化违法活动反馈机制，提出侦查活动违法意见5份，发出违法情况通报3份，均被采纳并纠正。

强化审判监督。建立双重审查和员额检察官交叉审查、判后听取律师意见等工作机制，加强和改进刑事审判监督。审查一审刑事判决589件，提出刑事抗诉2件，法院已改判1件、采纳1件。多元化开展民事行政审判监督，审查不服民事行政生效裁判、执行监督案件8件，对裁判无误的，依法不支持监督申请，并认真做好释法说理、息诉息访工作。

强化刑事执行监督。建立驻社区矫正中心检察官办公室，实现对社区监管、社区矫正动态监督，对7名违规社区服刑人员督促收监执行。强化财产刑执行监督，对35件财产刑案件同步监督执行到位。坚持羁押必要性审查，变更强制措施11件11人。助力“基本解决执行难”，依法办理拒不执行判决、裁定的“老赖”案件13件。

强化职务犯罪打击。加强与监察委沟通衔接，完善提前介入、案情会商，强制措施转换、涉案款物处理等工作衔接机制，反腐工作形成新的合力。受理监察委移送的职务犯罪案件3件4人，决定逮捕2件2人，提起公诉3件4人。

四、深化公益诉讼，全力守护社会公共利益

健全公益诉讼工作体系。主动向区委、区政府、区人大专题汇报公益诉讼工作，区委、区政府、区人大分别印发了支持公益诉讼的工作意见，为依法开展公益诉讼营造良好政务环境。成立公益损害与诉讼违法举报中心，发挥群众监督力量，畅通群众举报渠道，受理各类线索77条。与环保、国土等部门建立联席会议制度，加强沟通协调，形成合力，共同维护国家和社会公共利益。

加强生态环境领域公益诉讼。坚持绿色发展，聚焦公众对环境生态等方面日益增长的需求，通过办理公益诉讼案件回应群众关切，守护“绿水青山”。围绕非法排污、非法处置垃圾等破坏生态环境情形，办理公益诉讼案件72件。发出诉前检察建议后，相关职能部门均已有效整改落实，在积极推进合法经营的同时，促进了规范有效的行政管理。

加强食品药品安全领域公益诉讼。注重维护群众舌尖上的安全，办理食品药品领域公益诉讼案件6件。大力开展“保障千家万户舌尖上的安全”检察公益诉讼专项监督活动，关注网络餐饮安全，针对外卖平台食品安全隐患，推动职能部门开展网络订餐食品安全专项排查整治。关注医疗美容安全，针对整形市场“无证无照”经营乱象，督促职能部门开展医疗美容行业专项整治，促进了行业的规范和健康发展，被评为全省公益诉讼一周年精品案例。

加强国有财产保护领域公益诉讼。围绕国有财产保护，针对骗取财政补助资金等情形，办理公益诉讼案件19件，职能部门进行了整改并回复，挽回国有财产损失93万余元。办理的林业贷款贴息资金追缴行政公益诉讼案，得到最高人民检察院肯定并转发。

五、聚焦改革创新，优化检察权运行

在司法责任制及配套机制改革中攻坚克难。稳步推进内设机构改革，通过整合形成6个业务部门和2个综合部门，实现扁平化管理。深化司法责任制改革，以员额检察官为核心，组建检察官+检察辅助人员+司法雇员的办案组织，细化岗位职责清单和绩效考核办法，努力构建权责利一致的权力运行机制。扎实推进入额院领导直接办案常态化，办理各类案件134件300人。坚持放权不放任，全面开展流程监控和案件质量评查，全程同步动态监督司法办案。

在诉讼机制改革中先行先试。树立双赢理念，充分发挥派驻公安机关的检察官办公室作用，提升侦查活动规范的同时，帮助把脉疑难复杂案件，指导侦查取证，实现检警协作的双赢、共赢。坚持证据裁判规则，发挥技术性证据作用，对2名贩卖毒品犯罪嫌疑人通过技术性证据应用判处有期徒刑十五年。坚持庭审实质化，深化四类人员出庭作证，对40名出庭作证四类人员进行询问和质证。落实检察长列席审委会制度，对重大疑难复杂案件提出检察意见。

在工作机制改革中不断探索。政法各部门紧密配合、协力推进“一体化办案系统”建设，打通部门间的壁垒，实现全案网上移送、文书数据共享、协同办理反馈，公检法之间刑事案件网上协同办案率达到100%。深化检察机关“最多跑一次”改革，坚持亲民、便民、利民理念，扎实构建12309检察服务中心，使之成为控告申诉受理、案件信息公开、律师接待和法律咨询的“一站式”检察服务平台。

在“智慧检察”建设中践行致远。强化“互联网+检察”理念，促进信息技术与检察办案的深度融合，积极推进智慧办案、智慧管理，助推检察工作转型升级。作为智慧未检的全省试点单位，立足未检办案职能，探索并建成智慧未检办案辅助系统APP。通过互联网线上搭建司法社工、帮教企业、法治巡讲团、公益组织等聚合平台，实现帮教需求平台发布、专业资源及时匹配、考察观护动态时时掌握，深度打造智慧化未检工作线上支持体系。同时，全面推广智能化检务管理系统、实现会务管理、通知管理和队伍管理的智能化、信息化。

六、坚持从严治检，着力打造过硬检察队伍

加强政治建检。扎实开展“不忘初心、牢记使命”主题教育，开展集中学习、走访红色教育基地、重温入党誓词等活动，深入学习领会中共十九大精神和习近平新时代中国特色社会主义思想，不断强化队伍“四个意识”。全面落实“三会一课”，将个人自学、集中学习、先进领学等方式相结合，推进“两学一做”常态化，提升队伍党性修养。

突出业务强检。顺应司法体制改革要求，加强队伍专业化建设。通过打造专业团队，开展岗位练兵，加强检校合作，举报高校轮训等方式提升综合素养。成立扫黑除恶、服务非公、枫桥经验等6个专项办案组，与上海政法学院全国青少年犯罪与司法研究及服务中心开展课题调研、人才培养合作，提升专业化队伍建设。全年有4名干警被评为全市公诉标兵、全市优秀公诉人，2名干警入选省院优秀干部人才库。

重视文化育检。以争创检察文化示范院为目标，加强软硬件建设。提炼“尚法、敬思、向学、致远”院训。注重检察文化品牌培育，打造“浔+青年”等文化品牌，组织开展演讲、读书荐书等系列活动，发扬崇学向善的检察精神。优化完善院史室、职工书屋、清廉走廊等检察文化基础设施建设，营造风清气正的检察文化氛围。

深化检务公开。深入开展案件信息公开，共发布案件程序性信息1242件，法律文书678份，重要案件信息18条；加强检察工作信息公开，充分发挥“南浔检察微信”新媒体平台作用，发布典型案件、特殊亮点工作、队伍建设等宣传110篇。积极开展普法宣传，开展检察开放日、举报中心宣传周和“法治进校园”等活动，增进人民群众对检察工作的理解、支持和监督。

自觉接受监督。牢固树立“监督者更要接受监督”的意识，始终坚持把自觉接受监督作为推进检察机关依法履职、公正司法的重要保障。自觉接受人大监督和政协民主监督，主动向人大、政协通报检察工作、公益诉讼工作，认真办理人大代表和政协委员提出的批评、建议和意见，及时反馈。邀请人大代表和政协委员参加检察开放日等活动，认真听取意见、建议。建立院领导联系代表委员制度，通过定期走访、座谈交流等方式，联系代表委员116人次。认真接受法院、公安的监督制约，确保检察权依法、规范运行。全面落实人民监督员制度，主动接受人民监督员监督评议。自觉接受群众监督，开展不起诉案件、羁押必要性审查公开听证4人次，提高司法公信力。

过去的一年，是改革开放40周年、检察机关恢复重建40周年，也是检察机关的转型发展之年，南浔各项检察工作取得了新的进步，我院被评为全国检察宣传先进单位，并荣立集体三等功，39个集体或个人获得市级以上荣誉表彰，涌现出“全国模范检察官”章春燕同志等先锋模范。检察工作的发展离不开党委的正确领导，人大的有力监督和政府、政协以及社会各界的大力支持。在此，我代表区检察院表示衷心的感谢。

同时，我们也清醒认识到，检察工作中还存在一些问题和不足：一是对检察工作融入和服务全区改革发展大局的精准度和实效性有待进一步增强；二是面对社会主要矛盾的变化，如何构建刑民并重的法律监督新格局需进一步破题；三是检察转型发展的课题还需深入研究，司法改革的整体效能发挥还需进一步强化；四是检察队伍整体素能需进一步提升，检察信息化建设还需持续推动。对这些问题，我们将紧盯不放，采取切实措施加以解决。

2019年是新中国成立70周年、高水平全面建成小康社会的关键之年，也是检察工作转型发展的深化之年。区检察院将高举习近平新时代中国特色社会主义思想伟大旗帜，深入学习贯彻中共十九大及历次全会精神，紧紧围绕全区改革发展稳定大局，坚持“深化法律监督，彰显司法权威，维护公平正义”主线，以司法办案为中心，聚焦检察监督，深化改革转型，全面从严治检，努力实现南浔检察工作新跨越，为南浔“一五一十”谱新篇，高质量打造湖州“开放东大门、创业新高地”提供有力的司法保障。重点做好以下工作。

一是牢牢把握赶超跨越发展的要求，在服务大局上有新作为。围绕打赢“三大攻坚战”，从严惩处危害金融安全、妨害精准脱贫、破坏生态环境刑事犯罪，加大民事行政检察监督和公益诉讼力度，善于运用政治智慧、法律智慧办理案件，确保办案质量和效果。进一步优化服务非公经济，落实省检察院服务民营经济21条，突出产权司法保护，深化涉企案件法治对接服务，促进非公经济可持续健康发展。

二是牢牢把握增进人民福祉的要求，在保障民生上有新作为。以人民日益增长的美好生活需要为导向，依法严厉打击各类刑事犯罪，加大扫黑除恶专项斗争力度，严惩黑恶势力，深挖“保护伞”，营造安全稳定社会环境。深入开展“保障千家万户舌尖上的安全”公益诉讼专项监督，推进健康南浔建设。严惩多发性侵财犯罪、电信网络诈骗犯罪、保障群众财产安全。加强12309检察服务中心建设，提供更加便捷的检察服务，努力使人民群众获得感、安全感、幸福感更加充实、更有保障、更可持续。

三是牢牢把握平衡充分全面的要求，在法律监督上有新作为。立足主责主业，统筹推进刑事、民事、行政、公益诉讼检察“四轮驱动”。做优刑事检察，推进捕诉一体，落实认罪认罚从宽制度，用“双赢”理念深化法律监督。做强民事检察，加大民商事审判、执行监督、重点突出惩治虚假诉讼。做实行政检察，结合办案剖析行政执法问题，促进依法行政。做好公益诉讼检察，聚焦公益核心，履行监督职责，扎实构建刑民并重监督格局。

四是牢牢把握深化改革创新的要求，在检察改革上有新作为。巩固深化司法改革成果，统筹加强检察官、检察辅助人员、司法行政人员队伍建设。深入推进监察体制改革，完善查办职务犯罪协作机制，稳妥推进司法人员职务犯罪侦查，保障清廉南浔建设。深化诉讼制度改革，加强证人出庭，坚持诉前主导、审前过滤，提升庭审实质化。积极探索涉未刑事执行、民事行政检察监督试点工作，推广应用智慧未检系统，全方位提升未成年人保护质效。

五是牢牢把握打造过硬队伍的要求，在自身建设上有新作为。坚持政治建设，持续开展“不忘初心、牢记使命”主题教育。发挥党建引领作用，积极开展主题党日、“三会一课”等，推进“两学一做”制度化。强化纪律作风建设，加大正风肃纪力度，做到从严教育、从严管理、从严监督，形成全面从严治检“新常态”。推进文化建设，增强专业能力，全面提升检察队伍履职能力和水平。

各位代表，新的一年，我们将在区委和上级检察院的坚强领导下，认真落实本次会议决议，深化法律监督，彰显司法权威，维护公平正义，为我区“聚力大赶超，实现新跨越”做出新的贡献。

·表彰名单·

一、国家级先进集体

中国家居业高质量发展示范区（基地）
南浔区
2019年全国县域数字农业农村发展先进县
南浔区
国家级渔业健康养殖示范县
南浔区
2019年度中国统一战线宣传工作先进单位
区委统战部
2019年度全国综合实力千强镇
练市镇　南浔镇　双林镇　菱湖镇
2019年度全国工商联五好县级工商联
区工商联
全民终生学习活动周优秀组织单位
区教育局
2019年全国足球特色幼儿园
练市镇中心幼儿园　南浔新区幼儿园
和孚镇中心幼儿园
2019年全国青少年校园足球特色学校
南浔实验小学　浔溪中学
2019年全国优秀乡土课程
菱湖成校
中国陶行知研究会实验学校
练市小学
2019年度中国国家旅游特色古城旅游目的地
南浔古镇
全国法院“基本解决执行难”工作先进单位
区人民法院
全国改革转制教育整训先进集体
区消防大队
全国青年文明号
区税务局纳税服务股
2019年度中国地方金融十佳农村商业银行
南浔银行
全国工行系统“五四”红旗团委（团支部）
中国工商银行南浔支行团支部
全国建行系统2019年度“劳动者港湾”运营管理先进单位
中国建设银行南浔支行营业部
中国淡水渔都
菱湖镇
中国生态养鱼第一镇
菱湖镇
中国淡水渔文化第一镇
菱湖镇
中国民间文化艺术之乡
善琏镇（湖笔）
全国农民用水合作示范组织
善琏镇平乐村
2017－2019周期国家卫生乡镇
善琏镇　石淙镇

二、国家级先进个人

全国农业农村系统先进个人
费娟华（区农业农村局）
全国道德模范提名奖
沈红霞（练市小学）
“大排查、早调解、护稳定、迎国庆”专项活动表现突出个人
戚　明（旧馆司法所）
全国公共法律服务先进个人
项志正（浙江南林律师事务所）
全国市场监管系统优秀基层工作者
马金强（区市场监督管理局）
2019年信息系统布线与智慧家庭职业技能竞赛全国总决赛一等奖
施鑫文（中国移动南浔分公司）

全国污染防治攻坚战强化监督工作表现突出人员
邹敏杰（区生态环境分局）
第四次全国经济普查先进个人
万伟慧（南浔区社会经济调查队）
公安部授予从事公安档案工作十五年荣誉证书
汤宗元（区公安分局情指联勤中心）
中国农业银行总行 2019 年度金融服务“三农”最美青年
朱晓明（中国农业银行南浔支行）
全国建行系统 2019 年度“劳动者港湾”优质服务先进个人
王延延（中国建设银行南浔营业部）

三、省级先进集体

浙江省 2019 年度平安县（市、区）
南浔区（十五连冠，授予一星平安金鼎）
浙江省可持续发展创新示范区
南浔区
浙江省农业绿色发展先行县
南浔区
2019 年度浙江省新时代美丽乡村示范县
南浔区
2019 年度法治浙江（法治政府）建设先进单位
南浔区
2019 年实施学前教育补短提升工程措施有力、成效明显的县（市、区）
南浔区
2019 年实施全域土地综合整治与生态修复工程工作较好的县（市、区）
南浔区
2019 年度全省水利工作综合绩效考评优秀县
南浔区
第四批浙江省文明县（市、区）
南浔区
2019 年度浙江省“五水共治”（河长制）工作优秀县（市、区）“大禹鼎”
南浔区
2019 年度浙江省农村生活污水治理设施运维管理优秀县
南浔区
全省农业水价综合改革工作绩效评价优秀县
南浔区
浙江省示范学习型城市
南浔区
2019 年度乡村全域土地综合整治与生态修复绩效评价优秀县（市、区）
南浔区
浙江省 2019 年农业“机器换人”示范县
南浔区（水产）
2019 年度浙江省生活垃圾分类示范片区
南浔区
全省农业农村系统先进集体
区农业农村局
全省农业执法工作先进集体
区农业农村局
浙江省农业绿色发展示范区
双林省级农业绿色发展示范区
练市省级农业绿色发展示范区
石淙省级农业绿色发展示范区
浙江省 2019 年农业“机器换人”示范乡镇
练市镇（水稻）
浙江省 2019 年农业“机器换人”示范基地
菱湖精鑫生态农业科技有限公司（畜牧）
南浔玲丽生态农业专业合作社（水稻）
2018—2019 年度平安浙江建设先进集体
区委政法委
2019 年浙江省模范集体
浙江南浔农村商业银行股份有限公司
浙江省工人先锋号
善琏湖笔厂项目演示车间
2019 年度浙江省人大信息工作先进单位
区人大机关
2019 年度浙江省政务信息工作考核三等奖
区政府办公室
2019 年度全省外事系统工作成绩突出集体
区政府外事办公室
全省扫黑除恶专项斗争成绩突出集体
区纪委监委　区委政法委
全省“扫黄打非”工作成绩突出集体
区委宣传部

全省舆情信息工作优秀集体
区委宣传部
全省宣传信息工作先进集体
区委宣传部
浙江省第十四届“五个一”工程奖和浙江省电视牡丹奖
区委宣传部（电视剧《风再起时》）
2019年度浙江省小城镇环境综合整治行动突出贡献集体
石淙镇政府　菱湖镇政府
第三批全省“扫黄打非”进基层示范点
南浔镇横街村
2019浙江省网络视听年度技术与产品创新团队
湖州华数浔礼e家项目团队
全省民族宗教工作成绩突出集体
区委统战部
全省教育宣传工作先进集体
区教育局
浙江省示范家长学校
双林二中
浙江省课外阅读先进集体
石淙学校　练市小学　马腰小学
浙江省优秀示范性教师发展学校
南浔实验幼儿园
浙江省教科研先进单位
南浔实验幼儿园
浙江省心理健康教育示范点
菱湖实验小学　旧馆小学
幼儿体育与健康教学实践基地
练市镇中心幼儿园
浙江省中小学艺术节声乐类二等奖
菱湖实小
2019年度全省数字示范档案室
区财政局
2019年度全省劳动人事争议“互联网+调解仲裁”成绩突出仲裁院
区劳动人事争议仲裁院
2019年度全省商务系统政务信息工作先进单位
区商务局
浙江省“红十字公益宣传片”大赛三等奖
区红十字会
全省“三位一体”改革成绩突出集体
区供销合作社联合社

浙江省庆祝中华人民共和国成立70周年大型音乐舞蹈史诗优秀组织奖
南浔区文化馆
浙江省“三服务”活动月度十大好典型
区市场监督管理局
五星级规范化市场监管所（省级）
南浔经济开发区市场监督管理分局
南浔镇市场监督管理分局
2017—2019年全省放心农贸市场建设工作成绩突出集体
区市场监督管理局
2018—2019年度全省消保委系统消费维权先进集体
区消费者权益保护委员会
浙江省第四次经济普查省级成绩突出集体
区统计局
2019年度全省检察工作成绩突出基层检察院
区人民检察院
2019年度全省检察机关创新成果评选活动获奖单位
区人民检察院
全省指导人民调解工作先进集体
区人民法院
浙江省法院系统二等功
区人民法院
全省十佳“示范诉讼服务中心”
区人民法院立案庭
全省十大最佳法院新闻
区人民法院
全省“最美银耀志愿服务团队”
区人民法院“水哥”工作室服务队
浙江省军区授予“先进团单位”
区人武部
2019年浙江省巾帼文明岗
区自然资源和规划分局不动产登记窗口
浙江省“五四红旗团支部”
区税务局团支部
浙江省青年文明号
区税务局菱湖税务所
浙江省电信系统优秀“一支部一品牌”
中国电信南浔分公司开发区支局党支部
全省农行2019年度安全保卫“三化三达标”先进单位
中国农业银行南浔菱湖支行

浙江省三八红旗集体

中国移动南浔分公司适园路营业厅

浙江省模范集体

南浔银行

“中国梦·劳动美”浙江省职工工间操比赛银奖

南浔银行工会

2019年度浙江农信系统文明规范服务示范单位

南浔银行善琏支行

浙江省工行系统青年五四奖章（集体）

中国工商银行南浔支行团支部

浙江省工行系统2019年度先进基层党组织

中国工商银行南浔支行党支部

省级现金服务示范网点

中国建设银行南浔支行营业部

全省对公外汇优秀网点

中国建设银行南浔支行

浙江省城乡社区治理和服务成绩突出集体

湖州市南浔区南浔镇增山社区
湖州市南浔区双林镇向阳村
湖州市南浔区和孚镇荻港村

全省农业农村系统突出贡献集体

南浔区渔政渔港监督管理站

2019年浙江省卫生村

南浔经济开发区江蒋漾村
南浔经济开发区富强村　南浔镇辽西村
练市镇施浩村　练市镇松亭村
练市镇达井村　双林镇新丰兜村
菱湖镇沈介埭村　菱湖镇菱东村
菱湖镇卢介庄村　和孚镇长超村
和孚镇佛堂兜村　善琏镇港南村
善琏镇施家桥村　善琏镇砖溪村

省级“平安农机”示范镇

双林镇

2019年度小城镇环境综合整治省级样板镇

菱湖镇

2019年度全省“五水共治”工作考核优秀乡镇

善琏镇

第九批浙江省生态文明教育基地

中国湖笔文化馆

浙江省高标准生活垃圾分类示范村

善琏镇观音堂村

浙江省放心消费示范景区

湖笔文化旅游景区

浙江省采摘基地银果级

善琏镇丰韵农场

2019年全省老年大学排舞比赛三等奖

老年大学善琏分校

浙江省卫生镇

千金镇

浙江省国土绿化美化突出贡献集体

南浔城投市政绿化工程有限公司

2019年度浙江省优质综合公园

石淙镇政府民俗文化公园

2019年省级宗教法治宣传教育基地

南浔区石淙太君庙

四、省级先进个人

2019年浙江省劳动模范

胡春强（区公安分局刑侦大队）
钱　江（浙江巨人控股有限公司）
杨祥春（双林镇向阳村）
费咏梅（湖州新利商标制带有限公司）

第六届浙江省道德模范

沈红霞（练市小学）
潘平福（和孚镇荻港村聚华园老茶馆）

第十批省优秀农村工作指导员

沈　杨（区农业农村局）

2019年浙江好人

张少伟（和孚镇民当村）
沈　徐（善琏镇姚家桥村）
姚　芳（善琏镇姚家桥村）
周应娥（双林镇后坝村）
沈惠学（练市镇松亭村）

2019年全省民政系统先进工作者

朱惠冰（区民政局）

2019年度浙江省生活垃圾分类工作突出个人

邹凌杰（南浔环境卫生管理所）

2019年浙江省“无违建县（市、区）”创建工作先进个人

朱勤清（南浔经济开发区管委会）

田建强（旧馆镇政府）

全省农业农村系统先进个人

姚　欢（石淙镇政府）

沈建永（南浔区渔政渔港监督管理站）

2019年度浙江省小城镇环境综合整治行动突出贡献个人

钱云飞（区住建局）　王亚斐（南浔镇政府）

唐　华（双林镇政府）　邱建荣（和孚镇政府）

姚浩良（菱湖镇政府）

2018—2019年度平安浙江建设先进个人

朱建学（区委政法委）　沈岳祥（区公安分局）

平安护航新中国成立70周年工作成绩突出个人

何文彬（区委政法委）

浙江省教坛新秀

吴月斐（南浔实验小学）

王　平（南浔开发区实验学校）

全省舆情信息工作优秀个人

王志刚（区委宣传部）

全省工作信息工作优秀个人

王志刚（区委宣传部）

2019年度全省科技信息工作考核先进个人

陈　涛（区科技局）

大庆安保维稳工作个人三等功（省级）

朱锦方（区司法局）

浙江省司法行政系统第六届“百名司法为民标兵”

温根生（南浔镇司法所）

浙江省第四次经济普查省级成绩突出个人

沈培明（区政府）　沈利明（区财政局）

张佩芳（区统计局）　池雨莱（练市镇政府）

邢玉超（双林镇政府）　詹晓燕（南浔镇政府）

张淑君（南浔经济开发区管委会）

葛琏勇（菱湖镇政府）

第五轮省级创建和谐劳动关系暨双爱活动先进个人（劳动争议优秀仲裁员）

朱佳宾（区人力社保局）

浙江省“优秀城市美容师”

吴跃国（区综合行政执法局环境卫生管理所）

2019年度全省劳动人事争议案件处理成绩突出仲裁员

朱佳宾（区人力社保局）

2019年度浙江省“五水共治”（河长制）宣传信息工作优秀个人

汪　俊（区住建局）

2019年度全省人民防空工作先进个人

王　翔（区住建局）

浙江省“人民满意的公务员”

罗学明（区市场监督管理局双林镇分局局长）

2019年度全省商务系统政务信息工作先进个人

王　静（区商务局）

2019年第二季度浙江“最美家庭”

吴素隆（区市场监督管理局）

“2019年浙江省市场监管系统所长业务知识竞赛”团体三等奖人员

闵　飞（区市场监督管理局）

“2019年浙江省市场监管系统所长业务知识竞赛”个人优秀奖

闵　飞（区市场监督管理局）

2017－2019年全省放心农贸市场建设工作成绩突出个人

穆红卫（区市场监督管理局）

陶　裴（区市场监督管理局）

2019年浙江省未成年人刑事司法优秀研究成果一等奖

毕　琳（区人民检察院）

章春燕（区人民检察院）

刘　悦（区人民检察院）

“检忆国庆　砥砺奋进”—庆祝新中国成立70周年主题征文优秀奖（省级）

王宏巨（区人民检察院）

“我和我的祖国”征文活动三等奖（省级）

王珊珊（区人民检察院）

全省“三位一体”改革成绩突出个人

陈　虎（区供销合作社联合社）

全省供销社信息工作先进个人

张浩旻（区供销合作社联合社）

浙江省公安系统个人二等功

吴觉民（菱湖派出所）

浙江省军区授予“先进团主官”

沈　威（区人武部）

浙江省征兵工作先进个人

陈黎晖（区人武部）

浙江省工行系统优秀共青团员

孙瑜辰（中国工商银行南浔支行）

浙江省工行系统优秀分支行运行管理人员
张晓琴（中国工商银行南浔支行）
2019年度全省农行百名先进党支部书记
周天福（中国农业银行南浔支行）
2019年度全省农行百名优秀客户经理
陈超炜（中国农业银行南浔支行）
2019年度全省农行百名优秀柜面经理
邹艳民（中国农业银行南浔支行）
全省中行系统卓越行长
徐　霆（中国银行南浔区支行）
全省中行系统卓越员工
屠国丽（中国银行南浔区支行）
全省中行系统模范劳动者
施惠琴（中国银行南浔区支行）
全省建行系统2019年度国际业务金融机构交易业务能手
王毓娟（中国建设银行南浔支行）
全省建行系统优质服务个人奖
徐　艳（中国建设银行南浔开发区支行）
浙江省城乡社区治理和服务成绩突出个人
费红英（南浔镇辽西社区）
沈新花（练市镇车塔村）
宋铮铮（菱湖镇西栅社区）
浙江省第二届首席水利员中期考核优秀人员
沈建新（南浔镇人民政府）
浙江省自强模范
范玲英（练市镇蔡家桥村）
2019年第一季度浙江“最美家庭”
汤菊英（练市敬老院）
浙江省国土绿化美化突出贡献个人
朱　渊（区自然资源和规划分局）
沈国康（双林镇公共事业服务中心）
全省农业农村系统突出贡献个人
姚　欢（石淙镇政府）

五、市级（市委、市政府表彰）先进集体

2019年度湖州市统战工作目标责任制考核优秀单位
南浔区
2019年度法治湖州建设优秀区县
南浔区
2019年度湖州市五一劳动奖状
区税务局
2019年度市级平安建设模范单位
区委政法委　区检察院　区公安分局交警大队
南浔镇　善琏镇　菱湖镇射中村
开发区南林社区
湖州市2019年度平安乡镇（街道、开发区）
南浔镇　练市镇　双林镇　菱湖镇
和孚镇　善琏镇　旧馆镇　千金镇
石淙镇　南浔经济开发区
湖州市2019年度平安建设优秀乡镇（街道）
石淙镇
2019年度市级平安细胞模范单位
平安路段模范单位：南浔镇交通安全管理站
平安农机模范单位：湖州练市绿禾蔬果专业合作社
平安旅游模范单位：南浔花园名都大酒店
平安餐饮、平安用药模范单位：湖州练市平佳药品超市
平安家庭模范单位：善琏镇观音堂村
“不忘初心　牢记使命”主题教育工作推进先进集体
区委办公室　区委组织部
2019年度湖州市纳税大户
久立集团股份有限公司
浙江尤夫高新纤维股份有限公司
巨人通力电梯有限公司
浙江富钢金属制品有限公司
恒达富士电梯有限公司
连续三年被评为湖州市“金象”企业
久立集团股份有限公司
2019年度湖州市“金象”企业
久立集团股份有限公司
2019年度湖州市“金牛”企业
巨人通力电梯有限公司
浙江长城电子科技集团有限公司
2019年湖州市政府质量奖
浙江洪波科技股份有限公司

2019 年度湖州市高质量赶超发展先进集体

一、“六个城市”建设

（一）生态样板城市建设先进集体

区生态环境分局

（二）枢纽门户城市建设先进集体

区交通局

（三）美丽宜居城市建设先进集体

区水利局

二、十大专项行动

（一）重大战略融入行动先进集体

南浔区长三角办

（二）乡村振兴示范行动先进集体

区农业农村局

（三）平安示范先行行动先进集体

练市镇

（四）干部绩效比拼行动先进集体

南浔开发区

2019 年度全市重点工作突出贡献集体

一、庆祝新中国成立 70 周年维稳安保工作（含互联网大会、进博会等）突出贡献集体

区委政法委　区消防救援大队　双林镇政府

二、“三服务”活动突出贡献集体

区市场监管局　石淙镇政府

三、机构改革突出贡献集体

区委编办

四、重大项目建设攻坚突出贡献集体

区发改经信局　南浔区交通集团

南浔开发区管委会

五、生活垃圾精准分类突出贡献集体

区住建局　区综合执法局　和孚镇政府

六、“最多跑一次”改革突出贡献集体

区政务办

七、重大主题宣传突出贡献集体

区政府新闻办

八、城市精细化管理突出贡献集体

南浔镇政府

九、国家卫生城市复评突出贡献集体

区卫生健康局　南浔镇政府

十、国防动员（国防教育）和征兵工作突出贡献集体

（一）国防动员（国防教育）工作突出贡献集体

区卫生健康局　区公安分局

（二）2018 年度征兵工作突出贡献集体

练市镇政府　千金镇政府

十一、招商引资突出贡献集体

南浔开发区管委会

十二、“中国制造 2025”试点示范城市建设突出贡献集体

区发改经信局

十三、人才招引突出贡献集体

区委组织部

十四、犬类管理突出贡献集体

区综合执法局　旧馆镇政府

练市镇政府　和孚镇政府

十五、防汛防台救灾突出贡献集体

区应急管理局

湖州市政协 2019 年度反映社情民意信息工作成绩突出单位

区政协

湖州市第十二届“五个一”工程奖（5 部作品）

区委宣传部

湖州市第十二届“五个一”工程组织奖

区委宣传部

2019 年度湖州人大会集体嘉奖单位

区委统战部

2019 年度全市统战工作考核优胜单位

区委统战部

湖州市“五水共治”工作有功集体

三等功：南浔区治水办

嘉　奖：南浔镇政府

湖州市“十佳党建服务品牌”

区教育局机关党总支“红韵联动　育人浔梦”

2019 年度湖州市三星级“最美老干部工作室”

区市场监督管理局“红盾银领”315 维权工作室

2019 年度湖州市工人先锋号

湖州高强新材料有限公司机电维修组

浙江富钢金属制品有限公司长材厂机修车间

湖州市“人民满意的公务员集体”

区教育局　区政务办　区人民法院

2019 年度湖州市垃圾分类标杆单位

区住建局

湖州市城市市容环境卫生工作突出集体

区综合行政执法局环境卫生管理所

湖州市第一批“四好农村路”示范镇（街道）

石淙镇

2019年度全市政法系统人民满意政法单位

区公安分局

第四批市级整乡推进示范乡镇（街道）党（工）委

练市镇党委

第四批市级先锋示范村党组织

旧馆镇北港村党总支　善琏镇善琏村党支部

双林镇儒林村党总支　练市镇民安村党支部

南浔镇辽西村党支部　菱湖镇杨介巷村党总支

“2019年湖州市第二批担当破难典型案例”获评单位

区市场监督管理局

“2019年湖州市第四批担当破难典型案例”获评单位

区市场监督管理局

六、市级（市委、市政府表彰）先进个人

2019年度湖州市五一劳动奖章

李祯华（南浔区人民医院）

刘继权（浙江尤夫高新纤维股份有限公司）

湖州市2019年度“最美退役军人”

费银生（湖州江南恒盛炼染有限公司）

湖州市2019年度“优秀退役军人”

施建明（浙江彩蝶实业股份有限公司）

叶占芳（菱湖镇陈邑村）

2019年度湖州市高质量赶超发展先进个人

一、“六个城市”建设

（一）绿色智造城市建设先进个人

袁梦华（区发改经信局）

（二）现代智慧城市建设先进个人

杨宇波（南浔区大数据局）

（三）枢纽门户城市建设先进个人

顾月洪（区交通局）

董海辉（区长三角一体化办公室）

（四）美丽宜居城市建设先进个人

费　梁（区生态环境分局）

二、十大专项行动

（一）城市能级提升行动先进个人

孙钟良（区建设局）

（二）产业质效突破行动先进个人

刘晓芬（南浔开发区管委会）

许惠芳（区发改经信局）

（三）环境治理攻坚行动先进个人

谈利强（区生态环境分局）

（四）科技创新加速行动先进个人

孙玮洁（区科技局）

（五）营商环境优化行动先进个人

邵晓红（区市场监管局）

沈红芳（区政务办）

（六）乡村振兴示范行动先进个人

卫　良（区农业农村局）

钮桂香（双林镇公共事业服务中心）

徐国平（旧馆镇）

（七）平安示范先行行动先进个人

沈洪亮（区委政法委）

（八）干部绩效比拼行动先进个人

朱建章（区水利局）

翟海峰（旧馆镇）

2019年度全市重点工作突出贡献个人

一、庆祝新中国成立70周年维稳安保工作（含互联网大会、进博会等）突出贡献个人

莘根荣（区公安分局南浔派出所）

沈晓强（南浔开发区管委会）

宋锦荣（千金镇）

二、“三服务”活动突出贡献个人

吴群英（区委办公室）

陈泽育（区委组织部）

陈　宇（区农业农村局）

凌　晨（和孚镇）　费海峰（旧馆镇）

三、2019·湖州人大会工作突出贡献个人

冯旭康（区委统战部）

吴书谊（区委统战部）　俞芳英（区商务局）

四、机构改革突出贡献个人

陈　晨（区委组织部）　仰国红（练市镇）

五、重大项目建设攻坚突出贡献个人

何俊奇（区发改经信局）

董海辉（区商务局）

朱哲飞（南浔区城市集团）

六、生活垃圾精准分类突出贡献个人

袁榴红（区住建局）

范洁涛（区农业农村局）
七、“最多跑一次”改革突出贡献个人
宋美琴（区政务办）
八、重大主题宣传突出贡献个人
徐根红（区委宣传部）
九、城市精细化管理突出贡献个人
陈风平（南浔古镇度假区管委会）
赵　寅（南浔开发区管委会）
十、国家卫生城市复评突出贡献个人
孙钟良（区住建局）
金　艳（区卫生健康局）
温国荣（区综合执法局）
施东东（南浔市场发展有限公司）
陆琴芳（南浔开发区管委会）
十一、国防动员（国防教育）和征兵工作突出贡献个人
（一）国防动员（国防教育）工作突出贡献个人
严奇峰（区政府办公室）
文　涛（区住建局）
季泉兴（区交通运输局）
唐黎明（南浔民安公益应急救援队）
王　辉（湖州东方汽车有限公司）
（二）2018年度征兵工作突出贡献个人
陆国强（区教育局）
章锋利（区卫生健康局）
杨占桩（南浔开发区人武部）
汪震东（南浔镇人武部）
徐　浩（千金镇人武部）
十二、招商引资突出贡献个人
沈德明（区发改经信局）
王新光（南浔开发区管委会）
沈吴勇（南浔科技新城管委会）
十三、“中国制造2025”试点示范城市建设突出贡献个人
朱　华（善琏镇）　张国强（菱湖镇）
十四、国家绿色金融改革试点工作突出贡献个人
沈　良（南浔农商银行）
十五、人才招引突出贡献个人
陆利斌（区发改经信局）
石增中（区人力社保局）
十六、稳外贸工作突出贡献个人
屠明华（区商务局）
十七、服务业发展工作突出贡献个人
刘春燕（区发改经信局）
王　斌（南浔镇）
十八、犬类管理突出贡献个人
许雁飞（区公安分局）
严小冬（旧馆镇综合执法中队）
慎莲君（石淙镇综合执法中队）
梁勇勇（千金镇朝阳村）
陆雪松（善琏镇含山村）
十九、防汛防台救灾突出贡献个人
黎朋红（区水利局）

湖州市担当作为好干部

吴冠宇（南浔镇党委书记）
王培华（菱湖镇党委书记）
陈小红（双林镇党委委员、副镇长）

2019年度湖州市政法系统“人民满意政法干警”

沈勐儿（区检察院第三检察部主任）

湖州市级优秀公务员

孙根祥（区政协）

湖州市政协2019年度反映社情民意信息工作成绩突出个人

栗　智（区政协）

2019年度平安湖州建设个人嘉奖

王建萍（区纪委监委）

湖州市信息工作先进个人

王志刚（区委宣传部）

2019年度打造实施乡村振兴战略示范区突出贡献个人

陈树华（双林镇政府）

2019年度市级平安湖州守护者

钟震海（区委政法委）　李定桥（区信访局）
马小红（区司法局）　范宋涛（区公安分局）
刘丽萍（区市场监管局）　胡建荣（和孚镇党委）
雷文聘（区消防救援大队）　温卫明（区教育局）
黄　磊（双林镇社会治理办）
杨秋文（石淙镇社会治理办）
沈建良（千金镇东驿达村）

2019·湖州人大会工作个人嘉奖

严振华（区委统战部）

湖州市“五水共治”工作有功个人

二等功：吴　斌（双林镇）　沈其民（菱湖镇）
邱建荣（和孚镇）
三等功：乔慧明（区政协）　丁一平（千金镇）
沈洪亮（区委政法委）

方睿睿（区水利局）
嘉奖：高明明（练市镇）　高明霞（双林镇）
戴耀峰（南浔城投环保投资控股有限公司）
沈子凤（双林镇七星桥村）

湖州市“人民满意的公务员”
罗学明（区市场监督管理局双林镇分局局长）
吴　豪（区畜牧兽医局局长）
朱杭良（和孚镇社会治理办公室副主任）
万新善（区劳动保障监察大队大队长）

湖州市农村改革突出贡献个人
钱秋霞（区农业农村局）

湖州市第十届微型党课大赛三等奖
戴美清（区市场监督管理局）

湖州市“最美志愿者”
谈新根（区市场监督管理局）

湖州市“优秀城市美容师”
吴晓琴（区综合行政执法局环境卫生管理所）

湖州市最美环卫人
邹凌杰（区综合行政执法局环境卫生管理所）

驻沪苏招商引资引才引技工作优秀招商员
马君君（南浔科技新城管委会）
杨维献（石淙镇政府）

2019 年湖州市十大环境执法能手
蔡　磊（区生态环境分局）

湖州市人民政府　2019 年度“三年强村计划”工作突出贡献个人
沈建新（南浔镇政府）

2019 年度城乡人居环境大排摸大提升大督查“百日攻坚行动”突出贡献个人
沈建新（南浔镇政府）

湖州市生猪增产保供工作突出贡献个人
杨宇明（菱湖镇政府）

市级美丽乡村带头人
郁根荣（善琏镇车家兜村）

七、区级（区委、区政府表彰）先进集体

2019 年度“一五一十”重点工作先进集体

一、项目“双进双产”工作先进集体
区发改经信局
湖州市自然资源和规划局南浔分局
南浔经济开发区管理委员会
南浔镇人民政府　和孚镇人民政府

二、“大好高”项目招引工作先进集体
南浔经济开发区管理委员会　区委统战部
菱湖镇人民政府　旧馆镇人民政府
上海招商三局　苏州招商三局

三、“亩均论英雄”工作先进集体
练市镇人民政府　区发改经信局　区科技局
区统计局　区市场监督管理局　南浔区税务局

四、褚家漾征迁工作先进集体
湖州市自然资源和规划局南浔分局
湖州南浔城市投资发展集团有限公司

五、小城镇环境整治综合及城镇精细化管理工作先进集体
练市镇人民政府　石淙镇人民政府
双林镇人民政府　区住房和城乡建设局
区综合行政执法局

六、“四好”农村公路建设工作先进集体
南浔镇人民政府　旧馆镇人民政府
和孚镇人民政府　区农业农村局
区交通工程质量安全监督站

七、古镇北部区域征迁集中攻坚工作先进集体
区委统战部　区委编办　区发改经信局
区交通局　区审计局　区市场监督管理局
区统计局　区医保局　区总工会
南浔古镇旅游度假区管理委员会　团区委
湖州南浔旅游投资发展集团有限公司

八、“1152”工程推进工作先进集体
南浔镇人民政府　区发改经信局　区交通局

九、“十线十景十小镇”建设工作先进集体
南浔镇人民政府　菱湖镇人民政府
和孚镇人民政府　石淙镇人民政府　区交通局

十、“四个万”基地工程建设工作先进集体
练市镇人民政府　双林镇人民政府　区农合联

十一、百漾千河综合治理工作先进集体
练市镇人民政府　双林镇人民政府
石淙镇人民政府　区水利局

十二、全域土地综合整治及存量宅基地盘活利用工作先进集体
菱湖镇人民政府　善琏镇人民政府
旧馆镇人民政府　区人大农业农村委
区农业农村局

湖州市自然资源和规划局南浔分局

十三、城乡人居环境“百日攻坚行动”工作先进集体

石淙镇人民政府　区委组织部

南浔古镇旅游度假区管理委员会

南浔镇辽里村

十四、五水共治工作先进集体

练市镇公共事业服务中心　旧馆镇农业农村办

千金镇农业综合服务中心

南浔镇潘港桥村村民委员会

双林镇“五水共治”办

善琏镇皇坟村村民委员会

石淙镇公共事业服务中心

和孚镇漾东村村民委员会

十五、污染防治工作先进集体

南浔经济开发区管理委员会　南浔镇人民政府

区住房和城乡建设局　区综合行政执法局

区公安分局　市生态环境局南浔分局

十六、“最多跑一次”改革工作先进集体

练市镇人民政府　区卫生健康局　区医保局

国家税务总局湖州市南浔区税务局

十七、“三服务”工作先进集体

南浔镇人民政府　练市镇人民政府

旧馆镇人民政府　区委办　区人大办

区政府办　区政协办　区委组织部

区委宣传部　区教育局　区农业农村局

区卫生健康局　区民政局　区政务办

区退役军人事务局

湖州市自然资源和规划局南浔分局

南浔区创建浙江省文明区工作突出贡献集体

南浔经济开发区管理委员会

南浔镇人民政府　练市镇人民政府

双林镇人民政府　和孚镇人民政府

旧馆镇人民政府　石淙镇人民政府

区委宣传部　区发展改革和经济信息化局

区教育局　区住房和城乡建设局

区交通局　区商务局　区政务办

区文化和广电旅游体育局　区卫生健康局

南浔古镇旅游度假区管理委员会　团区委

区市场监督管理局　区妇联

区生态建设指挥部　区城投集团

区交通集团综合事务部　区环境卫生管理所

区古镇旅游发展有限公司

区综合行政执法局南浔中队

区综合行政执法局菱湖中队

区综合行政执法局善琏中队

区交警大队镇区中队　千金镇西马干村

2019年度全区平安建设和社会治理突出贡献集体

南浔经济开发区管委会　练市镇人民政府

善琏镇人民政府　石淙镇人民政府

区信访局　区司法局　区退役军人事务局

区综合执法局　区法院　区公安分局

南浔经济开发区马腰村　南浔镇永联村

练市镇庄家村　双林镇爱国路社区

菱湖镇东河村　和孚镇陈塔村　旧馆镇光明村

千金镇金城村　区市场监管局开发区分局

区公安分局和孚派出所　双林庆同小学

浙江大明家具有限公司

浙江湖州新京昌电子有限公司

浙江睿高新材料股份有限公司

浙江尤夫高新纤维股份有限公司

2019年度全区武装工作突出贡献集体

南浔经济开发区武装部　南浔镇武装部

练市镇武装部　善琏镇武装部　石淙镇武装部

2019年度南浔区城乡建设工作考核奖

一等奖：双林镇　旧馆镇　石淙镇

二等奖：南浔镇　练市镇　和孚镇　善琏镇

三等级：开发区　菱湖镇　千金镇

2019年度南浔区交通建设工作考核奖

一等奖：南浔镇　和孚镇　千金镇　旧馆镇　石淙镇

二等奖：练市镇　开发区　善琏镇　双林镇　菱湖镇

南浔区慈善杰出贡献单位

浙江省蔡崇信公益基金会

2019年“慈善突出贡献单位”

浙江南浔农村商业银行股份有限公司

浙江巨人集团有限公司

沃克斯电梯（中国）有限公司

怡达快速电梯有限公司

浙江世友木业有限公司　久盛地板有限公司

浙江彩蝶实业股份有限公司

浙江长城电子科技集团有限公司

恒达富士电梯有限公司

久立集团股份有限公司

浙江富钢金属制品有限公司

2019年“慈善贡献单位”

天奥电梯（中国）有限公司
湖州新奥万丰燃气有限公司
湖州南浔圣船混凝土有限公司
浙江洪波科技股份有限公司
湖州新利商标制带有限公司
湖州领先丝带有限公司
湖州美信佳商品混凝土有限公司
湖州南太湖环保能源有限公司
浙江江潮电机实业有限公司
湖州江南恒盛炼染有限公司

2019年度南浔区镇（开发区）综合考核奖

一、“以实绩论英雄促赶超出成效”考核（按得分高低排序）

开发区　练市镇　菱湖镇　南浔镇　旧馆镇
双林镇　和孚镇　善琏镇　千金镇　石淙镇

二、基础性考核

一等奖：练市镇　南浔镇　菱湖镇　开发区
二等奖：双林镇　旧馆镇　善琏镇　石淙镇
三等奖：和孚镇　千金镇

2019年度南浔区区级部门综合考核奖

一等奖

经济建设类：区市场监管局　区文广旅体局
区农业农村局　区交通局
区水利局　科技新城
区自然资源和规划分局
社会发展类：区教育局　区卫生健康局
区人力社保局
政法执法类：区委政法委　区法院
区应急管理局　区公安分局
区检察院
党群综合类：区委统战部　区委宣传部
区委办　区政府办
区委组织部　区纪委监委
区政协机关　区人大机关
区审计局　区委编办

二等奖

区综合执法局　区档案馆　区科技局
区机关事务服务中心　团区委　区政务办
度假区管委会　区供销社　区医保局
区发改经信局　区生态环境分局
区司法局　区总工会　区信访局　区住建局
区财政局　区民政局　区残联　区税务局

三等奖

网络传输中心　区广电中心　区妇联
区退役军人事务局　区统计局　区商务局

南浔区城乡人居环境大排摸大提升大督查“百日攻坚行动”考核奖

一、示范镇

石淙镇　善琏镇　练市镇
双林镇　和孚镇　旧馆镇

二、示范村（社区）

一等奖

开发区：圣驾桥村
南浔镇：永联村　息塘村
练市镇：朱家埭村　练南村　水口村
双林镇：花城村　周家兜村　莲花兜村
菱湖镇：杨港村　山塘村
和孚镇：漾东村　荻港村　民当村
善琏镇：窑里村　卜家堰村
旧馆镇：北港村
千金镇：朝阳村
石淙镇：花园湾村　羊河坝村

二等奖

开发区：马腰村　庠上村　东迁村
南浔镇：迎春村　潘港桥村　伍林村
辽里村　泗洲村　横街村
增山社区　泰安路社区
练市镇：新联村　荃步村　大虹桥村
姚庄村　民安村　新会村
双林镇：华桥村　儒林村　黄泥兜村
新丰兜村　向阳村
菱湖镇：杨介巷村　达民村　下昂村
射中村　沈介埭村　费介埭村
和孚镇：佛堂兜村　云东村　吴兴塘村
善琏镇：港南村　观音堂村　平乐村
旧馆镇：新兴港村　罗汉村　寺桥村
大洋村
千金镇：金城村　石桥村　东驿达村
石淙镇：姚家坝村　镇西村
度假区：百间楼社区

三等奖

开发区：东上林村　直港巷村
南浔镇：计家兜村　三长村　神墩村
灯塔村　前洪村　柏树村
练市镇：西堡村　中心村　松亭村

东堡村　悦新村　横塘村
车塔村　李家兜村
双林镇：花盘兜村　千亩山村　曹桥村
显洪村　岂山圩村　邢窑村
菱湖镇：新庙里村　菱东村　六堡里村
王家墩村
和孚镇：四联村　陈塔村　双福桥村
新荻村　横港村
善琏镇：善琏村　砖溪村　宏建村
皇坟村
旧馆镇：港胡村　光明村
千金镇：东马干村　南窑桥村
石淙镇：石淙村

2019 年度南浔区进出口超亿美元企业

浙江久立特材科技股份有限公司

2019 年度南浔区外贸出口十强企业

湖州南洋电机有限公司
浙江联大科技有限公司
湖州市对外贸易股份有限公司
湖州新利商标制带有限公司
浙江永昌电气股份有限公司
浙江载信亚麻科技有限公司
湖州恒新商标制带有限公司
湖州福美达纺织有限公司
湖州领先丝带有限公司
湖州市菱湖万事美毛纺织有限公司

2019 年度南浔区外经工作前三强企业

浙江品阁木业有限公司
湖州恒新商标制带有限公司
湖州领先丝带有限公司

2019 年度南浔区服务贸易前三强企业

沃克斯电梯（中国）有限公司
恒达富士电梯有限公司
浙江联大科技有限公司

2019 年度南浔区服务业十强企业

浙江南浔农村商业银行股份有限公司
久立集团股份有限公司
湖州南浔浙北大厦购物中心有限公司
湖州南浔博阳度假酒店有限公司
湖州力统物流有限公司
国鹰（文创）浙江有限公司
浙江南浔古镇旅游发展有限公司
浙江庆渔堂农业科技有限公司
浙江新禹环境科技有限公司
湖州南浔国际建材城有限公司

2019 年度南浔区政府质量奖

浙江正信石油科技有限公司
浙江东通光网物联科技有限公司
湖州明朔光电科技有限公司
湖州盛特隆金属制品有限公司
湖州南浔新龙电机有限公司
浙江三行电气科技有限公司
浙江巨美家科技有限公司
湖州久立电气材料科技发展有限公司
浙江玛拓驱动设备有限公司

南浔区 2019 年度行政奖励集体嘉奖

区自然资源和规划分局

2019 年度南浔区金融支持地方经济社会发展综合奖

一等奖
浙江南浔农村商业银行股份有限公司
中国农业银行股份有限公司湖州南浔支行
二等奖
湖州银行股份有限公司南浔支行
中国建设银行股份有限公司湖州南浔支行
中国人民财产保险股份有限公司湖州市南浔支公司
三等奖
湖州吴兴农村商业银行股份有限公司南浔支行
华夏银行股份有限公司湖州南浔小微企业专营支行
中国太平洋财产保险股份有限公司湖州市南浔支公司
中国人寿保险股份有限公司湖州市南浔区支公司

南浔区 2019 年度“新象”企业

巨人通力电梯有限公司
久立集团股份有限公司
浙江富钢金属制品有限公司
浙江尤夫高新纤维股份有限公司
恒达富士电梯有限公司
浙江长城电子科技集团有限公司

南浔区 2019 年度“新牛”企业

浙江巨人集团有限公司
怡达快速电梯有限公司
沃克斯电梯（中国）有限公司
浙江世友木业有限公司

浙江东通光网物联科技有限公司
浙江彩蝶实业股份有限公司
森赫电梯股份有限公司
久盛地板有限公司
浙江洪波科技股份有限公司

2019年度南浔区规模百强工业企业

冠　军　久立集团股份有限公司
亚　军　浙江长城电子科技集团有限公司
季　军　巨人通力电梯有限公司

前十强

浙江尤夫高新纤维股份有限公司
浙江洪波科技股份有限公司
浙江富钢金属制品有限公司
恒达富士电梯有限公司
沃克斯电梯（中国）有限公司
浙江世友木业有限公司
浙江三行电气科技有限公司

前二十强

浙江彩蝶实业股份有限公司
浙江巨人集团有限公司
湖州新奥万丰燃气有限公司
怡达快速电梯有限公司
浙江正信石油科技有限公司
湖州南洋电机有限公司
湖州南浔华统肉制品有限公司
星光农机股份有限公司
浙江东通光网物联科技有限公司
久盛地板有限公司

前五十强

森赫电梯股份有限公司
浙江江潮电机实业有限公司
浙江荣泰健康电器有限公司
蒙特费罗（湖州）电梯部件有限公司
湖州市南浔弘鑫铜业有限公司
湖州新利商标制带有限公司
湖州高强新材料有限公司
湖州美信佳商品混凝土有限公司
湖州南浔圣船混凝土有限公司
浙江正导电缆有限公司
湖州刚强混凝土有限公司
湖州南太湖电力科技有限公司
浙江科宁电机有限公司
湖州海通管桩有限公司
湖州越球电机有限公司
浙江永昌电气股份有限公司
湖州南浔温氏佳味食品有限公司
浙江湖磨抛光磨具制造有限公司
浙江清湖建材股份有限公司
湖州欣旺热能有限公司
湖州市菱湖三狮水泥有限公司
天奥电梯（中国）有限公司
浙江联大科技有限公司
湖州协鑫环保热电有限公司
国电湖州南浔天然气热电有限公司
湖州展望药业有限公司
浙江伟康电机有限公司
湖州领先丝带有限公司
湖州刚强水泥有限公司
湖州荣耀铝业有限公司

前百强

湖州耀东包装有限公司
浙江郎立电工器材有限公司
湖州南浔新龙电机有限公司
湖州南浔浔味堂食品有限公司
浙江技鸣电工器材有限公司
谱拉歌世服饰有限公司
湖州宏菱水泥有限公司
湖州恒新商标制带有限公司
湖州菁诚纺织品有限公司
浙江品阁木业有限公司
湖州市菱湖新望化学有限公司
湖州吉昌化学有限公司
湖州新仲湖针织制衣有限公司
浙江恒通生物科技股份有限公司
湖州新隆龙丝绸印花有限公司
湖州南美纺织有限公司
浙江睿高新材料股份有限公司
安川双菱电梯有限公司
德森克电梯（中国）有限公司
浙江载信亚麻科技有限公司
湖州长辉电镀有限公司
湖州五兴达丝绸整理有限公司
湖州卓豪丝绸有限公司
湖州天洋线缆有限公司
湖州盛科家居有限公司
浙江未来家木业有限公司

湖州求精汽车链传动有限公司
湖州瑞驰机械设备有限公司
浙江华夏电梯股份有限公司
湖州高翔水泥有限公司
湖州福美达纺织有限公司
浙江森林之星文化地板有限公司
湖州裕达线缆有限公司
湖州鑫富新材料有限公司
湖州市菱湖兆强建材有限公司
浙江国富纺织科技有限公司
浙江伏牛钢板弹簧有限公司
湖州得盛印染有限公司
浙江众立不锈钢管股份有限公司
湖州金龙马亚麻有限公司
浙江丝之美服饰染整有限公司
湖州汇丰电工科技有限公司
湖州市南浔华源绝缘材料有限公司
湖州市练市三峰线缆厂
浙江蒂尔森电梯有限公司
浙江丽象木业有限公司
湖州高林不锈钢管制造有限公司
湖州鑫冠纺织品科技有限公司
湖州市菱湖新阳水泥有限公司
湖州盛利染整有限公司

2019年度南浔区税收百强工业企业

冠　军　巨人通力电梯有限公司
亚　军　久立集团股份有限公司
季　军　浙江富钢金属制品有限公司

前十强

浙江尤夫高新纤维股份有限公司
恒达富士电梯有限公司
浙江巨人集团有限公司
怡达快速电梯有限公司
沃克斯电梯（中国）有限公司
浙江世友木业有限公司
浙江东通光网物联科技有限公司

前二十强

浙江彩蝶实业股份有限公司
浙江长城电子科技集团有限公司
森赫电梯股份有限公司
久盛地板有限公司
湖州吉昌化学有限公司
湖州南洋电机有限公司
浙江正信石油科技有限公司
湖州新奥万丰燃气有限公司
湖州越球电机有限公司
浙江洪波科技股份有限公司

前五十强

谱拉歌世服饰有限公司
浙江江潮电机实业有限公司
湖州南太湖环保能源有限公司
湖州协鑫环保热电有限公司
浙江湖磨抛光磨具制造有限公司
湖州南浔圣船混凝土有限公司
浙江正导电缆有限公司
浙江清湖建材股份有限公司
湖州新利商标制带有限公司
湖州高强新材料有限公司
湖州展望药业有限公司
湖州菁诚纺织品有限公司
天奥电梯（中国）有限公司
浙江联大科技有限公司
湖州美信佳商品混凝土有限公司
湖州海通管桩有限公司
浙江森林之星文化地板有限公司
湖州江南恒盛炼染有限公司
湖州刚强混凝土有限公司
浙江伟康电机有限公司
浙江荣泰健康电器有限公司
湖州宏菱水泥有限公司
浙江丝之美服饰染整有限公司
浙江睿高新材料股份有限公司
湖州龙祥染整有限公司
湖州新仲湖针织制衣有限公司
湖州南太湖电力科技有限公司
浙江湖州新京福纺织染整有限公司
浙江永昌电气股份有限公司
浙江科宁电机有限公司

前百强

湖州凌立印染有限公司
湖州市菱湖三狮水泥有限公司
浙江贝亚克木业有限公司
湖州求精汽车链传动有限公司
湖州得盛印染有限公司
湖州盛利染整有限公司
湖州瑞驰机械设备有限公司

湖州喜得宝丝绸有限公司
湖州三印丝绸炼染有限公司
湖州刚强水泥有限公司
湖州长辉电镀有限公司
湖州新奥特医药化工有限公司
湖州明朔光电科技有限公司
湖州金博亚麻纺织有限公司
湖州新隆龙丝绸印花有限公司
星光农机股份有限公司
湖州南浔长和能源有限公司
安川双菱电梯有限公司
湖州神龙服饰染整有限公司
湖州市菱湖兆强建材有限公司
德森克电梯（中国）有限公司
湖州建臣建材有限公司
浙江湖州新京昌电子有限公司
浙江长征电影碳棒有限公司
湖州市菱湖新阳水泥有限公司
浙江众立不锈钢管股份有限公司
湖州德奥机械设备有限公司
浙江宏旭智能制造有限公司
湖州恒新商标制带有限公司
湖州鼎盛机械制造有限公司
浙江伏牛钢板弹簧有限公司
湖州五兴达丝绸整理有限公司
浙江菱格木业有限公司
湖州繁华绢纺有限公司
湖州巨赢纺织有限公司
浙江品阁木业有限公司
湖州丰诚纺织有限公司
湖州市南浔福强木业制造厂
湖州精进机械有限公司
湖州三佳纺织有限公司
湖州市南浔华源绝缘材料有限公司
湖州东科电子石英股份有限公司
湖州领先丝带有限公司
浙江永吉木业有限公司
浙江东洋环境工程有限公司
湖州高翔水泥有限公司
湖州刻强制版有限公司
浙江鹏图纺织有限公司
湖州高林不锈钢管制造有限公司
湖州双林商标制带厂

2019 年度南浔区最美家风好村庄（40 个）

开发区东上林村落四圩自然村
开发区英雄村瑶田自然村
开发区富强村西庄湾自然村
南浔镇三长村施家兜自然村
南浔镇联谊村　南浔镇辑里自然村
南浔镇永联村过济桥自然村
南浔镇横街村横街自然村
练市镇车塔村车塔自然村
练市镇民安村打铁浒自然村
练市镇姚庄村洪塘新村
练市镇施浩村施浩新村　练市镇横塘新村
双林镇花城村百念亩兜自然村
双林镇莲花兜村莫家埭自然村
双林镇俞家埭村沈家埭自然村
双林镇儒林村儒林新村
双林镇土山村分金兜自然村
菱湖镇新庙里村新福苑自然村
菱湖镇下昂村麦熟其自然村
菱湖镇建丰村包家兜自然村
菱湖镇山塘村光明自然村
菱湖镇杨港村洋西自然村
和孚镇荻港史家桥自然村
和孚镇新荻村鱼目汇自然村
和孚镇陈塔村蟹墩子自然村
和孚镇漾东村张字圩自然村
和孚镇民当村修家兜自然村
善琏镇平乐村河南埭自然村
善琏镇卜家堰村东山庄自然村
善琏镇夹塘村吴家埭自然村
旧馆镇北港村何家弄自然村
旧馆镇载旺村金家兜自然村
旧馆镇港胡村郑家门自然村
千金镇商墓村东夹条自然村
千金镇金城村金家甸自然村
千金镇石桥村鱼桥头自然村
石淙镇石淙村安桥港自然村
石淙镇姚家坝村姚家坝自然村
石淙镇花园湾村金家兜自然村

2019 年度南浔区最美家风好学校（30 所）

南浔镇马腰小学　南浔开发区学校浔溪校区
南浔镇三长学校　南浔镇横街小学
练市镇花林小学　练市镇洪塘小学

湖州市泉生小学　和孚镇重兆小学
菱湖镇第三中学　菱湖镇第五小学
善琏镇含山小学　湖州市千金中学
旧馆中学　上外附属浙江宏达南浔幼儿园
南浔区东迁幼儿园　湖州市南浔镇幼儿园
湖州市南浔实验幼儿园
湖州市南浔区南浔新区幼儿园
南浔镇堰四幼儿园　练市镇中心幼儿园
湖州市双林镇中心幼儿园　菱湖镇幼儿园
湖州市南浔区菱湖镇下昂幼儿园
湖州市南浔区和孚镇中心幼儿园
湖州市南浔区和孚镇重兆幼儿园
湖州市南浔区善琏镇中心幼儿园
湖州市南浔区善琏镇含山幼儿园
旧馆镇中心幼儿园
湖州市南浔区千金镇中心幼儿园
湖州市南浔区石淙镇中心幼儿园

2019 年度南浔区最美家风好企业（15 家）

怡达快速电梯有限公司　浙江世友木业有限公司
浙江巨人控股有限公司　湖州越球电机有限公司
沃克斯电梯（中国）有限公司
湖州太平微特电机有限公司
湖州菁诚纺织品有限公司
湖州求精汽车链传动有限公司
苏迅电梯有限公司　湖州睿高新材料有限公司
湖州强马分子筛有限公司　双喜湖笔有限公司
浙江申瑞门业有限公司
湖州华统肉制品有限公司
湖州南浔温氏畜牧有限公司

2019 年度南浔区最美家风好单位（15 个）

区纪委监委　区委办　区政协办　区委组织部
区委宣传部　区委统战部　区人力社保局
区水利局　区卫健局　区政务办　区妇联

菱湖镇综合行政执法服务中心
善琏镇公共服务中心　千金镇公共服务中心
石淙镇便民服务中心

2019 年度第三批“五星级”人大代表联络站

练市镇洪塘人大代表联络站
双林镇莒南人大代表联络站
和孚镇中心人大代表联络站

2019 年度区人大代表建议优秀承办单位

区农业农村局　区交通局　区卫生健康局
区住房和城乡建设局　区教育局
区文化和广电旅游体育局　区公安分局
区人力社保局　区自然资源和规划分局
区发展改革和经济信息化局

区政协 2019 年度提案办理先进集体

区发改经信局　区教育局
区农业农村局　区文广旅体局
区卫生健康局　区市场监管局

区政协 2019 年度反映社情民意信息工作先进集体

一等奖：农工党南浔区支部
民建南浔区基层委员会
民革南浔区支部
二等奖：区政协社法和民宗委（港澳台侨委）
民进南浔区基层委员会
旧馆镇政协工作联络组
区政协教科卫体委（文化文史和学习委）
三等奖：民盟南浔区支部
练市镇政协工作联络组
双林镇政协工作联络组
南浔镇政协工作联络组
区工商联

2019 年度南浔区最美金融窗口

中国农业银行南浔适园路支行

八、区级（区委、区政府表彰）先进个人

2019 年度“一五一十”重点工作先进个人

一、项目“双进双产”工作先进个人
冯夏忠（练市镇人民政府）
严奇峰（区政府办）
姚国祥（区发改经信局）
赵岂萍（区发改经信局）
潘晓明（区重点办、区卫生健康局）
杨红艳（区商务局）
王笑宇（市生态环境局南浔分局）
陈旺虎（区应急管理局）
沈卫国（南浔科技新城管委会）
刘晓芬（南浔经济开发区管理委员会）

二、"大好高"项目招引工作先进个人
陆　伟（南浔经济开发区管理委员会）
吴　斌（菱湖镇人民政府）
顾慧强（旧馆镇人民政府）
吴明锋（区委办）　葛兆远（区政府办）
李晓锋（区委统战部）　吴　越（区商务局）
金江兰（上海招商一局）
吴　涛（深圳招商一局）
朱风明（苏州招商四局）
赵晓武（北京招商一局）
朱建强（浙江招商一局）
三、"亩均论英雄"工作先进个人
张淑君（南浔经济开发区管理委员会）
沈新根（双林镇人民政府）
薛　方（和孚镇人民政府）
杨斌乾（千金镇人民政府）
沈晓琴（石淙镇人民政府）
姚海燕（区发改经信局）
皇　华（区发改经信局）
陈莉莉（区科技局）　王学良（区统计局）
陈　亮（区市场监督管理局）
朱霞芬（区市场监督管理局）
翟旭强（南浔区税务局）
四、褚家漾征迁工作先进个人
计晓峰（南浔镇人民政府）
佘晓杰（南浔镇人民政府）
沈雪强（南浔镇人民政府）
柴俊彦（南浔镇人民政府）
杨恩荣（南浔区税务局）
赵　群（南浔区税务局）
蒋蔚放（南浔区税务局）
钱志建（南浔区税务局）
五、小城镇环境整治综合及城镇精细化管理工作先进个人
蔡果夫（南浔镇人民政府）
周　青（区住房和城乡建设局）
李　晖（区住房和城乡建设局）
邵小红（区公安分局交通警察大队）
陆　政（区综合行政执法局菱湖中队）
陈红兵（区综合行政执法局和孚中队）
俞惠良（区综合行政执法局善琏中队）
朱惠康（湖州南浔城市投资发展集团有限公司）
姜天彬（湖州市南浔区交通投资集团有限公司）
张玉林（练市镇水口村）
六、"四好"农村公路建设工作先进个人
姜　波（南浔经济开发区管理委员会）
高远航（练市镇人民政府）
杨荣根（双林镇人民政府）
姚浩良（菱湖镇人民政府）
刘彦昌（善琏镇人民政府）
盛瑜晖（千金镇人民政府）
陆建强（石淙镇人民政府）
胡建强（区政府办）　沈武学（区公路管理局）
高少勇（湖州市南浔区交通投资集团有限公司）
孙晓明（湖州市南浔区交通投资集团有限公司）
七、古镇北部区域征迁集中攻坚工作先进个人
沈为民（区财政局）
王　翔（区住房和城乡建设局）
徐铁成（区文化和广电旅游体育局）
杨　帆（区水利局）　褚惠祥（区商务局）
陈佳绅（区综合行政执法局）
章利江（南浔镇国土所）
李　刚（南浔古镇旅游度假区管理委员会）
沈杨欢（南浔古镇旅游度假区管理委员会）
孟雪海（国家税务总局湖州市南浔区税务局）
殷家寅（南浔镇房地产管理所）
施　伟（南浔古镇景区派出所）
沈　欢（湖州南浔旅游投资发展集团有限公司）
八、"1152"工程推进工作先进个人
陈发兵（南浔经济开发区管理委员会）
杨慧华（区政府办）　顾月洪（区交通局）
戴　晶（区发改经信局）
董海辉（区商务局、区长三办）
闻爱祥（湖州市南浔区交通投资集团有限公司）
九、"十线十景十小镇"建设工作先进个人
劳三妹（南浔经济开发区管理委员会）
沈徐奇（练市镇人民政府）
熊柏民（和孚镇人民政府）
沈　俊（旧馆镇人民政府）
吴　灏（区农业农村局）　程华斌（区交通局）
陈　勇（区文化和广电旅游体育局）
花志兵（湖州市南浔区交通投资集团有限公司）
汪荣林（练市镇荃步村）
徐　伟（和孚镇漾东村）
十、"四个万"基地工程建设工作先进个人
何国华（石淙镇人民政府）

沈　岐（练市镇人民政府）
沈峰勇（菱湖镇人民政府）
周建荣（南浔镇人民政府）
姚学良（区农业农村局）
蒋学兵（湖州市自然资源和规划局南浔分局）

十一、百漾千河综合治理工作先进个人

沈金龙（南浔镇人民政府）
高明明（练市镇人民政府）
顾建明（双林镇人民政府）
蒋国民（菱湖镇人民政府）
闵明祥（南浔经济开发区管理委员会）
唐春晖（区水利局）　姚月煜（区水利局）
施雄飞（区水利建设投资有限公司）

十二、全域土地综合整治及存量宅基地盘活利用工作先进个人

余　溢（善琏镇人民政府）
田建强（旧馆镇人民政府）
徐伟中（菱湖镇人民政府）
朱月林（区人大常委会农业与农村工委）
周杨晨（区政府办）
杨鑫怡（湖州市自然资源和规划局南浔分局）
高建平（旧馆镇国土资源管理所）
沈金强（菱湖镇永丰村）
童义林（菱湖镇竹墩村）
杨国琴（善琏镇观音堂村）
钱建强（旧馆镇港胡村）
沈建强（旧馆镇新兴港村）

十三、城乡人居环境“百日攻坚行动”工作先进个人

沈晓强（南浔经济开发区管理委员会）
高明霞（双林镇人民政府）
沈青青（旧馆镇人民政府）
姚发祥（善琏镇砖溪村）
沈悦明（练市镇朱家埭村）
沈根林（菱湖镇山塘村）
徐　伟（和孚镇漾东村）
宋建根（千金镇朝阳村）

十四、五水共治工作先进个人

沈建新（南浔镇人民政府）
陈树华（双林镇人民政府）
王　康（和孚镇人民政府）
蒋建良（善琏镇人民政府）
朱　力（旧馆镇人民政府）
马新华（千金镇人民政府）
王鑫强（区农业农村局）
褚贺丞（区住房和城乡建设局）
朱建章（区水利局）
王金章（区综合行政执法局）
徐晓荣（市生态环境局南浔分局）
傅李佳（区“五水共治”〈河长制〉办公室）

十五、污染防治工作先进个人

韦小泉（南浔经济开发区管理委员会）
姚　峰（南浔镇人民政府）
钱建中（练市镇人民政府）
周少南（双林镇人民政府）
高新明（菱湖镇人民政府）
吴建伟（和孚镇人民政府）
沈敏勇（善琏镇人民政府）
费海峰（旧馆镇人民政府）
宋锦荣（千金镇人民政府）
张丹峰（石淙镇人民政府）
陈　云（区政府办）　张鑫珍（区水利局）
袁梦华（区发改经信局）
慎伟峰（区生态建设指挥部）
黄鲲鲲（区运管分局）

十六、“最多跑一次”改革工作先进个人

徐　辉（双林镇人民政府）
莫滇军（区民政局）　周培金（区教育局）
袁榴红（区住建局）　钱雅娟（区政务办）
曹桂江（区市场监督管理局）
宋　丽（区大数据服务中心）
许晓斌（湖州市自然资源和规划局南浔分局）
曹晓波（区公安分局）
唐晓明（湖州住房公积金管理中心南浔区业务部）

十七、“三服务”工作先进个人

顾　蕾（南浔经济开发区管理委员会）
朱彬斌（南浔镇人民政府）
吴　靖（练市镇人民政府）
吴高杰（双林镇人民政府）
任　菲（菱湖镇人民政府）
吴慧丽（和孚镇人民政府）
魏燕燕（善琏镇人民政府）
顾奕超（千金镇人民政府）
陈剑锋（石淙镇人民政府）
曹雪祥（区纪委监委）　周　丰（区委办）

钟炯炯（区委政研室）　宋晨光（区人大办）
姚丰琪（区政府办）　董明华（区政协办）
李正志（区委组织部）　计奇花（区委宣传部）
褚利斌（区发改经信局）
倪建新（区教育局）　俞建华（区教育局）
姚勇明（区科技局）　王青瑶（区民政局）
陈　枫（区交通局）　李云芸（区司法局）
沈　懿（区文化和广电旅游体育局）
沈国兵（区卫生健康局）
谢骁骁（区人力社保局）
顾月萍（区统计局）　王　丰（区政务办）
吴建平（区市场监督管理局）
李　宁（区公安分局）
陆仲怡（区退役军人事务局）
胡婷婷（区自然资源和规划分局）

南浔区创建浙江省文明区工作突出贡献个人

沈国平（南浔经济开发区洋南村）
沈　洪（南浔经济开发区综合执法中队）
沈建荣（南浔经济开发区南林社区）
徐雨萌（南浔经济开发区管理委员会）
周卫东（南浔经济开发区直港巷村）
王晓丹（南浔镇人民政府）
陈青青（南浔镇人民政府）
高栋梁（南浔镇人民政府）
顾振贤（南浔镇人民政府）
沈琦琦（南浔镇泰安路社区）
税　清（南浔镇人民政府）
杨永明（南浔镇朱坞村）
陆丹凤（练市镇人民政府）
季小辉（练市镇人民政府）
沈琴美（练市镇人民政府）
杨剑忠（练市镇综合行政执法队）
张俊毅（双林镇人民政府）
沈斌强（区市场监督管理局双林分局）
沈海区（区综合行政执法局双林中队）
张晓斌（区交警大队双林中队）
任　菲（菱湖镇人民政府）
陆中华（菱湖镇环卫所）
孙绍吉（区公安分局菱湖派出所）
赵建荣（菱湖镇费介埭村）
池静宜（和孚镇人民政府〈团区委〉）
张占豪（和孚镇人民政府）
吴利兵（区综合行政执法局和孚中队）
刘文玉（和孚镇街道办）
姚惠良（善琏镇人民政府）
吴建强（善琏镇市场监管所）
陆　璐（旧馆镇人民政府）
潘静洁（区综合行政执法局旧馆中队）
宋旦旦（千金镇人民政府）
张霖轩（区综合行政执法局千金中队）
任元清（石淙镇人民政府）
胡丽丽（石淙镇人民政府）
邹天宇（区纪律检查委员会）
杨德民（区委办）　沈峰峰（区人大办）
胡颖颖（区政府办）　沈嵇帆（区委组织部）
刘　斌（区政协经济委员会）
王　芳（区创建办）　姚华丽（区创建办）
徐　琰（区委宣传部）　刘夕琦（区委宣传部）
沈　彪（区委宣传部）　王志刚（区委宣传部）
陈　云（区委宣传部）　周婷婷（区委统战部）
徐建庆（区委政法委）　杜菲菲（区委编办）
邵剑忠（区信访局）　张宇锋（区档案馆）
平臻宏（区发展改革和经济信息化局）
刘春燕（区发展改革和经济信息化局）
陈勤泳（区教育局）　陆国强（区教育局）
吴　平（区科技局）　武玉华（区民政局）
简国华（区司法局）　许高峰（区财政局）
杨芳萍（区人力社保局）　葛金海（区住建局）
林芳叶（区住建局）　邱小锋（区交通局）
金雨春（区建设工程质量安全监督站）
向常胜（区交通局）　陆建军（区水利局）
巫自生（区农业农村局）
王乃新（区商务局）　王慧芳（区商务局）
程宗辉（区文化和广电旅游体育局）
陆雅明（区文化和广电旅游体育局执法大队）
沈国兵（区卫生健康局）
章中民（区卫生健康局）
周亦雄（区卫生健康局）
汪　澄（区退役军人事务局）
毛云龙（区应急管理局）　王竽翔（区审计局）
杨徐伟（区市场监督管理局）
钱华祥（区市场监督管理局）
张　璐（区市场监督管理局）
程瑜敏（区市场监督管理局）
陈　凯（区市场监督管理局南浔分局）
吴嘉楠（区市场监督管理局南浔分局）

魏慧峰（区市场监督管理局练市分局）
邵柳斌（千金镇市场监管所）
宋　琰（区统计局）　王　燕（区医保局）
蒋世明（区综合行政执法局）
苏雷嵌（区综合行政执法局）
屠荣华（区环境卫生管理所）
朱虹丽（区环境卫生管理所）
汪秋莉（区环境卫生管理所）
范雪峰（区综合行政执法局南浔中队）
沈新根（区综合行政执法局南浔中队）
沈云飞（区综合行政执法局南浔中队）
沈杨欢（南浔古镇旅游度假区管委会）
王伟芳（南浔古镇旅游度假区管委会）
汪　敏（南浔古镇旅游度假区管委会）
沈智赟（区科技新城综合服务中心）
陈英辉（区政务办）　董　静（区法院）
陈荣华（区机关事务管理服务中心）
钱晓华（区检察院）　王洪江（区人武部）
喻志林（区消防大队）　刘　金（区总工会）
王国权（团区委）　徐建业（团区委）
于明英（区妇联）　孙萍萍（区残联）
陈　虎（区供销社）
王　羽（区生态建设指挥部）
鲍国建（南浔城建投资发展有限公司）
梁　波（南浔金象物业管理有限公司）
冯煜东（南浔交通实业发展有限公司）
邱　阳（南浔交通水利投资建设集团有限公司）
褚夏亮（南浔古镇旅游发展有限公司）
归文强（南浔古镇农副产品交易市场管理股份有限公司）
归荣方（区公安分局城西派出所）
施　伟（区公安分局景区派出所）
黎国政（区公安分局南浔派出所）
侯梦晨（区公安分局巡特警大队）
王柏林（区公安分局治安大队）
沈国亮（区公安分局交警大队）
杨惠明（区公安分局交警大队）
周敏达（区公安分局交警大队）
钦　青（区自然资源和规划分局）
沈小会（区生态环境分局）
方　州（区税务局）　陈霄毅（区邮政分局）
费艺丽（区广电中心）
李　红（湖州华数广电网络有限公司南浔分公司）
李则名（湖州日报社南浔分社）
王　震（湖州供电公司南浔供电所党支部）
李　慧（中国电信南浔分公司）
茆建方（中国移动南浔分公司）
应　莉（中国联通南浔分公司）
高陆华（区住房公积金管理部）
陈　冬（南浔银行）
莫国元（中国工商银行股份有限公司湖州南浔支行）
沈培芳（中国农业银行股份有限公司湖州南浔支行）
阮倩倩（中国建设银行股份有限公司湖州南浔支行）
施惠琴（中国银行南浔区支行）
潘利娟（交通银行湖州南浔支行）
朱莉青（湖州银行股份有限公司南浔支行）
李梦圆（中国人民财险保险股份有限公司湖州市南浔支公司）
程　晖（中国人寿南浔区支公司）

2019年度全区平安建设和社会治理突出贡献个人

吴国平（南浔经济开发区管委会）
俞宗浩（南浔经济开发区管委会）
顾勤伟（南浔镇人民政府）
周月萍（南浔镇镇东社区）
冯向明（练市镇人民政府）
莫欣庆（区公安分局练市派出所）
朱欢怡（双林镇人民政府）
邵忠贤（区公安分局双林派出所）
宋　毅（区公安分局双林派出所）
沈伟梁（菱湖镇公共事业服务中心）
褚水龙（菱湖镇水产村）
邹国强（和孚镇人民政府）
褚前锋（和孚镇双福桥村）
马　健（善琏镇人民政府）
梁森森（旧馆镇人民政府）
沈旭荣（千金镇人民政府）
张强亮（区公安分局石淙派出所）
王征中（区纪委监委）　施国良（区委组织部）
郭志辉（区互联网新闻舆情中心）
董伟萍（区平安建设信息中心）
嵇韡宏宏（区发改经信局）
陈炳龙（区民政局）　李希君（区交通局）
丁一飞（区财政项目审核中心）

汤立宇（区卫生健康局）
王骁勇（区应急管理局）
嵇海兵（度假区管委会）
许健健（区检察院）　蒋　超（区消防大队）

2019 年度全区武装工作突出贡献个人

杨占桩（南浔经济开发区武装部）
姚　峰（南浔镇武装部）
高远航（练市镇武装部）
蔡金文（练市镇武装部）
邱忠华（善琏镇武装部）
李如刚（石淙镇武装部）

南浔区 2019 年度“乡村振兴优秀带头人”

朱木林（开发区庠上村党总支书记）
李根福（南浔镇辽里村党支部书记）
张玉林（练市镇水口村党总支书记）
方勤松（菱湖镇杨港村党支部书记）
张逸英（和孚镇横港村党总支书记）
褚前锋（和孚镇双福桥村党总支书记）
杨国琴（善琏镇观音堂村党支部书记）

南浔区担当作为好干部

朱建国（南浔经济开发区）
沈建钢（练市镇）　薛　景（菱湖镇）
严加佑（和孚镇）　吴丽梅（善琏镇）
张华飞（旧馆镇）　朱　慧（千金镇）
张丽莉（石淙镇）　朱建章（区水利局）
周益敏（区农业农村局）
吴　燕（区应急管理局）
李学明（区市场监管局）
赵　钢（区综合行政执法局）
闻爱祥（南浔交投集团）　于　凯（区公安分局）
茹　伟（区自然资源和规划分局）

南浔区连续三年年度考核优秀公务员（记三等功人员）

潘　炜（南浔镇）　姚文杰（双林镇）
沈雄鹰（菱湖镇）　嵇琴琴（菱湖镇）
吴　斌（菱湖镇）　方振峰（菱湖镇）
张占豪（和孚镇）　宋根华（石淙镇）
辅国平（区纪委监委机关）
徐渊潮（区委办）　宋伟杰（区人大机关）
郭凤娟（区委编办）　俞晓辉（区总工会）
邹　洁（区检察院）　沈　丹（区财政局）
卫　良（区农业农村局）　姚明星（区教育局）
沈良驹（区文广旅体局）
李　强（区卫生健康局）
汤立宇（区卫生健康局）
李学明（区市场监管局）
皇甫旦文（区市场监管局）
罗　洪（区市场监管局）
陈培良（区市场监管局）
罗学明（区市场监管局）
叶　徐（度假区管委会）

2019 年南浔区年度考核优秀公务员（嘉奖人员）

南浔经济开发区：沈晓强　刘晓芬　朱勤清　沈晓斌　闵　琦　朱　莹　沈　宁　吴　英　俞宗浩　张淑君　李安琪

南浔镇：姚文斌　费　军　叶伟强　邹建新　沈建新　吴　倩　朱彬斌　沈　瑜　顾　亭　高小平　吴聪骢　章　淼　汪震东　陈　韬　张致育　钱月华

练市镇：沈振宇　罗祖盘　严芳华　陆丹凤　朱风明　杨剑忠　吴　靖　郑群龙　陈　冬　沈欣荣　潘芬芬　汤乐为　沈琴美　费华娟　章金南

双林镇：彭　琳　张俊毅　王新权　唐　华　沈　亮　费青青　徐惠琴　何慧仙　吴榴红　陈树华　朱文良　曹云霞

菱湖镇：王培华　沈其民　徐伟中　姚浩良　郝成杰　张也杰　褚文荣　崔国栋　沈　思　任　菲　沈新民　简露斌　顾宏峰

和孚镇：杨建中　薛　方　李哲新　钱志宏　吴慧丽　王允捷　张建红　朱杭良　卢美森　熊柏民　王文林

善琏镇：朱　华　朱丹旦　俞丹萍　胡利荣　杨伟强　嵇芸丽

旧馆镇：翟海峰　张华飞　蔡建军　田建强　马　茜　戚　明　何学萍　陈珊珊　朱佳佳

千金镇：宋锦荣　朱建人　费海峰　徐　浩　章千里　王　震

石淙镇：杨少华　华小彬　沈伟英　王旭丽

区纪委监委机关：王建萍　宋新良　王征中　孟鹏飞　张　弘　朱泽民　徐法宝　吕建花　姚陈芳　吴益骁　孙丽霞　钱云泉

王　帅　吴国平
区委办：胡　赞　周建军　周　丰　朱权达
张彦婷
区人大机关：许建荣　沈益平　杨柳青　周佩群
区政府办：吴叙良　章沈泳　沈晓良　张齐峰
方子崴
区政协机关：徐　俊　董明华　王秀红　朱桂翔
张　斌　吴兴权
区委组织部：沈利建　周海淇　褚小龙　胡少华
宋锦超
区委宣传部：沈振华　陈培英　刘福昌　陆明明
吴开珺
区委统战部：严振华　李晓锋
区委政法委：朱建学　沈洪亮　钟震海
区委编办：杜菲菲
区委巡察办：郝俊伟　张晓良　朱振华
区信访局：李定桥
区档案馆：计建国
区发改经信局：褚利斌　詹家峰　沈德明
姚海燕　陆芳芳　朱余超
区科技局：曹军军
区民政局：姚小莉　曹　薇
区司法局：朱锦方　俞丹丹
区财政局：崔正云　孙　晖　孙　琦　周亚红
丁一飞　郑伟良
区人力社保局：石增中　李雪峰　张　诚
林毅飞
区住建局：黄瑞春　汪　俊
区交通局：季泉兴
区水利局：朱建章　郭　倩
区农业农村局：沈剑平　金敏华　钱秋霞
张　鸿　周越州　梅　宽
区文广旅体局：周光宇　沈　懿　戴　芳
缪　成
区卫生健康局：钱建芳　俞连根　杜国方
韩　丹　赵　君
区应急管理局：吴　燕　许益斌　张晓一
王骁勇
区审计局：戴圣辉
区市场监管局：穆红卫　朱霞芬　刘丽萍
宋玲凤　吴素隆　王顺冬
瞿小峰　周士才　徐　伟
黄少峰　顾康寅　钱伟强
黄伟飞　戴美清　沈琪斌
陈华新　李　瑶　李炳法
陈　华　潘奇锋　沈　洁
康国兰　费　喆
区统计局：费敏良　顾月萍
区医疗保障局：李　梅
区综合执法局：温国荣　邹莎莎　陈鸣晗
莫泽峰　姚　斐　陈　燕
陆　娟　甘力强　李世杰
俞　英　杨　欢　顾潇潇
魏　莉　慎莲君　王伟芳
屠媛媛　雷　淼
度假区管委会：褚小金　刘　昕
科技新城管委会：沈吴勇
区政务服务办：王　丰　沈红芳
区机关事务管理服务中心：陈荣华
区法院：江　焘　薛苏蓉　姚梦瑾　潘墨钦
沈　静　杨晓育　樊霁兰　乔一文
徐宗兰　沙　鋆　朱　凯　吴惠杰
杨　梦　鲁凯霖　沈　亢　孙海岩
区检察院：许芸华　王贻付　冯彩剑　杨事成
沈勐儿　陆佳丽　戴洪珊
团区委：王国权
区残联：钱晓英
区生态环境分局：徐晓荣　姚昱廷　邢　成
区生态建设指挥部：谢建伟　王琪超　武　虎
区重点工作专班：董海辉

2019 年度南浔区最美家风好家庭（100 户）

孙引财家庭（开发区洋南村）
钟旭勇家庭（开发区洋南村）
钟旭真家庭（开发区洋南村）
沈小青家庭（开发区洋南村）
黄国昌家庭（开发区方丈港村）
朱安林家庭（开发区方丈港村）
胡国安家庭（开发区方丈港村）
胡利根家庭（南浔镇息塘村）
计惠清家庭（南浔镇屯圩村）
金四毛家庭（南浔镇屯圩村）
卢顺奎家庭（南浔镇施家浜村）
徐富祥家庭（南浔镇施家浜村）
龚莆荣家庭（南浔镇南林村）
王小毛家庭（南浔镇南林村）
顾林才家庭（南浔镇横街村）

沈育民家庭（南浔镇横街村）
沈国强家庭（南浔镇横街村）
沈炳华家庭（南浔镇横街村）
沈骅新家庭（南浔镇横街村）
沈德良家庭（南浔镇和睦兜村）
周芬珠家庭（南浔镇和睦兜村）
汤云潮家庭（练市镇车塔村）
徐富泉家庭（练市镇车塔村）
王元昌家庭（练市镇横塘村）
朱桂芳家庭（练市镇横塘村）
沈会兴家庭（练市镇横塘村）
汤仕林家庭（练市镇松亭村）
陈亦坤家庭（练市镇松亭村）
王伯良家庭（练市镇松亭村）
朱涪明家庭（练市镇姚庄村）
孙永祥家庭（练市镇姚庄村）
杨生娥家庭（练市镇姚庄村）
张应松家庭（练市镇民安村）
钱培法家庭（练市镇横塘村）
周应娥家庭（双林镇后坝村）
吴根土家庭（双林镇华桥村）
杨新安家庭（双林镇华桥村）
姚建利家庭（双林镇莲花兜村）
袁子荣家庭（双林镇莲花兜村）
盛金丰家庭（双林镇七星桥村）
吴建法家庭（双林镇七星桥村）
吴金泉家庭（双林镇儒林村）
吴祥福家庭（双林镇儒林村）
陈建华家庭（双林镇向阳村）
王月清家庭（双林镇向阳村）
汪文荣家庭（双林镇俞家埭）
俞土生家庭（双林镇俞家埭）
陆学新家庭（菱湖镇下昂村）
沈根新家庭（菱湖镇下昂村）
沈金斌家庭（菱湖镇下昂村）
宗阿小家庭（菱湖镇下昂村）
朱松葆家庭（菱湖镇下昂村）
沈菊毛家庭（菱湖镇竹墩村）
方新庆家庭（菱湖镇竹墩村）
张水根家庭（菱湖镇竹墩村）
张 萍家庭（菱湖镇竹墩村）
陈建章家庭（菱湖镇竹墩村）
吴觉民家庭（菱湖镇南栅社区）
吴学明家庭（菱湖镇竹墩村）
章宇民家庭（和孚镇荻港村）
钱阿毛家庭（和孚镇荻港村）
丁小元家庭（和孚镇新荻村）
施新财家庭（和孚镇新荻村）
章新华家庭（和孚镇新荻村）
沈志泉家庭（和孚镇民当村）
唐永林家庭（和孚镇民当村）
朱开荣家庭（和孚镇漾东村）
魏坤法家庭（善琏镇车家兜村）
张根法家庭（善琏镇观音堂村）
张根法家庭（善琏镇观音堂村）
严荣虎家庭（善琏镇砖溪村）
戴细毛家庭（善琏镇卜家堰村）
沈忠美家庭（善琏镇平乐村）
吴荣芳家庭（善琏镇夹塘村）
钱根生家庭（善琏镇港南村）
陆雪荣家庭（善琏镇含山村）
邱福奎家庭（旧馆镇寺桥村）
邱火江家庭（旧馆镇北港村）
闵淦荣家庭（旧馆镇载旺村）
沈建忠家庭（旧馆镇大洋村）
徐金松家庭（旧馆镇光明村）
钱建琴家庭（旧馆镇港胡村）
郑根初家庭（旧馆镇三桥村）
陈荣桥家庭（旧馆镇新兴港村）
沈益民家庭（千金镇商墓村）
王德章家庭（千金镇南窑桥村）
杨桂清家庭（千金镇南窑桥村）
施宝根家庭（千金镇南里浩村）
施惠明家庭（千金镇南里浩村）
归晓峰家庭（千金镇东驿达村）
金新土家庭（千金镇金城村）
沈新庄家庭（千金镇金城村）
潘根美家庭（石淙镇花园湾村）
王美英家庭（石淙镇南坝村）
沈建洪家庭（石淙镇姚家坝村）
方益明家庭（石淙镇羊河坝村）
钱晓学家庭（石淙镇姚家坝村）
陈金土家庭（石淙镇镇西村）
张振华家庭（石淙镇银子桥村）
费掌清家庭（石淙镇石淙村）

2019年度区人大“四有”代表主题实践活动履职积极分子

毛建强（南浔镇）　严龙真（南浔镇）
孙琴华（开发区）　徐建成（开发区）
冯海祥（练市镇）　徐丽英（练市镇）
吕建忠（双林镇）　姚建英（双林镇）
卢小红（菱湖镇）　徐杰萍（菱湖镇）
蔡海华（和孚镇）　陈晓丽（和孚镇）
胡桂祥（善琏镇）　钱勤林（旧馆镇）
张霖轩（千金镇）　叶　美（石淙镇）

区政协2019年度履职“最佳”政协委员

殷　彤　王　琴　沈　杰　沈　岐　吴建光
李敏丽　秦玉明　何　伟　戴　晶　沈晓岚
汪建辉　陈康兴　程玉琴　陈　威　余　溢
於　丽　姚明根　王宗伟

区政协2019年度提案办理先进个人

曹　薇　张国群　方惠芬　王　静

区政协2019年度反映社情民意信息工作先进个人

一等奖：邵　枫　王　瑛　章　昊　孙水根
二等奖：程　萍　莫慧娟　董明华　李惠民　赵朱慧
三等奖：王宗伟　穆红卫　章伟祥　陈丽琴　顾奕超　屠培峰

2019年度南浔区优秀金融人

翁利忠（中国农业银行南浔支行）

2019年度南浔区最美金融人

翁　佳（中国农业银行南浔支行）

九、各级文明单位（村镇、社区）

一、全国文明称号

1．全国文明单位（1家）

浙江南浔农村商业银行股份有限公司

2．全国文明村镇（2个）

和孚镇荻港村　南浔镇息塘村

二、省级文明称号

1．省级示范文明城区

南浔区

2．省级文明镇（3个）

练市镇　和孚镇　善琏镇

3．省级文明单位（26家）

浙江长城电子科技集团有限公司
湖州市地方税务局南浔税务分局
湖州市双林庆同小学
湖州市南浔区市场监督管理局
中国农业银行股份有限公司湖州南浔支行
湖州市南浔区国家税务局
浙江南浔农村商业银行股份有限公司和孚支行
湖州市菱湖中学　久立集团股份有限公司
湖州市南浔区人民检察院　湖州市南浔中学
中国移动通信集团浙江有限公司南浔分公司
沃克斯电梯（中国）有限公司
中国建设银行股份有限公司湖州南浔支行
久盛地板有限公司　湖州市泉生中学
湖州市南浔区人民医院　星光农机股份有限公司
浙江南浔农村商业银行股份有限公司旧馆支行
湖州市南浔区公路管理局
湖州市南浔区人民法院
中国工商银行股份有限公司湖州南浔支行
南星家居科技（湖州）有限公司
湖州市双林中学　湖州太平微特电机有限公司
湖州市南浔镇马腰幼儿园

4．省级文明村（19个）

双林镇华桥村　和孚镇吴兴塘村　和孚镇重兆村
旧馆镇潘家庄村　南浔镇横街村
双林镇千亩山村　和孚镇漾东村
南浔经济开发区祐村村
和孚镇陈塔村　石淙镇花园湾村　南浔镇迎春村
练市镇荃步村　菱湖镇杨港村　和孚镇横港村
石淙镇石淙村　练市镇钟家墩村　和孚镇长超村
南浔镇灯塔村　双林镇七星桥村

5．省级文明社区（1个）

菱湖镇东栅社区

三、市级文明称号

1．市级文明镇（5个）

菱湖镇　石淙镇　千金镇　双林镇　旧馆镇

2．市级文明单位（142家）

湖州市浔溪中学　湖州师范学院南浔附属小学
湖州市南浔镇房地产管理所
湖州银行股份有限公司南浔支行

中国银行股份有限公司南浔区支行
湖州市双林第二中学　湖州市南浔镇马腰小学
湖州市水务集团有限公司南浔分公司
湖州市南浔新城投资发展公司
湖州市练市镇练市小学　湖州市练市镇第一中学
浙江彩蝶实业股份有限公司　湖州市练市中学
湖州市南浔区市场监督管理局练市镇分局
湖州市南浔区双林镇罗开富小学
中国农业银行股份有限公司湖州练市支行
中国农业银行股份有限公司湖州双林支行
湖州市双林镇房地产管理所
湖州市南浔区市场监督管理局双林镇分局
湖州电力局客户服务中心双林供电营业所
浙江省电信公司湖州市分公司双林支局
湖州市南浔区人民法院菱湖人民法庭
湖州市菱湖镇第三小学　湖州市和孚镇长超小学
浙江省电信公司湖州市分公司菱湖支局
湖州中核苏阀一新铸造有限公司
湖州市千金中学　湖州市菱湖实验小学
湖州市公安局南浔区分局
湖州市菱湖镇第一中学
中国人民财产保险股份有限公司湖州市南浔支公司
中国联合网络通信有限公司南浔区分公司
浙江南浔农村商业银行股份有限公司练市支行
湖州广播电视总台南浔广播电视中心
湖州市菱湖镇第五小学　湖州市菱湖镇第三中学
湖州市南浔区菱湖人民医院
湖州市南浔区综合行政执法局
湖州市南浔镇横街中学　湖州市练市镇洪塘小学
湖州荣凯植物提取有限公司
湖州市练市镇花林中学　湖州市练市镇花林小学
湖州市南浔区综合行政执法局练市中队
湖州市双林镇镇西小学　湖州市南浔镇横街小学
湖州市公安局南浔区分局练市派出所
浙江南浔农村商业银行股份有限公司菱湖支行
浙江南浔农村商业银行股份有限公司双林支行
湖州市菱湖镇幼儿园　湖州市南浔区财政局
浙江南浔农村商业银行股份有限公司石淙支行
浙江南浔农村商业银行股份有限公司南浔支行
湖州市南浔区菱湖新世纪幼儿园
浙江正导电缆有限公司　湖州市南浔镇三长学校
湖州双林自来水有限公司
湖州菱湖自来水有限公司
湖州市南浔区市场监督管理局菱湖镇分局
湖州市公安局南浔区分局和孚派出所
湖州市善琏学校　湖州市善琏镇含山小学
湖州市旧馆镇中心小学　南浔区农业农村局
湖州市南浔区文化广电旅游体育局
湖州市南浔区南浔新区幼儿园
中国电信股份有限公司湖州分公司南浔区分局
浙江南浔农村商业银行股份有限公司马腰支行
湖州市国土资源局双林镇国土资源管理所
浙江南浔农村商业银行股份有限公司东迁支行
湖州市和孚镇重兆小学　湖州市练市镇洪塘中学
中国人寿保险股份有限公司湖州市南浔区支公司
湖州市公安局南浔区分局菱湖派出所
中国邮政集团公司湖州市练市支局
湖州市南浔区练市人民医院
湖州市练市镇中心幼儿园
湖州市双林综合高级中学
湖州市双林镇中心幼儿园　湖州市泉生小学
湖州市南浔区和孚镇中心幼儿园
湖州市南浔区善琏镇卫生院
湖州市旧馆中学　湖州市南浔镇横街幼儿园
湖州市南浔区南浔镇幼儿园
湖州东方汽车有限公司　谱拉歌世服饰有限公司
浙江南浔农村商业银行股份有限公司横街支行
湖州练市自来水有限公司
湖州市练市镇成人文化技术学校
湖州练南建设工程有限公司
湖州众立不锈钢管股份有限公司
湖州市菱湖镇环境卫生管理所
湖州市南浔实验小学　湖州市千金镇中心小学
湖州市善琏镇成人文化技术学校
湖州市南浔区旧馆镇卫生院
湖州市消防救援支队南浔区大队
湖州市住房公积金管理中心南浔区业务管理部
湖州市南浔区图书馆　湖州市南浔区中医院
湖州南浔实验幼儿园　湖州市善琏镇中心幼儿园
湖州市南浔通惠金洁链条制造有限公司
湖州市南浔区人民法院双林人民法庭
湖州新仲湖针织制衣有限公司
湖州市自然资源和规划局菱湖镇自然资源所
南浔区和孚镇社区卫生服务中心
湖州市自然资源和规划局和孚镇自然资源所

浙江南浔农村商业银行股份有限公司善琏支行
湖州市南浔区旧馆贝贝乐幼儿园
湖州市南浔区石淙镇中心幼儿园
湖州市南浔区档案局　浙江巨人控股有限公司
湖州南浔城建投资发展有限公司
湖州市南浔开发区实验学校
浙江久安公益事业有限公司
森赫电梯股份有限公司　湖州市善琏湖笔厂
湖州菁诚纺织品有限公司
湖州市南浔区菱湖镇下昂幼儿园
湖州市和孚镇宣传文化中心
浙江富钢金属制品有限公司
湖州市公安局南浔区分局石淙派出所
浙江南浔农村商业银行股份有限公司千金支行
湖州市自然资源与规划局南浔分局
浙北高速申苏浙皖浙苏收费所
湖州菱城建设工程有限公司
浙江洪波科技股份有限公司
湖州协鑫环保热电有限公司
怡达快速电梯有限公司　练市镇国土资源管理所
浙江湖州新京昌电子有限公司
湖州市南浔区机关事务管理服务中心
湖州市公安局南浔区分局南浔派出所
湖州市双林文化中心　南浔镇国土资源管理所
南浔区市场监督管理局善琏所
石淙镇国土资源管理所
中国移动通信集团浙江有限公司南浔分公司练市营业厅
中国移动通信集团浙江有限公司湖州双林营业厅
湖州市南浔区千金镇中心幼儿园

3．市级文明村（88个）

南浔镇硬长桥村　练市镇练南村
双林镇新丰兜村　善琏镇姚家桥村
南浔镇堰四村　南浔经济开发区新安村
南浔经济开发区英雄村　南浔镇丁家桥村
南浔经济开发区丁家港村　南浔镇和睦兜村
练市镇水口村　菱湖镇山塘村　练市镇姚庄村
南浔经济开发区马腰村　练市镇庄家村
南浔经济开发区同心村　练市镇新联村
南浔经济开发区方丈港村　善琏镇车家兜村
善琏镇施家桥村　旧馆镇寺桥村
千金镇东驿达村　练市镇朱家兜村
菱湖镇竹墩村　菱湖镇陈邑村　善琏镇砖溪村
南浔经济开发区庠上村　南浔镇屯圩村
菱湖镇建丰村　善琏镇宏建村　南浔镇永联村
石淙镇羊河坝村　南浔经济开发区东上林村
南浔镇柏树村　菱湖镇勤劳村　和孚镇新荻村
善琏镇港南村　善琏镇皇坟村　旧馆镇塘南村
千金镇东马干村　千金镇南窑桥村
石淙镇姚家坝村　南浔经济开发区马嘶村
南浔镇兴隆村　南浔镇伍林村　练市镇农兴村
练市镇悦新村　双林镇莲花兜村　双林镇勤裕村
双林镇向阳村　双林镇黄龙兜村　菱湖镇菱东村
和孚镇民当村　和孚镇四联村　善琏镇善琏村
善琏镇和平村　善琏镇观音堂村　旧馆镇祝良村
旧馆镇麒麟村　旧馆镇港胡村　千金镇石桥村
南浔经济开发区洋南村　练市镇朱家埭村
练市镇建新村　练市镇中心村　练市镇金塔村
练市镇水产村　练市镇车塔村　练市镇洪福村
练市镇花林村　双林镇坞仁村　双林镇雉头村
双林镇周家兜村　双林镇花盘兜村
双林镇俞家埭村　菱湖镇思溪村　菱湖镇许联村
和孚镇云北村　和孚镇复乐村　和孚镇李市村
和孚镇群益村　善琏镇平乐村　旧馆镇载旺村
旧馆镇光明村　千金镇商墓村　千金镇朝阳村
千金镇西马干村　千金镇千金村

4．市级文明社区（8个）

南浔古镇度假区适园社区　菱湖镇南栅社区
南浔镇江南社区　双林镇爱国路社区
双林镇和睦社区　练市镇再兴社区
双林镇虹桥社区　菱湖镇下昂社区

四、区级文明称号

1．区级文明单位（164家）

湖州市南浔区教育局　湖州市南浔区水利局
中共湖州市南浔区纪律检查委员会（南浔区监察局）
湖州市南浔区发展改革和经济委员会
南浔区行政服务中心　湖州市南浔区统计局
湖州市南浔区司法局　湖州市南浔区审计局
湖州市南浔区档案馆　湖州市南浔区科学技术局
湖州市南浔区住房和城乡建设局
湖州市南浔区疾病预防控制中心
湖州市南浔区卫生监督所　南浔区旅游局
湖州南浔城建投资发展有限公司
湖州市南浔区安全生产监督管理局
湖州南浔古镇管理委员会

湖州市南浔城建发展公司
湖州市南浔城投集团　湖州市横街卫生院
湖州市国土资源局南浔经济开发区国土所
南浔区保安服务有限公司
湖州银都铝业有限公司　湖州市三长卫生院
湖州万士乐建筑工程机械有限公司
湖州电力局客户服务中心南浔供电营业所
湖州市邮政局南浔分局　湖州三达制衣有限公司
浙江万佳文化科技有限公司
湖州谊联皮具有限公司　南浔镇三长幼儿园
浙江金三角家私有限公司
浙江森嘉林地板有限公司
湖州南浔三亚家私有限公司
交通银行股份有限公司湖州南浔支行
湖州方圆皮业有限公司　南浔阳光艺校
中国太平洋财产保险股份有限公司湖州市南浔支公司
湖州市横街自来水厂　菱湖镇宣传文化中心
湖州市马腰白米塘自来水厂
湖州市南浔区南浔镇利民小学
浙江万新律师事务所　湖州市练市酒业公司
浙江长征电影碳棒有限公司
湖州德冠门控有限公司　湖州运河铸钢有限公司
南浔镇成人文化技术学校
湖州市南洋电机有限公司
湖州市南浔大明家私有限公司
湖州南浔新龙电机有限公司
浙江亨通光网物联科技有限公司
湖州南浔华统肉制品有限公司
浙江省电信公司湖州市分局练市支局
湖州市洪塘众立铸造有限公司
湖州市国土资源局练市国土资源管理所
中国工商银行股份有限公司湖州练市支行
浙江奥特服饰有限公司　练市镇洪塘幼儿园
湖州电力局客户服务中心练市供电营业所
湖州天阁粘合剂有限公司
南浔区练市镇社会事业服务中心
南浔区练市镇总工会　双林镇费新我艺术馆
湖州广播电视网络传输中心练市广电站
湖州市练市花林自来水厂
湖州正豪钢结构工程有限公司
湖州市南浔区人民法院练市人民法庭
浙江依多金控股有限公司
浙江申浩兔业发展有限公司
湖州市富顺达丝纺有限公司
湖州市南浔区双林人民医院
湖州市双林镇环境卫生管理所
湖州双狮链传动有限公司
湖州新加纺织有限公司　湖州盛利染整有限公司
湖州市公安局南浔区分局双林派出所
南浔区综合行政执法大队双林镇中队
浙江湖州新京福纺织染整有限公司
湖州锐狮标准件制造有限公司
湖州银行双林小微企业专营支行
湖州宏菱水泥有限公司　湖州现代工业技工学校
湖州市菱湖镇房地产管理所
南浔区菱湖镇农业综合服务中心
湖州新奥特医药化工有限公司
湖州鑫富新材料有限公司
中国农业银行股份有限公司湖州菱湖支行
湖州新利商标制带有限公司
湖州市菱湖镇溪西幼儿园
中国建设银行股份有限公司湖州菱湖支行
湖州市菱湖三狮水泥有限公司
湖州新溪五星丝绸有限公司
菱湖镇成人文化技术学校
中国移动南浔分公司菱湖营业厅
湖州银行股份有限公司菱湖支行
湖州市邮政局袁介汇支局
湖州金利孚刀具有限公司
湖州市和孚镇成人文化技术学校
湖州广播电视网络传输中心和孚广电站
湖州电力局客户服务中心和孚供电营业所
湖州市南浔区和孚镇重兆幼儿园
和孚镇农业综合服务中心
申嘉湖杭高速公路和孚收费所
湖州市邮政局善琏支局　湖州繁华绢纺有限公司
湖州市善琏房地产管理所
浙江省电信公司湖州市分公司善琏支局
湖州市公安局南浔区分局善琏派出所
湖州市含山永明制刷有限公司
湖州韵峰丝绸有限公司　湖州刚石水泥有限公司
湖州善琏双喜湖笔有限公司
湖州永盛机械铸造有限公司
湖州科峰磁业有限公司　练市镇洪塘幼儿园
浙江卓旺农业科技有限公司

湖州市国土资源局善琏国土所
浙江江潮实业有限公司　浙江大友木业有限公司
湖州市公安局南浔区分局旧馆派出所
湖州旧馆和桥粮油厂　旧馆镇时代幼儿园
湖州广播电视网络传输中心旧馆广电站
湖州市国土资源局旧馆国土所
南浔区综合行政执法局旧馆中队
湖州市公安局南浔区公安分局千金派出所
湖州市南浔区千金镇卫生院
湖州千兴不锈钢管业有限公司
湖州南浔温氏畜牧有限公司
湖州市国土资源局千金国土所
湖州市南浔区石淙镇卫生院
湖州市菱湖石淙思源自来水厂
湖州市石淙镇石淙学校　巨人通力电梯有限公司
湖州江南恒盛炼染有限公司
湖州广播电视网络传输中心石淙广电站
石淙镇农业综合服务中心
石淙镇经济建设服务中心
湖州万里电工材料有限公司
湖州市马腰卫生院　浙江伟康电机有限公司
湖州金侨亚麻纺织有限公司
湖州市东迁卫生院　浙江广通铜业有限公司
恒达富士电梯有限公司　南浔开发区浔溪小学
湖州四海家私制造有限公司
石淙镇便民服务中心　湖州市南浔镇东迁幼儿园
湖州市公安局南浔区分局城西派出所
湖州市南浔区南浔思进小学
湖州东科电子石英有限公司
浙江湖州梅月针织有限公司
湖州南浔十万人家丝绸科技有限公司
浙江联合电梯有限公司　泰隆银行南浔支行
湖州市南浔区交通投资集团有限公司
上外附属浙江宏达南浔幼儿园
嘉兴银行南浔支行　浙江裕丰新材料有限公司
浦发银行南浔小微专营支行
国家税务总局湖州市南浔区税务局练市税务所
湖州南太湖环保有限公司

2．区级文明村（92个）

南浔镇辑里村　南浔镇浔南村　南浔镇三长村
南浔镇杨华村　南浔镇辽西村　南浔镇施家浜村
南浔镇朱坞村　南浔镇浔东村　南浔镇沈庄漾村
南浔镇辽里村　南浔镇神墩村　南浔镇计家兜村
南浔镇泗洲村　南浔镇南林村　南浔镇潘港桥村
练市镇新华村　练市镇莲墩村　练市镇李家兜村
练市镇东堡村　练市镇民安村　练市镇施浩村
练市镇柳堡村　练市镇横塘村　练市镇慈姑桥村
练市镇松亭村　练市镇达井村　双林镇箍桶兜村
双林镇水产村　双林镇儒林村　双林镇吴家庄村
双林镇花城村　双林镇土山村　双林镇黄泥兜村
双林镇倪家滩村　双林镇赵家兜村
菱湖镇东河村　菱湖镇射中村　菱湖镇王家墩村
菱湖镇永丰村　菱湖镇永福村　菱湖镇六堡里村
菱湖镇下昂村　菱湖镇三溪村　菱湖镇南双林村
菱湖镇水产村　菱湖镇勤俭村　菱湖镇新庙里村
菱湖镇千丰村　菱湖镇射中村　菱湖镇卢家庄村
菱湖镇费家埭村　菱湖镇杨家巷村
和孚镇和孚村　和孚镇河东村　和孚镇佛堂兜村
和孚镇云东村　和孚镇新胜村　和孚镇陶家墩村
善琏镇含山村　善琏镇窑里村　和孚镇双福桥村
善琏镇卜家堰村　善琏镇卜家堰村
旧馆镇罗汉村　旧馆镇北港村　旧馆镇新兴港村
旧馆镇三桥村　旧馆镇大洋村　千金镇里浩村
石淙镇镇西村　石淙镇银子桥村
南浔经济开发区宝山村　南浔经济开发区富强村
南浔经济开发区圣驾桥村
南浔经济开发区戴家桥村
南浔经济开发区李家河村
南浔经济开发区直港巷村
南浔经济开发区江蒋漾村
练市镇松亭村　练市镇丰登村　练市镇蔡家桥村
练市镇达井村　练市镇西堡村　练市镇白水河村
双林镇显洪村　练市镇北堡村　练市镇凌家堰村
双林镇西阳村　双林镇儒林村　菱湖镇射中村
菱湖镇南浜村　菱湖镇达民村

3．区级文明社区（11个）

度假区泰安路社区　度假区辽里社区
度假区镇东社区　南浔镇朱坞社区
练市镇万兴社区　双林镇板桥社区
双林镇龙古兜社区　菱湖镇西栅社区
菱湖镇北栅社区　和孚镇长超社区
和孚镇重兆社区

（编辑部搜集整理　排序不分先后）